Ronald Reng
Der große Traum

PIPER

Zu diesem Buch

Nur eines unterscheidet Fotios Katidis, Marius Wolf und Niko Reislöhner von den Freunden in der nordbayerischen Provinz. Sie spielen alle drei unwiderstehlich gut Fußball. Natürlich nehmen die fränkischen Profifußballklubs 1. FC Nürnberg und Greuther Fürth die Jungs in ihre Nachwuchsleistungszentren auf. Doch von da an führen ihre Wege in drei gänzlich verschiedene Richtungen, kämpfen die drei mit unterschiedlichsten Schwierigkeiten – und empfinden zugleich dasselbe Hochgefühl, wenn etwas gelingt. Neun Jahre lang hat Ronald Reng Niko, Foti und Marius begleitet, um zu erleben, was es braucht, um heute Fußballprofi zu werden – und zu verfolgen, ob sich für die drei der große Traum erfüllt. Entstanden ist ein einzigartiges Buch, das die Traumfabrik Profifußball authentischer beschreibt als jedes andere zuvor, von Anfang an. Ein Buch darüber, wie man lernt, ein guter, moderner Spieler zu werden. Ein Buch über drei fantastische Jungs, die dribbeln wie Messi und mit 17, in der ersten eigenen Wohnung, das schmutzige Geschirr in der Badewanne stapeln. Ist doch praktisch. Ronald Reng blickt klug und kompetent auf die Mechanismen und Methoden des modernen Profifußballs, und es gelingt ihm dabei eine mitreißende Geschichte von großen Träumen und spannenden Begegnungen, von späten Einsichten und der Suche nach dem Glück.

Ronald Reng, Jahrgang 1970, gilt als einer der besten Sportautoren weltweit, sein Buch »Spieltage« erhielt den »NDR Kultur Sachbuchpreis« und wurde als »Fußballbuch des Jahres« ausgezeichnet. Ebenfalls nominiert als »Fußballbuch des Jahres« stand zuletzt seine Biografie »Miro« auf der SPIEGEL-Bestsellerliste.

Ronald Reng

Der große Traum

Drei Jungs wollen in die Bundesliga

Mit 20 Schwarz-Weiß-Abbildungen

PIPER

Mehr über unsere Autorinnen, Autoren und Bücher:
www.piper.de

Von Robert Reng liegen im Piper Verlag vor:
1974 – Eine deutsche Begegnung
Der große Traum
Miro
Warum wir laufen
Barça
Mroskos Talente
Spieltage
Gebrauchsanweisung für London
Robert Enke

Unser Versprechen für mehr Nachhaltigkeit
• Klimaneutrales Produkt
• FSC®-zertifiziertes Papier
• Hergestellt in Europa

FSC www.fsc.org MIX Papier | Fördert gute Waldnutzung FSC® C021394

Ungekürzte Taschenbuchausgabe
ISBN 978-3-492-31906-5
1. Auflage August 2022
2. Auflage Mai 2024

Umschlaggestaltung: Rothfos & Gabler
Satz: psb, Berlin
Gesetzt aus der Minion Pro
Litho: Lorenz & Zeller, Inning am Ammersee
Gedruckt bei ScandBook in Litauen
Printed in the EU

»Was feiern wir, Trainer?«, fragte ich.
»Das Leben, Kaiser. Wir feiern das Leben!«

DIETMAR HAMANN, DIDI MAN

Inhalt

Prolog: Der große Aufbruch 11

Teil 1: Was bisher geschah

1 Spielen 25

2 Ach ja, Schule ist auch noch 31

3 Was ist eigentlich ein Talent? 37

4 Jeder Fußballer braucht einen Herrn Bischoff 42

5 Mein Berater checkt das ab 53

6 Verurteilt in der Teeküche 64

7 Ein klein wenig hinterfotzig 81

Teil 2: Was dann geschah

1 *24. Mai 2014*
Gebt mir ein Ausrufezeichen! 103

2 *Ein paar Monate zuvor, 2013/14*
Der Wolf ist los 114

3 *Zur selben Zeit, Frühling 2014, am selben Ort, München*
Härter werden 136

4 *25. Juni 2014*
Hungrige Augen 148

5 *September 2014, eine neue Saison hat begonnen*
Brutal 152

6 *26. Oktober 2014*
Eine Niederlage 173

7 *Dieselbe Saison, 2014/15, sechs Monate später*
Getrennte Wege 183

8 *Mai 2015, am Ende einer Saison*
Drama 205

9 *2015, aus dem Jahrhundertsommer wird ein Herbst*
Ein neuer Vertrag 220

10 *Frühling 2016*
Doch lieber Tischtennis spielen? 249

11 *Vor der Sommerpause, 2016*
Viele Kühe am Horizont 269

12 *Herbst 2016*
Scheiße, Bruder 295

13 *9. November 2016*
Donald Trump wird Präsident der USA 316

14 *Januar 2017*
Ein Talentefinder namens Zufall 321

15 *30. Januar 2017, kurz vor Mitternacht*
Die Fußballweisen aus Taunusstein
haben gesprochen 332

16 *2017, im Frühling*
Besuch von der Bundeskanzlerin 339

17 *2017, immer noch April*
Die Schulter 356

18 *2018*
Jahr der Wahrheit 365

19 *2018 geht weiter*
Arbeitslosengeld und ein paar Millionen Euro 384

20 *19. Mai 2018*
Im Namen aller Außenseiter 404

21 *Eine Woche später, Mai 2018*
Das bringt ihm nichts, das bringt ihm nichts.
Das bringt ihm nichts. 424

Teil 3: Nach dem Ende

1 *Herbst 2018*
Jeder findet sein Borussia Dortmund 439

2 *Frühling 2019*
Seid doch ehrlich, ihr wart auch mal jung 457

3 *25. Mai 2019*
Petras Burg 474

4 *2019, später*
In einer Big City 478

5 *April 2020*
In Zeiten des Virus 497

Epilog: Genug geträumt 513

Danksagung 523

Bildnachweis 525

Prolog: Der große Aufbruch

Das Klingelschild mit seinem Namen klebt Foti mit Honig an der Sprechanlage fest. Er hat keinen Klebstoff zur Hand. Er ist 16. Über Klingelschilder und wie man sie befestigt musste er bislang noch nicht nachdenken. Was zählt, was ihn irgendwie richtig mit Freude erfüllt, ist, dass da jetzt sein Name an der Haustür steht. Sie haben ihm, gemeinsam mit einem anderen Jungen aus der Fußballakademie, eine eigene Wohnung gegeben, wie einem Erwachsenen, direkt am Trainingsgelände, die Miete zum Großteil bezahlt vom Verein. So viel halten sie von ihm als Fußballer. Der Honig klebt übrigens richtig gut.

Die Wohnung liegt im Erdgeschoss eines achtstöckigen Hochhauses aus den Siebzigerjahren und hat drei Zimmer. Es hieß, sie würden zu dritt hier wohnen, aber so wie es aussieht, teilt sich Fotios Katidis sein neues Zuhause nur mit einem anderen Jungen aus dem Fußballinternat des TSV 1860 München, Sebastian. Sebastians Nachname auf dem vom Hausmeister in Auftrag gegebenen Klingelschild wurde falsch geschrieben, Liegl statt Wiegl. Fotis Name stimmt.

Essen dürfen sie gegenüber, im Jugendhaus des TSV 1860. Sie gehen hinüber und schauen, was es gibt, und manchmal kehren sie dann wieder um, zurück in die Wohnung, um selbst zu kochen, denn »Nudeln können wir besser«, findet Foti. Kochen ist irgendwie gar nicht so schlecht, in der eigenen Küche; dieses Gefühl, für sich selbst zu sorgen, etwas Erwachsenes zu machen. Außer Nudeln können sie Rührei.

Sie haben auch schon einmal gegrillt, in dem Stückchen Garten, das zur Wohnung gehört. Den Grill kaufte Foti an der Tankstelle, vorne bei der Zufahrt zum Trainingsgelände, einen Einweggrill. Die Tankstelle ist das nächste Geschäft von ihrer Wohnung aus, falls Geschäft das richtige Wort dafür ist.

Morgens muss er noch zur Schule, er wiederholt die zehnte Klasse am Adolf-Weber-Gymnasium an der Kapschstraße, er will sich dort auch richtig anstrengen, aber eigentlich ist er wegen des Fußballs in München.

Morgens um sechs, vor der Schule, geht Foti laufen. Es gibt eine herrliche Laufstrecke, direkt vom Hochhaus weg, unter dicht belaubten Bäumen an der Isar entlang. Aber Foti ist neu in der Stadt, keiner hat ihm von der Strecke erzählt. Er läuft auf dem Rasenplatz des TSV 1860, morgens um sechs, 40 Minuten, circa 30 Runden. Der Trainer fand, Foti wiege zu viel, 73 Kilo bei 1,75 Meter. »Am besten gehst du frühmorgens auf nüchternen Magen laufen, da verbrennst du am meisten Kalorien«, sagte der Trainer. Sebi, sein Mitbewohner, geht manchmal mit Foti laufen, aus reiner Solidarität, morgens um sechs. Nach drei, vier Wochen sieht der Trainer Foti beim Umziehen zufällig mit nacktem Oberkörper in der Umkleidekabine. Er kneift ihm in die Rippen. »Da ist ja nichts, du bist ja gar nicht dick.« Allein Fotis kräftige Muskulatur ist es, die sein verhältnismäßig hohes Gewicht ausmacht. Foti hatte es schon beim Wiegen gewusst, sich aber nichts zu sagen getraut. »Dann musst du natürlich nicht mehr laufen«, sagt der Trainer.

Sechs Uhr am Morgen ist nicht gerade Fotis Lieblingszeit, doch er regt sich nicht auf, dass er sich einen Monat lang grundlos in aller Früh zum Laufen geschleppt hat. Er will die Sachen beim TSV 1860 gut machen.

Zwar hat er auch schon zu Hause im Nachwuchsleistungszentrum eines Profivereins gespielt, beim 1. FC Nürnberg. Aber das hier ist noch einmal eine andere Dimension. Von einem Klub nur für den Fußball in eine ferne Stadt geholt zu werden, eine Wohnung und einen richtigen Vertrag zu erhalten, ist ein Zeichen. Jetzt wird es ernst mit seinem Versuch, Fußballprofi zu werden. Jetzt geht es richtig los.

Er schreibt Marius eine Whatsapp-Nachricht. »Willst du mit uns Nudeln essen?«

Marius wohnt schon seit einem Jahr im Hochhaus, Grünwalder Straße 108, in einer Ein-Zimmer-Wohnung in einem der oberen

Stockwerke. Er ist 18. Sein Weg ähnelt dem von Foti, auch er kam aus dem Nachwuchsleistungszentrum des 1. FC Nürnberg zu 1860 München, auch er bekam eine eigene Wohnung, nur eben alles ein Jahr früher. Das macht ihn zum Kenner des Münchener Lebens.

Er kennt zum Beispiel die Verkäuferin an der Tankstelle mit Namen, Christiane. »Da gibt es fünf Semmeln für einen Euro«, sagt Marius. Im ersten Moment klingt das nicht besonders gut, Brötchen von der Tankstelle. Muss er am Essen sparen, reichen die 400 Euro im Monat nicht, die er als Spesen von 1860 bekommt? »Nein, nein«, beeilt sich Marius zu sagen, »die Semmeln an der Tankstelle sind einfach super.« Er kauft auch belegte Brötchen dort.

In seiner Wohnung hat er mithilfe des Vaters ein großes London-Bild aufgehängt, es zeigt einen der berühmten roten Doppeldeckerbusse, den 38er nach Victoria, im belebten Straßenverkehr.

Als Marius das erste Mal Fotis Wohnung betrat, staunte er. Da hing dasselbe Bild. Ihre Eltern hatten es für sie jeweils bei IKEA gekauft.

Eigentlich ist es richtig cool, eine Wohnung ganz für sich zu haben, und Marius zeigt sie den Freunden auch gerne vor. Bloß hasst er es, allein zu sein. Wenn er alleine in der Wohnung Fernsehen schaut, fängt er irgendwann immer an, daran zu denken, dass er allein ist.

Letztes Jahr, in Marius' erstem in München, ist ein Mitspieler bei ihm eingezogen, der Leuges. Also nicht offiziell eingezogen, der Leuges kam einfach irgendwann vorbei, zum Zocken, und weil es spät wurde, blieb der Leuges auf dem Sofa über Nacht. Daraus wurde, ohne dass sie groß darüber redeten, eine Gewohnheit. Der Leuges lebt weit draußen bei seinen Eltern, in Bergkirchen, hinter Dachau, da war es sowieso angenehmer, wenn er bei Marius übernachtete, nur fünf Minuten von der Sportschule entfernt und direkt am Trainingsplatz. An den Wochenenden fuhr der Leuges dann heim, Wäsche wechseln. Diese Saison allerdings spielt der Leuges nicht mehr bei 1860, sondern beim FC Augsburg, Jungs aus den Nachwuchsleistungszentren wechseln die Vereine neuerdings, als ob sie schon Profis wären. Oft kommt der Leuges aber trotzdem noch vorbei, oder Marvin kommt, Passi, Julian. Wenn er unter vielen Freunden ist, geht es Marius gut. Er ist beliebt bei den Jungs. Der Marius ist saulustig, sagen sie, der meldet sich verlässlich, der ist auch großzügig. Er ist »der Vollbruder«. Das Wort hat Daniel Leugner erfunden, also der Leuges. »Bruder« zueinander zu sagen ist das neue Ding, es kommt aus Amerika. Vollbruder, dachte sich der Leuges, wäre die ultimative Steigerung; ein würdiger Ausdruck für den besten Bruder.

Marius schaut jetzt auch ein bisschen nach Foti. In den ersten zwei, drei Wochen in München hatte sich Foti einsam gefühlt. Die Jungs in der U19-Mannschaft beim TSV 1860 taten cool. Sie redeten darüber, »wie geil Snus wirkt, es macht dich richtig aggressiv, wenn du es vor dem Spiel nimmst«. Mit Foti redeten sie kaum. Fotis Eltern sagten ihm, »es dauert ein bisschen, bis man sich an einem neuen Ort einlebt«, und vielleicht hatten sie einfach recht. Nach ein paar Wochen bezog der erste aus der Mannschaft Foti mit ein, Felix Bachschmid war's, die Bachstelze. Nun ruft Marius öfters an, ob Foti mitwolle, wenn die Jungs mal in die Stadt gehen, also an den trainingsfreien Tagen um 17 Uhr zum Marienplatz fahren, um zu sehen und hoffentlich auch gesehen zu werden.

Foti und Marius sehen beide, auf ganz unterschiedliche Art, verdammt cool aus.

Foti, dichtes, glänzend schwarzes Haar, freundliche Mandelaugen und offener Blick, trägt mit Vorliebe schwarze T-Shirts mit extrem weitem Ausschnitt, was den muskulösen Oberkörper betont. *Yezuz* steht in glitzernden silbernen Buchstaben auf dem Rücken eines Shirts. Marius, blond, hoch aufgeschossen, ein junger Meister des festen Blicks, trägt falsche Brillanten in den Ohrläppchen, einen weiten schwarzen Kapuzenpullover und eine Plastikfolie über dem Unterarm. Sie soll ein frisches Tattoo schützen. Auf seinem Kapuzenpullover ist ein Bild des toten Jesus aufgedruckt, der von einem Jünger getragen wird.

Manchmal, wenn sie Geld haben, gehen sie am trainingsfreien Nachmittag nicht nur durch die Fußgängerzone, sondern auch ins *Hugo's*. Da gehen angeblich die Profis des FC Bayern hin.

Marius, der sich kümmert, bot Foti sogar an, ihm vor dem Training etwas von seinem schwedischen Kautabak abzugeben, falls er es einmal probieren wolle. »Mit Snus bist du echt bissiger in den Zweikämpfen.« Das war echt nett vom Marius, aber Foti lehnte dankend ab. Er will die Sachen gut machen.

Einmal ist er trotzdem mit den Jungs in einen Klub gegangen, es war noch die Zeit vor den Meisterschaftsspielen, der nächste Tag war trainingsfrei und er neugierig. Wobei, was heißt Klub, sie gingen ins *Crash*. Ein Bauernladen, sagt Foti. Es sieht dort teilweise aus wie in einem Westernsaloon, die Sitzecken aus massivem Holz. Es ist halt einer der wenigen Klubs in München, in die man auch unter 18 reinkommt. Jeder über 18 erhält ein Bändchen, um zu kennzeichnen, dass er Alkohol trinken darf. Foti lieh sich heimlich das Bändchen von Marius, damit er sich auch eine Jacky Cola holen konnte. Bloß sah dann einer der Sicherheitstypen wenig später, dass vor Marius, Foti und Felix Weber drei Jacky Cola standen, aber nur zwei der Jungs ein Bändchen trugen. Foti flog aus dem Laden.

Er stand vor der Tür in der Ainmillerstraße und wartete, was nun passieren würde. Offenbar gar nichts. Er rief Marius auf dem Handy an. »Ey, komm mal raus!«

Gemeinsam berieten sie, was zu tun sei. Dann kam ihnen eine Idee, so eine von der Art wie mit dem Honig und dem Klingelschild. Foti tauschte mit Marius die Kleidung. Das ging schon, auch wenn Marius 13 Zentimeter größer war als er, eins achtundachtzig. In Marius' Jeanshemd und mit dessen Baseballmütze sah Foti aus wie ein anderer Mensch, und tatsächlich, der Sicherheitstyp erkannte in ihm nicht den Rausgeschmissenen wieder, als Foti wieder reinwollte.

Wenn die Eltern anrufen, wie es ihnen in München gehe, sagen Marius und Foti »alles bestens«. Es ist September 2013, der TSV 1860 München ist nach fünf Spieltagen Tabellenführer der U19-Jugend-Bundesliga Gruppe Süd/Südwest. Foti hat als Jüngster in der Mannschaft gleich im ersten Spiel ein Tor geschossen, gegen den FC Augsburg. Wie Marius spielt, »ist ja geisteskrank«, sagt der Leuges, zwei Tore und sagenhafte sechs Torvorlagen in fünf Partien, wie geht der ab, Bruder?

Den Eltern fällt bei ihren Besuchen allerdings auch auf, dass in Marius' Wohnung jetzt nicht unbedingt jeden Tag das Geschirr aufgeräumt ist und Foti erst einmal »Berlin bei Tag und Nacht« schaut, wenn er Mathe lernen sollte. Doch das sind so Erwachsenenthemen.

Irgendwann wollen sie das ja auch besser machen, nehmen sich Marius und Foti vor.

Das sind genau ihre Themen, findet Petra Steinhöfer: Marius dazu bewegen, nicht nur Semmeln von der Tankstelle zu frühstücken, einen Zahnarzt für Foti in München finden; den Jungs helfen, ihren Alltag so zu bewältigen, dass sie optimal Fußball spielen können. Petra Steinhöfer ist 55, sie trägt Bluse und Damenmantel, aber die Jungs sagen »die Petra« zu ihr. Sie ist ihre Beraterin. Spielerberater ist die offizielle Berufsbezeichnung, wobei sie den Begriff Begleiterin für ihre Arbeit passender fände. Sie will Jugendlichen und deren Familien auf dem Weg durch die Fußballakademien der Bundesligaclubs helfen und dann natürlich, falls sie tatsächlich Profi werden, auch an der Vermittlung von gut dotierten Verträgen verdienen.

Die Idee reifte über Jahre in ihr, als sie zu Hause in Weißenburg, in Mittelfranken, von Eltern wegen der Fußballkarriere ihrer Söhne ständig um Rat gefragt wurde. Denn Petra Steinhöfer ist in Weißenburg »die Mutter des Fußballers«.

Dabei hat sie zwei Söhne und eine Tochter. Aber Markus Steinhöfer ist Bundesligaprofi. Der Einzige in den Jahren um 2010 aus dem Landkreis Weißenburg-Gunzenhausen, wo die Dörfer kleine Flecken bilden zwischen golden glänzenden Feldern auf rollenden Hügeln, im Süden das Altmühltal, Richtung Nürnberg die fränkischen Seen.

Nicht nur die Freunde, auch ganz entfernte Bekannte fragten Petra Steinhöfer im Supermarkt oder in der Buchhandlung nach Autogrammkarten, nach Neuigkeiten von Markus, und nicht selten wollten sie einen Tipp. Wie schaffe ihr Sohn es in das Nachwuchsleistungszentrum des 1. FC Nürnberg? Sollte ihr Sohn in die Jugendelf der Spielvereinigung Ansbach wechseln, käme er dort vielleicht weiter?

Manchmal dachte Petra Steinhöfer, die sollen mich alle in Ruhe lassen mit ihrem Fußball. Immer öfter dachte sie: Vielleicht ist das meine Berufung? Eine Begleiterin für Fußballkinder in

Nachwuchsleistungszentren zu sein. Vielleicht ließe sich daraus sogar ein Beruf machen?

Als mich Petra Steinhöfer 2013 nach einer meiner Lesungen anspricht, führt sie bereits seit zwei Jahren eine Agentur namens *Tutor* zur Beratung von Fußballspielern. Sie betreue gut zehn Jugendspieler. »Könnte man auch mal ein Buch drüber schreiben«, sagt sie, so wie das Dutzende Leute nach meinen Lesungen sagen, weil sie 18-jährig mal mit den Profis von Darmstadt 98 trainieren durften, den Ersatz-Torwart des FC Augsburg zum Nachbarn haben oder einen angeblich niemals stinkenden Fußballschuh erfunden haben.

»Ja, interessante Idee«, antworte ich Frau Steinhöfer, so wie ich das Dutzenden Leuten höflich sage.

Aber diesmal meine ich es.

So ein Projekt hatte es noch nie gegeben: eine Frau, die aus ihrer Erfahrung als Fußballmutter heraus beschließt, Spielerberaterin zu werden und speziell Jungs und ihre Familien auf deren langem Weg durch die Nachwuchszentren zu begleiten. So viele Fragen kommen mir sofort in den Sinn: Wie ist das Leben eines Jungen, der sechs von sieben Nachmittagen in der Woche dem Fußball widmet, der mit völliger Hingabe von klein auf alles einem äußerst vagen Ziel unterordnet? Wie ist es für die Familie, die Geschwister, wenn sich so viel um die Hoffnungen eines Jungen dreht? Wird einer der Jungs es wirklich zum Profi schaffen?

Die Nachwuchsleistungszentren (NLZ) der Proficlubs sind in Deutschland eine junge Institution, in den Jahren nach 2000 eingeführt, um die Ausbildung von Fußballprofis zu intensivieren. Die deutsche Weltmeistergeneration von 2014 wurde in den NLZ groß, Toni Kroos, Mario Götze, Manuel Neuer. In den Nachwuchsakademien trainieren die Jugendlichen, was den Zeitaufwand und die Qualität der Übungen betrifft, wie die Profis. Bloß dass sie nebenher noch die Schule bewältigen sollen. Realistisch betrachtet ist es heute der einzige Weg, um Fußballprofi zu werden. Und davon träumen in Deutschland 2013 offenbar sehr viele, die Kinder wie deren Eltern.

Jede Gesellschaft, jede Zeit hat ihre eigenen Sehnsuchtsfiguren. Im alten Rom waren es die Feldherren, in den Sechzigerjahren die ersten Rockstars, irgendwann, vor vielen Jahrhunderten, galten angeblich sogar einmal Schriftsteller als die tollsten Typen. Ungefähr zwischen 2002 und 2018 gibt es in Deutschland anscheinend nichts Größeres, als Fußballprofi zu werden.

In den Zeitungen ist in Bezug auf die neuartigen Nachwuchsleistungszentren entweder das Lob überschwänglich, wie viel besser die Kinder dort gefördert würden als früher – oder es ist von »verlorener Jugend« und »Kinderhandel« die Rede. Wie sieht die Wirklichkeit aus? Und wie wird es Petra Steinhöfer ergehen, wo das auch heute noch eine Kuriosität ist: eine Frau im Männerfußball.

Das alles könnte man ja in einem Buch herausfinden.

2013 treffe ich drei Jungen aus Petra Steinhöfers Agentur zum ersten Mal, Fotios Katidis, Marius Wolf und Niko Reislöhner, zwischen 16 und 18 Jahre alt. Ich will sie so lange begleiten, bis abzusehen ist, was aus ihnen wird, selbst wenn es Jahre dauert. Ich lerne gleich einmal, was *black fashion* ist. »Das ist, wenn Sie sich ganz in Schwarz kleiden und dazu als Kontrast weiße oder rote Turnschuhe tragen«, erklärt mir Foti, und ich weiß schon: Es wird super mit den dreien. Nur ob ihre Geschichte tatsächlich ein Buch hergeben wird, kann ich nicht wissen. Ihr Fußballtraum könnte schon in einem Jahr vorbei sein. Jeden Juni wieder, wenn die Fußballsaison endet, werden Kinder und Jugendliche aus den Nachwuchsleistungszentren weggeschickt, weil ihr Potenzial nicht mehr genüge. Für einige ist der Traum schon mit 13 wieder passé, für manche mit 19. Andere nehmen ihren Platz ein, bis auch die allermeisten von ihnen wieder verabschiedet werden. Von den rund 26 000 Talenten, den Auserwählten, die zwischen 2010 und 2020 in den Nachwuchsakademien der deutschen Proficlubs lernten, wurden wohl allenfalls fünf Prozent Profis. Da ist kein Junge gescheitert, niemand hat versagt, es entspricht einfach der statistischen Logik: In Deutschland gibt es nur rund 2000 Stellen für Profifußballer, um die sich Spieler aus der ganzen Welt bewerben.

Um die allerbesten zu finden, wird systematisch eine große Zahl an Talenten aufwendig ausgebildet, für die kein Bedarf vorhanden ist.

Das wissen mehr oder weniger alle, die in eines der 57 deutschen Nachwuchsleistungszentren eintreten. Bloß alle verdrängen es.

Sonntags bei Familie Reislöhner in Stopfenheim gibt es Braten mit Klößen, zum Nachtisch Erdbeeren, und für Niko legt die Mutter ein Tütchen auflösbares Magnesium hinzu. Sie hat gelernt, an den Fußball mitzudenken. Magnesium ist wichtig, damit er keine Muskelkrämpfe bekommt.

Niko überragt seine Eltern und den zwei Jahre älteren Bruder Timo um gewiss eine Kopflänge, über eins achtzig, mit 16, »keine Ahnung, wo er es herhat«, sagt die Mutter, »alle in der Familie sind klein und lebhaft, nur Niko ist groß und ruhig.« Niko hört es sich ruhig an.

Der Vater macht den Tisch für das Essen frei von seinem Papierkram. Rechnungen und Kostenvoranschläge schreibt er oft sonntags. Während der Woche kommt er nicht dazu. »Marmor, Fliesen, Naturstein, alles verlegen« steht auf dem roten Kastenwagen vor der Haustür. Die Aufträge führen ihn weit über den Weißenburger Raum hinaus, bis rauf nach Nürnberg, 70 Kilometer entfernt. Eigentlich hat er zu viel Arbeit. Albert Reislöhner lehnt trotzdem keinen Auftrag ab. »Kann ich nicht«, glaubt er, »denn dann spricht's sich rum: Der Reislöhner hat es nicht mehr nötig.«

Über Fußball reden sie sonntags eigentlich nicht so viel, über Fußball reden sie im Auto, samstags auf der Heimfahrt von Nikos Spielen, und bestenfalls ist das Thema dann abgeschlossen für die Woche. Heute jedoch hat der Vater einen Tipp: »Du musst auch mal einen ausschwanzeln!« Ausschwanzeln bedeutet im fränkischen Dialekt offenbar ausdribbeln.

Niko lässt nicht erkennen, was er von der Empfehlung hält. Er weiß natürlich, was der Vater meint. Er solle sich manchmal etwas Verwegenes zutrauen, dem Gegner einfach davonlaufen, als Außenverteidiger ganz nach vorne. Niko ist doch so schnell, unter vier Sekunden im 30-Meter-Test, mit 16. In der Männer-Bundesliga sind einige langsamer.

Wie soll er dem Vater erklären, dass er das nicht mag, den Draufgänger markieren. Was, wenn er beim Ausschwanzeln den Ball verliert? Er fühlt sich wohl, wenn er die Vorgaben des Trainers gewissenhaft erfüllt. In bestimmten Momenten des Spiels bestimmte Positionen besetzen und bestimmte Pässe spielen.

Niko trägt ein klassisch elegantes Poloshirt zur kurzen Jeans, ohne Aufdrucke vom toten Jesus oder sonst wem.

Nun aber, Anfang August 2013, wird er mit der U17-Mannschaft der Spielvereinigung Greuther Fürth erstmals in der Jugend-Bundesliga spielen, da geht es richtig los. »Da muss ich doch mal sagen, den schwanzel ich jetzt!«, rät der Vater, also er habe früher immer wild und furchtlos gespielt, bei ihnen auf dem Dorf, bei der DJK Stopfenheim. Aus der Zeit stammt der Spitzname des Vaters, *Hackl*. Hackln heißt in der fränkischen Fußballsprache Foulen. Selbst seine eigene Mutter nennt Albert Reislöhner bis heute Hackl.

Nach dem Sonntagsessen geht Niko gerne auf sein Zimmer, ein eigenes Reich im Dachgeschoss. Er hat sich eine Bettdecke auf das Sofa gelegt. Falls er beim Fernsehen einschläft. Neben der Couch steht eine Elektrogitarre in ihrem Ständer. Das Gitarrenspielen hat er sich selbst beigebracht, ein paar Rocksongs, je härter desto besser, die Noten gibt es im Internet. Er hat die Gitarre seit einem Jahr nicht mehr angerührt.

Irgendwie verschwand das Musizieren einfach so aus seinem Alltag. Keine Zeit mehr, wäre wohl die einfachste Erklärung.

Um 15.31 Uhr nimmt er unter der Woche den Zug von Weißenburg. In der Regel läuft Niko direkt von der Schule zum Bahnhof. Seine Mutter hält sich zu Hause bereit, den Tank des Autos zumindest halbwegs gefüllt, darauf achtet sie. Falls der Zug mal wieder Verspätung hat oder ausfällt, springt sie ein und fährt Niko zum Training nach Fürth. Im Schnitt kommt das einmal im Monat vor. Mit dem Zug um 20.42 Uhr ist Niko zurück. Seine Freunde sieht er mittwochs und sonntags. Da ist fußballfrei.

Sie treffen sich in der Hütte beim Buckel. Überall in Stopfenheim stehen kleine Hütten, in den Gärten, am Weiher, am Sportplatz. Niko kann nicht sagen, ob das in anderen Dörfern ähnlich ist, in Stopfenheim jedenfalls baut sich jede Clique unter den Jugendlichen ihre eigene Hütte. Das sind nicht irgendwelche windschief zusammengekloppte Unterstände, sondern da werden richtige Miniatur-Häusle gebaut, mit akkurat verlegtem Holzboden, eingebauter Eckbank und Bar, das Flachdach mit Schweißband abgedichtet. Niko gehörte erst zur Hütte am Sportplatz, dann ist er zu der beim Buckel gewechselt. Da hören sie *Frei.Wild*. *Feinde deiner Feinde* ist so ein geiles Lied, »für uns gab es nur einen Weg/ den wir zusammen gehen«.

Nach einem Jahr haben sie die Eckbank und Bar aus ihrer Hütte rausgeworfen, um wieder etwas zum Bauen und Basteln zu haben. Viele Jugendliche in Stopfenheim wie Nikos Bruder Timo brauchen nur ein Holz oder ein Moped sehen und müssen sofort daran herumschrauben. Niko interessiert das nicht so. Aber selbstverständlich hat er mitangepackt, bei der Hütte vom Buckel, auch wenn er nicht so oft dabei war wegen des Fußballs. Ihn stört es nicht, dass er die Freunde nur sporadisch sieht. Letztes Jahr hatte er auch eine Freundin, aus Pleinfeld, ehrlich gesagt nur, um mal eine zu haben. Eingeschränkt fühlt er sich jedenfalls nicht. Er findet eher, dass er etwas Besonderes hat mit dem Fußball. Gegen Teams wie Bayern München zu spielen und zu spüren, alle geben alles, das ist wie einen *Frei.Wild*-Song zu leben, »wir haben uns durchgeschlagen/durch die Straßen, durch Asphalt/und es war die beste Schule/innen warm und außen kalt«.

Im 15.31er-Zug von Weißenburg kann er Hausaufgaben machen, theoretisch. Ein gelegentlicher Mitfahrer, mit dem er dann doch lieber geplaudert hat statt gelernt, fehlt neuerdings. Foti Katidis fuhr zum Training in die Akademie des 1. FC Nürnberg, während Niko in das Nachwuchsleistungszentrum von Greuther Fürth fuhr. Wie es Foti wohl in München geht? Muss cool sein, direkt am Trainingsplatz zu wohnen, nicht mehr ewig pendeln zu müssen, sagt Niko, und vielleicht vergisst er, während er das sagt, für einen Moment tatsächlich, dass er das nicht machen möchte. Von zu Hause weggehen.

Bei Foti, im Hochhaus direkt am Trainingsplatz, gibt es ein Problem. Die Klingel funktioniert nicht. Die Jungs drücken auf das coole Klingelschild und denken, warum macht der Blödmann nicht auf. Dabei hört Foti gar nicht, dass jemand klingelt. Er sagt den Jungs, sie müssten ihm eine Whatsapp-Nachricht schicken, wenn sie vor der Haustür stünden, aber natürlich vergisst es der eine oder andere und drückt ewig auf die Klingel.

Foti und sein Mitbewohner beschließen, das Klingelschild wieder abzunehmen, bis die Klingel repariert ist. Dann wären Besucher gezwungen, sich per Whatsapp zu melden. Im Alltag, zwischen Training und Schule, vergessen Foti und Sebi die kaputte Klingel allerdings wieder, bis Fotis Mutter bei einem Wochenendbesuch sagt, »sollen wir das Schild nicht endlich mal abmontieren?« Weil sie sowieso so wenig für ihren Foti machen kann, seit er in der Ferne lebt, greift Olga Katidis selbst zu einem Messer, um das Klingelschild zu entfernen. Sie fährt damit hinter das Schild, sie drückt dagegen, aber was ist denn da los, sie muss richtig Kraft aufwenden. »Das ging ja kaum ab«, sagt sie, wieder in der Wohnung, zu Foti. »Mit was habt ihr das denn festgeklebt?«

Teil 1

Was bisher geschah

(bevor so ein Typ vorbeikam und meinte, er könne über Foti, Marius und Niko ein Buch schreiben)

1 Spielen

Olga und Ioannis Katidis interessierten sich nicht für Fußball. Oder vielleicht sollte Ioannis das im Plusquamperfekt sagen: Sie hatten sich nicht für Fußball interessiert.

Seit ihr Sohn 2009 in die Akademie des 1. FC Nürnberg eingetreten war, schaltete Ioannis bei Champions-League-Partien den Fernseher ein und sagte zu Foti und dessen Bruder Mari: »Schaut euch das doch mal an.« Da konnten sie etwas lernen, glaubte der Vater.

Wenn eine Partie von Real Madrid gezeigt wurde, setzte sich Foti schon mal dazu. Cristiano Ronaldo war der Größte. »Der macht 'ne Show«, sagte Foti. Das war, in Fotis Worten, offenbar etwas Positives, Großartiges. »Mit Show meine ich, dass er die Gegner ein bisschen verarscht mit seinen Tricks.« Ihn wunderte auch, wie Ronaldo das machte. Wenn er in der U15-Regionalliga Süd gegen die 14-jährigen des VfB Stuttgart oder Eintracht Frankfurt spielte, schien gar keine Zeit zu sein, Tricks anzubringen. Sofort attackierte ein Gegner. Foti überrannte die Gegner, er schlug Haken, aber er machte doch keine doppelten Übersteiger wie Ronaldo, er war doch nicht irre. Niemand riskierte verrückte Tricks in der U15-Regionalliga Süd.

Vielleicht hatte der Vater recht, und man konnte vom Zusehen lernen, wann genau Ronaldo den Trick anbrachte, mit welchem Abstand zum Gegner, bei welcher Geschwindigkeit, noch in der Beschleunigung oder erst im Höchsttempo. Doch Fußballschauen war so langweilig, fand Foti.

Die Zeit wurde ihm ewig lang, wenn er 90 Spielminuten nur still sitzen und zuschauen sollte. Irgendwie verlor er dabei immer die Konzentration. Es passierte doch oft minutenlang nichts Interessantes in einem Fußballspiel. Ein Youtube-Video mit Ronaldos

Er wollte auch einmal so ein Trikot anziehen. Als Dreijähriger begann Marius im Team der Achtjährigen beim VfB Einberg zu spielen. Rechts hinter dem Schützen sein Cousin Philipp. [1]

Show war etwas anderes. Da bekam er Ronaldos spektakulärste Szenen zusammengeschnitten serviert und in Zeitlupe verewigt, das schaute er sich manchmal dreimal hintereinander an. Aber ein Fußballspiel anschauen? Foti wollte Fußball spielen.

Die Wege von Niko, Marius und Foti werden sich kreuzen und trennen, wieder überschneiden und unterscheiden, aber ihr Anfang war derselbe. Da war diese unbändige Lust zu spielen.

»Ich will auch mal so ein richtiges Trikot tragen!«, rief Marius, wenn er bei der Kindermannschaft seines Cousins zuschaute. Marius' Vater trainierte das Team bei ihnen im Dorf, also gab Martin Wolf seinem Sohn eines der bunten Trikots und wechselte Marius fortan immer für die letzten Spielminuten ein. Das Trikot für die Achtjährigen des VfB Einberg reichte Marius bis zu den Unterschenkeln. Er war drei.

Als seinem Cousin Philipp sein Borussia-Dortmund-Trikot aus der 95/96er-Saison zu klein wurde, schenkte er es Marius. Jetzt sei er Dortmund-Fan, erklärte Marius und blieb es. Mit acht oder neun begann er auf den Vater einzureden, dass er ins Stadion wolle, nach Dortmund. Natürlich wusste er nicht ganz genau, wie weit es nach Dortmund war, mit acht oder neun. Der Vater, dem diese Leidenschaft bekannt vorkam, wenn er an die eigene Kindheit dachte, fuhr mit Marius hin, 430 Kilometer eine Strecke.

Niko spielte den ganzen Nachmittag Fußball; wenn er niemanden fand, dann eben alleine in der Garageneinfahrt. Seine Mutter sagte nicht, er solle endlich mit dem Lärm aufhören, sie sagte: »Nimm auch mal den rechten Fuß«, den schwächeren. Elke Reislöhner war Fußballtrainerin. Sie trainierte die Kleinsten im Dorf. Wenn die Knirpse der DJK Stopfenheim 10:0 oder 6:2 führten, gab die Mutter Niko ein Zeichen, vom Feld zu kommen, damit auch die Schwächeren ihre Spielzeit bekamen. Das war ihr wichtig; anders als vielen Männern unter den Trainerkollegen, fand sie. »Niko, du kommst jetzt runter!«, rief die Mutter noch einmal und hatte das dumme Gefühl, dass die ganze Welt sie anstarrte, also 30 Eltern und Großeltern aus Stopfenheim. Denn Niko spielte einfach weiter. Er wollte noch das 11:0 oder 7:2 schießen.

Olga und Ioannis Katidis, in deren Leben Fußball keine Rolle spielte, meldeten Foti mit sieben oder acht Jahren beim FC/DJK Weißenburg an. Das machten Kinder doch, Fußball spielen.

In der Kindermannschaft der DJK spielten Mädchen und Jungs, mal gewannen sie 3:1, mal verloren sie 0:8, aber Ioannis dachte bei jedem Spiel dasselbe: »Hoffentlich läuft er sich nicht tot.« Foti rannte nach vorne, er konnte wahnsinnig gut mit dem Ball dribbeln. Und schon rannte er wieder zurück, um der Abwehr zu helfen. Hatte er nicht schon einen ganz roten Kopf, oder kam es dem Vater nur so vor? Foti selbst kam nicht auf die Idee, dass er sich überanstrengen könnte. Nur so machte Fußball doch Spaß. Wenn er überall war.

Der Vater hatte kein Interesse an Fußball gehabt, jedoch ein Gespür für Bewegung und Talent. Seine Jugend, zu Hause in Griechenland, hatte er zu einem gewissen Teil in Schwimmbädern verbracht. Fünfmal die Woche trainierte er, 240 Bahnen pro Training, das machte sechs Kilometer am Tag Kraul, Brust, Rücken, Delfin. Mit dem Blick des ehemaligen Leistungssportlers war Ioannis

Eine Jugendelf des FC Bayern München ist zu einem Turnier in Stopfenheim zu Gast, und dieser 16-Jährige schräg neben Niko soll nicht schlecht sein. Thomas Müller heißt er. Aber Niko, mit der Kapitänsbinde am Arm, ist nicht beeindruckt. [2]

klar, dass Foti auch auf einem anderen Niveau Fußball spielen könnte.

In Deutschland kann ein Fußballtalent fast nicht mehr übersehen werden. Selbst in den abgelegensten Landkreisen gibt es mittlerweile Trainingsstützpunkte des Deutschen Fußball-Bundes, engagierte Amateurklubs und private Fußballschulen, die talentierte Kinder sichten und fördern. In diesem Netz begannen die Nachwuchsleistungszentren der Proficlubs nach 2006 mit einer nie gekannten Dringlichkeit nach Talenten im jüngsten Alter zu suchen; just zu der Zeit, als Niko, Marius und Foti zwischen zehn und zwölf waren.

Profis selbst auszubilden war der letzte Schrei im deutschen Fußball geworden. Die Weltmeisterschaft 2006, als die deutsche Nationalelf mit etlichen jungen Spielern aufregenden und erfolgreichen Fußball gespielt hatte, hatte die Vereinsmanager emotional gepackt: Sie wollten ihre eigenen Schweinsteigers und Podolskis. Der Fußballboom tat ein Übriges: Es floss so viel frisches Geld in den Sport, dass sich die Vereine eine aufwendigere Jugendarbeit leisten konnten. Die Nachwuchsleistungszentren der großen Vereine wie Bayern München, VfL Wolfsburg oder Bayer 04 Leverkusen verfügten um 2010 über Jahresbudgets von drei, vier Millionen Euro; so viel wie mancher schwächere Zweitligist für seinen gesamten Profikader. Es wurden Internate gebaut, Physiotherapeuten eingestellt, mit neuen Lehren wie Life-Kinetik experimentiert und mit der Konkurrenz um Zwölfjährige gekämpft.

In diesem Umfeld des grassierenden Talentefiebers gerieten Niko, Marius und Foti mit ungefähr zwölf Jahren unvermeidlich in das Blickfeld der regionalen Proficlubs 1. FC Nürnberg und Greuther Fürth. Niko verfügte über eine außergewöhnliche Schnelligkeit und spielte, was in dem Alter extrem selten war, mit beiden Füßen nahezu gleich gut. Das hatte ihn seine Mutter ja immer üben lassen. Foti war einfach nicht vom Ball zu trennen. Marius sah Dinge auf dem Fußballfeld, die sonst niemand sah, oder wie kam er auf die verwegene, fabelhafte Idee, den Ball genau an die Stelle zu passen, wo eben noch niemand, aber nun der Mitspieler völlig frei stand?

Der 1. FC Nürnberg bat Marius 2007 in seine Akademie. Um Niko und Foti buhlten Greuther Fürth und Nürnberg.

Fürth lud Foti ein, ein Spiel ihrer Zweitligamannschaft im Stadion anzuschauen. Nürnberg lud ihn daraufhin ein, Balljunge bei einer Profipartie zu sein. Sie wussten ja nicht, dass er Zuschauen langweilig fand. Foti entschied sich schließlich für Nürnberg, weil das der Verein war, über den die Kinder in Weißenburg redeten.

Niko entschied sich für Fürth. Die hatten früher angefragt. Außerdem hatten die Nürnberger in einem Spiel gegen seine Kindermannschaft ihren Ausgleich in letzter Spielminute so triumphierend gefeiert, dass er beleidigt war. Zu den Affen ging er nicht, sagte Niko, natürlich nur zu seiner Mutter, nicht zum Nürnberger Jugendtrainer.

Ehrlich gesagt waren Niko die Spielvereinigung Greuther Fürth und der 1. FC Nürnberg bis dahin ziemlich egal gewesen.

Das waren doch bloß irgendwelche Proficlubs, die häufig verloren. Bayern München, davon träumte er!

Ein paar Mal war der Vater mit ihm nach München gefahren. An der Kirche in Stopfenheim startete jeden zweiten Samstag der Bus der *Red Dogs*. Die Erwachsenen luden Bierkästen ein, alle trugen Rot, rote Schals, rote Nylontrikots, viele auch rote Gesichter. Offenbar waren die *Red Dogs* der zweitgrößte Bayern-Fanklub Deutschlands, hatte man Niko jedenfalls so gesagt, mit über 5000 Mitgliedern, wo doch Stopfenheim nur 844 Einwohner hatte. Auf der zweistündigen Busfahrt lauschte er den Gesängen, »so wie einst Real Madrid/ein Team wie aus Granit«, und im Stadion blieb sein Blick gebannt an Zé Roberto hängen. Wie elegant Zé Roberto den Ball annahm und den Fuß im Moment des Aufpralls ganz leicht zurückzog, damit der Ball ganz nah bei ihm blieb.

Als Niko mit 13 erfuhr, dass Nürnberg und Greuther Fürth ihn in ihre Nachwuchsakademie aufnehmen wollten, vermischte sich das für ihn schlagartig mit dem FC Bayern. Er träumte nicht konkret, ich beginne bei Fürth, und wenn ich dort hervorsteche, holen mich vielleicht die Bayern. Er fühlte nur, in ein Nachwuchsleistungszentrum eines Profivereins aufgenommen zu werden, das war der Traum. Dort spielten die, die Profis wurden.

Ansonsten dachte er, ähnlich wie Foti und Marius, dass er in einem Nachwuchsleistungszentrum einfach weiter Fußball spielen würde, so wie sie es in ihren Dorf- und Kleinstadtclubs getan hatten. Was sollte Fußball denn anderes sein als ein Spiel?

2
Ach ja, Schule ist auch noch

Mist.

Seine Mutter wollte wissen, ob er schon den Englischtest zurückbekommen hatte.

Bevor Marius überhaupt überlegen konnte, was er sagen sollte, sagte er schon: »Nein, noch nicht.«

Die Schuldgefühle stellten sich augenblicklich ein, warum bekam man vom Lügen bloß immer so einen blöden roten Kopf? Aber das ging vorüber. Das schlechte Gefühl ließ sich verdrängen, sobald es zum Fußballtraining ging.

Im Auto auf dem Weg zum Training sollte er im Idealfall für die Schule lernen. Marius redete meistens mit seinem Mitspieler Andi Baier über die Bundesliga oder über ein neues Cristiano-Ronaldo-Video auf Youtube.

Haarschnitte waren auch gelegentlich ein Thema. Marius setzte in dem Bereich die Trends. Der Friseursalon, den seine Mutter bei ihnen zu Hause betrieb, übte eine magische Anziehungskraft auf ihn aus. Mal probierte er alle Geltöpfchen durch, mal bat er die Mutter, ihm Streifen in die Haare zu rasieren. 13 Jahre später wird sich ein Mitspieler von damals noch daran erinnern, wie er Marius mit zwölf das erste Mal sah. Die Haare! »Die waren weiß gefärbt«, sagt Pascal Köpke.

Niemand, weder die Jungs noch die Eltern der Mitspieler beim 1. FC Nürnberg, wäre auf die Idee gekommen, dass Marius verschlossen war; im Gegenteil. Er redete ja auch über alles, bloß über Probleme nicht. Das ging irgendwie nicht. Über verhauene Englischtests oder andere unangenehme Themen sprach er mit niemandem. Er war einer, der die Dinge mit sich selbst ausmacht, fand Marius.

Am Abend, zurück vom Training, stopfte die Mutter die

Wäsche in die Waschmaschine, damit Marius auch am nächsten Tag frische Trainingskleidung hatte. Aus einer Hosentasche ragten ein paar zusammengefaltete DIN-A4-Blätter. Was war das jetzt wieder, es reichten schon die Papiertaschentücher, die sie manchmal aus der Wäsche fischen musste.

Einen Moment starrte die Mutter perplex auf den Englischtest. Was machte der in einer Hosentasche? Warum war der überhaupt hier, Marius hatte doch gesagt, sie hätten die Schularbeit noch nicht zurück.

Dann glaubte sie, alles zu verstehen. Marius wollte ihr die Fünf in Englisch nicht verschweigen, aber er schaffte es nicht, den Eltern davon zu erzählen. Also fand er innovative Wege, ihr die Schularbeit zukommen zu lassen.

Im Februar 2009, drei Monate vor seinem 14. Geburtstag, wurde Marius von Herrn Rektor Bänisch an der Realschule Neustadt bei Coburg ins Büro gebeten. Angesichts seiner Noten im Halbjahreszeugnis stelle sich die Frage, ob Marius das zweite Halbjahr überhaupt noch in der achten Klasse bestreiten wollte oder nicht besser jetzt schon eine Klasse zurückgehen sollte. Der Rektor bat Marius, die Lage mit seinen Eltern zu besprechen. Marius kam nach Hause und erklärte seinen Eltern, er habe entschieden, die Klasse zu wiederholen. Er hatte das schon mit sich selbst ausgemacht.

Die Probleme in der achten Klasse waren in seinem zweiten Jahr beim 1. FC Nürnberg entstanden. Der Zusammenhang ließ sich nicht übersehen.

Marius war, ganz anders als seine Schwester, nie ein begeisterter Schüler gewesen. Aber richtige Schwierigkeiten hatte er bis zur siebten, achten Klasse nicht gehabt; bis 25 Stunden die Woche für das Training, die Spiele, die Fahrten draufgingen.

Marius war ein Jahr älter als Foti und zwei Jahre älter als Niko. Beziehungsweise Marius war ein 95er, Foti ein 96er und Niko ein 97er. In den Nachwuchsleistungszentren klassifizierten sie die Jungs stets nach ihren Geburtsjahrgängen. Marius machte zwangsläufig viele Erfahrungen als Erster von den dreien. Sie waren ins Nachwuchsleistungszentrum gegangen, um es als Fußballer zu schaffen, aber schnell wurde klar, dass damit noch eine andere Frage verbunden war. Würden sie die Schule noch schaffen?

In allen drei Fällen schien offensichtlich, dass der Fußball sie schulisch in besondere Schwierigkeiten brachte. Es fehlte ihnen schlichtweg Zeit zu lernen. Sie standen gegen 6.45 Uhr auf, gingen zur Schule, aßen zu Mittag, fuhren zum Training, und waren gegen 20, 21 Uhr wieder zu Hause.

Ganz genau war weder den Jungs noch ihren Eltern klar gewesen, worauf sie sich da eingelassen hatten. Es hatte einfach toll geklungen: für Nürnberg oder Fürth spielen.

Foti und Niko kämpften noch Jahr für Jahr erfolgreich gegen das Sitzenbleiben an.

Beide waren die Ersten in ihren Familien, die aufs Gymnasium gingen. Niko hatte das unbedingt gewollt. Foti hatte es halt einfach gemacht.

Sein Ziel hatte Foti schon mit 12, 13 klar definiert: In allen Fächern mit minimalem Aufwand eine Vier erreichen (und in Sport natürlich eine Eins). Niko versuchte, in allen Fächern so gut wie möglich zu sein, aber gut genug zu sein war auf dem Gymnasium nicht so einfach, das hatten ihm die Eltern schon vorher gesagt. Doch deswegen wollte er es umso mehr schaffen. Er nahm Nachhilfeunterricht beim Lemmermeier Simon, einem vier Jahre älteren Nachbarjungen. Die Reislöhners nannten Personen nach alter bayerischer Tradition ordentlich mit dem Nachnamen zuerst. Vom Lemmermeier Simon fuhr die Mutter Niko für die Französisch-Nachhilfe zu einer Französin nach Weiboldshausen. So war der Mittwochnachmittag ausgefüllt, sein fußballfreier Tag.

Die Schule war das Wichtigste. Das hatten die Familien Katidis, Reislöhner, Wolf vom ersten Kennenlernen an unzählige Male von den Trainern und Planern im Nachwuchsleistungszentrum gehört. Die Schule ging immer vor.

»Die Schule interessiert bei Greuther Fürth keine Sau«, stellte Albert Reislöhner nach Nikos erstem Jahr in der Fußballakademie fest. »Es hieß, die Zeugnisse würden vom Verein kontrolliert. Die Zeugnisse? Die wollte nie jemand sehen. Spätestens nach einem

Jahr war mir klar, es geht nur um die Leistung auf dem Fußballplatz, und die Schule hat sich nach dem Sport zu richten.«

Foti und Marius mussten beim 1. FC Nürnberg sehr wohl ihre Zeugnisse den Trainern zeigen. Wie diese dann mit schlechten Noten umgingen, ob der Trainer sie weglächelte oder den Spieler regelmäßig anspornte, in der Schule zuzulegen, war individuell sehr unterschiedlich. Undenkbar war, dass ein Junge ein Training ausfallen ließ, um für die Schule zu lernen. »Wenn du gesagt hättest, er muss für die Nachhilfe einmal die Woche zu Hause bleiben, dann hätte er am Samstag nicht gespielt«, sagt Elke Reislöhner. »Deswegen haben wir das nie auch nur angefragt, niemals! Denn wenn ich den Jungen daheim lasse, dann strafe ich ihn, dann nehme ich ihm das Spiel am Samstag.« Sie hatte eine Erfahrung gemacht, die ihr reichte. Zu Beginn von Nikos zweitem Jahr in Fürth fuhren sie wie jedes Jahr während der bayerischen Schulferien in den Urlaub nach Bulgarien, 540 Euro die Woche für ein Familienzimmer, das war unschlagbar. In den ersten drei Spielen der Saison saß Niko auf der Ersatzbank, weil er in der Vorbereitung zwei Wochen in die Ferien gefahren war. Andere hatten sich in der Zeit im Training angestrengt. Darüber konnte man sich aufregen, fühlte Elke Reislöhner, aber man fuhr besser damit, wenn man es als gegeben hinnahm. Der Fußball im Nachwuchsleistungszentrum, der Traum der Jungen, verlangte völlige Hingabe.

Manche Leistungszentren wie das des TSV 1860 München gaben sich selbst die Regel vor, kein Kind mit einer Anfahrt von über 45 Minuten aufzunehmen. Kein Leistungszentrum schaffte es, diesen guten Vorsatz einzuhalten. Die Angst, ein Talent an die Konkurrenz zu verlieren, war größer. Foti, Niko und Marius benötigten für ihre Fahrten zum Training in Nürnberg und Fürth allesamt über eine Stunde. Für Kinder aus der Provinz wie sie gab es nur die zwei Möglichkeiten: entweder die lange Anfahrt. Oder den Fußballtraum vergessen.

Das Gefühl, abgelegen zu leben, hatte Marius' Vater in der eigenen Jugend verinnerlicht. »Drei Seiten um uns herum waren zu«, sagt Martin Wolf. Die Grenze zur DDR lag wie ein Hufeisen um

Coburg und die umliegenden Dörfer wie Einberg. Ein Freizeitvergnügen war es, mit den Freunden zur Grenze zu radeln und zu schauen, wie die DDR-Grenzsoldaten sie anschauten, durch ihre Ferngläser. Daran dachte er manchmal: dass er seinen Kindern Marius und Maren doch mehr Möglichkeiten bieten wollte, als er damals für sich gesehen hatte. Von Einberg zum Training nach Nürnberg waren es 115 Kilometer, 75 Minuten eine Strecke, seit die Autobahn fertiggestellt war.

Heike Wolf nahm an manchen Nachmittagen neuerdings keine Kunden mehr in ihrem Friseursalon an. Da musste sie Marius nach Nürnberg fahren. Ihr Mann war oft auf Montage. Als Maschinentechniker stellte Martin Wolf mit seinen Kollegen riesige Fräsmaschinen auf, irgendwo in Deutschland, der Schweiz oder Österreich. Natürlich schneite es immer genau dann heftig in Franken, wenn er unterwegs war, und Heike zu Hause alles alleine regeln musste, die Arbeit, den Haushalt, die Kinder, die Trainingsfahrt. Um fünf Uhr stand Heike Wolf an solchen Tagen auf. Bevor sie den Kindern das Frühstück machte, musste sie die Einfahrt zum Haus von dem ganzen Schnee freischippen. Die Kunden, die zu ihr in den Friseursalon kamen, wollten schließlich ordentlich parken können. Die Kunden erwarteten, dass Heike Wolf sie freundlich und entspannt bediente.

Zum Glück wohnte ein Mitspieler, Andi Baier, in der Nähe, so konnten sich die Familien beim Fahren abwechseln. Marius' Opa Rolf sprang auch ein, sooft es sein Schichtdienst als Pförtner beim Porzellanfigurenhersteller Göbel zuließ.

Siggi, der Vater von Andi Baier, war der Briefträger vom Frankenwald. Gerade in den Wochen vor Weihnachten schaffte er es manchmal nicht, Andi rechtzeitig um 15 Uhr zum Treffpunkt beim ALDI in Ebersdorf zu bringen. Er war noch mit seinen Briefen und Päckchen unterwegs. Opa Rolf rief an, »Siggi, wo biste?« Erst in Neufang? Na, dann fuhr der Opa lieber selbst noch durch die dichten Wälder und ewigen Hügel zum Haus der Baiers nach Friesen, um Andi abzuholen. Bloß die 20 Minuten waren weg, die musste er jetzt aufholen. Wenn sie zu spät kamen, wurden die Jungs bestraft, wer zu spät zum Training kam, saß am Samstag auf der Ersatzbank. Das hatte Opa Rolf einmal erlebt, dabei war es doch gar nicht die Schuld von Marius und Andi gewesen, sondern die der Post.

Sie würden auf der Rückfahrt für die Schule lernen, sagten Marius und Andi auf der Hinfahrt. Auf der Rückfahrt, nach der körperlichen Anstrengung überwältigt von der Wärme im Wagen, schliefen sie ein.

Aber wen interessierte wirklich, ob eine Drei oder Vier in Geschichte im Zeugnis stand, wer wusste überhaupt noch zwei Monate nach der Zeugnisvergabe, ob er eine Drei oder Vier in Kunst hatte? Was interessierte, war das Spiel gegen Jahn Regensburg nächsten Samstag, fanden Marius, Foti, Niko. Wenn die Eltern ganz ehrlich waren, schlich sich dieses Denken bei ihnen mit der Zeit im Nachwuchsleistungszentrum auch ein. Alles war gut, wenn es im Fußball richtig und in der Schule halbwegs lief.

Er würde sich in der Schule auch bessern, versprach Marius, wirklich. Auf den Fahrten nach Nürnberg fragten Andi Baier und er sich nun Englischvokabeln ab.

Zumindest für ein paar Tage.

3 Was ist eigentlich ein Talent?

Martin Wolf fragte sich im Winter 2008, ob es auch Allergien gegen Wiener Würstel gab. Dann war er nämlich gerade dabei, eine zu entwickeln. Er konnte keine Wiener mehr sehen! Aber er aß schon wieder ein Paar. Es gab nichts anderes bei den Hallenturnieren, bei denen Marius mit der U13-Mannschaft des 1. FC Nürnberg Wochenende für Wochenende startete. Jetzt war er einmal nicht auf Montage und verbrachte jeden Sonntag in stickigen Turnhallen, das war auch eine Art Bohrinsel-Aufenthalt. Nach sieben Stunden in der Turnhalle fühlte sich Martin Wolf erschöpft, ohne etwas getan zu haben, und dennoch zog es ihn am nächsten Sonntag fasziniert und glücklich wieder in die nächste Halle. Wenn die Jungs samstags frei hatten, meldete sich Marius freiwillig als Balljunge für das Profispiel beim 1. FC Nürnberg. »Jetzt müssen wir schon wieder nach Nürnberg fahren!«, rief der Vater entsetzt. Natürlich fuhr er Marius hin.

Fußball hatte Martin Wolf immer begeistert. Die Montage, als sie bei SMS Demag in Mönchengladbach eine Walzmaschine aufstellten, war sein Lottogewinn gewesen. Nach der Arbeit konnten sie zu den Heimspielen seiner Borussia auf dem Mönchengladbacher Bökelberg gehen. Seinen eigenen Sohn so fein Fußball spielen zu sehen war noch einmal eine unerwartete Steigerung.

Zu sehen, wie Kinder etwas außergewöhnlich beherrschten, zu sehen, wie das eigene Kind etwas unheimlich gut konnte, war gigantisch. Opa Rolf gelingt es am besten, das Gefühl in Worte zu fassen: »Dein Körper spielt immer mit. Wenn du Marius spielen siehst, spürst du das im ganzen Körper.«

Mit ihrem Talent hatten Marius, Foti und Niko in ihren Heimatvereinen anstrengungslos, wie gottgegeben herausgeragt. Das erste Spiel im Nachwuchsleistungszentrum war daraufhin ein

Schock, sagt Elke Reislöhner. »Die sind hier ja alle mehr oder weniger genauso gut!«, ging ihr auf. »Da brauchte ich schon einen Moment, um mich daran zu gewöhnen.«

In dem Augenblick, als Nikos Mutter erstmals die vielen Begabungen in einer einzigen Akademiemannschaft sah, offenbarte sich die große Frage der modernen Talentsuche. Wie erkennt man die, die Profi werden?

»Bei 14-Jährigen und Jüngeren kannst du das in der Regel gar nicht erkennen«, sagt Wolfgang Schellenberg. Er trainierte 2010 beim 1. FC Nürnberg die U15 mit Marius.

Der größte Anhaltspunkt bei der Sichtung eines Talents war dessen Ballspiel. In welcher Schnelligkeit konnte ein Kind sauber die Grundtechniken am Ball ausführen, stoppen, passen, dribbeln, flanken, schießen. Jeder kennt aus seiner Kindheit den einen Jungen im örtlichen Amateurfußballclub, der pro Spiel vier oder mehr Tore schoss. Oft kamen diese vermeintlich herausragenden Kinder für die Profiakademien jedoch nicht infrage. Denn sie erzielten ihre Tore vielleicht mehr mit Kraft als mit verschiedenen Schusstechniken, bei ihren Dribblings waren sie schnell, konnten den Ball allerdings nicht eng am Fuß führen. Das Spiel aber würde mit jeder Altersstufe und jeder Leistungsklasse schneller werden. Wer in den technischen Bewegungsabläufen nicht brillant war, würde irgendwann vom Tempo überfordert werden.

Alle Kinder in den Akademiemannschaften brachten motorisch beim Ballspiel enorme Anlagen mit, deswegen waren sie ausgewählt worden. Doch um ein Profifußballer zu werden, waren zudem so viele andere Talente nötig, Spielintelligenz, Geschwindigkeit, Athletik, Durchsetzungsvermögen, mentale Wettkampfhärte, Lernfähigkeit und einiges mehr. Diese Komponenten würden sich, anders als die Grundtechniken, erst in den Jahren zwischen 14 und 21 entwickeln. Das hieß, man nahm ein Kind wegen seines Potenzials in ein Nachwuchsleistungszentrum auf und hatte wenig Ahnung, was herauskam. Welcher Junge würde sich in den nächsten fünf Jahren wie stark weiterentwickeln, wer würde stagnieren? Und wer würde, nachdem er einmal stagnierte, plötzlich einen Riesensprung machen? Das war die reine Ungewissheit.

»Deshalb ging es für mich als U15-Trainer immer nur darum, möglichst viele Spieler weiterzubringen«, sagt Wolfgang Schellenberg. Foti und Niko waren bis zur U15 immer unter den Besseren ihres Teams, die konnten die Trainer einfach laufen lassen, aber bei Marius zeigte sich, was Schellenberg meint.

Hätte Schellenberg seine U15 wie ein Profitrainer knallhart nach aktuellem Leistungsvermögen aufgestellt, wäre Marius' Platz sehr oft die Ersatzbank gewesen. Er ließ sich als Außenstürmer öfters von robusten Abwehrspielern Richtung Seitenauslinie abdrängen, wo er keine Gefahr war. Aber das war erklärbar. Marius war ein Junge unter Heranwachsenden, 1,65 Meter gegen 1,79 Meter. »Marius war in meiner Mannschaft wahrscheinlich der Kleinste. Natürlich hatte er deswegen Probleme, sich durchzusetzen«, sagt Schellenberg. »Aber wusste ich, ob er sein Leben lang klein und schmächtig blieb und deshalb athletisch im Spitzenfußball keine Chance haben würde – oder ob er in zwei Jahren einen Riesenwachstumsschub bekam? Was ich sah, war sein Potenzial: Fußballerisch gehörte er zu den Besten, und zwar nicht nur in puncto Ballbehandlung. Der hatte Witz auf dem Platz, der war frech, der traute sich trotz seiner Schmächtigkeit was.«

So ließ Schellenberg ihn immer wieder spielen. Der Trainer hatte einen Stamm von sechs, sieben Jungen, die praktisch durchweg spielten, weil sie ihre Anlagen vehement auf dem Platz zeigten, Niklas Stark, Stephan Schreiber, Patrick Erras hießen die auffälligsten. Gleichzeitig gewährte Schellenberg einer zweiten Gruppe von acht bis zehn Jungen durch Ein- und Auswechslungen ausreichend Spielpraxis, damit möglichst viele von ihnen sich verbesserten, auch wenn ihre Anlagen oft nur zu erahnen, noch nicht voll zu sehen waren. Zu dieser Gruppe gehörte Marius.

Alle U15-Trainer sagen, das Resultat interessiert mich wenig, mich interessiert die Weiterentwicklung der Jungs. Es wird erwartet, dass sie das sagen. Wolfgang Schellenberg musste tatsächlich nicht auf das Resultat achten. Denn seine U15 mit Marius gewann sowieso immer. Sie begannen die Saison 2009/10 mit einem 15:0 über den FC Amberg und beendeten sie mit einem 9:0 über den 1. FC Haßfurt. 24 Siege und zwei Unentschieden standen in der Bayernliga Nord zu Buche, der höchsten Spielklasse für 14-Jährige.

Für viele Ausbilder im erwachten deutschen Nachwuchsfußball machten solche eindeutigen Spiele keinen Sinn mehr. Die Mannschaften der Profiakademien waren den besseren Amateurteams ihrer Region hoffnungslos enteilt. Ab der folgenden Saison wurde deshalb in der U15 eine weitergehende höchste Spielklasse eingeführt, die Regionalliga Süd, in der Foti und Niko dann gegen lauter andere Profiakademien spielen würden. Wolfgang Schellenberg aber nannte es »ein Glück«, dass seine U15 noch in einer schlechteren Spielklasse antrat, der Bayernliga Nord. »Ich konnte frei, ohne Angst vor einer Niederlage, überlegen, wen kann ich wie fördern, ich konnte die momentan vermeintlich Schwächeren unbeschwert einsetzen oder Marius zum Beispiel auch mal als Mittelstürmer ausprobieren.« Wenn etwas nicht funktionierte, gewannen sie eben mal nur 2:1 statt 9:0.

Sie waren selbst schuld, dass niemand mehr die potenziellen Profis unter den 14-Jährigen in einer Akademiemannschaft eindeutig identifizieren konnte, ging es Wolfgang Schellenberg auf. Sie hatten das Training und Scouting in den Nachwuchsleistungszentren so sehr verbessert, dass der Abstand zwischen den herausragenden und den sehr guten Talenten geschmolzen war. Es gab nun eine Masse Talente, die alle irgendetwas Besonderes hatten. »Ich weiß noch, wie ich 20 Jahre zuvor als junger Mann aus Burghausen nach München kam und zum ersten Mal ein E-Jugendspiel des FC Bayern sah«, erzählt Schellenberg: »Da waren zwei Zehnjährige, Thomas Hitzlsperger und Daniel Jungwirth, da dachte ich: Boah, wenn ich solche Spieler einmal trainieren könnte! Solche Talente hatte ich in Burghausen noch nie gesehen, das war eine andere Welt. Aus heutiger Sicht muss ich sagen: Die stachen natürlich auch deshalb so heraus, weil das allgemeine Trainingsniveau noch viel niedriger war, Talent allein also viel mehr den Unterschied machte.«

Ab und an gab es diese Hitzlspergers vom anderen Stern auch noch 2010. Beim VfB Stuttgart spielte ein 96er, also Fotis Jahrgang, von dem alle Kinder redeten, wenn sie sich nur einmal mit ihm gemessen hatten. Er war ihr persönlicher Ronaldo. Er spielte schon bald bei den Älteren, also in Marius' Jahrgang, um nicht unterfordert zu sein, und war trotzdem zu gut. Die Ballannahme, der Antritt, der Schuss, alles erledigte er in einer höheren Geschwindigkeit. »Timo Werner«, sagte sich Fotis Vater. »Den Namen werde ich nicht vergessen. Der wird Profi.« Da hatte er ihn einmal gesehen, einen 13-Jährigen bei einem Turnier in Blaustein.

Timo Werner war die Sensation, die Ausnahme. Wer ansonsten versuchte, die besonderen Talente in der Akademie eines Bundesligisten herauszustellen, sagte etliche Male »und der natürlich auch noch, und der …«.

Von den 26 000 Talenten, die in einem Jahrzehnt die 57 deutschen Nachwuchsleistungszentren frequentierten, waren bis zur U15 rund 10 000 schon wieder verabschiedet worden. Ihre Zeit in den Akademien hatte von acht bis zwölf oder elf bis dreizehn Jahre gedauert. Vermeintlich Talentiertere ersetzten sie. Mehr als einmal wird es eine falsche Entscheidung gewesen sein, weil niemand voraussagen konnte, wie sich der weggeschickte 13-Jährige entwickelt hätte. Der beste Trainer konnte es nur schätzen, annehmen.

Aber das interessierte Niko, Marius und Foti nicht. Sie waren die, die dabei waren.

4 Jeder Fußballer braucht einen Herrn Bischoff

Im Training wurde Marius zum Einäugigen. Der neue Trainer verteilte Augenklappen, ganz in Schwarz, so wie sie Piraten in Spielfilmen oder Augenpatienten in Krankenhäusern trugen. Das eine Auge bedeckt, sollten die Jungs das Torschusstraining absolvieren.

So schulten sie nicht nur die Schusstechnik, sondern gleichzeitig ihre Wahrnehmung, erklärte ihnen der Trainer. Wussten sie überhaupt, dass jeder Mensch ein Führungsauge hatte? Ein Auge wurde faul, weil das andere die Hauptaufgabe des Sehens übernahm. Wenn sie das Führungsauge mit der Klappe verdeckten, zwangen sie das faule Auge zur Arbeit. Beim Fußball mussten sie ständig aus den Augenwinkeln registrieren, was um sie herum passierte, peripheres Sehen hieß das. Dazu brauchten sie zwei starke Augen.

Die Idee für solche Trainingsformen stammte aus den Rehabilitationsprogrammen von Schlaganfallpatienten. Therapeuten hatten nach Übungen gesucht, die Gehirn und Motorik gleichzeitig forderten. Ein erfindungsreicher Fußballlehrer aus München, Horst Lutz, hatte aus der Schlaganfalltherapie Trainingsübungen für Fußballer abgeleitet. Life-Kinetik taufte er sein Konzept.

Zum Beispiel sollten die Spieler, während sie mit dem Fußball dribbelten, gleichzeitig einen Tennisball im hohen Bogen von einer Hand in die andere werfen, immer hin und her, im vollen Lauftempo. So lernten sie zu dribbeln, ohne auf Ball und Fuß zu achten. Im Spiel hätten sie den Blick frei für Gegner und Mitspieler.

Es kam Marius vor, als ob ihr neuer Trainer in der U16-Mannschaft des 1. FC Nürnberg, Michael Bischoff, Dutzende solcher neuen, aufregenden Ideen mitbrachte.

»Mexiko!«, rief der neue Trainer Marius im Spiel zu. »Mexiko!«, schrie Niklas Stark, ihr Kapitän, damit es alle hörten.

Was war jetzt los? Was war mit Mexiko?, konnten sich Gegner und Zuschauer nur fragen.

Marius und seine Angriffspartner jagten da schon wie verrückt Ball und Gegner in deren Abwehr. So wie es die Mexikaner bei der Weltmeisterschaft 2010 getan hatten.

Mexiko war ihr Codewort, um ein plötzliches, unbarmherziges Pressing zu starten.

Der neue Trainer hatte etliche Geheimlosungen eingeführt. »Bremen!« hieß »Achtung, die spielen auf Abseits!«, »Messi!« hieß, »dreh dich mit dem Ball am Fuß, du hast keinen Gegner im Rücken«.

Marius spürte mit 15 zunächst einfach nur, welche große Freude das Training bei Michael Bischoff machte. Die tiefere Erkenntnis kam ihm erst Jahre später, als er mehr Erfahrungen gesammelt hatte. Was ihm in der Saison 2010/11 widerfuhr, ist das größte Glück für jeden Fußballer. Du knüpfst eine Beziehung zu einem Trainer, die dich aufblühen lässt.

Vor allem eine Sache schien bei Michael Bischoff in der U16 anders als bei all den qualifizierten Trainern zuvor. Er zeigte ein ungekanntes Interesse an jedem einzelnen Spieler; als ob er nicht nur eine Mannschaft trainierte, sondern sich als Individualförderer für jeden Einzelnen sah. »Der Herr Bischoff hat sich tiefer mit einem beschäftigt«, sagt Marius' Freund aus der Fahrgemeinschaft, Andi Baier. »Und menschlicher.«

Der Zufall wollte es, dass Marius und Foti in derselben Saison, 2010/11, erlebten, wie ein Trainer ein Talent beflügeln kann. Niko dagegen kümmerte sich noch nicht um Trainer. Für ihn waren Trainer einfach da. Mal schrie ein Trainer herum, mal lobte ein anderer mehr, aber seinen Weg beeinflusste ein Trainer nicht entscheidend, glaubte Niko im Jahr 2011, mit 13, 14.

»Foti, du kannst noch torgefährlicher werden«, sagte sein Trainer in jenem Jahr, Michael Wimmer.

»Wie meinen Sie das, Herr Wimmer? *Wie* kann ich noch torgefährlicher werden?«, antwortete Foti, und Michael Wimmer fragte sich zum ersten Mal in seiner jungen Trainerkarriere: Ja, wie meine ich das eigentlich?

Dieser unverstellte 14-Jährige brachte ihn dazu, darüber nachzudenken, wie man taktische und technische Details Jugendlichen tatsächlich am besten vermittelte. »Ich war damals in meinen Anfangsjahren als Trainer und hatte mir bis zu dem Zeitpunkt keine größeren Gedanken gemacht: Wie erklärt man etwas? Ich dachte einfach, ich kann das doch, erklären«, sagt Michael Wimmer.

Er war 30, die Frisur noch jugendlich lang, einer von denen, die als Fußballer kurz vor einer Profikarriere gestanden hatten und der sich als Trainer daheim in Dingolfing mehr oder weniger autodidaktisch ausgebildet hatte. Es war sein erstes Jahr in einem Nachwuchsleistungszentrum, als er den 96er-Jahrgang in der U15 des 1. FC Nürnberg übernahm; zum ersten Mal hauptberuflich Trainer. Neuerdings beschäftigten die Bundesligaclubs mindestens bis zur U15 hinunter Trainer in Vollzeit. Die Gehälter reichten in der Regel von 1500 bis 6000 Euro.

Michael Wimmer imponierte es, dass Foti immer wieder fragte. Denn Fragen war doch eigentlich peinlich in dem Alter. »Aber Foti war es wirklich egal, was die anderen dachten.« Den Rückweg bei den Torschussübungen nutzte Foti, um mit dem Ball Finten zu üben. Niemand machte das. Nach dem Torschuss ging man langsam zurück und stellte sich erneut in der Reihe an. Foti glaubte zu wissen, was einige Mitspieler über ihn in dem Moment dachten.

Ist der krank?

Sollten sie es denken. Er wollte mit dem Ball spielen, und er wollte mit dem Ball lernen, da war so eine Spielfreude in ihm.

Die coolen Jungs im Team, Chris Uwadia, Alex Toncic und der Dino Kardovic, akzeptierten ihn sowieso als ihresgleichen. Niemand würde sich trauen, über seinen Eifer zu lästern. Er war zu gut.

Foti nahm den Ball auf, im Testspiel gegen den SSV Ulm 1846, noch am eigenen Strafraum. Er rannte los. Eigentlich ließ er die Gegner gar nicht aussteigen, sondern er stürmte schlichtweg an ihnen vorbei. Irgendwann, nach circa sieben Sekunden, war er am gegnerischen Strafraum angekommen. »Scheiße«, dachte er in einem Anflug von Panik. »Wenn du jetzt die Torchance vergibst, sieht das nach diesem Monsterdribbling ziemlich dämlich aus.« Er schoss. Der Schuss war ganz passabel, mit Innenrist Richtung linkes, unteres Toreck. Der Ulmer Torwart flog vergeblich.

»Messi!«, riefen die Mitspieler, als sie schreiend und jubelnd herbeiliefen, »Messi, Messi, Messi!« Noch nach dem Schlusspfiff nannten sie ihn Lionel Messi. Foti war es egal, dass der Vergleich mit dem besten Dribbler der Welt beim nächsten Training schon wieder vergessen war. Er war doch sowieso Ronaldo-Fan, nicht von Messi.

Es war sein extremstes Tor, nach einem Dribbling über 60 Meter. Und es war gleichzeitig nur eine gewöhnliche Szene für Foti in der U15. »Ich habe viele Bilder von ihm im Kopf, wie er einfach durchbricht, an einem Gegner vorbei, am nächsten, nicht aufzuhalten«, sagt Michael Wimmer zehn Jahre später. In der Zwischenzeit hat er Hunderte weitere und ganz andere Spieler trainiert. Er ist Assistenztrainer der Bundesligamannschaft des VfB Stuttgart geworden. Aber einen herausragenden Fußballer und tollen Jungen vergisst ein Trainer nie. »Wenn Foti Raum sah und Tempo aufgenommen hatte, war es damals nicht möglich, ihn zu stoppen. Im Training hatte ich oft das Gefühl, er schleppt den Gegner einfach mit, er zieht ihn hinter sich her, ohne langsamer zu werden.«

Foti war 1,74 Meter groß und körperlich weit entwickelt, von Natur aus ein Athlet.

Marius, ein Jahr älter, holte endlich auf. Mit 15 Jahren maß er 1,72 Meter. Er war nicht mehr der Kleinste im Team. Nur noch der Drittkleinste. Marius wog 54 Kilogramm. Foti 68 Kilo, bei mehr oder weniger gleicher Größe.

Michael Bischoff wollte zum Beginn der Saison mit jedem einzelnen seiner Spieler ein persönliches Gespräch führen. Er be-

Ein junger Gott namens Foti. [3]

nötigte ein paar Wochen, bis er alle durchhatte. Er nahm sich für jeden Spieler mindestens eine Stunde Zeit, oder so lange es eben dauerte, sodass sich nicht mehr als zwei, drei Gespräche am Tag ergaben.

Mit 43 trug Bischoff die moderne Version der Glatze, den Schädel vollrasiert, was jünger, nicht älter aussehen lässt. Er hatte bei der AOK in der Privatkundenakquise gearbeitet und irgendwann für sich erkannt: Die Arbeit war entspannter und auch erfolgreicher, wenn er nicht versuchte, mit aller Macht seine Krankenversicherungen zu verkaufen, sondern sich wirklich für die Kunden, die Menschen interessierte.

»Schau, Marius«, sagte Michael Bischoff irgendwann während ihres anderthalbstündigen Gesprächs zum Saisonbeginn, »du bist schmächtiger als die Verteidiger. Meinst du nicht, dass der Schiedsrichter dich schützt, Foul pfeift, wenn du angegangen wirst? Dann gibt es Elfmeter für uns. Aber damit es so weit kommt, musst du da rein in den Strafraum.«

Bei seinen Freunden war Marius immer der Laute, Lustige. Erwachsene, die er noch nicht gut kannte, sah er mit großen Augen an, nickte viel und antwortete oft nur: »Ja, genau.«

»Marius, es spielt für mich keine Rolle, ob du beim Dribbling den Ball verlierst«, fuhr Bischoff fort, »ich werde dich nie anschreien, wenn du hängen bleibst. Mir ist nur wichtig, dass du es versuchst. Du kannst das so wunderbar, aus vollem Lauf abrupt abkappen und diagonal in den Strafraum ziehen.«

Am Ende des Gesprächs trafen Marius und der Trainer »ein Abkommen«, wie es Michael Bischoff nannte, feierlich besiegelt mit Handschlag. Marius würde in den ersten Saisonspielen nicht unbedingt von Anpfiff an spielen, weil der Trainer im Training andere besser gesehen hatte, aber Michael Bischoff würde ihn immer wieder einwechseln, ihm seine Chance geben.

»Trau dich, Marius!«, rief Michael Bischoff immer wieder im Training. »Zieh nach innen, in den Strafraum! Und Müller!«

Müller war ihr Codewort, wenn ein Spieler nach dem Eindringen von außen in den Strafraum den Ball überraschend an die 16-Meter-Linie zurücklegen sollte, so wie Thomas Müller bei Bayern München.

Nach gut einem halben Jahr wechselte der Trainer Marius nicht mehr ein. Marius spielte von Anfang an, in jedem Spiel. Er zog von außen schräg in den Strafraum, zog die Gegner auf sich und beschützte den Ball, weil er ihn ruhig führte.

Sie hatten es geschafft. Gemeinsam hatten der Trainer und der Junge einen selbstsicheren Außenstürmer hervorgebracht.

Marius dribbelte tiefer in den Strafraum, Pascal Köpke, ihr Mittelstürmer, löste sich blitzartig von seinem Bewacher, und genau in dem Moment passte Marius zu ihm. Wie oft fielen so ihre Tore?

Pascal Köpke gelangen 30 Tore in den 42 Spielen der Saison 2010/11. Marius gab 30-mal die Vorlage zu einem Tor. Das waren Cristiano-Ronaldo-Werte. Weder Marius noch Pascal waren in den Jahren zuvor im Nürnberger Nachwuchsleistungszentrum zu den besonderen Spielern gezählt worden.

Marius nickte nicht mehr ausschließlich, wenn er mit dem

Trainer redete. Er kam von sich zu Michael Bischoff, selbst wenn es um unangenehme Dinge ging.

»Herr Bischoff?«, fragte er bei einem Hallenturnier in Lübbecke mit seiner kindlichen, auch mit 15 vom Stimmbruch noch unbeeindruckten Stimme. Er war ganz allein erschienen. »Es gibt ein Problem. Sie haben den Danilo Dittrich zum Kapitän gemacht, aber der Tevflik Öztürk und Pascal Itter akzeptieren das nicht. Die wollen die Macht. Es gibt voll die Spannungen.«

Von dem Konflikt zu hören war alles andere als schön, aber Michael Bischoff war nach dem Gespräch irgendwie auch heiter zumute. Er freute sich so sehr, dass Marius zu ihm gekommen war. Ohne Hintergedanken handelte der Junge für die Gruppe. Marius hatte etwas, was wir von Kindern kennen, was aber doch eigentlich jedem Erwachsenen guttun würde, dachte Michael Bischoff: »Er war das Gegenteil von verkopft.«

Am Wochenende durfte Marius oft bei den Fußballfreunden übernachten. Bei den Schreibers in Erlangen bestellte er schon Tage vorher das Essen: »Kriegen wir wieder Spareribs?« Das fanden Stephan Schreibers Eltern nicht frech, sondern bezeichnend dafür, wie wohl sich die Jungs bei ihnen fühlten. Bei den Köpkes in Nürnberg durfte Marius Passis Vater nach Cristiano Ronaldo fragen. Pascals Vater Andreas Köpke war Torwarttrainer der deutschen Nationalmannschaft, und einer der Nationalspieler, Sami Khedira, spielte mit Ronaldo bei Real. Der wusste alles; dass Ronaldo schon zwei Stunden vor Trainingsbeginn im Kraftraum arbeitete und so. Als Passi Köpke mal zu ihm nach Einberg kam, hatte Marius eine Idee. Sie konnten sich im Friseursalon von der Mutter eine neue Frisur schneiden lassen. Mit raspelkurzen Haaren kehrte Pascal nach Nürnberg zurück.

Manchmal lasen sie in der *Sport-Bild*, wie Fußballer, die es geschafft hatten, von ihrer Jugend im Nachwuchsleistungszentrum berichteten. Er habe auf alles verzichtet, was den Alltag anderer Jugendlicher ausmache, sagte Nationalstürmer Mario Gómez, Partys, spontane Treffen, einfach mal abhängen. Theoretisch identifizierte sich Marius mit diesen Aussagen. Praktisch ging er mit Passi und Andi Baier zu den Partys von Stephan

Schreibers Klassenkameraden mit, wenn sie wieder in Erlangen übernachteten. Wenn keine Party anstand, gingen sie auf den Hartgummiplatz an Stephans alter Grundschule in Frauenaurach und spielten Fußball. Das war ihre Art des Abhängens. Das waren seine Freunde, die anderen Jungs aus der Fußballakademie.

Foti traf sich manchmal mit den Jungs aus seiner Mannschaft, dem Sven und dem Chris, wenn in Nürnberg Volksfest war. Das machte man wohl in der Stadt, Autoscooter fahren und mit Mädchen flirten. In den 48 Wochen im Jahr, in denen kein Volksfest war, fühlte Foti keinen Drang, in die Stadt zu fahren. In Weißenburg wollten sich viele Mädchen mit ihm treffen.

Niko ging in der Freizeit mit dem Bruder angeln. Abends am Brombachsee war es am spannendsten. Nachmittags bissen nur Karpfen an, aber im Abendlicht kamen Waller, Hechte, Barsche hungrig an die Oberfläche, da fragte sich Niko jedes Mal aufgeregt, welche Fischart wohl angebissen hatte, wenn es an der Angelschnur zog und ruckte. Wenn die Eltern keine Zeit hatten, ihn zum Brombachsee zu fahren, blieb Niko eben in der Hütte in Stopfenheim. *Frei.Wild* lief. Sie hatten einen Ofen eingebaut. Niko schloss auch auf dem Gymnasium in Weißenburg und beim Fußball Freundschaften, doch die Welten blieben getrennt. Die Fußballfreunde traf er beim Fußball, den Leon in der Schule. Die richtigen Freunde waren irgendwie die in Stopfenheim.

Ihre Jugend war anders als die der Nachbarskinder, aber wenn man sie mit 14, 15 gefragt hätte, wäre die ehrliche Antwort von Niko, Marius und Foti wohl gewesen: Sie hatten eine bessere Jugend als die meisten.

Denn die anderen hätten das wohl auch gerne gehabt, samstags gegen Bayern München oder den VfB Stuttgart spielen. Und was machten denn die anderen wirklich in ihrer Freizeit? »Den meisten ging es schon in der sechsten Klasse nur ums Feiern«, sagt Niko.

Niko, Foti und Marius wurden alle drei zum Klassensprecher gewählt. Vermutlich nicht, weil irgendwer sie für besonders zuverlässige Schüler hielt. Aber für Nürnberg oder Greuther Fürth zu spielen war natürlich cool.

Niko vermied es nach seiner ersten Amtszeit als Klassensprecher in der sechsten Klasse, noch einmal aufgestellt zu werden, am Ende musste er da noch zu irgendwelchen Klassensprecherkonferenzen oder mit den Lehrern reden, dafür hatte er weder die Zeit noch die Lust. Foti wurde dann stattdessen von der Klasse zum Sprecher gewählt. Für den hatte sicher die Mehrheit der Mädchen gestimmt, tippte Niko.

Ein Schreiben für Foti traf ein, so richtig mit Briefkopf auf gestärktem Papier, wie es früher bei Oma und Opa üblich war. Der Bayerische Fußball-Verband beglückwünschte ihn. Er war in die Bayern-Auswahl für den traditionellen U15-Bundesländervergleich in Duisburg-Wedau im Frühling 2011 berufen worden.

Dort würden, wie eh und je, die U15-Nationalspieler ausgewählt.

Die Bayernauswahl gewann das Turnier. Foti spielte groß auf, Messi, Messi, Messi! Bloß als ihn niemand mehr sah, weinte er herzzerreißend. Es war ihm wichtig, dass die Tränen niemand sah, so richtig ließ er sich deshalb erst gehen, als er aus Duisburg zurück war, im eigenen Zimmer. Sein Körper zuckte und bebte vor Wut, während er weinte. Das war doch nur, weil er Ausländer war! Er hatte nach seinem Empfinden so auffällig gespielt, und er war nicht für die deutsche U15-Nationalelf nominiert worden. Niemand hatte etwas gesagt, natürlich nicht, aber er war sich sicher, es konnte nur eine Erklärung geben. Dieser Ausländer-Mist!

Fotis Vater war als junger Mann aus dem einzigen und besten Grund aus Griechenland nach Weißenburg gekommen, weil er sich in ein Mädchen namens Olga aus dem Ort verliebt hatte, die Tochter griechischer Auswanderer. Allein hatte sich Ioannis die schwierige Sprache beigebracht und sein eigenes Unternehmen für Trockenbau gegründet. Sie waren hier zu Hause. Aber die Eltern hatten es nie für nötig gehalten, für Foti neben der griechischen auch die deutsche Staatsbürgerschaft zu beantragen, wozu denn in der Europäischen Union, das war doch nur ein aufwendiger bürokratischer Akt, und sie hatten genug damit zu tun, ihren Alltag zu bewältigen. Im Jahr 2000 hatte die deutsche Regierung die doppelte Staatsbürgerschaft für Kinder von Einwanderern eingeführt, die mindestens acht Jahre lang in Deutschland lebten.

Fotis Schwester Eva, 2005 in Weißenburg geboren, erhielt automatisch die deutsche und griechische Staatsbürgerschaft. Foti hatte weiterhin nur den griechischen Pass.

Sicher war er nur nicht nominiert worden, weil er nicht den richtigen Pass hatte! Dabei war er doch Deutscher. Er hatte doch nie woanders gelebt, und er hätte auch keine Lust, für die griechische Jugend-Nationalmannschaft zu spielen, hatten die überhaupt eine?

Foti ging mit seiner Nürnberger Mannschaft zu McDonald's. Ihr Trainer brachte sie dahin. Gesunde Ernährung war natürlich wichtig, fand Michael Wimmer, aber »Jungs müssen auch mal Jungs sein«. Auf den Rückfahrten von ihren U15-Regionalligapartien in Augsburg oder Kassel ließ Wimmer deshalb den Mannschaftsbus dann und wann zum Hamburger-mit-Pommes-Essen halten. Schmeckte ihm auch, aber das musste ja keiner wissen. Es ging um die Jungs. »Wir reden von 14-Jährigen. Da finde ich schon, dass der Spaß nicht zu kurz kommen darf. Die meisten Jungs im Nachwuchsleistungszentrum bringen ja einen gewissen Eigendruck mit, *ich muss, ich muss.* Von vielen Eltern geht auch noch Druck aus, *du musst, du musst.* Wenn dann der Trainer auch noch die Stimmung erzeugt: *Ihr müsst, ihr müsst* – das kann nicht funktionieren.«

Zurück bei Herrn Wimmer ging es Foti schon wieder besser. Auf die Frage, was ihm bei diesem Trainer so gut gefallen habe, antwortet er: »Alles.«

Fotis Sieg beim Bundesländerpokal in Wedau und Marius' 30 Torvorlagen waren Höhepunkte für die beiden. Aber wichtiger war, von außen betrachtet, in diesem Jahr ein Gefühl. Geschätzt, gemocht, gefördert zu werden vom Trainer.

Möglicherweise gab es auch Jungs, die ihr Jahr bei Michael Wimmer oder Michael Bischoff schrecklich fanden. Der fürsorglichste Jugendtrainer kann von seinen 22 Spielern auch immer nur elf aufstellen und fünf einwechseln. Wer wenig spielt, schafft es selten, den Trainer zu mögen, so nett und kompetent der objektiv gesehen auch erscheint.

Familie Reislöhner. Niko, Elke, Timo, Albert. [4]

Doch zeigte die Saison 2010/11 grundsätzlich, was möglich war, wenn ein Trainer wie Michael Wimmer eine fröhliche, leistungsbejahende Atmosphäre schuf und ein Trainer wie Michael Bischoff mit scharfem Blick für die verborgenen Talente auf jeden Einzelnen einging. Alles war möglich in diesem Jahr. Beflügelt vom Fußballglück veränderten sich nebenbei sogar Marius' Schulnoten. Aus der Fünf in Kunst wurde eine Eins.

5 Mein Berater checkt das ab

Mit 14 wussten die Jungs in Nikos Mannschaft ganz genau, was man brauchte, um wer zu sein. Man brauchte eine Frisur wie Justin Bieber, mit schwungvoll über die Stirn gebürsteter Föhnwelle. Man musste die adizero-Fußballschuhe von adidas tragen, am besten das Modell in Lila mit gelben Streifen und orangefarbenen Schnürsenkeln. Man musste einen Berater haben.

Ein Berater hatte voll die Beziehungen.

Ein Berater besorgte einem Fußballschuhe umsonst.

Ein Berater checkte alles mit dem Verein ab.

Ohne einen Berater schaffte man es nicht.

Niko fand die riesigen Föhnwellen ein bisschen zu viel des Guten, er hatte sich bei der Frisur auf einen Kompromiss eingelassen, die blonden Haare sehr wohl schwungvoll von einer Seite zur anderen gelegt, wobei aber nur einzelne Strähnen in die Stirn fielen statt einer Haarmatte.

Beim Berater allerdings fing er an zu schwanken. Und wenn man wirklich einen brauchte?

»Wofür denn, mit 14?«, fragte sein Vater.

So ganz genau vermochte Niko das auch nicht zu sagen. Aber sie spielten nun mit Greuther Fürth in der U15-Regionalliga, Saison 2011/12, jeden Samstag gegen Teams wie Bayern München oder die TSG Hoffenheim, das klang doch schon danach, dass es losging mit Verträgen, Geld, sich positionieren.

Es gab in der Umkleidekabine kein anderes Thema mehr, kam es Niko vor.

Ich habe jetzt einen Berater!

Mein Berater betreut drei Bundesligaprofis!

Mein Berater redet schon mit Fürth wegen eines Drei-Jahre-Fördervertrags!

»Die anderen reden alle von Beratern«, sagte Niko zu Hause am Esstisch, so wie er ein paar Monate zuvor gesagt hatte: Die anderen haben alle die adizero-Fußballschuhe.

»Die Steinhöfer Petra arbeitet neuerdings als Beraterin«, sagte Nikos Mutter. »Wir können uns ja mal mit ihr treffen.«

Petra Steinhöfer und Elke Reislöhner wussten einiges voneinander: Wer gut flanken konnte, wer in der zweiten Halbzeit müde wurde. In den Achtzigern hatten sie sich beim Damen-Sportclub Weißenburg kennengelernt, als das für etliche in Deutschland noch eine Nachricht vom Mond war: Frauen, die Fußball spielten.

Ihre Eltern, die einen Amateursportverein führten, hatten Petra Steinhöfer zu dem Spiel gebracht, ehrlich gesagt, wenn sie die Wahl gehabt hätte, wäre sie lieber Reiten gegangen. So aber wurde sie Linksaußen, bayerische Auswahlspielerin; einmal, 1977, erschien ihr Foto in der *BILD*-Zeitung: »Stellen Sie sich vor, dieses Mädchen steht vor der Mannschaft des FC Bayern«, begann der Text darunter. Petra Steinhöfer absolvierte mit 19, als eine von sechs Frauen in ganz Deutschland, die Trainerausbildung des Deutschen Fußball-Bundes.

Petra Steinhöfer war schon über ein Jahr als Spielerberaterin tätig, als Elke Reislöhner im Herbst 2011 anrief, um mal zu hören, was sie da genau machte.

Petra Steinhöfer war bereits daran gewöhnt, dass Eltern junger Fußballer mit vagen Vorstellungen der Beraterarbeit zu ihr kamen. Sie war bereits dreimal vom Vater eines ihrer Jugendspieler gefragt worden, ob sie nicht Fußballschuhe umsonst besorgen könne. Das machten doch Berater.

Das machten Berater, um Jungen an ihre Agentur zu binden, dachte sich Petra Steinhöfer: Fußballschuhe verschenken. »Tut mir leid«, sagte sie zum Vater von Danilo Dittrich, einem Jungen aus Marius' Jahrgang beim 1. FC Nürnberg. »Schuhe gibt es bei mir nicht.«

Sie erzählte gerne ein Beispiel von ihrem Sohn, um zu illustrieren, wie sie ihre Rolle als Beraterin verstand.

Ihr Sohn Markus, der Profi, wusste seit seiner Jugendzeit einen der angesehensten Spielerberater an seiner Seite, Thomas Kroth. Selbst in Markus' schwierigen Phasen als Fußballer hatte Kroth ihm immer wieder einen neuen Verein vermittelt, von Kaiserslautern nach Basel, von Basel nach Sevilla. Der Mann verstand ganz offensichtlich etwas von dem Geschäft. Aber ihr als Mutter war auch im Gedächtnis geblieben, wie Markus sich als 18-Jähriger die Bänder im Fuß gerissen hatte und, alleine im Fußballinternat von Bayern München, von der jugendlichen Verzweiflung übermannt wurde, ein Bänderriss sei das Ende der Welt. Da musste ihr Mann zweimal beim Berater nachhaken, ehe der Kroth Markus überhaupt einmal anrief.

In solchen Momenten müsse ein Berater doch gerade für einen Jungen da sein, fand Petra Steinhöfer.

Es gab keinen konkreten Auslöser, dass sie im Mai 2010 tatsächlich eine Agentur zur Karrierebetreuung junger Fußballer gegründet hatte. Sie hatte einfach schon zu oft darüber nachgedacht. Ihr erster Anruf als Beraterin galt dem Jugendreferenten der Evangelischen Kirche in Rosenheim. Die Stelle hatte Wolfgang Schellenberg im April 2010 angetreten, nachdem er als Jugendtrainer beim 1. FC Nürnberg gekündigt hatte. Er organisierte nun Jugendfreizeiten und Messdienerausflüge. Zehn Jahre zuvor hatte Schellenberg ihren Sohn Markus als 14-Jährigen in Nürnberg trainiert. Mit ihm war Petra Steinhöfer als Einzigem aus der Fußballwelt in Kontakt geblieben. Er erschien ihr nicht nur fachlich kompetent, sondern herzlich, empathisch.

»Wolfgang, du weißt doch, was Familien durchmachen, deren Kinder ins Nachwuchsleistungszentrum gehen. Ich möchte eine Beratungsagentur eröffnen, die Jugendspieler auf ihrem Weg in den Profifußball wirklich begleitet. Was hältst du davon?«

»Hm, ja«, sagte Schellenberg. Also, einen Bedarf würde es gewiss geben.

»Und könntest du dir vorstellen, mit mir die Agentur zu betreiben?«

Oh, das war eine Frage. Nein, sagte Wolfgang Schellenberg nach kurzem Zögern. Er könne ihr gerne den Kontakt zu Jugendfußballern aus seiner Nürnberger Zeit vermitteln, und er würde ihr auch immer mit Rat oder ein paar Telefonnummern aushelfen.

Aber er sah sich in der evangelischen Kirche und als Trainer auf dem Fußballplatz.

Sie brauchte einen Mann aus dem Fußball an ihrer Seite, hatte Petra Steinhöfer gedacht. Jemand, der mit seinen Kontakten die Vereinssuche und Vertragsverhandlungen abwickeln würde, während sie sich als klassische Tutorin um die Familien kümmerte. Nach Wolfgang Schellenbergs Absage überlegte sie einige Tage lang. Sie hatte die Agentur wie eine Mannschaft geplant. Ein Weißenburger Rechtsanwalt war als Partner für Rechts- und Steuerfragen eingestiegen, auch einen Sportarzt, Physiotherapeuten und Bankkaufmann hatte sie als Ansprechpartner für die Jungs dazugewonnen. Der Fußballfachmann sollte eigentlich eine Schlüsselfigur sein. Sie entschied, dessen Part selbst zu übernehmen.

Sie hatte doch Zeit, in den Job hineinzuwachsen. Die Jungs wären 14, 15, wenn sie mit der Arbeit begann; bis es wirklich um Profiverträge und Vereinswechsel ging, würden drei Jahre vergehen. Bis dahin würde sie Kontakte zu Vereinsvertretern geknüpft haben.

Innerhalb von wenigen Wochen hatte Petra Steinhöfers Agentur *Tutor* acht Klienten, allesamt Jugendfußballer aus den fränkischen Nachwuchsleistungszentren, 15 und jünger, die entweder Wolfgang Schellenberg auf sie aufmerksam gemacht hatte oder die sie im Landkreis Weißenburg selbst akquiriert hatte. An Nachfrage mangelte es offenbar nicht. Gemessen daran, dass in den Umkleidekabinen so viel über Berater geredet wurde, hatten dann doch eher wenige Jungs tatsächlich schon einen Manager.

Mehr als acht Klienten wollte Petra Steinhöfer nicht. Sie wollte sich um jeden Einzelnen richtig kümmern.

Es blieb die nicht unbedeutende Frage, wie sie mit ihrer Arbeit Geld verdienen würde.

Honorare erhielten Spielerberater für den Abschluss von Profiverträgen. In den meisten Nachwuchsleistungszentren wurde um das Jahr 2010 den aussichtsreichsten 16- oder 17-Jährigen zwar mittlerweile auch eine Art Lehrlingsgehalt gezahlt, doch ein Berater durfte bei einem Vertragsabschluss im Nachwuchsfußball in der Regel höchstens auf ein paar Hundert Euro Aufwandsentschädigung hoffen. Petra Steinhöfer würde frühestens in drei, vier Jahren Geld verdienen, wenn die Jungs ins Profialter kamen. Falls denn einer von ihnen Profi wurde.

Ihr Mann Erwin gab der Familie ein geregeltes Einkommen als Lohnbuchhalter, und sie hatte doch ihren Laden für Kunstgewerbegegenstände aller Art, Erstkommunionskerzen, Nussknacker aus dem Erzgebirge und mehr. Wobei sie sich da besser auch nicht ihren effektiven Stundenlohn ausrechnete. Bloß wenn man vorher immer schon angstvoll kalkulierte, welchen materiellen Gewinn man aus einer Arbeit ziehen konnte, wären viele kreative Ideen nie umgesetzt worden. Nein, sie musste das machen. Da war so viel in ihr, was sie vermitteln wollte, all die Erfahrungen mit ihren Söhnen Markus und Tom im Jugendleistungsfußball, und übrigens genauso mit ihrer Tochter Antonia. Wie leicht die Geschwister zum Anhängsel wurden, wenn sich alles um den Fußball des Bruders drehte.

»Das wirkliche Schwierige«, sagte Antonia, »ist, dass du überall auf deinen Bruder reduziert wirst.« Sie verliebte sich, und der Junge fragte nach einem Trikot des Bruders. Im Café sagten die Bekannten, und übrigens, der Junge war gar nicht in dich verliebt, der wollte nur das Trikot deines Bruders. »Da wollte ich nur noch ganz weit wegziehen.«

Als Petra Steinhöfer im Frühling 2010 im *Café Wanner* am Dutzendteich vor sechs, sieben Familien von Nürnberger NLZ-Kindern erstmals ihr Konzept vorstellte, erschien es Heike und Martin Wolf schlüssig, warum ihr Sohn mit 15 eine Beraterin brauchte. Sie dachten dabei nicht an Gratis-Fußballschuhe, sondern an ihren Kampf um einen Internatsplatz für Marius beim 1. FC Nürnberg. Da hätten sie sich einen mit dieser Fußballwelt vertrauten Unterhändler an ihrer Seite gewünscht.

Seit Marius mit zwölf zum Club dazugestoßen war, hieß es, mit 15 kann er auch in unser Fußballinternat gehen. Alle Jugendliche, die über 100 Kilometer zum Training benötigten, dürften ins Internat, sobald sie reif genug waren, fern der Familie zu leben. Als sich Marius' 15. Geburtstag näherte und die Eltern beim NLZ-Leiter Rainer Zietsch nachfragten, sagte er: schwierig. Sie hätten so wenige Internatsplätze.

Die Eltern beharrten auf ihrem Wunsch, es war ihnen doch versprochen worden, und die Fahrerei zermürbte sie alle. Während der Gespräche mit Zietsch fühlten sich Heike und Martin Wolf durchweg unwohl. »Du hast als Eltern immer Angst, etwas falsch zu machen, was die Position deines Sohns im Verein schwächt«, sagt der Vater. Drängten sie zu forsch auf den Internatsplatz, fiel es möglicherweise negativ auf Marius zurück. Womöglich ordnete der NLZ-Leiter an, ihn weniger spielen zu lassen. Der habe doch unmögliche Eltern!

Am Ende erkämpften Heike und Martin Wolf den Internatsplatz für Marius ab Sommer 2010, indem sie auf die 250 Euro monatliche Aufwandsentschädigung verzichteten. Diese 250 Euro waren das Mindeste, was ein Nachwuchsleistungszentrum gemäß den Vorschriften der Deutschen Fußball-Liga einem Spieler mit Fördervertrag bezahlen musste. Ob das überhaupt rechtens war, diese 250 Euro quasi als Internatsmiete zu verrechnen? Woher sollten sie als Eltern das wissen? Ein Berater hätte da wohl anders verhandeln können.

Marius faszinierte mit 15 erst einmal etwas anderes am Fakt, dass er jetzt eine Beraterin hatte. Strahlend fragte er die Petra, ob er – nein, keine Fußballschuhe – vielleicht ein Originaltrikot von ihrem Sohn mit Widmung haben könnte.

Das Eintracht-Frankfurt-Trikot von Markus Steinhöfer hängte er im Fußballinternat des 1. FC Nürnberg über seinem Bett auf. Niko hatte ein beinahe lebensgroßes Poster von Markus Steinhöfer an seine Zimmertür geklebt. »Für Niko« hatte der Profi darauf geschrieben. Foti wollte kein Trikot oder Poster von Petra Steinhöfers Sohn. Interessierte ihn nicht so. Wenn es von Cristiano Ronaldo gewesen wäre, wäre es natürlich etwas anderes gewesen.

Theoretisch hätte Petra Steinhöfer ihren Sohn nach einem Kontakt zu adidas fragen können, wegen der Fußballschuhe. Vielleicht hätte sie für ihre Talente ein paar adizeros ergattern können. Sie sprach Markus nicht darauf an. Sie wollte ihn nicht in Verlegenheit bringen. Man forderte von anderen keine Gefälligkeiten ein. So war sie erzogen worden, oder vielleicht entsprach es einfach auch nicht ihrem Charakter, forsch zu sein, schneidig aufzutreten.

Ihr Sohn, der Profi, hatte kurz angebunden auf ihre neue Berufswahl reagiert. »Das ist ein Haifischbecken«, hatte Markus gesagt und das so stehen gelassen. Machte er sich Sorgen, dass die Mutter der rabiaten Konkurrenz unter den Beratern nicht gewachsen war? Dass forsche, schneidige Berater ihr die Talente streitig machen würden, sobald sie Gewinne versprachen? Oder war er einfach irritiert, dass die Mutter mit 52 Jahren plötzlich in seinem Metier, in seiner Welt auftauchte? Welcher erwachsene Sohn mag das schon.

Sie würde das allein machen, das allein schaffen als Beraterin, da war so viel Enthusiasmus in ihr.

Petra Steinhöfer organisierte für die Jungs ihrer Agentur gleich einmal ein Trainingslager in den Ferien, eine Schulung zum richtigen Verhalten in den sozialen Medien und eine Aufklärung über Sportwetten mit einem Experten, der jahrelang beim Fußball-Weltverband FIFA Wettbetrug bekämpft hatte. Hauptsächlich ging es jedoch um die Dramen des Alltags, die das Leben im Nachwuchsleistungszentrum bereithielt.

Niko Reislöhner wurde Anfang 2012 in der U15 vom linken Außenstürmer zum linken Außenverteidiger umfunktioniert. Das war ein Misstrauensvotum, eine Rückversetzung! So kam es einem 14-Jährigen jedenfalls vor.

Darüber brauchte man nicht den Kopf zu schütteln. In der Welt des Leistungsfußballs wurde der Status eines Spielers durch Stammplatzgarantien, Auswechslungen oder Positionswechsel permanent neu definiert. Je weiter hinten auf dem Spielfeld ein Junge eingesetzt wurde, desto geringer wurde sein Talent geschätzt, glaubten viele Jungs und ihre Eltern. Denn im Mittelfeld und Angriff spielten die Kreativen, in der Abwehr die, die nur zum Zerstören gut genug waren. In Wirklichkeit hatte diese Unterteilung mit dem modernen Fußball kaum noch etwas zu tun. Innenverteidiger mussten mittlerweile filigrane Passspieler sein, Außenverteidiger Dribbelmeister und Flankengötter. Aber diese Erkenntnis war schwer in die Köpfe von Vätern zu bringen, deren Fußballweltbild zwanzig Jahre zuvor auf Amateursportplätzen mit Offensivkünstlern und hackelnden Verteidigern geformt worden war.

Petra Steinhöfer bat Niko, die Versetzung in die Abwehr einmal sachlich zu betrachten. Als Außenverteidiger konnte er viele seiner Stärken zur Geltung bringen, den brachialen Langsprint bei Vorstößen oder seine geschickte Balleroberung. Im Prinzip war es eine Beförderung, dass er auf die Außenverteidigerposition versetzt wurde. Seine Mannschaft brauchte defensive Stabilität, sie brauchte starke Kräfte in der Abwehr. Denn die Spielvereinigung Greuther Fürth steckte in der U15-Regionalliga im Abstiegskampf.

Wenn ihm die Petra das so erklärte, verstand es Niko sofort, er war ein aufgeschlossener Junge. Dann verloren sie zum Rückrundenauftakt im März 2012 sogar beim Tabellenletzten FSV Frankfurt, und er fand: Es war einfach Mist, Außenverteidiger zu spielen!

Als Außenstürmer war er viel besser, fand der Vater plötzlich wieder.

Als sie sich ihre Arbeit als Beraterin ausgemalt hatte, hatte sich Petra Steinhöfer in diesen Gesprächen mit emotional vom Fußball durcheinandergewirbelten Familien stets als Souverän gesehen, der einordnete, relativierte, beruhigte. Jetzt merkte sie, wie die Gespräche sie selbst aufwühlten. Das Gefühl, gegen die hochschlagenden Emotionen nicht anzukommen, zerrte an ihr, wenn Familien einfach nicht von der Frage »Außenstürmer oder Außenverteidiger?« loskamen. Und dann gab es die Tage, an denen sie, ohne es recht zu merken, selbst wieder hineingezogen wurde in den Glauben, dass die Welt davon abhing, ob 14-Jährige gegen die Stuttgarter Kickers endlich gewannen.

Nikos U15 verlor 1:4 gegen die Stuttgarter Kickers.

Einen Samstag später siegten sie gegen den Tabellenführer TSG Hoffenheim 4:1. Bis dahin hatte Hoffenheim noch gar kein Spiel verloren! Niko erzielte das Tor zum 2:0, als Außenverteidiger, denn auf der Position konnte er doch überraschend nach vorne stürmen. Er hatte gar nicht geschaut, wo der Torwart stand, sondern einfach aus der Ferne geschossen, und der Ball flog auf wunderschöne Weise in den Torwinkel. Zehn Jahre später hatte er das Tor noch ganz genau vor Augen.

Er gehörte in der U15 von Greuther Fürth zur ersten Kategorie;

Beim Angeln hatte er einfach mal seine Ruhe, fand Niko. Der Karpfen wog zirka drei Kilo. [5]

zu denen, die immer spielten. Ein Detail aber schien nur ihm aufzufallen. Sein rechter Fuß wurde immer schwächer.

Seine Mutter, die Trainerin in Stopfenheim, hatte dafür gesorgt, dass er nahezu perfekt beidfüßig spielen konnte. Nun, im Training des Nachwuchsleistungszentrums, aber vor allem in den Spielen der Regionalliga wurde er so am Limit gefordert, dass er automatisch fast immer seinen stärkeren, den linken Fuß einsetzte. Von individueller Förderung der Jungen wurde in den Akademien viel geredet, darum ging es doch im Kern, einzelne Spieler für den Profifußball auszubilden. Vielleicht bekam er nur nicht mit, was die Trainer unter individueller Förderung verstanden, aber Niko konnte in Fürth keine Trainingsformen erkennen, in denen seine individuellen Stärken oder Schwächen, wie etwa der rechte Fuß, gezielt geschult wurden.

Zu Hause hatte seine Mutter eine zweite Waschmaschine angeschafft. Sonst wäre es Elke Reislöhner nicht möglich gewesen, neben der üblichen Wäsche jeden Morgen wieder Nikos Trainingsklamotten und die Arbeitskleidung von Timo und ihrem Mann frisch und sauber bereitzulegen.

Am 19. Mai 2012 durfte sich Niko wie ein Profi fühlen. Er saß weich gepolstert, und wenn er den richtigen Knopf an der Armlehne fand, konnte er den Stuhl gegenüber zur Fußauflage umfunktionieren. Die U15 fuhr im Bus der Fürther Profimannschaft zum abschließenden Saisonspiel nach Stuttgart. Ansonsten fuhren sie immer mit Schmetterling Reisen. Der Profibus war als kleine Extramotivation gedacht. Sie mussten gegen den Tabellenzweiten VfB Stuttgart gewinnen, um nicht aus der Regionalliga abzusteigen.

Niko und die Jungs alberten nicht zu sehr mit all den Knöpfen an ihren Profisesseln im Bus herum. Das verbot sich von selbst angesichts der angespannten Gesichter ihrer Trainer. Denn am 19. Mai 2012 lernte Niko auch die Angst eines Profis kennen.

Sie durften auf keinen Fall absteigen. Wenn die U15 nächstes Jahr nur in der Bayernliga Nord statt in der Regionalliga spielte, würden sie einige Talente an den 1. FC Nürnberg verlieren, fürchteten die Akademieleiter. Dann würde es ihren Lebenslauf beflecken, schienen die Gesichter der Trainer auszudrücken. Abstieg war das Schlimmste, fühlte Niko.

Zwei Jahre zuvor hatte es Wolfgang Schellenberg als U15-Trainer von Marius' Jahrgang als Glück empfunden, dass es noch keine Regionalliga gab und er die Jungs deshalb in einer schwächeren Liga ohne größeren Außendruck spielen lassen konnte. Nikos Mannschaft spielte seit Monaten im Gefühl, den Abstieg unbedingt vermeiden zu müssen, der Trainer stellte seit Monaten nur noch die Jungs auf, die ihm in dem Moment am widerstandsfähigsten erschienen. War es da wirklich noch möglich, an die Förderung des Einzelnen zu denken, an mutige oder anspruchsvolle Spielzüge? Traute sich der Trainer noch, irgendeinen im Wachstum hinterherhinkenden Jungen zu berücksichtigen? Konnte es förderlich sein, 14-Jährige so einem Druck auszusetzen? »Ich weiß noch, wie wir in Stuttgart vor dem Anpfiff aufs Spielfeld liefen«, sagt Niko. »Das war krass. Wirklich jedem hast du die Nervosität angesehen.«

Der Ferati hat ein Wahnsinnsdribbling, Vorsicht, wenn der Tempo aufnimmt, der wackelt dich aus, hatte sein Trainer Tobias Gitschier Niko vor dem Spiel eingebläut. Die Worte schienen noch Minuten später in seinem Kopf Karussell zu fahren. Der Ferati, der Ferati, der Ferati.

Der Name ging ihn nie mehr aus dem Kopf. Noch ein Jahrzehnt später verfolgte Niko beiläufig den Weg des ehemaligen Stuttgarter Jugendnationalspielers Arianit Ferati, der Profi in der zweiten und dritten Liga wurde, bei Teams wie Fortuna Düsseldorf, Hamburger SV oder Waldhof Mannheim.

Das Gute, das Verrückte, war, dass der Anpfiff die Nervosität und die Angst eigentlich jedes Mal vertrieb. Eigentlich müsste der Mensch doch jetzt nervös und ängstlich sein, wo es losgeht, aber in der Realität ließ die Konzentration schlagartig keinen Platz mehr für andere Regungen. Der Ferati, der Ferati, der Ferati versuchte viel, aber Niko verwehrte ihm den Spielraum. Er ging zum Gegenangriff über, ein Außenverteidiger, der stürmte. Er schlug eine astreine Flanke. Der Schimm Marvin köpfte sie zum 0:2 ins Tor. Der Abstieg war vermieden.

Fünf Jahre später wurde die U15-Regionalliga Süd aufgelöst und in zwei geografisch kleinere Topligen unterteilt. Der extreme Wettbewerb reduzierte sich, es gab auch nur noch zwei statt drei Absteiger. Der Überernst ließ zwangsläufig etwas nach. Für viele Talente aus Nikos Mannschaft kam das zu spät. Aus seiner U15 wurden nach der Saison viele nicht in die nächste Altersstufe übernommen, zwei Jahre später spielten nur noch acht Jungen aus der Mannschaft im Fürther Nachwuchsleistungszentrum. Acht von 20. Von Beratern, die alles abcheckten, die einen locker in die Bundesliga brachten, wurde in der Umkleidekabine nicht mehr viel geredet.

6 Verurteilt in der Teeküche
(Alles schon vorbei?)

Sein Cousin Philipp rief Marius auf dem Handy an. Philipp dachte, er habe sich verwählt, als er die Stimme am anderen Ende der Leitung hörte.

»Hallo?«, knurrte eine tiefe, scheppernde Stimme. Philipp hatte sie schon ein paar Mal gehört, doch er wurde immer noch von ihr überrascht. Diese Stimme gehörte jetzt zu Marius? Instinktiv erwartete er immer noch die hohe, fröhliche Kinderstimme.

Der Stimmbruch war nicht die einzige Veränderung, die Marius mit 16 durchmachte. Die ultraleichte North-Face-Daunenjacke, die er zum Winterbeginn haben musste, weil sie alle hatten, passte ihm nicht mehr, bevor der Winter 2011/12 zu Ende ging. Er war plötzlich um die 1,85 Meter groß. Innerhalb von zwei Jahren hatte er rund 20 Zentimeter zugelegt. Die dunkle North-Face-Jacke übernahm der Vater, notgedrungen. War er halt auch mal richtig cool gekleidet.

Endlich hatte Marius von der Größe her keinen Nachteil mehr im Fußballspiel. Doch der Effekt war nicht der erwartete. Seine Stimme brummte nicht nur wegen des Stimmbruchs, sondern auch weil er schlecht gelaunt war. Er erlebte die U17-Bundesligapartien des 1. FC Nürnberg größtenteils auf der Ersatzbank.

»Ihr braucht am Sonntag nicht zu kommen, ich spiele sowieso nicht!«, rief er zornig ins Telefon, wenn die Mutter ihn im Fußballinternat anrief. Es war nicht klar, gegen wen sich der Zorn richtete. Vielleicht sollte er auch nur die Traurigkeit kaschieren.

Am Samstag um 13 Uhr standen die Eltern, die Schwester, Opa Rolf und auch Philipp am Spielfeldrand, als hätte es das Telefonat nie gegeben. Sie wollten ihn doch sehen. Sie wollten ihm zeigen, dass sie ihn nicht alleine ließen.

Familie Wolf. Heike, Maren, Marius, Martin. [6]

Sie warteten, ob Marius wenigstens eingewechselt wurde. Die Spielminuten verstrichen. Wie gewohnt standen Heike und Martin Wolf unter den Eltern der anderen Jungs, die das Team anfeuerten, die voll in dem Spiel aufgingen. Marius' Eltern hatten unterschwellig das merkwürdige Gefühl, plötzlich nicht mehr ganz dazuzugehören.

Sie versuchten, sich auf das Spielgeschehen zu konzentrieren. Sie kannten die anderen Jungs doch auch, den Passi, Stephan Schreiber, Niklas Stark. Ein Gefühl von Hilflosigkeit blieb. Wie sie da am Rand standen und ständig an den eigenen Sohn denken mussten. »Da stehst du«, sagt der Vater, »und spürst einen Stich ins Herz.«

Schneeregenschauer bei Höchsttemperaturen von 3,6 Grad registrierte die Wetterwarte Nürnberg am 17. Dezember 2011, als die Wolfs zum wiederholten Mal den Samstagmittag wartend am Sportplatz verbrachten. Marius lief sich beim Spiel gegen den VfB Stuttgart warm, im Schneeregen, und lief und lief und wurde schließlich nicht eingesetzt.

Das Schlimmste war stets der Moment, wenn der Trainer einen der Ersatzspieler vom Warmmachen zu sich rief, um ihn einzuwechseln. Und es war wieder ein anderer.

Nach dem Spiel gingen die Eltern mit ihm essen. Ihre Fragen waren meistens länger als Marius' Antworten. Er machte die Situation mit sich aus. Sein Schweigen übertrug sich auf die anderen. Sie zahlten die Rechnung und begleiteten ihn ins Fußballinternat. Dort putzten die Eltern das Bad. Irgendwie mussten sie ihre Liebe doch ausdrücken. Dann fuhren sie wieder nach Hause, 115 Kilometer bis Einberg.

Nichts hatte Marius auf die Situation vorbereitet. Im Jahr zuvor, in der U16 bei Michael Bischoff, war er der Mann der 30 Torvorlagen gewesen. Vier, fünf Monate später war er nur noch eine Randfigur.

Die Hierarchie in einem Fußballteam ist unaufhörlich in Bewegung. Der Unterschied zwischen dem, der spielt, und dem, der auf der Ersatzbank wartet, ist oft minimal, oft sogar nur Ansichtssache eines Trainers. Aber der Unterschied fühlt sich für den, der nicht spielen darf, wie ein Abgrund an.

Wie meistens in solchen Situationen entwickelten sich auch im Fall von Marius zwei verschiedene Versionen der Wirklichkeit. In der einen Wirklichkeit, in der Marius, seine Familie, seine Beraterin und einige seiner Freunde wie Andi Baier lebten, war der Trainer der Schuldige, der Zölle. Der gab Marius keine Chance!

In der anderen Wirklichkeit, die der Trainer Tobias Zölle, aber auch manche Freunde von Marius wie Stephan Schreiber sahen, war es eine rational völlig nachvollziehbare Sache, dass Marius wenig zum Zug kam.

In der U16 war er doch am Ende einer der besten gewesen, so sah Marius die Wirklichkeit. In der U16 hatten die vier stärksten Jungs aus Marius' Jahrgang am Ende gar nicht mehr mitgespielt, weil sie schon in der U17 zum Einsatz kamen. Diese vier kamen nun wieder hinzu und zwei davon, Tevfik Öztürk und Stephan Schreiber, besetzten Marius' Positionen. So sah der Trainer die Wirklichkeit.

»Ich wollte es ihm im Training richtig zeigen«, sagt Marius, »wie ich trainiert habe, war der Wahnsinn. Der Andi Baier oder

der Passi Köpke haben gesagt, ich würde am besten von allen trainieren. Das muss er doch gesehen haben. Hat ihn aber nicht interessiert.«

»Marius war hartnäckig und fleißig, vom Fußballerischen brachte er viel mit. Aber von der Muskulatur war noch nicht viel da«, sagt der Trainer Tobias Zölle. Durch das abrupte Wachstum schienen Marius' Beine nur noch dünner geworden zu sein. Der Trainer fand ihn deshalb trotzdem nicht schlecht. Er fand einfach andere besser. »Tevfik Öztürk und Stephan Schreiber waren ihm in der Leistung deutlich voraus.«

Die U17 des 1. FC Nürnberg setzte sich vom Start weg während der Saison 2011/12 in der Spitzengruppe der Jugend-Bundesliga fest, gerade auch dank Öztürk und Schreiber. Öztürk war Jugend-Nationalspieler, Schreiber schoss beinahe jedes Spiel ein Tor. Da kommt man als Trainer kaum auf den Gedanken, etwas falsch zu machen. »Neutral betrachtet hatte Marius in all den Jahren zuvor in unserer Mannschaft immer nur zum Durchschnitt gehört, mit Ausnahme des Jahres bei Michael Bischoff«, sagt sein Freund Stephan Schreiber. »Da war das aus meiner Sicht in der U17 auch kein Riesenthema: Warum spielt er nicht?«

Nur manchmal, in der Teeküche, wurde über die geringe Spielzeit von Marius Wolf debattiert. In einem kleinen Raum, einer früheren Teeküche im Trainingstrakt, trafen sich die Jugendtrainer des Clubs alle zwei Monate zum lockeren Austausch über die aktuellen Entwicklungen. Sein Förderer Michael Bischoff sprach an, was mit Marius sei. Tobias Zölle kam es nicht einmal in den Sinn, dass Marius benachteiligt würde. Er gewährte ihm doch immer mal wieder Einsatzzeiten. Und er könne doch wohl nicht Kaliber wie Öztürk oder Schreiber für ihn aus der Elf streichen.

Schon wandten sie sich in der Teeküche dem nächsten Spieler, dem nächsten Thema zu. Marius war doch nur ein Junge von vielen, die jedes Jahr im Nachwuchsleistungszentrum zurückfielen, zurückblieben.

Jeden Morgen um sieben, wenn sie zu Hause in Einberg das Frühstück gerichtet hatte, schrieb seine Mutter auf dem Handy eine Nachricht an Marius.

»Guten Morgen, wie geht es dir heute?«

»Alles in Ordnung«, schrieb Marius jedes Mal zurück.

An dem Ritual hielt sich die Mutter fest. Da war noch eine Verbindung zu ihrem 100 Kilometer entfernten Sohn. Alles konnte in Ordnung sein, theoretisch, wenn er das schrieb. Auch wenn sie ahnte, dass nichts in Ordnung war.

Die Initiative, mit 15 ins Fußballinternat zu ziehen, war von Marius ausgegangen. Er war die Fahrerei leid, es blieb ihm auch keine Zeit für Hausaufgaben. Das waren die Argumente, die die Erwachsenen hören wollten. Ehrlich gesagt stellte er es sich aber auch einfach cool vor, für den Fußball nach Nürnberg zu ziehen, mit anderen Fußballkindern zusammenzuleben, auf eine Sportschule zu gehen, die auf den Fußball Rücksicht nahm. Das waren Schritte hin zum Profi.

Die Fußballinternate und Sportschulen waren eine relativ junge Einrichtung in Deutschland. In den Neunzigerjahren hatten einige wenige Vereine wie Bayern München oder Borussia Dortmund damit angefangen, vereinzelt Jugendspieler bis aus Afrika oder Mecklenburg-Vorpommern zu engagieren. Dazu wurden Internatsunterkünfte am Trainingsplatz geschaffen. Um 2005, im Zuge der großen Reform des deutschen Jugendfußballs, wurden Fußballinternate mit zehn bis 30 Plätzen nach und nach in allen Nachwuchsleistungszentren Standard. Sie mussten in der Lage sein, die größten Talente mit 15 oder 16 von überall aus dem Land zu sich zu holen, überzeugten sich Akademieleiter und Trainer gegenseitig. Selbst wenn es nur jedes fünfzigste Internatskind in die Profimannschaft schaffte, hatten sie ein paar Millionen an Ablöse gespart und somit die Baukosten plus den Unterhalt auf Jahre refinanziert. Das war eine marktwirtschaftliche Rechnung.

Wow, majestätisch sieht der Bau aus, dachte sich Michael Bischoff, als er zum ersten Mal vor dem *Haus der Athleten* in der Dutzendteichstraße stand. In der Gründerzeit, um 1875, hatte der Nürnberger Unternehmer Johann Wilhelm Spaeth die Villa im Stil eines nordfranzösischen Schlosses bauen lassen. Nachdem er eingetreten war, begriff Michael Bischoff, dass er durch die Villa hindurchmusste. Die Fußballjungs waren in einem Neubau dahinter untergebracht. Die Räume, in denen die Jungs wohnten, erinnerten Michael Bischoff mit ihren hohen, schmucklosen weißen Wänden an ein Krankenhaus.

Zwei Jungs teilten sich ein Zimmer. Für jeden gab es ein Bett, einen Schrank und einen Schreibtisch. Einmal räumten Marius und sein Mitbewohner René Stellmach, ein 96er aus Fotis Mannschaft, mit den zwei Jungs von nebenan alle vier Betten in ein Zimmer, die vier Schreibtische ins andere. So hatten sie ein Schlaf- und ein Wohnzimmer, fanden sie, fast eine Wohnung wie Erwachsene. Vielleicht keine ganz so gute Idee, versuchte ihnen Marius' Vater begreiflich zu machen. »Da kriegt ihr doch beim Schlafen Sauerstoffmangel, zu viert in so einem kleinen Raum.«

Das Bad, eine Nasszelle mit Toilette, mussten sie sich zu viert teilen. Das war so vorgesehen. Marius duschte schon bald auf dem Trainingsgelände und benutzte die Toilette im Erdgeschoss, bei der Mensa. Ihr Bad war so schmutzig. Es selbst zu putzen schien keine Option. »Na ja, wir waren vier Jungs …«, sagt er.

Die Zustände im Fußballinternat waren trostlos, fanden die Eltern und Petra Steinhöfer. Die Betreuer schienen sich als Aufpasser mit Kommandoton zu verstehen, nicht als Pädagogen, die auf die Seelenlage und Hausaufgaben achteten. Dazu ein matschiges Essen. Oder fielen ihnen diese Missstände erst in Marius' zweitem Jahr im Internat auf, als er in der U17 auf der Ersatzbank saß?

Foti trainierte nun bei Michael Bischoff in der U16. »Vielleicht verbieten Sie Foti mal, zum Training zu kommen, Herr Bischoff«, bat Fotis Mutter, als der Trainer sich nach einem Spiel wieder einmal locker mit den Eltern unterhielt. Der Foti hatte jetzt schon wieder eine Fünf in Mathe nach Hause gebracht. Wenn der Trainer da mal als Konsequenz ein Trainingsverbot aussprach, würde das vielleicht wirken, dachte Olga Katidis. »Wir müssen es andersherum angehen«, antwortete Michael Bischoff: »Ich motiviere ihn, statt ihn zu bestrafen. Ich mache ihm klar, dass es ihm beim Fußball hilft, wenn er seine Noten verbessert. Denn dann kann er befreiter, entspannter spielen.«

Jaaa, die Fünf in Mathe, sagte Foti, als ihn der Trainer darauf ansprach. »Ich weiß, ich hatte nicht genug gelernt. Das Problem, Herr Bischoff, ist einfach, ich bin zu faul.«

Man konnte gar nicht anders, als Foti wahnsinnig zu mögen, dachte Michael Bischoff.

Im Fußball war bei Foti alles super.

Bei Niko war alles in Ordnung.

Marius dachte, wofür mache ich das alles überhaupt?

Sein Cousin versuchte sich als Animateur. Philipp ging mit Marius zu den Bundesligaspielen der Nürnberger Profis, um ihn aufzuheitern. »Marius' Laune blieb dieselbe«, sagt Philipp: »Er hatte diesen Blick im Gesicht: Lass mich in Ruhe, ist doch eh alles Mist.«

Philipp kannte das schon. Wenn es Probleme gab, reagierte Marius mit Wut. Das war, wenn er das so psychologisch einordnen durfte, Marius' Art, Probleme zu verarbeiten. Mit Wut gegen die ganze Welt anzureiten.

Dass sie ein richtiges Problem hatten, wurde Petra Steinhöfer spätestens im Februar 2012 klar. So wie die Sache stand, würde der 1. FC Nürnberg Marius nach dieser Saison aus dem Nachwuchsleistungszentrum wegschicken.

Und dann?

War der Traum schon vorbei?

Allgemein betrachtet wäre daran nichts Ungewöhnliches. Von den 26 000 Jungs, die in einem Jahrzehnt die Nachwuchsleistungszentren durchlaufen, erreichen nur 6000 die U19. Gerade am Übergang von der U17 zur U19 ist für eine große Anzahl Schluss. In der U19 werden erstmals zwei Jahrgänge in einem Team zusammengeführt, aus 40 Jungs werden 20. Und die Vereine hatten jetzt die Internate, da konnten sie gerade in dem Alter, mit 16, 17, noch einmal fünf, sechs richtig talentierte Jungs von weiter weg holen. Dafür mussten andere weichen.

Sie musste für Marius einen Platz in einer anderen Profiakademie finden, wusste Petra Steinhöfer, »sonst kann er nach Coburg zurückgehen und wieder mit den Schulfreunden kicken«. Das war Druck. An solche Situationen hatte sie ehrlich gesagt nicht gedacht, als sie Beraterin wurde.

Von außen betrachtet war es gewiss nicht das Ende der Welt, wenn Marius mit 17 heimkehrte, eine Lehre machte und ein feiner Amateurfußballer wurde. Bei seinem Talent konnte er ein echter Dorfheld werden, eine Legende auf den Amateurplätzen des Coburger Lands. Es so sachlich, von außen, zu betrachten schafft jedoch fast niemand, der drinsteckt in der Welt der Profiträume. Marius hatte sein Leben dem Fußball untergeordnet, er war für den Fußball nach Nürnberg gezogen, seine Freunde waren praktisch ausschließlich andere Akademiejungs, sein ganzer Tagesablauf richtete sich nach dem Sport. Und er war glücklich damit gewesen; er wäre auch immer noch glücklich, wenn er nicht an den Rand dieser Welt gedrängt worden wäre.

In solchen Fällen, wenn der Fußball alles wird, ist es nicht schade, aus dem Nachwuchsleistungszentrum weggeschickt zu werden. Es ist die größte denkbare Niederlage. »Und wie soll bei all dem Aufwand, all der Wichtigkeit, die der Fußball im NLZ beansprucht, ein 16-jähriger Junge nicht dem Glauben verfallen, der Fußball wäre alles?«, fragt Petra Steinhöfer. Sie gibt sofort die Antwort: »Das ist fast nicht möglich.«

In jenen Tagen im Februar 2012, als Marius' Eltern, jeder für sich, immer wieder schlagartig vom schmerzenden Gedanken an Marius allein in Nürnberg aufgeschreckt wurden, klingelte ihr Telefon. Die Mathelehrerin der 10Ra an der Bertolt-Brecht-Schule Nürnberg, Partnerschule des Leistungssports, wollte sich einmal melden. »So wie es aussieht, wird Marius den Realschulabschluss im Sommer nicht schaffen. Ich denke, es wäre besser, wenn er in den nächsten Monaten mit dem Fußball pausiert. Er benötigt mehr Zeit zum Lernen.«

Die Welt verlangsamte sich.

Alles in Ordnung, hatte Marius gesagt, wenn sie ihn nach der Schule gefragt hatten. Alles in Ordnung, schrieb er seiner Mutter jeden Morgen.

Sie hatten keine Ahnung gehabt; nicht mal eine Ahnung, wie es in der Schule stand. »Wir waren so enttäuscht, dass niemand etwas gesagt hatte, und noch mehr über uns, dass wir nichts gemerkt hatten«, sagt Heike Wolf.

In der neunten Klasse, seinem ersten Jahr an der Sportschule, hatte Marius für seine Verhältnisse sehr gute Noten erzielt, eine einzige Vier, in Englisch, und in Kunst die Eins. Es war das Jahr bei Trainer Bischoff gewesen, das Jahr der 30 Torvorlagen. Ein Jahr später stand er in Mathe auf einer Fünf, in Deutsch und Englisch auf der Kippe. Es war das Jahr, als ihn die Ersatzrolle in der U17 frustrierte. Bestimmte der Fußball indirekt seine Schulnoten? Oder verwandelte bloß der Fußballtrainer Michael Bischoff durch die Begeisterung, die er weckte, die Jungs nebenbei in gute Schüler? Foti hatte die Fünf in Mathe nach einem halben Jahr bei Herrn Bischoff wieder in eine Vier verbessert. In Englisch hatte er aus einer Vier sogar eine Zwei gemacht.

Seine Eltern organisierten Mathenachhilfe für Marius. Montags, wenn ihr Friseursalon geschlossen hatte, fuhr seine Mutter nach Nürnberg, um mit ihm Englischvokabeln zu lernen. »Wenn die Noten nicht besser werden, musst du mit dem Fußball aufhören, Marius«, sagte sein Vater. Was man halt so sagt.

Ende Februar 2012 durfte Kapitän Tevfik Öztürk kurzfristig bei der U19 in der Bundesliga mitspielen, so gut war er. Trainer Zölle gab den freien Platz im Spiel der U17 Marius. In der 18. Partie der Bundesligarunde durfte er zum ersten Mal ein komplettes Spiel bestreiten. Es ging gegen den Tabellenletzten SGV Freiberg, gelegentlich schaffte es noch ein Amateurverein in die Jugend-Bundesliga. Nürnberg gewann 7:0. Marius erzielte die ersten drei Tore. Er hatte es dem Trainer gezeigt! Wie schön war der Fußball! Bei der nächsten Partie eine Woche später saß er wieder auf der Ersatzbank.

Bei Niko war alles in Ordnung.

Bei Foti war alles super.

Auch in diesem Frühling durfte er Bayern beim Bundesländerpokal in Wedau vertreten. »Ich gehe nur hin, wenn ich vorher einen deutschen Pass kriege!«, sagte er zu seinen Eltern.

Petra Steinhöfer erledigte mit Foti und dessen Mutter die Behördengänge. Natürlich, fand sie, auch dafür waren Fußballberater da.

Einige Wochen später drängelten sich in der Sportschule

Wedau 350 Jungs in einem Saal. Traditionen leben lange in Wedau. So wie es seit gut einem halben Jahrhundert üblich war, würde der U16-Bundestrainer auch am 14. April 2012 vor allen teilnehmenden Spielern seine Topelf des Bundesländerturniers verkünden. »Im Tor«, begann Bundestrainer Steffen Freund, »Alexander Sewald«, das war einer aus der Bayernauswahl, von Greuther Fürth. »Rechter Außenverteidiger: Thilo Kehrer«, die Stürmer kommen in einer Aufstellung immer zuletzt, »Innenverteidigung: Philipp Walter«, von 1860 München, der nominierte ja nur Bayern. Wie ruhig es im Saal war, 350-mal atmen als einzige Geräuschkulisse, »im Sturm«, endlich, »auf Rechtsaußen: Fotios Katidis«.

Zu Hause in Weißenburg schaute seine Mutter im Internet auf dfb.de nach, ob es Nachrichten aus Wedau gab. »Talente von heute, Nationalspieler von morgen«, begann ein Artikel, und da, es traf Olga Katidis mit Wucht, sprang ihr der Name ihres Sohnes entgegen. Topspieler. Topspieler von Deutschland. Sie sah die Worte auf dem Bildschirm noch lange an.

Zwangsläufig wurde Foti vom Bundestrainer für den Sichtungslehrgang der U16-Nationalelf Anfang Mai in der Sportschule Barsinghausen nominiert. Schon die Anfahrt verdeutlichte ihm die Größe der ganzen Sache. Er fuhr, von Nürnberg nach Hannover, zum ersten Mal im Leben mit einem ICE.

»Herr Katidis, wie geht es Ihnen?«, begrüßte ihn Bundestrainer Steffen Freund in der Sportschule, »sind Sie gut angekommen?«

»Ey, der kennt deinen Namen!«, flüsterte Rico Preisinger, sein Mitspieler aus Nürnberg, Foti zu. Das konnte nur bedeuten, dass der Bundestrainer Foti für einen richtig geilen Fußballer hielt.

Zum Training gab es die echten Deutschland-Trikots. Und dann war das 2012er-Deutschland-Trikot auch noch das schönste aller Zeiten, fand Foti, mit V-Ausschnitt, in reinem Weiß, nur mit drei Nadelstreifen quer über die Vorderseite. Foti bekam die Rückennummer 7. Die coolste Nummer. Cristiano Ronaldos Nummer. Sie durften die Trikots nicht mit nach Hause nehmen. Das konnte nicht wahr sein! Nur bei Länderspielen durften die Teilnehmer ihre Kleidung behalten, nicht bei Sichtungslehrgängen.

In der Sportschule ließ sie der Bundestrainer Fußballfinten lernen wie Englischvokabeln in der Schule. Freund diktierte ihnen: Nummer eins Ronaldo-Übersteiger, Nummer zwei Schussfinte links, und so weiter. Sie mussten mitschreiben, 20 Finten, durchnummeriert. Am Nachmittag gingen sie auf den Trainingsplatz. Der Bundestrainer rief eine Zahl zwischen eins und zwanzig auf: »13!«, und sie mussten sich postwendend erinnern, welche Finte war noch mal Nummer 13, und den Trick ausführen. Life-Kinetik war überall.

Aus den Augenwinkeln beobachtete Foti einen Jungen. Foti sollte sich auf seine Finten konzentrieren, machte er doch auch, aber quasi nebenbei beobachtete er fasziniert, wie der Junge die richtige Finte schon ausführte, wenn Steffen Freund erst »dreize…« gerufen hatte. »Das ist der Krasseste«, dachte Foti und merkte sich den Namen des Jungen: Mahmoud Dahoud. Der Vollkrasseste blieb aber natürlich Timo Werner, bloß der hatte es gar nicht nötig, zu einem Sichtungslehrgang zu erscheinen. Er war sowieso gesetzt in der Jugend-Nationalelf.

Foti sah, dass es durchaus noch ein paar Bessere als ihn gab, das war sowieso so eine Merkwürdigkeit des Leistungsfußballs: Egal wie gut man spielte, immer fokussierten sich die Gedanken darauf, dass es noch Bessere gab. Doch Foti fuhr zuversichtlich mit dem ICE nach Hause. Der Bundestrainer würde ihn für die nächsten U16-Länderspiele, Ende Mai gegen Dänemark, nominieren, vermutete Foti. Denn er hatte in Barsinghausen nach seiner eigenen Einschätzung eine gute Figur gemacht. Und der Bundestrainer kannte seinen Namen, Herr Katidis.

Zu Hause erzählten ihm seine Eltern, ein Mann habe angerufen, ein Herr Dürnberger. Er arbeite für die Beratungsagentur, die auch Manuel Neuer vertrat, *Pro Profil,* hatte er sich vorgestellt. Sie wollten Foti gerne betreuen.

»Mama, die haben Manuel Neuer! Da muss ich hin.«

Die Eltern jedoch erlaubten es nicht. »Ich habe mir gedacht, es ist nicht korrekt, sich einfach von der Petra zu verabschieden, die ja nichts falsch gemacht hatte«, sagt Ioannis Katidis. »Nur weil der andere verlockender klingt, lässt man seine bisherigen Wegbegleiter nicht links liegen.«

Foti dachte noch ein paar Mal: »Ich hätte bei derselben Agentur wie Manuel Neuer sein können.« Doch es passierte so viel, so viel Gutes, dass er der Möglichkeit nicht allzu sehr nachtrauerte. Um es wie die Jungs zu sagen: Es ging voll ab bei ihm.

Bundestrainer Steffen Freund gab das Aufgebot für die U16-Länderspiele gegen Dänemark in Celle und Gifhorn am 22. und 23. Mai 2012 bekannt. »Da bin ich ausgerastet«, sagt Foti.

Er bat seinen Vater, die Liste mit dem Aufgebot aus dem Internet auszudrucken. Foti musste sie ganz genau durchgehen, um zu verstehen, warum er nur auf Abruf nominiert worden war, sich bloß bereithalten sollte für den Fall, dass einer der Auserwählten kurzfristig absagte.

Luca Waldschmidt, Thilo Kehrer, Donis Avdijaj, Foti überflog die Namen. Auf Abruf neben ihm ein Torwart namens Alexander Nübel vom SC Paderborn, der war ihm im Sichtungslehrgang nicht ins Auge gestochen, war aber auch egal. Rico Preisinger, Maurice Multhaup, beim Namen Razak Iddrisu vom VfL Wolfsburg ging Foti in die Luft. »Der hat da nichts verloren!« Der Bundestrainer hatte gesagt, es würden nur Spieler vom letzten Länderspiel oder Sichtungslehrgang nominiert. Und Iddrisu war weder bei der einen noch der anderen Veranstaltung dabei gewesen. Iddrisu besetzte Fotis Position, Rechtsaußen.

Schon bald war Foti wieder gut gelaunt. Aber wie sehr traf es ihn tatsächlich, fragte sich seine Mutter. Jeder kannte Fotis Leichtigkeit, doch was er wirklich hinter seiner mächtigen Föhnwelle fühlte, war irgendwie nie zu erkennen.

Vielleicht war das so bei 15-Jährigen.

Die Höhepunkte waren für Foti nicht vorbei. Der Trainer des 95er-Jahrgangs in Nürnberg, Tobias Zölle, holte ihn für das U17-Bundesligaspiel gegen den FSV Frankfurt ins Team. Foti lief sich mit den anderen Ersatzspielern warm. Er hielt sich an Marius. Ihn kannte er von der Petra. »Der wechselt mich sowieso wieder nicht ein«, schimpfte Marius während des Warmlaufens. Als Foti vor Beginn der zweiten Halbzeit vom Trainer den Wink bekam, sich bereit zu machen, war es ihm ein bisschen unangenehm. Zölle wechselte ihn vor Marius ein.

Anfang April hatte Marius Herrn Zölle gefragt, ob er mal mit ihm reden könne. Seine Beraterin hatte für ihn in den Osterferien ein einwöchiges Probetraining beim FC Ingolstadt organisiert. Durfte er das wahrnehmen?

Er wünschte sich, dass der Trainer Nein sagte. Dass er sagte, was willst du dort, wir behalten dich doch sowieso in Nürnberg, das hier ist nur ein schwieriges Jahr für dich. An die genauen Worte von Tobias Zölle konnte sich Marius anderthalb Jahre später nicht mehr erinnern. Sinngemäß habe ihm der Trainer mitgeteilt, selbstverständlich könne er nach Ingolstadt gehen. Und er solle auch darüber nachdenken, eine Lehre zu beginnen. Es könnten halt nicht alle Fußballprofi werden.

»Die Entscheidung, Marius aus Nürnberg wegzuschicken, habe aber nicht ich getroffen«, sagt Tobias Zölle. »Das war Sache des U19-Trainers.« Wer welchen Anteil an dem Urteil hatte, ließ sich Jahre später nicht mehr rekonstruieren. Gewöhnlich entscheiden der U19-Trainer und der NLZ-Leiter über die Übernahme der Spieler in die U19. Der U17-Trainer gibt seine Empfehlungen ab. Was auch immer in der Teeküche zwischen René van Eck, Rainer Zietsch und Tobias Zölle genau besprochen wurde, keiner von ihnen bestand offensichtlich darauf, dass Marius bleiben sollte.

In Ingolstadt, beim Probetraining, redete ihn der Trainer ständig mit falschem Vornamen an. »Michael«, rief er ihn, vielleicht auch »Martin«, Marius erinnert sich nicht mehr, welcher falsche Name es war. Er hoffte nur, dass der Trainer ihn bei der Bewertung nicht auch mit einem der anderen Probespieler verwechseln würde. Am letzten der fünf Probetage wurde Marius in der Umkleidekabine das Portemonnaie gestohlen. Das brachte die Woche in Ingolstadt auf den Punkt. Der Trainer von Ingolstadts U19, Andreas Zimmermann, teilte Marius mit, leider hätten sie für ihn keine Verwendung.

Petra Steinhöfer kam ein Ausdruck in den Sinn, den seit den Achtzigerjahren eigentlich niemand mehr verwendete. »Ja, haben die Tomaten auf den Augen!«

Ingolstadts Jugendteams spielten in der Bayernliga, unterhalb der Nachwuchs-Bundesligen. Die mussten doch froh sein um solch einen feinen Fußballer wie Marius!

Oder zählten überall nur noch dicke Muskeln?
Oder überschätzte sie einfach Marius' Talent?

In den Statistiken stand, dass es Marius diese Saison in der U17-Bundesliga nur dreimal in Nürnbergs Startelf geschafft hatte. Sie brauchte ihn erst gar nicht bei anderen Bundesliga-Nachwuchsleistungszentren wie dem FC Augsburg anzubieten, glaubte Petra Steinhöfer. »Die schauen einmal in die Statistiken und sagen, was sollen wir denn mit dem fünften Ersatzspieler?« Deshalb hatte sie doch bewusst in Ingolstadt angefragt, eine halbe Leistungsstufe tiefer. Sie würde es auch noch mal bei Carl Zeiss Jena probieren, einem kleinen Nachwuchsleistungszentrum mit gutem Ruf, anderthalb Stunden in die andere Himmelsrichtung von Marius' Heimat. Aber dort wollte Marius nicht hin. Jena, das klang fremd für ihn.

Der Gedanke war da: Dann höre ich halt auf. Marius unterdrückte ihn. Der Gedanke tauchte wieder auf, wann er wollte. Dann hör halt auf.

Die einzige realistische Chance, die Petra Steinhöfer noch sah, war, einen Verantwortlichen in einer anderen Akademie zu finden, der Marius kannte und wusste, dass Potenzial in dem Jungen steckte. Einen Menschen, wahrlich einen einzigen Menschen, gab es, auf den diese Beschreibung zutraf.

Der Jugendreferent der evangelischen Kirche Rosenheim war zurück im Leistungsfußball. Wolfgang Schellenberg, der Marius in Nürnbergs U15 trainiert hatte und zehn Jahre zuvor Petra Steinhöfers Sohn Markus, würde ab 1. Juli 2012 als Leiter des Nachwuchsleistungszentrums beim TSV 1860 München fungieren. Er plante schon eifrig für die neue Saison.

Zehn Jahre zuvor war 1860 München eine der erfolgreichsten Akademien Deutschlands gewesen. Bundesligagrößen wie die Bender-Brüder, Kevin Volland oder Daniel Baier hatten sich dort entwickelt. Die Organisation und die Qualität der Mitarbeiter waren immer noch vorzeigenswert, doch mittlerweile »war es für Sechzig schon sehr schwierig geworden, die richtig offensichtlichen Talente zu holen«, merkte Schellenberg. Der Konkurrenzkampf unter den Nachwuchsleistungszentren war national geworden. Musste 1860 zehn Jahre zuvor mit dem FC Bayern und gelegentlich Nürnberg um ein Talent kämpfen, so buhlten nun auch Hoffenheim oder Wolfsburg um die auffälligsten Jungs aus Rosenheim und Aschaffenburg. Schellenberg musste sich auf die Jungs verlegen, die nicht alles hatten. Aber etwas.

Er hatte es ohne größere Verwunderung wahrgenommen, dass Marius in Nürnberg kaum zum Einsatz kam. »Ich habe es einfach als Fakt registriert: Okay, er spielt halt nicht. Nürnbergs U17 war sehr stark besetzt, und in dem Alter setzen die Trainer nicht mehr wie bei jüngeren Jahrgängen jedes Wochenende 18 Spieler ein, sondern nur noch 14, 15. Der Konkurrenzkampf wird bewusst härter. Da gibt es immer Fälle, dass einer hinten runterfällt.«

Auch dass der 1. FC Nürnberg Marius aus dem Nachwuchsleistungszentrum wegschicken würde und ihn nicht einmal der FC Ingolstadt wollte, ließ Wolfgang Schellenberg kalt. Jugendtrainer waren doch ständig unterschiedlicher Meinung über das Potenzial von Jugendspielern.

Für sich selbst hatte Schellenberg ein Schema entwickelt, um das Unmögliche ein bisschen möglicher zu machen, nämlich die Profiperspektiven von Talenten zu ergründen. Er analysierte jeden Jungen in sechs Kategorien. Technik. Spielintelligenz. Athletik. Zweikampfverhalten. Taktik. Persönlichkeit. Um Profichancen zu haben, durfte ein Junge am Ende seiner Reife mit 18, 19 in keinem Bereich unterdurchschnittlich sein. Aber er musste nicht alles bestens können. Er musste bloß in mindestens zwei Bereichen herausragend sein, glaubte Schellenberg. »Welche, sind vollkommen egal.« Denn in einer Fußballmannschaft gab es so viele verschiedene Anforderungen, so viele spezielle Rollen, dass jemand, der nur Teile des Spiels fabelhaft beherrschte, seinen Platz finden konnte. Jemand, der scharf geschnittene, perfekt platzierte Flanken schlug und gerade noch passabel verteidigte, würde es weiter schaffen als jemand, der ordentlich flankte, ordentlich verteidigte, alles ordentlich machte. Also analysierte Schellenberg bei den älteren Akademiejahrgängen ab 15, 16 Jahren jeden möglichen Neuzugang danach, ob er in zwei Unterkategorien besondere Fähigkeiten besaß. Marius war ihm während ihrer gemeinsamen

Zeit in Nürnbergs U15 in puncto Technik und Spielintelligenz herausragend erschienen.

»Dann nehmen wir ihn halt«, sagte Wolfgang Schellenberg zu Petra Steinhöfer.

Eine der kleinen Wohnungen, die 1860 direkt am Trainingsgelände für seine Jugendspieler angemietet hatte, wurde gerade frei. Neben dem Fußball sollte Marius eine Lehre machen, schlug Schellenberg vor. Da war er kategorisch. Die Jungs bei 1860 sollten versuchen, es zum Profi zu schaffen, und sich zugleich darauf vorbereiten, dass sie es nicht schafften.

Marius konnte beim Sponsor des Nachwuchsleistungszentrums, der Münchener Stadtsparkasse, eine Lehre zum Bankkaufmann beginnen. Seinen Realschulabschluss würde er ja diesen Juni machen, nicht wahr?

Ja, ja, sagte Marius, ohne auf die Einzelheiten einzugehen.

Aber der Nachhilfeunterricht hatte tatsächlich geholfen. Er würde den Abschluss schaffen.

Ehrlich gesagt hatte er keine große Lust auf eine Banklehre. Er sagte jedoch nichts davon. Das war offenbar der Preis, um weiter in einem Nachwuchsleistungszentrum Fußball spielen zu dürfen.

In Nürnberg setzte sich Michael Bischoff acht Monate nach Saisonbeginn noch einmal mit Foti zusammen, um zu reflektieren, wie weit er in dem Fußballjahr gekommen war. »Variabel als Rechtsaußen und Zehner einsetzbar«, notierte Bischoff in seinem Gedächtnisprotokoll, »stark verbesserter Torschuss. In der Schule keine Fünf auf dem Zeugnis.« Dahinter gestattete sich Bischoff ein Smiley.

Fotis Spiel hatte mehr Facetten bekommen. Er war auf gutem Weg. Aber das war Marius im Jahr zuvor auch gewesen, kam es Michael Bischoff in den Sinn. Auf 14 Tore und 17 Torvorlagen brachte es Foti in der U16. Sechs Tore und 30 Vorlagen waren es bei Marius gewesen. Kein so großer Unterschied. Der eine wurde zu Nationalmannschaftslehrgängen berufen, der andere aus dem Nachwuchsleistungszentrum weggeschickt.

Die U17 des 1. FC Nürnberg gewann in der Saison 2011/12 unter Tobias Zölle die Südgruppe der Jugend-Bundesliga. Bis heute erreichte das keine andere Mannschaft des Clubs.

Sie bestritten das Halbfinale um die Deutsche Meisterschaft gegen den VfB Stuttgart. Ein Stuttgarter hämmerte einen Freistoß aus 35 Metern geradewegs in den Nürnberger Torwinkel. Was war denn das für ein Spieler, fragten sich jene unter den 1400 Zuschauern in Nürnberg, die zum ersten Mal ein Spiel der U17 besuchten. Die Jungs wussten es schon: Das war Timo Werner.

Spielerberater aus den Agenturen von Manuel Neuer und Bastian Schweinsteiger waren gekommen, um 16-Jährige wie Joshua Kimmich und Philipp Förster bei Stuttgart oder Stephan Schreiber und Tevfik Öztürk bei Nürnberg zu taxieren. Marius machte sich im Hinspiel warm, ohne eingesetzt zu werden. Im Rückspiel berief ihn der Trainer nicht einmal ins Aufgebot.

Petra Steinhöfer blieb von dem großen Match nur eine Szene in Erinnerung, die gar nicht im Spiel stattgefunden hatte. Obwohl er innerlich tieftraurig war, ging Marius nach dem Abpfiff auf das Spielfeld, um seine geschlagenen Mitspieler zu trösten.

Für den Gewinn der Südmeisterschaft erhielt jeder Spieler noch eine Urkunde und eine Uhr vom 1. FC Nürnberg. Marius war schon nicht mehr dabei, als die Ehrung vorgenommen wurde. Jemand legte seine Urkunde und die Uhr in eine Ablage im Trainertrakt. Dort verschwand sie schon bald unter anderen Unterlagen.

7 Ein klein wenig hinterfotzig
(muss man schon mal sein)

Seine Mitspieler hatten etwas an Foti auszusetzen. Diese Frisur! »Jetzt schneid dir endlich die Haare ab!«, sagten die Jungs ständig zu ihm. Foti war der Letzte in seiner Mannschaft mit langen Haaren und mächtiger Föhnwelle.

Die Frisur war im Herbst 2012 so was von gestern. So war man vielleicht vor zwei Jahren herumgelaufen. Jetzt trug man *Undercut*. Die untere Hälfte der Haare wurde komplett oder fast wegrasiert. Erwachsenen wie Petra Steinhöfer wurde es flau im Magen, wenn sie die Jungs so sahen. Zuletzt hatten Jungen in Deutschland diesen Haarschnitt in der Hitlerjugend getragen. Aber das war doch so was von lange her, fanden die Jungs, fast genauso lange wie die Zeit der alten Römer; was hatten sie damit zu tun.

Marius war selbstverständlich unter den Vorreitern der neuen Mode. Er hatte so etwas Ähnliches wie den Undercut schon zwei Jahre zuvor getragen, einen Irokesenschnitt. Niko hatte nachgezogen. Foti blieb standhaft der Letzte der Langhaarigen. Er musste ja nicht verraten, warum. Er wollte seine Ohren nicht freilegen. Wenn er in den Spiegel sah, meinte er, dass sie ein klein bisschen abstanden.

Er spielte 2012/13 bei Herrn Zölle in der Nürnberger U17-Bundesligamannschaft. »Ah, da sind ja meine Topspieler«, hatte Herr Zölle gleich zu Saisonbeginn Rico Preisinger und Foti begrüßt. »Ey, bei dem haben wir gute Karten«, hatte Foti Rico zugeflüstert.

Bloß wurde Tobias Zölle schon nach vier Spieltagen zur U19 abgezogen, die in Schwierigkeiten steckte. Der Athletiktrainer der U17 wurde zum Cheftrainer befördert.

»Links, rächts, Beine übarkräuzen«, brummten die Jungs in der Umkleidekabine, als sie von dem Trainerwechsel hörten. Fast rappten sie es. »Links, rächts, links, rächts, Beine übarkräuzen.« Der Athletiktrainer hatte so einen wunderbaren amerikanischen Akzent, den mussten sie einfach imitieren.

Aufgewachsen als Kind italienischer Einwanderer in New Jersey, hatte Pellegrino Matarazzo Mathematik studiert und wollte lieber Fußballprofi werden. Auf der Suche nach dem Fußballglück landete er im Jahr 2000 über ein paar zufällige Kontakte bei einem Viertligaklub 6000 Kilometer von zu Hause entfernt, in einem Ort namens Bad Kreuznach. Er wusste praktisch nichts über sein neues Land, außer dass *soccer* dort eine Riesensache war, er sprach kein Wort Deutsch. Er wurde hier heimisch. Er verdiente mit dem Fußball in der dritten, vierten Liga seinen Lebensunterhalt, heiratete eine Deutsche und brachte sich ein exzellentes Deutsch bei.

Außer seinem Akzent hatte Foti nicht viel von Matarazzo wahrgenommen. Es war doch bloß der Athletiktrainer. Matarazzo verstand enorm viel vom Spiel und hatte besondere taktische Ideen, merkte Foti jäh, als der Amerikaner den Trainerposten übernahm. Matarazzo stellte ihn ins defensive Mittelfeld.

Foti machte ein dummes Gesicht. Er merkte es nicht selbst, der Trainer sagte zu ihm: »Fody, schau nicht so.« Matarazzo fuhr fort: »Ich weiß, dass du keine Lust hast, im defensiven Mittelfeld zu spielen. Aber du wirst es lieben lernen.«

In einer Trainingspause legte Matarazzo den Arm um Fotis Schulter. »Die Position ist wie für dich geschaffen, Fody. Du kannst den Ball gut sichern, du hast einen sauberen Pass, du bist laufstark, das sind alles Attribute, die du im defensiven Mittelfeld brauchst. Auch defensiv kannst du dich mit deiner Robustheit im Zweikampf behaupten.«

»Häh?«, dachte Foti. »Ich bin doch nicht defensivstark!«

Er spielte im defensiven Mittelfeld in der U17-Bundesliga dann so, wie er es im offensiven Mittelfeld oder als Außenstürmer getan hatte. Er forderte den Ball und dribbelte los.

Ein neuer Ruf von der Trainerbank begleitete ihn dabei. »Fooody! Nicht so viel dribbeln, schnell spielen!«

Aber das würde er in ein paar Wochen schon gelernt haben, hoffte Pellegrino Matarazzo.

Er hatte Foti nur die halbe Wahrheit gesagt, warum er ihn ins defensive Mittelfeld versetzte. »Auf dem Flügel habe ich aufgrund des fehlenden Speeds für Foti langfristig eine Limitierung gesehen«, sagt Matarazzo.

Bislang hatte Foti immer besonders schnell ausgesehen, so wie er die Gegner überrannte. Matarazzo jedoch spürte, dass Foti in den jungen Jahren vor allem aufgrund seiner körperlichen Reife schneller als die anderen gewesen war. Dieser Vorsprung würde mehr und mehr schwinden. In zwei Jahren war Foti nur einen Zentimeter gewachsen, von 1,74 auf 1,75 Meter. »Der Positionswechsel war keine kurzfristige Maßnahme, sondern ich sah da eine langfristige Perspektive für Foti«, sagt Matarazzo. So sollte ein Jugendtrainer immer denken: Wie kann ich einen Jungen fördern, damit er als Erwachsener der bestmögliche Fußballer sein wird.

Auch wenn der Junge selbst es in dem Moment vielleicht nicht versteht.

»Fody, schau nicht wieder so!«, musste sich Pellegrino Matarazzo eine Woche später wiederholen, als er vor dem nächsten Spiel die Positionen ansagte.

Das Wichtige jedoch war: Foti dachte nicht mehr so – dass es nervig sei, im defensiven Mittelfeld zu spielen. Nach kurzer Zeit nahm er die neue Rolle mit Offenheit an. Der 96er-Jahrgang des 1. FC Nürnberg schickte sich an, die 95er-Meistermannschaft in der U17-Bundesliga sogar noch zu übertrumpfen. Bis zur Winterpause gewannen sie elf von 13 Ligaspielen und verloren keines. Ein neuer Spieler wurde dabei geboren. Etwa beim 2:0-Derbysieg gegen Greuther Fürth dominierte ein relativ kleiner, kräftiger, kurzhaariger Junge das zentrale Mittelfeld.

Noch auf dem Friseurstuhl hatte Foti Angst gehabt, dass das schiefging. Aber der Druck der Mitspieler war so groß geworden, dass er dem Friseur tapfer sagte: abschneiden. Der Friseur steckte seine 9-Millimeter-Klinge auf den Rasierer und Minuten später fasste sich Foti in die Haare, um zu spüren, wie sich das anfühlte: praktisch nackt an den Seiten und am Hinterkopf.

»Noch schöner!« sah die Frisur aus, sagte seine Mutter.

Bei Niko war alles in Ordnung.

Marius wollte an seinem ersten Arbeitstag, dem 3. September 2012, nicht in die Stadtsparkasse gehen. Der blaue Anzug mit roter Krawatte stand ihm vorzüglich. Bloß sein Gesicht passte nicht dazu. Das linke Auge war blutunterlaufen, die Nase geschwollen wie bei einem Boxer nach der Niederlage. »So gehe ich nicht in die Bank!«, sagte er noch einmal zu seiner Mutter, die extra über Nacht in München geblieben war, um ihn erstmals zur Arbeit gehen zu sehen.

Tags zuvor hatte er sich im U19-Bundesligaspiel für 1860 München gegen die Spielvereinigung Unterhaching in einem Zweikampf die Nase gebrochen.

Seine Mutter versuchte es mit liebevollem Humor.

Sie drängte darauf, ein Foto von ihm zu machen. So ein Bild hatten nicht viele von ihrem ersten Arbeitstag: Porträt eines jungen Mannes mit elegantem Anzug und interessanter Nase.

Natürlich ging er dann in die Sparkasse. Beim Publikumsverkehr am Schalter setzte der Chef Marius während der ersten Tage allerdings nicht ein.

Was der Mutter von ihren Besuchen bei Marius in München ansonsten in Erinnerung blieb, waren die Berge. Wäscheberge. Geschirrberge. Schmutziges zu stapeln schien das einzige erkennbare Aufräumkonzept in Marius' kleiner Wohnung.

Heike Wolf wollte nicht schimpfen, schimpfen widersprach ihrem Naturell. Da hörte sie sich schon schimpfen. »Wie kannst du so leben! Du bist doch von daheim Ordnung gewohnt. Und dann haust du in so einer Bude!«

»Mama, wann soll ich denn noch putzen? Ich muss um halb acht zur Sparkasse, dann zum Training. Wenn ich wieder nach Hause komme, ist es 20 Uhr, und ich soll noch Referate für die Banklehre vorbereiten.«

Es gibt auch trainingsfreie Tage, dachte Heike Wolf. Aber im Prinzip teilte sie Marius' Gefühl: Das war eigentlich zu viel, auch zu viel Neues auf einmal für einen 17-Jährigen, Lehre, Leistungssport und das eigene Leben organisieren. Sie putzten dann gemeinsam die Wohnung. Beim nächsten Elternbesuch sah es aus wie zuvor.

Irgendwie hatten die Erwachsenen in Sachen Sauberkeit einen anderen Blick. So schlimm sah es jetzt auch nicht aus beim Wolf, sagt der Leuges, der es ja wissen musste, weil er dort praktisch wohnte. Also, ein bisschen hat es schon ausgeschaut, war ja klar. »Wir haben halt die schmutzigen Teller und Gläser in der Badewanne abgestellt, damit in der Küche Platz war«, sagt der Leuges. »Und wenn das Geschirr aus war, haben wir das schmutzige aus der Badewanne geholt und abgespült.« Ein sehr praktisches System. Für Marius' Vater allerdings eher ein traumatisches Erlebnis. »Da standen einmal Gläser in der Badewanne!«, bricht es noch Jahre später aus ihm heraus.

Petra Steinhöfer arrangierte es für Marius, dass wenigstens seine Trainingsklamotten beim Verein gewaschen wurden, damit er nicht jeden Abend auch noch an die Wäsche denken musste. Im Trockenraum seines Hochhauses, im Keller der Grünwalder Straße 108, konnte er sowieso keine Original-Sportkleidung von 1860 aufhängen. Die Gefahr war zu groß, dass sie dort von der Wäscheleine geklaut wurde. In der Wahrnehmung der Bewohner war dies ein ordentliches Haus. Topfpflanzen zierten das Treppenhaus im ersten Stock. Daran lehnte ein handgeschriebenes Schild. »Finger weg! Das sind MEINE Pflanzen.«

Was Marius bei der Lehre in der Stadtsparkasse wirklich gefiel, war die Mittagspause. Jeden Tag holte immer einer für alle Mitarbeiter Essen beim Vinzenzmurr oder sonst wo, und dann saßen sie zusammen. Der Leiter, die Stellvertreterin, die Ausbilderin, eigentlich alle Mitarbeiter in der Filiale am Candidplatz waren schwer in Ordnung.

Die Eltern und die Petra erzählten, am Schalter gefalle es Marius. »Na ja«, sagt Marius, »das war der am wenigsten unangenehme Teil der Lehre.«

In der Berufsschule setzte der Lehrer im Fach Buchführung Wissen voraus, das bereits an der Realschule vermittelt worden sei. Auf der Partnerschule des Leistungssports in Nürnberg war Buchführung allerdings gestrichen worden, um mehr Zeit für den Sport zu haben. Damit nicht genug. In der Stadtsparkasse wurde Marius, zusätzlich zum Berufsschulunterricht, auch noch einer Seminargruppe mit 15 Lehrlingen zugeteilt, in der jeder regelmäßig Referate halten musste. Er fühlte sich schon gestresst, wenn er an all das nur dachte.

Da zockte er lieber abends nach dem Training mit dem Leuges oder dem Ju Weigl in seiner Wohnung an der Spielkonsole.

Er hatte sofort Freunde in München gefunden. Das war eigentlich das Wichtigste für Marius. Freunde haben.

Ihr Trainer bei 1860 München kam einmal in der Woche vorbei, um bei den Jungs in eigenen Wohnungen nach dem Rechten zu sehen. Manche Trainer hätten bestimmt ’nen Spruch gemacht, sie sollten nicht so viel zocken oder so. Ivica Erceg animierte Marius, richtig zu zocken. Wenn sie schon ihre Zeit mit Fußball-Computerspielen verbrachten, sollten sie *bewusst spielen*, meinte sein Trainer: »Versucht mit den Computerfiguren Spielzüge und taktische Ideen aus unserem Spiel anzuwenden.« Das wäre dann eine virtuelle Trainingsstunde für ihr Gehirn in Sachen Positionsspiel, Laufwege, Pässe.

Auf dem Rasenplatz spürte Marius davon allerdings noch keinen Effekt. Er fühlte sich ungelenk. Wenn er sich drehte oder antrat, schien er irgendwie zu langsam in Bewegung zu kommen. Er wurde auf sich selbst wütend. Was war denn los?

Am Spielfeldrand redete sein Cousin Philipp mit Marius’ Eltern über dessen Form. Hatte das Wachstum seine Koordination durcheinandergebracht? »Im Spiel nach vorn gelang Marius kaum eine auffällige Situation. Da hat er nichts gerissen.« Philipps Gedanken rannten weiter: Marius blieben noch zwei Spieljahre vor dem Eintritt in den Männerfußball. Jetzt musste er auffallen. Sonst würde das nichts mit der Profikarriere.

Hatte am Ende der U17-Trainer in Nürnberg, der Zölle, Marius’ Potenzial einfach richtig eingeschätzt? Petra Steinhöfer fragte sich: »War es nur ein Gnadenakt vom Wolfgang Schellenberg gewesen, Marius bei 1860 aufzunehmen?«

Wie im Vorjahr unter Tobias Zölle gab es allerdings auch in der Saison 2012/13 in München zwei unterschiedliche Sichtweisen auf Marius’ Leistung. Bloß waren es diesmal Marius selbst, seine Familie und seine Beraterin, die seine Darbietungen nicht so richtig überzeugend fanden. Der Trainer Ivica Erceg dagegen war äußerst zufrieden mit ihm.

Ivica Erceg hatte sich etwas Besonderes ausgedacht. Er nannte es V-Pressing. Im Trainerbüro des TSV 1860 München diskutierten die Kollegen, ob das genial war oder Unsinn. Im Rückblick acht Jahre später gelangt der damalige NLZ-Leiter Wolfgang Schellenberg zum Fazit: »Der Ivica war seiner Zeit fünf Jahre voraus.«

Erceg war damals, 2012, bereits im elften Jahr Trainer in einem Nachwuchsleistungszentrum. Aber erst 36 Jahre alt. Das freundliche, volle Gesicht mit den buschigen Augenbrauen unter der konservativ seitlich gescheitelten Frisur ließ ihn erfahren aussehen. Sein Humor machte ihn jung. Er gehe immer zum schlechtesten Friseur in der Stadt, erklärte er. Damit er garantiert sofort drankomme.

Von ähnlicher erschlagender Logik war sein Konzept des V-Pressings.

Pressing war 2012 die ultimative Taktik in Deutschland. Pep Guardiola hatte mit dem Konzept des vehementen Balljagens in vorderster Linie aus dem FC Barcelona gerade das unglaubliche Team gemacht. Jürgen Klopp hatte die Idee von Guardiola geklaut und das intensive Pressing beim Himmelssturm mit Borussia Dortmund als sein Markenzeichen etabliert. Folglich pressten die Deutschen wie verrückt.

Ivica Erceg registrierte jedoch, wie sich spätestens 2011 mehr und mehr Gegner an das Pressing gewöhnt hatten und lernten, es zu umspielen. Es brauchte einen neuen Impuls, erkannte er.

Wenn einer der gegnerischen Innenverteidiger den Ball führte, sollte Ercegs Mittelstürmer ihn eben nicht pressen, sondern sich zurückziehen. Die Innenverteidiger waren es gewohnt, dass der gegnerische Stürmer frontal von vorne angeprescht kam und drehten sich deshalb oft automatisch nach außen, um den Ball zum Außenverteidiger zu passen. Deshalb, dachte sich Erceg, würde bei ihm das erste Pressingkommando immer von außen heranstürmen: Die Außenstürmer rannten in diagonalen Linien von beiden Seiten auf den Innenverteidiger zu. Gemeinsam bildeten ihre Lauflinien ein V. Der gegnerische Innenverteidiger würde sich automatisch der Mitte, dem einzigen freien Kanal, zuwenden – und schon hatten sie ihn in der Falle! Denn passte er den Ball ins zentrale Mittelfeld, lauerte dort bei der U19 von 1860

München Ercegs Supereingreifkommando, Emanuel Taffertshofer und Julian Weigl, zwei übermäßig begabte Ballspieler.

»Heute ist diese Methode des Pressings weitverbreitet«, sagt Schellenberg. »Damals haben alle gerätselt, was der Erceg und seine Jungs da machen.«

Marius war ein exzellenter V-Presser, fand Erceg. Zum einen war Marius unheimlich laufstark. Beim YoYo-Test, wo die Fähigkeit, immer wieder loszulaufen, erprobt wird, hatte er es mit 16 als Einziger im Team bis zur 13. Stufe geschafft. Zum anderen besaß Marius die Raffinesse, auf den Gegner diagonal exakt so zuzulaufen, dass ihm durch Marius' Körper wirklich alle Passwege nach außen versperrt waren.

Aber er schoss doch nur ein einziges Tor in der ganzen Saison, als Außenstürmer, haderte Marius. »Hat mich nicht gestört«, sagt Erceg. Im Training hatte er schon gesehen, dass Marius über einen raffinierten Innenristschuss verfügte, das war das Wichtige: Die Fähigkeit war da. Im Spiel wollte Erceg etwas anders von seinen Außenstürmern sehen. Dass ihre Schritte ein wunderschönes, effektives V auf den Rasen zeichneten.

Jeden Sonntag dachte sich Marius enttäuscht, wieder ist dir nichts Besonderes gelungen. Jeden Sonntag wieder stellte ihn Ivica Erceg auf. Das konnte nicht mit rechten Dingen zugehen, vermutete Marius. »Hat der Schellenberg dem Trainer vorgeschrieben, dass ich spielen muss?«, fragte er sich.

Ivica Erceg lacht, als er von dem jugendlichen Verdacht hört. »Nein! Sagen Sie Marius einen schönen Gruß: Ich fand ihn, auch wenn es ihn erstaunen mag, einfach gut. Seine Kernaufgaben bei mir waren, Angriffe einzuleiten, das Pressing zu starten, viel zu laufen, defensiv zu helfen. Das hat er super gemacht.«

Für Marius ließ der Trainer regelmäßig einen anderen Rechtsaußen auf der Ersatzbank, den ebenfalls der NLZ-Leiter Wolfgang Schellenberg zu 1860 geholt hatte. Tevfik Öztürk.

Der Heldenfußballer der Nürnberger U17-Meisterelf vom Vorjahr war beim Club rausgeflogen. Im *Haus der Athleten* am Dutzendteich waren immer wieder Geld und teure Turnschuhe aus den Zimmern der anderen Fußballjungs verschwunden.

In Nürnberg war Tevfik für einige Jugendtrainer die große

Hoffnung gewesen. Bei 1860 befand Ivica Erceg, »bei Tevfik hattest du immer das Gefühl, keine Trainingsübung macht ihm Freude, alles ist nur eine Last. Marius war das Gegenteil. Der hatte immer Bock auf alles, wirklich auf alles. Marius trainierte sehr gerne. Und das ist auch ein Geheimnis erfolgreicher Sportler.«

Aber ich komme irgendwie nicht mehr richtig vom Boden weg, fühlte Marius, ich schaffe es zu selten, am Gegner vorbei und dann nach innen, vors Tor, zu ziehen.

»Bei der Schnelligkeit habe ich mir schon auch gedacht, es fehlt ihm der absolute Punch«, sagt Ivica Erceg. »Aber die meisten Spieler, die es zum Profi schaffen, sind nicht die schnellsten.« Seine Stimme wird heiter. »Das darf ich als Trainer keinem verraten, weil es ja heutzutage bei der Talentsuche immer heißt: Der muss aber schnell sein, nur die Superschnellen schaffen es! Aber Ihnen verrate ich es: Nein, der muss nicht schnell sein. Der muss es nur schaffen, schnell auszusehen.«

Schnelligkeit im Fußball setzt sich nur zu einem Teil aus Körpergeschwindigkeit zusammen. »Wenn der schnellste Spieler zu spät losläuft, ist er auch langsam«, sagt Ivica Erceg. »Und wenn er zu früh losläuft, ist er abseits.« Schnelligkeit hängt auch von der Geistesgegenwärtigkeit ab. Fußballer nennen es Handlungsgeschwindigkeit. »Wenn du schnelle Lösungen hast, gewinnst du Zehntelsekunden«, sagt Erceg: »Weiß ich schon vorab, welche Aktion ich ausführen werde, dann bin ich bei der Aktion schneller.« So wie Nikos Bruder und die Jungs in Stopfenheim Mopeds *frisierten*, um sie schneller zu machen, können Fußballer auch ihren Sprint frisieren. »Ein schlauer Spieler wie Marius lief erst einen Bogen und hatte dadurch schon Schwung, wenn er das Zuspiel aufnahm. Er konnte also mit höherem Tempo auf den Verteidiger zulaufen als einer, der auf den Ball wartete und dann erst startete. Oder Marius schlug einen Haken beim Dribbling. Er war vielleicht nicht der Schnellste beim Dribbling, aber ein guter Haken ersetzt die Sprintschnelligkeit. So kam er durchaus auch mal am Gegner vorbei. So sah er auch schnell aus.«

Marius sah nicht, was der Trainer sah. Er maß sich selbst mit den Maßstäben, die in der Öffentlichkeit für Angreifer gelten, Tore, spektakuläre Dribblings, überraschend intelligente Pässe, die Cristiano-Ronaldo-Maßstäbe. Davon gelang ihm im Spieljahr 2012/13 bei 1860 München wenig. Ivicia Erceg maß ihn mit den Maßstäben eines Trainers, der in seiner Elf Spieler braucht, die den Alltagskram außergewöhnlich zuverlässig erledigen.

»Marius war keiner von denen, über die man laut sagt: ›Der wird einer!‹ Er war einer von denen, über die man leise denkt: Der hat was Interessantes.«

Wirklich nichts schien Ivica Erceg an Marius zu stören. Nicht einmal seine schmächtige Figur? »Ich fand ihn nie körperlich schwach. Vielleicht liegt es auch daran, dass ich selbst nur 1,75 Meter groß bin. Ich finde alle groß.«

Das Jahr 2012 ging seinem Ende entgegen. Foti war zu Hause in Weißenburg und wartete auf seine Eltern. Normalerweise war es umgekehrt, Eltern warteten samstagabends zu Hause auf ihre jugendlichen Kinder. Olga und Ioannis Katidis waren mit der Petra Pizza essen gegangen, um etwas zu besprechen. Was, hatte Petra Steinhöfer nicht verraten.

Wahrscheinlich ging es um seinen Vertrag in Nürnberg für die kommenden zwei Jahre, tippte Foti, oder auch um die Frage, ob er ins *Haus der Athleten* ziehen sollte. Wobei er das eigentlich nur theoretisch wollte. Wann immer es um seine schlechten Schulnoten ging, ließ sich damit gut argumentieren: »Wenn ich im Internat wäre, hätte ich mehr Zeit zum Lernen.« Aber ehrlich gesagt wollte er weiterhin zu Hause wohnen. Und auch nicht mehr lernen.

Er hatte in diesem Schuljahr einfach einen schlechten Start erwischt. Deswegen hinkte er bei den Noten ein halbes Jahr später noch immer hinterher. In den ersten Schularbeiten der zehnten Klasse hatte er eine Sechs in Mathe und eine Sechs in Französisch geschrieben. Kaum dass er nicht mehr Herrn Bischoff als Trainer hatte, ging es so los.

Er war eigentlich nicht richtig schlecht in Französisch, fand Foti, bloß in jener Schularbeit ging es um Text-Reproduktion, und genau dieses eine Mal hatte er den Text nicht richtig verstanden. Wie sollte er einen Text richtig wiedergeben, den er gar nicht verstanden hatte? Er hatte dann halt irgendetwas geschrieben. War aber offenbar nicht das Richtige gewesen.

Nur wegen dieser zwei Schularbeiten musste er jetzt richtig kämpfen, damit er noch auf seine Vierer im Zeugnis kam.

Aber die Eltern lächelten, als sie vom Pizzaessen nach Hause kamen. Es gab gute Nachrichten.

»Der Herr Schellenberg war auch da, Foti. Er will dir einen Drei-Jahres-Vertrag geben.«

»Echt!«

Einen Drei-Jahres-Fördervertrag bekam beim Club, soweit Foti wusste, fast kein Jugendspieler.

Erst nachdem er sich darüber gefreut hatte, verstand Foti alles.

Der Herr Schellenberg war ja gar nicht mehr beim 1. FC Nürnberg. Er wollte ihn zu 1860 München holen.

Foti war verwirrt. Die Profimannschaft des TSV 1860 München fand seit Jahren nicht mehr aus der zweiten Liga heraus. Der 96er-Jahrgang der Sechziger landete beständig hinter Fotis Nürnberger Elf in den Abschlusstabellen. Vor zwei Monaten erst hatten sie 3:0 gegen 1860 gewonnen. Und München, er war noch nie in München gewesen, München war einfach die Fremde.

Was sollte er von diesem Angebot halten? Er wollte doch gar nicht zu 1860.

Ein paar Wochen später sagte Foti zu seinen Eltern: »Ich will da unbedingt hin.«

Er hatte den Vertragsentwurf durchgesehen, den Wolfgang Schellenberg ihm hatte zukommen lassen. Er würde da richtig gutes Geld bekommen. Jeweils 650 Euro pro Monat während der zwei Jahre in der U19 plus eine bezahlte Unterkunft bot ihm 1860 München, schließlich 2000 Euro im dritten Jahr, bei der U23. Das war zwar der Bruttobetrag, aber was Foti vor allem sah, war die Zahl: 2000. Da konnte er sich ja eigentlich schon als Profi fühlen. Er würde für das Fußballspielen bezahlt werden, und zwar erheblich besser als die Gleichaltrigen in Weißenburg, die dann irgendeine Lehre machten.

Hinzu kam, dass die U19 in Nürnberg vor dem Abstieg aus der Bundesliga stand. Wenn er nächste Saison in die Altersklasse aufrückte, müsste er in der Bayernliga spielen. Dazu hatte er echt keine Lust.

Die Petra legte ihm den Wechsel nahe. Bei 1860, bei Wolfgang Schellenberg, würden Spieler sorgfältiger gefördert als in Nürnberg. Foti habe doch erlebt, wie das mit Marius gelaufen war.

Seine Mutter schmerzte der Gedanken, sich ihren Foti so weit weg vorzustellen, aber anderseits lebte sie dafür, alles für ihre Kinder zu tun. Wenn Foti dahin wollte, würde sie die eigenen Gefühle unterdrücken und versuchen, einfach stolz auf ihn zu sein.

Der Vater war gegen einen Vereinswechsel.

»Es passt doch alles in Nürnberg«, sagte er. »Beim Club wirst du gefördert, du spielst in einer erfolgreichen Mannschaft. Warum das Risiko eingehen, das alles für etwas Unbekanntes aufzugeben?«

Petra Steinhöfer ging noch einmal mit den Eltern Pizza essen. Erneut legte sie alle Argumente dar.

»Aber Foti hat nur gute Erfahrungen beim Club gemacht«, sagte Ioannis. »Warum sollen wir etwas wegwerfen, was funktioniert?«

Petra Steinhöfer wurde wütend, weil Ioannis all ihre triftigen Argumente abblockte. Ioannis war genervt, weil Petra nur sehen wollte, was Foti in München vielleicht bekam, und nicht, was er in Nürnberg sicher hatte.

»Bist du unsere Beraterin oder die von 1860?«, rutschte es Ioannis heraus. Petra antwortete nicht. Sie stand auf und ging.

In der Zwischenzeit hatte die Nürnberger U17 von Pellegrino Matarazzo ihre Unschlagbarkeit verloren. Die ersten beiden Partien nach der Winterpause gingen im Februar 2013 verloren, gegen Hoffenheim und Bayern München. Foti war gegen die Bayern aufgefressen worden. Das waren seine Worte.

Den Ball mit dem Rücken zum Gegner anzunehmen gehörte zu seinen Stärken. Er spürte instinktiv ganz genau, auf welcher Seite der Gegner nach dem Ball schnappen würde, drehte sich in die andere Richtung und passte den Ball oder dribbelte auf und davon. Gegen den FC Bayern drehte er sich, wollte passen oder dribbeln, und der Fuß seines Gegners, Bernard Mwarome, war dazwischen. Das war der größtmögliche Fehler eines defensiven Mittelfeldspielers. Während sich die eigene Mannschaft nach vorne orientierte, die Abwehrlinien entblößte, verlor er den Ball im Zentrum, noch nahe am eigenen Tor. Das war eine herzliche Einladung zum freien Kontern für die Bayern. Zur Halbzeit wechselte Pellegrino Matarazzo Foti aus.

An dem Tag entschied Foti, dass es Mist war, im defensiven Mittelfeld zu spielen.

Warum hatte ihn der Rino da überhaupt hingestellt, er war doch Außenstürmer!

Jetzt würde er erst recht zu 1860 gehen, weg von dem doofen Verein, wo er im defensiven Mittelfeld spielen musste.

Foti verschanzte sich in der Opferrolle, spürte Pellegrino Matarazzo. Der böse Trainer, der mir die Angriffsposition weggenommen hatte – natürlich kannte Matarazzo solche Denkprozesse bei Fußballspielern. Er war doch selbst einmal einer gewesen. »Solch ein Denken kann situativ auftreten. Bei manchem kommt es allerdings in jeder schwierigen Karrieresituation wieder zum Vorschein.« Dann hat ein Fußballer ein Problem. »Du brauchst die Offenheit, bei Rückschlägen die Fehler bei dir zu suchen. Nur so verbesserst du dich«, sagt Matarazzo. »Mir kamen ein paar Zweifel, ob Foti diese Einstellung mitbringt.«

Er hatte eine Idee, wie er eine konstruktivere Reaktion aus Foti herauskitzeln würde. Den Plan konnte er nicht verraten, die Idee funktionierte nur, wenn er sie geheim hielt. In ein paar Wochen würde man sehen, ob es funktioniert hatte.

Bei Niko war alles in Ordnung.

Marius ging morgens um 7.30 Uhr noch im Tiefschlaf zur Arbeit. Immerhin schloss er aus Gewohnheit die Wohnungstür von außen zweimal ab, wegen der Diebe. Er hatte bloß nicht daran gedacht, dass der Leuges noch auf der Couch schlief.

Als der Leuges eine halbe Stunde später in die Schule wollte, kam er nicht aus der Wohnung. Er musste bei 1860 anrufen, damit der Herr Navarro vom Nachwuchsleistungszentrum ihn mit einem Ersatzschlüssel befreite.

Über solche Erlebnisse konnten sie sich totlachen. Eigentlich brauchten sie gar nichts Tiefschürfendes in ihrem Leben, sagt der Leuges, nur ein paar solche Weltklasseerlebnisse.

Petra Steinhöfer und Fotis Vater entschieden, dass es den Zank in der Pizzeria nie gegeben hatte. Es ging doch um Foti. Und Foti wollte zum TSV 1860 München, nun war es entschieden. Sie mussten ihre Energie darauf konzentrieren, gemeinsam das nächste Problem zu lösen.

Während sich 1860 München um Foti bemühte, hatte der Deutsche Fußball-Bund zum 1. Januar 2013 verbindliche Entschädigungszahlungen bei Spielerwechseln von einem Nachwuchsleistungszentrum ins andere eingeführt. Wechselte Foti zu 1860, stünde dem 1. FC Nürnberg nach den neuen Regeln eine Ausbildungsentschädigung von 15 600 Euro zu. Wäre 1860 gezwungen, plötzlich so einen spürbaren Betrag zu zahlen, müssten sie leider das Angebot für Foti deutlich reduzieren, um das Geld zumindest teilweise wieder einzusparen, erklärte ihnen Wolfgang Schellenberg.

Und nun?

Allgemein wurden die verbindlichen Entschädigungszahlungen bei Vereinswechseln von Jugendspielern als bitter nötig betrachtet. Nach einem Jahrzehnt deutsche Nachwuchsleistungszentren war ein wild wuchernder Transfermarkt für Jugendliche entstanden.

Im Sommer 2006 hatte in Deutschland wohl zum ersten Mal ein Klub mehr als eine Million Euro in einen 16-Jährigen investiert. Bayern München lockte den jungen Toni Kroos von Hansa Rostock mit einem weitreichenden Fünf-Jahres-Kontrakt, der sich Amateurvertrag nannte und Profiverdienste garantierte. Das war das Startsignal gewesen. Ein landesweites Wettrennen um die Talente begann. Bei den Jungen mit dem größten Hype wie Marko Marin wurde auch schon mal die Familie mitverpflichtet. Borussia Mönchengladbach gab nicht nur dem Jungen, sondern auch Marins Vater einen Vertrag, als Scout.

Der Sinn von Nachwuchsleistungszentren war, Jugendliche exzellent zu fördern, doch neben der Ausbildung tat sich eine zweite Disziplin auf, das Abwerben. Es kam zu Auswüchsen. So würde die U23 von Hannover 96, die höchste Ausbildungsmannschaft des Vereins, im Herbst 2020 mit einer Elf antreten, in der ein einziger Spieler in der eigenen Akademie ausgebildet worden war, die anderen zehn bei Schalke, Magdeburg oder sonst wo. Vertragspoker von 16-Jährigen, die zwischen der U17 von Bayern München und der TSG Hoffenheim wählen konnten, wurden alltäglich. Manche Lebensläufe lasen sich wie eine Profikarriere, ehe die Jungs dem Profifußball überhaupt nahe kamen. Ein Junge wie der Jugendfußballer des Jahres 2019, Nicolas Kühn, spielte für den FC St. Pauli, Hannover 96, RB Leipzig, um dann zu Ajax Amsterdam zu wechseln. Das alles, bevor er 19 wurde.

Die vom DFB 2013 eingeführte Ausbildungsentschädigung sollte vor allem die kleinen und mittelgroßen Nachwuchsleistungszentren wie das von 1860 München vor Abwerbungen schützen. Doch kaum hatte die Regel Bestand, schienen die vom DFB festgeschriebenen Entschädigungen zwischen 1200 und 42 000 Euro schon wieder zu gering. Die großen Clubs RB Leipzig, Bayern München oder Borussia Dortmund konnten diese Summen zahlen, ohne nachrechnen zu müssen. Gleichzeitig machten es diese festgelegten Entschädigungszahlungen für die mittelgroßen Akademien extrem schwer, sich selbst mit Talenten aus anderen NLZ zu verstärken.

15 600 Euro an Ausbildungsentschädigung für einen 16-Jährigen wie Foti waren für 1860 München nicht so einfach vom Budget abzuzwacken. Damit konnten sie einen U19-Spieler zwei Jahre lang bezahlen.

»Wir mussten aber unseren 96er-Jahrgang unbedingt verstärken, weil wir da relativ schwach besetzt waren«, sagt Wolfgang Schellenberg. »Deshalb war Foti besonders interessant für uns. Er gehörte schließlich zu den besten 50 Fußballern seines Jahrgangs in Deutschland.«

Es gab ein Schlupfloch, durch das ein Jugendspieler in eine andere Profiakademie gelangte, ohne dass eine Aufwandsentschädigung fällig wurde. Wenn sein bisheriger Verein dem Jungen bis zum 31. März keinen Fördervertrag für die nächste Saison angeboten hatte, durfte er im Sommer das Nachwuchsleistungszentrum frei von jeglicher Zahlung wechseln.

Diese Regelung war für Spieler gedacht, die wie Marius aus einem NLZ weggeschickt wurden. Es sollte verhindert werden, dass Profiakademien, die einen Spieler fortschicken, auch noch durch Geldforderungen seinen weiteren Weg erschweren.

Wenn sie verhinderten, dass der neue Fördervertrag des 1. FC Nürnberg für Foti vor dem 31. März 2013 in ihre Hände gelangte, wäre auch Foti frei, erklärte Petra Steinhöfer der Familie Katidis. Auf Deutsch gesagt sollten sie den Vertrag einfach nicht auf der Geschäftsstelle abholen. Falls folglich bei ihnen zu Hause der Briefträger klingelte, müssten sie sich verstecken. Es könnte sein, dass der Club den Fördervertrag per Einschreiben schickte.

»Das war ziemlich hinterfotzig von uns«, sagt Petra Steinhöfer, »und es bereitete mir gewiss keinen Spaß. Aber das war die einzige Möglichkeit, dass Foti bei 1860 zu dem tollen Drei-Jahres-Vertrag kam.«

»Als Vater sagst du dir: ›Ich will doch nicht Foti die Karriere versauen.‹ Also lässt du dich darauf ein«, sagt Ioannis Katidis. »Aber es war Terror. Zum Davonlaufen war das.«

Eine Sache fiel Foti ein, als er die Petra und seine Eltern diskutieren hörte. Warum hatte er eigentlich noch nicht den neuen Fördervertrag für die nächsten zwei Jahre vom 1. FC Nürnberg? Alle coolen Spieler in seiner Mannschaft hatten das Angebot für die nächste Saison schon erhalten.

Die ersten Tage des März waren bereits verstrichen. Foti selbst hatte jede Saison um diese Jahreszeit bereits den neuen Fördervertrag des 1. FC Nürnberg vorliegen gehabt. »Was, du hast noch keinen Vertrag?«, fragten die Jungs in der Umkleidekabine ungläubig. Nur die Spieler, die zittern mussten, bei denen es auf der Kippe stand, ob sie nächste Saison noch dabei waren, hatten noch keine Verträge. Die wollten doch nicht Foti wegschicken? »Unmöglich, Bruder«, sagten die Jungs in der Umkleidekabine.

Eigentlich war es wunderbar, dass der Fördervertrag nicht kam. Dann sparten sich Foti und seine Eltern das ganze Rumtricksen. Aber das war nicht wunderbar, das war ein Affront, fand Foti. Er war hier einer der Besten. Selbst als defensiver Mittelfeldspieler hatte er, allgemein betrachtet, einen wahnsinnigen Anteil, dass die U17 des 1. FC Nürnberg nach 20 Saisonspielen die Jugend-Bundesliga weiterhin anführte. Als ihn irgendetwas im Training nervte, als er sowieso schon gereizt war, ging er zum

Trainer. Links, rächts, übarkräuzen. »Rino, mein Fördervertrag ist noch nicht da. Hat das irgendetwas zu bedeuten?«

»Warum denkst du, dass du noch keinen Vertrag hast, Fody?«

Pellegrino Matarazzo war gespannt auf die Reaktion von Foti. Vielleicht würde er seinen Rückzug in die Opferrolle selbstkritisch hinterfragen.

»Ich weiß es nicht«, sagte Foti nur.

»Fody, dein Vertrag liegt schon seit Wochen bereit«, sagte der Trainer und lächelte. »Ich habe ihn dir nur noch nicht gegeben, weil ich dich anstacheln wollte, noch mehr aus dir herauszuholen, die Position im defensiven Mittelfeld noch mehr anzunehmen.«

Das war seine geheime Idee nach dem Bayern-Spiel gewesen.

Ob Pellegrino Matarazzos Motivationstrick sportlich aufgegangen wäre, ließ sich schwerlich sagen, da Foti bald darauf mit einem Innenbandriss im Knie ausfiel. Bloß erwies sich die Aktion des Trainers als ungewollte perfekte Beihilfe zur großen Hinterfotzigkeit. Die NLZ-Leitung in Nürnberg dachte womöglich, Foti habe den Vertrag schon lange vom Trainer erhalten, und war deswegen womöglich gar nicht alarmiert.

Nur noch eine Märzwoche war zu überstehen. Petra Steinhöfer legte Foti nahe, sich krankzumelden. Am Osterwochenende 30. und 31. März 2013 stand sowieso kein U17-Bundesligaspiel an, er würde sportlich nichts verpassen, wenn er in der letzten Märzwoche fehlte. So hatte niemand in Nürnberg Gelegenheit, ihm doch noch den Vertrag auszuhändigen.

Zu Hause in Weißenburg zuckte Olga Katidis bei jedem Klingeln an der Haustür zusammen. Kam der Briefträger? Es war nur Fotis kleiner Bruder, Mari.

Dann war es geschafft. Der 31. März ging vorüber, und Foti hatte kein Angebot vom 1. FC Nürnberg erhalten. Beziehungsweise es lag irgendwo bei Pellegrino Matarazzo im Büro.

Irgendwann, später, rief der Nürnberger NLZ-Leiter Rainer Zietsch an. Foti wechsle zu 1860 München, hatte ihn Wolfgang Schellenberg informiert.

Zietsch war ganz sachlich. Er verstand es bloß nicht. »Aber warum?«, fragte er den Vater am Telefon.

»Ich habe gezittert«, sagt Ioannis Katidis, »weil ich wusste, so wie das alles abgelaufen ist, das war scheiße von uns.«

Von den 15 600 Euro, die Nürnberg entgingen, redete Zietsch gar nicht. Letztendlich war es das Versäumnis des Clubs gewesen beziehungsweise der Motivationstrick des Trainers, der verhindert hatte, dass der Vertrag fristgerecht bei Familie Katidis einging. Aber offenbar interessierte den NLZ-Leiter in dem Moment die verlorene Entschädigung auch nicht, sondern der Verlust von Foti. »Haben wir etwas falsch gemacht?«, fragte Rainer Zietsch und hörte nicht auf zu fragen. »Aber warum? Warum will Foti denn weg?«

Der Nürnberger NLZ-Leiter blieb leise, fast sprachlos. Und trotzdem oder gerade deshalb hatte Fotis Vater das Gefühl: »Der Zietsch hat mich plattgemacht.« Denn egal was er antwortete, fühlte Ioannis Katidis, er würde im Unrecht bleiben.

Die Meisterschaft in der Südstaffel der U17-Bundesliga verpasste der 1. FC Nürnberg im Mai 2013 knapp. Am Ende fehlten drei Punkte, ein einziger Sieg, zum ersten Platz. Foti hatte in den abschließenden Partien nur noch wenig gespielt. Es lag an den Folgen der Knieverletzung, nicht an der großen Hinterfotzigkeit, war er sich sicher.

Nach Fotis Erinnerung erhielt der Trainernovize Pellegrino Matarazzo einen Rüffel, weil er ihm den Vertrag nicht rechtzeitig ausgehändigt hatte. Aber das hat Matarazzo offensichtlich überlebt. Sieben Jahre später arbeitete er als Cheftrainer des VfB Stuttgart in der Bundesliga.

Mit Fotis ablösefreiem Wechsel zu 1860 hatte sie eine echte Bewährungsprobe bestanden, fühlte Petra Steinhöfer. In dieser Stimmung gönnte sie sich einen schönen Abend und ging zur Lesung eines Fußballbuchautors in Nürnberg. Der Autor erzählte, wie ihm seine besten Bücher allesamt in den Schoß gefallen waren, weil die Menschen mit ihren Geschichten zu ihm kamen. Er glaubte, eine Pointe zu setzen, als er am Schluss der Veranstaltung sagte: »Falls Sie auch ein Buchthema für mich haben, sprechen Sie mich gerne gleich an.« Das Publikum lachte, und Petra Steinhöfer dachte, »so richtig ernst wird er es nicht gemeint haben, aber ich rede trotzdem mal mit ihm«, einfach so, über ihre ungewöhnliche Agentur.

An dem Punkt im Jahr 2013, als ich Niko, Marius und Foti schließlich kennenlernte, hatten alle drei gute Chancen, Profi zu werden. Rein statistisch war es natürlich viel wahrscheinlicher, dass es keiner der drei schaffte. Aber das Potenzial steckte in ihnen allen, Niko, mit seiner blitzenden Schnelligkeit und den punktgenauen hohen Diagonalpässen, Marius mit dem Kopf übervoll von Spielfreude und Willen, Foti, der in jenem Moment am höchsten gehandelt wurde, mit dem ungezähmten Übermut und der unschätzbaren Fähigkeit, den Ball auch in arger Bedrängnis zu behaupten.

Wer von ihnen würde sein Potenzial vollends entfalten? Wer offenbarte es im richtigen Moment, an der Schwelle zum Männerfußball? Wer besaß das Talent, immer weiter zu lernen? Diese Fragen und tausend Unwägbarkeiten würden nun über den Weg von Marius, Niko und Foti entscheiden.

Den bedeutendsten Einfluss würden ihre Trainer haben. Was sahen sie in einem Spieler? Alle seine Trainer hatten zum Beispiel Marius bis dahin recht ähnlich analysiert – toller Spitzwitz, körperliche Schwäche –, aber jeder hatte daraus ganz andere Schlüsse gezogen. Michael Bischoff förderte ihn wie einen besonderen Schatz, Tobias Zölle beachtete ihn wenig, Ivica Erceg machte ihn zum Teamarbeiter.

Zum Ende seiner ersten Saison beim TSV 1860 München, im Frühling 2013, bekam Marius einen Anruf von einem Trainer. »Michael Bischoff« stand auf dem Display.

Er hatte seinen früheren Förderer in dem Jahr nur einmal kurz gesprochen, nach dem Spiel mit 1860 in Nürnberg. Was wollte Herr Bischoff jetzt? Hatte er sich verwählt?

Er rufe im Auftrag von Nürnbergs NLZ-Leiter Rainer Zietsch an, erklärte ihm sein alter Trainer. Nürnbergs Sportdirektor Martin Bader sei auch informiert. »Kannst du dir vorstellen, zum Club zurückzukommen, Marius?«

Ein Jahr zuvor hatten sie Marius nicht einmal mehr für gut genug gehalten, als Ersatzspieler in ihrer Akademie weiterzumachen.

Das zeigt bestens, dass angesichts der ständigen Entwicklungssprünge und Leistungsstagnationen von Jugendlichen selbst die Experten in ihren Prognosen schwanken.

Wer eine felsenfeste Überzeugung offenbarte, war Marius; am Telefon mit Michael Bischoff. Er bedankte sich aufrichtig für die Anfrage aus Nürnberg. »Aber ich werde auf jeden Fall bei 1860 München bleiben.«

Mit seinem Vater ging Foti zu IKEA, um an einem halben Tag die Einrichtung für das neue Leben zu kaufen, Bett, Schreibtisch, Ablage, ein Bild für die Wand.

Der Abschied vom Werner-von-Siemens-Gymnasium in Weißenburg war schmerzhaft für Foti. Weniger wegen der Trennung von den Schulfreunden, sondern weil er sitzen geblieben war. Er würde die zehnte Klasse in München wiederholen müssen.

Das war Mist, aber er würde daraus jetzt kein Drama machen, sagte Foti. Es war Sommer, 2013, Schulferien, er hatte gerade ein Mädchen namens Laura kennengelernt und fuhr in Vaters Handwerkerauto auf dem Beifahrersitz Richtung München, den Transporter voller IKEA-Möbelbretter. Es ließ sich nicht übersehen: Etwas begann gerade.

Teil 2

Was dann geschah

(Der Typ schreibt echt ein Buch über uns!)

24. Mai 2014

Gebt mir ein Ausrufezeichen!

Eine Stunde vor Anpfiff befinden sich die Zuschauer auf der Tribüne, die sich nicht richtig auskannten und dachten, es gebe zu dem Zeitpunkt schon etwas zu sehen in der Jugend-Bundesliga. Vier Besucher sind es. Julia steht in der ersten Reihe, mit einem feinen Halstuch. Sie besucht zum ersten Mal eines von Nikos Spielen.

Bayern München gegen Spielvereinigung Greuther Fürth in der U17-Bundesliga, das klingt nach der aufregenden, großen Fußballwelt. In der Regel kommen zu den Jugend-Bundesligaspielen nicht mehr Zuschauer als zu irgendeiner Vorortpartie von Zehnjährigen; ein paar Eltern sowie der eine oder andere Scout, der so tut, als habe er auf einem Spaziergang nur zufällig kurz angehalten.

Als sie hörte, Niko spiele in der Jugend-Bundesliga Fußball, war Julia zunächst skeptisch gewesen. Würde er überhaupt Zeit haben, mit ihr zusammen zu sein? »Wenn man jung ist, muss man sich ja auch immer sehr viel sehen.« Sie hat nun ihre Woche nach seinem Trainingsplan organisiert. Sie schiebt die Treffen mit den Freundinnen auf die Nachmittage, wenn Niko Training hat.

Niko und sie sehen sich nun sowieso öfters, weil er im Februar, zwei Monate, nachdem sie zusammenkamen, vom Gymnasium zu ihr auf die Realschule gewechselt ist, um die zehnte Klasse dort abzuschließen. Es wurde zu viel auf dem Gymnasium, neben dem Fußball. Julia und er wurden zwar in Parallelklassen eingeteilt, aber ihnen bleiben die Pausen. Und die Mittwoche und Sonntage.

Er hat zu Julia gesagt, »wenn es dir zu viel wird mit dem Fußball, dann überlege ich mir, damit aufzuhören«. Aber das war natürlich nicht wörtlich gemeint, denkt sie, allenfalls eine Art theoretische Liebeserklärung, wie viel sie ihm bedeutet.

Julia hat Verständnis für den Fußball. Sie spielt selbst. Beim Damen-Sport-Club Weißenburg, den Petra Steinhöfer mitgründete und wo Nikos Mutter Elke in der Abwehr stand, gibt sie mit 16 die Innenverteidigerin. Die Position überrascht angesichts ihrer zierlichen Figur. Duelle mit kräftigeren Gegnerinnen löst sie dank ihrer Schnelligkeit, dann ist das meistens geklärt, bevor es zum Zweikampf kommt.

Eine Stunde vor Anpfiff im Münchener Vorort Aschheim scheint Julia das Warten nichts auszumachen. Vorfreude braucht ihren Platz.

Elke und Albert Reislöhner sitzen unterdessen nebenan im Tennis-Klubheim und warten auf die Bedienung, die keine Lust hat zu bedienen. Zum dritten Mal ist sie nun in Sichtweite ihres Tisches vorbeigekommen, mit Blick stur an ihnen vorbei. Oder kommt das Elke nur so vor? »Die will uns gar nicht sehen. Dann essen wir eben nur eine Wurst im Stadion«, sagt sie und bläst zum Aufbruch.

Die Reislöhners starten zu den Heim- wie den Auswärtsspielen von Niko stets so, dass sie mindestens 30 Minuten vor Anpfiff eintreffen. Dann bekommen sie noch ein paar Geschichten zu hören. Sie setzen sich mit den Eltern der anderen Jungs zusammen. Irgendwer hat immer von einer Absurdität oder vor allem von irgendeiner Ungerechtigkeit zu berichten, die wieder in der Mannschaft vorgefallen sei. »Da kriegen wir wenigstens auch mal was mit«, sagt Elke. »Niko erzählt ja nichts.«

Gestern, im Abschlusstraining vor dem Spiel gegen die Bayern, gab es wohl einen Skandal. Aber keiner weiß was Genaues. Mal schauen, wer von den Eltern noch kommt, ob da einer was weiß. Ob dann die Schilderungen exakt mit der Wahrheit übereinstimmen, ist nicht so wichtig. Hauptsache, es gibt was zu reden.

Elke und Albert fahren zu allen Spielen, »außer nach Freiburg«. Das wären vier Stunden für eine Strecke, das muss nicht sein. Marius' Eltern fahren zu allen Spielen, »außer nach Freiburg«. Fotis Eltern fahren zu allen Spielen, »wir waren sogar einmal in Freiburg«.

Manchmal, wenn sie dann in Kaiserslautern oder Karlsruhe am Sportplatz zusammenstehen, bestätigen einige Eltern einander, wie anstrengend das sei, was sie da mitmachten. Fotis Vater hat das nie so empfunden. »So viele Familienausflüge wie wir macht kein Mensch«, sagt er. »Wir gehen halt nicht in den Zoo, sondern zum Fußballplatz.«

Fotis Eltern sind mittlerweile doppelt beschäftigt. Ihr zweiter Sohn Mari, drei Jahre jünger als Foti, spielt nun auch in einem Nachwuchsleistungszentrum, bei Greuther Fürth. Da kommen eigentlich jedes Wochenende mindestens 600 Kilometer für den Fußball der Kinder zusammen. Von dem Spritgeld könnten sie sich einen Zweitwagen kaufen. Doch so ist das Geld besser angelegt, findet Ioannis Katidis: »Auf den langen Autofahrten zu den Spielen der Jungs führen Olga und ich eigentlich die schönsten Gespräche. Endlich haben wir mal Zeit zu reden, ohne dass einer gleich wieder zum Einkaufen muss oder einem der Kinder in der Küche ein Glas runterfällt.«

Der Rhythmus der Fußballspiele, Wochenende auf Wochenende, verführt jedoch dazu, dass Eltern unbewusst die Freizeit der Familie nach einem Kind ausrichten, dem Fußballjungen. »Vergesst die Geschwister nicht!«, wiederholt Petra Steinhöfer unermüdlich.

Seit sich Marius' Schwester Maren erinnern kann, musste ihr Bruder permanent für den Fußball irgendwohin gefahren werden. Sie ist fünf Jahre jünger als er. Oft blieb keine andere Wahl als mitzufahren. Sie arrangierte sich damit. Sie spielte am Spielfeldrand mit Petra Steinhöfers Hund, und manchmal war es auch nicht so schlecht, wenn sie zu Hause schimpfen konnte, »alles dreht sich nur um Marius!« Dann waren die Eltern gleich nicht mehr so streng zu ihr.

Maren fand ihre eigene Leidenschaft, Gardetanz, mit dreimal die Woche Training und Wettkämpfen am Wochenende, bis hin zu den Deutschen Meisterschaften. Sie tanzte durch das Haus, den Defiliermarsch voll aufgedreht, Marius jonglierte mit einem Ball herum, da ging es bei ihnen doch wohl eher um die Benachteiligung der Eltern, dachte sich ihre Mutter in solchen Momenten. Wenn Maren bei einem Tanzturnier auftrat und Marius Fußball spielte, teilten sich die Eltern auf, sodass immer einer bei einem Kind war. Aber die Hinweise von der Petra fand Heike Wolf schon wichtig: Der Fußball mit seinem alles bestimmenden Terminplan verleitete dazu, den Geschwistern weniger Aufmerksamkeit zu schenken.

Timo, Nikos großer Bruder, machte sein Ding. Er war schon 16 und unabhängig, als Nikos Akademiezeit losging. Er hatte seine Freunde, seine Hütte, und im Fitnessstudio wünschte er sich die Eltern jetzt auch nicht unbedingt an seiner Seite. Trotzdem, sagt Elke Reislöhner, »im Alltag musste Timo immer zurückstecken«. Wenn einer der Jungs Holz raufholen sollte oder bei Oma Zäzilie im Herbst die schweren Blumenkübel in den Keller zu tragen waren, »habe ich viel zu oft gesagt: ›Mensch, Timo, mach's du halt.‹ Weil ich immer dachte, der Niko hat so viel Stress, Schule und Fußball, lass ihn in Ruhe.« Beim Blumenkübeltragen oder Schneeschippen handelte es sich eigentlich nur um Kleinigkeiten, aber dem großen Bruder musste die Ungerechtigkeit systematisch erscheinen, fühlte Elke Reislöhner. Immer ging es um Nikos Fußball, immer musste Timo Rücksicht nehmen. Die Mutter erkannte es und konnte es trotzdem nicht abstellen. »Ich hatte immer Angst, Niko zu überfordern. Das ist halt der Mutterinstinkt. Aber Timo hat es ausgebadet.«

Zum Anstoß im Sportpark Aschheim faltet Nikos Vater die Hände. Wäre er in der Kirche, würde man denken, er betet. Weil er auf dem Fußballplatz ist, ahnt man, er versucht, die Anspannung loszuwerden, indem er die flachen Hände fest zusammendrückt. Seine Fingernägel sind akkurat geschnitten und voller blauer Flecken von der Arbeit. Er trägt, mit Mitte 40, unverändert den Ohrring der Jugend. Er lacht unheimlich gerne, und dann lacht das ganze Gesicht mit den buschigen blonden Augenbrauen. Aber jetzt ist Anstoß. Er drückt die Lippen zusammen. Elke, die netten Augen hinter der eckigen Brille plötzlich starr, atmet in heftigen Stößen aus. »Ich leide unheimlich, dass sie nicht verlieren, dass Niko keinen Fehler macht«, sagt sie ungefragt.

Niko hat den Ball, in der ersten Spielminute, im Zentrum der Fürther Abwehr, wird von Münchens Mittelstürmer attackiert – und spielt einen prächtigen hohen Diagonalpass hinaus auf den rechten Flügel. Ein am Himmel fliegender Fußball kann die reine Schönheit sein. Der Ball dreht sich in der Luft immer wieder um die eigene Achse, ästhetisch gleichmäßig, er fliegt und fliegt, 60 Meter weit. Nicht viele 16-Jährige können so einen Pass schlagen. Fürths Außenstürmer João Schick hat Nikos Zuspiel erwartet und ist deswegen die entscheidende Hundertstel vor seinem Bewacher gestartet, *schneller denken*, das ist es! João ist schon auf und davon, »der muss reingehen, der geht rein!«, spricht Nikos Vater gegen die Nervosität an, Schick und der Ball sind da noch auf dem Flügel, dann der flache Pass auf den Danhof Tim im Sturmzentrum, »der muss reingehen, der geht rein!«, Danhof schießt – »Kruzifix!«, klagt Nikos Vater.

Doch trotz des Fehlschusses bleibt der Eindruck von Nikos exzellentem Diagonalpass. Es lässt sich nicht verkennen: Bei Niko ist alles wieder in Ordnung.

Das erste halbe Jahr in der U17-Bundesliga hatte er als Ersatzmann verbracht. Er hatte nicht einkalkuliert, dass ihm das passieren könnte.

Denn die ersten drei Jahre bei Greuther Fürth hatte Niko stets zu den Stammspielern gehört. Dann hatte er in der Vorbereitung zur U17-Bundesliga mehr als eine Woche verpasst, erst eine Verletzung, kurz darauf auch noch eine Mandelentzündung. Als er wiederkam, hatte ein anderer seinen Platz.

Eines Samstags im Herbst 2013, als er eine U17-Bundesligapartie wieder nur von außen erlebt hatte, stieg Niko, 16-jährig, zu Hause auf das Moped und fuhr weg.

»Seht ihr nicht, was der Fußball aus ihm macht!«, rief sein Bruder, und in dem Moment sahen die Eltern das große Ganze. Die Welt ging unter, bloß weil Niko in seiner Fußballmannschaft Ersatzspieler war. Das durfte nicht wahr sein.

»Wenn du aufhören willst, kein Problem«, sagte die Mutter, als Niko nach seiner Spritztour mit verschränkten Armen wieder im Wohnzimmer saß.

»Gleich am Montag fahren wir rein und geben bei Fürth Bescheid, dass du nicht mehr kommst«, rief der Vater, »fertig, aus!«

»Jetzt beruhigt euch erst einmal, das ist eine Kurzschlussreaktion«, sagte die Steinhöfer Petra, die hektisch zum Familienrat hinzugerufen worden war.

Wie so oft im Fußball löste einfach der Zufall die Situation. Im Dezember 2013 sah einer von Greuther Fürths Innenverteidigern die Rote Karte und wurde für drei Bundesligaspiele gesperrt. »Niko spielt mit Ruhe, er ist kopfballstark, schlägt starke Diagonalpässe und trifft kaum falsche Entscheidungen«, überlegte sein Trainer Achim Beierlorzer. »Wir probieren es mal mit ihm als Innenverteidiger.«

»Ich dachte, ja gut, ich weiß zwar nicht genau, was ich da machen soll«, sagt Niko. Er hatte sein junges Fußballleben komplett auf Außenpositionen verbracht. »Aber von mir aus.« Im ersten Spiel als Innenverteidiger war er überrascht. Was rief der Trainer da rein? Nach ein paar Minuten sog er die Worte gierig auf. Der Trainer rief ihm ständig Lob zu.

Von dem Tag an spielte er immer bei Achim Beierlorzer, als Innenverteidiger.

In Aschheim, eine Viertelstunde ist gewiss schon gespielt, rückt Beierlorzers Team immer wieder mutig mit allen Feldspielern in die Spielhälfte des FC Bayern auf. »Der muss reingehen, der geht rein!«, murmelt der Vater. »Kruzifix!«

Erobert oder erhält Niko den Ball, passt er ihn geschwind, aber ohne einen Anflug von Hektik weiter. Er sieht majestätisch aus, hoch aufgeschossen, den Rücken beim Passspiel aufrecht. Er kurbelt das Offensivspiel auf brillante Weise an. Nur im Zweikampf, dem Kern des Verteidigens, lässt er gelegentlich Zweifel zu. Zweimal entwischt ihm ein Gegner.

Niko schlittert mit Anlauf über den Rasen, um den Ball einem Bayern-Stürmer vom Fuß zu klauen. Er schafft es, der Bayern-Spieler fällt hin, weil sein Fuß zwischen Nikos Beinen eingeklemmt wurde, aber kein Foul, weiterspielen.

»Von der Seite reingegrätscht, ist der bekloppt, und der Schiri pfeift nicht!«, schreit auf der Tribüne ein Zuschauer mit mondförmigem Gesicht, der Oberkörper beinahe breiter als hoch. Seine Stimme ist mit Aggressivität aufgeladen.

»Das war kein Foul!«, ruft Albert Reislöhner, der Niko natürlich verteidigen muss.

»Was willst denn du! Hast vielleicht mal Bauernliga gespielt, du hast doch keine Ahnung vom Fußball!«, brüllt das Mondgesicht, unverkennbar dankbar, seine Aggressivität auf jemanden richten zu können. Ich habe nicht allzu viele Schlägereien erlebt, aber doch genug, um zu spüren: Hier sucht jemand eine.

»Das war kein Foul!«, beharrt Albert.

»Wenn du jetzt noch weiter rumplärrst, scheppert's!«, schreit das Mondgesicht.

»Jetzt hören S' halt auf! Es kann nicht jeder immer recht haben!«, ruft Elke, ihre Stimme betont die eindringliche Bitte.

Albert steht auf. Er hat offenbar Erfahrung, wie man streitsuchenden Schlägertypen ausweicht. Er stellt sich, ohne ein weiteres Wort zu sagen, auf die oberste Stufe der Tribüne, im Sicherheitsabstand zum Mondgesicht. So etwas wie Ruhe kehrt ein.

Jetzt, wo Albert nicht mehr murmelt, »der muss reingehen«, geht der Ball rein. Der Danhof Tim und dann der Schicky bringen Greuther Fürth 2:0 in Führung. Bayerns U17-Trainer Heiko Herrlich bleibt einen sehr langen Moment unbeweglich stehen, als wolle er seine Machtlosigkeit als Denkmal darstellen. Klar, es ist nur die U17-Elf, aber ihr Name lautet nun mal Bayern München, es ist Deutschlands berühmtester Fußballverein, bei dem Niko so oft es geht in der Fankurve steht – und nun dominiert seine Elf die Bayern. Die Begeisterung über ihre Leistung trägt Nikos Mannschaft. Es gibt nichts mehr, was nicht gelingt. Niko schlägt noch zwei weitere Diagonalpässe über 50 Meter. Die Münchener werden damit nicht fertig. Jedes Mal drehen sich ihre Verteidiger zu langsam beziehungsweise Nikos Flugbälle sind zu schnell, zu überraschend für sie. Trotz des durchschlagenden Erfolgs schickt er insgesamt nur vier Diagonalpässe auf ihren langen Weg. Er schlägt die schwierigen Pässe nicht auf gut Glück oder aus schierer Spielfreude, sondern ausschließlich wenn die Gelegenheit für einen Diagonalpass perfekt ist. Er bleibt auch im Rausch dieses Spiels ein rationaler, strategisch denkender Spieler. Und plötzlich packt ihn die Euphorie.

Acht Minuten vor Spielende rennt er den Bayern auf dem linken Flügel davon. Er besucht sein altes Revier. Ein Innenverteidiger auf Linksaußen – jetzt drehen die Fürther im Übermut total durch! Der Ball senkt sich aus der Luft, und Niko, als wäre er Neymar, legt ihn sich mit der Hacke vor. Der Gegner rennt verdattert ins Leere. Niko zieht nach innen, ist schon im Strafraum, passt scharf und flach. Der Tajak Dominik muss nur seinen Fuß in die Vorgabe halten, und es steht 3:0.

»Niko, Niko!«, jubeln die Mitspieler, als sie der Trainer nach dem Schlusspfiff noch auf dem Rasen im Kreis versammelt. Was Achim Beierlorzer vor den »Niko, Niko!«-Rufen sagte, war auf der Tribüne nicht zu verstehen. Er sagte: »Bester Mann heute: Niko.«

Niko soll in die Mitte.

»Gebt mir ein A!«, ruft er. »Ahhh!«, schreit die Meute.

»Gebt mir ein U!« – »Uhhhh!«

»Gebt mir ein F!« – »Efffff!«

»Gebt mir ein G!« – »Gehhhh!«

»Gebt mir ein E!« – »Ehhhh!«

»Gebt mir ein H!« – »Haaaa!«

»Gebt mir ein T!« – »Teeee!«

»Gebt mir ein S!« – »Essss!«

»Gebt mir ein Ausrufezeichen!« Und dann alle zusammen: »AUF GEHT'S!«

»Wir singen Humba-humba-tätärä, tätärä!«, singen die Spieler und tanzen Pogo. In meiner Jugend nannte man das jedenfalls Pogo. Wenn man den eigenen Körper wild und sinnlos vor Freude in den anderen warf.

Wenig ist schöner, als nach einem Sieg barfuß oder in Socken auszulaufen. Sie spüren den sanften Rasen an den Füßen und das unbestimmte, alles ausfüllende Gefühl, es geschafft zu haben.

»Einen Tick schneller, sonst ist das kontraproduktiv«, ruft ihnen Achim Beierlorzer beim Auslaufen zu, auch in dem Moment noch Trainer. Dann gestattet er sich selbst den Feierabend.

Die Eltern treten nach Spielende zur Audienz bei ihren eigenen Kindern an. Geradezu schüchtern warten sie in der Nähe der Umkleidekabinen, unsicher, ob ihre Anwesenheit schon gestattet ist. »Ich stelle mich nie in die erste Reihe«, sagt Nikos Vater. »Sonst muss ich die ganze Zeit Hände schütteln.« Händeschütteln ist die ultimative Höflichkeitsform im Profifußball, das wird den NLZ-Kindern früh beigebracht. Sie geben jedem die Hand, der irgendwie in der Nähe ihres Fußballplatzes herumsteht. Falls sie ihm vor dem Spiel oder Training schon einmal die Hände geschüttelt haben, machen sie es danach trotzdem noch einmal mit feierlichem Ernst.

Irgendeiner der Väter steht beim Trainer. Gewöhnlich lästern in solchen Momenten die anderen Eltern, »der steht schon wieder beim Trainer«. Heute jedoch lästert niemand, nach diesem Spiel.

»Die letzten zwei Partien haben wir alle gelitten, das war ein Desaster, und dann heute so ein Spiel«, sagt Achim Beierlorzer, der alle überragt mit seinen 1,92 Meter und doch keiner ist, der heraussticht, von erstaunlich zurückhaltender Ausstrahlung für einen Trainer, mit seinem kantigen Kopf und den wachen Augen. Parallel zum Training von Nikos Elf absolviert Beierlorzer die Ausbildung zum Fußballlehrer, der höchsten Trainerlizenz, und es ist durchgesickert, dass er wohl Jahrgangsbester in Deutschland werden wird. Eine Zukunft im Männer-Profibereich wird ihm allseitig prophezeit.

»Wahnsinn, diese Schwankungen«, fährt er fort, »aber da sieht man eben, dass wir es mit Jungs in der Pubertät zu tun haben. Erst gestern wieder haben zwei Spieler im Training für einen Eklat gesorgt.«

Der Skandal! Es gab ihn tatsächlich. Aber wie ein guter Krimiautor lässt Beierlorzer seine Zuhörer im Ungewissen, was passiert ist.

Nikos Mutter steht ein wenig abseits, wie um sich erst einmal zu erholen von der emotionalen Anstrengung, ihrem Sohn beim Fußball zuschauen zu müssen. Was doch alles in eine einzige Fußballsaison passt; mehr emotionale Ausnahmezustände als das Alltagsleben in Jahren hergibt. Vor acht Monaten, als Niko, der Ersatzspieler, mit dem Moped davonbrauste, war die Welt zu Ende. Jetzt leuchtet sie.

»Mensch, dass du dir das alles freiwillig antust«, hatte Elke Reislöhner irgendwann in diesen wechselhaften Wochen anerkennend zur Steinhöfer Petra gesagt. »Und obendrauf verdient sie ja auch immer noch kein Geld als Beraterin«, sagt Elke jetzt, abseits der Umkleidekabinen in Aschheim.

500 Euro Einnahmen in den ersten vier Jahren lautet die Bilanz der Spieleragentur Tutor. Für den Wechsel eines 18-Jährigen vom 1. FC Nürnberg zur Spielvereinigung Unterhaching hatte es eine nominelle Aufwandsentschädigung gegeben. Petra Steinhöfer hatte einkalkuliert, dass die ersten Jahre mager würden. Bei vielen Firmen mit kreativen Geschäftsideen heutzutage war das nicht anders, man brauchte die Firma bloß Start-up zu nennen, und dann verstanden das Risiko alle, fanden alle das Geschäftsmodell cool, erst investieren und dann, hoffentlich, ernten. Marius oder Foti waren realistisch betrachtet die Ersten, bei denen Petra Steinhöfer auf Profiverträge und somit eine spürbare Provision hoffen konnte. Genauso realistisch betrachtet lag das noch ein, zwei Jahre in der Ferne.

In Aschheim kommt der Held mit nassen Haaren aus der Umkleidekabine, und seine Mutter wird von seinem Anblick verwandelt. Weg ist die Erschöpfung. »Ja, Niko!«

Er lächelt. Seine Mutter wirkt, als würde sie ihn gern in die Arme nehmen und ganz lange halten. Angesichts der anderen Eltern oder vielleicht auch in Anbetracht der Tatsache, dass 16-jährige Söhne öffentliche Gefühlsausbrüche der Eltern wenig erbaulich finden, belässt sie es dabei, ihm die Hand auf den Unterarm zu legen.

»Das Dribbling vor dem 3:0 war der Wahnsinn.«

»Das habe ich nur gemacht, weil wir schon 2:0 führten. Da kann man was riskieren. Wenn ich da den Ball verliere, ist es nicht so schlimm.«

»Du musst immer was riskieren!«

»Nein.«

Ein paar Meter weiter sieht er Julia an der Balustrade zum Spielfeld lehnen. Er weiß nicht, was er jetzt machen soll. Er kann doch seine Freundin hier nicht küssen!

Eine Freundin vor den Umkleidekabinen ist in der Jugend-Bundesliga nicht vorgesehen. Nach der üblichen Art müsste er ihr jetzt eigentlich die Hand geben.

Verkrampft nicken sich Niko und Julia zu und flüstern ein paar Worte. Dann trägt er seine Sporttasche Richtung Bus.

Als Tabellendritter wird die Spielvereinigung Greuther Fürth zwei Wochen später die Saison abschließen, die beste Platzierung des Vereins in der U17-Bundesliga. Erst ein halbes Jahr später, mit gebührendem Abstand, werde ich Niko fragen: Ach, hör mal, damals vor dem Spiel gegen Bayern, was gab es da tags zuvor eigentlich für einen Eklat im Training?

Der Danhof Tim und der Schicky hatten wild protestiert, als Achim Beierlorzer das Trainingsspiel für beendet erklärte. Sie wollten noch nicht aufhören, nicht jetzt, Mann! Schluss jetzt, wir spielen morgen gegen Bayern, rief Beierlorzer. Da schoss der Danhof Tim mit seinen 16 Jahren wutentbrannt den Trainer mit dem Fußball ab.

In Aschheim läuft ein Teambetreuer mit einem Kochlöffel in der Hand herum. Auf der Heimfahrt nach Fürth werden im Bus aufgewärmte Nudeln serviert. Bis zur Abfahrt wird es allerdings noch ein paar Minuten dauern. Es gibt immer ein paar, die nach Siegen wie diesem besonders lange duschen.

Nach den Erfahrungen dieser Saison weiß Niko, dass auf jedes Auf wieder ein Ab folgen wird, in endloser Wiederholung, bis zum Ende aller Fußballtage. Aber in diesem Moment scheint das leicht erträglich. Fußball macht glücklich. Sie haben die Bayern 3:0 geschlagen, er ist der Spieler des Tages. Er traut sich was.

Er setzt sich für ein paar Minuten mit Julia in die Sonne, direkt vor den Mannschaftsbus.

2

Ein paar Monate zuvor, 2013/14

Der Wolf ist los

Marius wartet an der Haltestelle Südtiroler Straße auf die Straßenbahn und denkt über das Schwarzfahren nach; nur mal so grundsätzlich. 40 Euro beträgt die Strafe, wenn man erwischt wird. Etwas über zwei Euro kostet eine Fahrt. Wenn es einem also gelingen würde, zwanzig Mal schwarz zu fahren, ohne erwischt zu werden, hätte es sich schon gelohnt.

»Zwanzig Mal, das kannst du schaffen«, sagt er. »So oft kontrollieren die nicht.«

Ich erinnere mich: Solche Gedanken beschäftigen einen, mit 18.

Marius muss zum Arzt an der Nymphenburger Straße. Er hat einen Tritt in den Hintern gekriegt. Das klingt lustig, ist allerdings ziemlich schmerzhaft. Beim Training gestern Abend traf ihn ein Mitspieler beim Kampf um einen halbhohen Ball versehentlich am Po. Der Physiotherapeut meinte, der Gluteus maximus, der große Po-Muskel, könnte in Mitleidenschaft gezogen worden sein. Es sei besser, wenn der Arzt einmal nach dem Rechten schaue. Ich kaufe Marius ein Ticket, bevor er seine Schwarzfahr-Kalkulation noch in die Praxis umsetzt.

Foti und die Jungs finden, der Marius ist auf einmal voll cool geworden. Die Erwachsenen haben Angst, er könnte einen unsteten Lebensstil annehmen. Die Petra, die Eltern und sein Trainer wissen gar nicht genau, wie er lebt. Das macht ihre Sorgen umso größer. Wenn man nichts Genaues weiß, malt man sich das Schlimmste aus.

Im Sommer 2013, kurz nach seinem 18. Geburtstag, verwandelte sich Marius. Er ließ sich Ohrlöcher und Tattoos stechen. Er kaufte sich Lederjacke und weiße Stiefel. Sein rechter Arm wird ein Gesamtkunstwerk. Nach und nach, wann immer es die Finanzen hergeben, sollen dort weitere Tattoos hinzukommen. Vier sind es schon, im Frühjahr 2014. Eine Feder, »die hat keinen Symbolwert, die fand ich einfach schön«, prangt auf dem Unterarm, dazu die verschnörkelten Buchstaben H und M für seine Mutter, den Vater und die Schwester und, neuerdings, eine Taschenuhr mit zwei Zifferblättern. Die Zeiger deuten auf keine Uhrzeit, sondern auf die Geburtstage von Oma Ursel und Opa Rolf. »Weil sie rund um die Uhr für mich da waren. Das mit der Uhr habe ich bei Jack Wilshere gesehen«, einem englischen Nationalspieler.

Cristiano Ronaldo trägt aber keine Tattoos, wende ich ein.

»David Beckham schon.«

Aber schon mal daran gedacht, wie das aussieht, wenn du alt sein wirst?

»Alte Haut ist nie schön, auch nicht ohne Tattoos.«

1:0 für Marius, würde ich sagen.

Er trägt ein weites schwarzes T-Shirt mit neongelber Schrift unter der schlaff hängenden schwarzen Lederjacke, auf dem Weg zum Arzt. Dazu schwarze Hose und die weißen Stiefel. *Black fashion*, erkenne ich mittlerweile fachmännisch. Ein kleiner, süßer Totenkopf baumelt an einer Lederschnur vor seiner Brust. Die Kette hat ihm seine Mutter geschenkt, als Glücksbringer.

Wenn sich seine Mutter erinnert, fällt ihr ein, dass sie mit 18 auch den Drang hatte aufzufallen, mit geringelten Socken bis zu den Knien und extrem bunter Kleidung. Aber nach der Erinnerung setzen trotzdem gleich wieder die Sorgen um Marius ein. Die Annahme, dass Marius als Fußballtalent nicht so leben sollte wie alle anderen 18-Jährigen, versetzt die Eltern, die Petra und den Trainer in eine Art unterschwelligen Alarmzustand: Jede Nachricht, die nicht in das superdisziplinierte Idealbild eines NLZ-Kinds passt, schreckt sie auf.

Sein Whatsapp-Profil zeigt an, dass er gestern Nacht noch um 0:46 Uhr online war. Was war da wieder in der fernen Großstadt los, fragen sich die Mutter und die Petra nervös.

Nichts war da los, sagt Marius, er hat nur mit dem Leuges und dem Marvin noch etwas länger bei sich zu Hause gezockt. Ist doch kein Problem, sagt Marius, er könne doch jetzt ausschlafen.

Im Sommer 2013, als er zum ersten Mal zum Tätowierer ging, schmiss Marius die Banklehre nach einem Ausbildungsjahr. Er wollte sich voll auf den Fußball konzentrieren. In den kommenden 24 Monaten, im letzten Jugend- und ersten Männerjahr, musste er den Durchbruch schaffen, und mit dem Stress der Lehre in Kopf und Körper würde er es garantiert nicht zum Fußballprofi bringen.

Die Entscheidung, die Lehre aufzugeben, hatte er ganz alleine getroffen, im Sommertrainingslager der U19-Mannschaft des TSV 1860. Er verpasste wegen des Trainingslagers wieder einmal fünf Tage in der Berufsschule. Abends, vor dem Einschlafen, nagte der Stress an seinen Nerven: Scheiße, wann sollst du das noch aufholen, das schaffst du nicht, die anderen in der Seminargruppe bei der Sparkasse sind schon bei Stufe 20 des Lehrstoffs und du immer noch bei Stufe 15 – ich will doch sowieso nicht Bankkaufmann werden!

Er stellte alle vor vollendete Tatsachen, selbst den Leuges. »Von einem Tag auf den anderen hat er gesagt: Ich brech' jetzt ab«, erinnert sich der Leuges. »Ich habe nur geantwortet: ›Okay, krass, einfach so.‹ Aber ich habe es schon verstanden. Der Wolf ist ja eh nicht der Typ, der sich mit Anzug und Schlips da reinsetzt und Ja und Amen sagt und: ›Was hätten Sie gerne?‹, in Giesing in der Sparkasse.«

Die Eltern und der NLZ-Leiter bei 1860 München, Wolfgang Schellenberg, zeigten weniger Verständnis. »Ich komme aus einer Arbeiterfamilie«, sagt Marius, »alle bei uns haben ihre Ausbildung gemacht. Man macht eine Ausbildung, das steckt in meinen Eltern und Großeltern drin.«

Du musst auf jeden Fall nebenbei eine Ausbildung machen, damit du etwas in den Händen hast, falls es mit dem Fußball nicht klappt. Das war das Gesetz der Vernunft. Die Eltern, Wolfgang Schellenberg und Petra Steinhöfer hatten geglaubt, es sei nur verantwortungsvoll von ihnen, diese Weisheit Marius mit auf den Weg zu geben. Seine Beraterin war die Erste von ihnen, die das scheinbar vernünftige Gesetz infrage stellte.

»Es war falsch von uns gewesen, ihn in die Sparkasse zu schicken, nach dem Motto: Eine Ausbildung gehört eben dazu«, sagt Petra Steinhöfer. Marius hatte ja recht, sah sie im Sommer 2013. Die Doppelbelastung aus Lehre und Leistungssport überlastete ihn.

Die Idee, ihn eine Banklehre – irgendeine Lehre – machen zu lassen, stammte aus einer Zeit, als man froh war, irgendeinen sicheren Arbeitsplatz zu ergattern. Im Jahr 2013, in einer wirtschaftlich prosperierenden Gesellschaft, konnte man es sich mit 18 leisten, zwei Jahre lang etwas auszuprobieren, und dann, falls es mit dem Fußball nicht hinhaute, etwas zu suchen, was Marius wirklich lag. »Irgendwas mit Autos«, stellte er sich vor. Als Einzelhandelskaufmann in einem großen Sportgeschäft sah ihn seine Mutter.

Wenn sie darüber nachdachten, erschien es auch den Eltern logisch, dass Marius die Banklehre aufgab. Sie mussten nur über dieses gelernte Denken hinwegkommen, das sich dann sofort wieder bei ihnen meldete: Mit 18 einfach nur Fußball spielen, in einer Jugendmannschaft, wenn man überhaupt nicht wusste, ob man es zum Profi schaffte – das machte man doch nicht.

»Das war schwierig für uns zu akzeptieren«, sagt der Vater. »Training ist ja nur zwei Stunden am Tag, und was würde Marius dann die restliche Zeit machen?« Andererseits schien ihm die Argumentation des Sohns logisch: Er war in München, um Fußballprofi zu werden. Dann musste er jetzt alles dafür tun.

NLZ-Leiter Wolfgang Schellenberg musste schon aus offiziellen Gründen beleidigt sein. Er hatte Marius an die Stadtsparkasse vermittelt. Er würde jetzt den Ärger der Ausbilder zu spüren bekommen, und vielleicht würde die Münchener Stadtsparkasse beim nächsten Jugendspieler von 1860 sagen, tut uns leid, noch so einen, der eigentlich gar nicht Bankkaufmann werden will, brauchen wir nicht.

Wolfgang Schellenberg ließ Marius, die Wolfs und Petra seine Enttäuschung spüren, die offizielle. Dass in ihm Verständnis für Marius' Entscheidung reifte, behielt er für sich. »Marius war nicht der erste und nicht der letzte unserer Jugendspieler, der seine Lehre oder die Schule abbrach. Das kam um 2013, 2014 immer häufiger vor und setzte bei mir ein Umdenken in Gang.« Vielleicht war es einfach nicht mehr zeitgemäß, einen 18-Jährigen neben dem aufwendigen Training kategorisch zur Schule oder Lehre zu verpflichten? »Die Praxis zeigte mir, dass viele Jungs mit 17 – und oft auch ihre Eltern – das nicht mehr wollten. Die sagten: ›Hey, ich habe jetzt drei Jahre, da muss ich es schaffen.‹ Ich habe mich lange gegen diese Haltung gesträubt, mit 17 alles dem Fußball unterzuordnen, weil ja doch nur die wenigsten die große Karriere schaffen. Aber langsam änderte ich meine Meinung. Das war ein Lernprozess für mich.« Drei Jahre später hatte Wolfgang Schellenberg mit einem Sponsor von 1860, dem Lastwagenhersteller MAN, eine neue Kooperation vereinbart. MAN würde seine Lehrstellen nicht mehr für 17-Jährige bereitstellen, sondern für die Jungs, die es bei 1860 mit 21, 22 Jahren nicht zum Profi geschafft hatten. »Das war eine Art Abschiedsgeschenk von uns: Wir helfen euch, einen normalen Berufsweg einzuschlagen. Aber, sagte ich zu den Jungs, dann tut mir auch den Gefallen, beginnt jetzt mit 21 wirklich die Lehre und macht's nicht in der vierten Liga auf Pseudoprofi, bis ihr mit 30 mit gar nichts dasteht.«

So konnten es auch Marius' Eltern vor sich selbst rechtfertigen, dass sie dem Abbruch der Banklehre zustimmten: Also gut, dann versuchst du es jetzt zwei Jahre mit dem Fußball – aber wenn du dann keinen Profivertrag erhältst, beginnst du sofort eine neue Lehre!

Natürlich, sagte Marius.

Er ist nun ein Jugendspieler, der wie ein Profifußballer trainiert. Neben dem gewöhnlichen Training mit der U19-Mannschaft geht er dreimal die Woche allein in den Kraftraum, mit einem spezifischen Übungsprogramm. Dazu soll er an manchen Vormittagen bei der U23-Mannschaft mitmachen. So kommt er auf zehn statt fünf Trainingseinheiten in der Woche. Bloß bezahlt wird er nicht wie ein Profi.

An das Geld hat er ehrlich gesagt überhaupt nicht gedacht, als er in der Sparkasse aufhörte. Nun fehlen die 960 Euro im Monat vom Lehrlingsgehalt. Es bleiben die 400 Euro von 1860. Davon müssen *Black-fashion*-Kapuzenpullover, Tattoos und gelegentliche Klubnächte bezahlt werden. Und etwas zu essen wäre auch nicht schlecht.

Die Eltern übernehmen die Fahrstunden für den Führerschein und schießen ihm auch sonst immer mal etwas zu, am Essen soll es ihm nicht fehlen. Er findet, am Essen lässt es sich leichter sparen als bei der Kleidung. Frühstückssemmeln gibt es an der Tankstelle, überragend sind die, mittags kann er bei 1860 im Nachwuchsleistungszentrum essen und abends bestellt er was mit den Jungs beim Lieferservice. Da gibt es schon für sieben Euro eine Portion Nudeln oder ein Hühnercurry. Die Petra spielt mit dem Gedanken, einen Kochkurs für ihn und Foti abzuhalten, für sportlergerechte Ernährung, und bei dem Vorschlag nickt Marius auch interessiert. Aber er bleibt skeptisch. »Es schmeckt halt nie, wenn ich selbst koche.«

Er geht mit dem Leuges durchaus das eine oder andere Mal in den Supermarkt, Lebensmittel einkaufen. Sie lieben die Benjamin-Blümchen-Torte aus dem Tiefkühlfach beim Rewe. Du lässt sie einfach auftauen, erklärt der Leuges, und dann, bäng, ist sie fertig; schmeckt überragend.

Wenn Marius mal in einen Klub will, bleibt der Leuges zu Hause. »Der Wolf versucht mich mitzuschleppen, aber keine Chance, da bin ich resistent. Ich weiß, dass es Scheiße ist im Klub. Laute Musik, eng – kann nur scheiße sein. Und dann nur Besoffene, die Besoffenen hasse ich sowieso. Ich habe noch nie Alkohol getrunken, und dann fang ich jetzt auch nicht mehr an«, mit 18.

Viel Spaß, sagt der Leuges, wenn Marius mit dem Marvin, ihrem anderen dicken Freund, loszieht. Der Leuges schläft dann einfach schon in Marius' Wohnung, kein Problem für Marius, seinen Freunden ermöglicht er alles.

Marius war schon im *P1* und im *089*, auch im *Crowns*. Das mit dem Ausgehen ging eigentlich jetzt erst richtig los, Anfang 2014, mit 18. Er will, wie soll er das in Worte fassen, einfach mal dabei sein in der Welt, die glitzert. »Der Wolf ist gerne unterwegs«, erklärt der Leuges lapidar. »Der braucht das halt.« Marius lernt im Nachtleben auch echt beeindruckende Leute kennen, letztens den jüngsten Boss-Filialleiter Deutschlands, der ist erst 25. Das Ausgehen sei kein Problem, fügt Marius schnell hinzu, in der Straßenbahn, auf dem Weg zum Arzt, im Gespräch mit mir, einem der Erwachsenen. Er habe jetzt, ohne die Lehre, ja Zeit auszuschlafen.

Wichtig sei nur, dass er genug schlafe, nicht wann. Er macht auch gerne Mittagsschlaf.

Letztens hat er einmal das Training verschlafen. Die Übungseinheit war aber auch zu einer blöden Zeit angesetzt, am Feiertag um zehn Uhr morgens. »Wenn du das im Profibereich einmal machst, kann das deine Karriere beenden«, sagte ihm der Trainer. War Marius schon klar, musste der Trainer doch gar nicht sagen. Vor dem nächsten Vormittagstraining bat er seine Mutter, ihn um neun Uhr per Anruf zu wecken, zur Sicherheit.

Der Trainer, Herr Steinberger, ist jedoch einer, der die Dinge schonungslos ausspricht. 100 Euro Strafe brummte er Marius für das Verschlafen auf, um ihm die Tragweite des Vergehens klarzumachen. Krass, fanden die Jungs, völlig übertrieben, üblich waren zehn Euro. Der Trainer wusste allerdings nicht, dass Marius gerade 900 Euro im Wettbüro gewonnen hatte. Bei 40 Euro Einsatz hatte er das Ergebnis von Chelsea gegen Atlético richtig getippt, 1:3. Jetzt konnte er es dem Trainer zeigen. Marius ging zu Herrn Steinberger, öffnete das Portemonnaie so, dass der Trainer die neun Hunderter-Scheine sehen musste, und gab ihm lässig einen, als handle es sich um Kleingeld. Die Jungs lachten sich kaputt.

In Marius' siebtem Jahr in einem Nachwuchsleistungszentrum ist es sein siebter Trainer. Es gehört zum Konzept, dass der Trainer jede Saison wechselt. Wenn ein Trainer mit seinem subjektiven Blick ein Talent verkennt, kann der Junge auf das nächste Jahr, den nächsten Trainer hoffen. Es bedeutet allerdings auch, dass sich die Jungs nach einer guten Saison im folgenden Jahr wieder neu beweisen müssen.

Sepp Steinberger, der Trainer der U19 bei 1860 München in der Saison 2013/14, wuchs auf einem Bauernhof in Niederbayern auf, in einer Gemeinde mit dem schönen Namen Gottfrieding. Die Eltern betrieben noch die klassische Mischwirtschaft, Milch, Vieh, Getreide. Der Sohn musste mitarbeiten, wenn die Freunde Fußball spielten oder ins Freibad gingen. »Damals habe ich es als hart empfunden. Heute würde ich sagen: Es hat mich sicher geprägt.«

Er wies Marius ziemlich direkt wegen seines Lebenswandels zurecht. Der Trainer hatte vom Löwenbomber gehört, der Wolf sei dann und wann auch schon mal in der Nacht unterwegs. Niemand nannte den Löwenbomber bei seinem richtigen Namen, Axel Dubelowski. Er arbeitete nicht nur als Fanbeauftragter beim TSV 1860 München, sondern auch als Türsteher im *Atomic Café*.

»Du musst deinem Körper durch Ernährung und Schlaf die Chance zur Erholung geben«, sagte Sepp Steinberger zu Marius. »Mit einem Ferrari kannst du auch kein Diesel tanken.«

Marius nickte, er nickte immer.

»Das Problem ist halt, dass so ein Lotterleben in so jungen Jahren auch noch funktioniert«, sagt Steinberger: »Die Jungs gehen aus, und am nächsten Tag trainieren sie richtig geil. Also denken sie, es gehe immer so weiter. Das ist wie im Casino, da gewinnt man komischerweise auch immer beim ersten Mal. Aber ab 25 geht es für einen Fußballer rapide bergab, wenn er unstet lebt. Mir ist schon klar, dass 25 für einen 18-Jährigen unheimlich weit weg ist. Bloß wenn sich das Lotterleben einmal einschleift, kriegen es viele nicht mehr raus. Deshalb rede ich mit Marius öfters Klartext. Ich bin da auch nicht gerade feinfühlig. Ich glaube, er ist deswegen öfters mal beleidigt.«

Was der Trainer ihm sagt, weiß er doch alles selbst, findet Marius, dass Ausgehen auf Dauer nicht förderlich ist und so weiter. Er macht das doch nur mal jetzt, und überhaupt, so oft geht er gar nicht aus, an den spielfreien Wochenenden, okay, ab und an auch mal unter der Woche. Doch die meisten Abende ist er mit dem Leuges und dem Marvin zu Hause. Sie schauen Champions League oder zocken, der Passi kommt auch manchmal vorbei. Pascal Köpke lebt nun ebenfalls in München. Er ist vom 1. FC Nürnberg zur Spielvereinigung Unterhaching gewechselt, weil er dort als Jugendlicher schon bei den Profis zum Einsatz kommt. In Nürnberg hatten sie ihn damals mit 14, 15 fast schon aus dem Nachwuchsleistungszentrum weggeschickt.

Einmal klingelte es abends bei Passi in seiner Wohnung in Unterhaching, im Winter 2013/14, er erwartete niemanden, nicht mal den Lieferservice. Marius stand vor der Tür. Er war mit dem Taxi gekommen. Das ungewohnte Alleinsein in seiner Wohnung war ihm zu viel geworden. An sechs von sieben Abenden einer Woche, schätzt er, ist er mit den Jungs zusammen. Das mit dem Ausgehen wird sich irgendwann legen, lange bevor es schädlich wird, ist sich Marius sicher. »Ich regle das schon.« So wie das mit dem Aufräumen doch auch besser geworden ist, seit er nicht mehr in die Sparkasse muss und Zeit hat.

»Als wir letztens zu Besuch kamen, waren nur noch zwei Teller zu spülen«, sagt Marius' Vater. »Für einen Jungen sah das wirklich ordentlich aus.«

»Ja«, stimmt Marius' Mutter zu. »Er hatte sogar durchgesaugt. Der Tisch war abgewischt.«

Marius hat jetzt auch ein Buch. Die Biografie von Cristiano Ronaldo hat ihm irgendwer geschenkt. Lesen hat allerdings einen großen Nachteil. Dabei ist man allein.

In der eigenen Wohnung zu lesen funktioniert nicht lange, da wird die Stille um ihn herum zu dominant, zu laut. Er nimmt das Buch mit auf die Auswärtsfahrten. Dort steht es allerdings in Konkurrenz zum Handy. Textnachrichten gehen konstant bei ihm ein. Es gibt jetzt Whatsapp.

70 Minuten vor dem Spiel, bevor sie die Handys ausschalten müssen, macht Marius immer dasselbe. Er schaut sich auf seinem Smartphone ein Youtube-Video von Cristiano Ronaldos Toren, Tricks und Dribblings an. Dann ist er bereit.

Um seinen Fortschritt in dieser Saison zu beschreiben, wurde das Wort Leistungsexplosion erfunden. Sein Vorjahrestrainer Ivica Erceg hatte Marius im vergangenen Sommer mit den Worten an Sepp Steinberger übergeben: »Der trainiert wie ein Weltmeister, der arbeitet auch im Spiel wie ein Verrückter. Nur wenn er im Spiel den Ball hat, kommt leider noch wenig Konkretes raus.« Ein halbes Jahr später ist Marius einer der effektivsten Angriffsspieler der gesamten Jugend-Bundesliga. Sechs Tore und sieben Torvorlagen weist er im Dezember 2013 zum Ende der Hinrunde auf.

Zehn Jahre lang haben viele Trainer sein Potenzial gesehen, und plötzlich, ganz am Ende der Jugend, entfaltet er es. Es ist ein schönes Beispiel, wie ein Junge, der meistens nur Ansätze zeigte, bis zum Ende mit Geduld gefördert wurde; wenn auch nicht von seinem ursprünglichen Verein, dem 1. FC Nürnberg, sondern nur von einem Mann, Wolfgang Schellenberg.

Zur Belohnung darf Marius mit der Profimannschaft des TSV 1860 München ins Wintertrainingslager in die Türkei fahren. Es hat bei 1860 System, dass die besten Nachwuchstalente mit der Zweitligamannschaft ins Trainingslager reisen. Das heißt noch lange nicht, dass sie einmal Profi werden. Der Profitrainer soll bloß die Talente kennenlernen, die Talente sollen motiviert werden. Der Verein ist in vielen Bereichen ziemlich chaotisch, aber im Fördern seiner Akademiejungs erstklassig. Neben Marius fährt auch ein frisch von Betis Sevilla verpflichteter erfahrener Profi erstmals mit dem Zweitligateam ins Trainingslager. Der 28-jährige Markus Steinhöfer.

Petra Steinhöfer hat einen Traum: Ihr Sohn und Marius als erster Profifußballer ihrer Agentur gemeinsam in einer Profimannschaft, eines Tages, in gar nicht mehr so weiter Ferne. Einem der etablierten Profis bei 1860, Moritz Volz, fällt im Trainingscamp in Belek etwas an dem Jungen aus der Jugendmannschaft auf: Der läuft ständig mit einer Cristiano-Ronaldo-Biografie unter dem Arm herum.

Die Erwachsenen machen sich Sorgen wegen seines Lebensstils, den langen Nächten, den Tattoos, der hingeschmissenen Lehre. Tatsächlich gehören all diese Umstände zu den Gründen, warum Marius als Fußballer jäh aufblüht – wahrscheinlich helfen ihm dabei sogar seine gelegentlichen Ausflüge ins Nachtleben. Das ist kein Witz. Er kommt jetzt sogar ins *P1* rein – das ist ein Mosaiksteinchen, das zu seinem neuen Selbstvertrauen beiträgt. Und dieses Selbstvertrauen nimmt er mit auf den Fußballplatz.

Er verwandelte sich als Typ, und daraufhin verwandelte er sich auch als Fußballer. Im Spiegel sah Marius nun einen verwegenen jungen Mann. In diesem Gefühl der Stärke wurde sein Spiel tatsächlich verwegener. »Wir reden oft davon, dass ein Trainer das Selbstvertrauen eines Spielers stärkt«, sagt Sepp Steinberger. »Marius hat sich in der Situation sein Selbstvertrauen selbst aufgebaut.«

Andere Erklärungen für seine Leistungsexplosion waren im Vergleich zu Selbstvertrauen steigernden Tattoos langweiliger, aber auch unkonventionell. Der Abbruch der Lehre war eine großartige Idee gewesen; rein fußballerisch betrachtet. Er war vom Stress befreit worden. Und er nutzte die Zeit. Mit 18 betrieb er zum ersten Mal ein gezieltes individuelles Krafttraining. Die Beine eines Storchs verschwanden, der Rumpf wurde stabiler. Marius' Mutter bekam Angst. Empfahl der Athletiktrainer ihrem Sohn möglicherweise Eiweißpräparate zum Muskelwachstum? Über die hörte man doch nichts Gutes. So weit weg von eigenem Sohn machte man sich automatisch über alles Sorgen, fühlte Heike Wolf. Doch in Marius' Küchenschrank gab es keine Eiweißpräparate. Nur Marmelade für die Semmeln von der Tankstelle.

Als die U19-Bundesliga im Februar 2014 in die Rückrunde startete, kam Opa Rolf zum Auswärtsspiel von 1860 München in Fürth. Nach Fürth war es von Einberg nicht so weit. Der Opa setzte sich ein paar Meter abseits. Er wollte nicht stören. Er rief beim Fußball doch immer irgendwelche Kommentare, das kam einfach über ihn.

»Jetzt setzen Sie sich doch zu uns«, drängte Petra Steinhöfer. Schließlich gab der Opa nach. Er bemühte sich, das Spiel schweigend zu betrachten. Er sah einen jungen Mann, fast 1,90 Meter groß, mit immer noch drahtigem, aber unverkennbar muskulösem Körper, die Stutzen wie Cristiano Ronaldo über die Knie gezogen. Am Oberarm trug er die Kapitänsbinde von 1860 München. Der Opa musste an einen offensichtlich anderen Menschen denken, einen kleinen, scheinbar zerbrechlichen Jungen mit piepsiger Stimme. »Na, hat sich wohl doch gelohnt, die ganze Fahrerei«, sagte der Opa. Dann schwieg er wieder.

Die Jungs fanden, der Marius war super gesprächig. Die Erwachsenen fanden, der Marius erzählte nie mehr was. Das ließ sie glauben, er verheimliche ihnen etwas.

»Er verbummelt sein Leben«, erschien es Petra Steinhöfer aus der Erwachsenensicht, weil er ein halbes Jahr nach Abbruch der Lehre die Bücher zum Steuer- und Rechtswesen immer noch nicht zurückgegeben hatte.

Der Alltag von Marius war vielleicht nicht besonders geordnet, aber instinktiv machte er die zwei wichtigsten Dinge eines Profisportlers richtig. Er schlief wahnsinnig viel; wenn auch nicht unbedingt immer zu den Zeiten, die Erwachsene dafür vorgesehen hatten. Und er schob alles weg, was nicht zum Fußball gehörte; eben auch das Bücherzurückgeben. Das war der Modus, in dem wohl die meisten Profifußballer die Tage verbrachten – trainieren, ausruhen, wegschieben, ab und an feiern, um Luft zu schnappen; alles dem Sport unterordnen.

Petra Steinhöfer hatte jedoch immer das Bild vom mündigen Profi vor Augen. Sie wollte den Jungs helfen, den Fußball *und* das Leben zu meistern. Darin sah sie doch eine Hauptaufgabe ihrer Agentur.

Seit der neue Marius existierte, hatte sie das Gefühl, nicht mehr an ihn ranzukommen. Im Prinzip ging es ihr bei Foti auch nicht viel anders. Foti war gesprächiger, offener, das überdeckte es etwas, aber sie gehörte nicht zu den Menschen, die sich etwas vormachten. »Ich bin über 50, kein steiler Zahn. Für 18-Jährige ist 50 steinalt. Ich habe das Gefühl, die Jungen vertrauen mir nicht mehr alles an, und ich spüre auch, wie ich nicht mehr alles sage. Bei den Klubnächten zum Beispiel war ich alarmiert, in welche Kreise gerät Marius da? Und ich wusste nicht, soll ich das ansprechen, oder bin ich dann die nervige Alte? So bröckelte die Basis zwischen uns.«

Was sie brauchte, war ein Mann. Einen Mitarbeiter, der mit den Jungs über das Fußballfachliche eine Ebene fand. Solch einen Fachmann aus dem Fußballgeschäft hatte sie in ihrer Agentur von Anfang an eingeplant gehabt, bloß als Wolfgang Schellenberg absagte und ihr auf Anhieb kein vergleichbarer Experte in den Sinn kam, hatte sie erst einmal ohne ihn losgelegt. Vier Jahre später hatte sie im Fußballgeschäft nicht so viele Menschen kennengelernt, mit denen sie sich auf einer Wellenlänge sah, und wenn, hatten sie bereits eigene Ziele, wie Achim Beierlorzer oder eben Wolfgang Schellenberg.

Eine Kooperation mit einem anderen Spielerberater könnte die Lösung sein, dachte sie. Damit würde sie nicht nur einen Ansprechpartner für Marius und Foti gewinnen, sondern gleichzeitig dessen Netzwerk in der Fußballszene. Das einzige Problem dabei war, dass sie die Spielerberater, die sie bei den Juniorenpartien ausmachte, allesamt grauenhaft fand. Das waren Mensch gewordene Gockel, die ihren Kamm anschwellen ließen, wenn sie Trainer, Spieler oder Eltern umgarnten. Es musste doch noch andere Berater geben?

Sie fragte bei 1860 und Greuther Fürth herum. Egon Flad wurde ihr empfohlen. Seriös im Auftreten, angenehm im Umgang, hieß es. In den Achtzigern hatte Flad selbst 100-mal in der Bundesliga gespielt. Zu ihm könnten Marius und Foti aufschauen. Als sie Flad anrief, reagierte er zurückhaltend. Warum sollte er einer anderen Agentur helfen?

Sie würden selbstverständlich alle Honorar teilen, die für die beiden Jungs anfielen.

Ja, wenn da jemals Honorare anfielen!

Petra Steinhöfer kam es vor, als müsse sie Egon Flad überreden, sich Marius und Foti wenigstens einmal bei einem Spiel anzuschauen. Sie hatte gedacht, er würde sich über so eine Chance freuen. So viele Fußballer, mit denen er Provisionen verdiente, schien er nicht im Portfolio zu haben. Ein einziger Name sagte ihr etwas, der des angehenden Bundesligaspielers Marvin Plattenhardt.

Das U19-Bundesligaspiel zwischen dem FC Bayern und 1860 am 31. August 2013 interessierte Egon Flad sowieso, also von ihm aus, da käme er vorbei.

Während der Partie schien es Petra, ihr erhoffter Kooperationspartner werde richtig ungehalten. So sehr regte ihn Fotis Leistung auf. Das war ja ungehörig, ihm so einen Spieler anzubieten, hörte Petra Steinhöfer aus Flads Unmutsäußerungen heraus. Der Junge starte zu langsam und renne ständig in geschlossene Räume.

»Das war heute nichts«, sagte Foti selbst zu seinem Spiel. Er war nach neun Minuten für einen verletzten Kollegen eingewechselt und nach 75 Spielminuten wieder ausgewechselt worden.

Marius dagegen musste jedem der Anwesenden auffallen. Er schoss einen Freistoß im schönen Bogen über die Abwehrmauer der Bayern hinweg ins Tor. Er hatte Ideen und das Geschick, sie fast nach Belieben umzusetzen. 1860 gewann 3:2.

Marius zu vertreten konnte sich Egon Flad vorstellen. Foti sagte er beim anschließenden Pizzaessen im Tennisclubheim von 1860 München offenbar ziemlich deutlich, dass er so nicht weit komme. »Der hat so viel Negatives gesagt«, erzählte Foti später. »Der hatte mich gerade ein- oder zweimal gesehen und hat alles genau anders gesehen als ich, was meine Stärken und Schwächen angeht. Da dachte ich schon, was ist das denn für ein Depp?! Was will der mir eigentlich erzählen? Der war mal Profi, okay, aber das war in einer anderen Zeit. Der hat mich echt aufgeregt, der Mann.«

Es war nicht allzu schwer zu erkennen, dass es zwischen Egon Flad und Foti zu keiner Zusammenarbeit kommen würde. Petra ließ den Rechtsanwalt ihrer Agentur einen Kooperationsvertrag für die Beraterarbeit mit Marius aufsetzen und Egon Flad zukommen. Ach, der Vertrag, sagte Egon Flad, als Petra Steinhöfer ihn das nächste Mal traf, den habe er jetzt zu Hause vergessen.

»Wenn der Maibaum wieder am Dorfplatz steht«, schallt es aus den Lautsprechern, »und sich alles um die Madeln dreht.« Die Zuschauer scheinen die Musik allenfalls unterschwellig aufzunehmen, sie sind in ihre Plaudereien vertieft oder starren auf das Spielfeld hinunter. Der Rasen glänzt unter dem Flutlicht und der Winternässe. »Wenn sie ihre heißen Dirndl zeigen/und wir Burschen uns die Augen reiben.« Das Lied ertönt immer, bei jedem Heimspiel der U19 des TSV 1860 München. Bloß dieses eine Mal im Jahr klingt es passend, bayerisch-festlich. Zum Derby in der Junioren-Bundesliga gegen den FC Bayern kommt tatsächlich ein Publikum, das nicht nur aus Eltern besteht.

1100 Zuschauer werden an diesem Freitagabend Ende Februar 2014 im Stadion an der Grünwalder Straße gezählt. Im Grünwalder spielten die Profis des TSV 1860 jahrzehntelang, hier gewannen sie 1966 das erste und einzige Mal die Deutsche Meisterschaft. Für einen Besucher, der volle Profiarenen gewohnt ist, wirkt das ehrwürdige Grünwalder mit knapp über 1000 Zuschauern trostlos. Auf die Jungs wirkt das Ambiente wie ein erster Ausflug in den Profifußball. Marius hat die Führerscheinprüfung heute Morgen auf nächsten Montag verschoben. »Vor so einem Spiel musste ich ausschlafen.«

Auf der Haupttribüne trifft sich die Münchener Fußballszene, der Sportdirektor der 1860-Profis, Florian Hinterberger, der Assistenztrainer der Bayern-Profis, Hermann Gerland, der Präsident der Spielvereinigung Unterhaching, Manfred Schwabl. Unter den Journalisten geht das Gerücht um, der Profitrainer des FC Bayern sei auch hier, Pep Guardiola. Er ist zwar nirgends zu sehen, aber ein Journalist der *Abendzeitung* will seinen Hinterkopf entdeckt haben, vor fünf Minuten. Alles scheint möglich an diesem einen Abend im Halbjahr.

Jüngere Jugendteams der Sechziger und Bayern marschieren in Mannschaftsstärke auf der Tribüne ein, unschwer als Teams zu erkennen. »Müssen die immer alle gleich aussehen?«, fragt Antonia Steinhöfer. Die Jungs tragen praktisch ausschließlich dieselbe Frisur, *Undercut* natürlich, und allesamt dunkle Jacken mit Fellkapuzen. Antonia begleitet ihre Mutter ins Stadion. Sie hat gerade in Grafing, im Osten Münchens, zu arbeiten begonnen. Ehe sie abends alleine zu Hause bleibt, trifft sie ihre Mutter, und wenn es eben im Fußballstadion ist. »Und jetzt fangt die Nacht erst richtig an«, tönt es aus den Lautsprechern, »jedes Madel greift sich einen Mann.«

Petra Steinhöfer sieht Marius beim Aufwärmen zu und denkt laut darüber nach, dass sie ihn seit einem halben Jahr kaum noch am Telefon erreicht, nur noch per SMS. Da antwortet er immer sofort.

»Das ist in unserem Alter so«, sagt Antonia. »Man schreibt sich mit dem Handy.«

Foti sitzt 50 Meter entfernt rechts von Petra. Das ist auch so in dem Alter, hat Petra im letzten halben Jahr gelernt. Man setzt sich vor den anderen Fußballjungs nicht zu seiner Beraterin, wenn die über 50 ist. Foti versucht sich nicht anmerken zu lassen, dass er sich am falschen Ort fühlt. Er sollte nicht hier sein, auf der Tribüne, sondern da unten auf dem Rasen. Ein Gegner trat ihm vor drei Wochen im Testspiel gegen Jahn Regensburg mit voller Wucht gegen den Fuß. Mittlerweile ist die Prellung abgeschwollen, aber »als der Trainer mich am Dienstag nicht das Zweikampftraining machen ließ, wusste ich, ich werde heute noch nicht im Aufgebot stehen«.

Der Schiedsrichter pfeift, und nach wenigen Sekunden glaube ich, er habe das Spiel nicht mit einer Trillerpfeife, sondern mit einem Glockenschlag eröffnet. Marius und die Jungs bringen die Intensität eines großen Kampfabends ins Spiel. Sie fliegen heran, sie erobern den Ball, sie schwärmen aus. Einem Scout muss ein Handkrampf drohen, so viel gibt es über potenzielle Profikandidaten zu notieren. Emanuel Taffertshofer und Richard Neudecker megadominieren das zentrale Mittelfeld. Mike Ott, 1,65 Meter klein, verschwindet zwischen den stämmigen Bayern-Verteidigern und taucht einen Augenblick später ganz woanders auf. Marius wechselt, wie abgesprochen, ständig vom linken auf den rechten Flügel und zurück. Ein kurzer Pass von Mike Ott rollt scheinbar ins Nirgendwo, halb links im Strafraum. Marius hatte schon einen Moment vor dem Pass verstanden, was Mike vorhatte. Er ist auf dem Weg. Als Marius den Ball erreicht, halb links vor dem Tor, knickt er das Standbein kurz ein. So kann er den Körper halb eindrehen und den Ball mit dem rechten Innenrist schlenzen. Der Ball zeichnet eine Kurve um den Torwart herum und landet flach im entfernten, dem rechten Toreck. Thierry Henry vom FC Arsenal schoss solche Tore. Man nannte es Weltklasse.

300 Kilometer entfernt piepst ein Handy. Heike Wolf ist mit ihrer Tochter Maren auf einem Gardetanzturnier in der Nähe von Coburg. Ihr Mann Martin informiert sie aus dem Stadion über den Verlauf des Spiels. 1:0, Marius. Da wurde Maren und ihr heiß vor Glück, sagt Heike Wolf.

In den Reihen der Bayern stehen große Namen. Ribéry, Scholl, Gaudino. Der Bruder von Franck Ribéry, die Söhne von Mehmet Scholl und Maurizio Gaudino spielen in der U19. Die interessanteren Namen spielen auf der anderen Seite. Was der U19 von 1860 München an diesem Abend gelingt, ist der schönste Erfolg einer Fußballmannschaft: Sie weckt in den Zuschauern eine Sehnsucht, hinunterzusteigen und mitzuspielen, Teil dieses Teams zu sein. Marius zieht einen Sprint nach dem anderen an. Nicht immer erreicht ihn der Ball, gelegentlich läuft er sich auch mit dem Ball fest. Doch das ist nur logisch. Er sucht die schwierigen Aktionen, jene, die Spiele entscheiden. Er sprintet wieder los und wieder, setzt sich diesmal vom Gegner ab, schlägt einen wunderschönen

Flachpass mit Außenrist in den Strafraum, Mike Ott wird gefoult. Es gibt Elfmeter. Nach 70 Minuten führt 1860 München 4:0.

»Vielleicht wäre es besser, wenn die Profis der Sechziger wieder nicht in die Erste Bundesliga aufsteigen«, denkt Petra laut nach. »In der zweiten Liga wäre es für Marius einfacher, den Sprung in die Profielf zu schaffen.«

»Und dein Sohn?«, fragt Antonia. »Dem wünschst du doch wohl den Aufstieg? Tja, wer ist dir wichtiger: Marius oder Markus? Geld oder Liebe?«

Als der Stadionsprecher wieder die Musik einschaltet, tanzt Marius schreiend im Gang zu den Umkleidekabinen. Allerdings nicht zum Rhythmus der Musik, sondern frei, aufgrund der Ausgelassenheit eines großen Sieges. »57, 58, 59, Sechzig, ja, so geht's ins Ohr«, läuft jetzt über die Lautsprecher, »57, 58, 59, Sechzig, ja, so gibt's ein Tor!« 4:2 hieß es am Ende, zwei Gegentore in den letzten drei Spielminuten ändern nichts. Es war eine Demonstration.

Draußen auf der Straße vor dem Stadion gehen die NLZ-Eltern ihrer Hauptbeschäftigung nach. Sie warten auf ihre Kinder. Es war ein warmer Tag für Februar, bis zu zehn Grad, aber davon ist um 21 Uhr auf der Straße nichts mehr zu spüren. Die Bayern-Spieler kommen als Erste aus den Umkleidekabinen, mit nassen Haaren und Gesichtern, die sie unter ihren Kapuzen verbergen. Verlierer duschen schneller. Mike Ott erscheint und schüttelt allen, die bei Martin Wolf stehen, wie guten Bekannten die Hand, auch wenn er uns noch nie gesehen hat. Marius erscheint mit blauen Kopfhörern um den Hals, so riesig, dass er noch größer wirkt. Er redet zehn Minuten mit seinem Vater und der Petra. Dann fährt der Vater wieder die 300 Kilometer nach Hause. Marius muss mit Foti zu einer Party.

500 Meter südlich, beim Italiener im Tennisclubheim von 1860, hat sich Wolfgang Schellenberg noch mit einigen seiner Jugendtrainer zum verspäteten Abendessen versammelt. Es gibt nur noch Pizza oder Salat. Jemand will im Stadion von einem Kollegen des FC Bayern aufgeschnappt haben, die Bayern würden nun mal wieder mit Geldkanonen schießen, um den Rückstand gegenüber 1860 im Jugendbereich wettzumachen. »Die wollen Gehälter bis zu 15 000 Euro im Monat für 18-Jährige bezahlen.«

So viel wendet 1860 für seine komplette U19-Elf auf.

Der Betrag mag, wie so oft bei Gerüchten, aufgeblasen sein, aber tatsächlich zeichnet sich um 2014 eine neue Tendenz ab. Das gegenseitige Abwerben der besten Talente führt dazu, dass bei den größten Vereinen wie dem FC Bayern oder Borussia Dortmund manche U19-Jugendspieler neuerdings bereits mehr verdienen als ihre Väter als Elektriker oder Chemiker.

Auch Marius soll bei 1860 einen besseren Vertrag bekommen. Der Verein bietet ihm eine Verlängerung seines Azubi-Kontrakts um ein weiteres Jahr bis 2016 an. Das garantiert ihm zwei statt einer Saison in der U23-Mannschaft, zu dem bei 1860 üblichen Gehalt von rund 2000 Euro im Monat. Petra Steinhöfer hat davon nebenbei erfahren.

Egon Flad hat mit 1860 wegen der Vertragsverlängerung gesprochen.

Sie hat mit Flad abgesprochen, dass er sich um die sportlichen Belange von Marius kümmert. Von daher erscheint es Petra Steinhöfer schon korrekt, wenn er mit dem Verein wegen der Vertragsverlängerung verhandelt. »Aber zumindest informiert wäre ich von ihm schon gerne worden.«

Es ist gut möglich, dass Flad mit dem Verein sogar eine kleine Provision für die Vertragsverlängerung ausgehandelt hat. Die U23-Mannschaften gelten als Jungprofi-Teams, da fließen vielerorts durchaus kleine Zahlungen an die Berater. Petra Steinhöfer weiß nicht, was Egon Flad mit 1860 vereinbart hat. »Meinen Fragen weicht er aus.«

Den Vertrag über die Kooperation zwischen ihren Agenturen hat Flad weiterhin zu Hause vergessen, wenn ihn Petra trifft.

Aus Marius' Sicht läuft die Kooperation zwischen Flad und der Petra gut. Er hat jetzt einen Ansprechpartner für den Fußball und »eine zweite Mutter« für den Alltag. Was die beiden ausgemacht haben, weiß er nicht, das ist doch zwischen ihnen.

Ende April sind Petra Steinhöfer und Egon Flad – einmal ganz auf einer Linie – alarmiert. Seit Marius sich in den Blickpunkt spielte, umgarnen ihn schlagartig etliche andere Berater. Ein

Klaus Weber aus Bayreuth etwa ruft ihn ständig an. Sie müssen Marius dringend klarmachen, wie das Geschäft laufe, sagte Egon Flad Petra Steinhöfer am Telefon, sonst würde ihn noch irgendein Geier abwerben.

Wenige Tage später schreibt mir Petra Steinhöfer eine E-Mail. »Marius ist weg«, steht in der Betreffzeile.

Ein anderer Berater hat ihn tatsächlich abgeworben. Egon Flad.

Flad hatte Marius gesagt, das mit der Petra funktioniere doch nicht. Sie habe keine Kontakte in der Branche, und er könne nur richtig für ihn arbeiten, wenn er ihn als vollwertigen Spieler seiner Agentur betreue.

Marius verstand nicht genau, warum Flad nicht mehr mit der Petra zusammenarbeiten wollte, das waren so Erwachsenengeschichten. Aber er stand an der Schwelle zum Profispiel, er brauchte einen Berater mit Verbindungen im Bundesligageschäft. Wenn er zwischen der Petra und Flad wählen musste, musste er Flad nehmen. Petra Steinhöfer war überfahren. Sie wusste selbst, dass sie Marius schon seit einem halben Jahr nicht mehr erreichte. Das war ja die Ursprungsidee gewesen, warum sie Flad hinzugebeten hatte. Aber in ihrem Kopf waren auch die vier Jahre, in denen sie Marius und seinen Eltern zur Seite gestanden hatte, als sie ihn mit dem Wechsel zu 1860 auffing, nachdem ihn der 1. FC Nürnberg weggeschickt hatte. Sie musste zumindest vehement um eine finanzielle Entschädigung kämpfen, mit Flad ganz kühl absprechen, dass sie, falls Marius jemals einen Profivertrag unterschriebe, an der Provision beteiligt würde.

Sie konnte das nicht.

Es zog sie so sehr runter, dass der Mann, dem sie die Gelegenheit eröffnet hatte, mit Marius zu arbeiten, sie nun herausdrängte. Sie schimpfte nicht mit Flad, sondern mit sich selbst. Warum bloß hatte sie ihr Gefühl verdrängt, dass sie mit ihm nicht warm wurde, später auch, dass sie ihm nicht mehr trauen konnte? Weil sie dachte, so eine Kooperation sei alternativlos, hatte sie sich eingeredet, irgendwie müsse es schon miteinander gehen.

Sie nahm die Trennung von Marius ohne Widerstand hin.

War sie im »Haifischbecken« gelandet, vor dem ihr Sohn Markus sie gewarnt hatte?

Als der Sportjournalist der *Süddeutschen Zeitung* Sebastian Fischer von der Geschichte Wind bekam und Flad danach fragte, gab sich dieser überrascht. Der Agenturwechsel von Marius Wolf sei »ein ganz gewöhnlicher Vorgang«, sagte Flad.

Teilweise hatte Egon Flad recht. Es war ganz gewöhnlich, dass sich Spielerberater gegenseitig die Fußballer abwarben. Er selbst war gewiss auch schon öfter der Leidtragende gewesen. Er betreute ein Talent sehr lange, und in dem Moment, als die Karriere einen Ertrag versprach, lockte ein anderer den Jungen in seine Agentur. Rund 400 Spielerberater waren 2014 in der Deutschen Fußballvermittler-Vereinigung registriert. Mindestens 500 weitere Agenturen versuchten hierzulande ihr Glück in der Branche. Es gab doppelt so viele Spielerberater wie Erstligaspieler in Deutschland. Das heißt die Mehrzahl der Berater hatte Schwierigkeiten, irgendwie genug Geld zu verdienen. Dementsprechend furios war der Wettbewerb untereinander.

Ob es deswegen allerdings »ganz gewöhnlich« war, eine Frau auszubooten, die einem eine Kooperation angeboten hatte, das Urteil ist jedem Leser selbst überlassen.

Ich rief Egon Flad mit gebührendem Abstand zu dem Vorgang an, um seine Version der Geschichte zu hören. Mit Abstand, hatte ich die Erfahrung gemacht, ließen sich manche Dinge besser einordnen, auch das eigene Verhalten.

Er meldet sich am Telefon freundlich, mit klarem schwäbischem Einschlag in der Stimme. Als ich ihm sage, dass ich ihn wegen seiner Arbeit für Marius sprechen möchte, bittet er abrupt, ich möge ihn doch in einer Stunde wieder anrufen. Eine Stunde später sagt er: »Es ist jetzt gerade grundsätzlich so, und da bitte ich um Verständnis, dass ich mich über Spieler, die ich betreut habe, nicht äußern möchte. Jetzt eiere ich vielleicht ein bisschen herum.«

Aber was ist denn das Problem?

»Wenn Sie so ein Buch schreiben, dann sind Sie vielleicht auch im Kontakt mit der Petra Steinhöfer?«

Ja. Warum?

Er seufzt, als nehme er Anlauf. »Es war ja so, dass Petra gemerkt hat, sie braucht Unterstützung. Deshalb haben wir uns in

Nürnberg kennengelernt. Damit ich sie unterstütze. So war das angedacht.«

Und wie kam es dann, dass Sie Marius plötzlich allein betreuten?

»Tja.« Er scheint zu überlegen. »Wie gesagt, da bitte ich Sie aufrichtig um Ihr Verständnis. Dazu möchte ich nichts mehr sagen.«

Marius' Mutter meldete sich telefonisch bei Petra. Sie hatte nicht genau nachvollziehen können, wie das jetzt alles zustande kam, dass der Berater, den Petra doch selbst dazugeholt hatte, sie nun plötzlich ersetzte. Heike Wolf wollte einfach sagen, wie leid ihr alles tat und wie sehr sie Petras Arbeit geschätzt habe. Viel mehr schafften sie beide nicht zu reden.

Petra Steinhöfer erinnerte sich an Marius als »einen sehr sozialen, geselligen Jungen, das ist sein Kern«. Sie strengte sich an, dieses Bild von ihm zu behalten, ohne bitter zu werden.

Zu Hause in Einberg hing in Marius' altem Kinderzimmer immer noch Markus Steinhöfers Bundesligatrikot. Er erinnerte sich an die Petra mit Wärme wie an gute Trainer, Robert Kilin, Michael Bischoff, die ihm irgendwann auf seinem Weg sehr geholfen hatten. Er hätte diese Trennung nicht gebraucht, das war zwischen Flad und der Petra, aber er fand, es war doch auch klar, dass es in einem Verhältnis zu einem Berater nicht um Treue ging, sondern darum, was dieser einem Spieler brachte. Nun einen ehemaligen Bundesligaspieler mit Erfahrung in der Branche zum Berater zu haben war für ihn vor allem ein Beleg, dass es mit ihm aufwärtsging. Das war »der nächste Schritt«, erklärte er. So sagten das Profis wie Cristiano Ronaldo.

Foti sagte es so: »*Connections* hat die Petra in den Nachwuchsleistungszentren, aber nicht im Profibereich, und darauf kommt es beim Marius jetzt schon bald an. Deswegen kann ich den Marius schon verstehen. Wobei …«, Foti fiel etwas ein. Den Mann, der es gewagt hatte, ihn hart zu kritisieren, konnte er nicht so einfach davonkommen lassen! »So viele *connections* hat der Flad jetzt auch nicht!«

Ein paar Wochen oder Monate später tankte Petra Steinhöfer nach einem Besuch bei Foti noch schnell an der Tankstelle direkt am Trainingsgelände von 1860 München. Marius kam zur Tankstelle, um Semmeln zu kaufen.

Im Nachhinein kam es Petra vor, als wären sie beide beim Anblick des anderen erschrocken. Unangenehme Dinge machten sie beide lieber mit sich selbst aus als in einer Konfrontation. Aber jetzt standen sie voreinander und mussten irgendetwas sagen.

»Da hast du mir ja einen schönen Schlag versetzt«, sagte Petra.

»Ja?«, sagte Marius. Vielleicht sagte er auch: »Ja.«

Danach sahen sie sich nie mehr wieder.

3

Zur selben Zeit, Frühling 2014, am selben Ort, München

Härter werden

Foti trainierte das Händeschütteln.

Fest musste der Händedruck sein, aber nicht zu fest, und dann die Hand des Gegenübers dreimal selbstbewusst schütteln, nicht öfter. Foti musste lachen, während die Petra ihn durch das Händeschütteltraining lotste. Aber Petra Steinhöfer war ernst zumute. »Der Handschlag ist deine Visitenkarte, Foti«, gerade unter Fußballern, die ständig jedem die Hand schütteln, der irgendwie dazugehört.

Tom Reich, der Physiotherapeut von 1860 München, hatte Petra Steinhöfer auf gewisse Mängel bei Fotis Handschlag hingewiesen. »Der gibt dir die Hand wie ein Fisch.« Da war ihr eine Idee gekommen.

Mit Foti das Händeschütteln zu üben wäre ein Spaß – und der ideale Vorwand, um dann auf etwas Wesentlicheres zu sprechen zu kommen. Das Handschütteltraining würde ihn in gute Laune versetzen, dann würde er bei der Kritik nicht gleich zumachen, auf die sie eigentlich hinauswollte. Seine Präsenz. Seine Körpersprache. Seit seiner schmerzhaften Fußprellung im Januar 2014 wirkte Foti auf dem Fußballplatz verzagt.

»Denk an den Ballack«, sagte die Petra Anfang April 2014 nach einem Dutzend Handschläge in Fotis Zimmer, »der ist immer so rumgelaufen.« Sie streckte den Rücken, bis er kerzengerade war, und richtete den Blick geradeaus. »Ballacks Gestus war schon fast zu viel, gockelhaft, aber ich bin mir sicher, das strahlt aus, auch auf die Gegenspieler.« Sie selbst hatte sich mit 17 fest vorgenommen, du gehst gerade, und irgendwann war ihr der aufrechte Gang in Fleisch und Blut übergegangen.

Das alles leuchtete Foti ein. Er wusste nur nicht, wie das gehen sollte. Er konnte doch während einer Fußballpartie nicht an seine

Körperhaltung denken, dafür war er viel zu sehr auf das Spielgeschehen konzentriert.

Alle mochten Foti, auch sein neuer Trainer, Sepp Steinberger. Es ging einfach nicht anders. Fotis Offenheit war entwaffnend. Sepp Steinberger sah auch, was für ein Spieler Foti sein konnte. Es begann ihn im Frühling 2014 bloß langsam, aber sicher rasend zu machen, dass Foti nicht mehr dieser Spieler war.

»Der Foti trainiert oft, dass du dir denkst, das ist ja brutal, das gibt's ja nicht«, sagt Sepp Steinberger, »mit welcher Power der dribbeln kann, wie der die Schüsse ins Kreuzeck knallt. Da fragst du dich natürlich: Ja, warum nicht mal im Spiel so?«

Acht Monate zuvor war Foti als eines der größten deutschen Talente seines Jahrgangs zu 1860 gekommen. Die Ausgangsfrage des Buchs kam mir in den Sinn: Welcher Junge würde sich in den nächsten fünf Jahren wie stark weiterentwickeln, wer würde stagnieren?

In seinem ersten Halbjahr in München hatte Fotis Leistung nicht seinem Ruf entsprochen, aber sie war in Ordnung gewesen. Er spielte passabel mit in einer der Spitzenmannschaften der U19-Bundesliga. Er war der Jüngste im Team, erst im November 2013 wurde er 17, er musste noch nicht zwingend einer der Unterschiedsmacher sein, wie es Marius geworden war. Doch seit der Fußprellung war er zwei Schritte rückwärts gegangen. Er selbst fühlte sich irgendwie langsam, wegen des Fitnessrückstands. Sepp Steinberger fühlte, Foti spielte mit Angst, sich wieder wehzutun. »Ja, im Fußball tut es halt manchmal weh«, sagte Steinberger. Er legte ein Augenmerk darauf, genau das bei Foti zu trainieren. Das Schmerzhafte.

Es ist ein Donnerstagabend im März 2014. Das Flutlicht am Trainingsgelände von 1860 München ragt gleißend aus der Dunkelheit. Nichts bringt so augenblicklich und elektrisierend die Fußballerinnerungen zurück wie der Anblick von strahlenden Flutlichtern am schwarzen Himmel; Erinnerungen an die eigene Kindheit auf Fußballplätzen genauso wie an große Europapokalabende, als die Elemente Kälte und Dunkelheit nicht durchdrangen, weil dieses Spiel, dieses Licht wärmte.

Das Sepp-Steinberger-Lieblingstraining ist in vollem Gange.

Einer gegen einen. Das ist Fußballers Version eines Boxduells. Das ist Kampf, Kampf, Kampf um den Ball. Sepp Steinberger lässt die Jungs eigentlich jede Woche einmal in dieser Übung aufeinander los, er kennt unzählige Varianten des Duells »Einer gegen einen«. Heute geht es im Intervalltakt Stürmer gegen Verteidiger. Eine Minute lang muss der Stürmer wieder und wieder mit dem Ball auf den Verteidiger zudribbeln und versuchen vorbeizukommen. Ist eine Aktion beendet, also der Stürmer vorbeigezogen oder der Ball vom Verteidiger erobert, kommt sofort der nächste Ball ins Spiel, und das Duell geht von vorne los, eine Minute lang Sprint, Zweikampf, volles Tempo, volle Wucht. Dann eine kurze Pause und erneut eine Minute. Eine Minute dauert auf diese Art eine Ewigkeit.

So viel wird in dieser Übung geschult, findet Sepp Steinberger, Finten, Zweikampf, Entscheidungen treffen, Tempo, Schnelligkeitsausdauer. Härte und Wille.

Er schickt Foti gegen den härtesten Verteidiger ins Rennen, Felix Weber. Immer muss er gegen den Felix ran. Foti glaubt, es liege daran, dass er der geschickteste Dribbler in der U19 ist, ein gleichwertiger Gegner für Weber. Der Trainer findet, die härteste Prüfung ist für Foti gerade die beste.

»Los, Foti!«, ruft der Trainer. Das Training »Einer gegen einen« im Flutlicht ergreift Steinberger. Er wird dann selbst zum Kämpfer, auch wenn er doch nur zuschaut. »Das ist sein Highlight der Woche«, sagt Foti.

»Foooti!«, schreit der Trainer, »die Aktion abschließen!« Foti will den Gegner erst einmal auf sich zukommen lassen, ihn locken, und wenn Weber in der Bewegung ist, also nicht so einfach den Fuß ausfahren kann, dann will er vorbeiziehen. Der Trainer aber will, dass es wehtut, jetzt. »Foooti!« Was schreit der mich an, denkt sich Foti, ich versteh's nicht. Aber dann muss er wohl, rein in die Schlacht. Er attackiert.

Fotis Gesicht verzieht sich. Das tut sauweh, wenn der Weber mit seinen 80 Kilogramm und den harten Muskeln in einen reinknallt. Aber Foti hat den Ball gerade noch an ihm vorbeigelegt. Er rudert nach dem Zusammenprall der Körper, um das

Gleichgewicht wiederzufinden, fängt sich schneller als Weber und zieht vorbei. Weber kneift die Augen zusammen.

Nächster Ball.

Foti täuscht links an, ist schon rechts vorbei, mehr Messi als Ronaldo. Weber kocht.

Nächster Ball!

Weber lauert, er will nicht zu früh attackieren, bei ihm schreit der Trainer nicht »rein in den Zweikampf!« Foti macht den Matthews-Trick. Er zieht den Ball mit der Sohle kurz nach links und legt ihn dann mit Außenrist rechts an Weber vorbei, welche Chupze! Foti zieht vorbei. Beziehungsweise er schien vorbei. Felix Weber tritt ihn einfach um. Vehement, gezielt säbelt er Fotis Beine weg.

»Ey, was soll das?«, fragt Foti eher geschockt als verärgert, noch am Boden liegend. Er versteht sich gut mit Felix Weber.

»Junge, steh auf!«, brüllt ihn Felix Weber an. »Heul net rum!«

Foti ist zu erstaunt, um aufzustehen.

»Weiterspielen, Foti!«, ruft der Trainer.

Spinnen die alle, denkt sich Foti. Die sind doch total verrückt geworden. Aber er steht auf.

Sepp Steinberger kämpft innerlich weiter jeden Zweikampf mit, ohne Zeit für Reflexionen oder Bestandsaufnahmen. Erst viel später, als ich ihn an die Szene erinnere, daran, dass Foti aufgestanden sei, lächelt Sepp Steinberger.

Fotis Klingel geht immer noch nicht. Man muss ihm weiterhin per Whatsapp-Nachricht melden, dass man vor der Tür steht. Dafür hat er sein Zimmer ein wenig dekoriert. Er hat das Lagerfeld-Parfüm auf den Nachttisch gestellt und drei elegante schwarze Einkaufstüten aus gestärktem Papier mit der Aufschrift EGB wie Trophäen auf Schreibtisch und Regal platziert.

EGB ist die Modeboutique hinter der Frauenkirche, die für *Black-fashion*-Anhänger Labels wie Lords & Fools oder Manic-Monkey-Jeans führt.

Foti hat sein Zimmer stets gut aufgeräumt, scheint es mir.

»Kann es nicht eher sein, dass kurz vor deinem Besuch die Putzkolonne da war?«, wirft Olga Katidis ein.

Welche Putzkolonne?

»Na, Ioannis und ich!«

Der Herr Schellenberg war letztens auch bei Foti und seinem Mitbewohner Sebastian zu Besuch. Er hatte gehört, die beiden würden selbst kochen. »Dann könnt ihr mich ja mal einladen.«

Einen Mozzarella-Tomaten-Salat zur Vorspeise, Spaghetti Carbonara und zum Nachtisch Obstsalat überlegten sich Foti und Sebi als Menü für den NLZ-Leiter. »Bloß keine Fertigsoßen!«, sagte die Petra, als sie davon erfuhr. Sie schenkte Foti eigenhändig Olivenöl und Balsamicoessig für die Salatsoße. Das gab es vermutlich auch nicht bei so vielen Beratern, Olivenöl statt Fußballschuhe als Geschenk für die Spieler.

Die Jungs rückten den großen Küchentisch in Fotis Zimmer, so konnten sie beim Essen Champions League auf seinem Fernseher schauen, Arsenal gegen Bayern München.

Zur Halbzeit um halb zehn ging Herr Schellenberg nach Hause, es war ein langer Tag gewesen. Aber am Essen lag sein früher Abschied gewiss nicht. »Hervorragend hat's geschmeckt!«, sagte er. »Ihr könnt in der Küche einsteigen und für das ganze Internat kochen.«

Foti war auch froh, dass der NLZ-Leiter schon zur Halbzeit ging. So musste er die zweite Spielhälfte auch nicht voll konzentriert anschauen. So was Langweiliges, ein ganzes Fußballspiel.

Er ging nie zu den Profis von 1860 ins Stadion. »Zweite Liga, gegen Aalen oder so – neee!« Zu Hause in Weißenburg saß sein Vater bei den Champions-League-Partien nun allein vor dem Fernseher. Er hatte das nur angefangen, damit Foti und Mari beim Zuschauen lernten. Jetzt war er der einzige Übriggebliebene in der Familie, der sein Fußballwissen noch vor dem Fernseher erweitern wollte.

Timo Werner kam jetzt im Fernsehen. Er spielte in der Saison 2013/14 beim VfB Stuttgart bereits in der Bundesliga, mit 17 Jahren.

Am 19. April feiert Fotis kleine Schwester zu Hause in Weißenburg ihren Geburtstag. Das wirft die Wochenenderoutine der Eltern über den Haufen. Ausnahmsweise kommt nur der Vater zu Fotis

Spiel in Augsburg. Olga Katidis ruft alle paar Minuten von der Geburtstagsfeier aus an, um zu hören, wie steht's, wie spielt Foti?

Er spielt. Das ist schon mal eine Nachricht. In den jüngsten Wochen musste er sich als Ersatzspieler verdingen. In Augsburg hat sich ein Stürmer, Felix Bachschmid, gleich nach acht Minuten verletzt. Foti ersetzt ihn.

Die Eltern und Großeltern Wolf sind mit Isoliermatten erschienen. Sie sind, nach so vielen Jahren, Zuschauerprofis. Die Tribünen im Nachwuchsleistungszentrum des FC Augsburg sind mit Gras überwachsen, die verbliebenen sechs Reihen Sitzbänke morsch. Da sitzt es sich mit Isoliermatte bequemer. 120 Zuschauer sind anwesend, macht vier pro Spieler, die Ersatzspieler mitgerechnet. »Spring doch hoch!«, schreit einer aus dem Publikum, als Marius ein Kopfballduell verliert. Der Augsburger Gegner hatte ihn, unbeachtet vom Schiedsrichter, im Sprung mit dem Arm nach unten gedrückt. »Wie soll er da hochspringen, ja wie?«, sagt Marius' Vater, nicht zu dem Schreihals, nur laut zu sich. Martin Wolf ist wie der berühmte Fußballtrainer Alex Ferguson. Die Schützlinge intern kritisieren, aber nach außen immer verteidigen, so wie Ferguson es mit seinen Spielern bei Manchester United hielt, so macht es der Vater mit Marius.

Das Spiel holpert. 1860, Zweiter in der U19-Bundesliga-Süd, unterlaufen einfache Fehler. »Hört auf mit dem Scheißdreck, verdammte Scheiße, der Maxi und Manu heute!«, ruft Sepp Steinberger.

Foti muss oft erst einmal lachen, wenn er von seinem Trainer erzählt. In dem Lachen steckt Bewunderung und Verwunderung. Der ist ein bisschen wild, der Herr Steinberger, und gleichzeitig ziemlich sympathisch. Als sie vor fünf Wochen im Match beim Tabellenletzten Astoria Walldorf nur ein 1:1-Unentschieden erreichten, bebte der Trainer so, dass er sich vergaß. Er nahm den erstbesten Gegenstand, der ihm in der Umkleidekabine in die Hände kam, und pfefferte ihn auf den Boden, sodass er zerbarst. Es war halt das Handy von Chaka, einem der Spieler.

Sepp Steinberger lebt die Partien seiner Mannschaft derart mit, dass er misslungene Auftritte persönlich nimmt. Wenn das Spiel aus ist, ist er dann freundlich, zugänglich, reflektiert.

In Augsburg dominiert 1860 mittlerweile das Spiel, ohne wirklich besser zu werden. Marius hängt ein wenig in der Luft. Dann, plötzlich, ein feiner Spielzug. Foti startet auf dem linken Flügel ein Dribbling, vorbei am Gegner, und passt sauber zu Mike Ott in die Mitte. Über zwei weitere Stationen wird daraus eine üppige Torgelegenheit.

In der Folge zeigt Foti noch einige weitere explosive Antritte, aber nach zwei Schritten kommt er meist nicht richtig weg vom Gegner. Hatte Pellegrino Matarazzo vor einem Jahr recht, der ihn aufgrund stagnierender Schnelligkeit eher im defensiven Mittelfeld sah? Bei 1860 München war eine Versetzung ins hintere Mittelfeld nie ein Thema, auch weil dort mit Taffertshofer und Neudecker die fantastischen Zwei spielen. Vor allem jedoch wird Foti in München ohne Zweifel als Stürmer betrachtet.

In den Sprinttests im Training gehört er mit 1,62 Sekunden über zehn Meter auch weiter zu den Schnelleren im Team. »Foti fehlt Selbstvertrauen, nicht Schnelligkeit«, sagt sein Vater am Spielfeldrand. »Ich darf das sagen. Ich habe von ihm offiziell den Titel des Größten Kritikers erhalten.«

Doch das Selbstvertrauen kommt zurück, langsam, an diesem Aprilsamstag in Augsburg. Der Kopf ist oben. Nach einer Stunde läuft sich Foti geschickt frei, er taucht einschussbereit mitten im gegnerischen Strafraum auf. Er legt sich den Ball zu weit vor. Wo viele Jugend-Bundesligaspieler nun trotzdem versucht hätten, irgendwie zu schießen, obwohl es nicht gut gehen kann, weiß Foti etwas Besseres. Er passt den Ball weiter zu Mike Ott. Der macht daraus den 2:1-Siegtreffer.

Mit zwei Stück Käsekuchen in einer Hand kommt Mike Ott eine halbe Stunde nach dem Schlusspfiff aus der Umkleidekabine. Ist das eine Prämie, ein Stück Kuchen für jedes Tor? Mike sucht jemanden, um den Kuchen zu verschenken, wenigstens ein Stück. Marius trägt einen leeren Wasserkasten zum klapprigen Mannschaftsbus. »Damit ich nicht die volle Trikotbox schleppen muss, habe ich mir das Leichteste geschnappt.«

Die Eltern versammeln sich auf dem Parkplatz vor dem Bus um ihre Kinder. Damit sie wenigstens zehn Minuten mit ihnen haben. Oma Ursel steckt Marius 20 Euro zu. Das Leben in München soll doch teuer sein.

Foti fährt nicht mit dem Bus zurück, sondern mit seinem Vater nach Weißenburg, zum Geburtstag von Eva. Er braucht noch ein Geschenk. »Mama sagt, ich soll was von TopModel kaufen.«

»Ich habe schon mit deinem Größten Kritiker geredet«, sage ich.

Der Vater lacht. »Ja genau. Ich bin schon alles losgeworden, Foti. Ist gut so, dann bekommst du es auf der Heimfahrt nicht mehr so ab.«

Foti schaut unsicher. War das ein Witz, oder was haben sein Vater und der Buchtyp an dem Spiel zu kritisieren gehabt?

»Nichts, Foti. Es war einfach gut.«

Während der Fußballsaison kann er ganz selten nach Hause fahren. Anderthalb oder gar zwei freie Tage am Stück fallen fast nie an. Laura muss meistens zu ihm kommen.

Er hatte sie in Nürnberg genau dann kennengelernt, als der Umzug nach München anstand.

Sein Trainer staunt, dass Foti immer noch mit Laura zusammen ist. Nicht weil er irgendetwas an dem Mädchen auszusetzen hätte, um Gottes willen, Sepp Steinberger weiß doch gar nichts über Laura. Einfach der Fakt, dass Foti nach fast einem Jahr in München immer noch seine Freundin aus Nürnberg hat, nötigt dem Trainer Respekt ab. »Das ist schon ungewöhnlich. Bei den anderen Jungs, die von außerhalb kommen, hast du immer das Gefühl, es gilt: Jetzt, hier in München, lasse ich es krachen!« Die Treue passt irgendwie zu Foti, findet Sepp Steinberger: »Vom Charakter her ein einwandfreier Junge.«

Ein guter Trainer beobachtet offenbar seine Jungs nicht nur auf dem Spielfeld, er versucht, sich ein Gesamtbild von ihnen zu machen. Es fließen schließlich alle Aspekte des Lebens in die Leistung ein. Sepp Steinberger analysierte deshalb nicht nur Spieler, sondern auch ihre Eltern. Als er Fotis Mutter mit zusammengezogenen Schultern am Fußballplatz stehen sah, fragte er sich: Ob das Problem des leicht schwindenden Selbstvertrauens einfach in der Familie lag?

Doch die Frage nach dem Selbstvertrauen gehörte mittlerweile sowieso der Vergangenheit an. Das Spiel in Augsburg hatte Fotis Talent wieder freigelegt. Am folgenden Wochenende trug er ein Tor zum 3:0-Sieg über Wacker Burghausen bei, sein erstes seit dem ersten Spieltag. Beim 3:0 gegen den FSV Mainz 05 bereitete er einen Treffer vor. Foti hatte nicht nur seinen Platz in der Elf zurück, sondern Sepp Steinberger wurdc von einem der schönsten Trainergefühle ergriffen: Er hatte ihn hingekriegt.

»Ey, du bist ja auf einmal voll der Liebling vom Trainer«, sagte sein Freund, Außenverteidiger Lirim Kelmendi, zu Foti. Es war nicht zu überhören. Sepp Steinberger lobte Foti bei allen möglichen Trainingsaktionen.

Na, weil er einfach überragend ist zurzeit, sagte Steinberger.

Im Auswärtsspiel in Kaiserslautern ordnete er einen Platztausch an. Marius ging raus auf den rechten Flügel, Foti übernahm die Position des Mittelstürmers. Marius war der Aufsteiger der Saison, der Junge mit der Zukunft. Und gleichzeitig war Foti plötzlich vor ihm in der Hierarchie, der Junge des Moments.

In Kaiserslautern, nach wenigen Spielminuten, drängte Marius auf die Position des Mittelstürmers.

Sie sollten immer mal wieder die Positionen tauschen, um die Gegner zu entnerven, aber doch nicht nach fünf Minuten, dachte Foti. Sie mussten sich erst einmal an eine Position gewöhnen, aus der Sicherheit heraus konnten sie dann rotieren.

»Jetzt warte doch mal, Marius.«

»Mein Fuß tut so weh, seit der eine mich umgehauen hat. Lass mich mal kurz ins Zentrum, da muss ich weniger laufen.«

Das geht nicht, dachte Foti. Aber er ging hinaus auf den Flügel, um Marius Platz zu machen. Nach einigen Minuten wechselten sie wieder. Jedes Mal, wenn Foti auf der Mittelstürmerposition agierte, drängte Marius nach fünf oder zehn Minuten wieder dorthin.

»Wir waren als gesamter Angriff nicht richtig drin im Spiel, ich wollte was tun«, erklärte sich Marius später.

Foti machten die ständigen Positionswechsel verrückt. So konnte er nicht spielen! Nach 70 Spielminuten wechselte der Trainer ihn aus. 1860 verlor in Kaiserslautern und musste der TSG

Hoffenheim die Meisterschaft in der Bundesliga Süd überlassen. Auf der Auswechselbank sagte Foti zu Semih Cakmakci, dem Ersatztorwart, neben ihm: »Der Marius wollte die ganze Zeit die Position wechseln, das hat mich tierisch genervt.«

Er erschrak, als Semih offenbar absichtlich laut, sodass es alle in der Nähe hören konnten, sagte: »Ja, du hast recht, der Marius will die ganze Zeit die Position wechseln, das hätte mich auch aufgeregt!«

Der Trainer, der am Spielfeldrand stand, drehte sich nicht um. Aber er musste es gehört haben.

Es musste Semihs Absicht gewesen sein, seinen Kommentar Sepp Steinberger hören zu lassen. Vielleicht hatte Marius den Ersatztorwart irgendwie in den letzten Wochen genervt und er wollte es ihm heimzahlen, fragte sich Foti.

Schon auf der Heimfahrt dachte er nicht mehr an den Wortwechsel. »Foti?«, rief der Trainer auf einmal durch den Bus, »komm bitte mal nach vorne.« Alle Augen richteten sich auf ihn, fühlte Foti.

Sepp Steinberger war ganz ruhig. »Ich habe das heute einfach nur beobachtet und nichts gesagt, als dich Marius wegdrängte«, begann er, »weil du lernen musst, das auf dem Spielfeld selbst zu regeln. Ich hatte dich als Mittelstürmer aufgestellt, weil du gut in Form bist, und dann musst du dem Marius auch mal sagen: ›Der Trainer hat gesagt, ich spiele im Zentrum, also schleich di!‹ Du musst dich wehren, selbst wenn er der Kapitän ist.«

Sobald sich Foti wieder gesetzt hatte, rief Sepp Steinberger Marius nach vorn. Der Trainer war nicht mehr ganz so ruhig. Er erklärte Marius, dass ihm im Profifußball die Höchststrafe drohe, wenn er dort eigenmächtig die Anweisungen des Trainers torpediere.

Marius entschuldigte sich aufrichtig bei Foti, noch auf dem Rückweg zu den hinteren Plätzen im Bus.

In seinen Ansprachen an die beiden war die Botschaft des Trainers klar gewesen: Marius hatte einen Fehler gemacht, Foti war der Leidtragende gewesen. In seinen Gedanken sah Sepp Steinberger die Situation nicht so eindeutig. »Der Marius schubst den Foti weg, und der Foti lässt es geschehen. Das zeigt den Unterschied zwischen den beiden auf. Der Marius hat sich in dieser Saison durchgesetzt, der Foti noch nicht.«

Eine schöne Frau mit dramatischen Augen ist in Fotis Zimmer zu sehen auf dem Fernsehbild, donnerstagnachmittags am 5. Juni 2014. »Das nennt man jetzt Hartz-IV-Fernsehen«, erklärt er und lacht, ehe er die RTL-Sendung *Verdachtsfälle* ausschaltet. Die Pfingstferien stehen vor der Tür, seine einzigen echten Ferien im Sommer. Dann hat er weder Schule noch Fußballtraining, zwei Wochen lang. Auf dem Schreibtisch liegt ein Trainingsplan. Richtig frei sind auch diese Ferien nicht. Ein Programm von acht Läufen hat ihm der Trainer für die dreieinhalb Wochen ohne Mannschaftstraining aufgeschrieben. Ansonsten soll er Stabilitätsübungen absolvieren, Tennis oder Basketball spielen, an den freien Tagen.

Foti trägt ein schwarzes T-Shirt mit der kleinen Aufschrift *Hood in the air* zu einer grauen Jogginghose. Die Hose wechselt er selbstverständlich noch in eine schwarze, ehe er die Wohnung verlässt.

Die Ferien wird er in Weißenburg verbringen. Wegzufahren schien gar kein Thema. Mal zwei Wochen zu Hause, bei der Familie, Laura und den alten Freunden zu sein, ist schon eine Errungenschaft. Es gibt auch einen schönen See in der Gegend, den Brombachsee, zum Sonnenbaden. Er ist gut gelaunt und voller Optimismus.

Von dem Gerangel mit Marius in Kaiserslautern erzählt er fröhlich. Es blieb eine folgenlose Episode. Danach setzte er seinen Aufschwung nahtlos fort. Im abschließenden Spiel der U19-Bundesligasaison, beim 3:2 gegen den SC Freiburg, ließ er den Ronaldo raus. Unwiderstehliche Dribblings fast wie in der U15, zwei Torvorlagen. Einige Tage später entschied er das Endspiel um den Bayerischen Fußball-Pokal gegen den 1. FC Nürnberg mit seinem Tor zum 2:1. »Das war natürlich perfekt«, so ein Tor in einem Finale gegen seinen alten Club. »Beim Torjubel ist die ganze Mannschaft eskaliert. Felix Bachschmid hat mir nachher gesagt, er hätte noch nie so einen geilen Jubel gesehen.«

Fußballer glauben mehr als alle anderen an die Kraft der Initialzündung, an die Magie, dass auf einen Schlag alles anders sein kann. Seit seinen zwei, drei raffinierten Aktionen vor einem Monat in Augsburg hatte sich Foti kontinuierlich gesteigert. Er war wieder der Spieler, den er selbst im Kopf hatte, aus U15- und U16-Tagen. »Nächste Saison startet er durch«, sagte Sepp Steinberger, als wir alleine waren. »Davon bin ich überzeugt.«

Foti muss gleich noch zum Friseur, für die Ferien, den Undercut wieder ausrasieren. Morgen wird er mit seiner Sporttasche voller Kleidung in die Schule gehen und dann direkt nach Hause fahren. Er nimmt immer die Sporttasche zum Reisen, aus Gewohnheit von den vielen Auswärtsfahrten.

Das Schuljahr läuft nach den Pfingstferien noch bis Ende Juli, aber er ist sich schon sicher, diesmal wird er es wieder gut hinkriegen mit seinem System »Hauptsache eine Vier«. Nur in Deutsch muss er um die Vier kämpfen. In der letzten Schularbeit wird eine Sachtextanalyse gefragt sein, »das kann ich eigentlich ganz gut erkennen, arbeitet der Autor parataktisch oder hypotaktisch«.

Bitte, was?

»Wissen Sie das nicht? Aber Sie sind doch Autor! Also, dann erkläre ich es Ihnen: Ein parataktischer Schreiber sind Sie, wenn Sie mit vielen Hauptsätzen arbeiten. Hypotaktisch bedeutet, dass Sie viele Nebensätze einsetzen. Dass Sie das nicht wissen!«

Besser schnell das Thema wechseln, würde ich sagen.

Hat er Marius vor den Ferien noch einmal gesprochen? Foti nickt. Marius hat ihm gesagt, »bei mir war das erste Jahr bei 1860 auch nur Durchschnitt«. Und man hat ja gesehen, was für eine zweite Saison Marius daraufhin folgen ließ. »So wird es bei mir dann auch sein«, sagt Foti.

Er bringt mich zur Tür und verabschiedet mich mit einem festen, aber nicht zu festen Händedruck.

4

25. Juni 2014

Hungrige Augen

Um 23 Uhr kehrt Gerhard Poschner von der Arbeit ins Hotel zurück. Er wirkt wie ein Mann, der nicht so gerne früh schlafen geht. Bereitwillig setzt sich der Sportdirektor des TSV 1860 München im Restaurant des Hotels *The Rilano* noch zu den Spielerberatern Rob Moore und Iván Modia. Am Vormittag haben sie den Wechsel des südafrikanischen Außenstürmers Daylon Claasen zu 1860 abgewickelt.

Poschner lebt im *Rilano*. Er kam in dem Hotel in einem Nordmünchener Industriegebiet unter, als er vor gut zwei Monaten die Stelle als Sportdirektor antrat, und hegt keinerlei Absicht, wieder auszuziehen. »Hier werde ich bis zu meinem letzten Tag bei 1860 wohnen.«

Er will in München keine Freizeit genießen oder eine eigene Wohnung aufräumen müssen, sondern nichts anderes machen, als für 1860 zu arbeiten. Gerhard Poschner ist mit 44 zum ersten Mal Sportdirektor in Deutschland.

Sein Handy klingelt. Der Trainer ist dran. Es ist 23.10 Uhr. »Ich sitze hier unten mit Rob Moore, komm doch runter!«

Ricardo Moniz, der von Poschner engagierte neue Trainer aus den Niederlanden, wohnt auch im *Rilano*. Er sieht aus, als würde er lieber schlafen, als er sich zu uns an den Tisch setzt.

»Das ist Ronnie«, sagt Rob Moore und zeigt auf mich. »Ich wollte ihn mal als Berater für meine Agentur einstellen. Aber er will nur schreiben. Er hat etliche Bücher über Fußball verfasst und unter anderem die Ära von Pep Guardiola bei Barça intensiv verfolgt.«

Da wacht Moniz kurz auf.

»Wie arbeitet Guardiola?«, fragt er.

In ein paar Sätzen äußern wir anderen am Tisch unsere Ansichten über die Methode Guardiolas.

»Und Mourinho?«, entgegnet Moniz nur auf unsere Ausführungen.

Wie, Mourinho? »Wie arbeitet er?«, fragt Moniz. José Mourinho, aktuell Trainer beim FC Chelsea, verfolgt einen ganz anderen Ansatz, also …

»Und Rafael Benítez?«, fragt Moniz. Ich komme mir vor wie in der Schule bei einer mündlichen Prüfung.

»Das war gut«, sagt Ricardo Moniz, nachdem er uns abgefragt und selbst fast gar nichts gesagt hat. Er steht auf und geht wieder ins Bett.

Foti hatte den Namen des neuen Profitrainers bei 1860 bei dessen Ernennung am 5. Juni 2014 kurz aufgeschnappt »und schon wieder vergessen. Der ist doch sowieso nicht lange da.«

Seit dem Bundesligaabstieg 2004 versucht 1860 München in einer endlosen Wiederholung vergeblich, wieder aus der zweiten Liga auszubrechen. Alle paar Monate wieder darf sich ein neuer Trainer, ein neuer Sportdirektor versuchen. Den Enthusiasmus von Gerhard Poschner scheint diese Bilanz des Scheiterns nur zu steigern. Er kann derjenige sein, der den Teufelskreis endlich durchbricht!

Poschner lebte seit 13 Jahren in Spanien, als er sich für den Posten in München bewarb. Er war ein erfolgreicher Fußballspieler gewesen, daheim beim VfB Stuttgart und bei Borussia Dortmund, ehe ihn der Profifußball, dieser Wanderzirkus, nach Italien und Spanien führte. Dort heiratete er eine Argentinierin. Er lebte nicht schlecht mit der Frau und den Kindern am Swimmingpool in Marbella, wo er sich als eine Art Fußball-Broker etablierte. Er vermittelte als Zwischenhändler bei Spielertransfers zwischen Deutschland und Spanien. Mit einer Bewerbung für den Sportdirektoren-Posten beim VfL Bochum war er noch knapp gescheitert. In München kann er nun endlich all seine Ideen umsetzen, die er seit Jahren im spanischen Fußball gesammelt hat.

Er will vor allem eines: es anders machen.

Er will einen Fußball nach Guardiolas Schule sehen, in der zweiten Liga, mit viel Ballbesitz und Pässen, mit nach innen ziehenden Außenstürmern. »Ich will die Mannschaft nicht mit dem nächsten mehr oder weniger ordentlichen deutschen Zweitligaspieler verstärken«, das haben doch schon zu viele vor ihm bei 1860 versucht.

Er verpflichtete für 1860 in diesen Juniwochen Spieler aus Barcelonas U23-Mannschaft und eine bunte Truppe internationaler Wanderprofis wie Claasen. »Dazu kommen meine Jungs.«

Fünf Jungs aus der letztjährigen U19-Mannschaft von 1860 bat er zum Beginn der Vorbereitung vor einer Woche überraschend zu sich ins Büro. Sie würden ihre Chance bei den Profis erhalten, eröffnete er ihnen.

Fünf 18-Jährige auf einen Schlag in der Profimannschaft, das ist selbst für das talentfreundliche 1860 ungewöhnlich. Umso mehr gefällt Poschner die Idee. Der FC Barcelona fördert die eigenen Talente auch radikal.

»Wittek, Neudecker, Burger, Wolf, eventuell noch Angelo Mayer«, zählt Poschner nachts im *Rilano* die fünf Auserwählten auf, die ab sofort bei den Profis mittrainieren dürfen.

Ich tue so, als hätte ich von diesem Wolf noch nie gehört, und frage scheinbar ohne Hintergedanken, was ihm denn an Marius gefalle.

»Ganz ehrlich?«, sagt der Sportdirektor. »Sein Blick.«

Als Gerhard Poschner den Jungen in sein Büro im obersten Stock der Geschäftsstelle rief, begleitete NLZ-Leiter Wolfgang Schellenberg Marius. Die Situation sollte nicht ganz so überwältigend werden. Der Sportdirektor begrüßte Marius mit einer Frage: »So, Junge, was ist dein Ziel?«

»Hier Profi werden.«

»Das will ich hören!«

Gerhard Poschner hatte Marius bis dahin nur in einer Partie mit der U19 gesehen. Es war ihm in der Kürze der Zeit seit seiner Ankunft Mitte April nicht möglich gewesen, auch noch die Nachwuchsteams ausgiebig zu studieren, er hatte mit den Profis genug zu tun. »In dem einen Spiel der Jugendelf, das ich sah, fiel mir Marius durch ein paar atypische Aktionen auf, sodass ich ihn mir schnell herauspickte. Der Junge dachte auf dem Platz anders als die Masse, merkte ich. Aber ein wirklich fundiertes Urteil kann ich mir noch nicht erlauben.« Poschner vertraute der Empfehlung des NLZ-Leiters und, wie so viele Entscheider im Fußball, seiner Intuition. »Sein Blick sagte mir, der Junge hat was. Sehr scheu und dann wieder sehr penetrant sah mich Marius in unserem Gespräch an. In seinen Augen erkannte ich eine große jugendliche Unsicherheit und gleichzeitig den unbedingten Willen, es zu packen.«

So schnell kann es gehen. Gestern war Marius glücklich, dass nach seiner vortrefflichen Saison sein Ausbildungsvertrag bei der U21-Mannschaft um ein Jahr bis 2016 verlängert wurde. Dann kommt ein Sportdirektor mit anderen Ideen, schaut ihm einmal in die Augen, und Marius bekommt die Chance, die U21 zu überspringen, direkt hinein in den Trainingsbetrieb der Profimannschaft.

»Fußball«, sagt Iván Modia im *Rilano*, um zwanzig vor zwei, was wohl heißen soll: In dem Geschäft ist alles möglich. »Poschi«, fällt Modia dazu ein, »erzähl doch mal die Geschichte, wie du als Spieler eines Tages zu einem Vertrag beim AC Venedig kamst.«

Mit 29 Jahren, nach 240 Bundesligaspielen, erreichte Gerhard Poschner 1998 ein Angebot aus Italien. Der Präsident des AC Venedig sagte, »schreib auf, was du verdienen willst«. Poschner war verdutzt, schrieb es auf – und bekam es. »Erst viel später erfuhr ich alles. Eine Hellseherin hatte dem Präsidenten prophezeit: ›Wenn Sie den Klassenerhalt schaffen wollen, müssen Sie einen deutschen Spieler verpflichten.‹«

Iván Modia gibt dem Kellner ein Zeichen. Eine Runde Averna nehmen wir noch.

5

September 2014, eine neue Saison hat begonnen

Brutal

Niko versuchte sich seinen Trainer als Donald Duck vorzustellen.

Janos Radoki stand wenige Meter vor ihm im Besprechungsraum und schrie ihn an. Das Gesicht des Trainers kam immer näher, oder bildete sich Niko das nur ein, weil die Stimme immer aggressiver wurde? In der Spielsituation hätte Niko den Ball nach außen passen müssen, das hätte doch ein Zehnjähriger erkannt, schrie der Trainer, und, nächste Szene – wieder stoppte der Videozusammenschnitt von der U19-Bundesligapartie gegen die TSG Hoffenheim –, wieso halte Niko den Ball da so lange am Fuß, sei er schon beim Alte-Herren-Fußball, oder was!

Niko strengte sich an, statt Radokis schreienden Mund Donald Ducks großen, offenen Schnabel zu sehen. Statt des dröhnenden Geschreis wollte er die klappernde Comicstimme hören, quak, quak, quak. Der Sportpsychologe hatte ihm geraten, stell dir den Trainer einfach als Donald Duck vor, wenn er wieder zu brüllen anfängt.

»Das hat nicht so richtig geklappt«, erzählt Niko nach der Videobesprechung am 1. September 2014. »Wenn der da so rumschreit, kann ich nicht an Donald Duck denken.« Aber alleine es zu versuchen half schon ein wenig. Die ganze Konzentration lag nicht mehr auf den wüsten Beschimpfungen des Trainers, da war auch der Gedanke an die Comic-Ente, die Idee: Radoki ist Donald Duck. Das lenkte ein wenig ab, die Worte trafen ihn nicht mehr frontal. Aber sie trafen ihn noch immer.

Niko hatte sich nie vorstellen können, zu einem Psychologen zu gehen. »Ich habe immer gedacht, das bringt doch nichts.« Er lächelt kurz, womöglich über sich. »Ich wusste gar nicht, was so ein Sportpsychologe macht.«

Gleich die erste Sitzung mit Peter Kwapil an diesem Morgen

des 1. September im Wohnzimmer der Reislöhners begeisterte ihn. Der Mann schien ihn und seine Situation ganz genau zu verstehen, obwohl sie sich doch noch gar nicht kannten! Schon Kwapils Erscheinung gab Niko ein gutes Gefühl, groß gewachsen, sportlich, aber irgendwie auch lebenserfahren, so um die 40, schätzte Niko, mit freundlichen, interessierten Augen und einer sonoren Stimme. Er betreute als Sportpsychologe wohl auch die Landshuter Eishockeyprofis und die Bundesliga-Basketballerinnen aus Bad Aibling, wenn er sich das richtig gemerkt hatte, bei solchen Dingen hörte Niko bei Erwachsenen nie so genau zu. Die Namen der überragenden Jugend-Bundesligaspieler seines Jahrgangs dagegen kannte er alle. Jedenfalls war es eine fabelhafte Idee von der Petra gewesen, ihn an einen Sportpsychologen zu vermitteln. Nachdem der Herr Kwapil da gewesen war, versuchte auch Nikos Mutter es gleich mal, sich den Trainer als Comicfigur vorzustellen. Sie wählte Rumpelstilzchen. Da konnte Niko sogar mal wieder lachen.

Er fühlte sich nach der Sitzung mit Peter Kwapil endlich besser verstanden und vor allem besser präpariert, den Trainer auszuhalten.

Es aushalten. Darum ging es in Nikos Augen nur noch in der Saison 2014/15, als jüngerer Jahrgang in der U19-Mannschaft.

Auf dem Papier war Niko ein unumstrittener Innenverteidiger, gerade war er sogar in die Bayernauswahl berufen worden. Janos Radoki ließ ihn auch immer die komplette Partie spielen. »Und er macht mich immer, nach jedem Spiel, fertig.«

Zunächst hatte Niko noch versucht, mit der Petra die Psyche des Trainers zu ergründen. Offenbar hielt er ja einiges von ihm als Fußballer, sonst hätte er ihn längst auf die Ersatzbank verbannt. Glaubte der Trainer, mit seiner ständigen barschen Kritik Niko anzutreiben, ihn besser zu machen? Glaubte er ihn so auf die Härten des Profisports vorzubereiten? Irgendwann, nach sechs, sieben Wochen, hatten sie das Mutmaßen über die Motive des harten Herrn Radoki aufgegeben. Es war egal, was er bezweckte. Es war für Niko unerträglich.

Petra bat die Eltern, die Erniedrigungen schriftlich festzuhalten, die der Trainer Niko zumutete. Sie hatte das Gefühl, das alles – sehr bald – bei Greuther Fürth zur Sprache bringen zu müssen. Also schrieb Elke Reislöhner die Schmähungen säuberlich auf, stets mit Datum des Vorfalls versehen:

»Was machst du überhaupt hier, du bist kein Leistungszentrumsspieler, du begreifst gar nichts!«

»Was ist mit dir, du zeigst nie Emotionen. Wenn du *die* Krankheit hast, ist dir sowieso nicht mehr zu helfen.«

»Der Vierer von denen spielt genauso scheiße wie unser Reislöhner.«

In ihren eigenen Akten notierte Petra Steinhöfer: »Wie blöd doch viel zu viele Männer ticken können! Diese Männer müssen ja irgendwann, als sie jung waren, auch gelitten haben unter solch einer Behandlung. Und nun wiederholen sie als Trainer diesen Blödsinn eins zu eins.«

Die Idee, mit verbaler Brutalität anzutreiben, war 2014 in den Nachwuchsleistungszentren offiziell ausgestorben. Deutschland war gerade in Brasilien mit der ersten *Generation Nachwuchsleistungszentrum* Weltmeister geworden, und die Rede war viel von flachen Hierarchien, mündigen Spielern und einem Bundestrainer, Joachim Löw, der ein Team konstruktiv, empathisch führte.

Wenn ein Trainer die Jungs dieser Generation direkter anpackte, kam es in den NLZ immer mal wieder zu Irritationen. In der vorherigen Saison hatte Sepp Steinberger in der U19 des TSV 1860 München nach dem 4:2-Derbysieg über den FC Bayern gedacht, jetzt motiviere er die Jungs richtig, und ihnen vor den nächsten Partien den möglichen Gewinn der Deutschen Meisterschaft vor Augen gehalten, »wollt ihr vor 8000 Zuschauer im Grünwalder das Halbfinale um die Deutsche Meisterschaft bestreiten? Dann müssen wir die heute schlagen!« Er hatte gedacht, das müsste doch Kräfte freisetzen. Die Jungs, so auch Marius und Foti, fanden, der Trainer setze sie viel zu stark unter Druck mit seiner Forderung, sie müssten Meister werden.

Aber es gab einen ganz großen Unterschied zwischen Sepp Steinbergers Art und der von Janos Radoki in Fürth. Bei Sepp Steinberger wussten die Jungs, dass er ihnen eigentlich helfen wollte. Er lobte sie immer wieder oder versicherte ihnen oft durch seine Körpersprache seine grundsätzliche Zuneigung. Die meisten Jugendlichen verstehen es, trotz aller Verletzlichkeit in der Pubertät, instinktiv schon, wenn ein Trainer mal ausflippt – wenn sie das Gefühl haben, er ist grundsätzlich nicht verkehrt, die wilde Leidenschaft gehört einfach zu ihm. Sepp Steinberger sagte einmal in der Erregung zu Foti: »So einen Pass kannst du vielleicht in der griechischen Pleiteliga spielen!« Aber das ließ Foti nach ein paar Tagen sogar schmunzeln. Weil er und die Jungs die Sicherheit hatten, dass es Steinberger eigentlich gut mit ihnen meinte.

Das war der große Unterschied.

Niko – und etliche andere im Team der U19 von Greuther Fürth – hatten den Eindruck, Janos Radoki schikaniere sie.

Früher haben die Eltern beim Zusammenstehen vor den Spielen immer darüber getratscht, wer von den Jungs wieder was angestellt hatte, ob der Schicky nachts aus dem Internat ausgebüxt war oder der Kustermann Kilian im jugendlichen Zorn einfach vom Trainingsfeld marschieren wollte. Früher, das heißt bis vor zwei Monaten. Jetzt reden die Eltern nur noch darüber, wen Radoki wieder fertiggemacht habe und dass das nicht mehr so weitergehen könne. Aber es geht scheinbar immer weiter.

»Es tut mir im Herzen weh, Niko so leiden zu sehen«, sagt seine Mutter. »Wir haben unseren Kindern eine gewisse Erziehung mitgegeben, und nun zu sehen, wie er so unter der Gürtellinie angegangen wird, ist schwer zu ertragen.«

»Er nimmt es doch schon deutlich besser, seit er mit Peter Kwapil zusammenarbeitet«, sagt Petra Steinhöfer. »Wir müssen jetzt einfach mal schauen, wie es sich einpendelt.«

»Das stimmt schon. Ich habe auch zu Niko gesagt: Niko, du darfst dir von dem nicht deine Träume nehmen lassen. Du musst weiterkämpfen.«

Elke steht mit Petra und ihrem Mann Erwin an der Ecke Grünwalder/Volckmerstraße. Vorgärten liegen an der einen Seite der kleinen Anliegerstraße, dicke Stadionmauern an der anderen Seite, ein Stadion mitten in der Stadt, direkt an Reihenhäusern, wo gibt es das in Deutschland außer in München noch. Albert Reislöhner wollte noch mal schnell zu seinem Auto, bevor es ins Stadion geht. »Was trinken«, sagt er.

Er hat sowieso eine Flasche Wasser im Wagen, er nimmt daraus einen großen Schluck, so spart er es sich, ein teures Getränk im Stadion zu kaufen. Das nennt man Profieltern.

Vor dem Stadion steht ein Mann mit lässigem Rundkragenpullover unter der Jeansjacke, als ob er auf uns wartet. Dann erkenne ich: Das tut er auch.

Fotis Vater Ioannis ist da. Zum ersten Mal in den 13, 14 Jahren, in denen sie Fußball spielen, treten Foti und Niko gegeneinander an. 1860 München gegen Greuther Fürth in der U19-Bundesliga. Es wird ein wirklich direktes Duell. Foti ist als Mittelstürmer aufgestellt, das heißt Niko als Innenverteidiger kommt ihm persönlich in die Quere.

Auf den 15 000 Plätzen im altehrwürdigen Stadion an der Grünwalder Straße verlieren sich 100 Besucher. Neben Familienangehörigen und Jugendtrainern sticht ein einsamer Chinese mit Kopfhörern heraus. Während des Spiels spricht er ununterbrochen in sein Handy. Der ehemalige Anti-Korruptionsbeauftragte des Fußball-Weltverbandes FIFA hatte bei seinem Vortrag in Petras Agentur erzählt, dass mittlerweile bei praktisch jedem halbwegs bedeutenden Spiel ein Bote asiatischer Wettpaten sitze. Er übermittle Tendenzen und Szenen des Spiels live, woraufhin die Paten ihre Wetten platzierten. Die Vorstellung bleibt absurd, dass irgendwo, 10 000 Kilometer entfernt, in Malaysia oder Singapur, jemand auf das U19-Spiel 1860 gegen Fürth wettet.

Der sicherste Tipp an diesem Nachmittag scheint nach wenigen Spielminuten, auf keine Mannschaft zu setzen. Ihr Spiel passt sich dem allgemeinen Ton an, grau wie der Septemberhimmel, grau wie die leeren Stadiontribünen. Deutlich fällt die Qualität im Vergleich zu Fotis und Nikos Vorjahresteams ab. Sie werden sich diese Saison wohl eher in der unteren Hälfte der Jugend-Bundesliga wiederfinden.

Nikos Mutter spricht leise mit sich selbst, um die Anspannung zu meistern.

»Obacht!«

»Scheiße!«

»Die haben diese komische Taktik, dass sie jetzt immer durch die Mitte spielen sollen, was das bringen soll.«

»Ach, Gott!«

»Niko!«

Sie ist nicht glücklich, sondern erleichtert, dass ihm kein Fehler unterläuft. Meines Erachtens verteidigt er souverän. In der Halbzeit gehen Albert und Elke Reislöhner kurz aus dem Stadion. Zum Auto, sagt der Vater, etwas trinken.

Niko denkt unterdessen, »über uns auf der Tribüne müssen die Zuschauer den Trainer doch hören«. So sehr schreit er sie in der Umkleidekabine an, auch ihn persönlich, natürlich. Donald Duck, Donald Duck, versucht Niko zu denken. Keinen einzigen Diagonalball habe er gesehen, schreit der Trainer. Wenn er einen Diagonalpass geschlagen hätte, denkt Niko, hätte er mich angeschrien, warum ich nicht flach durchs Zentrum spiele.

Als es zurück auf das Spielfeld geht, versammelt Benedikt Kirsch, der Fürther Kapitän, die Jungs im Kreis um sich, absichtlich außer Hörweite des Trainers. »Wer so fertiggemacht wird, kann eigentlich gar nicht mehr richtig Fußball spielen«, sagt Kirsch. »Aber ich sage euch, jeder hier hat bislang sehr ordentlich gespielt. Wir versuchen jetzt, den ganzen Wahnsinn zu ignorieren. Wir spielen für uns, nur noch für uns!«

Nikos abgeklärter Auftritt verrät schon etwas darüber, wie es seinem Gegner ergeht. Dabei macht Foti einige kleine Dinge richtig, sein Pressing gefällt, er legt den Ball öfters gut ab für die Mitspieler. Im großen Ganzen taucht er allerdings nicht im Spiel auf.

»Die kommende Saison muss schon sehr gut sein«, hatte er im Sommer gesagt. »Da müssen schon zehn Tore auf meinem Konto stehen, mindestens.« Er hatte die Vorbereitung als Kapitän begonnen, wahrscheinlich hatte der Herr Steinberger dem neuen Trainer, Filip Tapalovic, was gesagt über Fotis herausragende Form zum Ende der vergangenen Saison. Aber irgendwann, ziemlich bald, trug Luki Aigner die Kapitänsbinde. Als der Mannschaftsrat bestimmt wurde, war Foti noch nicht mal da dabei.

Er trainierte und spielte nicht schlecht. Was allerdings bedeutender war, und das sah er selbst: Er trainierte und spielte unscheinbar. Alles ging irgendwie schwerfällig. Der Herr Tapalovic verlangte Tausende taktische Dinge, da kam er vor lauter Denken gar nicht mehr zum freien Spielen, fand Foti. Die Mannschaft fand irgendwie nicht so richtig zusammen, und der Poschi, der Sportdirektor der Profis, hatte allen Jugendteams ein Spielsystem aufgezwungen, nur weil Barcelona das spielte, 4-3-3 mit zwei offensiven zentralen Mittelfeldspielern, das brachte das ganze Pressing durcheinander.

»Foti ist blockiert«, fasste es seine Mutter kurz.

Darüber zu reden ist nicht so einfach, findet Foti. Er kann benennen, was ihm am Trainer oder am Pressing stört, aber erklären, wie es ihm geht, ob er unter Druck oder Ängsten leidet, das geht halt nicht. »Zurzeit läuft es nicht so gut«, sagt er nur. Er sitzt auf seinem Bett, zwei Wochen vor dem Spiel gegen Greuther Fürth, in der neuen Wohnung. Der Verein hat die Internatsjungs neu verteilt. Foti, schon bald 18 und bereits im zweiten Jahr in München, könne nun alleine wohnen, entschied der pädagogische Leiter, Herr Navarro.

In der neuen Wohnung funktioniert die Klingel. Aber es steht nicht Fotis Name am Klingelschild, sondern Knezevic. Das war der Vormieter. Foti hat noch nicht herausgefunden, wo man so ein Klingelschild machen lässt, und seine Eltern sind gerade im Urlaub. Aber sonst passt alles. Das London-Bild hängt wieder über dem Bett, die EGB-Tüten thronen auf der Fensterbank. Ein Foto von Laura und ihm ziert den Nachttisch. Zum Trainingsgelände fährt er mit dem Fahrrad zwei Minuten. Zur Oberschule, dem Theodolinden-Sportgymnasium, an dem er das Abitur machen soll, sind es sieben.

Plötzlich fällt ihm etwas ein. Er strahlt. Er darf diesen Sommer am Fördertraining mit den Profitrainern teilnehmen, als einziger 96er neben Tobias Hennecke. Beim letzten Mal spielten auch zwei Profis mit, Gary Kagelmacher und Leonardo. »Ich habe den Kagelmacher voll vernascht. Mit zwei Ronaldo-Übersteigern bin ich vorbei und habe den Ball dann ins Dreieck geschossen.« Den oberen Torwinkel meint Foti. »Wie heißt der?«, fragte der Profitrainer Ricardo Moniz seinen Assistenten.

»Foti Katidis«, antwortete Markus von Ahlen.

»Hey, Foti, sehr gut!«, rief Moniz.

Nach dem Training kam Markus von Ahlen zu Foti. Von allen Spielern des Fördertrainings redete der Assistenztrainer der Profis nur mit ihm, registrierte Foti. »Du hast richtig gute Voraussetzungen«, sagte von Ahlen, »du könntest super als falsche Neun spielen, so einen Spielertyp haben wir derzeit bei 1860 nicht. Aber man sieht Zweifel in deinem Blick.«

Schon wieder der Blick, wie bei Marius.

»Das habe ich nicht verstanden«, sagt Foti, »wie kommt der darauf, ich würde zweifeln? Vielleicht weil ich immer so ernst schaue?«

Man selbst sieht ja nicht, welchen Blick man im Gesicht hat.

Bei dem Fördertraining, auf extra kleinem Feld, fühlte sich Foti frei, mitten in der bleiernen Zeit. »Spielt Straßenfußball!«, hatte Moniz gesagt. »Keine taktischen Vorgaben, spielt einfach.« Seitdem fragt Foti am Anfang jeder Woche seinen Trainer, den Herrn Tapalovic, ob es auch wieder Fördertraining gebe. »Diese Woche leider nicht«, ist die Standardantwort.

Filip Tapalovic, ein Profifußballer der Neunziger, aus der Zeit des Kämpfens und Selbstlernens, saugt als Jungtrainer fasziniert all die modernen, geradezu wissenschaftlichen taktischen Erkenntnisse der neuen Zeit auf. Anfang August, mittwochmorgens um zehn, lässt er die Jungs einmal sieben gegen sieben spielen, auf dreißig Metern. Es gibt für jedes Team klare taktische Vorschriften, wohin wann gepasst werden soll, wie weit die Defensive rausrücken darf. »Stopp!«, ruft Tapalovic. »Wir wollen hier ein Spiel gegen einen tief stehenden Gegner simulieren. Ich wollte deshalb, dass ihr erst einmal ruhig passt, und was macht ihr? Ihr stürmt gleich drauflos. Wie geht ihr in die Disco rein?« Erstaunt starren ihn die Jungs an. »Na, ihr geht doch auch nicht in die Disco rein und gebt der schönen Frau auf der Tanzfläche gleich mal einen Zungenkuss. Macht mal langsam!«

Tapalovic ist 38, Gleichaltrige erkennen in ihm einen lässigen, angenehmen Typ, der gerne mit dem Fahrrad durch die Stadt fährt, im Café bei einem Glas Wein ausgiebig die *Süddeutsche Zeitung* liest und clevere Ideen hat, um als Trainer die Jungs zu erreichen.

Von den 17- und 18-Jährigen auf dem Trainingsplatz sagt keiner etwas nach seinem Disco-Vergleich. Keiner lacht. Es ist nicht zu erkennen, ob das ihr Humor ist. Oder ob sie es peinlich finden, wenn der Trainer so redet.

Foti ist einer der letzten Jungs mit einem Undercut auf dem Trainingsplatz. Ist die Frisur schon wieder aus der Mode? »Ich glaube, die vom jüngeren Jahrgang, die 97er, sind einfach anders, mit einem anderen Geschmack.«

Bei Herrn Tapalovic muss jetzt jeder Einzelne der Jungs montags seine Leistung vom Wochenende vor der gesamten Mannschaft selbst bewerten. Danach gibt der Trainer seine Einschätzung ab. So entstehe ein selbstverständlicher, konstruktiver Umgang mit Kritik, der die Jungs weiterbringe, denkt Tapalovic. Foti sagt, »man macht sich jetzt vorher echt voll viele Gedanken, denn das ist schon blöd, wenn man sich selbst zu gut bewertet und man dann vom Trainer vor der ganzen Mannschaft entblößt wird«.

Fotis Leistung gegen Greuther Fürth läuft, in Schulnoten ausgedrückt, auf eine glatte Vier hinaus. »Und das war noch sein bestes Spiel«, sagt Tapalovic nach dem 1:1-Unentschieden.

Jahrelang hatte Foti im Selbstverständnis agiert, ein überragendes Talent zu sein. Warum war diese Sicherheit auf einmal verschwunden? Hemmte ihn tatsächlich das neue taktische Korsett? Zog ihn das schwächere Niveau der Mannschaft mit nach unten? War er einfach nicht mehr überragend, weil andere aufgeholt hatten?

Jeder Fußballer verliert einmal seine Form. Bloß, um sie zurückzuholen, braucht es ein spezielles Talent. Man nennt es Widerstandsfähigkeit. Ein anderer Junge führte diese mentale Robustheit vor, im Sommer, als die neue Saison 2014/15 begonnen hatte.

Im *Löwenstüberl*, der Gaststätte am Trainingsgelände von 1860, riecht es wie in einer jahrzehntealten Umkleidekabine. Abgestandener Schweiß hängt in der Luft. Ein paar Rentner sind wie jeden Tag zum Training der Profis erschienen und schauen es sich, wie jeden Tag, gar nicht an. Sie spielen lieber Karten im Löwenstüberl. Marius wählt einen Tisch ganz hinten in der Ecke.

Er hat die Ärmel des schwarzen Kapuzenpullovers hochgeschoben. So kommen die Tattoos zur Geltung. Mittlerweile hat er fast die gesamte Großfamilie auf dem rechten Arm verewigt. Die Namenszüge seines leider schon verstorbenen Onkels und seines

Cousins Philipp sind hinzugekommen. Ein Wolfskopf ist in der Planung. »Natürlich wegen meines Nachnamens, aber auch weil der Wolf eine Art Vorbild für das Fußballspielen sein kann: Er ist hungrig, aggressiv, und er jagt nicht allein, sondern im Rudel.«

Er redet in einer höheren Geschwindigkeit als gewöhnlich. Die Freude in ihm treibt seine Erzählungen an. Am Vortag hatte er sich zum Testspiel der Profis gegen den Karlsruher SC vorgenommen, »versuch mal, gleich mit der ersten Aktion aufzufallen, dann merken auch die Älteren im Team, ah, den können wir anspielen«. Als er nach einer Stunde eingewechselt wurde, dribbelte er beim ersten Ballkontakt sofort los, an der Mittellinie, linksaußen. In Sekundenschnelle war er an zwei Karlsruhern vorbei, auf direktem Weg Richtung Tor. 20 Meter vor dem Ziel entschlüpfte er noch einem Gegner. Erst ein Foul stoppte ihn. Es blieb eine nette Bemühung in einem beliebigen Testspiel, aber für ihn bedeutete sie alles. Er konnte es, auch bei den Profis, hatte er sich selbst bewiesen. Dreißig Spielminuten später wurde er erstmals in den Medien erwähnt. »Szenenapplaus für Marius Wolf«, schrieb die *Abendzeitung* im Internet. Er hatte den Ball im Strafraum über einen Gegner gelupft, es sah künstlerisch aus, selbst wenn der anschließende Schuss leider nur halbwegs gelang. Marius spürte ein neues, starkes Gefühl: Er gehörte jetzt hier dazu.

Unter der Dusche, nach einem Training, fragte ihn Marin Tomasov, der 1860-Rekordtransfer aus Kroatien, wo er in der Stadt nach Anzügen schauen könne. Tomasov fragte ihn! Und Marius wusste etwas. Er kannte doch den jüngsten Boss-Filialleiter Deutschlands. Da fuhr er mit Tomasov hin, zum Boss-Shop im Oberpollinger. Tomasov kaufte gleich zwei Anzüge. Die gefielen ihm sogar besser als bei Gucci oder Prada, sagte er.

Marius nimmt alles enthusiastisch auf, was in dieser Profiwelt geschieht, auch die *Kicker Bibel*, die ein Priester bei einem Testspiel den Spielern als Geschenk anbietet. Das kleine Büchlein enthält ausgewählte Stellen aus dem Neuen Testament und Berichte gläubiger Fußballer wie Zé Roberto. Viele der Bibelstellen lesen sich gut, findet Marius. Er mag Sätze, die Lebensweisheiten auf den Punkt bringen. Vielleicht findet er eine Bibelstelle, die sich auf seinen rechten Arm tätowieren lässt, denkt er.

Der Trainer zeigt weniger christliche Nächstenliebe im Umgang mit ihm.

»Hey, Wolf«, sagt er. »Wer ist dein Vorbild?« Marius, schüchtern im Blick, kommt nicht dazu zu antworten. »Ronaldo, hä?«, sagt Moniz bereits. Seine Lippen kneten sich, einen Moment herrscht Stille. Dann sagt Moniz mit einer anderen, abrupt scharfen Stimme: »Scheiß auf Ronaldo! Du musst mehr trainieren!«

Der Trainer ist ein bisschen überdreht. Doch Ricardo Moniz hat im Juli 2014 auf schönste Art so ziemlich alle bei 1860 angesteckt mit seinem irren Zug. Es herrscht ein wahnsinniger Wille im Team, eine irrsinnige Intensität im Training.

Die technische Qualität der Spieler aus Barcelona ist sagenhaft, der Sportdirektor Poschner strahlt eine verdammt lässige Überzeugung aus. Eine Idee ergreift die Mannschaft, den Verein. Dieses Jahr wollen sie aufsteigen. Dieses Jahr steigen sie auf. »Was ist denn mit denen los?«, fragt mich der Trainer des Karlsruher SC, Markus Kauczinski, nach dem Testspiel. »Die haben sich in der Kabine aufgeputscht, dass die Wände wackelten. Vor einem Testspiel im Juli.«

Was mich mehr irritiert, ist der schroffe Ton, mit dem Moniz Marius begegnet. Für mich ist Marius ein umgänglicher, hoch motivierter Junge, der sich schlagartig in der Welt der Profis und Erwachsenen befindet. Wäre es für ihn nicht einfacher, wenn die Vorgesetzten ihm mit Verständnis begegnen?

Gerhard Poschner schüttelt den Kopf. »Du musst mit Marius direkt und schroff sprechen, im Straßenjargon. Das sind oft gar keine richtigen Gespräche, sondern nur zwei, drei Sätze, knappe Botschaften. Das braucht er, damit er auf die Arbeit fokussiert bleibt.«

Worüber ich mit Poschner zumindest übereinstimme: Marius kann den schroffen Ton abhaben. Er hat die Widerstandsfähigkeit. Als er im nächsten Testspiel, auf dem Dorf gegen einen Fünftligisten namens TSV Schwabmünchen, mit dem Ball am Fuß dem Tor entgegensprintet, hat er einen Zeigefinger im Rücken. »Du! Du! Du!«, schreit ihm Ricardo Moniz hinterher. Moniz' ausgestreckter Zeigefinger schlägt dabei Löcher in die Luft, um Marius die Richtung anzuzeigen: Du, nur du allein, dribble jetzt aufs Tor, spiel nicht ab, mach es allein! Dass ihn Marius gar nicht sehen oder hören kann, spielt keine Rolle. Moniz lebt auch die kleinsten Aufregungen des Fußballs körperlich mit. Während er »Du! Du! Du!« schreit, sprintet er Marius an der Seitenlinie hinterher. Als Marius im letzten Moment statt zu schießen einen Pass spielt, der in den Abwehrbeinen hängen bleibt, rauft sich Moniz die Haare. Bei ihm sieht es immer so aus, als würde er sie sich ausreißen.

Schüchtern nach außen, hartnäckig im Inneren, macht Marius weiter. Der Ton des Trainers ist einfach, wie er ist, er nimmt ihn als gottgegeben hin. Im Testspiel gegen den Viertligisten SV Heimstetten Ende Juli schießt er ein wunderschönes Tor, sein erstes für die Profis. Er schlenzt den Ball mit dem Innenrist ins entfernte Toreck. Auf die Frage der Journalisten, was zu tun sei angesichts vieler verletzter Stürmer, elf Tage vor dem Auftakt zur Zweiten Bundesliga, sagt Ricardo Moniz: »Dann spielt eben der junge Wolf gegen Kaiserslautern.« In Kaiserslautern setzt er Marius dann auf die Tribüne. Berechenbarkeit hält Moniz für eine überschätzte Tugend.

Ein paar verletzte oder nicht nominierte Profifußballer von 1860 treffen sich in der Pizzeria *Monaco* in der Reichenbachstraße, um den Liga-Auftakt gegen Kaiserslautern am 4. August 2014 im Fernsehen anzuschauen, Fotis Trainer Filip Tapalovic gesellt sich dazu. Bastian Schweinsteiger ist auch da, gerade zurück in der Stadt, als Weltmeister. Er isst mit einem Freund im *Monaco* zu Abend. Das Spiel von 1860 würdigt er mit keinem Blick. Tapalovic erzählt unterdessen, wie einer seiner Jugendspieler im Trainingslager in Unterhose durch das Hotel spaziert sei. »Er wollte sich was zu essen holen und schaffte es offenbar nicht mehr, sich eine Hose anzuziehen.« Tapalovic überlegte, wie er da erzieherisch einwirken konnte. Er ließ den Jungen – Foti war es natürlich nicht – beim nächsten Training zusehen. »Zusehen, wie deine Freunde das Schönste machen, gemeinsam kicken, ist eine bessere Strafe, als ihn irgendwie zehn Euro zahlen oder vier Wochen den Ballsack schleppen zu lassen.« Im Fernsehen führt 1860 schnell 2:0 und verliert 2:3 gegen Kaiserslautern.

Etwas stürzt ein, nach diesem einen Spiel. Der irre Zug des Trainers erscheint plötzlich zu irre. Zwei Monate lang hat Ricardo

Moniz die Mannschaft fanatisch auf ein Spiel in Barcelonas 4-3-3-System eingeschworen, um dann im ersten Ligamatch unangekündigt auf eine Formation mit nur drei Abwehrspielern umzustellen.

Der Sportdirektor Gerhard Poschner schreibt den spanischen Spielern, die er aus Barcelona holte, eine Whatsapp-Nachricht: »Voy a echarle en cuando tengo sustituto.« Ich werfe ihn raus, sobald ich einen Nachfolger habe.

Die Saison hat gerade begonnen.

Die Wochen vergehen. Ende August weiß sogar schon Foti per Flüsterpost, dass bei einer Entlassung von Moniz ihr U19-Trainer Tapalovic als Assistenztrainer zu den Profis aufrücken würde. Aber nichts geschieht. Nach zwei Auftaktniederlagen holpert 1860 von einem Unentschieden zum nächsten, dazwischen mal ein glücklicher Sieg. Einen Trainer zu entlassen, den er vor Wochen voller Überzeugung selbst installierte und der gerade kein Spiel verliert, traut sich selbst Gerhard Poschner nicht. So hantiert Ricardo Moniz munter weiter an der Aufstellung herum, plötzlich spielt etwa der Spielmacher Edu Bedia zum ersten Mal in seinem Leben im defensiven Mittelfeld, ohne vom Trainer darauf in irgendeiner Weise vorbereitet worden zu sein. Bloß Marius findet den Weg nie hinein in die Mannschaft.

Nachdem in der Vorbereitung seine Hoffnungen geweckt wurden, ist er außen vor, seit der Ernst der Liga begann. Das ist der gewöhnliche Werdegang von Jungprofis. Sie werden getestet, doch in den seltensten Fällen gelingt ihnen sofort der Sprung in die Spieltagsmannschaft. Oft gelingt er nie.

Moniz lässt bereits zwei 19-Jährige in der Zweitligamannschaft mitwirken, Julian Weigl und Maximilian Wittek, da hat es Marius schon allein wegen seines Geburtsdatums schwer. Drei Frischlinge im Team traut sich selbst dieser Trainer kaum zu.

Während der Woche trainiert Marius bei den Profis, am Wochenende spielt er mit der U21-Mannschaft in der Regionalliga, der vierten Liga. Das sieht dann konkret so aus, dass er donnerstags eine harte Einheit bei den Profis absolviert – weil Moniz nicht im Blick hat, dass Marius bereits am nächsten Abend mit der

U21 spielt. Der Trainer jagt ihn donnerstags durch circa 30 Durchgänge »Einer gegen einen«, Stürmer gegen Verteidiger. Moniz gerät dabei wie gewohnt in den emotionalen Ausnahmezustand. »In die Knie, in die Knie, yes, yes, always!«, brüllt er einem Verteidiger zu und geht dabei selbst in die Knie. Manche Spieler ruft er beim Vornamen, »Bobby!«, manche mit Spitznamen, »Steini!«, andere mit Nachnamen, »Wolf!« Es gibt da kein System. »Vor zwei Tagen hat er mich erstmals mit Marius angeredet«, erzählt Marius. »Ich war überrascht, dass er meinen Vornamen überhaupt kennt.«

»Den Ball nach vorne schmeißen!«, schreit Moniz, meint er: Den Ball weit vorlegen? »Blow! Blow!«, schreit Moniz, er meint wohl: Schieß, schieß!

Am nächsten Tag, beim Regionalligaspiel in Würzburg, schießt Marius ein Traumtor aus 20 Metern, aus der Drehung, direkt, volley, unter die Latte. Nach siebzig Minuten kann er nicht mehr; kein Wunder, nach der Vortags-Anstrengung. Er fragt an, ob er fortan bereits am Tag vor einem Spiel zur U21 darf, um dort das leichte Abschlusstraining zu bestreiten statt bei den Profis mitzutun. Er fragt lieber den Assistenztrainer der Profis um Erlaubnis, nicht Moniz.

Die Enttäuschung, dass er den Sprung in die Spieltagsmannschaft der Profis noch nicht geschafft hat, zieht schnell vorüber. Er ist weiter, als er es vor drei Monaten zu hoffen gewagt hätte. Er darf bei den Profis trainieren und spielt in der U21 eine Hauptrolle. Glücklich führt er mir sein Wundertor von Würzburg auf dem Handy vor. Es ist nicht so leicht zu erkennen. Der Handybildschirm ist von etlichen Sprüngen durchzogen. Bei einer Geburtstagsfeier im *Tapasita* trat jemand auf das Gerät. Und doch ist zwischen all den Sprüngen auf dem Video das Wichtigste zu sehen: Marius ist so nah dran, wie man es nur sein kann, am Traum.

Niko träumte am Montag nach dem Spiel bei 1860 München nur noch »von einer g'scheiten Verletzung«.

Sein Vater sah ihn mit großen Augen an. Was redete Niko da?

Niko hatte dem Physiotherapeuten in Fürth die Schmerzen im Oberschenkel verheimlicht, damit daraus vielleicht eine richtige

Verletzung entstand. »Dann kann ich nächstes Wochenende mal auf der Ersatzbank sitzen und habe meine Ruhe.«

Sein Vater wusste nicht, was er ihm entgegnen sollte. So gingen sie ins Bett, der Vater musste am nächsten Tag, wie an allen Werktagen, um 5.15 Uhr aufstehen, da war keine Zeit für lange abendliche Diskussionen.

Am nächsten Morgen, es war der 16. September 2014, begann in Bayern das neue Schuljahr. Janos Radoki hatte deshalb für den Tag zwei Trainingseinheiten angesetzt. Die Schule ende am ersten Schultag doch sowieso überall früher, sagte er.

Von 15 bis 17 Uhr und von 18.30 bis 20 Uhr sei Training. Zwei Tage nach einem Spiel ist die Erschöpfung des Körpers am größten, haben Sportwissenschaftler festgestellt. Radoki setzte ein furioses Sprinttraining an. In der zweiten Einheit würden sie Spielzüge einstudieren

Albert Reislöhner musste sich freinehmen, um Niko direkt nach Schulschluss um 12.30 Uhr zum Training zu fahren. Seine Frau arbeitete dienstags, und mit dem Zug war es nicht pünktlich zu schaffen.

Niko war seit kurz vor sieben unterwegs, ohne die Möglichkeit, zu Mittag oder zu Abend zu essen. Um 21.30 Uhr, kurz bevor der Zug nach Weißenburg zurückging, schrieb er seiner Mutter eine Whatsapp-Nachricht vom Nürnberger Hauptbahnhof. Er hatte weder Lust noch Kraft zu reden.

»Ich hör' auf mit dem Fußball«, schrieb er. »Ich pack das nicht mehr.«

»So schlimm wie heute war es noch nie. Der Trainer hat mich bei wirklich jeder Aktion fertiggemacht. Wenn ich den Ball steil passte, schrie er, warum ich das Spiel nicht auf den Flügel verlagere. Wenn ich das Spiel mit einem diagonalen Pass auf den Flügel verlagerte, schrie er, warum ich nicht steil ins Zentrum passe. Ich wusste irgendwann gar nicht mehr, was ich machen sollte. Ich hatte nur noch Panik, das Falsche zu machen. ›Du spielst wie ein 50-Jähriger‹, schrie er, ›da kann ich mich auch selbst aufstellen.‹«

Nach dem Training, auf dem Weg zum Bahnhof, sagten ein paar Mitspieler zu Niko, was er da mitmache, würden sie nicht aushalten. Die Aussage war das größte Anzeichen von Solidarität und Mitgefühl, das sie sich zu zeigen trauten. »Untereinander reden wir eigentlich nicht über den Terror«, sagt Niko, »aus Angst, an den Trainer verpfiffen zu werden.«

Schwarze Pädagogik heißt in der Psychoanalyse der Fachbegriff für eine Erziehung, die versucht, mit Einschüchterungen, Erniedrigungen, teilweise auch Gewalt den Willen von Kindern zu brechen, um sie gefügig zu machen. Im Leistungssport wurde psychische Brutalität eines Trainers viel zu oft stillschweigend legitimiert, weil sie doch einem höheren Ziel diente, nämlich den Sportler auf seinen Zenit zu bringen. Über die Trainer, die solche Methoden anwendeten, wurde achselzuckend oder sogar grinsend gesagt, »ist eben ein harter Hund«. Die Trainer selbst waren sich in der Regel keiner Schuld bewusst. Sie taten doch nur, was nötig war; in ihren Augen.

Janos Radoki war 1978 als Sechsjähriger mit seinen Eltern mit einem Touristenvisum aus Ungarn nach Biberach geflohen, er erzählte bewundernd von seiner Mutter, die von fünf bis zwanzig Uhr arbeitete, um ihr Café am Laufen zu halten, er lebte in Fürth in einer Ein-Zimmer-Wohnung, weil er nur zum Arbeiten dort war und nicht mehr brauchte. Er hatte verinnerlicht, dass es Leidensfähigkeit und absolute Hingabe brauchte, um Ziele zu erreichen – und er sah ganz offensichtlich nicht mehr, wo die Grenzen zum Unmenschlichen lagen.

Niko liebte das Gefühl, alles zu geben, sich körperlich komplett zu verausgaben für seine Ziele. Er war, was Leidensfähigkeit und absolute Hingabe betraf, ein herausragender Sportler. Aber ständige Erniedrigungen stärken nicht die Leidensfähigkeit, sondern zerstören sie und letztendlich den Menschen. »Das hat nichts mehr mit Leistungssport zu tun«, sagte Sportpsychologe Peter Kwapil zu Niko, als der Junge ihm die andauernde brutale Kritik schilderte.

Seine Eltern holten ihn am 16. September um 22.15 Uhr vom Bahnhof ab, über 15 Stunden, nachdem er in die Schule aufgebrochen war. »Ihr könnt euch gar nicht vorstellen, wie der ist«, sagte Niko, als sie zu Hause am Esstisch zusammensaßen. »Wenn der Ball zu mir kommt, warte ich automatisch schon auf sein ı.« Natürlich wollte Niko nicht wirklich mit dem Fußball ren. Er wollte, dass dieser Fußballterror aufhörte.

ie Eltern hatten gedacht, sich zu beschweren würde alles ılimmer machen. Was, wenn der Trainer dann Niko zur Strafe ıs dem Team warf? Da war immer die verdammte Angst, den Status des Jungen im Nachwuchsleistungszentrum zu gefährden, wenn man irgendetwas monierte. Sie hatten gedacht, mit der Hilfe des Sportpsychologen habe sich Niko in den jüngsten Wochen eigentlich gefangen.

»Aber jetzt wäre es grob fahrlässig, alles weiterlaufen zu lassen«, sagte Petra Steinhöfer. Elke Reislöhner hatte die Beraterin sofort nach Nikos Whatsapp-Nachricht vom Nürnberger Bahnhof benachrichtigt. »Selbst wenn es Konsequenzen für Niko hat. Selbst wenn er im schlimmsten Fall von Greuther Fürth ausgeschlossen wird, müssen wir handeln. Wir tragen auch eine Verantwortung für seine psychische Gesundheit.«

Sie würde als Allererstes vertraulich mit dem Trainer reden, schlug Petra Steinhöfer vor. Das gab Radoki die Chance, sein Verhalten zu korrigieren. Wenn sie sich direkt bei der NLZ-Leitung beschwerten, war die Gefahr groß, dass es sowohl der Verein als auch Radoki als Angriff interpretierten und sich aus einem falschen Verständnis von Standhaftigkeit heraus möglicherweise Veränderungen widersetzten. Elke und Albert Reislöhner stimmten der Steinhöfer Petra zu.

Gegen 23.30 Uhr ging der Vater ins Bett, der Wecker würde ohne Rücksicht um 5.15 Uhr klingeln. Die Mutter blieb noch einen Moment mit Niko sitzen. »Wenn ich da weiterhin zum Training reinfahre, könnt ihr mich in ein paar Wochen einliefern«, sagte Niko.

Am nächsten Morgen holte Petra Steinhöfer ihre Tochter Antonia und deren Freund vom Flughafen Nürnberg ab. Sie gingen in Roth zum legendären Bäcker Schmidt frühstücken, damit die beiden von ihrem Urlaub in Südengland erzählen konnten. Auf dem Heimweg, gegen zwölf, klingelte das Handy. Petra Steinhöfer sah auf den Bildschirm.

Günter Gerling.

Sofort hielt sie an, um den Anruf entgegenzunehmen.

»Guten Tag, Frau Steinhöfer, entschuldigen Sie die Störung. Sagen Sie mal, Sie betreuen doch den Niko Reislöhner?«

»Ja, das ist richtig.«

»Was ist denn da los?«, fragte der Vizepräsident der Spielvereinigung Greuther Fürth. »Nikos Vater rief auf der Geschäftsstelle an und hat einen Termin mit dem NLZ-Leiter vereinbart. Weil Niko aufhören wolle. Stimmt das?«

Er könne natürlich verstehen, dass die Steinhöfer Petra da wütend auf ihn war, sagt Albert Reislöhner. Und er entschuldige sich da auch ehrlich bei der Petra. Aber er konnte einfach nicht stillhalten, auch wenn sie eigentlich vereinbart hatten, dass erst einmal die Petra mit dem Trainer rede. Der Vater hatte nachts lange wach gelegen, gerade nachdem seine Frau ihm auch noch Nikos Satz mitgeteilt hatte, »dann könnt ihr mich gleich einliefern«. Er habe einfach sofort etwas unternehmen müssen für seinen Sohn.

Und da er an diesem Mittwoch, dem 17. September 2014, sowieso auf Baustellen im Nürnberger Raum unterwegs war, rief er spontan bei Greuther Fürth an, um vorsprechen zu dürfen.

»Das war menschlich sehr verständlich und strategisch ein ziemlicher Mist von Albert«, sagt Petra. Sie vereinbarte ihrerseits mit dem Vizepräsidenten Günter Gerling, dass sie sich heute noch sahen. Inzwischen saß Niko in der Schule, Englisch bei Doktor Palme, und wusste von nichts.

Über die B2 gelangte Albert Reislöhner in einer halben Stunde von der Baustelle in Schwabach auf die Geschäftsstelle der Spielvereinigung Greuther Fürth. Als Chef seines Fliesenlegerbetriebs legte er nur noch in Ausnahmefällen selbst Hand an, obwohl die Leute sagten, keiner arbeite so genau wie der Reislöhner Albert. Er war hauptsächlich damit beschäftigt, die Arbeit seiner Mitarbeiter auf den verschiedenen Baustellen zu überprüfen, da konnte er ruhig mal das Gespräch mit dem sportlichen Leiter im NLZ, Mario Himsl, einschieben.

Albert Reislöhner erzählte Herrn Himsl von dem Geschrei. »Du bist kein NLZ-Spieler!«, »Scheiße wie unser Reislöhner«, »Pass auf, dass du nicht die Krankheit hast«.

che Krankheit?«, fragte Himsl.

psychisch.«

ario Himsl, die Haare mit knapp über 40 schon George- oney-grau, konnte sich sprachlich Leuten aller Art recht t anpassen. Als ihm Albert Reislöhner auch noch von Nikos ehnsucht erzählte, die Oberschenkel-Verletzung möge richtig schlimm sein, sagte Himsl im besten Duktus seiner niederbayerischen Heimat: »Herr Reislöhner, hören S' halt auf.«

Albert Reislöhner fasst es fränkisch so zusammen: »Da ist der Himsl da gehockt.«

Geschockt, würde man auf Hochdeutsch hinzufügen.

»Also, Herr Reislöhner, das haben wir bis jetzt noch nicht gehabt«, sagte Mario Himsl. »Normalerweise sitzen hier Eltern und Berater von Ersatzspielern, um sich zu beschweren. Aber nicht der Vater des Spielers mit den meisten Einsatzminuten.«

Der NLZ-Leiter versprach sofort zu handeln. Er werde sich mit Günter Gerling besprechen, der im Präsidium für das Nachwuchsleistungszentrum zuständig war, um zu sehen, wie sie die Situation behandelten. »Es ist absolut akut, wir müssen da gleich reagieren.«

Niko kam von der Schule nach Hause. Er war entschlossen, ganz normal zum Training zu fahren, und gleichzeitig wollte er da nie mehr hin. In diesem Gefühlschaos überraschte ihn die Mutter mit der Neuigkeit, sein Vater hätte die Dinge im Verein zur Sprache gebracht. Nun war alles raus. In erster Linie fühlte sich Niko erleichtert. Etwas würde nun passieren müssen. Aber er hatte Angst vor dem, was passieren würde. Würde Radoki ihn nun zur Strafe völlig fertigmachen? Es gab keine andere Möglichkeit, als zum Training zu fahren und es herauszufinden, überzeugte sich Niko. »Mir hat es noch nie so davor gegraust, da reinzufahren«, sagte er zu seiner Mutter.

Ein internes Testspiel gegen die Greuther U23-Mannschaft stand an diesem Abend auf dem Trainingsprogramm. Petra und seine Mutter fuhren Niko nach Fürth. Sie würden Gerling und Himsl treffen, während Niko zur Mannschaft, zu Radoki ging.

Petra Steinhöfer hatte sich auf das Gespräch gut vorbereiten wollen. Nun waren die Ereignisse über sie hereingebrochen.

Danach, spätabends, eigentlich schon nachts, fertigte Petra Steinhöfer ein Gedächtnisprotokoll von dem Treffen bei Greuther Fürth an.

»Günter Gerling meinte anfangs, dass Kritik halt sein müsse und dass der Trainer seine eigene Art habe«, beginnt ihre Niederschrift. So reagieren Sportvereine oft im ersten Moment auf Anschuldigungen psychischer Brutalität. Sie wiegeln ab.

Unter den Nachwuchsleistungszentren, die sie bislang kennengelernt hatte, hielt Petra Steinhöfer die Fürther Kleeblatt-Akademie allerdings für eine der am besten geführten. Gerling, ein ehemaliger Lehrer, war ein vernünftiger Mann, Himsl machte ihr einen sehr empathischen Eindruck, Beierlorzer vergangene Saison war auch pädagogisch ein exzellenter Trainer gewesen, und mit Martin Meichelbeck beschäftigte der Verein als einer der ersten in Deutschland einen Sportpsychologen im Trainerstab. Doch selbst in diesem Verein hatte man offenbar nicht sehen wollen, dass ein Trainer die Grenzen des Zumutbaren überschritt. Janos Radoki war sportlich erfolgreich, in technischen und taktischen Fragen kompetent. Bei derart befähigten Trainern wird massives pädagogisches Fehlverhalten zu oft damit entschuldigt, dass Kritik halt sein muss und der Trainer halt so ist.

»Natürlich muss Niko Kritik ertragen«, erwiderte Petra Steinhöfer Günter Gerling. »Und er verträgt sie auch – aber nicht auf diese Art und Weise. Anbrüllen, Angst verbreiten, zynisch sein – Radoki verletzt systematisch die Würde der Jungs. Keiner traut sich etwas zu sagen, auch Niko weigert sich, das Gespräch mit ihm zu suchen. Er hat schlichtweg Angst davor, in Grund und Boden gebrüllt zu werden.«

Bei Mario Himsl glaubte Petra Steinhöfer schnell Verständnis zu spüren. Vizepräsident Gerling sah sich offenbar in der Pflicht, den Trainer als Vereinsangestellten erst einmal verteidigen zu müssen. Nebenbei ließ Günter Gerling allerdings fallen, dass sie nicht die Ersten seien, die sich über Radoki beschwerten. Er habe ja auch schon zum Trainer gesagt, »Janos, ein kleines Lob zwischendrin wäre auch mal nicht schlecht«.

Dann fiel Gerling etwas ein. Als sie vor der Saison über den Spielerkader für die U19 debattiert hatten, sei Janos Radoki der ende Fürsprecher für Niko gewesen. »Den bringe ich /o ihn der Verein haben will«, habe er gesagt. Das ver- er nun offenbar.

e Verabschiedung nach dem Gespräch fiel herzlich aus. Petra nhöfer hatte ein gutes Gefühl, dass Gerling und Himsl ihre rgen ernst nahmen. Der Vizepräsident hatte Radoki bereits iach dem Besuch von Albert Reislöhner an diesem Mittag unterrichtet, dass es eine Beschwerde gegeben habe. Niko komme mit seinem Ton nicht zurecht. »Versuch's mal auf einem anderen Weg, Janos, der Niko ist drauf und dran hinzuschmeißen«, habe er gesagt. Man werde beobachten, wie der Trainer reagiere.

Nebenan brannte noch das Flutlicht. Vom Trainingsspiel der U19 gegen die U23 waren Zuschauer ausgeschlossen. Wenn Niko den Ball passte, einen Zweikampf gewann oder auch verlor, lauschte er automatisch auf das Echo. Aber es kam keines. »Ich habe immer gehorcht: Schreit er jetzt?«

Janos Radoki sagte nichts mehr, außer ein paar trockenen technischen Anweisungen, nicht vor dem Spiel, nicht während der Partie und auch nicht danach. Was auch immer das zu bedeuten hatte.

6

26. Oktober 2014

Eine Niederlage (die sich einfach nicht schlimm anfühlt)

Gelegentlich gibt es für einen Fußballer nichts Besseres als eine Niederlage der eigenen Mannschaft. Im Oktober 2014 verlor 1860 München sein Spiel der Zweiten Bundesliga 1:4 gegen Erzgebirge Aue. Die Mannschaft, die aufsteigen wollte, war im Abstiegskampf angekommen. Marius dachte: »Jetzt muss der Trainer doch was ändern. Jetzt muss ich doch meine Chance kriegen.«

Seit zweieinhalb Monaten lief die Saison. Er hatte jedes einzelne Training mit hochintensivem Einsatz bestritten, noch mehr Energie konnte er in der Woche nach dem 19. Oktober nicht in seinen Trainingsaufwand legen. Bloß in seinem Kopf trainierte er mit einer noch schärferen Wahrnehmung. Jetzt oder nie.

Das Training mit den Profis hatte seinen Alltag strukturiert. Er schlief und aß ordentlich. Die Freunde sah er unverändert oft, aber der Leuges studierte nun an der Universität, der Passi spielte für Unterhaching in der dritten Liga bei den Profis, sie hatten alle zu tun, das sorgte dafür, dass sie nach mehr oder weniger geregelten Zeiten lebten. Bauingenieurswesen studierte der Leuges. Etwas Handfestes, der Mann von der Studienberatung hatte ihn dazu ermutigt. Mathe lag dem Leuges. Er war sich nach den ersten Eindrücken allerdings nicht so sicher, ob Bauingenieur wirklich etwas für ihn war. »Da sitzen halt welche mit dem Bleistift hinter dem Ohr im Hörsaal und wollen es genau wissen. Und ich denke mir: Mich interessiert das eigentlich nicht sooo genau.«

Um zehn vor sieben stand Marius nun immer auf. Musste er, denn der neue Trainer Markus von Ahlen hatte täglich für 7.30 Uhr ein Aufwecktraining angesetzt, einen Dauerlauf an der Isar. Ricardo Moniz war Ende September bei der ersten Gelegenheit, der ersten Niederlage nach sechs Wochen, entlassen worden.

Eine neuerliche selbstbewusste Trainerberufung traute sich Sportdirektor Poschner nach dem Fiasko mit Moniz offenbar nicht sofort wieder zu. Der Assistenztrainer wurde befördert. Mit der Konsequenz, dass eine Mannschaft, die zusammengestellt worden war, um das elegante spanische Offensivspiel nachzuahmen, nun von einem konservativen deutschen Trainer angeleitet wurde. Jede Übung findet mit Ball statt, war das spanische Credo. Und jetzt liefen sie in aller Früh acht Kilometer. »Die ausländischen Jungs müssen doch denken, wir sind bescheuert«, sagte mir ein 1860-Profi, morgens um kurz nach acht, nach vollbrachtem Lauf.

Marius war das alles egal. Er wollte da rein, in die Profielf, egal bei welchem Trainer, egal mit welchem Training, bei welcher Spielidee. Oft werden junge Fußballer pauschal als »unbekümmert« bezeichnet. Dabei sind junge Spieler unter dem Druck des Profispiels nicht weniger nervös oder angespannt. Aber fast immer kümmern sie sich tatsächlich weniger um das Drumherum. Ob es gut ist, um sieben in der Früh zu laufen oder nicht, ob die Taktik für das nächste Spiel Sinn ergibt oder nicht, waren für Marius keine großen Fragen. Mit 19 war er auf beneidenswerte Weise auf sich selbst konzentriert.

Am Ende der Trainingswoche sah Marius, wie der Trainer vier Spieler zu sich rief, Leonardo, Wojtkowiak, Stahl und Tomasov. Markus von Ahlen kam nicht zu ihm! Das hieß, er stand im Spieltagsaufgebot! Er konnte es an den gesenkten Köpfen von Wojtkowiak oder Tomasov erraten. Der Trainer sagte denen Bescheid, die diesmal nicht dabei waren.

In der Umkleidekabine hing nach dem Abschlusstraining bereits ein Zimmerplan für die Übernachtung im *Rilano* vor dem Spiel gegen Eintracht Braunschweig am 26. Oktober 2014. Marius war Daniel Adlung zugeteilt worden. Die Zimmereinteilung erfolgte bei einer Profimannschaft auch nach taktischen Gesichtspunkten. Adlung war unter Trainer von Ahlen der neue Kapitän, er sollte dafür sorgen, dass der Frischling gut schlief. »Mach morgen einfach dein Spiel«, sagte Adlung souverän und freundlich zu Marius. Dabei war es doch äußerst ungewiss, ob Marius überhaupt spielte. Sicher würde er erst mal auf der Ersatzbank sitzen. Aber das tat schon gut, sagte Marius, dass so ein erfahrener Spieler solches Vertrauen in ihn zeigte. Marius überließ es natürlich dem Kapitän, das Fernsehprogramm für sie beide auszusuchen, auf dem Zimmer, am Abend vor dem Spiel. Es war Samstag. Die Ronaldo-Biografie hatte er nicht mehr dabei. Er hatte da aufgegeben. Er hatte nicht die Muße zum Lesen in den Ruhephasen vor einem Spiel. Adi, der Kapitän, und er lagen auf den Betten und sahen die *Sportschau*. Frankfurt gegen Stuttgart war ein irres Spiel, Stuttgart führte 3:1, dann Frankfurt 4:3, schließlich gewann Stuttgart 5:4. Timo Werner hatte das Tor zum 4:4 erzielt.

Am Sonntagvormittag war noch ein Ritual zu absolvieren, der Spaziergang vor dem Spiel, um die Beine und den Kopf ein bisschen zu lockern. Aus dem Industriegebiet führte eine Fußgängerbrücke direkt in den Englischen Garten. Um 10 Uhr mussten sie spät frühstücken beziehungsweise früh zu Mittag essen. Das Spiel fand um 13.30 Uhr statt, damit das Fernsehen den ganzen Sonntag Fußballspiele übertragen konnte. Die zweite Liga bekam selbstverständlich die unangenehmeren Anstoßzeiten als die Erste Bundesliga zugeteilt.

Gegen zwölf war Marius mit der Mannschaft im Stadion. An einem Spind, zwischen Verteidiger Schindler und Ersatztorwart Eicher, war über Nacht die Nummer 27 aufgeklebt worden. Seine Trikotnummer.

Sein Vater ärgerte sich. Das war doch wieder typisch. Jahrelang hatten Heike und er Marius zu Hunderten Trainings gefahren, und wenn er möglicherweise sein erstes Profispiel absolvierte, waren sie nicht da. Sie waren mit Maren in den Herbstferien in die Türkei geflogen.

Niko war seit 6.15 Uhr unterwegs, auf dem Weg zum U19-Bundesligaspiel gegen den 1. FC Saarbrücken. Er würde wie gewohnt das komplette Spiel als unumstrittener Innenverteidiger bestreiten, und Janos Radoki würde ihm, als habe es nie einen Vorfall gegeben, nach dem 0:0-Uentschieden kurz und knapp zu seiner Leistung gratulieren.

Foti hatte einen neuen Trainer. Herr Tapalovic war tatsächlich als Assistenztrainer zu den Profis von 1860 aufgerückt. Wolfgang Schellenberg, der NLZ-Leiter, der doch immer so viel von ihm gehalten hatte, hatte die U19 kommissarisch übernommen.

Jetzt würde alles gut! Während Marius im *Rilano* spät frühstückte beziehungsweise früh zu Mittag aß, verlor die U19-Mannschaft 0:4 in Mainz. Wolfgang Schellenberg wechselte Foti nach 55 Minuten enttäuscht aus.

In der Kabine der Münchener Allianz Arena schaltete Marius eine Stunde vor Anpfiff sein Handy aus und gab es der Physiotherapeutin in Gewahrsam. Das machte er immer so, aus Aberglauben.

Marius sah das Spiel aus den Augenwinkeln. Er wärmte sich mit den anderen Ersatzspielern hinter der Torauslinie auf, seit einer Stunde schon, und hatte dabei die Augen immer nach links gerichtet, zum Spielfeld hin. 1860 war permanent im Ballbesitz. Ilie Sánchez, ihr Mann aus Barcelona, lief in die Abwehr zurück, damit die Verteidiger ihn anspielten, er drehte sich und kurbelte den nächsten Angriff mit einem Flachpass an, eine Erscheinung wie aus einer anderen Welt in der zweiten Liga, den Rücken kerzengerade, das Trikot aus der Hose als Erkennungszeichen großer Passmeister. Und der nächste Angriff versandete. Braunschweig beschränkte sich stoisch auf das Verteidigen tief in der eigenen Spielhälfte. Sie führten 2:1. Der Rückstand war genauso gut für Marius wie die 1:4-Niederlage in Aue. Der Trainer musste doch einen Stürmer einwechseln. Und Markus von Ahlen hatte kurioserweise unter den sieben Ersatzspielern einen einzigen Angreifer nominiert, Marius.

Sein Cousin Philipp war im Stadion. Er war die 300 Kilometer von Coburg ohne zu zögern hinuntergefahren, nachdem ihn Marius am Vortag eine Whatsapp-Nachricht geschrieben hatte. Philipp war, nachdem er als Zehnjähriger sein zu klein gewordenes Dortmund-Trikot an Marius abgegeben hatte, 1860-Fan geworden. Es gab, ohne Trikot, ja keinen Grund mehr, Dortmund-Fan zu sein. Das war Schicksal, dachte Philipp, das war der Traum, auch seiner, falls Marius ausgerechnet für 1860 als Profi debütierte.

Am rechten Flügel wurde ihr Flügelstürmer Claasen von seinem Bewacher Hedenstad einfach von hinten mit einem Bodycheck umgestoßen, ohne dass Braunschweigs Außenverteidiger auch nur versuchte, sein Foul zu vertuschen. Der Schiedsrichter pfiff Freistoß. Das war die Gelegenheit. 1860 München konnte auswechseln.

Am Spielfeldrand zeigte der Assistenztrainer Tapalovic Marius auf einer ausgedruckten PowerPoint-Schautafel, welche Aufgaben er bei Eckbällen zu übernehmen hatte. Es sieht immer nach einer sehr wichtigen Besprechung aus, wenn die Fernsehkamera den Assistenztrainer und den Ersatzspieler vor der Einwechslung im Großbild zeigt, konzentriert über ein Taktikpapier gebeugt. Es geht dabei immer nur um die Zuordnung bei Eckbällen und Freistößen. Große taktische Revolutionen werden da nicht mehr vorbereitet. »Gib Gas! Mach dein Ding, du hast es drauf«, war das Einzige, was Trainer Markus von Ahlen Marius sagte. Dann war er im Spiel.

Er spielte in einer anderen Sphäre als der Rest der Mannschaft. Bei Marius wirkte jede Bewegung intensiver, auch geschwinder als bei den 21 Fußballprofis um ihn herum. Als wäre er auf einem anderen Konzentrationslevel, als liefe dieses Spiel innerlich für ihn auf einer anderen, höheren Geschwindigkeit ab. Als wäre jede kleinste Aktion, und sei es ein Einwurf, lebensentscheidend und nicht Alltag in einem von jährlich 306 Zweitligaspielen. Ein Braunschweiger Konter wurde mit einem Foul in der Mittelfeldzone gestoppt, das Spiel war schon unterbrochen, aber Marius sprintete weiter, hin zum Ball. Er wollte ihn berühren, 30 Sekunden nach seiner Einwechslung, zum ersten Mal im Profifußball, auch wenn das Spiel ruhte. Eine Ballberührung gab Sicherheit.

Braunschweig nutzte den Freistoß, um den Ball hoch in den Strafraum der Sechziger zu schlagen, das war der reinste Zweite-Liga-Klischeefußball, den Braunschweig bot, dicht gestaffelt verteidigen, kämpfen und hohe Bälle nach vorne jagen. Hertner, der linke Außenverteidiger der Sechziger, wehrte den Angriff mit einem wuchtigen Kopfball ab, der Ball flog in den freien Raum auf dem linken Flügel, und Marius sprintete augenblicklich los. Bei der ersten offensiven Aktion sofort etwas Spektakuläres versuchen, das war sein Gesetz geworden, seit es im Test gegen Karlsruhe vor drei Monaten so gut geklappt hatte. Er trieb den Ball mit dem Außenrist nach vorne, er erreichte unvermittelt ein enormes Tempo. An der Mittellinie erwartete ihn Braunschweigs rechter Außenverteidiger Benjamin Kessel. In dem Moment, in dem sich Marius den Ball im Dribbling vorlegte, also für eine halbe Sekunde freigab, schob Kessel mit einer Vorwärtsgrätsche den Ball ins Seitenaus. Es brandete trotzdem verhaltener Szenenapplaus für Marius auf.

Er hatte sich, als Zuschauer bei Profispielen, oft gefragt, wie es wohl sein würde, dort unten auf dem Rasen zu stehen. Würde man das Publikum hören? Würde der Lärm der Fans einen richtiggehend durchfahren und schneller, giftiger machen? Er hatte mit der U21-Mannschaft in der vierten Liga schon vor ordentlichen Kulissen in richtigen Stadien gespielt, in Würzburg waren 4500 Besucher gekommen, und in Schalding standen 1700 Zuschauer direkt am Spielfeld, Bierflaschen in der Hand, da konnte Marius während des Spiels einzelne Kommentare hören, »leck mi, is der räudige Hund sauschnell!« Das hatte ihm voll gefallen, diese irgendwo liebevolle Freude am Schimpfen und Fluchen, der Glaube, einen Gegner mit Beleidigungen beeinflussen zu können.

Aber ein Profispiel war etwas anderes. Er merkte es erst hinterher, abends zu Hause, als er darüber nachdachte. Während des Spiels war er auf einem niemals da gewesenen Konzentrationslevel, sodass er die 20 300 Zuschauer in der Allianz Arena bewusst gar nicht wahrnahm. Nur unterschwellig nahm er den Lärm der Masse auf. Das wurde ihm abends klar, als er jede einzelne Spielszene aus dem Gedächtnis abspulen konnte und dazu jetzt, drei Stunden später, im Kopf die Zuschauerreaktionen hörte.

18 Spielminuten hatte er bekommen, plus die Nachspielzeit. Er spielte einen Pass direkt, ohne zu stoppen, scharf zu Ilie Sánchez zurück und startete, während der Ball sich noch von seinem Fuß löste, explosiv schon in die andere Richtung, vorwärts, in einen freien Kanal zwischen zwei Braunschweiger Verteidigern. Der erhoffte Pass von Ilie zu ihm zurück wurde von der Braunschweiger Abwehr abgefangen. Kaum später schickte ihn Hertner mit einem feinen Direktpass in den freien Raum hinter Braunschweigs Verteidigung. Marius, mit der höheren Geschwindigkeit im Kopf, war schneller als die zwei Gegner in seiner Nähe gestartet, er erreichte den Ball, drehte sich dem Tor zu, drang von

links in den Strafraum ein, ein scharfer Pass in den Fünfmeterraum, eher flach, aber absichtlich holpernd. So war er für den Torhüter schwerer abzufangen. Doch Gikiewicz, der Torwart, hatte aufgepasst.

Fünf Minuten spielte Marius erst im Profifußball. Keine Aktion war ganz aufgegangen. Aber alle drei Aktionen waren besonders gewesen.

Er stand nicht still. Die Kollegen hielten zwischendurch mal kurz ein oder gingen mal ein paar Schritte, wenn der Ball weit entfernt von ihnen war. Marius dagegen war durchweg im Laufschritt unterwegs. Sprint oder Trab, jede Sekunde seiner 18 Minuten war er direkt am Spiel beteiligt oder damit beschäftigt, sich in Position zu bringen.

Ilie führte im zentralen Mittelfeld den Ball, wieder mal, zum hundertsten Mal. Marius' Körper machte nur einen Ruck. Es war nicht mal ein Schritt, sondern nur eine angedeutete Bewegung des Körpers in Richtung von Ilie, und das Fußballgehirn des Spaniers verstand die Regung sofort. Endlich hatte er jemanden für sein Passspiel! Ilie schlug einen wunderbar gleichmäßig rollenden, langen Steilpass. Marius kam einen Schritt entgegen, eine halbe Sekunde vor seinem Gegner, weil er früher gestartet war. Noch bevor Ilie den Pass spielte, hatte sich Marius überlegt, was er machen würde, falls der Pass zu ihm käme. Er ließ den Ball mit einer Berührung zu Julian Weigl rechts von ihm prallen, drehte sich und rannte in den Strafraum. Ju hatte schon verstanden. Er spielte, ebenfalls mit einer Berührung, den Doppelpass steil auf Marius. In neun Minuten endete das Spiel, und er stand frei vor dem Torwart.

Bloß der verdammte Torwart hatte genauso gut wie Ilie Sánchez, Julian Weigl und Marius die Situation antizipiert. Er war, noch als Ju den Pass in den Strafraum spielte, schon aus seinem Tor gerannt und stand nun einen Meter vor Marius, groß und so breit, wie er sich nur machen konnte.

Niemand hat in solch einer Spielsituation noch Zeit zu denken. Der Instinkt, in Tausenden Trainings geschult, übernimmt einfach die Entscheidung. Marius schoss, Gikiewicz, der Torwart, hielt.

Der Torwart hatte das Duell schon gewonnen, bevor es stattfand, weil er geistesgegenwärtig Marius so nah entgegengeeilt war, dass dieser den Ball nicht mehr an ihm vorbeibringen konnte.

Marius zeigte dem Publikum seinen nackten Bauch. Er hatte das Trikot hochgezogen, um es in den Mund zu nehmen. Indem er kurz darauf herumkaute, verarbeitete er die Aufregung und Enttäuschung über die vergebene tolle Torchance.

Beim Schlusspfiff war er sofort vom Spielfeld. Er stand als Außenstürmer so günstig, direkt an der linken Seitenlinie, dass er instinktiv einfach vom Platz eilte. 1860 hatte 1:2 verloren. Das war komisch, fand Marius. Er musste jetzt enttäuscht sein. Dabei war er voller Freude über sein starkes Debüt im Profifußball.

Oben im Pressebereich der Allianz Arena bereiteten die Journalisten ihre Zeitungsberichte vor. »Wolf kam im verfahrenen Spiel besser zurecht als mancher Etablierte«, schrieb Ulli Kellner im *Münchener Merkur.* »Der Regionalligatorjäger stürmte frech drauflos und war an der besten Löwen-Chance zum Ausgleich beteiligt – so einer darf wiederkommen.«

Falls er bei den Profis in der zweiten Liga dreimal mindestens eine Halbzeit lang eingesetzt wurde, würde sich das Gehalt seines U21-Vertrags automatisch auf das Niveau eines Jungprofis erhöhen. Zwischen 5000 und 10 000 Euro brutto im Monat verdienten Profianfänger in der Regel in der zweiten Liga. Zwischen 20 000 und 33 000 Euro verdienten die etablierten Spieler bei 1860.

Die automatische Gehaltserhöhung nach drei Profispielen hatte noch Petra Steinhöfer vereinbart. Eine Prämie von 5000 Euro hatte sie sich für den Fall zusichern lassen. Aber weil Marius' Vertrag im Frühling unter der Regie von Egon Flad um ein Jahr verlängert und umgestaltet worden war, stand dem neuen Berater die Provision zu.

Petra Steinhöfer versuchte, nicht an sich heranzulassen, was bei der Profimannschaft von 1860 München geschah. Ihr Sohn Markus war Knall auf Fall vom neuen Trainer in die U21-Mannschaft abgeschoben worden. Richtig begründet wurde so etwas im Profifußball selten. Ein neuer Trainer hatte eben neue Ideen.

Am Abend sprach Marius mit kaum einem Freund oder Familienmitglied über sein erstes Profispiel. Es ging nicht. Die Physiotherapeutin hatte aus Versehen sein Handy mit nach Hause genommen.

Marius war zur Dopingkontrolle ausgelost worden, und als er von der Urinprobe endlich in die Umkleidekabine kam, war nicht nur die komplette Mannschaft, sondern auch Physiotherapeutin Christine Forster schon verschwunden.

Die Nummer von Opa Rolf wusste Marius auswendig, ihn konnte er zu Hause vom Festnetztelefon anrufen. Seine Eltern versuchte er in der Türkei auf dem Handy zu erreichen, aber es war ausgeschaltet. Tja, dann freute er sich eben alleine.

Er hatte in professioneller Voraussicht den Videorekorder so programmiert, dass der das Spiel für ihn aufnahm. Marius schaute sich die letzten 18 Minuten des Spiels gleich noch einmal an. Er kannte alle Szenen schon, er hatte sie alle innerlich abgespeichert, aber das machte nichts. Bestätigt zu bekommen, wie elanvoll, eigentlich fehlerfrei er gespielt hatte, schadete nicht.

Korbinian Vollmann, ein Mitspieler aus der U21, feierte am Sonntagabend in seinen 21. Geburtstag rein, Marius war eingeladen. Es waren natürlich viele Fußballer auf Korbis Party, die Fragen und Anmerkungen zu Marius' Profidebüt waren deshalb durchaus fachspezifisch, aber er hörte auch hier schon ein paar Fragen, die er in den folgenden Tagen nicht mehr los wurde. »Du triffst 20 Leute am Tag und führst 20-mal dasselbe Gespräch«, fasst er die Woche danach zusammen: »Wie fühlt es sich an, in so einem Stadion zu spielen? Warst du nicht nervös? Wenn du mal ein Trikot übrig hast, kannst du mir eins geben?«

Sein Handy erhielt er am nächsten Morgen vor dem Auslauftraining von der Physiotherapeutin zurück. 214 neue Whatsapp-Nachrichten, meldete es, 38 verpasste Anrufe, dazu SMS-Nachrichten. »Bis ich das beantwortet hatte!« Natürlich wollte er jedem Einzelnen zurückschreiben, war doch nett von den Leuten, ihm zu gratulieren. Er legte sich ein paar Standardantworten zurecht, die er immer wieder kopierte. »Ja, danke!!! War echt gut. ☺« und »Danke schön! Ja, da hast du recht. Lg, Marius«.

»Aber dann haben die Leute sofort wieder zurückgeschrieben!« Er konnte nochmals antworten.

Viele alte Weggefährten schrieben auch: »Jetzt sieht Nürnberg, was sie davon hatten, dich wegzuschicken!«

Daran hatte er auch denken müssen. Zweieinhalb Jahre war es erst her, dass die Entscheider im Nachwuchsleistungszentrum des 1. FC Nürnberg Tevfik Öztürk und diverse andere Jungs Klassen über ihm gesehen hatten. Er wusste gar nicht, ob Tevfik überhaupt noch irgendwo Fußball spielte. Nachdem ihn 1860 nach einem Jahr in der U19 verabschiedet hatte, war er aus der Szene verschwunden.

Zur Feier des Augenblicks fuhr Marius mit Pascal Köpke zu IKEA. Sie kauften Bilderrahmen, um ihre ersten Trikots im Profifußball an die Wand zu hängen. Streng genommen handelte es sich bei Passi nicht um sein erstes Trikot, sondern um das aus seinem 20. Profispiel, aber bei Unterhaching in der dritten Liga hatten sie nicht so viele Trikotsätze, da musste er warten, bis er eines mit nach Hause nehmen durfte.

Marius und Passi teilten das Gefühl, den Sprung in den Profifußball gegen einige Widerstände und gegen noch mehr Meinungen anderer geschafft zu haben. So entschieden sie sich, die gerahmten Trikots zu tauschen. Marius hängte Pascals Jersey in seiner Wohnung auf, Pascal das von Marius bei sich.

7

Dieselbe Saison, 2014/15, sechs Monate später

Getrennte Wege

Zum Spiel gegen den VfB Stuttgart trägt Foti weiße Sneakers und eine schwarze Jeans, die an den Oberschenkeln mehr aus Löchern denn aus Stoff besteht. Er sitzt unter den Zuschauern statt über das Spielfeld zu rennen.

Das ist ihm noch nie passiert.

Der Trainer hat ihn aus der Spieltagsmannschaft gestrichen.

Nicht mal mehr zum Ersatzspieler soll er gut genug sein? »Die Jungs haben mir auch gesagt: ›Häh? Verstehen wir nicht. Du trainierst doch so gut.‹«

Eben, hat sich der Trainer gedacht: Foti trainiert extrem stark – und kommt im Spiel nun schon seit Monaten nicht aus der Rolle des Mitläufers heraus. Ihn einfach immer weiter aufzustellen macht keinen Sinn mehr.

Der Trainer hat das Gefühl, er habe wirklich alles versucht. Er hat Foti angefeuert, ihn in den Arm genommen, ihm in den Ligaspielen auf allen möglichen Offensivpositionen wieder und wieder eine Chance gegeben. Nun blieb nur noch eine Möglichkeit, fand der Trainer: eine Schocktherapie. Die Verbannung auf die Zuschauerränge soll Foti vor den Kopf stoßen. Er soll wütend werden. Aus diesem Gefühl heraus wird er es dann hoffentlich, endlich, ab nächster Woche allen zeigen.

Auf der Tribüne des Grünwalder Stadions macht Foti ein düsteres Gesicht. Der Mund ist ein Strich, die Augenbrauen sind zusammengezogen, er versucht, die Augen hinter den Haaren zu verstecken, aber das gelingt nicht. Der Pony ist zu kurz, er war gerade erst beim Friseur. Der Undercut ist ausgeprägter denn je, auf drei Millimeter abrasiert. »Ich trainiere jetzt nur noch für mich, nicht mehr für diesen Trainer«, sagt er verbittert. Dass Foti ihn momentan hasst, wollte der Trainer durchaus erreichen.

Aber dann fällt Foti ein, wer der Trainer ist. Sepp Steinberger hat die U19 im November 2014 wieder übernommen, nachdem Herr Tapalovic zu den Profis hochgezogen wurde und NLZ-Leiter Wolfgang Schellenberg für vier Spiele vorübergehend eingesprungen war. Der Trainer, der ihn vorherige Saison zurück zur Bestform führte, der fest an ihn und sein Talent glaubt, ist wieder da. Foti schafft es nicht, ihn richtig zu hassen. »Ich verstehe es ja auch, dass Herr Steinberger mich aus der Mannschaft geworfen hat«, sagt er am 18. April 2015, auf der Tribüne, während vor ihm das U19-Bundesligaspiel 1860 München gegen den VfB Stuttgart läuft. »Ich habe ja nicht so gut gespielt.«

Unter den modischen Rissen seiner Jeans ist eine Gänsehaut zu erkennen. Plötzlich ist in München die Kälte eingebrochen, es hat nur acht Grad, vor zwei Tagen waren es noch 22. Foti ging, wie man das mit 18 tut, zu Hause aus der Tür, ohne auf das Wetter zu achten. Er hat zwar die schwarze Jacke mit Fellkragen übergezogen, aber den Reißverschluss zu schließen ist offenbar keine Option. Man trägt die Jacke offen, sodass das schwarze T-Shirt mit gigantischem Ausschnitt zu sehen ist.

Ein Mannschaftskollege kommt und setzt sich zu ihm. Der Schwaiger. »Die eine Blonde aus Landshut ist da«, sagt Schwaiger.

»Interessiert hier niemanden, Schwaiger!«, sagt Foti grimmig.

Schwaiger ist eigentlich ihre Nummer eins im Tor. »Warum spielst du heute nicht, Schwaiger?«, fragt Foti.

»Familiäre Probleme.«

Okay, der Schwaiger will nicht sagen, was los ist. Und ehrlich gesagt, interessiert es Foti auch nicht genug, um weiter zu bohren. Er hat mit seiner eigenen dummen Situation genug zu tun.

Alle wollten Foti helfen. Der Trainer hielt wieder das wöchentliche Sepp-Steinberger-Lieblingstraining ab, was mittlerweile auch ein Fotios-Katidis-Lieblingstraining war, weil Foti glaubte, es habe ihn vergangene Saison so stark gemacht. Einer gegen einen, »richtig draufgehen, Foooti!«

Der Physiotherapeut der Mannschaft, Tom Reich, regte an, Foti solle zusätzlich einmal die Woche zum Stabilisationstraining erscheinen (und nicht immer nur, wenn er ein Attest wollte, weil er den Englischtest geschwänzt hatte). Aus seinem Rumpf konnte Foti noch einiges herausholen.

Petra Steinhöfer riet ihm beharrlich, er solle zu einem Sportpsychologen gehen. Sie war allerdings auch zunehmend genervt, weil Foti es lange Zeit ablehnte. »Als ob er sich dort eine ansteckende Krankheit holen könnte. Dabei ist es doch offensichtlich, dass die Ursache seiner Schwierigkeiten im Kopf liegt, nicht in den Beinen.«

Er schaffte das einfach nicht, zum Sportpsychologen zu gehen. Da war eine Sperre in ihm. Er stellte sich vor, wie der Mann seine Schwächen breittrat. Er wollte das nicht hören. Erst als nach seiner Beraterin und seiner Mutter auch noch Sepp Steinberger ihm entschieden nahelegte, einmal den Sportpsychologen des Nachwuchsleistungszentrums aufzusuchen, überwand sich Foti. Er war überrascht. Michael Kuhn trug einen Kapuzenpulli, sah nett aus und hatte Ahnung vom Sport. Das war gar nicht so ein Theoretiker, sondern »echt ein cooler Typ!«, staunte Foti.

Er erklärte Herrn Kuhn, dass alle von ihm dieses Jahr viele Tore erwarteten. Beziehungsweise er erwartete das von sich selbst und hatte das Gefühl, alle anderen erwarteten das auch von ihm, der Trainer, die Mitspieler, der NLZ-Leiter, die Eltern, die Petra. Er spielte jetzt ja oft als hängender Mittelstürmer, wie Messi, auf der Torjägerposition, er war jetzt doch im entscheidenden Jahr, dem letzten vor dem Sprung in den Männerfußball.

Michael Kuhn ging mit ihm durch, welche weiteren Aufgaben ein vorbildlicher Stürmer neben dem Toreschießen erfüllte. Er startete das Pressing, eroberte dabei vielleicht sogar selbst den Ball. Er zog mit seinen Läufen gegnerische Verteidiger ab, was den Mitspielern Freiraum gab. Er behauptete den Ball nach einem weiten Pass, sodass die Mitspieler nachrücken konnten. Noch etliche andere Punkte konnte Foti aufzählen. Das war eigentlich ganz schön viel, was er da in jedem Spiel erledigte, was ihm jedem Samstag wieder gelang, zeigte ihm Michael Kuhn auf. Umso öfter er diese kleinen Aufgaben eines Stürmers penibel erfüllte, desto wahrscheinlicher wurde es, dass Foti sich Torchancen erarbeitete. Und je mehr Torchancen sich ergaben, desto wahrscheinlicher würde er eine davon irgendwann nutzen.

Er sollte sich also im Spiel in jedem Moment einfach auf die anstehende kleine Aufgabe eines Stürmers konzentrieren, statt ständig daran zu denken, wie er ein Tor erzielen konnte. Als Foti daraufhin in einem Pokalspiel gegen Unterhaching im März 2015 ein Tor schoss, schrieb ihm Herr Kuhn gleich, Glückwunsch, das habe sich Foti erarbeitet! Foti wunderte sich, wie Herr Kuhn so schnell von seinem Tor erfahren hatte, der schien sich echt um ihn zu kümmern. Aber es war eben nur ein Tor in einem Pokalspiel gegen einen unterklassigen Gegner, so wie er jede Menge atemberaubende Tore im Training schoss. Foti gehörte technisch und athletisch zu den Besten im Team, er war fit, er ging zum Sportpsychologen, er hatte seinen Lieblingstrainer, und in der U19-Bundesliga blieb er wirkungslos.

»So schnell geht das«, sagte er selbst, »vom Hoffnungsträger zum ganz gewöhnlichen Jugendspieler.«

Sportwissenschaftler versuchen seit mindestens fünfzig Jahren, das Phänomen der Wettkampfblockade zu ergründen. Was passiert da genau, wenn ein eigentlich hervorragend präparierter Sportler unter dem Druck des Wettkampfs sein Niveau nicht erreicht?

Üblicherweise führt ein Klassefußballer seine feinmotorischen Bewegungen automatisiert aus. Er stoppt, passt oder schießt den Ball so wie ein Spaziergänger seine Schritte setzt: ohne auf seine Bewegungen zu achten. Ist ein Fußballer aber gestresst, zum Beispiel durch eine erdrückend hohe Erwartung, versucht er oft, sich auf seine Handlungen zu konzentrieren. Nimm den Ball mit Innenrist an! Lauf dem Ball einen Schritt entgegen! Sportwissenschaftler wie die Niederländerin Beatrix Vereijken haben in Studien festgestellt, dass diese bewusste Konzentration auf die eigenen Handlungsschritte nicht hilft, sondern im Gegenteil den automatisierten Ablauf durcheinanderbringt. Messungen der Muskelaktivität anhand von Elektromyografie zeigten Vereijken, dass sich die Muskeln versteiften, sobald sich der Proband auf die Ausführung seiner Aktion konzentrierte. Ein Stürmer, der also vor dem Tor darauf achten will, den Ball besonders gut mit Vollspann zu treffen, verliert Lockerheit in seinen Muskeln. Die Wahrscheinlichkeit steigt, dass er den Ball nicht gut trifft.

So weit die Theorie. In der Praxis, ahnte Trainer Steinberger, half Foti nur die Quadratur des Kreises. Er musste ein Tor erzielen, dann würde er viele Tore erzielen, weil die Automatismen wieder griffen. Bloß, wie soll dieses erste Tor gelingen, wenn er seit 23 Spielen kein Tor erzielt hat?

Die Blonde aus Landshut zwei Tribünenreihen weiter rechts nimmt den Schwaiger einfach nicht wahr, auch wenn er einmal hinüberblickt. Notgedrungen schaut er wieder auf das Spielfeld. »Schau mal, der Steges«, sagt er zu Foti. Ein bulliger, älterer Herr mit weißem Bart gestikuliert erregt in Richtung der Stuttgarter Auswechselspieler. Sie haben die zwei Ersatzbälle weggeschossen, die Norbert Stegmann, der Teambetreuer von 1860, hinter dem Tor bereitgelegt hatte. Stuttgart liegt in Führung, ihre Auswechselspieler wollen verhindern, dass es schnell weitergeht, falls der Spielball ins Toraus fliegt.

Der Schwaiger lacht, als sich das Spielchen wie ein Slapstick wiederholt: Steges legt die Bälle bereit, die Stuttgarter schießen sie weg, Steges tobt.

»Lach nicht, wir sind im Rückstand«, sagt Foti. Eigentlich will er selbst auch lachen. Er kriegt es bloß nicht hin an diesem Tag.

Zu Hause in Weißenburg traf sich manchmal auf dem Weg zum Einkaufen zufällig die Leidensgemeinschaft (LG) Katidis/Reislöhner. Die Eltern tauschten sich aus, was der Fußball ihnen gerade wieder antat.

Seit sie im September 2014 die Sache bei Greuther Fürth angesprochen hatten, schrie der Trainer Niko nicht mehr an, erzählte Elke Reislöhner. »Und manchmal geschehen sogar Wunder.« Dann lobte Janos Radoki Niko. Bloß ließ er ihn nicht mehr spielen.

Am 30. November 2014 hatte der Trainer ihn aus der Mannschaft genommen. In den folgenden vier Monaten kam Niko auf insgesamt drei Spielminuten in der Jugend-Bundesliga.

Seine Versetzung auf die Ersatzbank war ganz sicher kein Racheakt für die Beschwerde der Eltern, sondern eine vertretbare sportliche Maßnahme. Die Mannschaft war Ende November auf einem Abstiegsplatz angekommen, das Spiel gegen den VfB Stuttgart war gerade 0:4 verloren gegangen, auch Niko hatte fahrig gespielt. In den folgenden Wochen startete die auf mehreren Positionen neu formierte Elf eine Erfolgsserie. Es gab keinen Grund, erneut die Spieler zu wechseln. Niko war draußen.

Julia versuchte herauszufinden, wie es ihm ging. Das war ein ganz schönes Stück Arbeit. »Er ist mit den Tagen immer stiller geworden. Eigentlich ist er ein offener, herzlicher Mensch, aber bei diesen Fußballsorgen zog er sich immer mehr zurück.« Gerade nach Siegen, in den schönen Momenten, schien ihn als Ersatzspieler eine graue Wand körperlich von den Mitspielern zu trennen, die den Sieg erstritten hatten. Er fühlte sich traurig, das auch, aber vor allem fühlte er sich wertlos. Und gleichzeitig spürte er, sieben Monate nach Radokis letztem Gebrüll, immer noch eine Art Erleichterung, nicht spielen zu müssen. »Das war ein merkwürdiger Zwiespalt«, sagt Niko. »Ich war richtig leer vor Enttäuschung und trotzdem irgendwie froh.« Mit den anderen Ersatzspielern witzelte er beim – stets vergeblichen – Aufwärmen herum. In dem Moment war das gar nicht so schlecht. Überall im Fußball verstehen sich Auswechselspieler am besten mit den anderen Ersatzkräften. Das Gefühl, nicht alleine zu leiden, verbindet. Bloß irgendwann, 27 oder 13 Minuten später, war jeder von ihnen wieder einsam, in der Menge der Stammspieler, die über das 5:1 gegen Waldhof Mannheim oder das 3:0 gegen 1860 München jubelten. (Die LG Katidis/Reislöhner war bei dem Spiel mal wieder komplett. Foti wurde erst eingewechselt, als die Partie aus Sicht der Sechziger schon verloren war.)

Es gab nur einen Weg zurück. Niko musste warten, dass ein Notfall eintrat, sich einer der aktuellen Verteidiger verletzte oder von einer Formkrise erwischt wurde, und dann musste er bereit sein. Die Wartezeit konnte er nicht beeinflussen, aber dass er bereit war, musste Niko dem Trainer zeigen, fand der Sportpsychologe. Niko sollte mit Radoki reden. Er sollte dem Trainer auch im Gespräch klarmachen, wie bereit er war.

Das konnte er nicht. Er konnte doch nicht zu Radoki hingehen! Das schaffte er einfach nicht.

Der Trainer und er hatten nie über die Vorfälle vom Saisonbeginn gesprochen. Offenbar hatte die NLZ-Leitung mit

Radoki über sein Trommelfeuer-Brüllen geredet, denn nach der Beschwerde der Eltern hatte die brutale Kritik schlagartig aufgehört, zumindest in Bezug auf Niko. Dafür nahm sich der Trainer dann halt mal andere Jungs vor, wie den Cieslik Mario oder den Danhof Tim.

Schon nach dem großen Knall im September 2014 hatten alle – der Sportpsychologe, die Petra, der Fürther Vizepräsident Günter Gerling – Niko aufgefordert, mit Radoki zu sprechen. Eine Aussprache machte Sinn. Doch war es wirklich realistisch, von einem 17-jährigen zurückhaltenden Jungen zu erwarten, auf einen Trainer zuzugehen, der ihm bis eben wie ein Monster erschienen war? Hätte der Vizepräsident das klärende Gespräch nicht zumindest arrangieren und einleiten müssen? Die Erwachsenen fanden, Niko würde daran wachsen, wenn er eigenständig das Gespräch mit Radoki suchte. Ja, ja, sagte Niko, und ging nicht hin. Es ging doch auch so. Seit Radoki nicht mehr brüllte, war alles Ordnung, redete er sich ein.

Dass es nicht wirklich in Ordnung war, sagte Niko den Erwachsenen nicht. Er versuchte, es vor sich selbst zu verdrängen, er schob es auf seinen eigenen blöden Kopf, wenn er im Training wieder einmal die Nerven verlor. Missrieten ihm beim Aufwärmen zwei, drei Pässe, war es aus. Dann überflutete ihn die Nervosität, und er spielte das gesamte Training hindurch inakkurate Pässe. »Tu' abliefern!«, befahl er sich still selbst, aber es ging nicht. Die Angst vor dem Blick des Trainers hatte ihn im Griff. Der Trainer brüllte nicht mehr, schon klar. Aber die Furcht, er könnte wieder brüllen, war deswegen nicht verschwunden. Im Schnitt einmal alle 14 Tage, schätzte Niko, erlebte er wieder so ein Training, in dem nichts ging. Das war ihm noch nie passiert; bei keinem anderen Trainer.

Die Angst vor dem Trainer wich nur langsam, weil Janos Radoki Niko nun zwar korrekt behandelte, aber nicht erkennen ließ, dass er sein ursprüngliches Verhalten wirklich bereute. Eher schien er sich unverstanden zu fühlen. »Es gibt nur noch wenige Spieler, die etwas erreichen und Widerstände überwinden wollen. Ein Typ Trainer, der permanent fordert, ist nicht gewollt«, drückte er einmal gegenüber den *Nürnberger Nachrichten* seine grundsätzliche Enttäuschung über die heutigen Jugendspieler aus. Aus diesen Sätzen sprach unverändert das Denken: Er habe Niko doch nur fördern wollen. Er habe doch nichts falsch gemacht, sondern Niko war nicht stark genug gewesen, den brutalen Umgang auszuhalten.

Diese Haltung musste Niko durch den neuen, distanzierten Ton des Trainers hindurch spüren. Unausgesprochen gab der Trainer Niko das Gefühl, ihn enttäuscht zu haben. Jedes Mal, wenn Niko im Training Fehler unterliefen, ergriff ihn deshalb die Nervosität: Jetzt sah Radoki doch, dass seine Enttäuschung berechtigt war, dass er nicht stark genug war.

Zu Hause, im Wohnzimmer, arbeitete er einmal im Monat mit dem Sportpsychologen daran, stärker, selbstbewusster zu werden. Er freute sich regelrecht auf die Besuche von Peter Kwapil. Der Psychologe wusste so viel und konnte die Dinge so einprägsam ausdrücken.

Im Februar 2015, nach drei Monaten auf der Ersatzbank, war Niko so weit. Er würde zum Trainer hingehen. Doch jedes Mal schien es einen anderen Grund zu geben, warum er genau jetzt Radoki nicht ansprechen konnte. Mal ging das Training schon los, mal war die allgemeine Laune zu schlecht, mal stand der Trainer zu weit weg von ihm. Wochen, nachdem sich Niko vorgenommen hatte, mit dem Trainer zu reden, sprach er den Assistenztrainer an, Christian Springer. Wann, würde Christian denken, wäre es mal gut, mit dem Trainer zu reden?

»Ich sag ihm Bescheid, Niko.«

Nach dem nächsten Training sah Niko Radoki plötzlich auf sich zukommen.

»Du hast ja gestern mit dem Christian gesprochen. Was wolltest du von mir wissen?«

Stell die erste Frage positiv, hatte ihm der Sportpsychologe geraten.

»Was kann ich besser machen, um wieder zum Zug zu kommen?«

»Du bist manchmal im Spielaufbau zu hektisch am Ball.«

Sein Vorjahrestrainer Achim Beierlorzer hatte an Niko gerade sein ruhiges Passspiel geschätzt. Beide Trainer hatten wohl recht.

Unter Beierlorzer hatte Niko den Ball selbst in heißen Spielsituationen souverän weitergespielt. Unter Radoki hatte er sich von allgemeiner Unruhe auf dem Platz öfter ergreifen lassen. Warum wohl?

Über die Vorfälle vom Saisonbeginn schwiegen sie weiter. Wie sollte Niko darauf zu sprechen kommen, ein halbes Jahr später? Es blieb ein alltäglicher fachlicher Austausch zwischen Trainer und Spieler im Frühling 2015, und doch half er Niko ungemein. Er hatte es geschafft, Radoki anzusprechen.

Eigentlich hatte der Trainer gar nicht so viel an ihm auszusetzen gehabt. »Manchmal« spiele er zu hektisch. Das war ja fast schon ein Lob. An seiner Situation änderte das Gespräch nichts. Greuther Fürth würde ihn nach dieser Saison wegschicken, glaubte er. Das war nur so ein Gefühl von ihm, es gab da noch keine verbindliche Aussage, aber er war sich bereits ganz sicher. Radoki würde ihn nicht behalten wollen.

Auf der Tribüne im Grünwalder Stadion halten Foti und der Schwaiger ihre Handys allzeit griffbereit in der Hand. Wenn er sich zwischendurch immer mal wieder mit dem Blick aufs Handy ablenken kann, ist es für Foti erträglich, ein Fußballspiel anzuschauen.

Er ruft *kicker.de* auf.

»Scheiße, die Profis liegen schon wieder zurück, 0:1 gegen Bochum.«

»Typisch.«

»Uns geht es wie den Profis, wir verlieren und wissen gar nicht, wie.«

»Na ja, so schlecht wie die spielen wir noch nicht.«

Dann plötzlich, »1:1 bei den Profis!«

»Wer hat's gemacht?«

»Wolf!«

Marius war hinter der Mittellinie losgesprintet, zum Bochumer Tor waren es noch 60 Meter. Der Impuls war jedoch schon in ihm erwacht: Den schießt du rein!

Da war niemand mehr vor ihm. Leer, wie eine Bahn für Sprinter, lag der gesamte linke Spielfeldflügel vor ihm. Die Bochumer waren bis fast an die Mittellinie aufgerückt, schließlich griffen sie an beziehungsweise sie hatten angegriffen. Sestak, ihr rechter Außenposten, hatte die Bemühung mit einem Fehlpass abrupt beendet. Der Kapitän der Sechziger, Daniel Adlung, fing den Ball ab und trat ihn geistesgegenwärtig nach vorne. Marius war schon auf dem Weg.

Tore, die man kommen sieht, ergreifen die Zuschauer körperlich. Am Montag danach war es auf den Fotos in den Münchener Zeitungen zu sehen, Zuschauer, die schon aufgesprungen waren, die ihre Fäuste bereits geballt hatten, aber die Hände erst auf halber Höhe hielten, bereit, sie hochzureißen, sobald Marius ins Tor traf, bereit, sie wieder fallen zu lassen, falls Marius doch nicht traf.

Zahirovic versuchte, aus dem defensiven Mittelfeld kommend, Marius den Weg abzuschneiden. Wo war Celozzi, Marius' direkter Gegenspieler? Schon abgehängt. Marius rannte weiter, möglicherweise nahm er aus den Augenwinkeln wahr, dass innen sein Angriffspartner Stephan Hain in den Strafraum eilte, aber das interessierte Marius nicht. Er würde nicht flanken.

Abends sah Stephan Schreiber, sein alter Fußballfreund aus Nürnberger Tagen, die Szene aus dem Zweitligaspiel 1860 München gegen den VfL Bochum in der *Sportschau* und wunderte sich. »Wieso ist der Marius so schnell? Der Marius war doch nie so schnell?« In der U16 des 1. FC Nürnberg war Marius beim 30-Meter-Sprinttest mit 4,47 Sekunden der Zweitlangsamste gewesen. Schnell war man oder war man nicht, da ließ sich mit Training nur wenig korrigieren, lautete das Gesetz vieler Nachwuchstrainer. Doch wie bei allen Gesetzen gab es auch hier Ausnahmen, Differenzierungen. Marius war, was Körperspannung, Körperstabilität und Muskelkraft anging, bis 17 nur ansatzweise entwickelt gewesen. All diese Faktoren beeinflussen die Schnelligkeit enorm.

Stephan Schreiber, der beim 1. FC Nürnberg immer vor Marius gewesen war, versuchte gerade, den Spaß am Fußball wiederzufinden, bei einem ganz normalen Amateurverein, nach Verletzungen und Frustrationen in der U19 des Nachwuchsleistungszentrums. Marius tauchte nach einem 45-Meter-Dribbling vor Bochums Tor-

Gleich ertönt der Jubel der Sieger, das Klagen der Gegner. Der letzte Moment vor Marius' Tor gegen den VfL Bochum. [7]

wart Luthe auf, Zahirovic unverändert einen Schritt hinter ihm. Mit dem rechten, dem inneren Fuß schlenzte Marius den Ball fest und sanft zugleich um den Torwart herum ins Tor, Thierry Henrys und nun auch seine Spezialität.

»Wolf!«, meldete Foti 18 Kilometer südlich dem Schwaiger, in einem anderen Stadion, einer anderen Welt.

Wo ist Marius, frage ich mich ein paar Tage später. Wir sind um zehn im *Zöttl* verabredet. Jetzt ist es 10.15 Uhr. Das *Zöttl* ist so etwas wie die Imitation eines Cafés, eine Bäckerei mit angebautem

Sitzbereich inklusive ziemlich leerer Bücherregale. Es ist der einzige Ort in der Nähe von Marius' Wohnung an der Grünwalder Straße, um bei einem Kaffee zusammenzusitzen. Es sei denn, wir wollten uns an der Tankstelle treffen.

Ich rufe ihn an, um zu hören, was los ist. Er geht nicht ran und schreibt postwendend eine Whatsapp-Nachricht. Wie konnte ich es vergessen: Handys sind zum Schreiben da, nicht zum Reden.

»Sorry, Ronald! Hab's total vergessen. Mein Fehler. Bin in fünf Minuten da. Bin schon unterwegs.«

»Kein Problem! Du hast Glück, dass ich nicht Sepp Steinberger bin. Bei mir stehen auf Zuspätkommen keine 100 Euro Strafe.«

»☺«

»Sondern 101 Euro.«

Er erscheint in schwarzer Baseballjacke mit gelben Einsätzen zur weiten schwarzen Jogginghose und hat eine schwarze Wollmütze in die Stirn geschoben. Er dachte, es sei kalt. Bevor er aus der Tür ging, hatte er noch nicht rausgeschaut. Es hat 19 Grad.

»Meine Freundin – also, wir sind noch nicht richtig zusammen – ist da. Deswegen hatte ich gar nicht dran gedacht, dass wir uns treffen wollten. Tut mir leid!«

Er muss ein paar Mal gähnen. Aber seine Augen sind wach, groß und voller Lebensfreude.

Er erzählt von seinem ersten Tor im Profifußball, am 21. Februar 2015 gegen den FC St. Pauli. Er konnte sich den Treffer gleich nach dem 2:1-Sieg in der Umkleidekabine selbst anschauen. Über Whatsapp-Nachrichten hatte er das Video neunmal zugeschickt bekommen.

Er schaut sich jedes Spiel zu Hause noch einmal auf Video an, um zu überprüfen, welche Aktion richtig war, was er hätte anders machen sollen. Meistens schaut er das Spiel nun nachts, zwischen halb eins und halb drei. Das ist die beste Zeit, hat er für sich herausgefunden. Danach kann er endlich einschlafen.

Am Anfang ist er nach den Profispielen normal ins Bett gegangen, gegen Mitternacht, »da lag ich dann blöd herum. Ich wollte schlafen, aber der Körper und Kopf ließen mich nicht, obwohl ich mich total erschöpft fühlte.« Das Herz schlug noch immer viel zu schnell nach der Anstrengung des Wettkampfs. Das Gehirn wollte noch einmal jede Spielszene durchgehen und noch einmal. »Ab drei Uhr kann ich schlafen«, hat er herausgefunden.

Die Leute fragen ihn oft nach dem Unterschied zwischen Profipartien und normalen Fußballspielen. Die Einschlafstörungen verdeutlichen die Differenz recht anschaulich. Die Konzentration, der Eigen- und der Außendruck genauso wie die physische Anstrengung sind so viel höher in einem Profispiel, dass der Körper noch acht Stunden später, bis tief in die Nacht, wie ein überhitzter Motor abkühlen muss. Nach Jugend-Bundesligaspielen konnte er immer ganz normal einschlafen.

An der Playstation kann Marius jetzt sich selbst als Computerfigur benutzen. Die Macher des Computerspiels FIFA-Fußball 2014/15 haben ihn als Spielfigur ins Programm genommen. Marius wählt sich selbst aber eher selten, allenfalls mal als Gag. Er ist noch zu schlecht, als Computerfigur, »die haben mich zum Linksfuß gemacht«, vermutlich, weil er oft auf der linken Angriffsseite zum Einsatz kommt. In der Realität ist er ein fast beidfüßiger Rechtsfuß.

Eigentlich passiert wöchentlich, wenn nicht sogar täglich irgendetwas Neues, Aufregendes, weil er jetzt in der Zweiten Bundesliga spielt. Ein Auto hat er sich kürzlich aussuchen dürfen. Volkswagen sponsert 1860, die Profispieler erhalten einen Wagen zum Sondertarif, für 0,5 Prozent des Kaufpreises als Monatsleasing. »Aber einen Tuareg oder so durfte ich nicht nehmen. Das hat der Sportdirektor verboten.« Artig schiebt Marius schnell hinterher: »Ist ja klar, dass du als junger Spieler nicht mit einem Tuareg ankommen kannst.«

Die ersten Monate bei den Profis fuhr er Julian Weigls Scirocco. Ju schaffte den Sprung in die Zweitligamannschaft schon ein Jahr früher, mit 17, er bekam also seinen VW und hatte noch gar keinen Führerschein. Er überließ den Wagen den Freunden aus dem 95er-Jahrgang wie Marius oder zuvor Maxi Wittek. Ju fuhr weiterhin mit der Straßenbahn. Einmal rief ein Fan auf der Geschäftsstelle bei 1860 an. Er habe in der Straßenbahn gehört, wie der Julian Weigl am Handy mit seinem Berater über einen möglichen Vereinswechsel zu Borussia Dortmund geredet habe! »Bei 1860 kriegt ein Sportdirektor alles mit«, sagte Gerhard Poschner eher seufzend als vergnügt, als er mir die Geschichte erzählte.

Wie Ju hatte auch Marius länger als geplant für den Führerschein benötigt. Die theoretische Prüfung fiel im Frühling 2014 in die Zeit, als er bei der U19 durchstartete, und wie alles, was Stress bedeutete, schob Marius das Lernen weg. Er brauchte die volle Konzentration für den Fußball. Irgendwann, spätabends, rief er seinen Vater an. »Papa, du musst mir helfen!«

Der Vater fuhr zum Lernen nach München. »Ist doch nicht schwer, Marius«, sagte er, füllte zum Spaß selbst mal einen Bogen mit den Prüfungsfragen aus, »und dann hatte ich gleich 30 Fehler!«

Drei Tage lernten sie gemeinsam. Abends wollte Marius raus, die Freunde waren im *Hugo's*. »Du gehst mir nicht fort, ich bin nur diese Tage zum Lernen da«, sagte der Vater, ging mit Marius zum Griechen in der Säbener Straße essen und nahm die Prüfungszettel mit ins Restaurant. Am vierten Tag brachte der Vater Marius direkt zur Prüfung. Der schaffte sie problemlos. Martin Wolf aber fragte sich: Und was, wenn ich nicht direkt mit ihm hingefahren wäre? Hätte Marius dann den Termin wieder verschoben? Weil der Fußball immer eine Ausrede bot, Unangenehmes wegzudrücken: Ach, mach ich die Prüfung doch nicht heute, ich sollte mich doch besser für das nächste Spiel ausruhen, ich sollte doch besser frisch zum Training erscheinen.

VW Golf oder Scirocco, überlegte Marius und wählte den Golf, weil er vier Türen hatte. Er sah sich mit vielen Freunden im Auto. Oft fuhren sie jetzt zum *Hans im Glück* am Isartor, Burger essen. Der Chef des Restaurants kam einmal an ihren Tisch, um ein Foto mit ihm zu machen, dem Sechziger-Spieler. Marius aß auch immer umsonst im *Hans im Glück*. Das hatte allerdings nichts mit seinem Status zu tun. Der Restaurantchef wusste gar nichts davon. Einer der Kellner gehörte zu Marius' Clique.

Wie schnell das alles über ihn gekommen war. »Vor einem halben Jahr erschien uns allen das Spiel mit der U21 gegen Würzburg in der vierten Liga noch als absolutes Highlight«, sagt der Vater. Jetzt saßen die Eltern im Ehrengastbereich der Allianz Arena und warteten darauf, dass das Zweitligaderby gegen Nürnberg vor 70 000 Zuschauern begann.

»Früher haben wir beim Spiel immer Wäsche getauscht«, erinnert sich Heike Wolf. »Marius gab uns eine Tasche mit Schmutzwäsche aus dem Internat mit und bekam dafür von uns eine mit sauberer Kleidung für die nächste Woche.« Sie lächelt. »Ich stell mir gerade vor, wie das aussehen würde, wenn wir das in so einem Stadion machen würden.«

Die Mutter ist bei Marius' Spielen gelassener geworden, seit er im Profifußball spielt. Da ist eine neue Distanz, nicht nur räumlich, von ihrem Platz auf der großen Tribüne zum Spielfeld. Marius ist erwachsen geworden; das Gefühl als Mutter am Spielfeldrand, ihrem Kind helfen zu müssen und nicht helfen zu können, hat sich deutlich reduziert. Dem Vater geht es genau andersherum. »Ich bin immer angespannt«, seit Marius bei den Profis spielt. Denn der Fußball scheint doch so viel bedeutender, wichtiger auf einmal. Und jeder hat plötzlich etwas dazu zu sagen, zu Hause in Einberg.

Lass den Kunden reden, war Heike Wolfs Grundregel als Friseurin. Aber plötzlich reden die Kunden die ganze Zeit von ihrem Sohn.

Was verdient er denn, sicher doch 'ne Million, oder?

Der steigt doch sowieso ab mit den Sechzigern, und dann bleibt er in der dritten Liga hängen.

Sie lässt sie ja reden, aber wenn der sechste Kunde am Tag damit anfängt, dass Fußballer doch viel zu viel verdienten und Marius sowieso absteigen würde, braucht der Kunde sich nicht zu wundern, dass sie sein Gerede kalt ignoriert. Sie hat davor nie darüber nachgedacht, wie Leute auf den Erfolg anderer reagieren. Aber sie hätte schon irgendwie gedacht, dass sich Menschen freuten, dass sie es ihm gönnten, wenn ein Bekannter von ihnen etwas Besonderes erreichte.

Solche, die sich freuen, gibt es natürlich auch in Einberg. Etliche von ihnen rufen Marius an. Sie hätten gehört, er könne über den Verein Haupttribünenkarten für fünf Euro besorgen. Sie bräuchten bitte vier Stück. Marius kennt nicht alle, die ihn anrufen. Seine Handynummer wurde im Dorf herumgereicht. Ruf doch mal den Wolf an, der kann dir sicher Karten für die Sechziger besorgen.

Das ist grundsätzlich auch etwas Schönes, dass die Leute im Dorf ihn immer noch wie einen von ihnen, als Junge von nebenan, betrachten. Aber es kann auch nicht der Sinn der Sache sein, dass Marius am Abend vor einem Spiel Stress kriegt, weil fünf Leute noch Karten für die Partie wollen, und er in der folgenden Woche seinem Geld hinterherlaufen muss, findet der Vater. Er hat das deshalb in die Hand genommen. Er ist jetzt Kartenbüro Wolf. »Bei mir anrufen, das Geld vorab persönlich vorbeibringen, und dann werden die Karten in München im Hotel *Rilano* hinterlegt.« Zum Spiel gegen Nürnberg wurde in Einberg ein Reisebus organisiert.

Im Ehrengastbereich ist der Abschnitt D20 für die Spieler und ihre Angehörigen reserviert. Heike und Martin Wolf sagen allen Hallo, »aber eigentlich sitzen wir dann doch jedes Mal wieder alleine oder mit den anderen aus dem Nachwuchsleistungszentrum da, den Weigls und Witteks«. Das ist schon anders als in den Jugendteams, wo sie jeden kannten. Hier ist ihnen nicht genau klar, wer wer ist.

Am Nachbartisch erzählt die Mutter von Ilie Sánchez, dass ihr Mann Joan sich so auf das Auswärtsspiel gegen Union Berlin gefreut hatte. Er sah es als Möglichkeit, um die kommunistischen Bibliotheken Unter den Linden zu besuchen. Er reiste aus Barcelona an und – welche Enttäuschung. »Alles abgerissen«, sagt Carmen Sánchez und lässt die Hände sinken. »Man hatte keinen Respekt vor den Anstrengungen der ostdeutschen Arbeiter.«

Wäre sicher auch interessant, Frau Sánchez kennenzulernen, finden Heike und Martin Wolf, aber die Spanier sprechen nur Spanisch. Ah, fällt Marius' Vater ein, den Ersatztorwart kennt er, Stefan Ortega. Der Torwart war auf seinem 50. Geburtstag. Ortega wollte mal sehen, wo Marius herkam, und Marius meinte, sein Vater feiere sowieso am Abend Geburtstag, da sei wenigstens was los, also, er solle einfach mitkommen.

Zum Anpfiff gegen Nürnberg sitzt Marius auf der Ersatzbank, weil er in den Augen des Trainers so gut ist – als Einwechselspieler. »Er kommt rein und macht sofort richtig Dampf. Das ist eine Qualität, die haben nicht viele. Für einen Trainer ist das traumhaft: zu wissen, ich habe einen absolut verlässlichen Einwechselspieler, mit dem kann ich jederzeit nachlegen«, sagt Torsten Fröhling. Er ist der dritte Trainer bei 1860 in dieser Saison. Nachdem Markus von Ahlen die Mannschaft auch mit 7.30-Uhr-Läufen und sonstigen Maßnahmen bis Mitte Februar nicht aus der Abstiegszone befreit hatte, übernahm der bisherige U21-Trainer. »Er ist der Erste mit klaren Ideen«, sagt Ilie Sánchez, und das, obwohl es zu Fröhlings Ideen gehörte, Ilie aus der Mannschaft zu nehmen. Der Trainer will auf der Position vor der Abwehr keinen Passmeister, sondern einen kopfballstarken Rammbock. Fröhling ist ein Zweite-Liga-Realo. »Der ist super, der macht dich richtig heiß«, sagt Marius.

Im *Rilano*, am Abend vor dem Spiel, sagte Torsten Fröhling zu seinem Assistenztrainer: »Colin, kannst du dir vorstellen, dass ein Wolf mal von Anfang an spielen kann? Der kann doch nur eingewechselt werden.« Einen anderen Abend vor einem Spiel sagte er: »Colin, hältst du es für möglich, dass wir mal zwei gute Spiele hintereinander vom Wolf sehen?« Dabei achtete Torsten Fröhling natürlich darauf, dass Marius in der Nähe stand und ihn hörte. »Durch die Betonung meiner Worte habe ich schon klargemacht, dass ich scherze. Aber natürlich war das kalkuliert: Ich wollte Marius, ohne ihn zu verletzen, kitzeln.«

So wie es Torsten Fröhling erklärt, geht mir mit einem Dreivierteljahr Verspätung auf, was Moniz und Poschner versuchten, aber eben schlecht ausführten, als sie meinten, mit Marius müsse man im Straßenjargon reden. Ihn kann man durch Kritik anstacheln. Trainer lieben solche Spieler. Bei ihnen glauben sie zu sehen, was ihre Motivationsreden bewirken.

Zur Halbzeit wird Marius eingewechselt. Er ist sofort im Spiel, bleibt aber ohne zwingende Aktion. Nürnberg konzentriert sich, wie fast alle Gegner gegen die Münchener Ballspieler, auf das organisierte Verteidigen, und 1860 bringt, wie gegen fast alle Gegner, nicht das Tempo und Risiko ins Angriffsspiel, um die Verteidigung einzureißen. Reibungen innerhalb des Teams erschweren das Zusammenspiel. Mittelstürmer Rodri Ríos beschimpft Wittek mitten im Spiel lautstark und gestenreich, *hijo de puta!* Er glaubt, der Junge habe den Ball absichtlich nicht zu ihm gepasst. Entnervt von der monatelangen Abstiegsnähe haben sich Poschners Spanier vom Rest der Mannschaft entfremdet. Nach einer Niederlage in Karlsruhe verweigert Stefan Ortega Rodri den Handschlag. »Wenn du mich hasst, hasst du dich zur Hälfte selbst!«, schreit ihn Rodri an, weil Ortega Halbspanier ist. Marius versteht sich weiterhin mit allen recht gut.

Gegen Nürnberg gelingt 1860 schließlich ein Zufallssieg, so wie es diese Saison in vielen ereignisarmen Partien zuvor Zufallsniederlagen hinnehmen musste. Seit er vor sechs Monaten gegen Braunschweig in der zweiten Liga debütierte, hat Marius bis auf eine Ausnahme in allen 22 Partien mitgewirkt. Mal drehte er richtig auf, wie gegen Aalen oder St. Pauli, einmal gelang ihm einfach nichts, im Heimspiel gegen den FSV Frankfurt. Meistens wirkte er passabel mit und ließ dabei gegebenenfalls in einzelnen Szenen schlagartig Frechheit oder höhere Kunst aufblitzen. Er ist im April 2015 ein sehr ordentlicher, wenn auch nicht unbedingt stabiler Spieler bei einem Abstiegskandidaten in der zweiten Liga. Aber es gibt noch eine ganz andere Sichtweise auf ihn.

»Ein Scout von Benfica Lissabon ist da.«

»Inter Mailand hat jemanden zur Beobachtung geschickt.«

»Stefan Schwarz vom FC Augsburg ist hier.«

Bei jedem Spiel steckten mir Mitarbeiter des TSV 1860 München zu, welche großen Clubs wieder Eintrittskarten für ihre Talentsucher bestellt hatten. Ich musste dann nur noch herausfinden, ob der Scout Marius, Julian Weigl oder Maximilian Wittek sichten wollte. Oder alle drei.

Benfica war wegen Ju Weigl zum Heimspiel gegen den FSV Frankfurt gekommen. Aber was wollte der Scout von Inter Mailand bei 1860 München?

»Inter hat bei meinem Berater angerufen«, sagte Marius ein paar Monate später. »Die wollen mich kaufen.«

Ein Scout sah in ihm nicht einen sehr ordentlichen Spieler bei einem Abstiegskandidaten der zweiten Liga. Ein Scout sah in ihm Potenzial.

Marius offenbarte eine enorme Spielintelligenz, wie er da zwischen den Gegnern Schleichwege erkannte, wie er geistesgegenwärtig Spielsituationen antizipierte. Er spielte angstfrei, versuchte das schwierige Dribbling, stürzte sich vehement in jeden Zweikampf. Er hatte einen Zug zum Tor und eine Spezialwaffe, den Thierry-Henry-Gedächtnisschuss, mit Innenrist flach ins entfernte Toreck geschlenzt. Er lief und lief pausenlos, in der Regel die meisten Kilometer und meisten Sprints auf dem Platz. Es interessierte einen Scout weniger, ob Marius am Ende des Sprints den Pass tatsächlich kontrollieren konnte, ob sein Torschuss ins Netz oder dreißig Zentimeter daneben ging. Er zeigte Talent und Mentalität. Er war 19. Er konnte ein ganz anderer als ein sehr ordentlicher Zweitligaspieler werden.

»Mit 19 bist du eine Aktie«, erklärte Moritz Volz. Er war 32, am Ende seiner Fußballerkarriere bei 1860 München angekommen, und sah die Dinge aus der Retroperspektive klarer als die meisten im Fußball. »Die Vereine spekulieren, dass du dich *eventuell* in einen erstklassigen Spieler entwickeln könntest, und wollen dich deshalb haben. Das verstehst du natürlich nicht mit 19, das habe ich mit 19 beim FC Arsenal auch nicht verstanden: Du wirst für deine mögliche Zukunft gehypt, und du denkst, alle feiern mich, also muss ich doch ein Superspieler sein.«

Inter Mailand wollte Marius gern verpflichten, um ihn dann umgehend an einen italienischen Zweitligisten zu verleihen. Falls er sich dort wie erhofft entwickelte, würde er im nächsten Jahr an einen bescheidenen Erstligisten verliehen, und wenn er dort herausragte, würden sie ihn möglicherweise in ihre Champions-League-Mannschaft aufnehmen. Wenn nicht, versandete der Spieler eben irgendwo auf dem Weg. Dann hatten sie sich mit kleinem Geld verspekuliert, war nicht so schlimm – aus ihrer Sicht.

Seine Berater konnten Marius das Mailänder Modell einleuchtend erklären. Er hatte neue Berater, Michael Decker und Ersin Akan von EMG Mundial. Egon Flad hatte nicht so viele Kontakte gehabt. Aber auch wenn Inter Mailand für ihn keine seriöse Alternative sein konnte, so stand Marius nach gut 20 Zweitligaspielen und zwei Zweitligatoren schlagartig die Welt offen.

»Wir sind an ihm dran«, verriet mir Christian Streich, der Trainer des SC Freiburg.

Der FC Augsburg unterbreitete ihm ein Angebot.

»Marius hat schon unseren Trainer Armin Veh zu Hause besucht, um ihn kennenzulernen«, sagte mir Eintracht Frankfurts Sportdirektor Bruno Hübner. Daran sah man ja, wie weit sie im Buhlen um ihn waren. Wen ich auch fragte, so kam es mir vor, alle wollten Marius.

Sie hätten ein Angebot für Marius abgegeben, sagte mir Bayer 04 Leverkusens Sportdirektor Jonas Boldt. Der Plan sei, Marius zu kaufen, ihn aber noch ein Jahr als Leihspieler bei 1860 wachsen zu lassen und dann nach Leverkusen zu holen. »Es war das Paket, das Marius interessant machte«, erklärte mir Boldt später: »Zum einen war da das Potenzial, das wir in ihm sahen. Zum anderen hatte er einen niedrig dotierten Vertrag bei 1860, der in einem Jahr auslief.« Aus der kurzen Vertragsdauer und dem geringen Gehalt leitete sich nach den Spielregeln des Profigeschäfts eine niedrige Ablösezahlung ab; das Risiko, eine Fehlinvestition zu tätigen, war begrenzt. Geringe Investitionen, hohe Gewinnchancen, die perfekte Aktie.

Die Schlange der Interessenten war noch nicht zu Ende. Der Sportdirektor des 1. FC Nürnberg, Martin Bader, hatte Marius nach dem Spiel gegen 1860 in der Hinrunde auf dem Weg zum Mannschaftsbus abgefangen und gefragt: »Sag mal, was war da eigentlich los, dass du damals in der U17 von uns weggegangen bist?« Fünf Monate später wies Bader seine Mitarbeiter an, »wir müssen versuchen, ihn nach Hause zu holen«.

Alex Rosen, dem Leiter Profifußball der TSG 1899 Hoffenheim, fiel Anfang Mai 2015 als Beobachter beim Zweitligaspiel FSV Frankfurt gegen 1860 München ein Junge auf, der »mit langen schlaksigen Schritten am Gegner vorbeimarschierte. Das war schon besonders. Er wirkte wie ein Hasardeur.« Der könnte vielleicht mal ein Thema für sie werden, dachte Rosen.

Das hieß, Marius hatte vier konkrete Angebote von aktuellen Bundesligisten und einem bedeutenden Zweitligisten. Aber er wollte doch gar nicht weg.

Er wollte seine Leistung erst einmal bei 1860 stabilisieren. Er fing doch erst an. Was brachte es ihm, in die Erste Bundesliga zu wechseln und dann dort als Nummer 20 in der Mannschaft wieder ganz hinten zu beginnen? Bei 1860 kam er zu seinen Einsätzen, die Gewissheit hatte er. Hier schätzten sie ihn, hier kannte er alle. Außerdem war das seine Stadt. Er hatte München erobert. »Ich bin glücklich«, sagte er eines Morgens im *Zöttl*, ohne Einschränkung.

Vielleicht konnte er nach dem Sommer mit Nicole – also seiner Freundin, denn jetzt war sie seine Freundin – zusammenziehen. Die Ein-Zimmer-Wohnung an der Grünwalder Straße musste er nach Saisonschluss räumen. Sie war für Jungen aus dem Nachwuchsleistungszentrum gedacht, und das war er nun ja nicht mehr unbedingt.

Es schien vernünftig, noch mindestens ein Jahr in München zu bleiben. Es gab nur ein Problem. Unter all den Offerten fehlte ein Angebot. 1860 München machte keine Anstalten, seinen Vertrag zu verlängern.

Weder Marius noch seine Berater hatten irgendetwas Konkretes von Sportdirektor Poschner gehört. Vielleicht will der mich verkaufen, fragte sich Marius, um Geld zu machen und in einen gestandenen Spieler zu investieren.

»Du kannst den Vertrag mit einem Spieler doch nicht verlängern, wenn du gerade Gefahr läufst abzusteigen«, erklärte sich Gerhard Poschner, »wie willst du das machen? Du musst erst das letzte Spiel abwarten. Ich habe Marius aber sehr wohl im Frühling signalisiert, wenn wir wissen, ob wir nächste Saison zweite oder dritte Liga spielen, setzen wir uns zusammen.«

Wie aber musste es auf Marius wirken, wenn auf der einen Seite angesehene Erstligisten mit detaillierten Gehaltsangeboten und ausgefeilten sportlichen Plänen um ihn warben und auf der anderen Seite der Sportdirektor von 1860 nebenbei auf dem Hotelflur vage versprach, sie müssten sich im Sommer mal zusammensetzen?

Möglicherweise – und das würde Gerhard Poschner nie zugeben – unterschätzte er schlichtweg, wie begierig, fast schon überhitzt, die Konkurrenz im Jahr 2015 Talente jagte, sobald diese erste zaghafte Kostproben ihres Potenzials offenbarten. Das Scouting war dank massiven Stellenausbaus und der neuen digitalen Möglichkeiten in einem Jahrzehnt um ein Vielfaches sorgfältiger geworden. Ein 19-Jähriger, der in der zweiten Liga in mehr als drei Spielen draufgängerisch Richtung Tor zog, wurde nicht mehr übersehen. Und das Spielgeld war vorhanden, es mal mit ihm zu versuchen. Der Umsatz der Bundesligisten hatte sich seit der WM 2006 mehr als verdoppelt.

Marius fuhr nach Augsburg, um sich in einer Loge des Stadions mit Markus Weinzierl zu treffen, dem Trainer des dortigen Bundesligisten. Falls ihn 1860 tatsächlich verkaufen oder seinen gering datierten Vertrag nicht aufbessern wollte, wäre der FC Augsburg die beste Alternative, dachte er. Vom Spielstil würde er gut in die Mannschaft passen. Auch wäre der Sprung von einem Zweitligisten zu einem schwächeren Erstligisten nicht gigantisch. Und er könnte in München wohnen bleiben.

Die Verhandlungen über seine Zukunft waren äußerst konkret, und gleichzeitig schien das alles noch sehr weit weg. Es betraf die nächste Saison. An die war bei 1860 München im Mai 2015 noch nicht zu denken. Es ging, wie so oft im Fußball, nur um den Moment. Sie mussten den Abstieg vermeiden.

Nach dem 2:1-Sieg über Nürnberg isst Marius im Ehrengastbereich D20 im Gefühl, sich etwas gönnen zu können. Es gibt Pasta al salmone, Meeresfrüchte-Risotto und viele Delikatessen mehr. Marius nimmt zwei Würstchen mit Kartoffelsalat. »In Spielen verbrennst du so viele Kalorien, danach darfst du alles essen«, sogar das, was schmeckt. Nicole sitzt neben ihm. »Mensch, Colin, Fußballer müsste man sein«, sagt Trainer Torsten Fröhling jedes Mal zu seinem Assistenten Colin Benjamin, wenn sie Nicole sehen. »Dann hätten wir auch so eine schöne Freundin.« Es versteht sich, dass Fröhling und Benjamin früher selbst Profifußballer waren.

Nicole und Marius bleiben nicht lange im Ehrengastbereich, sie müssen los, Lou abholen. Sie hatten länger überlegt, wo Nicoles Hund während des Spiels bleiben konnte. Marius war schließlich die Lösung eingefallen. Er ließ ihn bei Christiane an der Tankstelle.

8

Mai 2015, am Ende einer Saison

Drama

Niko hatte zum falschen Zeitpunkt Geburtstag. Er wurde an einem Dienstag 18, da war Training. Am Freitag oder Samstag nachzufeiern kam nicht infrage. Sie spielten sonntags in der U19-Bundesliga. Er verlegte deshalb die Geburtstagsfeier um gut einen Monat auf den 23. Mai 2015. Das war der erste freie Samstag nach Saisonschluss.

Ob er dann noch in Feierlaune sein würde, vermochte er nicht zu sagen. Greuther Fürth hatte ihm Ende April immer noch nicht mitgeteilt, ob er für die nächste Saison übernommen wurde. Die Petra hatte in der Sache bereits mehrmals mit Jürgen Brandl telefoniert, dem Koordinator für die U17 und U19. Am Ende eines dieser Gespräche rückte Brandl endlich eine Information heraus, fügte jedoch schnell hinzu: »Aber bitte sagen Sie es nicht dem Niko.«

Petra Steinhöfer stimmte sich mit Peter Kwapil ab. Der Sportpsychologe war ebenfalls der Meinung, es wäre besser, Niko noch nichts davon zu sagen.

Seine Situation war unverändert. Er war Ersatzspieler.

Er hatte keine Ahnung, was er machen sollte, falls ihn Greuther Fürth wegschickte. Sicher würden sie ihn wegschicken. »Ich kenne die Leute beim FC Ingolstadt, ich gebe für dich dort gerne meine Referenz ab, falls du hier mal keinen Vertrag mehr bekommst«, hatte ihm Achim Beierlorzer gesagt. Aber das war vergangene Saison gewesen. Beierlorzer war inzwischen als Jugendtrainer zu RB Leipzig gewechselt. Niko hatte oft daran gedacht, Beierlorzer mal eine Whatsapp-Nachricht zu schreiben, ganz ohne Hintergedanken, einfach so, um zu erfahren, wie es ihm in Leipzig erging. Er hatte es nie gemacht. Das tat man doch nicht, als ehemaliger Spieler seinem Trainer schreiben, glaubte er.

Ob ihn Ingolstadt nehmen würde? Oder der FC Augsburg, wobei deren U19 gerade aus der Bundesliga abstieg? Oder konnte er Foti und Marius zu 1860 München folgen? Deren NLZ-Leiter Wolfgang Schellenberg erinnerte sich noch daran, »wie Niko uns in der U16 einmal praktisch ganz alleine abgeschossen hatte«. Wenn er alleine im Regionalzug auf der Heimfahrt vom Training über seine Fußballzukunft nachdachte, kam Niko irgendwann immer zu dem Punkt, dass er das Ende seiner Träume sah. Sie würden ihn wegschicken, und kein anderes Nachwuchsleistungszentrum würde ihn wollen. Was sollte er dann machen, er konnte doch nicht einfach wieder zu einem Amateurverein gehen. So sehr unter seinem Niveau Fußball zu spielen konnte doch gar keinen Spaß machen. Und wie würde das aussehen, wenn er zurückkam; als einer, der ausgezogen war und es nicht geschafft hatte.

Die Angst, weggeschickt zu werden, ist immer da in den Nachwuchsleistungszentren. Sie ergreift auch Jungs, die, von außen betrachtet, überhaupt keine Sorge haben müssten, unter den Strich zu fallen. Thomas Hitzlsperger war so etwas wie der beste deutsche Jugendspieler seiner Generation, er schoss in den Kindermannschaften des FC Bayern mehr als einmal über 100 Tore in einer Saison, »und trotzdem«, sagt er, »packte mich jedes Jahr – jedes Jahr – im März die Angst: Dieses Jahr schicken sie dich weg.«

Die Jungs im NLZ erleben jedes Saisonende wieder, wie etliche ihrer Mitspieler, oft ihre Freunde, die schlechte Nachricht erhalten. Die Bilder brennen sich ein. Plötzlich verstummte Jungs mit bleichen Gesichtern, Eltern, die vor allen anderen, mitten am Fußballplatz, die Tränen nicht mehr zurückhalten können. Von den Jungs seines Jahrgangs, die mit Niko bei Greuther Fürth als 13-Jährige begonnen hatten, waren fünf Jahre später außer ihm nur noch zwei dabei, Tim Danhof und der Torwart Alexander Skowronek. Von denen, die bereits mit neun oder elf in der Kleeblatt-Akademie gespielt hatten, erreichte kein Einziger die U19. Niko hatte in seiner Mannschaft über die fünf Jahre 30 oder 40 Jungen kommen und gehen sehen. »Die Angst der Jungs, dieses Jahr könnte ich dran sein, spüre ich auch als Trainer«, sagt Achim Beierlorzer. Er hatte, bevor er mit 43 in Fürth hauptberuflich Fußballtrainer wurde, 16 Jahre lang als Lehrer gearbeitet, die Motivation war in beiden Berufen dieselbe, sagt er: »Die Menschen sind es, warum ich das überhaupt mache.« So hat Beierlorzer versucht, keinen der Weggeschickten aus seinen Mannschaften allein zu lassen. Für manchen Jungen, an dessen Talent er weiterhin glaubte, sprach er auf eigene Initiative in anderen Nachwuchsleistungszentren vor. Anderen versuchte er zumindest die Perspektive zu nehmen, die Welt gehe nun unter. »Wieder in ihren Heimatverein zurückzukommen ist für viele ganz schlimm. Das fühlt sich wie das Eingeständnis an: Ich bin gescheitert«, sagt Beierlorzer. »Dabei kann so eine Rückkehr eine tolle Sache für den Jungen werden: Die Freunde von früher schauen zu ihm auf, weil er fußballerisch so stark geworden ist, alle freuen sich, dass sie mit einem wie ihm im Team spielen dürfen. Aber ich kann verstehen, dass eine Rückkehr nach Hause vielen Jungs wie eine Niederlage erscheint. Mir ging es im ersten Moment auch so.«

Achim Beierlorzer wollte es immer so weit bringen wie sein Bruder Bertram, der Bayern-Profi. Mit 20, in der Juniorenmannschaft des 1. FC Nürnberg, musste er der Realität ins Auge sehen: »Ich schaffe es nicht. Ich bin zu langsam für die Profiligen.« Er denkt, »ich kann den Weggeschickten ein Beispiel sein. Man kann als Fußballer auch im oberen Amateurbereich glücklich werden.«

Niko ging im April 2015 jeden Tag mit dem doppelten Gefühl ins Training, dass er alles tun musste, um übernommen zu werden, und dass seine Anstrengung sinnlos war, weil sein Abschied bereits feststand.

Peter Kwapil wollte ihn am Samstag, dem 2. Mai, vom Training in Fürth abholen. Da konnten sie ihre Sitzung auf der Rückfahrt im Auto abhalten, sagte der Psychologe. Keine Ahnung, was das sollte, aber Niko hatte nichts dagegen. Am 2. Mai teilte Janos Radoki wie gewohnt beim Abschlusstraining die Jungs in zwei Teams ein. Die Elf, die morgen in die Bundesligapartie ging, sollte sich gegen die Ersatzspieler ein wenig einspielen. Niko fand sich in der Mannschaft mit Jungs wie Benedikt Kirsch, Dominik Schad oder Stefan Maderer wieder. Das konnte nur eins bedeuten. Er spielte morgen.

Er erzählte es sofort dem Sportpsychologen, als er ihn am Ausgang der Kleeblatt-Akademie begrüßte, so ein Zufall, dass Peter Kwapil genau an dem Tag gekommen war. Zufall war aber wohl das falsche Wort, erfuhr Niko in den nächsten Minuten. Die Petra – und durch sie auch Peter Kwapil – wusste seit zwei Wochen von Jürgen Brandl, dass Niko im letzten Heimspiel der Saison gegen Eintracht Frankfurt noch einmal über 90 Minuten vorspielen sollte. Sie wollten ihn abschließend beurteilen. Petra Steinhöfer und Peter Kwapil hatten entschieden, Niko nichts davon zu sagen. Er hätte sich sonst nur zwei Wochen lang unnötig nervös gemacht wegen des Spiels. Auf der Heimfahrt stimmte Kwapil Niko auf seine Aufgabe morgen ein.

Seit fünf Jahren spielte Niko im Fürther Nachwuchsleistungszentrum. Die sportlichen Leiter kannten seine Schwächen und Stärken ganz genau. Da schien es auf den ersten Blick absurd, dass er in einem einzigen Spiel um seine Zukunft in der Akademie kämpfen sollte. Und doch machte es Sinn. Nach einem halben Jahr ohne Spielpraxis wollten die Entscheider im NLZ noch einmal an seinen aktuellen Leistungsstand erinnert werden und sehen, wie er unter hochgradigem Druck zurechtkam. Er war 18, keine 15 mehr, wenn er Profi werden wollte, musste er solche Extremsituationen meistern können.

Es geht bei den Übernahmediskussionen in der U19 oder U17 fast nie um die Frage, ob ein Junge gut genug ist, im NLZ weiterzuspielen. Natürlich wäre Niko gut genug; praktisch alle, die es bis in die ältesten Jahrgangsmannschaften einer Akademie geschafft haben, sind gut genug. Aber die Plätze sind begrenzt auf 20 Feldspieler und drei Torhüter. Es ging darum zu entscheiden, wer von mehreren exzellenten Talenten einen Platz erhielt und wer dafür weichen musste.

In der U17 oder U19 vom Rauswurf bedroht zu sein sagte nichts Endgültiges über einen Jungen. Da gab es nicht nur das Beispiel von Marius. Achim Beierlorzer etwa sah in Leipzig bei den Profis Willi Orban als Mannschaftskapitän der Champions-League-Mannschaft spielen. »Als Jugendspieler in Kaiserslautern hatte er Jahr für Jahr auf der Kippe gestanden«, sagt Beierlorzer.

Im Fall von Niko ging es im Mai 2015 um die Frage, ob Greuther Fürth ihn oder Nico Dantscher für die nächste U19-Saison behielt. Dantscher hatte quasi die gesamte Rückrunde hindurch an Nikos Stelle die Erfolgsserie der Mannschaft mitgestaltet.

Petra Steinhöfer hörte den Wind pfeifen und Niko schwer atmen, als sie ihn am Vorabend der Partie gegen Eintracht Frankfurt auf dem Handy anrief. Er ging gerade mit Julia am Bergwaldtheater in Weißenburg spazieren. Das war nicht romantisch. Das war eine letzte Entspannungsübung vor der großen Prüfung.

So viele Zuschauer lassen sich vom Fußball faszinieren, weil er in 90 Minuten auf einem abgesteckten Spielfeld alle Regungen des Lebens in Übergröße vorführt. Es wird dramatisch triumphiert, tragisch gescheitert, aus Helden werden in Sekunden Verlierer, aus Außenseitern schlagartig Lieblinge. Fußballer selbst genießen diese Alles-oder-nichts-Spiele meistens erst so richtig, wenn sie vorüber sind.

Innerhalb von wenigen Tagen standen Niko, Marius und Foti zum Saisonende 2014/15 jeweils Partien bevor, die ganz allein über den Weg von Spielern oder Vereinen entschieden.

Niko spielte gegen Eintracht Frankfurt um seine Übernahme in Fürth. Marius musste mit den Profis von 1860 als Drittletzter der zweiten Liga in die Relegation und in zwei Entscheidungsspielen gegen den Drittplatzierten der dritten Liga, Holstein Kiel, um den Klassenerhalt kämpfen. Foti musste mit seiner Mannschaft am letzten Spieltag der U19-Bundesliga gegen den SC Freiburg gewinnen, um nicht abzusteigen.

Danach waren Ferien, so oder so.

Marius ließ sich auf den Fahrersitz seines VW Golf fallen. Anders konnte er nicht mehr einsteigen. Er hatte Schmerztabletten verschrieben bekommen, aber die Rückenschmerzen übertrumpften die Medikamente hartnäckig. Am drittletzten Spieltag, auf dem regennassen, tiefen Rasenplatz des FSV Frankfurt, waren die Schmerzen unerträglich geworden. Ein Knochenmarködem, meinte der Doktor, kleinste Frakturen in der Wirbelsäule durch Überlastung. Marius musste sich auskurieren – aber natürlich nicht jetzt, sondern erst wenn die Saison beendet war. Er setzte jeweils die ersten drei Tage der Trainingswoche aus, dann bereitete er sich notgedrungen zwei Tage lang auf das Spiel vor, der Mannschaftsarzt spritzte ihm ein Schmerzmittel, direkt in den Wirbelkanal gesetzt, sollte es gezielter wirken als Tabletten, und Marius kam als Einwechselspieler zum Einsatz. Abends zu Hause ließ die Wirkung der Spritze nach, die Schmerzen flammten erneut auf. Eine neue Woche, derselbe Kreislauf, begann. Am Sonntag im Spiel war er ein Sportler, von dem Höchstleistung erwartet wurde, den Rest der Woche schlich er mit steifem, schmerzendem Rücken herum, ein 19-jähriger alter Mann. Er war endgültig im Alltag eines Profifußballers angekommen.

Seine Eltern machten sich Sorgen. Was wurde ihm da überhaupt in den Rücken gespritzt, nur Diclofenac oder gar Kortison?

»Da zieht sich alles bei mir zusammen«, sagte die Mutter. »Ich habe zu Hause all die chemischen Mittel aus dem Friseursalon verbannt, ich setze ganz auf Naturprodukte, und Marius wird ohne Rücksicht auf den Körper irgendwie fit gespritzt.«

»Das ist jetzt der Endspurt, da geht es um alles«, sagte der Vater.

»Ja, aber muss das sein?«, fragte sich die Mutter. Marius fragte sie nicht, welches Mittel ihm denn gespritzt wurde. »Dann nerve ich doch wieder nur.«

Torsten Fröhling, der Trainer, hätte den Eltern etwas über den Preis des Profisports erzählen können. Er war 48, er sah noch immer sportlich aus, wenn er bei den Trainingsspielen über den Rasen tigerte, körperlich voll dabei. In Wahrheit konnte er nicht mehr an zwei Tagen hintereinander joggen. Manchmal ging er trotzdem nachmittags laufen, weil er es nicht aushielt, weil er die Anspannung des Trainerjobs im Abstiegskampf aus dem Körper laufen wollte. Er bezahlte für eine halbe Stunde erfrischendes Traben mit tagelangen Schmerzen. Er hatte vier Knorpelschäden in einem Knie. An jeder Verletzung hingen Erinnerungen an seine Profikarriere. »Den letzten Knorpelschaden holte ich mir in einem Zweikampf für St. Pauli gegen Martin Dahlin.« Wie die meisten ehemaligen Profis redete er mit fröhlichem Galgenhumor über den körperlichen Verschleiß. Ein Profi akzeptiert das Berufsrisiko.

Marius, fit gespritzt, hielt sich auch im Relegations-Rückspiel gegen Holstein Kiel auf der Ersatzbank bereit. Er würde eingewechselt werden, das stand schon vor Anpfiff fest.

Trainer Fröhling dachte gar nicht daran, dass eine Zweitligamannschaft in solch einer angstbesetzten Partie feinen Fußball spielen konnte. Er stellte eine Mannschaft zusammen, die Kiel irgendwie niederringen sollte. Die heiligen Spanier des Sportdirektors hatte er einige Tage zuvor vom Training ausgeschlossen. Die Eskalation zwischen ihnen und ein paar deutschen Spielern im Team war so weit gegangen, dass die Spanier in Trainingspartien die Mitspieler mit absichtlich schlechten Zuspielen provozierten. Ersatztorwart Stefan Ortega trat daraufhin in einer Übung Rodri genauso planvoll um. »Die einen zeigten mit dem Finger auf die anderen und umgekehrt«, sagte Fröhling: »Das ist das Schöne am Mannschaftssport: Wenn es nicht läuft, findest du in deinem Team immer jemand anderen, der angeblich schuld ist, nur nicht du selbst. Ich musste da durchgreifen, um der Mannschaft die Ausrede zu nehmen, mit den Spaniern im Team könne es nicht mehr funktionieren.«

Das Stadion wackelt. Das ist kaum möglich, aber die Einbildung versucht mich zu überzeugen: Die Betonmauern vibrieren. 57 000 Zuschauer sind in die Allianz Arena gekommen. Die meisten schreien »57, 58, 59, Sechzig, Sechzig!« und springen im vermeintlichen Rhythmus dazu wie verrückt auf und ab. Das Spiel ist, wie erwartet, ein Kontrast zu dieser atemberaubenden Kulisse. Zwei Teams ringen miteinander. Nach zwölf Minuten scheidet Dominik Stahl verletzt aus, den Trainer Fröhling explizit wegen seiner physischen Stärke ins Team gerückt hatte. Drei Minuten später gibt es einen Eckball für Kiel. Holsteins Kapitän Kazior, den Stahl in der ursprünglichen Zuteilung bewachen sollte, steht frei auf Höhe des hinteren Torpfostens und schießt das 0:1.

Langsam, aber stetig ersterben die Anfeuerungsrufe im Stadion. Die Spieler kämpfen und rennen, der Ball springt mehr, als dass er rollt, hoch geschlagen, irgendwie abgefälscht, schlecht kontrolliert. 763 Pässe hält die Statistik in dem Spiel fest. 35 Prozent davon landen beim Gegner.

Marius weiß auch nicht, wieso, aber er ist entspannt. Als er vom Aufwärmen zur Ersatzbank zurücktrabt, um sich für seinen Einsatz bereit zu machen, sieht er die verkrampften Gesichter unter den Betreuern, Trainern und Ersatzkräften. Er ist überrascht. »Jetzt bleibt doch mal ruhig, es sind noch fast 40 Minuten zu spielen, das drehen wir schon noch«, sagt er.

»Wolfi, ich bin schon mal abgestiegen, mit Bielefeld«, entgegnet ihm Ortega. »Da macht man keine Scherze.«

»Vertrau mir einmal. Wir drehen das.« Dann kommt er ins Spiel. Er trägt eine neue Frisur, einen Irokesen, seitlich gescheitelt. 34 Minuten bleiben.

Der Ball fliegt ständig irgendwie irgendwo nach vorne, und dann fliegt er zufällig wieder zurück, »da konnte ich über den Flügel nichts Strukturiertes machen«, sagt Marius. Er muss versuchen, irgendwo an den Ball zu kommen und dann irgendwie draufloszudribbeln. Wenn er Glück hat, öffnet sich dann blitzartig irgendwann Spielraum für einen Pass oder einen Durchbruch. Doch wohin er auch rennt, er trifft auf Kieler Beine. »Wo bleibt die große Schlussoffensive der Sechziger?«, fragt der *Kicker* in seinem Livebericht im Internet. »Oder bleibt sie gänzlich aus?«

Noch eine Flanke aus dem Mittelfeld, irgendwie hinein in den Strafraum, Schindler versucht, sie mit der Brust zu kontrollieren, wird aber von einem Kieler gestoßen und muss den Ball notgedrungen holpernd zu Adlung abspielen. Es war das Beste, was er tun konnte. Adlung erkennt zwischen all den Beinen die schmalste Schussbahn und tritt den Ball ins Tor. 1:1 aber ist immer noch eine Niederlage. Da das Hinspiel in Kiel 0:0 endete, entscheiden bei einem weiteren Unentschieden die mehr erzielten Auswärtstore.

Die Zuschauer finden ihre Stimme wieder. Und dann werden sie eins mit den Spielern. Die Wucht der Anfeuerungsrufe erfasst die Körper von Marius und seinen Kollegen. Ihr Spiel wird deswegen nicht besser, aber intensiver. Ball nach vorne, Ball zurückgeschlagen, Ball schon wieder nach vorne, Marius läuft wie verrückt hin und her, um irgendwie an den Ball zu gelangen. »Vier Minuten Nachspielzeit«, verkündet der Stadionsprecher. Zehn Kieler verrammeln den eigenen Strafraum. Der elfte stellt sich dem ballführenden Münchener, Valdet Rama, 22 Meter vor dem Tor entgegen. Marius steht im Strafraum, zehn Meter vor dem Kieler Tor, eher rechts, und lauert. Ihr Außenstürmer Valdet Rama springt plötzlich regelrecht an. Mit einem Energiestoß jagt er am einzigen Kieler außerhalb des Strafraums vorbei und schießt flach, kraftvoll, präzise, an zwanzig Kieler und zehn Münchner Beinen vorbei.

Der Ball prallt mit voller Wucht gegen den rechten Torpfosten.

Marius fährt den Fuß aus, der Ball rollt mehr oder weniger direkt auf ihn zu! Ein anderer Fuß ist schneller.

Kai Bülow, der sich einen Meter neben ihm positioniert hatte, schießt das 2:1.

Das Spiel soll noch drei Minuten dauern, es wird noch drei Minuten dauern, doch die Auswechselspieler und Teambetreuer stürmen bereits das Spielfeld, um über den Torschützen herzufallen. Marius dreht sich erst einmal zum Block mit den Kieler Fans um und hält ihnen die Faust des Triumphs entgegen. »Die hatten mich beim Hinspiel so beschimpft.« Er spielt Fußball stets auf zwei Ebenen, eiskalt fokussiert auf die Spielsituation und heißblütig aufgeladen von den Emotionen einer Fußballschlacht.

Ein Foto von der Szene speichert er am nächsten Tag als Profilbild bei Whatsapp ab. Wie er den Kielern die Faust zeigt. Als das Spiel tatsächlich aus ist, als er feiern will, darf er nicht. »Du kommst jetzt mit!«, sagt auf dem Spielfeld ein fremder Mann zu ihm.

»Lass mich doch erst mal ein bisschen mit den Fans feiern.«

»Nein, du gehst sofort mit.«

»Der war richtig frech«, sagt Marius ein paar Tage später, immer noch staunend über den offiziellen Kontrolleur der Nationalen Anti-Doping-Agentur.

Jeweils zwei Akteure jeder Mannschaft werden stets für die Dopingprobe ausgelost. Unmittelbar nach Spielende müssen sie sich in dem zugeteilten Raum einfinden, um nicht auf dem Weg dorthin eine Probe fälschen zu können. Immerhin gab es im Dopingkontrollraum reichlich Bier. Eigentlich diente es dazu, bei dehydrierten Spielern die Urinprobe zu beschleunigen. Mit dem Biervorrat ließ sich eine kleine Feier improvisieren. Wenngleich es eine kuriose, eher rührende als ausgelassene Party im Dopingkontrollraum wurde. Neben seinem Teamkollegen Korbinian Vollmann waren auch noch die zwei ausgelosten Spieler von Holstein Kiel anwesend, Linksverteidiger Patrick Kohlmann und Ersatztorwart Niklas Jakusch. Die hatten natürlich auch einen guten Grund, viel Bier zu trinken. So saßen sie zu viert zusammen, warteten auf den Harndrang, die einen innerlich euphorisch, die anderen innerlich leer, und unterhielten sich. Sie müssten jetzt mit dem Bus durch die Nacht nach Hause fahren, verabschiedeten sich die Kieler, 900 Kilometer, zehn Stunden, und dann wartete am nächsten Tag noch eine vorab arrangierte Autogrammstunde auf sie.

Am Tag danach rief Schindler an, der Mannschaftskapitän. Sie seien schon in Italien. Ob Marius und Nicole auch hinterherkämen.

Bis sechs Uhr am Morgen hatten sie im *Chichi* in der Rumfordstraße den Klassenerhalt gefeiert, dann hatten Schindler und Ortega schnell die Koffer gepackt und waren mit ihren Freundinnen losgefahren, ohne Plan, einfach Richtung Süden, zum Meer.

In der Nähe von Bibione waren sie gelandet.

Marius fuhr mit Nicole einen Tag später hinterher. Sie konnten nur vier Tage bleiben, dann musste Nicole wieder in die Schule. Eine Ausbildung zur Hotelfachfrau, stellte sie sich vor, sollte folgen. Am Meer, in der Sonne, fiel Marius etwas auf. »Auf einmal bist du freier«, sagte er. »In den Wochen des Abstiegskampfs hatte ich gedacht, mir ginge das alles gar nicht so nah. Erst als es vorbei war, merkte ich: Puh, da fällt ja richtig Druck ab!« Er lag am Strand und blickte auf ein Fußballjahr zurück, das er als Trainingsgast bei den Profis begonnen hatte. »Ich glaube, ich bin erwachsener geworden«, sagte er.

Ju Weigl, Maxi Wittek, Korbi Vollmann und er, so viele aus dem Nachwuchsleistungszentrum hatten diese Saison bei den Profis eine Rolle spielen dürfen. »Foti kann es auch schaffen«, sagte Marius.

Foti musste aber erst einmal ganz andere Sachen schaffen, zum Beispiel wieder er selbst werden auf dem Fußballplatz. Auch die Steinberger-Schocktherapie mit der Streichung aus der Spieltagsmannschaft hatte nicht gefruchtet. Der Trainer konnte in den Tagen danach bei Foti kein Aufbäumen, keine von Wut getriebene Leistungssteigerung erkennen. Und dann musste sich Foti auch noch mit dem blöden Goethe herumärgern.

Sie lasen den *Faust* in der elften Klasse am Städtischen Theodolinden-Gymnasium. »Der Goethe schreibt halt richtig schwer«, sagt Foti. Als sie in der Deutschklausur die Szene *»Abend«* aus Goethes Faust analysieren sollten, setzte Foti auf sein Handy. Das mache heute jeder, sagt er, in der Klausur heimlich nach Textanalysen im Internet suchen. »Viele sagen: Die Zehn in Deutsch hat mein Handy für mich geschrieben.«

Er gab »Faust«, »Abend« und »Textanalyse« ein, da kam auch gleich was. Er dachte, sein Handy hätte die Klausur ordentlich für ihn geschrieben, aber dann bekam er die Schularbeit zurück, und was war das? Nur 1 Punkt! »Ich weiß nicht, ob Sie es wissen, in der Oberstufe gibt es ja Punkte statt Noten, von 0 bis 15«, sagt Foti. »1 Punkt ist eine 5 minus«

Die Klausur versaute ihm seine ganze Strategie »Hauptsache durchkommen«. Mündlich stand er in Deutsch auf sieben Punkten. Auch in Mathe, was immer mal wieder eine Schwachstelle gewesen war, stand er mit sieben Punkten besser da, als er musste. Aber wegen Goethe kam er in Deutsch im Zeugnis wohl nicht mehr ans rettende Ufer der fünf Punkte. Seine Mutter war besorgt und traurig, weil sie das Gefühl hatte, Foti lasse seine schlechte Laune oft an Laura aus. Aber wie sollte er denn immer fröhlich sein, wenn sich plötzlich alles sperrte und schwer ging?

Der Trainer wechselte ihn jedes Spiel wieder zumindest eine halbe Stunde ein, in der Hoffnung, der alte Foti würde plötzlich, einfach so, wieder auftauchen. Am 3. Mai 2015 kontrollierte Petra Steinhöfer den Verlauf von Fotis Jugend-Bundesligapartie gegen Waldhof Mannheim nebenbei auf ihrem Handy. 4:0 für die Sechziger nach 30 Minuten, na, das konnte doch endlich ein Spiel für Foti werden. Im Spielbericht auf der offiziellen Webseite von 1860 München las sie später: »Auch der eingewechselte Foti

Katidis besaß noch zwei Großchancen, schoss dem Torwart in die Arme und brachte das Kunststück fertig, frei stehend aus vier Metern den Ball neben das Tor zu köpfen.«

Petra Steinhöfer stand in der Fürther Kleeblatt-Akademie am Spielfeldrand, als sie am 3. Mai die Zwischenstände von Fotis Spiel gegen Mannheim überprüfte. Dort standen auch Günter Gerling, der Vizepräsident, Mario Himsl, der NLZ-Leiter, und Jürgen Brandl, der U19- und U17-Koordinator. Sie alle waren gekommen, um im Spiel gegen Eintracht Frankfurt Niko zu sehen und bewerten.

Niko sah sie nicht. »Wenn ich auf dem Spielfeld stehe, nehme ich nichts wahr, was außerhalb geschieht. Ich könnte dir noch nicht einmal sagen, wie viele Zuschauer anwesend sind, 50 oder 300.«

Er hatte sich gar nicht mehr vorstellen können, wie das war, von Anfang an zu spielen, richtig Fußball zu spielen, nach sechs Monaten.

Jeder Fußballer glaubt, dass seine ersten Aktionen nach Anpfiff entscheidend sind. Wenn sie gelingen, verschwindet der Druck, die Angst vor Fehlern.

Den anderen in der Fürther Abwehr ging es offenbar wie Niko. Sie brauchten ein paar gute erste Aktionen. Ohne einen taktischen Sinn passten die Verteidiger in den ersten Minuten den Ball deshalb öfters vom einen zum anderen hin und her. Seine Pässe waren scharf und präzise, merkte Niko, seine Ballannahme war sauber. Frankfurts Torwart Zummack schlug einen hohen Abschlag bis in die Fürther Verteidigung. Auch er wusste, wenn die Fürther noch nicht genügend gute erste Aktionen in den Füßen hatten, waren sie unsicher, dann würde ein einfacher langer Abschlag möglicherweise reichen, sie zu überfordern. Im Luftduell mit einem Frankfurter Stürmer köpfte Niko den langen Abschlag souverän aus der Gefahrenzone. Das Spiel war fast zehn Minuten alt, und er spürte: Jetzt konnte es losgehen.

Nach zwölf Minuten erzielte Frankfurt das 0:1.

Ihr Jugend-Nationalspieler Luca Waldschmidt war über die andere Angriffsseite in Fürths Strafraum eingedrungen und hatte Nikos Abwehrpartner Jeffrey Schrödinger überrumpelt. Niko hatte mit dem Gegentor nichts zu tun.

Nach 26 Minuten stand es 0:2.

Einer ihrer Mittelfeldspieler hatte den Ball verloren, sie waren alle in der Vorwärtsbewegung gewesen. Schrödinger versuchte noch, den Ball mit einer fliegenden Grätsche Frankfurts Enis Bunjaki vom Fuß zu stibitzen, doch der lupfte den Ball über das ausgestreckte Bein und kam schon im vollen Tempo auf Niko zu, rechts und links jede Menge Platz. Niko lief ein paar Schritte rückwärts. Er durfte Bunjaki nicht stürmisch attackieren, dazu hatte der Frankfurter viel zu viel Platz, um seitlich auszuweichen. Niko musste auf dessen Manöver warten. Drei Schritte rückwärts, dann ruckartig, um Bunjaki vielleicht zu irritieren, ein Schritt dem Frankfurter entgegen. Bunjaki schlug einen Haken. Jetzt! Niko machte einen Ausfallschritt, um seinen Körper zwischen Bunjaki und den Ball zu schieben. Der Frankfurter war schon vorbei.

Niko schaute nicht hin, als die Frankfurter den Torschützen umarmten.

Die Situation war für den Verteidiger kaum zu lösen gewesen, allein gegen Bunjaki, der schon Tempo aufgenommen und unendlich viel Platz hatte. Aber was erwartete das Bewertungskomitee heute von Niko? Dass er auch kniffligste Spielsituationen klärte?

Vielleicht war es ganz gut, dass die Eintracht so früh so deutlich führte. Sie zog sich zurück. Nikos Mannschaft konnte in die Offensive gehen. Sie gab sich selbst Schwung. Mit jeder gelungenen Aktion wuchs die Sicherheit, wuchs der Drang, das Ergebnis ändern zu wollen.

Niko wuchs auf seine volle Größe, eins siebenundachtzig. Fußballer erscheinen uns größer oder kleiner, je nachdem welche Präsenz sie ausstrahlen. Niko war, unter 22 Spielern, in den verbliebenen 64 Spielminuten extrem sichtbar. Er passte vorwärts, er setzte nach, er ging aktiv in die Zweikämpfe. Die Eintracht versuchte es mit hohen Bällen. Sein blondes Haar war beim Kopfballduell fast immer über Bunjaki oder Waldschmidt. Die Eintracht versuchte es mit Konterbällen. Niko holte Waldschmidt ein, auch wenn der die bessere Startposition gehabt hatte.

Als der Schiedsrichter abpfiff, waren die Fürther enttäuscht, dass das Spiel nur 2:2 geendet hatte. Niko zog die Schienbeinschoner aus seinen Stutzen heraus. Das fühlte sich gut an. Die Arbeit war getan. Er suchte mit den Augen nach seinen Angehörigen im Publikum und bemerkte überrascht, wer alles zugesehen hatte.

Einen Tag später schickte ihm der Assistenztrainer per Whatsapp eine Art Dossier zu. Nikos Leistung war von einer Datenanalyse-Firma statistisch in allen erdenklichen Details erfasst worden.

Von 119 Aktionen im Spiel hatte er 101 erfolgreich bewältigt, 85 Prozent.

Er hatte 66 Pässe gespielt, 58 davon waren angekommen, 88 Prozent. 28 von 28 ballsichernden Pässen, 30 von 38 spieleröffnenden Pässen waren ihm geglückt.

Er hatte 14 von 20 Zweikämpfen gewonnen, 8 von 10 Kopfbällen.

Das waren Spitzenwerte.

»Hat mir sehr gut gefallen«, sagte Janos Radoki am Montag vor dem Training zu ihm. »Und wir übernehmen dich dann auch für nächste Saison.«

Mehr sagte der Trainer eigentlich nicht, erinnerte sich Niko.

Etwas Leuchtendes geht wieder von Niko aus. Seine blonden Haare strahlen, seine blauen Augen strahlen, seine roten Nike-Turnschuhe strahlen, als er mir zwei Wochen später am Bahnsteig von Ellingen entgegenkommt, dem nächstgelegenen Bahnhof von Stopfenheim. Ich bin der einzige Fahrgast, der hier mittags um zwölf aussteigt.

Niko holt mich mit dem Auto des Bruders ab. Er fährt noch, wie es ihn der Fahrlehrer gelehrt hat, den Blick immer auf die Straße gerichtet, die Arme durchgestreckt, die Hände fest am Lenkrad. Er hat die Führerscheinprüfung bestanden, er hat die Zusage von Greuther Fürth für die kommende Saison; er hat ausgelassen feiern können bei der verspäteten Geburtstagsfeier zum 18. So viel glückt auf einmal, staunt er. Er hat einen ein Meter langen Hecht gefangen, am Altmühlüberleiter.

Mit ein bisschen Glück würde sich die U19 von 1860 München am letzten Spieltag ihrer Bundesligasaison in Freiburg schon zufrieden geben. Für Foti war es nach Monaten ein ganz neues Gefühl: Es ging für ihn zur Abwechslung mal nicht darum, dass er endlich die Blockade durchbrach, sondern es ging dieses Mal auch für ihn nur um die Mannschaft, nur um den Klassenerhalt. Das war, obwohl so viel auf dem Spiel stand, fast schon ein gutes Gefühl.

»Heute musst du nur rennen«, sagte ihm Sepp Steinberger, als er Foti nach der Halbzeit einwechselte.

1860 führte bereits 3:0. Auch als Freiburg kurz nach der Pause den Rückstand um ein Tor verkürzte, veränderte sich nichts an der Richtung des Spiels. 1860 bestimmte den Kurs. Tobias Henneke gewann den Ball schon wieder im Mittelfeld, kurz zu Richard Neudecker gespielt, der mit einem Steilpass die Freiburger Abwehrlinie durchschnitt. Foti hatte den Pass vorausgeahnt und eilte den Freiburgern bereits davon. Als er den Ball aufnahm, hatte er nur noch den Torwart vor sich.

Er hatte in der gesamten Bundesligasaison, seit 25 Spielen, kein einziges Tor erzielt. Er stand alleine vor dem Torwart, im letzten Saisonspiel, 20 Minuten vor Spielende, wo ein weiterer Treffer zum 4:1 den Klassenerhalt der Sechziger faktisch besiegeln würde. Foti lupfte den Ball über den Tormann hinweg ins Tor, so schön und leicht, als wäre Toreschießen das Einfachste auf der Welt für ihn.

9

2015, aus dem Jahrhundertsommer wird ein Herbst

Ein neuer Vertrag
(und ein neuer Schlafanzug)

Marius lebt neuerdings ohne Wohnung in München. Er übernachtet bei Daylon Claasen oder bei Korbinian Vollmann, zwei Kollegen aus der Zweitligamannschaft von 1860 München, oder er steigt im *Motel One* in der Nähe vom Grünwalder Stadion ab, für 70 Euro die Nacht. Den Koffer mit seiner Kleidung und dem Kulturbeutel hat er stets im Auto.

Seine Ein-Zimmer-Wohnung gegenüber dem Trainingsgelände hat er fristgerecht zum 31. Juli 2015 geräumt. Er weiß immer noch nicht, ob er eine neue Wohnung in München benötigt oder ob er bis zum Ende der Transferperiode am 31. August zu einem anderen Verein wechseln wird. Also wird er den August überbrücken, indem er herumzieht.

Das machen doch viele Studenten sicher auch so, wenn sie neu in einer Stadt sind.

Er fragt nur Profikollegen, die allein leben, ob er bei ihnen kurzzeitig auf der Couch unterkommen kann. Das gehört sich so, findet er. Die Freundin eines Mitspielers wäre vermutlich nicht begeistert, wenn er einfach mal einzieht. Bei Nicole kann er nicht übernachten. Sie teilt sich das Zimmer mit ihrer jüngeren Schwester in einer kleinen Wohnung bei ihrer alleinerziehenden Mutter.

Die Möbel hat Marius erst einmal in der alten Wohnung gelassen. Die könnte er doch sicher bei Korbi Vollmann im Keller lagern, vermutet die Mutter, aber Marius wollte sie lieber seinem Nachmieter dalassen, Sertan Yegenoglu, einem jungen Verteidiger aus dem Rheinland, der gerade bei 1860 angekommen ist. So hat Sertan erst einmal ein Bett und muss nicht sofort losrennen und Möbel kaufen, der hat gewiss auch sonst genug zu tun, sich in

München zurechtzufinden, überlegte sich Marius. »Da denkt er erst einmal rührend an die anderen und lebt selbst vier Wochen im Auto«, dachte die Mutter.

Die Eltern hatten Marius am 31. Juli beim Zusammenpacken geholfen, Kleider für den täglichen Bedarf in einen Koffer, den Rest nahmen sie mit. Der Vater verschloss den Koffer. »Nein, nicht!«, rief Marius. Er wusste die Kombination des Zahlenschlosses nicht. Also probierte der Vater eine geschlagene Stunde alle möglichen Nummern durch, bis der Koffer sich wieder öffnete.

So schlimm war das Herumziehen mit dem Koffer doch gar nicht. Es war August, der heißeste seit Menschengedenken, der Jahrhundertsommer 2015, er saß abends sowieso mit Nicole und den Freunden lange draußen. Vielen Menschen in Deutschland dämmerte zum ersten Mal, dass Hitze eine Bedrohung werden konnte, und gleichzeitig genossen viele den Sommer mit der alten Begeisterung für heiße Tage. Das Fußballtraining hatte plötzlich einen netten Nebeneffekt: Marius bekam, genau wie Foti und Niko, eine lebenspralle, gebräunte Hautfarbe, als wären sie im Urlaub am Meer.

Was dagegen an ihm zehrte, war die Ungewissheit. Die neue Saison der Zweiten Bundesliga war bereits seit dem 26. Juli im Gange, er spielte für 1860, und er wusste unverändert nicht, wie lange eigentlich noch, sieben Tage oder ein ganzes Jahr.

Sportdirektor Poschner hatte im Juli endlich die Verhandlungen über eine Vertragsverlängerung aufgenommen, und ein paar Tage später war Poschner nicht mehr da. Das Präsidium hatte im Sommer 2015 die angedachten Spielertransfers des Sportdirektors beharrlich verzögert oder abgeschmettert. Vertrauen in seine Kompetenz war nach der zurückliegenden Saison nicht mehr vorhanden. Irgendwann hatte Poschner verstanden. Sie würden ihn nicht mehr wirklich arbeiten lassen. Er kündigte. Einmal sah ich ihn noch, mit der wattierten Winterjacke des TSV 1860 im Jahrhundertsommer. Offenbar war er südspanische Temperaturen gewöhnt. Einen Sommer war es erst her, dass er seine große Idee ausgebreitet hatte, mit spanischem Kurzpassspiel die zweite Liga zu stürmen. Seine Spanier wurden schon wieder an andere Klubs verkauft oder verliehen, das war der letzte Job, den das Präsidium

Poschner ausführen ließ. Sicher würde bald der Nächste mit großen Ideen bei 1860 antreten.

In der Zwischenzeit hörte ich über einen Vertrauten von Werder Bremens Sportdirektor Thomas Eichin, Bremen wolle Marius. Christian Streich, Freiburgs Trainer, rief ihn an, um noch einmal persönlich für einen Wechsel zum SC zu werben.

Das Angebot des FC Augsburg war dagegen enttäuschend niedrig ausgefallen, ein Gehalt auf Zweitliganiveau. Jungen Bundesliga-einsteigern bot Augsburg offenbar gern ein Einkommen deutlich unter dem gängigen Kurs, Philipp Max und Marco Richter erging es genauso, aber das war kein Trost. Die Offerte konnte Marius nicht annehmen, da verkaufte er sich unter Wert. Allerdings stand der Verkauf von Augsburgs Außenverteidiger Baba zum FC Chelsea für wohl 25 Millionen Euro unmittelbar bevor, dann hätte der Klub doch massig Geld, vielleicht würden sie dann das Angebot erhöhen, hoffte Marius. Nichts war ausgeschlossen. Nichts war klar.

Er war überzeugt, das Beste wäre, noch ein Jahr bei 1860 zu bleiben, aber dann dachte er doch wieder an Augsburg, dann packten ihn Christian Streichs Worte, und was war eigentlich mit Bayer Leverkusen?

In den Medien hatte er oft fasziniert das Gerangel um Spielerwechsel verfolgt, das jährliche, grandiose Sommertheater des Profifußballs. An möglichen Neuzugängen hingen die Träume von Millionen Fans, mit neuen Spielern verband sich die niemals endende menschliche Sehnsucht: Nächstes Jahr würde alles besser werden – zumindest in meinem Fußballteam, dank eines großartigen Neuzugangs. Dementsprechend fanden Spielerwechsel jeden Sommer wieder in den Medien Widerhall, da wurde Gerüchten nachgespürt, im Stil von Spionen berichtet, »Reals Blitzreise nach Porto!«, Spieler wurden wie Ersatztrophäen präsentiert, Geldausgeben wurde verherrlicht, »100 Millionen für Ronaldo!« Als er vom Profifußball träumte, hatte Marius auch davon geträumt. Einmal würden Vereine auch so vehement um ihn werben. Jetzt wäre er froh, wenn es endlich vorbei wäre.

»Papa, der Trainer hat gesagt, ich soll den Vertrag endlich unterschreiben. Er würde merken, dass ich nicht mehr voll konzentriert im Training bin.«

»Marius, bleib ruhig. Deine Berater haben dir doch prophezeit, dass 1860 dich unter Druck setzen würde.«

Jeden Tag im August 2015 rief Marius seinen Vater an, um sich beruhigen zu lassen.

Er hatte schließlich ein Vertragsangebot von Necat Aygün erhalten, dem kommissarischen Nachfolger von Gerhard Poschner bei 1860. Die Offerte mussten sie nachverhandeln, hatten ihm seine Berater erklärt. Gehalt und Prämien konnten sie noch ein wenig in die Höhe treiben, aber vor allem benötige er eine Ausstiegsklausel. Denn wenn alles nach Plan laufe, wolle er doch in einem Jahr 1860 für einen Erstligisten verlassen. Sie mussten für den Fall eine verhältnismäßig niedrige Ablösezahlung im Vertrag verankern.

Das leuchtete Marius sofort ein. Dann aber zitierte ihn der Trainer oder einer der Geschäftsführer von 1860 erneut ins Büro. Am Nachmittag rief dann schon wieder der neue Sportdirektor an. Das sei wirklich ein ordentlicher Vertrag, sagten sie, so wie sie es ihm bereits gestern gesagt hatten, damit würde er entlohnt wie ein etablierter Stammspieler, das wisse er doch auch. 1860 habe ihm überhaupt erst die Chance gegeben, Profi zu werden, sie hatten ihn in ihr Nachwuchsleistungszentrum geholt, als ihn keiner mehr wollte, sie hätten ihn mit 19 in der zweiten Liga aufgebaut, welcher andere Verein hätte ihm so vertraut, dies sei der beste Ort, erst einmal seine Leistung zu stabilisieren. Wenn er das alles hörte, konnte Marius nichts anderes denken, als dass sie recht hatten. Was war denn so entscheidend daran, ob in der Ausstiegsklausel 1,5 oder drei Millionen Euro als Ablöse festgeschrieben wurden, fragte er sich dann unter Druck. »Papa, ich unterschreib da jetzt einfach, ich will das weghaben.«

»Marius, du weißt doch ...«

Bei 1,5 Millionen Euro Ablöse erschien ein Talent seiner Kategorie einem Erstligisten günstig. Bei drei Millionen würden die meisten zögern. Lohnte sich das Risiko? Eine hohe festgeschriebene Ablösesumme konnte ihm möglicherweise den Sprung in die Bundesliga in den nächsten zwei Jahren verbauen.

Das wusste er natürlich, hatten ihm seine Berater ja erklärt, aber trotzdem. »In meinem Alter ist man da nervös«, sagte Marius. »Es ist anstrengend, immer wieder Nein zu 1860 zu sagen.« Wenn er mit mir so darüber redete, klang der Stress für ihn selbst gar nicht so schlimm. »Das nächste Mal in meiner Karriere werde ich abgezockter sein.« Am nächsten Tag fühlte er wieder den Druck.

Der 1860-Sportdirektor Necat Aygün verkündete öffentlich: »Marius liegt ein unterschriftsreifer Vertrag vor. Wir sind bei dem Angebot bis an unsere Schmerzgrenze gegangen.«

Das war eine neue Stufe des Drucks. Marius sollte vor den Fans als derjenige hingestellt werden, der unverschämte Forderungen stellte; schließlich war der Verein doch bis an die Schmerzgrenze gegangen. Der Inhaber von Marius' Beratungsagentur EMG Mundial, Michael Decker, hatte das Gefühl, den Druck von Marius nehmen zu müssen. Decker hatte einige Erfahrungen mit der öffentlichen Aufregung um Stars gesammelt. Er war der Rechtsanwalt der Popsängerin Nena. Er rief Marius' Vater an. »Es wäre vielleicht ganz gut, wenn wir dir die Schuld in die Schuhe schieben«, sagte Decker zu Martin Wolf: »Wenn wir so tun, als ob der Vater der Böse wäre, der nicht will, dass Marius diesen Vertrag bei 1860 unterschreibt. Dann lassen sie vielleicht Marius etwas in Ruhe.«

»Das kannst du gerne machen«, sagte Martin Wolf. »Stell mich ruhig als Sturkopf hin.«

Mitte August hörte Trainer Torsten Fröhling von Geschäftsführer Noor Basha, es sei gar nicht Marius, der die Vertragsverlängerung hartnäckig abblockte. Es sei der Vater.

Väter, die einen übermäßigen Einfluss auf die Fußballkarriere ihres Sohnes nehmen wollten, kannte Fröhling als ehemaliger Nachwuchstrainer doch zur Genüge. »Väter stolz wie Oskar.« Er schüttelte missmutig den Kopf.

Marius hatte in einigen Partien zum Saisonstart mitreißend gespielt, gegen Freiburg, in Nürnberg und im DFB-Pokal gegen Hoffenheim, sein aktueller Vertrag lief in zehn Monaten aus. Dann würden sie ihn zum Nulltarif verlieren und wie die Idioten von München dastehen, kalkulierte Torsten Fröhling. Er musste etwas tun. Er lud Heike und Martin Wolf ein, ihn nach dem nächsten Heimspiel, am 23. August gegen Union Berlin, im Ehrengastbereich zu treffen.

Eine Woche lang waren Transfers noch erlaubt. Sportdirektor Aygün hatte allen Anrufern aus Freiburg oder Bremen entschieden gesagt, Marius stehe nicht zum Verkauf. Aber was, wenn ein Verein 1860 eine verhältnismäßig hohe Ablöse anbot, etwa 2,5 oder 3 Millionen Euro? In der letzten Transferwoche konnte alles passieren.

Das Spiel gegen Union Berlin war mal wieder eine Enttäuschung. 0:0 endete es. Torsten Fröhling brauchte erst einmal ein Bier, als er in den Ehrengastbereich kam. Marius' Eltern warteten mit Maren auf ihn und sahen sich plötzlich einem Komitee gegenüber. Der Sportdirektor sowie die zwei Geschäftsführer Noor Basha und Markus Rejek wollten sie gemeinsam mit dem Trainer sprechen, am besten in der Raucher-Lounge. Noor Basha brauchte eine Zigarette.

Martin Wolf hatte gedacht, er würde in einer stillen Ecke oder gar in einem abgetrennten Raum ein vertrauliches Gespräch mit dem Trainer führen. »Jetzt stehen wir da im vollgequalmten Raum«, dachte er sich, »unter lauter Rauchern, die mithören können.«

Als der Trainer eintraf, sagte Martin Wolf: »Das finde ich jetzt nicht so passend, dass hier das komplette Komitee sitzt. Ich dachte, der Trainer wollte mit mir über Marius' sportliche Perspektive sprechen. Und jetzt kommt es mir so vor, als ob hier der neue Vertrag verhandelt werden sollte.«

Aus seiner Arbeit für den Großmaschinenbauer Waldrich kannte Martin Wolf die Gesprächsstrategien der Kunden, wenn es etwas Unangenehmes zu besprechen gab. Dann versuchten sie immer in Überzahl aufzutreten. Die beiden Geschäftsführer akzeptierten seinen Einwurf und zogen sich zurück. Sportdirektor Aygün blieb sitzen, hörte aber vor allem zu, während der Trainer für Marius' Verbleib bei 1860 plädierte und der Vater in seine Theaterrolle als Sturkopf schlüpfte.

»Hier wird Marius gefördert«, sagte Torsten Fröhling zu Martin Wolf, »tun Sie deshalb bloß nichts Unüberlegtes, denn Marius ist noch lange kein fertiger Profi. Wenn er zu früh woanders hingeht, kann er dort im Konkurrenzkampf zerdrückt werden.«

»Ich verstehe gar nicht, wo das Problem liegt«, erwiderte Martin Wolf. »Er hat doch noch bis zum Ende der Saison einen Vertrag.«

»Ach, und dann geht er umsonst weg! Tut mir leid, das kann ich als Trainer nicht zulassen, da muss ich auch mal an den Verein denken. Wir sind fast pleite, da kann ich als Trainer nicht einen Jungen ins Schaufenster stellen und dann zusehen, wie er uns nächsten Sommer umsonst verlässt. Dann fördere ich lieber einen anderen Jungen. Dann geht Marius auf die Tribüne.«

»Sie sollten als Trainer schon immer die Besten aufstellen, auch aus Eigeninteresse.«

»Herr Wolf, Marius soll ja gar nicht für immer hierbleiben, er soll ja gar nicht unverkäuflich werden – es sollte nur vernünftig ablaufen. Wenn wir ihn groß machen, sollten wir bei seinem Weggang mit einer angemessenen Ablöse entschädigt werden – das ist alles, was wir wollen, eine festgeschriebene, angemessene Ablöse im Vertrag.«

»Ja, aber darüber können wir doch auch noch nächsten Mai reden, jetzt hat er ja den Vertrag.«

Torsten Fröhling schüttelt den Kopf, etliche Zeit später, als er die Situation rekapituliert. »Du kamst da nicht ran an den Vater.«

Das hatte eigentlich Spaß gemacht, fand der Vater, so ein bisschen Schauspieler sein.

Am folgenden Sonntag rollte Marius seinen Koffer auf das Trainingsgelände des TSV 1860 München. Er würde für zehn Tage verreisen. Zunächst ging es zum Montagabend-Fernsehspiel mit den Sechzigern beim VfL Bochum. Für den folgenden Morgen war für ihn ein Flug von Düsseldorf nach Hamburg gebucht. Er war für zwei Partien der U21-Nationalmannschaft nominiert worden. Die letzte und einzige Auswahlmannschaft, für die er gespielt hatte, war die U12-Kreisauswahl Coburg gewesen. Er war Nationalspieler! Junioren-Nationalspieler, um es genau zu nehmen, aber in seiner Freude musste man da doch nicht so genau unterscheiden. Er würde ein Nationaltrikot kriegen, mit seinem Namen auf dem Rücken.

Foti war einmal bei einem Nationalmannschafs-Lehrgang gewesen. Vier Jahre war das schon wieder her.

Nach dem Abschlusstraining an der Grünwalder Straße zog Marius den Klubanzug des TSV 1860 an, auf Reisen zu Auswärtsspielen mussten sie selbstverständlich alle uniform gekleidet sein. Torsten Fröhling wollte ihn noch kurz sprechen.

»Ich nehme dich nicht mit nach Bochum, Marius«, sagte der Trainer.

Marius nickte. Es war keine Zustimmung, es war einfach ein Reflex.

»Ich hatte dir gesagt, bring das mit der Vertragsverlängerung endlich hinter dich. So ein Theater geht an keinem spurlos vorbei, Marius, auch du bist nicht frei davon.« Die mit den vielen Tattoos waren doch sowieso die Sensibelsten, fand Torsten Fröhling. »Ich habe dich die ganze Woche im Training beobachtet«, fuhr er fort, »du bist nicht mehr komplett bei der Sache. Deine Unbekümmertheit ist verschwunden. Fahr zur Nationalmannschaft, krieg den Kopf frei, und unterschreib endlich den Vertrag.«

Marius nickte noch einmal. Dann drehte er sich um und ging. Er hatte kein Wort gesagt.

Torsten Fröhling hatte nicht gelogen. Er fand wirklich, dass Marius' Leistung unter dem Vertragstheater litt. Aber das war nicht der Grund, warum er ihn vom Spiel in Bochum ausschloss. »Ich wollte dem Verein helfen«, sagt Fröhling. Ihn nicht mehr spielen zu lassen war aus Vereinssicht das äußerste Druckmittel, um Marius zur Vertragsunterschrift zu bewegen.

Seine Berater hatten Marius prophezeit, dass so etwas passieren würde. Es konnte sogar so weit gehen, dass ihn 1860 gar nicht mehr spielen ließ, falls er den Vertrag nicht verlängerte. Das waren im Profifußball durchaus übliche Methoden, hatten ihm seine Berater erläutert.

Marius hatte es nicht geglaubt. Jetzt glaubte er es. Ihm war heiß vor Wut. Er wollte spielen in Bochum, überhaupt wollte er nur Fußball spielen.

Draußen, vor dem Kabinentrakt, warteten die Journalisten auf den Trainer, um ihn für ihre Vorberichte zum Bochum-Spiel zu interviewen. Als plötzlich Marius mit seinem Koffer und zusammengekniffenen Lippen an ihnen vorbeizog, dachte der 1860-Reporter der *Süddeutschen Zeitung*, Philipp Schneider: Der

Wolf geht weg, der wechselt den Verein! Es war der 30. August 2015, der Transfermarkt hatte noch zwei Tage geöffnet. Also wechselte Marius Wolf doch noch zu Werder Bremen, schoss es dem Reporter durch den Kopf, sie redeten doch schon seit Tagen darüber. »Garantiert kein Kommentar!«, rief Marius den Journalisten nur brummig zu, fuhr los und musste erst einmal überlegen, wohin.

Die Juniorennationalmannschaft traf sich bereits an diesem Sonntag in Lübeck, er wäre wegen des Bochum-Spiels mit anderthalb Tagen Verspätung nachgekommen. Er fuhr zum Flughafen mit seinem Koffer. Er würde direkt nach Lübeck reisen. Etwas fiel ihm ein. Er hatte gar keine Fußballschuhe. Sie waren schon im Mannschaftsgepäck auf dem Weg nach Bochum.

Am Montagnachmittag, während die Kollegen von 1860 ein paar Hundert Kilometer entfernt die Taktik für das Bochum-Spiel erfuhren, trug Marius erstmals ein Trainingsshirt der Nationalmannschaft – und sogar Fußballschuhe an seinen Füßen. Der Teambetreuer der Sechziger hatte sie per Expresspost nach Lübeck geschickt, kaum dass sie in Bochum angekommen waren. Hier, auf dem Fußballplatz, vergaß Marius alles. »Ich bin nicht tot«, dachte er, »ich bin bei der Nationalmannschaft!«

1860 verlor 0:1 in Bochum und stand, sieglos in den ersten fünf Saisonspielen, schon wieder auf dem drittletzten Platz der zweiten Liga. Sportdirektor Necat Aygün und Geschäftsführer Noor Basha bekamen Angst vor der nächsten Niederlage und dem Gegenwind der Presse. »Lass den Wolf das nächste Mal besser wieder mitspielen«, baten sie den Trainer.

»Von mir aus liebend gerne«, sagte Torsten Fröhling. »Aber ihr seid euch im Klaren, dass dann die Berater von Marius laut jubeln. Die verarschen euch.«

Für Berater wie Ersin Akan und Michael Decker von EMG Mundial hatte Fröhling nicht allzu viel übrig. »Die lassen andere Berater jahrelang die harte Arbeit mit den Jungs in deren Jugend machen und grasen dann alles ab, sobald mit den Jungs im Profifußball Geld zu verdienen ist.« Das entsprach nicht seinem Arbeitsethos. Etwas selbst aufbauen, darum ging es doch im

Leben. So hatte Torsten Fröhling auch gedacht, er müsse etwas für seinen Verein tun, als er Marius aus der Mannschaft nahm. Sportlich schadete er sich mit der Maßnahme möglicherweise selbst. »Im Nachhinein denke ich, das war ein Fehler von mir. Diese Vereinsangelegenheiten dürfen mich als Trainer gar nicht interessieren«, sagt Torsten Fröhling. »Da hätte ich einzig an mich denken sollen. Ich hätte zum Sportdirektor sagen sollen: Ich bin nur der Trainer, ich stelle nur die Mannschaft auf, macht ihr euren Kram alleine.«

Der 1. September kam. Der Transfermarkt schloss bis zum 1. Januar 2016.

1860 hatte alle Angebote für Marius Wolf zurückgewiesen. Marius und seine Berater hatten nichts getan, um seinen Abgang zu forcieren. Der oberste Plan war immer gewesen, erst einmal bei 1860 zu bleiben. Man hatte es beim Gezerre um den neuen Vertrag bloß manchmal vergessen können.

Marius zog mit seinem Koffer in eine Wohnung ein. Über einen Freund, den Höffi, hatte er im Neubaugebiet an der Spixstraße eine Zwei-Zimmer-Wohnung gefunden. Er würde mit Nicole zusammenziehen. Der Vater staunte, wie das wieder abgelaufen war, »da gibt es 30 Bewerber, aber der Marius kennt den Höffi und der kennt wieder den und den, und dann hatte der Marius die Wohnung«. Wenn der Marius von seinen Freunden aus München erzählte, was die alles machten und wie sie es machten, dachte sich der Vater manchmal, »okay, ich bin halt vom Dorf«.

Der Leuges kam oft abends in der neuen Wohnung beim Wolf vorbei. Es hatte sich nichts an ihrer Freundschaft geändert, nur weil sie beide nun eine Freundin hatten. »Es gibt so Typen, die siehst du nicht mehr, sobald sie eine Freundin haben«, sagt der Leuges. Er brachte seine Freundin Jana einfach mit. »Wir haben dann zu viert *Schlag den Raab* gespielt, das ist ein Weltklasse-Brettspiel. Überragend! Die Vollgaudi!« Fußball spielte der Leuges jetzt neben dem Studium für einen Münchener Vorortverein namens SV Pullach in der Bayernliga, gehobener Amateurfußball. »Ich dachte mir schon damals im Nachwuchsleistungszentrum: Profi? Schaffe ich nicht, und will ich auch nicht. Da geht der Spaß verloren«, sagte der Leuges. »Ich brauche den Spaß. Ich will auf dem Rasen mit meinen Freunden zocken, aber zocken auf Niveau.« Genau an solche Situationen, wie sie der Wolf jetzt bei dem Vertragsgeschacher erlebte, hatte der Leuges gedacht, als er meinte, den Profifußball brauche er nicht. Denn normal wäre es doch seiner Meinung nach, wenn der Wolf sich nicht wegen irgendwelcher geisteskranker Ablösesummen stressen müsste, sondern einfach sagen könnte, ich habe einen Vollbock, mit meinen Freunden weiter bei 1860 zu spielen. Kann er natürlich nicht als Profi. »Aber der Wolf regelt das schon.«

Ein paar Hundert Meter Luftlinie entfernt im Münchener Süden wurde Foti in seinem dritten Jahr bei 1860 der neue Marius. Nicht fußballerisch, sondern was das Sozialleben betraf. Er war ein Anlaufpunkt für die Neuen im Team.

Er führte Sertan Yegenoglu, Kevin Pino und Nico Helmbrecht zu einer guten Stelle am Eisbach, wo sie sonnenbaden konnten. Die heißen Tage währten ewig. Die Jungs kamen dann auch zu ihm, um an der Playstation zu zocken oder Real Madrid im Fernsehen zu schauen.

Klingeln mussten sie bei Knezevic. Foti hatte es aufgegeben, den Namen seines Vormieters auf dem Klingelschild zu überkleben. Seine Papierklingelschilder wurden immer abgerissen.

Er genoss das Zusammensein mit den neuen Mitspielern sichtlich. Er hatte sich vor dem ersten Trainingstag in der U21-Mannschaft doch selbst als Neuer gefühlt, erstmals in einer Männermannschaft. Und dann war er sofort mehr als integriert gewesen; einer, der etwas zählte. Das letzte, schreckliche Fußballjahr lag weit hinter ihm. Jede Fußballsaison ist ein neues Leben.

In der U21, im Männerfußball, sollte er richtig brüllen. Klare Kommandos wollte der Trainer Daniel Bierofka hören. »Ja!«, rief Foti, um den Mitspieler am Ball auf sich aufmerksam zu machen: Er konnte ihn anspielen. Da brüllte der Trainer. »Schrei ihn richtig an, Foti, du willst doch den Ball!«

Das war gar nicht so einfach. Er atmete schwer vom Sprinten. Gleichzeitig auch noch zu brüllen brachte Fotis Atmung durcheinander. Er bekam da kaum einen Ton heraus. »Aber ich bin schon besser darin geworden, laut zu sein.«

Er schleppte allerdings ein Problem mit sich herum, das er sich selbst vor zwei Jahren eingebrockt hatte. Damals war er in der zehnten Klasse sitzen geblieben. Weil er die Zehnte wiederholen musste, war er nun weiterhin auf der Schule, im Abschlussjahr. Der ursprüngliche Plan hatte vorgesehen, vor dem Sprung in die U21 die Schule zu beenden und dann ein Jahr lang nur Fußball zu spielen.

Die U21-Mannschaft war die Profi-Azubimannschaft. Für Lehrlingsgehälter, die auch ein Bank- oder Versicherungsauszubildender erhielt, versuchten 19- und 20-Jährige ein, zwei Jahre lang, alles auf Fußball zu setzen, um den Sprung zu den Profis zu schaffen.

Die U21 trainierte wie eine Profielf, oft auch vormittags. Foti war der Einzige in der Mannschaft, der noch zur Schule ging, der im Vormittagstraining fehlte. »Ich kann dich nicht zum Spiel mitnehmen, wenn du von fünf Trainings zweimal fehlst«, sagte ihm der Trainer Daniel Bierofka.

Was sollte das für eine Saison werden, wenn er von vornherein kaum Chancen hatte, an den Ligaspielen teilzunehmen? »Es geht für mich dieses Jahr nur darum, mir einen Vertrag für die nächste Saison in der U21 zu erkämpfen«, sagte Foti. »Dann kann ich zeigen, was ich kann.« Das schien gar keine schlechte Ausgangsbasis. Dass er einmal nur niedrige Erwartungen hatte.

Zu Hause in Weißenburg begab sich die LG Katidis/Reislöhner auf Fußballentzug. Plötzlich hatten Olga und Ioannis Katidis so etwas wie freie Wochenenden. Ihr jüngerer Sohn Mari hatte mit 16 im Nachwuchsleistungszentrum von Greuther Fürth aus Frustration über eine kurzzeitige Ersatzrolle hingeworfen, und Foti wurde eben an etlichen Samstagen gar nicht erst in die Spieltagsmannschaft berufen. Ioannis begann, auf der Terrasse einen Holzboden zu verlegen. »Mensch, was du da wegarbeiten kannst, ohne Fußball«, stellte er fest. Wie die Reislöhners und die Wolfs baute Familie Katidis ihr Haus mit den eigenen Händen ganz neu. »Ursprünglich wollte ich nur ein paar Sachen renovieren. Jetzt ist ein Totalumbau daraus geworden«, sagte Ioannis. »Ich bin Handwerker, ich kann das nicht lassen.«

Auch Elke Reislöhner ging nicht mehr regelmäßig zum Fußball. Sie weigerte sich. Die Aufregungen des vergangenen Spieljahrs unter Trainer Radoki hatten sie ausgezehrt. »Mir geht es besser, wenn ich das nicht mehr erlebe.« Ohne seine Frau, allein, wollte Albert auch nicht mehr die ganz weiten Fahrten nach Saarbrücken oder Mainz antreten. Stattdessen schlief er sonntags mal aus. Das hieß in seinem Fall, er schlief bis acht Uhr. »Danach war ich den ganzen Tag müde. Ich weiß auch nicht, vielleicht weil ich zu viel geschlafen habe.«

Die Eltern verpassten etwas. In seinem zweiten Jahr in der U19 wurde Niko zu Janos Radokis Musterschüler. Gleich am zweiten Spieltag gegen Bayern München war Niko schlimm umgeknickt, zwei Bänder im linken Sprunggelenk waren gerissen, weshalb er in den folgenden Tagen beim Physiotherapeuten auf der Behandlungsbank lag. Radoki schneite herein. »Mach mir den fit, den brauche ich am Samstag!«, sagte beziehungsweise befahl er dem Physiotherapeuten. Das war das Schönste, was Niko vom Trainer je gehört hatte. Er brauchte ihn.

Jeder Trainingstag unter Radoki blieb jedoch unvorhersehbar. Niko kann sich nicht erinnern, dass irgendein Training wie vorgesehen um 20 Uhr endete. »Der wollte so viel in uns reinpressen.« Im Trainingsspiel gelang einem Team ein guter Spielzug über die rechte Seite, und der Trainer rief Stopp! Er fand, über links wäre der bessere Weg gewesen. »Wenn ich an ihn denke, sehe ich ihn immer mit der Hand in der Luft herumhantieren. Das war so ein Perfektionist. Manche Übung dauerte 25 Minuten, wir haben davon aber nur zehn Minuten gespielt. Den Rest hat er unterbrochen und erklärt.« Wenn das Training dann erstaunlicherweise doch jedes Mal irgendwann endete, sah Niko in der Umkleidekabine schnell auf sein Handy. 20.49 Uhr zeigte es an. Oder 20.57 Uhr. Mehr als einmal verpasste er den 21.38er-Zug. Der nächste ging um 22.44 Uhr. Um halb zwölf war er zu Hause, die Mutter wärmte ihm das Abendessen auf, und er ging lernen, bis eins. Um sechs klingelte wieder der Wecker. Das letzte Schuljahr für sein Fachabitur hatte begonnen.

Anfang September 2015, es hatte noch immer 34 Grad in München, lag Marius endlich ein schriftliches Angebot von 1860 vor.

Der Gegner schreit, weil er spürt, gleich nimmt ihm Niko den Ball ab. Und man ahnt, warum Niko in seinem zweiten Jahr in der U19 zu Janos Radokis Musterschüler wurde. [8]

Bloß er erkannte die Zahlen in dem Vertragswerk nicht wieder. Etliche Prämienzahlungen waren deutlich niedriger angesetzt als mündlich vereinbart. Dafür war die festgeschriebene Ablöse deutlich höher als ausgemacht.

Wer in seinem Leben nur Arbeitsverträge als Büroangestellter unterschrieben hat, mag es schwer glauben, aber im Profifußball gehört auch das nicht selten zum Vertragspoker. Was scheinbar vereinbart wurde, wird im ersten schriftlichen Entwurf ignoriert. Und die Verhandlungen beginnen von Neuem.

»Da komme ich mir auch verarscht vor«, sagt Marius. »Meine Berater haben jetzt unseren korrigierten Vertragsentwurf zurückgeschickt. Das ist so etwas wie ein Ultimatum. Entweder wir machen es so, wie es mündlich ausgemacht war, oder wir lassen es.« Dann müsste er noch zehn Monate bis zum Vertragsende im Juni 2016 zu den Bezügen seines Profianfänger-Kontrakts bei 1860 spielen. »Oder 1860 verkauft mich im Winter, um zumindest noch eine Ablöse zu kassieren, bevor mein Vertrag ausläuft. Oder ich werde bis Saisonende zur U21 aufs Abstellgleis geschickt. Aber selbst das würde ich in Kauf nehmen, um im nächsten Sommer vertragsfrei zu wechseln.« Die Angebote aus der Bundesliga würden dann für ihn höher ausfallen, weil sich sein neuer Verein die Ablöse an 1860 sparte. Er hat schnell und wider seinen Willen ein Verhandlungsprofi werden müssen.

Nicole hat erst einmal keine Lehre in München begonnen. Sie möchten zusammenleben, und so wie es aussieht, wird Marius in einem oder gar in einem halben Jahr schon in Bremen, Freiburg oder sonst wo arbeiten. Marius hat ihr für die Überbrückungszeit einen Halbjahresvertrag vermittelt, als Modeverkäuferin im Oberpollinger, beim jüngsten Boss-Filialleiter Deutschlands.

Vom Balkonfenster in ihrer neuen Wohnung in der Spixstraße geht der Blick auf eine planierte Brache. Dort soll ein kleiner Park mit Kinderspielplatz entstehen. Das ganze Viertel wird neu gebaut, und das Unfertige, Provisorische gilt auch noch für Marius' und Nicoles Wohnung. Ihr Balkon ist leer. Balkonmöbel werden sie erst einmal nicht kaufen. Sie wissen ja nicht, ob sie den nächsten Frühling in dieser Wohnung erleben.

Marius sitzt drinnen auf dem ersten selbst gekauften Sofa seines Lebens und trägt seine neue Lieblings-Heimkleidung. Ein offizielles Nationalmannschafts-Poloshirt mit dem berühmten DFB-Adler auf der Brust, dazu eine Nationalmannschafts-Trainingshose und Nationalmannschafts-Badeschlappen.

Er durfte die gesamte Dienstkleidung von der Nationalmannschaftsreise mitnehmen. »Schau mal«, sagt er und führt mich strahlend ins Schlafzimmer. Drei Garnituren Nationalmannschafts-Trainingsklamotten ruhen dort säuberlich zusammengelegt auf der IKEA-Kommode. Er schläft auch in Nationalmannschaftskleidung. »Die Trainingsshirts eignen sich gut als Schlafanzug.«

Richtig schön aufgeräumt und sauber ist die neue Wohnung.

Mit der Nominierung zur Junioren-Nationalmannschaft hat er sich auch für einen neuen Autokauf qualifiziert. Mercedes, ein Sponsor des DFB, bietet allen Nationalspielern einen Wagen nach Wahl zu einer monatlichen Leasingrate von einem Prozent des Kaufpreises an. Marius kam in den zwei U21-Länderspielen gegen Dänemark und Aserbaidschan nicht zum Einsatz, aber als Nationalspieler zählt er nach der Definition von Mercedes jetzt trotzdem. Er will sich einen CLA 45 zulegen. Den VW von 1860 wird er seinen Eltern überlassen. So kann er ihnen ein bisschen was zurückgeben, nach all dem, was sie für ihn in seiner Fußballjugend getan hat, denkt Marius.

Er fährt mittlerweile einen Scirocco, nicht mehr den Golf. Die Leasingfahrzeuge können und sollen sie ruhig jedes halbe Jahr wechseln.

»Das ist ein Wahnsinn«, findet der Vater. »Die dürfen sich im Autohaus bedienen wie im Spielzeugladen.« Wie soll ein 20-Jähriger da ein Gefühl für den Wert von Geld entwickeln, fragen sich die Eltern besorgt. Sie reden natürlich mit Marius darüber, du weißt, was solch ein Auto normalerweise kostet, du weißt, wie lange wir für 2000 Euro arbeiten müssen, und natürlich sagt Marius nur, »ja, ja, ich weiß, Papa«. Das versteht Martin Wolf natürlich auch. Wenn er sich etwas wünschen dürfte, dann das: »Menschen sollten erst zwischen ihrem 40sten bis 50sten Lebensjahr Fußballprofi werden. Dann wäre vieles einfacher«, denkt er.

Foti versuchte, jeden Monat etwas von den 600 Euro zur Seite zu legen, die ihm vom Azubivertrag bei 1860 für das Leben in München blieben. Er sparte auf ein neues Tattoo. Einen riesigen, orangefarbenen Tiger trug er bereits auf dem Unterarm.

»Ondi!«, rief der Trainer am 9. Oktober 2015 zu Foti herüber. Foti verstand ihn nicht richtig, er war 20 Meter entfernt. »Fondi!«, rief der Trainer. Foti lief sich weiter warm. »Foooti!«, schrie der Trainer. Foti machte sofort kehrt und sprintete zu ihm.

Der Trainer arbeitete erst seit vier Tagen bei 1860 München, er kannte sich noch nicht tiefergehend aus. »Du spielst schon Linksaußen?«, vergewisserte er sich noch einmal bei Foti, obwohl er bereits vor der Partie nach dessen Position gefragt hatte. Es war Benno Möhlmann, der neue Trainer der Profis.

Torsten Fröhling war zu Wochenbeginn entlassen worden, nach sechs Unentschieden, aber keinem Sieg in den ersten zehn

Saisonspielen. Benno Möhlmann fehlten einige verletzte Profis, so hatte er für das Testspiel gegen Wacker Innsbruck von der U21 und U19 Aushilfskräfte angefordert. Er nahm Marius nach 62 Spielminuten vom Feld und wechselte für ihn mit der Nummer 37, ohne Namen auf dem Trikot, Foti ein.

Der nahm den Ball an, dribbelte los und dachte sich, da stimmt doch was nicht. Sein Gegner griff ihn nicht an. »Erst als ich in seinen Korridor kam, setzte er sich in Bewegung.« Foti erforschte dieses merkwürdige Profiverhalten weiter. Aber es blieb dabei, er konnte in Ruhe den Ball annehmen, passen oder losdribbeln, da kam keiner aggressiv angesprintet wie bei ihnen in der U21 schon im Training. Die Verteidiger warteten einfach, bis er zu ihnen kam.

Es waren die Schlussminuten eines Testspiels, wohl auch deshalb ging es ein wenig gemächlicher zu als im echten Wettkampf, doch das wollte Foti nicht gelten lassen. Er wollte glauben: »Bei den Profis könnte ich auch mitspielen. Da könnte ich auch mal was machen, weil man voll viel Zeit am Ball hat.«

So eine richtig krasse Aktion gelang ihm in seinen 28 Minuten von Innsbruck nicht, aber er fand, er hatte ordentlich mitgespielt. Er hatte mit einer Profimannschaft in einem Europameisterschafts-Stadion gespielt, dem Tivoli von Innsbruck. Den Fakt, dass die grünen Tribünen bei 900 Zuschauern gähnend leer gewesen waren, konnte er sich ja wegdenken. Er fand auf Youtube ein Video von der Partie, da war er ganz groß im Bild zu sehen, wie ihn Trainer Möhlmann gerade einwechselte.

Der Ausflug in die Profiwelt war eine Belohnung für Fotis engagierte Trainingsleistungen in der U21 gewesen, und auch eine Entschädigung, weil er wegen der Schule kaum in den Ligaspielen der Juniorenmannschaft zum Zug kommen konnte. Drei Einwechslungen in der Regionalliga in einem halben Jahr standen in seiner Bilanz. Dann löste sich Anfang Dezember unvermutet sein Zeitproblem.

Foti gab die Schule auf.

Bahnwärter Thiel, die Novelle von Gerhart Hauptmann, hatte ihm den Rest gegeben. »Figuren-Charakteristik, Szene-Analyse, vier Aufgaben zu einem Text und nur eine Dreiviertelstunde Zeit«, sagt Foti. Als er in der Schularbeit wieder nur einen Punkt erzielte, meinte er zu erkennen, dass es keinen Sinn mehr machte. Er hatte zu viele Zeugnisnoten unterpunktet. Er würde kaum noch zum Abitur zugelassen werden. Zwei Tage rang er mit der Entscheidung, dann fuhr er nach Weißenburg, nach Hause. Das war seine Art, sich selbst zu sagen: Ich lasse die Schule. Ich komme nach Hause.

Es ist der dritte Advent, die U21-Mannschaft von 1860 ging bereits in die Winterpause. An der Säule am Eingang zum Wohnzimmer hängen Fotos der Kinder, von Eva ein klassisches Porträtfoto, von Mari und Foti Bilder beim Fußballspielen, Foti noch mit der Justin-Bieber-Frisur. Er sitzt auf dem Sofa, in einer schwarzen Pluderhose, die an den Fesseln eng wird, dazu ein schwarzer Pullover mit schwarzen Plastik-Nieten auf den Schulterpartien. »Es lässt mich nicht kalt, dass ich die Schule geworfen habe.«

Nach München zu gehen, das war doch wie eine Ankündigung gewesen. Ich ziehe aus in die Welt, um es zu schaffen als Fußballer und auch das Abitur, als Erster in der Familie. Nun hat er sich für die Schule beim Fußball ins Abseits gebracht und die Schule nicht geschafft. »Ich habe mich dieses Jahr schon angestrengt«, um 19 Uhr nach dem Training lernte er bei 1860 noch Mathe. Der U13-Trainer, Christian Assmann, gab ihm Nachhilfe. »Ich hätte mich natürlich auch von Anfang an in der Oberstufe anstrengen können, dann hätte ich es auch sicher geschafft, aber«, er nimmt Anlauf, die Worte auszusprechen, »ich war halt immer faul in der Schule. Ich dachte, es läuft wie immer. Ich hatte vorher auch nie gelernt und immer die Noten geschrieben, die ich wollte.«

Seine Mutter setzt sich zu ihm, um ihm zu sagen, dass es noch eine andere Sichtweise auf die Dinge gibt. »Ich finde, dass du in den letzten Jahren echt viel geleistet hast. Dein Alltag war schon heftig, immer Schule und Fußball. Jetzt spielst du mal ein halbes oder auch anderthalb Jahre nur Fußball, und dann können wir immer noch weiterschauen. Du bist 19, den Realschulabschluss hast du! Mit 21 kann man auch noch die Zukunft planen.«

»Das Allerschlimmste ist, dass ich so viele Jahre investiert habe. Umsonst. Und dann«, es ist nicht klar, warum Foti das jetzt einfällt, »hat auch noch irgendein Besoffener während der Wiesn mein Fahrrad geklaut. Ich hatte keine Bremsen, ich hoffe, es hat ihn richtig hingehauen!«

Jetzt ist schon klar, warum ihm das einfiel. Weil es hilft, auf jemand anderen zu schimpfen, wenn man von sich selbst enttäuscht ist.

Das Theodolinden-Gymnasium, das Foti auf dem bremsenlosen Fahrrad stets in drei Minuten erreicht hatte, liegt mittags um zwölf wie eine Oase des Lebens in Harlaching, einem der vielen endlosen Münchener Wohnviertel mit herausgeputzten Häusern und menschenleeren Straßen. Am Gymnasium ist das fröhliche Geschrei von Kindern zu hören. Sie spielen Fußball auf dem Pausenhof, und erst auf den zweiten Blick wird deutlich, dass dies keine gewöhnliche Schule ist. Die Jungs auf dem Pausenhof, 12, 13 Jahre alt, schnippen den Ball mit der Hacke in die Luft und über den eigenen Kopf, um ihn mit dem Spann aufzufangen, als sei es das Einfachste der Welt. Fußball ist ein Fach am Theodolinden-Gymnasium. Die Schule wurde speziell konzipiert, um Jungs aus den Nachwuchsleistungszentren die Verbindung von Leistungssport und Unterricht zu erleichtern. Schulsport ist hier Leistungstraining, Fußball kann bis zur zehnten Klasse als Note ins Zeugnis eingebracht werden, montags werden keine Klausuren geschrieben wegen der langen Fahrten zu Auswärtsspielen am Wochenende.

Die Jungs auf den Pausenhof tragen, wie überall an Münchener Schulen, Trikots des FC Bayern, von 1860 und Unterhaching. Bloß hier sind es ihre Trikots. Sie spielen für die Klubs. »Bis zur achten, neunten Klasse tragen sie ihre Trikots, die sind wirklich stolz darauf, die leben das«, sagt Rolf Ruck. »Danach wird es uncool.«

Ruck war selbst einmal Fußballer, in der Bayernliga, die muskulösen Oberarme und der starke Brustkorb unter dem olivfarbenen T-Shirt lassen es mit 50 noch erahnen. Heute unterrichtet er Mathe und Sport am Theodolinden-Gymnasium. Nun hat er einen Schüler weniger.

»Was toll war bei Foti, war das Menschliche«, sagt Herr Ruck. »Offen, geradeaus, charakterlich ein ganz feiner Junge. Nur die Schule war halt leider nicht sein Ding.«

Das bayerische Abitur gilt vielen Bayern und vor allem der bayerischen Landesregierung als Qualitätssiegel, als das anspruchsvollste Abitur Deutschlands. Deshalb fallen ab der elften Klasse an den bayerischen Fußballgymnasien auch alle Erleichterungen weg, Fußball kann nicht mehr als Note eingebracht werden, bei den Klausuren und Hausaufgaben wird keine Rücksicht mehr auf den Sport genommen. »So nebenbei macht man kein bayerisches Abitur«, sagt Rolf Ruck. »Da braucht es Talent, Interesse, Ehrgeiz. Die letzten zwei Eigenschaften haben bei Foti gefehlt.«

Foti befand sich da in guter Gesellschaft. Jedes Jahr wieder brechen Akademiespieler in der elften oder zwölften Klasse die Schule ab, »Mats Hummels war auch darunter«, erzählt Rolf Ruck, »aber gut, der braucht auch kein Abitur.« Weil er es als Fußballer so weit gebracht hat? »Nein, weil er so intelligent ist. Der wird immer eine gute Arbeit finden.«

Am Anfang unserer Reise mit Marius, Niko und Foti waren viele Fragen gewesen, eine davon hatte gelautet: Ließ sich der Fußball in einem Nachwuchsleistungszentrum mit dem Gymnasium vereinbaren? Nun ergeben sich die ersten Antworten. »Für NLZ-Spieler ist eigentlich die Realschule am geeignetsten«, findet Rolf Ruck. »Wahrscheinlich wäre es auch für Foti besser gewesen, nach dem Realschulabschluss mal zwei Jahre nur Fußball zu spielen und danach zu sehen, schaffe ich das oder mache ich eine Ausbildung.«

Aber das erkennen die meisten halt erst, wenn sie die Schule nicht mehr schaffen. »Man hofft immer, die Noten könnten besser werden, denn Kinder sind wie das Wetter: So ganz kann man nie vorhersagen, wie es wird.«

»Herr Ruck, der Leon hat sich verletzt! Er ist beim Fangen umgeknickt!« Ein Sechstklässler platzt, sich der Dramatik seiner Meldung gewiss, in unser Gespräch. Rolf Ruck folgt ihm und findet Leon auf einem Randstein, das Gesicht verzweifelt in den Händen vergraben. Umzuknicken ist für Schüler am Theodolinden-Gymnasium keine Alltagspetitesse wie für andere Kinder, sondern sofort mit der quälenden Frage verbunden: Muss ich mit dem Training aussetzen?

Herr Ruck trägt den Jungen auf den Armen hinein und setzt

ihn auf einem Lehrerpult ab. Die ganze Bande begleitet ihn, große Kinderaugen starren auf Leons Knöchel, während Lehrer Ruck einen Eisverband anlegt. Ein Schüler assistiert fachmännisch.

»Der Foti hätte das Abitur bestimmt schaffen können, wenn er einen Lernplan gehabt hätte und nicht nur einen Trainingsplan. Und den hätte jemand kontrollieren müssen. Aber er lebt allein in München, ohne die Eltern. Die Selbstdisziplin, das durchzuziehen, hatte er nicht. Haben sowieso nicht so viele.«

Die Sechstklässler laufen zurück in die Pause, Leon hinterher, er humpelt und rennt gleichzeitig. Im Klassenzimmer hängen Fahnen von 1860, Bayern und Haching. »Sehen Sie, ich liebe das Projekt Fußballgymnasium, und ich liebe den Fußball«, sagt Rolf Ruck, »aber mit dem System Nachwuchsleistungszentrum tue ich mich schon schwer.« 17-Jährige, die für den Fußball alleine in eine fremde Stadt geholt werden, die wie Profis trainieren und ihren Alltag selbst organisieren, sollen nebenbei ihr Abitur machen? »Im Juni haben wir regelmäßig den Fall, dass Jungs zwischen der Abitur-Klausur in Deutsch und der in Mathe das Halbfinale der Deutschen U19-Meisterschaft bestreiten. Die kommen nachts vom Halbfinale in Gelsenkirchen in ihre Internatszimmer zurück, müssen ihre schmutzigen Socken selbst waschen, kein Vater oder Mutter ist da, der sie in den Arm nimmt, und dann sollen sie sich hinsetzen und Mathe lernen?«

Rolf Ruck hat in seinen Jahren am Theodolinden-Gymnasium Schüler unterrichtet, die Fußballprofi wurden und ein Einser-Abitur machten, der Kapitän in Marius' Profielf etwa, Christopher Schindler, oder Julian Baumgartlinger, Dominik Stahl, er zählt noch drei, vier andere auf. Bei manchen reichte es nicht zum Profifußballer, und dann wurden sie eben Bauingenieur oder Rechtsanwalt. Im Fall von Foti jedoch, wie wohl im Fall der meisten Fußballinternatsjungs, standen die Chancen, dass er das alles schafft, nicht so gut. Größer war die Wahrscheinlichkeit, dass er sich verzettelte zwischen Fußball und Schule.

»Fußballerisch hat uns Foti hier begeistert«, sagt Rolf Ruck. »Jawohl, da ist Potenzial vorhanden. Da könnte wirklich was passieren mit dem Profifußball.«

Und wenn nicht?

Immobilienmakler, schrieb Foti, als sie, an einem seiner letzten Tage in der Schule, ihre Berufswünsche zu Papier bringen sollten.

Als er mich wieder zum Schultor bringt, erinnert sich Rolf Ruck daran, dass ich ihm erzählte, Foti habe sich in München etliche Gerichte mithilfe von Kochrezepten selbst beigebracht. »Sagen Sie ihm schöne Grüße, sagen Sie ihm, der Ruck hätte gesagt, er soll Koch werden. Koch! Das ist doch ein Beruf mit Zukunft.«

In Weißenburg, am dritten Advent, brennen bei den Katidis' morgens um halb elf nicht nur die Kerzen, sondern auch die Lampen. Es ist ein Tag ohne viel Tageslicht. Da klingelt es an der Tür. Die Petra schaut kurz vorbei, auf dem Weg nach Fürth zu Nikos letztem U19-Bundesligaspiel vor der Winterpause.

»Du siehst aber gut aus«, sagt sie zu Foti, und erst da fällt es mir auch auf. Er ist käsebleich.

»Du solltest gleich am Montag noch mal nach München fahren, um dich offiziell von der Schule abzumelden und deine Bücher zurückzugeben. Damit ist nicht zu spaßen.«

»Meine Mitschüler wissen doch, dass ich die Schule geschmissen habe.«

»Foti, du musst dich bei der Schuldirektion abmelden, nicht bei deinen Mitschülern.«

Foti nickt, und in Petra Steinhöfers Gesicht ist abzulesen, was sie denkt: Er wird es sowieso wieder nicht machen.

Ihre Agentur feierte 2015 das erste Jubiläum, fünf Jahre *Tutor Karrierebegleitung.* Auf der Einnahmenseite stehen weiterhin 500 Euro.

Manchmal scheint es durch, dass Petra Steinhöfer von ihrer eigenen Idee genervt ist, sich um Fußballjungs zu kümmern. Sie hat, nach ein, zwei ergebnislosen Gesprächen, nie mehr versucht, weitere Akademiespieler zu akquirieren. Sie will das Experiment nur noch zu Ende bringen, scheint mir. Es einfach abzubrechen schafft sie nicht, aus Fürsorge für die Jungs wie Niko und Foti. Sie kann sie doch nicht einfach schlagartig im Stich lassen, denkt sie. Vielleicht will sie es sich auch selbst beweisen, dass zumindest in einem Fall ihr Konzept von der fürsorglichen Begleitung aufgeht. Realistisch betrachtet sind Foti und Niko die letzten zwei ihrer Spieler, die es noch in den Profifußball schaffen könnten. Die anderen sind ihr abgesprungen, haben aufgehört oder spielen im gehobenen Amateurfußball, von der Regionalliga abwärts. Nebenbei machen sie eine Ausbildung beziehungsweise ein soziales Jahr, erfolgreiche Lebensläufe durchaus, aber keine Fußballkarrieren, an denen eine Beraterin Geld verdient.

Um das Geld geht es ihr nur in zweiter Linie. Sie will etwas bewegen. »Ich frage mich, warum ich Foti berate, wenn er doch keinen Rat annimmt«, sagt sie im Auto, schon auf der Fahrt nach Fürth. Draußen ziehen Nadelbaumwälder vorbei. Der Winter hat ihnen das Leuchtende der Farben gestohlen. »Foti steht kurz davor, alles zu verlieren, wofür er gekämpft hat: Die Schule ist schon weg. Jetzt hat er noch genau ein halbes Jahr Zeit, sich im Fußball durchzusetzen. Und so wie er in den letzten anderthalb Jahren gespielt hat, müsste er dringend mehr investieren. Wieder regelmäßig zum Sportpsychologen gehen, Struktur in seinen Alltag bringen. Stattdessen muss ich bei der kleinsten Sache hinterher sein, selbst bei der Schulabmeldung.«

Na ja, daran, ob er seine Schulabmeldung sofort oder zehn Tage später macht, wird seine Profikarriere nicht scheitern.

»Das war doch jetzt nur ein Beispiel. Wenn ich von einer Idee wie dem Sportpsychologen überzeugt bin, dann will ich überzeugen. Und bei Foti renne ich gegen Wände.«

Fürth kommt in Sichtweite und damit eine erfreulichere Aussicht. Mit Niko ist die Zusammenarbeit so, wie es sich ein Berater nur erträumen kann.

In der Jugend-Bundesliga zahlen die Eltern, um ihre Kinder zu sehen. Fünf Euro kostet der Eintritt für jeden. Die 30 Zuschauer in der Kleeblatt-Akademie kommen sich immer mal wieder mit ihren aufgespannten Regenschirmen in die Quere. Die Luftfeuchtigkeit ist so hoch, dass kaum jemand bemerkt, dass der Regen längst aufgehört hat. Ein konstantes Rauschen bildet die Geräuschkulisse. Die Akademie mit ihren Internatszimmern liegt direkt an der Autobahn. Da war das Bauland günstig. Ein Kaffee lässt sich nebenan im Edeka-Supermarkt trinken.

Der Karlsruher SC kommt als Tabellenletzter und mit gehörigem Schwung ins Spiel. Ein scharfer Pass schneidet genau durch den freien Raum zwischen einem Fürther Innenverteidiger und Niko als Außenverteidiger. Niko hatte die freie Bahn unfreiwillig geöffnet, weil er auf einen Pass nach außen spekuliert und sich deshalb Richtung Seitenauslinie bewegt hatte. Ein Fehler. Karlsruhes Stürmer Alan Delic ist Niko in seinem Rücken entkommen. Das ist ein garantiertes Tor. Delic begeht jedoch einen ähnlich großen Fehler. Er zieht nicht zum Tor, um zu schießen, sondern passt ins Zentrum zu seinem Angriffskollegen, der viel schlechter positioniert ist und mit einem schwachen Schuss am Fürther Torwart Alex Skowronek scheitert. Niko, der von Panik getrieben Delic verfolgte und nur auf diesen achtete, knallt in seinen Torwart. Schreiend geht er zu Boden.

»Niko ist keiner, der übertreibt, wenn der am Boden liegt, fehlt ihm wirklich was«, sagt Petra Steinhöfer. »Das können wir vergessen. Der kann nicht mehr weitermachen.« Eine Minute ist gespielt.

Benny, der Fürther Physiotherapeut, führt Niko vom Spielfeld. Niko geht auf einem Bein. Den linken Fuß traut er sich nicht aufzusetzen. Der stechende Schmerz sagt ihm, dass er sich zum dritten Mal in dieser Saison die Bänder am linken Sprunggelenk gerissen hat.

Der Physiotherapeut bewegt den Fuß gar nicht, um die Bänder zu prüfen, bemerkt Niko. Benny hüllt den Fuß stattdessen in eine gigantische Wolke aus Eisspray. Das Spiel läuft weiter. Der Trainer schreit herüber: »Benny, was ist los?«

»Spiel auf jeden Fall weiter«, hört Niko den Physiotherapeuten flüstern, »der Fuß ist stabil.«

Aber du hast den Fuß doch gar nicht angeschaut, denkt Niko. Doch er versteht schon. Der Physiotherapeut hat offenbar auch Angst vor dem Trainer. Sie haben keinen adäquaten Ersatz für Niko unter den Auswechselspielern. Es darf einfach nicht sein, dass er verletzt ist.

Niko humpelt zurück auf das Spielfeld. Eine halbe Minute später schickt der Physiotherapeut den Ersatztorwart Jan Kowalewski zu Niko herüber. Er gibt Niko eine Flasche Wasser und etwas kleines Weißes. Mitten im Spiel, auf dem Spielfeld, spült Niko schnell eine Schmerztablette hinunter. Dann geht es weiter.

Mit dem Trainer hat Niko eigentlich keine Probleme mehr. Mitte November bat Janos Radoki ihn zum üblichen halbjährlichen Feedback-Gespräch, er allein mit dem Trainer in einem Raum.

So eine Entwicklung hätte er ihm nie zugetraut, eröffnete Radoki das Gespräch. »Du hast einen Riesensprung gemacht. Du bist viel aktiver, viel präsenter, im Training wie im Spiel. Deine Pässe hoppeln nicht mehr, die gleiten jetzt sauber über den Rasen.« Vergangene Saison habe er irgendwann den Eindruck gehabt, er könne Niko gar nicht mehr aufstellen, »weil du viel zu eingeschüchtert warst. Wenn du einen Pass gespielt hast, wusste man schon, es wird ein Fehlpass, weil die Angst vor dem Fehler dir ins Gesicht geschrieben stand.«

Ach, dachte Niko, warum fürchtete ich mich wohl?

Und dann, ein Jahr später, allein im Besprechungsraum beim Feedback-Termin, sprach Janos Radoki ganz selbstverständlich über Nikos Leidenszeit unter seinen verbalen Entgleisungen. Er entschuldigte sich nicht. Er sagte nicht, dass er einen Fehler gemacht habe. Radoki sagte, in Nikos Worten, »dass ich bei ihm letztes Jahr halt der Depp war. Egal, was ich tat, war falsch in seinen Augen.«

Dass Niko diese schwierige Phase durchgehalten habe, schloss Janos Radoki, zeige ihm, dass Niko den Sport wirklich liebe.

»Also«, sagte der Trainer mit so etwas wie Freundlichkeit in der Stimme, »der Verein wäre dumm, wenn sie dich nächste Saison nicht in die U23-Mannschaft übernehmen.«

Vielleicht muss er seine Aussage, er habe mit dem Trainer keine Probleme mehr, präzisieren, denkt Niko. »Er pickt mich nie mehr als Depp raus. Aber wenn er es mal wieder auf alle abgesehen hat, hat er es natürlich auch auf mich abgesehen.«

Am Wochenende vor dem Karlsruhe-Spiel verlor die U19 von Greuther Fürth als Neunter im Klassement überraschend 1:5 gegen den Drittletzten 1. FC Heidenheim. Am Tag danach ließ Janos Radoki sie sprinten. Er verteilte vier Hütchen über die Länge eines halben Spielfelds. Im Sprint musste jeder Spieler einen Ball zu einem Hütchen bringen, ihn niederlegen, im Sprint zurück, der nächste Ball, zum nächsten Hütchen und wieder zurück, volle Pulle. Der letzte Ball war ein Medizinball. »Im Ziel habe ich meine Beine nicht mehr gespürt«, sagt Niko. »Als ob die Beine sich einfach aufgelöst hatten.« Um ihn herum lagen Mitspieler nach Luft japsend am Boden. »Ich muss mich übergeben«, keuchte der Kustermann Kilian. Dann kam der zweite Durchgang. Nach dem zweiten Durchgang kamen die Zweikämpfe, einer gegen einen. »Mit dem einzigen Sinn, uns zu sagen: ihr Nieten!«, glaubt Niko.

»Wenn wir mit schweren Beinen ins Spiel gegen Karlsruhe gehen, habt ihr wenigstens mal einen Grund, warum ihr verliert«, verkündete Janos Radoki.

Eine Niederlage gegen Karlsruhe bahnt sich tatsächlich an. Nach einer Viertelstunde war das 0:1 gefallen, wenig später blockte Niko mit einer mächtigen Grätsche einen weiteren Karlsruher Torschuss. Er hatte sich nach seinem groben Fehler in der ersten Minute gefangen. Das Pochen im Fuß ignorierte er.

In der Halbzeit fixierte der Physiotherapeut sein lädiertes Sprunggelenk mit einem Tapeverband. Diesmal waren die Bänder nicht gerissen, nur gedehnt, aber das würde sich erst Tage später herausstellen. Der Tapeverband erschien Niko viel zu fest, das steife Pflasterklebeband schnitt ihm ins Fleisch. Statt seine Schmerzen zu minimieren, vergrößerte der Stützverband sie. Niko sagte nichts. »Wir lagen 0:1 hinten, da kann ich nichts sagen. Wenn der Trainer mitkriegt, dass ich mich wegen eines Tapeverbands beschwere, hält er mich für eine Diva.«

In der zweiten Halbzeit wendet Niko seine Wir-liegen-im-Rückstand-Methode an. Er blendet das Spiel der anderen weitgehend aus. In seiner Wahrnehmung ist er jetzt allein auf dem Rasen, einzig auf sich und seine Aktionen fokussiert, in der Hoffnung, dass die Mannschaft wieder auf den Weg kommt, wenn er all seine Zweikämpfe, Pässe und Laufwege hinbekommt. Doch Niko spielt in der zweiten Halbzeit gegen Karlsruhe nicht nur in seiner Wahrnehmung, sondern auch in der Wirklichkeit alleine. Außer ihm ist kein Fürther auf der linken Seite. Seine Mitspieler scheinen ihn vergessen zu haben. Sie spielen über rechts oder durch die Mitte und kommen nirgendwo durch, weil Karlsruhe tief in der eigenen Spielhälfte zwei Verteidigungsreihen aus fünf und vier Spielern gebildet hat. Nikos theoretischer Partner auf der linken Seite, David Raum, zieht ständig nach innen. So macht es keinen Sinn, Niko anzuspielen, er würde sich sofort einer Überzahl von Karlsruhern gegenübersehen, ohne andere Option als den Ball zurück in die eigene Abwehr zu passen.

Julia steht am Spielfeldrand. Als der Schiedsrichter die Fürther 0:1-Niederlage gegen den Tabellenletzten mit dem Schlusspfiff bestätigt, eilt Niko an seiner Freundin vorbei, ohne sie anzusprechen. Das Trainer-Warnsystem der Jungs steht auf Rot. Die Ersatzspieler haben die Feldspieler sofort nach dem Schlusspfiff informiert: Der Trainer tobt. »Mit so einer schlechten Truppe muss man eigentlich bis zum 24. Dezember durchtrainieren!«, habe er geflucht. Da kann Niko es sich nicht erlauben, freudig seine Freundin zu begrüßen – wenn der Trainer das sehen würde!

Niko marschiert schnurstracks in den Besprechungsraum neben den Umkleidekabinen. Dort sitzen sie wie in der Schule an Tischen und warten auf den Trainer, das jüngste Gericht. Janos Radoki ist relativ ruhig, als er vor der Tafel zu reden beginnt. Er macht ein paar Anmerkungen, wie man eine dicht gestaffelte Abwehr ausspielt, und schließt mit den Worten, er habe wenig Lust, die Mannschaft bei der Weihnachtsfeier zu sehen. Er wolle auch gar kein Weihnachtsgeschenk von so einer Mannschaft.

Das war wohl aus der Frustration heraus gesagt, sage ich auf der Rückfahrt im Auto zu Niko. Eigentlich war das sogar ein recht origineller Spruch, seine Enttäuschung auszudrücken, finde ich: Ich will kein Geschenk! Niko sieht mich entsetzt an. Ich kapiere offenbar überhaupt nicht, wie Janos Radoki tickt. »Wir werden ihm auf keinen Fall bei der Weihnachtsfeier ein Geschenk übergeben, das haben wir schon in der Kabine besprochen. Der würde das in den Mülleimer werfen, so stolz ist der.«

Sie haben allerdings schon ein Geschenk für den Trainer besorgt, einen Kulturbeutel, gut gefüllt mit Shampoo, Deodorant und was man sonst so nach dem Training braucht.

»Wir haben entschieden, dass wir den Beutel jetzt dem Athletiktrainer schenken. Den hatten wir sowieso bei den Geschenken vergessen.«

Während er mit mir redet, tippt Niko weiter auf sein Handy. Er muss erst einmal Julia schreiben, damit sie versteht, warum er nach dem Spiel kein einziges Wort mit ihr gewechselt hat.

Marius muss am selben Abend auch noch mal ins Fußballstadion, zum Singen. Der TSV 1860 München veranstaltet wie jedes Jahr für seine Fans bei Kerzenschein ein gemeinsames Adventssingen im Stadion an der Grünwalder Straße. Die Band *Wössner Tanzlmusi* spielt auf.

Marius macht sich widerwillig auf den Weg. Nicht weil er ein schlechter Sänger wäre, aber »O du fröhliche« scheint gerade nicht die passendste Melodie. Seit anderthalb Jahren spielt Marius in der Profielf, lange trug ihn die Begeisterung eines Frischlings, nun jedoch nagt auch an ihm die Desillusionierung, die jeden bei 1860 irgendwann ergreift. In diesem Verein ist immer was los, und nie geht etwas vorwärts. Unverändert Tabellenvorletzter in der zweiten Liga ist die Mannschaft seit dem neusten Trainerwechsel, von Fröhling zu Möhlmann. »Ich kann eigentlich nichts Negatives sagen«, sagt Marius und muss dann selbst über seinen Satz grinsen, der ihm reflexartig rausgerutscht ist, eine Fußballerfloskel bei Interviews. »Ich kann eigentlich nichts Negatives sagen«, fängt er noch mal an, »bis auf die Mannschaftsleistung und den Tabellenplatz.«

Seit 1. November, zwei Monate nachdem ihm der Entwurf zugeschickt wurde, hat er nun immerhin seinen Vertrag, der ihm ein richtiges Zweite-Liga-Gehalt garantiert. Beim langwierigen Streitpunkt, der Ausstiegsklausel, haben seine Berater letztlich die gewünschte niedrige Ablöse von 1,5 Millionen Euro durchgesetzt.

Nachdem Marius den Vertrag unterzeichnet hatte, kontrollierte er täglich seinen Kontostand. Das erhöhte Gehalt sollte ihm doch nachträglich auch noch für Oktober 2015 überwiesen werden. Er wollte sich damit einen Traum erfüllen. Aber auf seinem Konto kam nichts an. Das durfte nicht wahr sein!

»Das ist normal, Marius«, klärte ihn seine Mutter als Friseursalonbesitzerin auf. »Die Gehälter der Festangestellten werden in den meisten Firmen immer standardgemäß zum 27. jedes Monats überwiesen. Da musst du noch ein bisschen warten.«

Von seinem ersten richtigen Profigehalt wollte er sich etwas Außergewöhnliches leisten, etwas, was ihm zeigte: Das hast du dir erkämpft. Er buchte, als das Geld nach dem 27. November tatsächlich einging, für Nicole und sich eine Silvesterreise nach New York. Für seine Schwester kaufte er gemeinsam mit seinen Eltern als Weihnachtsüberraschung auch ein Flugticket. Maren war an so vielen Trainingstagen gezwungenermaßen mit ihm nach Nürnberg gefahren, dann sollte sie auch nach New York mitkommen.

Es kam Marius vor, als wäre er plötzlich in einen amerikanischen Kinofilm hineingesprungen. Unweit ihres Hotels sah er die Central Station, mit dem Taxi fuhren sie über die Brooklyn Bridge auf die Wolkenkratzer Manhattans zu; da waren all die berühmten Gebäude, die er aus Kinofilmen kannte, und auf einmal war es seine Kulisse. »Und überall sind immer Menschen, immer Menschen. Also, wohnen könnte ich da nicht, glaube ich. Da könntest du gar nicht runterkommen.«

»Schau mal, das ist doch bestimmt so ein Blogger-Pärchen, das für Instagram Fotos macht«, sagte Nicole vor dem Empire State Building. »Häh, das ist doch der Esswein!«, sagte Marius. Das war der eine Moment, in dem er sich nicht in einem amerikanischen Film wähnte. Alexander Esswein, der Bundesligaspieler des FC Augsburg, posierte mit seiner Freundin für ein Urlaubsfoto vor dem Wolkenkratzer.

Als sie am 1. Januar 2016 wieder in München landeten, hatte Marius einige Baseballmützen mehr im Gepäck als auf der Hinreise. Neuigkeiten gab es auch. Er würde seinen hartnäckig erstrittenen tollen Vertrag bei 1860 München nicht mehr brauchen. Zwei Monate, nachdem er ihn unterschrieben hatte, würde er den Verein wechseln.

10

Frühling 2016

Doch lieber Tischtennis spielen? (zu Hause im Garten)

Eine indische Tageszeitung berichtete auf ihrer Titelseite über Foti. Überall an den Verkaufsständen in Indiens südwestlichstem Bundesstaat Kerala war er am 17. Februar 2016 auf Seite eins der Zeitung *Malayala Manorama* zu sehen. 2,2 Millionen Mal wurde die Zeitung täglich gekauft, öfter als die *Bild*-Zeitung in Deutschland. Auf dem Titelfoto stand Foti artistisch in der Luft und traf den Ball gerade mit seinem roten Fußballschuh, umgeben von drei zu spät gekommenen Gegnern.

Was *Malayala Manorama* dazu schrieb, konnte er leider nicht verstehen. Die Zeitung erschien in der Sprache Malayalam, die eigene Schriftzeichen benutzte. Es war bloß unverkennbar, dass Foti ein Star war, hier in Kerala, für einen Tag.

Sein artistischer Torschuss hatte das ganze Drama des Fußballsports auf den Punkt gebracht. Es lief bereits die Nachspielzeit im abschließenden Vorrundenspiel der Sait Nagjee Trophy im EMS-Stadion zu Kozhikode, Keralas zweitgrößter Stadt mit 500 000 Einwohnern. Zwanzig- bis dreißigtausend Zuschauer, so genau zählte hier offenbar niemand, bildeten die Kulisse, darunter ein einziger Fan von 1860, Michael Stoffl. Immer mal wieder intonierte er den Schlachtruf »Sechzig, Sechzig!« Die Inder stimmten dann ein, erst lachend, dann vehement, wobei der Anfeuerungsruf sich bei ihnen eher wie »Sexy, sexy!« anhörte. Die Juniorenmannschaft von Dnipro Dnipropetrowsk aus der Ukraine tat seit dem Anpfiff wenig anderes, als das 0:0 zu verteidigen, das ihr zum Aufstieg ins Halbfinale des Turniers genügte, die U21-Mannschaft von 1860 München griff immer wieder an, um den Sieg zu erzwingen, den sie wiederum für das Weiterkommen benötigte. Dann fiel der Ball im Strafraum der Ukrainer vom Himmel, nach einem Kopfballduell ohne echten Sieger, in der 94. Minute. Der Ball war schwer zu schießen, so kerzengerade wie er aus der Luft sank, bedrängt von ukrainischen Füßen. Foti überlegte nicht, was er tat. Er folgte, wie ein Fußballer in den besten Momenten, seinen Automatismen, stieg in die Luft und trat den steil herabfallenden Ball mit einem Kung-Fu-Tritt. Die Ohs und Ahs der Zwanzig-, Dreißigtausend brachen über ihn herein, als der Ball gegen die Torlatte klatschte und von dort ins Toraus sprang.

Endlich einmal war er wieder der Hauptdarsteller, und dann doch wieder nur ein tragischer, auch in Indien.

»Ey, Kevin, das gibt's doch nicht!«, sagte er abends, danach, zu seinem Zimmerpartner im *Raviz Kadavu Resort Hotel.* »Wenn der Ball reingeht, sind wir im Halbfinale, dann spiele ich im Halbfinale, und wenn ich mich dort gut anstelle, schaffe ich es wahrscheinlich auch zum Rückrundenstart der Regionalliga in die Startelf.« Stattdessen reiste er mit seiner Mannschaft zwei Tage später aus Kerala ab, ein Ersatzspieler, dem fast das entscheidende Tor gelungen wäre.

Durch welche Verbindung sie nach Indien gekommen waren, konnte niemand in Fotis Mannschaft sagen. Das Turnier um die Sait Nagjee Trophy war jahrzehntelang ein großes Fußballereignis in Südindien gewesen und im Februar 2016 nach 20-jähriger Pause wiederbelebt worden, mit Juniorenteams aus der ganzen Welt, vom FC Watford bis zu Atlético Paranaense aus Brasilien. 1860 war als deutscher Vertreter eingeladen worden. Das nationale Fernsehen übertrug live.

Sie wurden in Kerala mit roten und gelben Rosen von Hunderten Schulkindern empfangen. Die Kinder machten Selfies mit den Fußballstars, das waren doch Fußballstars. Einige Kinder besaßen kein Handy. Sie baten Foti, mit seinem Handy ein Selfie von ihnen beiden zu machen. Dann war das Foto zwar auf Fotis Handy, sie würden es nie besitzen, aber sie hatten zumindest die Situation genossen: ein Selfie mit dem hübschen Fußballstar aus Deutschland.

Der Direktor einer der Schulen, die sie in Kerala besuchten, wollte sich gerne für die deutsche Freundlichkeit revanchieren. Zu Hause hätte er etwas für sie. Einen Elefanten.

Der Elefant kniete sich nieder. Foti stieg, wie ihm gezeigt worden war, mit dem ersten Schritt auf die Ferse des Tiers, dann in die Kniekehle, und jetzt? »Ich kann den doch nicht am Ohr ziehen! Das tut dem doch weh?« Offenbar nicht. Am Ohr des Elefanten zog sich Foti auf den Rücken hinauf. Es wurde ein ganz schön wackliger Ritt.

Ansonsten lernten sie in ihren 18 Tagen in Kerala nicht so viel von Land und Leute kennen, sagt Foti. Sie trainierten und spielten Fußball.

Er war jetzt seit Jahresbeginn Fußballer. Von der Schule hatte er sich am 14. Januar offiziell abgemeldet; einen Tag vor Ablauf der Frist, damit das Schuljahr ihm nicht angerechnet wurde. Falls er irgendwann doch noch einmal sein Fachabitur ablegen wollte, war das wichtig. Alles erledigte er auf den letzten Drücker, ärgerte sich Petra Steinhöfer. Reichte doch, fand Foti.

Alle betonten stets, wie anstrengend es war, Schule mit dem Leistungssport zu verknüpfen. Aber nur Fußballer zu sein war anstrengender, fand Foti im Januar 2016. Jeden Morgen absolvierte er nun ein Athletiktraining, nachmittags das gewöhnliche Fußballtraining, »abends habe ich gar keine Lust mehr rauszugehen, sondern schlafe um halb elf ein, weil ich so k. o. bin.«

Am 16. Januar war Foti mit dem Auto seiner Eltern zum Flughafen München gefahren, um den Vater abzuholen. Ioannis Katidis kam von der Beerdigung seines Großvaters aus Griechenland zurück. Foti hielt nach dem Vater Ausschau und sah plötzlich Marius durch den Ankunftsbereich schreiten.

Es war Samstag, wahrscheinlich hatte Marius von Hannover 96 das Wochenende freibekommen und wollte Freunde in München besuchen, oder er musste noch etwas wegen des Umzugs regeln, dachte sich Foti. Er wollte nach Marius rufen, aber dann hielt ihn etwas davon ab. Was sollte er denn sagen? Marius war jetzt ein erfolgreicher Profi, und er krebste als Ersatzspieler in der U21 herum. Foti blieb unbemerkt im Ankunftsbereich stehen und ließ Marius vorbeiziehen.

Marius hatte bis zum 1. Januar 2016 in seinem Leben noch nie an Hannover gedacht. Eine Woche später lebte er in der Stadt.

»Während des Urlaubs in New York bin ich noch fest davon ausgegangen, dass ich bis zum Saisonende im Juni bei 1860 spielen würde«, erzählte er. »Ich wollte nicht weg.« Dann informierte ihn sein Berater Michael Decker. Der neue Sportdirektor von 1860, Oliver Kreuzer, habe angerufen. Kreuzer wollte nur mal hören, was Marius im Winter vorhabe, ob ein Angebot vorliege.

In der Welt des Profifußballs sind solche Anrufe keine unverbindlichen Erkundigungen, sondern starke Hinweise. Wenn der Sportdirektor von sich aus »nur mal nachfragen« wollte, hieß das, dass er Marius gern verkaufen wollte. Er brauchte Geld. Kreuzer plante, 1860 im Abstiegskampf der zweiten Liga mit erfahrenen Kräften zu verstärken, und das Geld dafür bekam er auf die Schnelle nur durch den Verkauf eines gefragten Talents. Marius war der einzige Kandidat. Von den 1,5 Millionen Euro Ablöse, die 1860 erwarten durfte, konnte Kreuzer kurzzeitig fünf gestandene Zweitligaspieler finanzieren.

Kaum hatte Kreuzer »nur mal nachgefragt«, was Marius denn so vorhabe, gab es einen Interessenten aus der Bundesliga für ihn. Ob Hannover 96 in Wahrheit schon vorher bei Kreuzer angefragt hatte oder ob Marius' Berater nach Kreuzers Anruf Hannover 96 auf die Möglichkeit aufmerksam machte, ließ sich im Nachhinein nicht mehr herausfinden. In weniger als einer Woche waren die Modalitäten eines Wechsels geklärt. Den Posten des Sportdirektors in Hannover besetzte seit Oktober 2015 Martin Bader. Er hatte Marius im Sommer zuvor schon unbedingt verpflichten wollen. Damals allerdings arbeitete er noch für den 1. FC Nürnberg. Nach seinem Wechsel zu Hannover hatte Martin Bader Marius unverändert bei jeder Gelegenheit – nach einem Tor für 1860 oder zu Weihnachten – per Whatsapp alles Gute gewünscht; ganz unverbindlich natürlich.

Karriereplanung ist ein Wort, das Spielerberater sehr gerne verwenden. In der Praxis wird ein großer Teil der Karriereschritte eines Profifußballers dann allerdings von der Dynamik der Ereignisse bestimmt. Ein Sportdirektor will ein Talent zu Geld machen, ein anderer Sportdirektor, der das Talent seit Monaten verfolgt, hat gerade andernorts neu angeheuert, und so landet ein 20-Jähriger dann plötzlich in Hannover, einem Verein und einer Stadt, von denen vorher noch nie die Rede gewesen war.

»Auf Hannover 96 habe ich eigentlich im Fernsehen nie richtig geachtet«, sagte Marius.

Er hätte Nein zu dem Wechsel sagen können, letztendlich war es einzig seine Entscheidung. Aber als das Angebot einmal da war, als all die Berater und Sportdirektoren um ihn herum den Wechsel guthießen, sah Marius eigentlich nur Gründe, es trotz der Plötzlichkeit zu machen.

Er würde in die Erste Bundesliga wechseln. Er würde sein Gehalt verdoppeln. In der Bundesliga begannen die Gehälter für begehrte Talente bei 40 000 Euro brutto im Monat (außer in Augsburg). Er würde in Hannover volle Unterstützung erfahren, war sich Marius sicher, denn er war ein absoluter Wunschspieler des Sportdirektors, und der Trainer Thomas Schaaf stand im Ruf, junge Spieler zum Wachsen zu bringen. Bei 1860 hatte ihn dagegen in den jüngsten Wochen das Gefühl umgetrieben, in dem erschöpften Spiel des Tabellenvorletzten der zweiten Liga nicht mehr weiterzukommen. »Gegen den Wechsel hat für mich gar nichts gesprochen«, sagte Marius.

Hannover 96 war Tabellenvorletzter der Bundesliga. Die Mannschaft war aufgrund kurzfristiger Verstärkungen mit 32 Profis stark überbesetzt, sechs Außenstürmer konkurrierten um zwei Plätze. Abstiegskampf war keine Zeit, in der Talente geduldig aufgebaut werden.

Das wusste er natürlich alles. Doch so wie Marius es sah, hatte er sich bei 1860 München auch in einem extrem schwierigen Umfeld durchgesetzt. Deshalb gab es nichts daran zu zweifeln, dass ihm dasselbe bei Hannover 96 gelingen würde.

Er hatte ja Zeit. »Wir haben ihn perspektivisch gekauft«, sagt Martin Bader am Telefon. »Wir wussten, wenn wir jetzt nicht handeln, werden wir uns im Sommer bei Marius unter ganz vielen Interessenten einreihen. Sprich, wir werden keine Chance haben. Deshalb haben wir bereits jetzt zugeschlagen, auch wenn im Abstiegskampf eigentlich andere Typen gefragt sind. Aber er muss nicht gleich den Durchbruch schaffen. Er kann Bundesliga lernen, auch wenn er nicht sofort zum Einsatz kommt, und ist dann ab Sommer ein Spieler für die nächsten drei Jahre bei uns.«

Also fuhr Marius am Morgen des 7. Januar noch schnell zum Trainingsgelände der Sechziger an der Grünwalder Straße. Er wollte seine blauen Fußballschuhe mit nach Hannover nehmen. Er hatte sie zweimal getragen und jedes Mal ein Tor für 1860 erzielt, gegen RB Leipzig und Arminia Bielefeld. Er musste vor einem Spiel das ganz sichere Gefühl haben, heute treffe ich, sonst würde er sie gar nicht erst anziehen. Seine anderen Fußballschuhe ließ er im Schuhraum zurück. Er brauchte sich bei Nike nur online einzuloggen und konnte so viel Sportkleidung bestellen, wie er wollte. Seine Berater handelten gerade einen Vertrag mit Nike aus, sobald sie sich einigten, würde er dafür bezahlt, Fußballschuhe zu tragen. Foti hatte in der U19 einmal zwei Paar Fußballschuhe von 1860 geschenkt bekommen, jetzt musste er sie sich wieder kaufen. Niko übernahm jede Saison drei Paar von seinem Mitspieler Tim Danhof, der bei adidas eine Ausbildung machte und dort immer ein paar nicht mehr benötigte Testschuhe mitnehmen durfte. Sie hatten dieselbe Schuhgröße, 43, so fiel es nicht auf, dass Tim auch Niko versorgte.

Marius rollte seinen Koffer zum letzten Mal vom Trainingsgelände bei 1860. Es waren gar nicht alle Spieler der Mannschaft da, als er sich verabschiedete. Fester Handschlag und dann die eigene Wange erst an die rechte Wange des anderen legen, dann an die linke, war die neueste Grußformel der Jungs.

In Hannover schien sein Fernseher zu schrumpfen.

In München hatte der Flachbildschirm riesig gewirkt, doch im neuen Wohnzimmer waren die Wände so breit und hoch, dass sich das Teil auf einmal klein ausnahm. Das Wohnzimmer in Hannover maß ungefähr so viele Quadratmeter wie die gesamte Ein-Zimmer-Wohnung in der Grünwalder Straße. Es war ein wunderschöner Raum, sehr hell dank einer Fensterfront, mit Parkettboden und offenem Übergang zur Küche.

Marius kaufte sich eine Bohrmaschine und ließ sich von seinem Vater per Videoanruf coachen, um die Schrauben für die Rollos anzubringen.

Hannovers Ortsteil Kirchrode beschreibt die Lokalzeitung *Hannoversche Allgemeine* als »Edelstadtteil«. Das ist Marius weder bewusst, noch interessiert es ihn besonders. Es gibt Wälder und Wiesen in der Nähe, um mit Lou spazieren zu gehen. Ansonsten fahren Nicole und er, wenn sie in ein Restaurant oder zum Einkaufen wollen, automatisch in die Innenstadt. Wenn Marius am Wochenende nicht zur Spieltagsmannschaft gehört, fliegen sie nach München.

»Gott sei Dank gibt es in der Wohnung noch viel einzurichten«, sagt Nicole. Sonst wüsste sie nicht so recht, wie sie sich beschäftigen sollte. Der Umzug traf sie so abrupt, dass sie sich völlig neu orientieren muss: Soll sie jetzt hier in Hannover eine Lehre beginnen? Wird Marius dann aber auch wirklich die nächsten drei Jahre bei dem Verein bleiben? Nicole war auf dem Frauenabend, so etwas gibt es in Profimannschaften, so heißt das, wenn die Frauen und Freundinnen der Spieler sich treffen. »Aber da wurde nur über Babys gesprochen.«

»Entschuldigung«, unterbricht Marius, der auf einem der Barhocker in ihrer Küche Platz genommen hat. »Belinda schreibt, sie würde heute Abend Hühnchen mit Cornflakes machen. Hühnchen mit Cornflakes?«

»Doch, das gibt es«, sagt Nicole. »Statt in Mehl und Ei panierst du das Huhn in Cornflakes, das schmeckt lecker.«

In München waren Hühnchenrezepte und Bohrmaschinen für Marius noch keine Themen.

In Hannover treffen Nicole und er sich abends fast immer mit seinem Kollegen Felix Klaus und dessen Freundin Belinda zu Hause. Ein weiterer Mitspieler, Oliver Sorg, und dessen Freundin, die auch im Neubaublock in der Sophie-Küppers-Straße wohnen, stoßen bisweilen dazu. Sie kochen, schauen *Bachelor* im Fernsehen, reden und holen später *Tac* hervor, das neue Brettspiel. Felix Klaus war der eine Spieler in der neuen Mannschaft, den Marius irgendwie kannte. Felix' Vater, Herr Klaus, war der Trainer vom Leuges beim FC Augsburg gewesen.

Jetzt stehen Felix Klaus und Oliver Sorg auf der Straße. Sie warten auf ihren Fahrer. Marius nimmt sie zum Nachmittagstraining mit. Sie bilden eine Fahrgemeinschaft. Marius zieht sich eine seiner neuen Baseballmützen auf, mit der Aufschrift *Brooklyn*, und ist schon auf dem Weg. Seinen Glücksbringer trägt er mittlerweile doppelt. Er hat sich den süßen Totenkopf genau dort auf die Höhe des Bauchs tätowieren lassen, wo der Anhänger immer baumelt, »damit er auch bei mir ist, wenn ich die Kette mal vergesse«.

Die Lust, im Auto zu reden, hält sich bei den dreien in Grenzen. Es zieht sie nicht gerade zum Training. Der schrille Ton der Trillerpfeife und dann die bissige Stimme des Trainers unterbrachen am Morgen die Übung zum Überzahlangriff alle 20 bis 40 Sekunden. »Hierhin!«, schrie Thomas Schaaf, »Mehr Druck!«, »Teeempooo!«, »Enger zusammen!«

»Hoho!«, freute sich einer der 50 Zuschauer. Die Spieler fanden es weniger lustig. Der Trainer wollte offensichtlich nicht nur fachliche Korrekturen, sondern seine miese Laune vermitteln. Die ersten vier Spiele unter Thomas Schaaf hat Hannover 96 seit dem Rückrundenstart allesamt verloren.

Es ist der 17. Februar 2016, der Tag, an dem Foti indische Titelseiten füllt. Die entscheidenden Wochen der Bundesligasaison liegen noch in mittelferner Zukunft, und Hannover 96 scheint bereits abgeschlagen, Tabellenletzter, mit fünf Punkten Rückstand auf den Drittletzten.

Marius war bislang noch nie im Spieltagsaufgebot. In seinem zweiten Training für Hannover 96 riss ein Muskelfaser im Hüftbeuger. »Der Trainer nimmt dich nach einer Verletzung erst wieder in die Mannschaft, wenn du zwei, drei Wochen trainiert hast«, sagt Marius. »Ich muss auch nicht sofort spielen, die geben mir Zeit.« Mittlerweile kenne ich Marius gut genug, um zu wissen, dass er noch etwas anderes denkt. So langsam sollte ich aber schon mal ins Spieltagsaufgebot rutschen.

Der Maschsee kommt in Sicht, hinter den Bäumen ist das Stadiondach zu erkennen. Gleich wird der bissige Ton des Trainers wieder einsetzen. »Der beste Job ist eigentlich Ersatztorwart in einer Bundesligamannschaft«, denkt Oliver Sorg laut nach. Ein Ersatztorwart ist ein akzeptierter Teil der Gruppe, verdient seine 600 000 Euro im Jahr, kann die Erfolge mitfeiern, muss die Niederlagen aber nicht auf sich beziehen. Der Ersatztorwart hat es gut. Auf solche Gedanken kommt man als Tabellenletzter.

Marius setzt den linken Blinker seines VW Touareg, um aufs Trainingsgelände abzubiegen. Es ist sein viertes Auto, mit 19. VW stellt den Bundesligaspielern von Hannover 96 kostenlos einen Wagen zur Verfügung. Den Mercedes Sportwagen, den er als Juniorennationalspieler zu Sonderkonditionen erhielt, hat er seinen Eltern überlassen. Den Scirocco hat er zurückgegeben. Sein Handy ist immer noch dasselbe, das mit den vielen Sprüngen, nachdem im *Tapasita* jemand versehentlich daraufstieg.

Vier Tage bevor Foti in Südindien gegen eine Torlatte schoss, ging Niko mit seinem Vater samstagvormittags ins *Café Herzog*. Die Steinhöfer Petra hatte das *Herzog* als Treffpunkt ausgewählt. Das Café erfreute sich bei den Weißenburgern äußerster Beliebtheit, weil es neu war, ein hellbraun gestrichener Flachbau mit wenigen Fenstern an der Umgehungsstraße.

Der Undercut der Jungs wurde immer kürzer, fiel Petra Steinhöfer auf. Auch bei Niko war die untere Hälfte der Haare nun extrem ausrasiert. Der Vorsitzende des FC-Bayern-Fanklubs war der Friseur von Stopfenheim.

Petra Steinhöfer spürte beim Treffen im *Herzog* den Instinkt, vorneweg zu sagen, »Albert, bitte nicht aufregen!« Aber mit so einer Warnung hätte sie recht taktlos vorweggenommen, dass sie schlechte Nachrichten hatte. Also begann sie damit, dass sie gestern Abend ein außergewöhnlich langes, sehr informatives Gespräch mit Jürgen Brandl geführt habe, dem U17- und U19-Koordinator der Spielvereinigung.

Greuther Fürth werde Niko in der nächsten Saison nicht in die U23-Mannschaft übernehmen, hatte ihr Brandl mitgeteilt. Sie hatte gedacht, dass Albert Reislöhner angesichts der Neuigkeit explodieren würde. Sie hatte geglaubt, dass Niko traurig verstummen würde. Schließlich hatte sie die Entscheidung selbst nicht verstanden. Niko spielte eine zweifellos mehr als ordentliche Saison, er war ein Pfeiler der U19-Bundesligaelf, und wie hatte Trainer Radoki noch vor zwei Monaten zu ihm gesagt, »der Verein wäre schön blöd, wenn er dich nicht in die U23 übernehmen würde«.

Nun aber hatte wieder einmal jemand große Ideen.

Ramazan Yildirim hatte am 1. Januar 2016 bei Greuther Fürth

seine Arbeit als Direktor für Profifußball begonnen. Es war, mit 40 Jahren, sein erster Posten als Sportdirektor.

Er wolle in der U23 nur Talente versammeln, denen sie wirklich den Sprung in die Zweite-Liga-Mannschaft zutrauten, erklärte Yildirim den Verantwortlichen des Nachwuchsleistungszentrums. Wenn der Kader der U23 dann nur vierzehn oder auch nur zwölf Spieler umfasse, sei das kein Problem. Die Spieltagsmannschaft würde jeweils mit Akteuren aus der Profielf aufgefüllt, die dort nicht zum Zuge kamen.

Sie hätten jeden einzelnen Übernahmekandidaten aus der U19 auf das neue Anforderungsprofil hin überprüft, erklärte Brandl. Wie gewohnt zu fünft hätten Vizepräsident Gerling, der NLZ-Leiter, der U19- und der U23-Trainer sowie er selbst sich zusammengesetzt, um ein wirklich objektives Bild eines jeden Talents zu erstellen. Sie waren zum Schluss gekommen, dass Niko in einer klassischen U23-Mannschaft in der Regionalliga problemlos mithalten konnte, aber das war eben nicht mehr das Kriterium. Sie sähen in ihm keinen potenziellen Spieler für die Fürther Profielf.

»Aber warum?«, fragte Petra Steinhöfer. »Was fehlt ihm denn Ihrer Meinung nach?«

Niko offenbare, unter höchstem Druck, bei höchstem Tempo Schwächen bei der Ballannahme. Er lege sich den Ball dann nicht ideal vor. Auch seien seine langen Pässe oft ungenau.

Als mir Petra Steinhöfer davon erzählte, erinnerte ich mich augenblicklich an ein halbes Dutzend fantastischer langer Diagonalpässe, die Niko geschlagen hatte.

Es war das klassische Beispiel, warum Talentbewertungen fast immer irgendwem ungerecht erscheinen. Nur die allerwenigsten NLZ-Spieler waren wie Timo Werner so rundherum begabt, dass ein jeder sie einfach gut finden musste. Die meisten hatten Stärken und Schwächen, und die Frage war stets: Ragte eine Stärke dermaßen heraus, dass den Trainern, Direktoren und Scouts die Schwächen gar nicht mehr markant ins Auge fielen? Niko war athletisch überragend. Er war extrem schnell, was im Profifußball um 2016 eines der gefragtesten Merkmale war, er war Linksfüßler, von denen es nicht so viele gab. Hätte nicht das schon allein ihn für eine weitere Förderung in der U23 qualifizieren müssen?

Ja, aber im deutlich höheren Tempo der zweiten Liga würde Niko mit seiner Balltechnik nicht mehr zurechtkommen, versuchte Jürgen Brandl Petra Steinhöfer zu erklären.

»Aber Herr Brandl, Sie haben mir eben gesagt, dass Sie sich Niko durchaus in der Regionalliga und auch in der dritten Liga vorstellen können. Wie wollen Sie dann jetzt schon erkennen, dass es für die zweite Liga nicht reichen wird?«

Sie hätten ihre Erfahrungswerte aus der Beobachtung von Hunderten Talenten über die Jahre, erklärte ihr Jürgen Brandl. Aber natürlich stimme es auch, dass man bei einem 18-Jährigen nie ganz absehen könne, wie er sich entwickle, ob er sich nicht doch einem viel höheren Spieltempo anpassen könne.

»Mir kam es vor, als widerstrebe es Brandl, Niko nicht in die U23 zu übernehmen«, sagte mir Petra Steinhöfer vier Tage später, an dem Tag, als Foti vor Zwanzig- oder Dreißigtausend in Südindien einen Ball mit einem Kung-Fu-Tritt Richtung Tor schoss.

Im *Café Herzog*, drei Tage vor Fotis Lattenschuss, wartete Petra Steinhöfer auf einen Aufschrei. Entweder einen Schrei der Entrüstung oder der Verzweiflung. Aber er kam nicht. Niko und sein Vater nahmen die Nachricht von seinem Ende in Fürth gefasst auf. Petra Steinhöfer wunderte sich. Niko identifizierte sich mit Greuther Fürth, hier wollte er es schaffen. Beziehungsweise hier hatte er es schaffen wollen.

»Natürlich war ich schon gescheit enttäuscht«, sagt Niko. Er war halt nach sechs Jahren NLZ-Fußball ziemlich gut darin geworden, sich Enttäuschungen nicht anmerken zu lassen.

Doch etwas milderte seinen Zorn und die Traurigkeit tatsächlich ab. Es lag nicht an ihm, nicht an seiner Leistung, dass er nicht übernommen wurde. Es lag an einer komischen Idee des neuen Sportdirektors. Das war wie höhere Gewalt, da konnte man nichts machen. Auch andere wichtige Spieler seiner U19-Mannschaft wie der Schimm Marvin sollten unter den neuen Leitlinien nicht übernommen werden. Das machte die Zurückweisung erträglicher. Die Ablehnung richtete sich nicht gegen ihn, sondern irgendwie gegen alle.

Am 13. Februar 2016, einen Tag, nachdem die Steinhöfer Petra ihn im *Herzog* über sein Ausscheiden aus der Kleeblatt-Akademie im Sommer informiert hatte, spielte er weiter, ein auffällig präsenter und schneller Linksverteidiger beim 2:0-Sieg in der U19-Bundesliga gegen Eintracht Frankfurt.

Am 26. Februar hing ein Zettel in der Umkleidekabine von Hannover 96. Marius' Name stand darauf. Er gehörte zum ersten Mal zum Bundesligaaufgebot von Hannover 96.

Sie übernachteten vor dem Auswärtsspiel gegen den VfB Stuttgart im *Schlosshotel Monrepos* in Ludwigsburg. Die jungen und nachrangigen Spieler bezogen Doppelzimmer, die bedeutenden Spieler erhielten Einzelzimmer. Die Hierarchie einer Bundesligamannschaft wurde auch bei den Hotelübernachtungen gefestigt. Am Samstagmorgen versammelte Trainer Schaaf die Mannschaft nach dem Frühstück im Besprechungsraum, um das Spielsystem zu erläutern. Er richtete keine großen Worte an Marius. Er hatte ihn einfach im Mittelfeld auf der linken Seite eingeteilt.

Auch das fünfte von fünf Bundesligaspielen von Hannover 96 unter Thomas Schaaf war am Sonntag zuvor verloren gegangen, 0:1 gegen Augsburg. Der Trainer musste die Aufstellung ändern, allein um irgendetwas zu ändern. Er brachte auf einen Schlag sechs neue Kräfte.

Vom *Schlosshotel* zum Stadion in Stuttgart waren es 24 Kilometer. Der Mannschaftsbus von Hannover 96 benötigte für die Strecke am 27. Februar 2016 bereits eine Stunde, ohne dass das berühmte geschwungene Dach der WM-Arena in Sicht kam. Eine Baustelle auf der A81 zwang den Verkehr kilometerlang auf eine einzige Spur. Manche Spieler begannen, sich im Bus die Schuhe und Socken auszuziehen. Sie legten im Stau die Tapeverbände an, mit denen sie ihre Sprunggelenke stabilisierten. So wie es aussah, würde im Stadion dafür keine Zeit mehr bleiben. Es war schon nach halb drei. Marius suchte ein Ronaldo-Video auf Youtube.

Dagegen befanden sich seine Eltern eine Stunde vor Anpfiff bereits im Stadion. Nachdem Marius sie am Vortag informiert hatte, er stehe im Aufgebot, waren sie kurzfristig zu dem Spiel gefahren, für den Fall, dass er zum Einsatz kam. »Das ist noch einmal etwas anderes als zweite Liga mit 1860«, dachte sich Heike Wolf auf der Tribüne: »Bundesliga.« Das Spiel war, wie nahezu alle

Bundesligapartien, ausverkauft. 54 000 kamen zu einem gewöhnlichen Bundesligaspiel zwischen dem Zwölften und dem Tabellenletzten, und niemand staunte darüber 2016. Martin Wolf dachte daran, dass sie schon einmal mit Marius beim VfB Stuttgart gewesen waren. Er hatte Marius beim VfB-Talenttag angemeldet, wo kleine Kinder einmal im Jahr auf dem Trainingsgelände der Profis spielen und träumen durften, sie könnten das auch werden, Profis. Zehn war Marius gewesen. Das war ein einmaliges Erlebnis für den Jungen, hatte Martin Wolf damals gedacht.

45 Minuten vor Anpfiff des Bundesligaspiels trafen dann auch die Hauptdarsteller ein, eine Dreiviertelstunde später als üblich. Im Schnelldurchgang wärmte sich Hannover 96 auf. »Aber der Wolf ist halt ein Typ, dem ist so etwas wie Druck scheißegal«, sagt der Leuges. Das mochte grundsätzlich stimmen. Doch jede Regel hat ihre Ausnahme.

Im Kabinengang, noch drei Minuten bis zum Anpfiff, wischte sich Marius hektisch das Gesicht mit seinem dunkelgrünen Trikot ab und trippelte auf den Füßen hin und her. Unter den aufgereihten Mitspielern suchte er explizit Salif Sané heraus, den imposanten Verteidiger, und umarmte ihn, als wolle er zur Sicherheit noch einmal dessen Stärke spüren. Dann ging es hinaus, zum ersten Mal Bundesligaspieler.

Nach 3:20 Minuten war Marius bereits fünfmal gesprintet. Dann berührte er endlich zum ersten Mal den Ball in der Bundesliga. Ihr Kapitän Christian Schulz spielte einen scharfen Steilpass aus der eigenen Spielfeldhälfte, Yamaguchi ließ den Ball geistesgegenwärtig durch seine Beine rollen, und schon hatte Marius das Stuttgarter Tor im Visier. Er ging ins Dribbling, hinaus auf den Flügel, seine alte Regel im Sinn: Bei der ersten Aktion voll draufgehen. Sofort stellten ihn zwei Stuttgarter, Niedermeier und Großkreutz. Er kam nicht vorbei.

Die Gedanken ließen sich nicht verhindern: Das ist etwas anderes als zweite Liga. Ich komme einfach nicht ins Spiel. Konzentrier' dich auf deine defensiven Aufgaben.

Er fing einen Stuttgarter Eckball ab, er stoppte Stuttgarts Rupp bei einem Flankenlauf; defensiv erledigte er seine Aufgaben. Ein Freistoß für Stuttgart zeichnete einen Bogen in die Luft, Timo

Werner hatte sich im Rücken der Hannoveraner Verteidiger weggeschlichen, sprang zum Kopfball hoch, verschätzte sich und boxte den Ball mit der Schulter ins Tor. 1:0.

So schlecht hatte Hannover bis dahin gar nicht gespielt. Wie oft wurde das schon über Tabellenletzte gesagt, wenn sie erneut verloren?

Marius versuchte sich wieder einmal in der Offensive, Großkreutz stellte sich ihm entgegen. »Großkreutz, das war doch eines seiner Idole, als der vor fünf Jahren bei Dortmund spielte«, erinnerte sich die Mutter auf der Tribüne. Marius ließ Großkreutz mit einer Finte aussteigen, jetzt die Flanke – doch Großkreutz hatte sich schon wieder gefangen und drängte Marius mit seinem Körper zur Seite. Der Ball trudelte ins Toraus.

Wie anders sein Debüt in der zweiten Liga für 1860 gegen Braunschweig verlaufen war.

Eine interessante Szene lieferte Marius noch in seinem ersten Bundesligaspiel. Sie offenbarte, wie falsch wir Zuschauer oft Spielsituationen bewerten. In der 57. Minute stand er bei einem Torschuss seines Mitspielers Karaman im Weg. Der Schuss prallte an Marius' Rücken ab. In den Augen des Publikums hatte er die Torchance seiner Mannschaft zunichtegemacht, »Wolf ist so ein bisschen ein Fremdkörper«, sagte der Fernsehreporter Roland Evers auf *Sky*, »ich glaube, der Schuss von Karaman wäre nicht schlecht gekommen.« Aus der Sicht von Fußballern hatte jedoch nicht Marius den Fehler begangen, sondern Karaman. Marius hatte richtig erkannt, dass Karaman den perfekten Flachpass durch die Lücke zwischen zwei Stuttgarter Verteidigern spielen konnte. Deshalb war er auf die Linie der Stuttgarter Abwehr gesprintet, um, sobald Karaman passte, in den freien Raum dahinter zu starten und den Pass direkt und frei stehend aufs Tor zu schießen. Karaman hätte erkennen müssen, was Marius plante. Er hätte sehen müssen, dass Marius genau in seine Schusslinie lief. Und vor allem hätte er realisieren müssen, dass die Wahrscheinlichkeit, ein Tor zu erzielen, bei einem Pass für Marius hinter die Abwehr viel höher war als bei einem Torschuss aus 20 Metern Distanz. Fußballer bewerten Spielszenen immer danach, was bestmöglich hätte passieren können. Zuschauer bewerten Spielszenen danach, was passiert ist. Deshalb fragen sich Fußballer oft, was die Zuschauer und Journalisten wollen mit ihrer Kritik.

Nach 75 Minuten wechselte ihn der Trainer aus. Marius hatte sehr viel gearbeitet und nur 31-mal den Ball gehabt. Gewöhnlich wies er doppelt so viele Ballkontakte vor.

Wie gelungen oder misslungen ein Auftritt war, bestimmt im Fußball allerdings zuvorderst das Endergebnis des Spiels. Durch zwei isolierte Aktionen, zwei Tore nach Freistoßflanken, gewann Hannover in Stuttgart zum ersten Mal seit Jahresbeginn wieder ein Bundesligaspiel. So richtig enttäuscht konnte Marius von seinem Debüt da gar nicht mehr sein.

Draußen, vor dem Stadion, suchten die Eltern den Mannschaftsbus von Hannover 96, um Marius zu gratulieren. Der Bus parkte direkt an einem Eingang, hinter einem Absperrgitter. Da kamen sie nicht durch. Heike und Martin Wolf drängten sich an Fans vorbei, an das Absperrgitter heran. Als Marius aus der Umkleidekabine kam, mussten sie ihn wie Fans rufen, um seine Aufmerksamkeit auf sich zu ziehen.

Kurz redeten sie durch das Gitter hindurch miteinander. Fans neben und hinter ihnen schrien etwas rein, »Super, Marius!«, »Stark gekämpft!«

»Maren hat gefragt, ob sie das Trikot haben darf«, sagte die Mutter.

Marius reichte es ihr durch das Gitter hindurch.

»Ey, wieso kriegt ihr das Trikot von dem?«, fragte ein Fan, als sich Heike und Martin Wolf wieder hinausdrängten.

»Wir kennen den recht gut«, sagte Marius' Vater.

Vier Tage später, in der nächsten Bundesligapartie, gelang Marius das Spiel mit dem Ball wieder besser. Es kam bloß nicht zur Geltung. Hannover verlor 0:4 gegen den VfL Wolfsburg.

Das Einzige, was Marius auf der Heimfahrt im Auto sagte, war, »Ich habe solche Bauchschmerzen, verdammt!« Krümmte sich sein Magen vor Stress oder vor Überanstrengung, Marius konnte es nicht sagen. Er war gerannt wie verrückt. 24 Sprints hatte er hingelegt, ehe er nach 66 Minuten ausgetauscht worden war. Kein anderer Spieler auf dem Feld sprintete öfter, selbst jene nicht, die dafür die gesamten 90 Spielminuten Zeit hatten. Meistens war Marius den Wolfsburgern hinterhergesprintet – und jetzt auch noch diese brutalen Magenschmerzen, er riss das Lenkrad herum und trat das Gaspedal durch, um ein Auto mitten in der Stadt zu überholen, um die Wut irgendwie zu kanalisieren. Im Auto war es totenstill. Seine Mutter und Nicole sagten nichts.

Es war schon nach 22 Uhr, als sie von dem Dienstagabendspiel in die Wohnung in Kirchrode zurückkehrten. Seine Mutter, die mit dem Zug aus Einberg zu Besuch gekommen war, um auch Marius' zweites Bundesligaspiel zu sehen, ging ins Bett. Die Nacht musste diesen Abend schlucken, das schien die einzige Lösung. Irgendwann hörte die Mutter noch die Klingel läuten.

Als sie am nächsten Morgen als Erste aufstand, lag jede Menge Fast Food auf dem Esstisch, praktisch unangetastet. Wahrscheinlich waren noch ein paar Mitspieler von Marius vorbeigekommen, Felix Klaus vielleicht oder André Hoffmann, malte sich die Mutter aus, und irgendwann mussten sie raus, einfach irgendetwas tun, um das Gefühl von Ohnmacht nach dieser Niederlage abzuschütteln. Sie gingen zu McDonald's, obwohl niemand Hunger hatte.

Der Trainer bat die Spieler am Morgen nach dem 0:4 in der Umkleidekabine, es jetzt zu sagen, falls sie etwas störte. Der Erste der älteren Spieler meldete sich, und dann schienen die Wortmeldungen gar nicht mehr aufzuhören. Die Taktik funktioniere nicht, der Umgangston gehe nicht … Marius hörte nur zu. Zu reden, fühlte er, stand ihm als Bundesliganeuling nicht zu. Am Ende sagte der Trainer Thomas Schaaf auch nichts mehr. Er war einmal ein Meistertrainer gewesen, vor gut zehn Jahren bei Werder Bremen.

Vielleicht hatte sich Schaaf von der Sitzung am 2. März, nach dem 0:4 gegen Wolfsburg, eine Aussprache erhofft. Es wurde der Punkt, an dem es kein Zurück oder Vorwärts mehr gab. Wie eine Mannschaft in der Trauerphase machte Hannover 96 weiter, mit abgestorbenen Gefühlen. Sie hatten die fünf Bundesligaspiele vor dem 2:1-Sieg in Stuttgart verloren und verloren die darauffolgenden fünf. »Es kann doch nicht sein, dass wir zum Training fahren und keine Lust auf Fußball haben!«, rief Marius im Auto Felix Klaus zu. Marius war immer von einer unbändigen Freude zu spielen durchdrungen gewesen, selbst in der U17 in Nürnberg, als er sich beim Trainer chancenlos wähnte. Diese Freude am Fußball, die reine Lust zu spielen, ließ er sich von nichts und niemandem nehmen, war er sich sicher gewesen. Nun war er umgeben von Profis, die im Training in erster Linie eines wollten. Es hinter sich bringen.

Hinzu kam ein Trainer, der sein Urteil über Marius nach den Spielen gegen Stuttgart und Wolfsburg gefällt hatte. Den Jungen überfordere er, wenn er ihn weiter in diese dysfunktionale Elf stecke. »Man hat in den zwei Spielen gemerkt, dass die Bundesliga in der Extremsituation, in der wir uns befanden, für Marius schon noch eine Nummer zu groß war«, sagt Sportdirektor Bader. »Da kam zu viel zusammen: Abstiegskampf, das Umfeld in Aufruhr, nur Niederlagen, da war ja alles in Schieflage. In so einer Situation kann sich ein junger Spieler kaum vernünftig entwickeln.«

So wartete Marius ziemlich genau einen Monat, bis er nach dem 0:4 gegen Wolfsburg wieder ein Fußballspiel bestreiten durfte. Trainer Schaaf schickte ihn zur U23-Mannschaft, damit er in der Regionalliga spielte.

In der Regionalliga Bayern wartet, drei Wochen nachdem er in Südindien gegen eine Torlatte geschossen hat, sein Lieblingsgegner auf Foti. Es geht gegen Nürnbergs U21. Gegen seinen alten Club drehte er immer auf. Gegen Nürnberg mussten sie natürlich dabei sein, hatten sich Fotis Eltern gesagt. Sie setzen sich ganz außen auf die Haupttribüne des Grünwalder Stadions. Dort ist ihre Sicht eingeschränkt, aber Ioannis kann unbeobachtet vom Ordner eine Zigarette rauchen. Er friert in seiner schicken Lederjacke. Er hat vergessen, wie kalt es im Fußballstadion auch noch Anfang März ist. Er war schon seit Oktober nicht mehr hier. Foti spielte ja nie.

In seinem neuen Leben als Vollzeitfußballer war Foti beim Rückrundenstart vor einer Woche zehn Minuten vor Schluss eingewechselt worden und hatte gleich mit einem gefährlichen Schuss auf sich aufmerksam gemacht. Immer ein paar Minuten mehr spielen, Akzente setzen, bis er irgendwann, bald, in der Startelf steht, das ist der Plan.

Der Mann, dessen Name noch immer auf Fotis Klingelschild steht, spielt bei Nürnberg. Knezevic. Er ging den umgekehrten Weg wie Foti, aus dem 1860er-Nachwuchsleistungszentrum in das Nürnberger, und jeder glaubte, so ein Wechsel sei etwas ganz Besonderes, ein Zeichen seines außergewöhnlichen Talents.

Auf der Osttribüne liegt einsam ein Ball, von den Nürnbergern beim Aufwärmen über den Zaun geschossen. Auf der Westtribüne steht ganz allein ein Ordner. Er muss die legendäre Anzeigetafel aus den 1960er-Jahren, aus der großen Zeit von 1860, per Hand bedienen.

Jimmy Marton, der Junge auf Fotis Position, linksaußen, flankt einmal zu kurz, einmal zu hoch und bleibt schließlich bei einem Dribbling hängen. Foti kann sich darauf einstellen, heute früh eingewechselt zu werden.

Die Ersatzspieler laufen vor der Haupttribüne vorbei. »Foti hat kurze Hosen an!«, bemerkt seine Mutter. »Vielleicht bedeutet das, er kommt als Erster rein?«

Nach 52 Minuten hält der Linienrichter seine Fahne mit beiden Händen hoch, das ist das Zeichen. Auswechslung. Lukas Aigner kommt ins Spiel, ein Abwehrspieler. Einer der Innenverteidiger hat sich verletzt.

1860 führt seit der 40. Minute 1:0, aber es verliert zunehmend die Kontrolle über das Spiel. Der Trainer muss mit einer Einwechslung gegensteuern. Er bringt nach 65 Minuten mit Fabian Hürzeler einen zusätzlichen defensiven Mittelfeldspieler ins Spiel.

Es bleibt noch ein Wechsel.

Der Mittelstürmer von 1860, Stephan Hain, ist seit der elften Spielminute angeschlagen und hilft deshalb defensiv nicht mehr in jeder Situation mit. Der Trainer hat mit Felix Bachschmid noch einen torgefährlichen Mittelstürmer unter den Ersatzspielern. Elf Minuten vor Ende wechselt er ihn ein.

Olga und Ioannis Katidis sagen nichts mehr. Ihr Schweigen sagt alles. Bachschmid, der Eingewechselte, markiert das 2:0.

Der Verlauf des Spiels bestimmt, wer eingewechselt wird. Hat sich jemand verletzt? Muss nach einer Führung die Verteidigung gestärkt werden? Oder braucht es einen kopfballstarken Mann, weil die Abwehr bei Eckbällen schwimmt? Ein Ersatzspieler weiß nie, was der Abend für ihn bringt. Ein Ersatzspieler hat sein Schicksal nicht mehr in der eigenen Hand.

»Gehen Sie dann auch bitte?«, sagt eine Stimme hinter Fotis Eltern. Sie drehen sich fast erschrocken um und blicken in das Gesicht eines Ordners. Die Tribüne ist bereits leer, sie hatten es gar nicht gemerkt. Sie hatten einfach auf das Spielfeld gestarrt.

Sie nehmen ihren Stammplatz ein, draußen auf dem Bürgersteig vor dem Spielereingang, wo sie schon an so vielen Sams- und Sonntagen auf Foti gewartet haben.

»Ich hatte mit dieser Fußballwelt nie etwas zu tun, und ich bereue es, dass Foti da reingeraten ist«, sagt Ioannis. »Am Ende sind es doch verlorene Jahre. All die Wochenenden auf der Autobahn, nach Frankfurt, nach Freiburg. Für was? Dass es dann so endet, dass die Jungs mit 20 vor einer ungewissen Zukunft stehen.«

Ich muss nichts entgegnen. Er spricht nicht unbedingt zu mir. Er redet es sich von der Seele.

»Ich rede gar nicht nur von Foti. Ich erinnere mich noch genau an den Tag im Sommer, in der U16, als sechs der Jungs nach einem Spiel ins Büro hochgerufen wurden. Sie kamen still, mit hängenden Köpfen wieder raus. Eben hatten sie noch mit den anderen gelacht. Dann hatte man ihnen gesagt: Tut uns leid, ihr seid nächste Saison nicht mehr dabei. Einfach so! Das ist die Normalität in diesem System. Das Bild von den sechs hat sich bei mir eingebrannt, da habe ich zu zweifeln begonnen, obwohl Foti gar nicht betroffen war.«

Er spricht sachlich, ohne erkennbare Bitterkeit.

»Und diese sechs hatten es – ohne es zu wissen – noch gut. Denn sie konnten sich auf die Schule konzentrieren, einen vernünftigen Schulabschluss oder eine Lehre machen, und hoffentlich behalten sie die Fußballzeit mit Abstand in schöner Erinnerung. Aber mein Foti, der hat die Schule nicht geschafft, und wenn er es jetzt im Fußball nicht schafft? Dann ist er 20 und hat nichts.«

Er sagt oft *mein Foti*.

»Und was heißt das schon: Es schaffen? Wenn du in der zweiten Liga Profi wirst, was verdienst du da?«

Vielleicht 20 000 Euro im Monat.

»Brutto?«

Brutto.

»Das sind mit den ganzen Prämien dann vielleicht 180 000 Euro netto im Jahr. Und meinst du, die sparen, wenn sie jung sind? Ach was. Niemand spart, wenn er jung ist.«

Wenige.

»Dann verdienst du also zehn Jahre lang hundertachtzigtausend im Jahr. Wenn es gut geht, bleiben dir am Ende zwei Wohnungen. Und dann? Ja, und dann? Bist du 30 und hast nichts.«

Wenn du dagegen Handwerker wirst, wenn du geschickt bist und fleißig, irgendwann deine eigene Firma gründest und dazu vielleicht sogar dein eigenes Haus größtenteils selbst baust, dann …

»Dann hast du mehr. Nicht mit 30, aber mit 50. Oder wenn du mit 22 bei Audi im Innendienst arbeitest und nebenher in der Regionalliga Fußball spielst. Mit Freude spielst! *Dann* hast du es geschafft.«

Aber wie hättest du es verhindern wollen, dass deine Kinder in den NLZ-Fußball reingeraten?

»Ich habe es nicht verhindern können! Ich kann ihnen doch nicht das Fußballspielen verbieten! Aber weißt du was?«

Was?

»Ich hätte besser mit ihnen Tischtennis gespielt, im Garten.«

Ioannis und Olga Katidis warten 30 Minuten auf Foti, auf der Straße vor dem Grünwalder. Weil er nicht beim Spiel zum Einsatz kam, musste er im verlassenen Stadion im erlöschenden Flutlicht noch ein Sprinttraining absolvieren.

Vor der Sommerpause, 2016

Viele Kühe am Horizont

Die Börlein Bettina feierte ihren 60. Geburtstag, da gingen die Reislöhners natürlich hin. Familie Börlein wohnte nur vier Häuser weiter in Stopfenheim. Albert hatte dort gerade die neue Einliegerwohnung gefliest. Auf Bettys Geburtstag gab es Kaffee, Kuchen und einen Bundesligaverein für Niko.

»Und was macht der Niko?«, hatte sich Bettys Mann, der Börlein Erwin, auf dem Fest erkundigt.

»Bei Fürth geht's nicht weiter für ihn«, erklärte Albert, »jetzt müssen wir halt schauen.«

Ja, wie das? Der Niko war doch immer so ein feiner Fußballer gewesen.

Albert erzählte dem Börlein Erwin die ganze Geschichte, wie der Neue in Fürth, also der Yildirim, plötzlich bis auf drei alle Jungs vom 97er-Jahrgang wegschicken wollte, auch den Niko. Der Börlein Erwin schüttelte ungläubig den Kopf. Dann kam ihm offenbar eine Idee. Er rief durch den halben Raum: »Rainer! Das wäre doch einer für dich!«

Ein Mann in einem exzellent sitzenden Anzug, mit einem ehrwürdigen grauen Schimmer im vollen Haar, sah zu ihnen herüber.

Den Reislöhners kam er vage bekannt vor.

»Das ist irgendwie der Schwager zum Börlein Erwin«, glaubte Albert.

»Kann schon sein«, dachte Elke.

Der Rainer gesellte sich zu ihnen. Der Börlein Erwin erklärte ihm kurz, dass der Sohn der Reislöhners bei Greuther Fürth in der U19-Bundesliga spiele.

Seit sechs Jahren spiele der Niko in Fürth, führte Elke aus, und auf einmal soll es vorbei sein.

»Ja, das gibt's doch nicht, dass die ihn nicht in die U23 übernehmen, wenn er so lange dabei ist«, sagte der Herr Rainer, und schon waren sie in ein Gespräch verwickelt. Wer der distinguierte, gut 60-jährige Mann eigentlich war, außer ein in irgendeiner Weise Verwandter der Börleins, war Elke nicht klar. Herr Rainer selbst schien davon auszugehen, dass ihn der Börlein Erwin bereits anständig vorgestellt hatte.

»Ich wusste schon, der hat irgendeine Funktion im Fußball«, sagt Albert Reislöhner, »der war ja ein anderes Mal mit den Börleins am Sportplatz in Stopfenheim gewesen. Da hatte es geheißen, der sei beim DFB tätig, aber was er aktuell machte, wusste ich nicht.«

»Wie groß ist er denn«, wollte Herr Rainer wissen.

Eins achtundachtzig. Linker Außenverteidiger. Stellte sich als Innenverteidiger auch nicht ungeschickt an.

»Und wie schnell läuft er die 30 Meter?«

Also, sie meinte, dass Niko der Schnellste im Team war, sagte Elke, aber so genau wusste sie das nicht, da musste sie nachfragen. 3,82 Sekunden, antwortete Niko per Whatsapp.

»3,82?!«, entfuhr es Herrn Rainer. »Wenn er Linksfuß und so schnell ist, muss er als Fußballer aber arg limitiert sein. Sonst würde Fürth ihn doch behalten.«

»Der ist nicht schlecht!« Elke war sofort im Verteidigungsmodus. Was sagte der über ihren Sohn! Wer war das überhaupt? »Diagonalpässe, Eckbälle, Freistoßflanken schlägt der Niko alle sauber«, erklärte Elke, die ehemalige Trainerin. »Sein Trainer meinte noch vor drei Monaten, Fürth wäre blöd, wenn sie ihn nicht übernehmen würden.«

»Den muss ich mal beobachten lassen«, sagte Herr Rainer.

Zum Abschied gab er den Reislöhners seine Visitenkarte. Sie, beziehungsweise der Berater, sollten sich einmal melden. Niko hatte vermutlich einen Berater?

»Eine Beraterin«, sagte Elke.

»Beraterin?«

Da habe sie dem Herrn Rainer gleich nochmals Contra gegeben, sagt Elke Reislöhner. Glaubte der etwa, eine Frau könne den Job nicht erledigen?

Als er gegangen war, sahen die Reislöhners auf die Visitenkarte.

Rainer Adrion. Sportlicher Leiter U17 bis U23 VfB Stuttgart.

Zuvor war er vier Jahre lang Juniorennationaltrainer der deutschen U21-Auswahl gewesen, erläuterte ihnen Bettys Sohn, der Börlein Daniel.

Vereinssuche konnte also ganz einfach sein. Man ging in Stopfenheim auf einen 60. Geburtstag und traf einen der wichtigsten Entscheider im deutschen Nachwuchsfußball. Ansonsten allerdings war die Vereinssuche für 19-, 20-jährige Talente aus den Nachwuchsleistungszentren eine große Nervenprobe; in vielen Fällen auch ein Ding der Unmöglichkeit.

Jeden Mai wieder wurden auf einen Schlag rund 1000 Talente aus den U19- und U23-Mannschaften der deutschen Profiakademien entlassen. Die Ausbildungszeit war zu Ende. Nun mussten sie ihren Platz im Profisport finden. Niko und Foti waren im Frühling 2016 zwei von 1000 Suchenden.

Theoretisch hatte Niko die Klasse und Foti das Potenzial, in fast jeder U23-Akademiemannschaft oder einer sonstigen Regionalligamannschaft mitzuspielen. Praktisch aber stellte sich die Frage: Warum sollte zum Beispiel die U23 des SC Freiburg oder ein Profiklub in der vierten Liga wie Rot-Weiss Essen ausgerechnet sie nehmen? Für den Posten des linken Außenverteidigers in seiner U23-Azubimannschaft musste jeder Profiklub bereits unter drei, vier Kandidaten auswählen, die er in seinem NLZ jahrelang selbst ausgebildet hatte. Hinzu kam die eine oder andere Empfehlung, die ihre Scouts das Jahr über entdeckt hatten – und dann kamen zehn, zwölf Kandidaten aus der Schar der 1000 Suchenden, die ihnen von Spielerberatern angeboten wurden. Ein Profiverein wie Rot-Weiss Essen wiederum wollte vielleicht grundsätzlich gar keinen 19-Jährigen als linken Außenverteidiger, einen Jungen ohne Erfahrung im Männerfußball.

Wenn sie, alleine zu Hause in Weißenburg, im Frühling 2016 darüber nachdenkt, »habe ich zeitweise richtig Bammel, ob ich Foti und Niko gerecht werden kann«, sagt Petra Steinhöfer. Bislang hat sie die Schwierigkeiten, die sich auf dem Weg der Jungs im Jugendfußball ergaben, mit Bravour gemeistert, die Vereinssuche für Marius, als er mit 16 vor dem Nichts stand, die Spannungen, als Niko unter dem Psychoterror des Trainers hinwerfen wollte, bis hin zu alltäglichen Fragen, als etwa Foti unter ständigen Atemschwierigkeiten litt und sie eine Operation der Nasenscheidewand organisierte. Die Vereinssuche im Profibereich aber ist der Kern der Beraterarbeit; die wahre Prüfung.

Petra Steinhöfer rief die Geburtstagsbekanntschaft der Reislöhners an, Rainer Adrion. Selbstverständlich werde er der Sache seriös nachgehen, sagte Adrion, das hatte er nicht nur so dahingesagt in Stopfenheim. So ein schneller Linksfuß sei eine Rarität. Ein Scout des VfB werde Niko am 10. April 2016 im U19-Bundesligaspiel in Freiburg beobachten. Falls ihr Talentsucher den Jungen als interessant einstufe, würde er Niko zu einem zwei- oder dreitägigen Probetraining bei der U23 in Stuttgart einladen.

In der Woche vor dem Auswärtsspiel in Freiburg wurde Niko krank. Die Mandeln waren entzündet. Nicht schon wieder, fluchte er verzweifelt, nicht genau jetzt! Erst einen Monat zuvor hatte er mit Fieber eine Partie aussetzen müssen.

Es war kein Zufall, dass sein Immunsystem just in diesem Moment überlastet war, dachte Petra Steinhöfer. Er lernte bis nachts für die Fachabiturprüfung, und er spielte Fußball im Gefühl, es gehe um seine Zukunft. Sie informierte Rainer Adrion, dass Niko für das Freiburg-Spiel ausfalle.

Danach blieben von der Saison noch vier Spiele, in denen der VfB ihn beobachten konnte, noch drei Wochen für ein Probetraining. Falls er schnell wieder gesund würde.

In der Zwischenzeit begann Petra Steinhöfer mit dem Glücksspiel. So erschien ihr die Vereinssuche für zwei 19-Jährige, die in ihren Ausbildungsvereinen nicht mehr gefragt waren.

Sie fragte in Ingolstadt, Augsburg, Unterhaching an. Dort sollten Niko und Foti nicht nur zwei Namen von 1000 sein, sondern Gesichter, die den Zuständigen über die Jahre unter den Gegnern immer mal wieder aufgefallen waren. Wobei, welcher Gegner hatte Foti in den letzten anderthalb Jahren noch richtig kennengelernt?

Unterhachings Präsident Manfred Schwabl sagte ihr direkt ab. »Wenn du mir einen Topstürmer bringst, kommen wir ins

Gespräch. Auf allen weiteren Positionen nehmen wir keine Jungs aus den NLZ anderer Vereine, die besetzen wir mit unseren eigenen Talenten.« Von den Zuständigen für die U23-Teams in Ingolstadt und Augsburg hörte sie, ja, man schaue mal.

In Ingolstadt oder Augsburg für Niko anzufragen war wie beim Roulette auf Schwarz oder Weiß zu setzen. Es konnte klappen, es konnte nicht klappen, die Chancen standen 50 zu 50. Bei Vereinen weiterzusuchen, die von Niko und Foti noch nie gehört hatten, war ungefähr so Erfolg versprechend, wie alles auf eine Zahl zu setzen.

Sie musste Vereine anrufen, die selbst über weniger gute Jugendteams verfügten und deshalb vielleicht, zufällig, genau in dem Moment ein Talent mit den Charakteristiken von Foti oder Niko suchten. Oder Klubs, in denen eine einzelne, entscheidende Person zufällig Foti oder Niko aus der Vergangenheit kannte.

Sie fragte für Niko beim 1. FC Kaiserslautern um einen Platz in der U23 an. Dort arbeitete Konrad Fünfstück als Profitrainer. Als ehemaliger Jugendkoordinator von Greuther Fürth kannte er Niko bestens.

Sie rief den neuen Sportdirektor des 1. FC Saarbrücken Marcus Mann wegen Foti an. Offiziell hatte Mann den Posten noch gar nicht angetreten, Petra Steinhöfer war eine der ersten Spielerberater, die ihn erreichten. Er war fast noch ein wenig aufgeregt, »Moment, wo habe ich jetzt meine E-Mail-Adresse parat?«

Kaiserslautern sagte ihr ab. Marcus Mann erklärte ihr wenige Tage später sehr freundlich, Saarbrückens Regionalliga-Team brauche erfahrene Neuzugänge, junge Spieler wie Foti zögen sie aus der eigenen U19-Bundesligamannschaft hoch.

Petra Steinhöfer setzte sich mit Jahn Regensburg und Kickers Offenbach in Verbindung. »Hat sich unser Sachbearbeiter nicht bei Ihnen gemeldet?«, fragte der Geschäftsführer von Kickers Offenbach Remo Kutz auf ihre Nachfrage am Telefon zurück. »Dann heißt das, wir sind nicht interessiert.«

Der Himmel über Foti verdunkelt sich schlagartig. Das Training der U23-Mannschaft von 1860 München am 13. April 2016, das in strahlendem Sonnenschein begonnen hat, muss nach siebzig

Minuten unter Blitzen und Donnergrollen abgebrochen werden. Der letzte Sprint des Tages führt Foti und die Jungs durch den peitschenden Gewitterregen in die Umkleidekabine.

Unter dem einzigen Unterstand, dem schmalen Überdach des Fanshops, suchen gut 30 Eltern mit ihren 14-jährigen Söhnen Schutz. Die Kinder tragen Trainingsjacken der Spielvereinigung Landshut, FT Gern oder Fußballförderverein Murnau. Sie sind zum Probetraining der U15 einbestellt worden. Der Jugendscout des TSV 1860, Robert Simon, redet vorbeugend besänftigend auf sie ein: »Alle, die hier sind, kennen wir schon. Wir haben euch ausgesucht. Wenn heute mal eine Aktion misslingt, heißt das nicht, dass alles vorbei ist, spielt einfach weiter, wir wissen, was ihr könnt.«

Noch Fragen?

Keiner traut sich, etwas zu fragen.

»Entspannen Sie sich«, wendet sich der Scout aus Erfahrung an die Eltern. »Es geht hier nicht um Krieg und Frieden.«

Neue Träume beginnen, während alte enden.

Foti geht nach dem Duschen an der Gruppe der Eltern und Kinder vorbei, ohne dass er sie wahrnimmt, ohne dass sie ihn wahrnehmen. Er hat die Augen zusammengekniffen, um sie vor dem Regen zu schützen. Er trägt nur ein T-Shirt. Als er zum Training ging, schien ja die Sonne.

Vor drei Monaten hatte er gehofft, sich in der Rückrunde, ohne die Schulbelastung, noch für ein weiteres Jahr bei 1860 zu qualifizieren. Der Verein hatte sich damals bereits festgelegt, ihn zum Saisonende wegzuschicken, weiß er heute.

Sie hatten lange genug gewartet, dass er sein Potenzial entfalten würde. »Bei Foti hatten eigentlich alle unsere Trainer das Gefühl: ›Mensch, das könnte, das muss doch einer werden!‹«, sagt der Leiter des Nachwuchsleistungszentrum Wolfgang Schellenberg. »Aber den entscheidenden Leistungssprung herauszukitzeln gelang nie. Das sage ich ohne Schuldzuweisungen.« Als NLZ-Leiter erlebt er es jede Saison aufs Neue, wie Talente ihr Potenzial offenbaren und dann nicht einlösen. Seine eigene Regel von den sechs Kriterien fällt Schellenberg ein, Ballgeschick, Athletik, Spielintelligenz und so weiter. In mindestens zwei Kategorien, so geht seine Regel, müsse ein Junge herausragend sein, will er es zum Profi schaffen. »Foti verdient sich in allen sechs Bereichen die Schulnote 2. Doch in keinem kommt er auf eine 1.«

Angesichts des Regens fährt Foti die paar Hundert Meter vom Trainingsgelände zu seiner Wohnung mit der Straßenbahn. Ein neues Fahrrad will er sich nach dem Diebstahl nicht mehr besorgen, weil er in zwei Monaten wahrscheinlich gar nicht mehr in München ist. »Aber wo werde ich dann sein? Es ist komisch, gar nicht zu wissen, wie es weitergeht.« Es kommt ihm vor, als ob er zweigeteilt lebe. Einerseits macht er weiter, als gehöre er hierher, zu 1860. Er verbindet jede Einwechslung mit der Hoffnung, sie könnte den Durchbruch bringen, er geht mit den Jungs nach dem Training ins *La Migliore* am Ostfriedhof, da ist beim Mittagsmenü für 5,90 Euro sogar Salat dabei. Abends kommen ein paar Mitspieler zu ihm, sie schauen zwei Spiele in der Champions League gleichzeitig, Benfica gegen Bayern im Fernsehen und Atlético gegen Barça auf dem iPad. Ihm gefällt das Leben. Andererseits muss er ständig daran denken, dass dieses Leben eigentlich schon vorbei ist.

Seine Mutter hat ihm gesagt, er solle doch Sepp Steinberger um Hilfe bitten, seinen alten Trainer, der war doch von seinem Talent überzeugt, der konnte ihn möglicherweise Trainerkollegen empfehlen. Foti hat überlegt, wie er eine Nachricht an Herrn Steinberger formulieren könnte, »aber ich muss mich erst noch überwinden, ihm wirklich zu schreiben. Ist halt ein bisschen komisch, ihm zu sagen: ›Ich habe jetzt nichts, Sie sind meine letzte Rettung.‹«

Abrupt, wie jemand, der gern das Thema wechseln möchte, will Foti wissen, was eigentlich der Marius in Hannover macht. »Echt, der wohnt mit seiner Freundin zusammen? Das könnte ich nie.« Er hält kurz inne, er scheint etwas zu überlegen. »Schon deshalb nicht, weil wir uns vor zwei Wochen getrennt haben.«

Anders als Julia und Nicole tauchte Laura nie bei meinen Treffen mit Foti oder beim Fußball auf. Ihre Beziehung war ein eigenes, von den anderen abgetrenntes Leben gewesen. Begonnen hatte sie just, als Foti 2013 nach München zog. Als alles nach Aufbruch aussah. »Drei Jahre war ich hier. Es ging so schnell vorbei.

Falsch war es nicht, hierherzukommen.« Er sitzt in seiner Wohnung in der Grünwalder Straße und spricht bereits in der Vergangenheitsform über München. »Es war meine Möglichkeit, Profi zu werden.«

Der FC Augsburg sagte Petra Steinhöfer für Foti in Bezug auf die U23-Mannschaft ab.

Der 1. FC Nürnberg sagte Foti und Niko für die U21-Mannschaft ab.

Der Trainer der U23 des Zweitligisten SV Sandhausen rief aufgrund von Petra Steinhöfers Anfrage bei Niko an. Einen Spieler wie ihn könnten sie gebrauchen. Sie zahlten bis zu 450 Euro im Monat. Zur Abwechslung sagte einmal Niko ab. Wie sollte er von 450 Euro leben? Wie machten das andere, finanzierten da die Eltern die Hoffnung, dem Sohn könnte der Durchbruch gelingen in Sandhausen?

»Du musst nicht immer die Schuld bei dir suchen«, sagt ihre Tochter Antonia zu Petra Steinhöfer. Aber sie kann den Gedanken nicht einfach zur Seite schieben: Ist sie zu unerfahren, hat sie zu wenig Kontakte, um für Foti und Niko einen Verein zu finden? Liegt es an ihr? Liegt es gar daran, dass sie eine Frau ist?

»Sie wird immer mal wieder auf Vereinsvertreter treffen, die ein Problem damit haben, dass sie eine Frau ist, da brauchen wir uns nichts vorzumachen«, sagt Wolfgang Schellenberg. »Das muss sie einfach einkalkulieren. Es gibt genug andere, mit denen sie ganz normal zusammenarbeiten kann.«

Ihr ist noch nie ein Entscheider in der Fußballwelt abweisend begegnet. Aber sie weiß natürlich nicht, was über sie geredet oder gedacht wird, wenn sie aus dem Raum geht oder das Telefon auflegt.

Dass sie es als Frau schwerer hat, bleibt eine Vermutung. Ihre schlechte Vernetzung im Profifußball ist dagegen eine Tatsache. Ihre Kontakte sind auf Bayern beschränkt. Sie musste sich für ihre Fußballjungs bislang nie über die Freistaatgrenzen hinausbewegen. Wenn beim SC Freiburg oder 1. FC Köln ein Berater anriefe, der den Vereinen bereits einige Talente oder Profis vermittelt hatte, hätte seine Anfrage für Niko oder Foti eine ganz andere Dringlichkeit, als wenn plötzlich irgendeine unbekannte Frau in der Leitung des Akademiechefs war. Menschen kaufen bei dem ein, bei dem sie schon einmal gute Erfahrungen gemacht haben. Das gilt für Fußballtalente nicht weniger als für Brötchen oder Gartenmöbel.

Bei Recherchen zu einem früheren Buch hatte ich einmal erlebt, wie ein etablierter Spielerberater für seine Klienten arbeitete. Es hatte mir derart gefallen, dass ich ihn daraufhin 2012 fragte, ob er nicht auch mal Schriftsteller vertreten wolle. Zum Beispiel mich. So wurde Jörg Neblung aus Köln der vermutlich weltweit einzige Fußball- und Literaturagent. Falls Petra Steinhöfer wollte, konnte ich den Kontakt herstellen. Sie konnten dann besprechen, ob Jörg Neblung sich in einer Kooperation vorübergehend auch für ihre Spieler einsetzen wollte.

Zwei Tage nach ihrem Telefonat hatte Jörg Neblung 16 Profiklubs auf Niko aufmerksam gemacht, »schnell, Linksfuß, suchen doch alle«. Der 1. FC Köln schickte sofort einen Scout zu Nikos nächstem Spiel. Der FSV Mainz 05 musste nur genau hinschauen; Nikos nächstes Spiel war gegen Mainz. Kölns Scout urteilte, ein feiner Spieler, aber nicht so außergewöhnlich, dass sie ihn von fern holen und in der U23 einem ihrer eigenen Talente vor die Nase setzen würden. Mainz' U23-Koordinator mailte, »Niko hat einen sehr guten Eindruck gemacht. Er steht bei uns auf der Liste.« Wie viele andere Namen bereits auf dieser Liste notiert waren, schrieb er nicht.

Niko ließ das alles an sich vorbeirauschen. Foti träumte viel vor sich hin, was vielleicht möglich sein könnte, »die U21 von Ingolstadt wäre das Beste, was man kriegen kann«. Niko dagegen beschäftigte sich mit anderen Dramen. Drama-Analyse war Mitte März das Thema einer entscheidenden Deutschklausur für sein Fachabitur. Um welches Drama ging es, vielleicht Schiller oder Dürrenmatt? »Keine Ahnung«, sagte er fünf Tage nach der Klausur. »Habe ich schon wieder verdrängt.«

Seinen Pony hat Niko mit Gel hoch aufgestellt. Ein langer Pony zum ultrakurzen Undercut ist das neueste Ding. Nikos weizenblondes Haar leuchtet im Flutlicht. Er schlägt einen fabelhaften flachen Pass von der Seite in den Strafraum, gebogen, scharf, und einer der Fürther Stürmer schießt den Ball hart und platziert, perfekt ins Tor. Die Mitspieler jubeln schreiend. Dabei absolvieren sie nur eine Aufwärmübung. Das Derby steht an, am 17. März 2016, Fürth gegen Nürnberg in der U19-Bundesliga. Sie bersten schon vor dem Anpfiff vor Energie und Anspannung.

Auch Petra Steinhöfer und Jörg Neblung besuchen die Partie. Sie parkt ein paar Hundert Meter vor der Sportanlage an der Kronacher Straße, »beim Derby ist immer so viel los«. Er fährt ganz vor, »irgendwo findet man immer noch einen Parkplatz«. Petra Steinhöfer sucht sich einen Stehplatz in der Nähe der Mittellinie, um das Spiel gut zu überblicken. Jörg Neblung läuft während des gesamten Spiels zwischen den Zuschauern auf und ab, um Kontakte zu knüpfen. Da erblickt er den Jugendleiter des FC Bayern, dort einen arbeitslosen Torwarttrainer, so ein Derby ist ein Marktplatz für einen Berater.

Die Spieler krachen ineinander. Ich zucke bei jedem Aufprall zusammen. Das Zuschauen bei Jugend-Bundesligaspielen ist anders als im Profistadion, direkt am Spielfeldrand trifft einen das Tempo, die Aggressivität, die Enge des Spiels im Körper. Niko schreit, »ja, komm jetzt!«, »gut so!«, spielt einen Doppelpass mit dem Scherer Hannes, ist frei auf Linksaußen, jetzt noch eine raffinierte Flanke – er rutscht aus. Aber von der Aktion scheint ein Signal auszugehen. Das Fürther Spiel wird extrem linkslastig. Die Mitspieler suchen Niko. Er stürmt nach vorne, für eins achtundachtzig ist er koordinativ sehr geschickt, er dreht sich auf engem Raum und überrascht Nürnberg mit einem ansatzlosen Pass auf die andere Spielfeldseite. Petra Steinhöfer stößt einen Jauchzer aus. Der Laut stirbt in Enttäuschung. Tim Danhof hat den Ball nicht kontrollieren können.

»Sind Sie eine Mutter?«, spricht sie der Mann neben ihr an.

»Nein, wieso?«

»Weil sie eben bei dem Siebener so geschrien haben.«

»Nur weil sich eine tolle Torchance ergeben hätte, wenn der Siebener den Pass kontrolliert hätte.«

»Sie sind einfach Fan?«

»So ähnlich.«

Der Mann wendet sich, mir scheint: leicht irritiert, wieder seinem Gesprächspartner zu. Es sind zwei Männer mittleren Alters in kurz geschnittenen, leicht wattierten Jacken, wie sie ehemalige Fußballer gerne tragen, die sich Jahre nach der Karriere noch immer für sportlich halten.

»Bayern gestern wieder gegen Juventus«, sagt der linke zum rechten wattierten Mann, »wie sie das umgebogen haben, das ist einfach die deutsche Mentalität. Die hat sonst keiner. Wir wollen einfach gewinnen.« Der rechte entgegnet nichts.

Es gibt Eckball für Fürth. Niko lauert wie abgesprochen auf Höhe des ersten Pfostens. Nicht zu hoch soll Tim Danhof den Eckball hereinschlagen, damit der Torwart ihn nicht mit den Händen abfangen kann. Die Sekunde, die der Ball für seinen Flug benötigt, reicht Niko, um zu denken: Der kommt genau auf meinen Kopf. Nach drei Schritten Anlauf stemmt er sich in die Luft. Er schafft es nicht mehr, sich beim Kopfball mit dem gesamten Körper Richtung Tor zu drehen, einzig den Kopf dreht er. So verdreht kann er nicht lange bleiben, der Kopf pendelt zurück. Das Gesicht, die Augen hat Niko wieder zur Eckfahne gerichtet, als sein Kopfball Richtung hinteres Toreck fliegt. Er sieht sein eigenes Tor nicht. Er spürt allerdings, wie die Mitspieler ihn jubelnd zu Boden reißen.

Der linke der zwei wattierten Männer zeigt dem rechten gerade auf dem Handy Fotos seines jugendlichen Sohns. »Muskeln hat er ganz schön.«

Sein Torerfolg lässt Niko fliegen. Er rauscht ein ums andere Mal nach vorne, er, der Linksverteidiger, taucht gefährlich im gegnerischen Strafraum auf.

Die zwei wattierten Herren am Spielfeldrand unterhalten sich währenddessen angeregt über den Profitrainer Markus Babbel, »der sollte eigentlich gerade in Luzern entlassen werden«.

»Ich fand den Babbel schon auf St. Pauli schwach. Von der Außendarstellung. War doch auf St. Pauli?«

Markus Babbel trainierte drei Bundesligavereine, aber nie den FC St. Pauli.

Das Spiel wogt. Nürnberg gelingt das 1:1, Fürth erlangt die Führung zurück. Plötzlich rennen die Nürnberger Ersatzspieler jubelnd nach vorne. Niko ist direkt vor ihrer Ersatzbank der Ball vom Fuß ins Aus gesprungen. Mit geballten Fäusten jubeln sie Niko ins Gesicht. Er greift sich mit der linken Hand an den rechten Unterarm. Die Wärme der Berührung breitet sich im ganzen Körper aus, spürt Niko, vom Unterarm bis in den Bauch.

Sein Sportpsychologe hat ihm den Trick mit dem Handauflegen gezeigt. Nach einem Fehler im Spiel sollte er sich einen Moment lang selbst die Hand auf den Unterarm legen und sich bewusst auf die angenehme Wärme konzentrieren, die entstand. Das half, sich zu beruhigen und neu zu fokussieren. Sekunden, nachdem ihm der Ball ins Aus sprang, verteidigt er wieder mit Souveränität.

»Hast du schon mit dem Armin gesprochen?«, sagt der rechte zum linken Mann in wattierter Jacke.

»Nee, nee.«

Sie kichern. Armin Veh wurde vor zehn Tagen als Bundesligatrainer bei Eintracht Frankfurt entlassen. Reden sie über ihn? Haben sie irgendetwas mit dem Profifußball zu tun?

Jörg Neblung kommt auf seiner Netzwerker-Runde vorbei und auf Petra Steinhöfer zu. Er spricht jedoch nicht sie an, sondern die beiden wattierten Herren neben ihr. Eine vertrauliche Debatte entspannt sich zwischen ihnen, über die Spielstärke der U19-Bundesliga Süd im Vergleich zur Westgruppe. Zehn Minuten vor Spielende gehen die beiden Männer in ihren kurzen wattierten Jacken.

Wer waren die?

»Thomas Albeck, der NLZ-Leiter von RB Leipzig, und Alfons Higl, Scout des SC Freiburg«, sagt Jörg Neblung.

Vielleicht hatten sie an diesem einen Abend einfach keine Lust, richtig hinzuschauen, nachdem sie bereits 100 Spiele in der Saison gesehen haben. Wie aber ist das für einen Jungen, der hofft, in diesem einen Spiel dem Scout aufzufallen? Die allermeisten Menschen könnten keinen seriösen Scoutingbericht abgeben, wenn sie eine Partie so desinteressiert verfolgt hätten.

Beim SC Freiburg hatte Jörg Neblung Niko auch für die U23 angeboten. Am 23. März, sechs Tage nach dem Besuch des Freiburger Scouts beim Derby, wird Niko eine Absage des Klubs erhalten.

Drei Minuten bleiben noch im Derby. Fürths eingewechselter Rechtsverteidiger Niclas Egerer will im eigenen Strafraum eine flache Nürnberger Hereingabe unbedrängt wegschlagen. Der Ball springt ihm gegen das Schienbein und von dort ins eigene Tor zum 2:2-Ausgleich.

Niko verlor die Worte. Es kam unmittelbar nach Abpfiff nur noch ein einziger Gedanke aus seinem Mund, der dafür in unendlichen Variationen. »Das kann nicht wahr sein, das darf nicht wahr sein, das kann nicht sein.«

Janos Radoki, der Trainer, der so oft schrie, hatte in der Umkleidekabine nichts zu kritisieren. Zum Schützen des Eigentors sagte er bloß: »Hättest du ihn nicht noch ein bisschen schöner ins Tor schießen können?«

Die Welt war verrückt geworden, entschied Niko.

Der SSV Ulm, ein Verein mit großer Vergangenheit und gegenwärtig froh, als Aufsteiger in die Regionalliga zurückzukehren, sagte Foti ab.

»Das wäre eh nichts für mich gewesen«, sagte Foti.

Petra Steinhöfer ging in die Luft. In welcher Welt lebte Foti? Sie kämpfte unter wahnsinnigem Zeitaufwand darum, doch noch irgendeinen halbwegs professionellen Verein für ihn zu aufzutreiben, die Angst lastete auf ihr, nichts für Foti zu finden, und ihm war ein Regionalligist wie Ulm sowieso nicht gut genug?

Ich hatte den Eindruck, Foti wäre durchaus zufrieden, wenn er bei irgendeinem Ulm unterkäme. Seine kühle Reaktion diente nur seinem Selbstschutz, um sich von den laufenden Absagen nicht herunterziehen zu lassen.

Inzwischen hatte er Herrn Steinberger geschrieben.

»Servus Herr Steinberger! Bräuchte Ihre Hilfe. Momentan sieht es nicht so gut aus in Sachen Vereinswechsel. Das Hauptproblem liegt darin, dass ich diese Saison ja wenig Spielzeit hatte. Hätten Sie vielleicht eine Empfehlung für mich bzw. könnten Sie mir vielleicht bei einem anderen Verein mit Ihrer Referenz helfen?«

Der Herr Steinberger schrieb immer innerhalb von Minuten zurück, sagte Foti. Da piepste sein Handy schon.

»Torsten Fröhling hat mich angerufen, weil er Offensivspieler sucht, aber das muss unter uns bleiben«, schrieb Herr Steinberger. Es war nur ein Satz von mehreren in seiner Antwort. Aber der eine Satz blinkte Foti an.

Torsten Fröhling, der aus dem Nachwuchsleistungszentrum zum Zweitligatrainer bei 1860 München aufgestiegen war und sich dann wie alle Trainer in dem Chaos dort aufgerieben hatte, trainierte nun den Drittligisten SV Wehen-Wiesbaden. Foti träumte wieder. »Dritte Liga, das wäre der Jackpot!«

Tatsächlich wollte Torsten Fröhling einen anderen Spieler aus Fotis Mannschaft verpflichten, Nicholas Helmbrecht. Er war der Aufsteiger der Saison im U23-Team, ein gewaltiger Außenstürmer, der auf dem Flügel nicht nur sprintete, sondern durchbrach. Doch ihn würde 1860 nicht ohne eine Ablöse ziehen lassen, und eine Ablöse wollte sich Wehen-Wiesbaden nicht leisten. Daraufhin hatte Fröhling mit dem NLZ-Leiter Schellenberg und auch mit seinem alten Kollegen Steinberger noch lose über andere Offensivspieler in der Sechziger-Akademie gesprochen. Fotis Name war auch gefallen. Das war alles.

Aber das wusste Foti nicht. Er las nur auf seinem Handybildschirm, Fröhling habe sich nach Offensivspielern erkundigt, und träumte, was das bedeuten konnte.

Petra Steinhöfer rief Torsten Fröhling an. Er gewann offenbar einen vorzüglichen Eindruck, allerdings nicht von Foti, sondern von Frau Steinhöfer. »Eine ausgesprochen anständige Frau. Sie macht das wirklich gut, höflich, aber bestimmt in der Sache. Nicht wie andere Berater. Gestern habe ich wieder einen zusammengefaltet.« Der Mann rief sonntags um acht Uhr an. »Früher Vogel fängt den Wurm«, trällerte er ins Telefon. »Nix Wurm, du Vogel!«, entgegnete ihm Fröhling. »Absolut respektlos gegenüber meiner Familie ist das!«

Was aber Foti angehe, sagte Fröhling, so müsse der Junge sein Können erst einmal irgendwo ein Jahr lang konstant in der Regionalliga nachweisen, bevor er für einen Drittligisten interessant werde. »Ich brauche Talente, die sich schon bewiesen haben«, sagte Fröhling. »Marius habe ich angerufen. Ich würde ihn gern ein Jahr ausleihen.«

Marius? Er hatte gerade noch für Hannover 96 in der Bundesliga gespielt. Wieso glaubte Fröhling, ein Drittligist könnte für ihn interessant sein?

Auf der Küchenanrichte in Hannover steht ein Schokoladen-Osterhase im 1860-München-Dress. Der blau-weiße Schokohase löst schöne Erinnerungen aus. Es gibt sechs Flüge am Tag nach München, hat Marius herausgefunden, das ist richtig gut an Hannover.

Neben dem Osterhasen findet sich seine neueste Errungenschaft. Ein Thermomix. Über die Küchenmaschine kann Marius jedes Mal aufs Neue wieder fasziniert staunen. Wie die das macht. Du wirfst die Zutaten einfach rein und bekommst die Zucchinisuppe oder das Mousse au Chocolat fertig heraus. Jetzt aber hat er keine Zeit für Kreationen. Für sein Mittagessen legt er drei Bratwürste in die Pfanne und backt Brötchen dazu auf. Er kam erst um kurz vor zwölf vom Rehabilitationstraining zurück und muss um 13.05 Uhr schon wieder vor dem Haus stehen, dann nimmt ihn Oliver Sorg zur Physiotherapie mit. Sie haben sich beide beim neuen Trainer Muskelverletzungen zugezogen.

Als Marius am 3. April 2016 hörte, sie würden einen neuen Trainer bekommen, war er gerade mit aufgeschlitztem Schienbein auf dem Weg ins Krankenhaus. Bei einem frontalen Zweikampf hatte ihn der Gegner unglücklich mit den Stollen seines Schuhs am Schienbein erwischt, in Marius' erstem Einsatz für die U23 von Hannover 96, in der Regionalliga gegen Eintracht Norderstedt. Es hatte ihn getroffen, dass er wieder bei den Azubis spielen sollte, nach 39 Zweitliga- und zwei Bundesligapartien, aber er ging ohne Widerwillen oder Arroganz ins Spiel, Fußball war Fußball. Marius, nicht der Gegner, sah in Norderstedt die Gelbe Karte, weil er Fuß voraus in den Zweikampf geflogen war. Er regte sich erst über die Gelbe Karte auf und sah dann zu seinem pochenden Bein hinunter. Der weiße Stutzen hatte sich rot gefärbt.

In der Umkleidekabine lief er fünfzig Mal im Kreis. Er konnte nicht sitzen, die Wunde brannte und pochte derart stark. Im Krankenhaus erklärte ihm der Mannschaftsarzt, die Haut am Schienbein sei zu dünn, er könne nicht nähen. Er klammerte die

Wunde und versorgte sie mit Puder, das für die Nabelwunden von Neugeborenen vorgesehen war.

»Man kann den Knochen sehen«, informierte Nicole Marius.

Aber ein neuer Trainer übernahm. Ich muss ins Training, sagte sich Marius. Ein neuer Trainer bedeutete eine neue Chance. Thomas Schaaf war in seinen letzten Tagen in Hannover nach Ansicht seiner Spieler nur noch äußerlich anwesend gewesen. Nach der zehnten Niederlage im elften Spiele wurde er durch die Entlassung erlöst. Hannovers Abstieg war besiegelt. Daniel Stendel, der bislang die U19 in Hannover trainiert hatte, übernahm für die verbleibenden sechs Wochen bis zum Saisonschluss. Marius trainierte mit dem geklammerten Schienbein. Weil der Schienbeinschoner darauf drückte oder ein fremder Fuß dagegenschlug, sprang die Wunde ständig wieder auf. Er trainierte weiter. Er wollte sich dem Neuen zeigen. Marius benötigte ein, zwei Wochen, bis er realisierte, dass es aussichtslos war. Der neue Trainer schickte ihn an den Wochenenden unverändert zum Spielen zur Azubimannschaft in die Regionalliga. Daniel Stendel war entschlossen, Jungen aus dem Nachwuchsleistungszentrum von Hannover 96 eine Chance in der Bundesliga zu geben. Für andere Jungs wie Marius hatte er keinen Platz.

»Beim Mannschaftsessen in der Vereinskantine schreit der Trainer: Verteilt ihr mal das Besteck!«, erzählt Oli Sorg im Auto. »Ja, woher sollen wir das wissen, wenn es niemand anordnet?«

»Vor allem: Wir räumen das Geschirr immer weg. Das sieht er nicht«, sagt Marius.

Auf harmlose Weise ein bisschen über den Chef lästern, wenn der einen nervt, ist in jedem Job der Welt die beste Methode, Frustrationen zu verarbeiten.

Das Training von Daniel Stendel sei auch viel zu hart, anderthalb Stunden lang zwei gegen zwei und vier gegen vier mit ultrakurzen Pausen zwischen den Kleinfeldspielen. Da ist es kein Wunder, wenn Muskelfasern reißen wie bei Marius, finden die Spieler. Er müsse Intensität in diese tote Mannschaft bringen, findet der neue Trainer.

Aber Stendel wird ja nur sechs Wochen da sein. Dann übernimmt ein neuer Trainer die Mission Wiederaufstieg, und alles geht von vorn los. Sportdirektor Martin Bader möchte Kosta Runjaic einstellen. Coach Kosta, wie er in der Branche heißt, hat bereits drei Gesprächsrunden bei Hannover 96 absolviert. Bei einer tauchte plötzlich unangekündigt Dirk Roßmann auf, der berühmte Gründer der gleichnamigen Drogeriekette. Er fragte Coach Kosta aus, »Was sind Ihre Schwächen?«, »Wie führen Sie schwierige Mitarbeiter?« Sein Freund, der Vorsitzende von Hannover 96, Martin Kind, hatte Roßmann als hartnäckigen Interviewer zum Einstellungsgespräch hinzugebeten.

Ich frage Coach Kosta, was er von Marius hält.

»Er hat sehr gute körperliche Voraussetzungen, eine fantastische Schnelligkeitsausdauer«, antwortet Hannovers zukünftiger Trainer. »Das kann einer werden.«

Er muss also nur die paar Wochen bis zum Saisonende überstehen, dann würde er unter Coach Kosta wieder richtig gute Chancen haben, erzähle ich Marius.

Um sich die Laune nicht vom Sechs-Wochen-Trainer verderben zu lassen und mal auf die erfreulicheren Dinge des Lebens zu sprechen zu kommen, wechselt Marius im Auto mit Oli Sorg nach kurzer Schweigepause das Thema.

»Ich habe dir doch erzählt, dass meine Schwester Justin-Bieber-Fan ist«, sagt Marius.

Er ruft auf dem Handy ein Foto auf und hält es Oli hin. Eine Autogrammkarte von Justin Bieber, Maren gewidmet. Hat er über den Kumpel eines Kumpels bekommen, der Justin-Bieber-Konzerte in Istanbul organisiert.

»Und deine Schwester ist wahrscheinlich zusammengebrochen.«

»Sie konnte es nicht fassen.«

Über den Kumpel eines Kumpels könne er vielleicht auch Backstage-Karten für ein Justin-Bieber-Konzert in München oder Hamburg organisieren.

»Und dein Englisch ist gut genug, dass du dann mit dem Justin ein Gespräch anfängst?«, fragt Oliver Sorg.

»Ja, irgendwie«, sagt Marius und lässt das Thema fallen, nachdem Oli nicht so richtig begeistert scheint. Oliver Sorg ist 26. Irgendwie fehlt Älteren oft die Euphorie im Leben.

Zwei Tage später bleibt Hannover 96 durch ein lebhaftes 2:2-Unentschieden beim FC Ingolstadt auch im dritten Bundesligaspiel unter Daniel Stendel ungeschlagen. Die Vereinsführung entscheidet, Kosta Runjaic abzusagen und Stendel auch in der kommenden Saison als Trainer wirken zu lassen.

»Du brauchst Spielpraxis, um nicht zu stagnieren. Bei mir bekommst du sie«, erklärt Torsten Fröhling Marius im Mai 2016 am Telefon. Marius bedankt sich für das Angebot, ihn vorübergehend zum SV Wehen-Wiesbaden zu holen. Er wolle jedoch nicht weg aus Hannover, er wolle sich hier durchsetzen. Er ist zu taktvoll, um Fröhling die Wahrheit zu sagen. Er geht doch nicht in die dritte Liga. So weit ist er noch nicht. Aber er muss etwas tun, das ist ihm klar. Sonst sitzt er nach Hannovers Abstieg nächste Saison in der zweiten Liga unter Trainer Stendel auf der Ersatzbank; bestenfalls.

Petra Steinhöfer, die sich vor zwei Jahren irritiert über die Manie der Jungs gezeigt hatte, mit dem Handy mehr zu schreiben als zu telefonieren, tippte eine Whatsapp-Nachricht. Sie hatte sich ein Smartphone zugelegt. Seitdem schrieb sie ziemlich viele Nachrichten. Sie stand neben einem der Fußballplätze in der Kleeblatt-Akademie, ein paar ausgelassene Stimmen waren noch zu hören. Nikos Mannschaft hatte das vorletzte Spiel der U19-Bundesligasaison am 30. April 2016 gegen den 1. FC Saarbrücken 3:0 gewonnen. Die Last einer langen Spielrunde war Niko in der Partie anzumerken gewesen, ungewohnt oft fanden seine Pässe nicht ihr Ziel. Er selbst hatte, noch aufgewühlt vom Wettkampf, von seiner schlechtesten Saisonleistung gesprochen. Das zeigte Petra Steinhöfer allerdings nur, welches Niveau er mittlerweile erreicht hatte; wenn so ein Spiel das schlechteste war. Rundum war es ein solider Auftritt gewesen. Sie tippte weiter ihre Nachricht an Rainer Adrion. Bevor sie die Nachricht abschicken konnte, rief Adrion an.

Einen Monat nach dem 60. Geburtstag der Börlein Bettina hatte ein Vertreter des VfB Stuttgart Niko in der Partie gegen Saarbrücken tatsächlich beobachtet.

Ja, Frau Steinhöfer, begann Rainer Adrion, das 0:0 heute sei ja allgemein kein gutes Spiel gewesen. Auch Niko habe den Beobachter des VfB leider nicht gänzlich überzeugt. Von dem Probetraining mussten sie bedauerlicherweise Abstand nehmen.

Petra Steinhöfer stutzte. Vorsichtig sagte sie, »aber, Herr Adrion, das Spiel ging 3:0 aus, nicht 0:0«.

»Bitte?«

»Das Spiel ging 3:0 aus.«

»0:0 sagte mir Alex Schmidt, der für uns dort war.«

»3:0, ganz sicher, Herr Adrion. Ich stehe noch in der Kleeblatt-Akademie, ich kann Sie gerne an jede beliebige Person hier weiterreichen, die Ihnen das Ergebnis bestätigen wird.«

»Ja, was hat der Alex Schmidt denn dann für ein Spiel angeschaut?«

Nach aller menschlichen Logik gab es nur zwei Antworten auf diese Frage. Entweder Alex Schmidt hatte das Spiel gar nicht gesehen, oder er war bereits zur Halbzeit wieder gegangen. Bis zur 52. Minute hatte es 0:0 gestanden.

Möglicherweise hatte Schmidt dann, bevor er Adrion Bericht erstattete, das Endergebnis auf der Webseite *fussball.de* nachschauen wollen. Dort wurden die Resultate der Jugend-Bundesliga offiziell verkündet. An diesem Samstag allerdings war auf *fussball.de* bis 20, 30 Minuten nach Spielschluss das Endergebnis Fürth gegen Saarbrücken fälschlicherweise mit 0:0 angegeben worden.

Rainer Adrion war von der Angelegenheit hörbar peinlich berührt. Es war nun aber so, erklärte er Petra Steinhöfer, dass er mit 64 Jahren in zwei Monaten in Ruhestand ging. Alex Schmidt war als sein Nachfolger beim VfB für die Teams von der U23 bis zur U17 zuständig und stellte auch schon die Mannschaften für die neue Saison zusammen. Wenn Alex Schmidt Niko allenfalls eine Halbzeit lang beobachtet hatte, war das zwar nicht gerade hochprofessionell, änderte aber nichts an der Tatsache, dass er ihn offensichtlich nicht wollte.

»Aber denken Sie nicht, Herr Adrion, dass Sie Niko zumindest eine faire Chance geben sollten?«

Er schicke ihr die Kontaktdaten von Alex Schmidt, »reden Sie mit ihm«, schloss Rainer Adrion und klang wie ein Mann, der jetzt einfach nur noch gerne auflegen wollte.

Am folgenden Mittwoch rief Petra Steinhöfer Alex Schmidt an. Es gehe um Niko Reislöhner, sagte sie.

Ah, ja, meinte Schmidt, sie seien sehr interessiert, wann könnten sie sich denn mal zusammensetzen.

»Sonderbar«, habe sie gedacht, notierte Petra Steinhöfer in ihrem Gesprächsprotokoll, »jetzt auf einmal?«

Was meinte Schmidt mit »interessiert«, hakte sie nach, wollte er Niko im Probetraining sehen oder direkt verpflichten?

Nein, ein Probetraining bräuchten sie nicht, antwortete Schmidt. Sie wüssten ja, was er könne.

»Was ist denn mit dem los, dachte ich mir noch«, notierte Petra Steinhöfer. Hatte Rainer Adrion seinen Nachfolger wegen des dilettantischen Scoutings etwa so sehr gescholten, dass er Niko jetzt gleich anstellen wollte?

Niko habe ja am Samstag sein letztes Saisonspiel mit Fürth, sagte Petra Steinhöfer noch. Dann sei sie von einem »Oh, halt« unterbrochen worden.

Da habe er etwas verwechselt, sagte Alex Schmidt. Ach ja, Niko Reislöhner, nein, von dem seien sie abgerückt, wegen Schwächen im Spielaufbau, da hätten sie beim VfB im NLZ mindestens gleichwertige Linksverteidiger.

Aber wenn Sie ihm Nikos Fürther Abwehrpartner bringen würde, den Paul Grauschopf, den könne er gebrauchen.

Alex Schmidt selbst schien sich nicht dreist zu finden.

Fotis Vater suchte unterdessen im Internet, wo Buchbach lag. Er meldete seinem Sohn: »Foti, da gibt's viele Kühe!«

Der TSV Buchbach machte Foti ein Angebot. Endlich ein Angebot! Aber ob Kühe etwas für ihn waren?

Mitten durch die Regionalligen verlief die Grenze zwischen Profi- und Amateurfußball. In der vierthöchsten Spielklasse trafen abgestürzte Profivereine wie Rot-Weiss Essen oder Kickers Offenbach auf die Azubimannschaften der Erst- und Zweitligisten sowie auf rührige Amateurklubs wie den TSV Buchbach aus dem tiefen Oberbayern. Während in Essen oder Offenbach weiter im Profibetrieb gespielt wurde, vor 6000 Zuschauern, bei Monatsgehältern um die vier-, fünftausend Euro brutto, wurde in Buchbach oder Auerbach abends nach der Arbeit trainiert und den Spielern ein Zubrot bezahlt. 600 Euro bot Buchbach Foti. Er würde eine Ausbildung beginnen und nebenher weiter in einer Liga Fußball spielen, in der man für das Profispiel entdeckt werden konnte. Das war das Modell. Es war die Lösung, die Fotis Eltern favorisierten; eigentlich, jedenfalls theoretisch.

Denn mit dem Angebot aus Buchbach, das Petra Steinhöfer vermittelt hatte, begannen die Fragen. Musste Foti aufs Land ziehen, in ein Dorf mit 3000 Einwohnern? Der Verein bot an, sich um eine Lehrstelle vor Ort zu bemühen, das war ein toller Verein, jedes Heimspiel ein Dorffest mit 1000 Zuschauern. Wenn Foti in Buchbach eine Lehre begann, wäre er allerdings drei Jahre lang an den Ort gefesselt, an einen Horizont mit Kühen. Oder konnte er von München aus nach Buchbach pendeln, eine Stunde hin, eine zurück, fünfmal die Woche? Wie würde das mit einer Ausbildung korrespondieren, würde er überhaupt auf die Schnelle eine Ausbildungsstelle in München finden, würde er sich überhaupt ein Auto zum Pendeln leisten können? Je länger sie die Möglichkeit betrachteten, desto mehr zweifelten Foti und seine Eltern daran.

Foti wollte es zumindest eine Saison lang als Berufsfußballer versuchen. Das Gefühl nagte an ihm, es sei nur die misslungene Doppelbelastung Schule und Leistungssport gewesen, die seinen Durchbruch verhindert hatte. Zu seinem Erstaunen nahm sein Vater diese Sicht mehr und mehr an.

Seine Vernunft sagte Ioannis Katidis unverändert, dass es für Foti an der Zeit wäre, mit dem Träumen aufzuhören und eine Lehre zu beginnen. Im November wurde er 20. Doch dann sah Ioannis Katidis zum Ende der Saison 2015/16 Foti Fußball spielen, 13 Minuten gegen die U21 von Ingolstadt oder 15 Minuten gegen Bayreuth, und ein Gefühl verdrängte die Vernunft: Der Junge hatte doch so viel!

Vier Minuten dauerte es gegen die U21 von Ingolstadt, ehe Foti überhaupt an den Ball kam. Vier Minuten sind eine Ewigkeit, wenn einem nur dreizehn bleiben. Dann zog er rechtsaußen los, mit dem ersten Ballkontakt, vorbei an einem Ingolstädter, noch

Foti hat ein Tor geschossen! Unglaublich! Der Jubelreigen nach seinem Treffer für die U21 von 1860 München gegen Bayreuth. [9]

eine Körpertäuschung, vorbei am zweiten, und eine feine Flanke auf den hinteren Pfosten. Da wartete zwar kein Mitspieler, aber die 500 versprengten Zuschauer im Grünwalder Stadion spendeten Szenenapplaus. Auf einen Schlag wurde Foti ständig angespielt. Auf 15 Ballkontakte kam er in den letzten fünf Minuten. Als hätten die Mitspieler durch das eine Dribbling kapiert, was in ihm steckte. Lässig pflückte er die langen, hohen Zuspiele aus der Luft und zog los, noch einmal ließ er seinen Gegner aussteigen und kreierte eine gute Tormöglichkeit. Gegen Bayreuth schoss er ein Tor, in der nächsten Partie gegen Unterhaching gleich wieder, im *Kicker* wurde sein Namen in der Aufstellung fett gedruckt. »Was bedeutet das?«, fragte Foti. Zeitschriften waren etwas für Alte, er las die doch nicht. Bester Mann, bedeutete das.

Er schaffte es in die Startelf der U23; in den letzten drei Saisonspielen, wo schon kein Scout oder sonst wer mehr hinschaute. Die Vernunft sagte: Aufgeflackert war sein Talent schon oft. Warum sollte er es diesmal über längere Zeit bestätigen? Aber es war so unglaublich schwierig, mit dem Träumen aufzuhören.

Nach dem letzten Saisonspiel mit der U23 in der Regionalliga Bayern am 21. Mai 2016 steckte Foti sein Sechziger-Trikot mit dem Namen Katidis auf dem Rücken in die Tasche und ging duschen. Als er in den Umkleideraum zurückkehrte, war das Trikot weg. Milan, der Teambetreuer, hatte es wieder aus seiner Tasche gefischt. Sie durften keine Trikots mitnehmen.

Was für ein Idiot!

Foti war zornig, aber er sagte nichts, was sollte er denn sagen. Er ging aus der Tür, nicht mal ein Trikot blieb ihm zur Erinnerung, und dann war er fort von 1860.

Die Saison war zu Ende. Niko hatte kein Angebot, Foti eines, von dem er nicht wusste, ob er es wollte, vom ländlichsten Regionalligisten der Republik. Auch für Marius war kein Ausweg aus Hannover in Sicht. Vor einem Jahr hatte ihn ein Drittel der Bundesliga begehrt, nun meldete sich niemand mehr. War das nicht verrückt, fragte er sich, er war erst 21, er hatte sein Talent doch nicht in drei Monaten verloren. Er brauchte nur ein ordentliches Betriebsklima und einen Trainer, der ihm vertraute. Doch der Markt hatte eine andere Perspektive auf ihn. Er war in Hannover in der U23-Mannschaft verschwunden, er war vom Gehalt wie der Ablöse nicht mehr preiswert. Ein teures, infrage gestelltes Talent kaufte niemand gerne.

Niko schrieb sein Fachabitur, Marius flog in den Urlaub nach Ibiza. Foti schnürte die Fußballschuhe noch.

Abends, von 21.30 bis 23 Uhr, mietete er fast täglich mit ein paar Freunden einen Platz in der *Soccerworld*, einer privaten Fußballhalle im Münchener Stadtteil Moosach, und dann spielten sie. Felix Uduokhai war dabei aus dem NLZ der Sechziger, der jetzt wohl echt Profi wurde, krass, dazu ein paar Jungs vom Sportgymnasium, eine bunt gemischte Truppe. Von dem Moment an, da der Ball rollte, ging Foti in dem Spiel auf; voll konzentriert, voller Wettkampfgeist und doch mit einer Leichtigkeit, ein Straßenfußballer ohne Straße, der viel trickste, aber stets zielgerichtet. In einer zeltartigen Fußballhalle in einem beliebigen Industriegebiet entfaltete er sein hohes Können, geleitet von seinem Instinkt und seiner Erfahrung, endlich frei von taktischen Vorgaben. Das alte, vertraute Gefühl euphorisierte seinen ganzen Körper: Es gab nichts Großartigeres, als Fußball zu spielen, einfach Fußball spielen.

Am nächsten Morgen um 10.30 Uhr lag er noch im Bett, als sein Telefon klingelte.

Joe Albersinger war dran, einer der Trainer aus dem Nachwuchsleistungszentrum der Sechziger. Foti hoffte, das Gespräch würde kurz bleiben. Seine Stimme war noch brüchig vom Schlaf, und wenn Herr Albersinger merkte, dass er um halb elf am Morgen noch im Bett lag, würde er sicher falsche Rückschlüsse auf Fotis Lebenswandel ziehen. Dabei lag Foti doch nur um 10.30 Uhr im Bett, weil er bis spätnachts Fußball gespielt hatte.

Joe Albersinger hatte die U17 von 1860 München in der abgelaufenen Saison trainiert. Nun übernahm er die Regionalliga-Profimannschaft von Wacker Nordhausen mit dem Ziel, in die dritte Liga aufzusteigen. »Hättest du Interesse mitzukommen?«, fragte er.

Niko bekam eine Whatsapp-Nachricht von der Steinhöfer Petra, so wie er von ihr im Frühling 2016 unzählige Nachrichten erhalten hatte. Nur der Text war diesmal anders, irgendwie enthusiastischer. Der FC Ingolstadt hatte sich gemeldet. Niko erhielt einen Zwei-Jahres-Vertrag in der U21 des Bundesligisten.

Drei Monate lang hatte sie versucht, die beiden bei Dutzenden Vereinen im ganzen Land unterzubringen. Sie hatte mit Jörg Neblung einen erprobten Spezialisten zur Hilfe geholt. Nichts war passiert. Und dann stellte sich nach Saisonende heraus, dass ein Verein sowie ein Trainer ganz in der Nähe die beiden still beobachtet hatten.

Die Talentsuche hatte sich 2016 durch Videoscouting und Datenanalysen enorm verwissenschaftlicht. Nähe aber war immer noch ein großer Faktor für die Verpflichtung eines Talents, persönliche Nähe, geografische Nähe. Ingolstadt war von Fürth nur 100 Kilometer entfernt, die Nachwuchsteams spielten permanent gegeneinander. Man kannte sich. »Der ist super«, sagte der Assistenztrainer der Ingolstädter U21 Ersin Demir sofort, als der NLZ-Leiter in einer Trainerrunde verkündet, Niko Reislöhner sei ihnen von seiner Beraterin angeboten worden. Joe Albersinger wiederum schaute sich als U17-Trainer der Sechziger sowieso öfters die Heimspiele der U23 an. Als er im Mai 2016 den Zuschlag für den Posten bei Wacker Nordhausen erhielt, war die Saison schon fast zu Ende, ihm blieb keine Zeit, landesweit noch jede Menge Talente zu beobachten, er fragte bei Kollegen wie Sepp Steinberger nach Empfehlungen und schaute noch einmal mit geschärftem Blick die letzten Spiele der U23-Mannschaft der Sechziger an. Es waren die besseren Spiele von Foti.

Niko war allein zu Hause, als er an einem Freitag nach der Schule die gute Nachricht von Petra erhielt. Ingolstadt – das war perfekt! Er hatte am Ende nur noch irgendeinen anständigen Verein finden wollen, und nun hatte er einen besseren Platz als bei Greuther Fürth gefunden. Die Azubimannschaft des FC Ingolstadt war stärker als jene von Fürth, die Anfahrt von Stopfenheim war nicht wirklich weiter, und der Vertrag war besser, als er ihn sich in Fürth hätte erhoffen können, endlich einmal zwei Jahre Laufzeit, 800 Euro brutto im Monat, die sich nach zwölf Einsätzen auf 1000 Euro steigerten. Ihm war danach, zu schreien vor Freude. Aber natürlich schrie er nicht. Sich nach innen zu freuen war genauso schön.

Er hätte sein Glück gerne mit jemandem geteilt, doch er rief niemanden an. Das hätte möglicherweise angeberisch gewirkt, dachte er sich, wenn er Julia oder seine Eltern extra anrief, um zu sagen, er habe einen Vertrag in Ingolstadt.

Julia oder seine Eltern hätten sich wahnsinnig gefreut, wenn er angerufen hätte.

Niko wartete, bis seine Eltern nach Hause kamen, bis er Julia wiedersah. Wichtige Neuigkeiten überbrachte man persönlich, fühlte er. Auch wenn Julia so einen Tag auf die große Nachricht warten musste.

Von seinem Trainer in Fürth Janos Radoki verabschiedete sich Niko nach dem letzten Trainingstag per Handschlag, ohne überhaupt etwas von Ingolstadt zu sagen. Der Vertrag war ja noch nicht unterschrieben.

Der neue Sportdirektor in Fürth, Ramazan Yildirim, versuchte unterdessen, seine große Idee umzusetzen. Für all die Jungs aus der eigenen U19, die er weggeschickt hatte, holte er 19-Jährige von Bayer Leverkusen, Schalke 04, Erzgebirge Aue. Keiner von ihnen würde es auch nur in die Nähe des Profifußballs schaffen. Keiner war besser als die Fürther Jungs, die Yildirim weggeschickt hatte. Jörg Neblung wunderte es nicht. »Greuther Fürth zahlt in der U23 nur bis zu 1000 Euro brutto im Monat, dafür kriegt er nicht die Qualität, von der er redet. Das hätte er wissen können.«

Auf der Geschäftsstelle in Ingolstadt wurde Niko in den ersten Stock gebeten. Alles war neu hier, noch makellos. Er durfte seinen Vertrag unterzeichnen. »Servus, ich bin der Reislöhner Niko aus Stopfenheim«, stellte er sich seinem neuen Trainer Stefan Leitl und dessen Assistenten Ersin Demir vor. Leitl und Demir lachten sich kaputt. »Bitte was? Sag das noch mal!«

Was hatten die, so stellte man sich doch artig vor; jedenfalls in Stopfenheim: »Ich bin der Reislöhner Niko aus Stopfenheim.« Aber Niko lachte schon mit ihnen. Da war so eine beschwingte Atmosphäre im Raum. Er kannte seine neuen Trainer noch nicht, doch er spürte schon, das waren gute Typen.

Fotis Vater suchte unterdessen im Internet, wo Nordhausen lag. War das am Ende auch nur ein anderes Buchbach? Nein, 42 000 Einwohner las er, eine Kreisstadt in Thüringen, Göttingen war gar nicht so weit. Das klang doch gut. »Foti«, rief er, »wir gehen zu den Menschen, nicht zu den Kühen!«

12

Herbst 2016

Scheiße, Bruder
(Aber bei Niko ist alles in Ordnung)

An einem freien Tag fuhr Marius einfach mal nach Düsseldorf. Hin und zurück waren das von Hannover 600 Kilometer. Er mochte das Autofahren, er konnte einen Freund auf dem Weg besuchen, und in Düsseldorf gab es einen echt guten Friseur. Dashi Krasnici ließ das Haupthaar über dem Undercut bei Marius lang genug, damit er es mit der Hand zerstrubbeln konnte, das sah nett aus. Dashi Krasnici trug Anzug und Krawatte beim Haareschneiden. In seinen Friseursalon kamen etliche Bundesligaspieler, Amin Younes, Granit Xhaka oder Leroy Sané. Viele Profifußballer mochten es, das zu tun, was andere Profis taten, im selben Viertel wohnen, in dieselben Restaurants, zum gleichen Friseur gehen.

Zuletzt hatte noch Nicole Marius' Haare getrimmt, mit einer Haarschneidemaschine für 19 Euro von Saturn Hansa. Das war nun auch vorbei. Marius war sich nicht sicher, aber wahrscheinlich war es besser, dass sie sich getrennt hatten. »In Hannover gab es immer unnötigen Streit, weil wir beide einfach nicht glücklich waren, ich wegen des Fußballs, sie, weil sie das Gefühl hatte, sie könne dort nichts Richtiges machen.« Nach einem halben Jahr kehrte Nicole im Juni 2016 nach München zurück, um dort eine Ausbildung zu beginnen. Kindergärtnerin oder Tagesmutter schwebte ihr vor. Marius blieb alleine in der Wohnung in Hannover zurück. Er lud Freunde ein, sie konnten gern auch bei ihm übernachten. Das Einzige, was er nicht so mochte, war der Moment, wenn er morgens um acht für das Training aufstehen musste, und die Freunde schliefen noch. Dann lastete die Stille der großen Wohnung auf ihm. Sobald er im Auto war, ging es. Der Leuges kam zu Besuch, sein Cousin Philipp, und Damian war eigentlich immer da.

Damian studierte Betriebswirtschaft und Englisch an der Fernuniversität, er konnte den Stoff genauso gut bei Marius lernen wie zu Hause bei seiner Mutter in einem Dorf in Hessen. Wie hatte er Damian eigentlich kennengelernt, überlegte Marius, er lernte so viele Leute kennen. Über einen Freund bei einem Abendessen in München, so war es gewesen, im *Hans im Glück* am Isartor. Damian war der, der seiner Schwester die Justin-Bieber-Autogrammkarte besorgt hatte. Er arbeitete immer mal wieder ein paar Wochen am Stück für einen Veranstaltungspromoter in Istanbul, B4L Eventmanagement. Über einen Bekannten türkischer Herkunft war Damians Kontakt zu der Agentur zustande gekommen. Kontakte, darum ging es im Leben, glaubte Damian zu wissen, mit Anfang 20.

Er hatte die Ausstrahlung des netten Jungen von nebenan, das Haar gelockt, einen sanften Blick, einfach eine Lederjacke über ein weißes T-Shirt geworfen. Alle mochten Damian sofort, außer Marius' Cousin Philipp. »Der kommt aus dem Nichts und ist auf einmal der beste Freund von Marius, das kommt mir spanisch vor«, sagte Philipp.

»Du musst ihn einfach mal besser kennenlernen!«, sagte Marius.

Er war froh, dass Damian so oft bei ihm in Hannover war. Wenn Damian nach ein paar Tagen wieder nach Hause fahren wollte, sagte Marius, bleib doch noch, wir können doch noch in den Heidepark gehen. Der Heidepark war ein Jahrmarkt. Dort fuhren sie Achter- oder Geisterbahn. Sie entdeckten auch ein Kino mit Bedienservice am Platz, das *Astor*, dort wurden sie Stammgäste. Was wäre aus dem Marius da oben ohne den Damian geworden, fragten sich die Eltern: allein in Hannover, niedergedrückt von der sportlichen Aussichtslosigkeit. Damian war nicht nur ein lieber Kerl, sondern auch klug und pfiffig. Er half Marius, den Alltag zu strukturieren. Er stand mit ihm morgens auf. Wenn Marius zum Training fuhr, ging er oft auch trainieren. Er nannte das so. Er ging ins Fitnessstudio.

Seine Handynummer hatte Marius unter »Damian Brudi« abgespeichert. Nachdem Marius mir die Nummer geschickt hatte, brauchte ich ein paar Monate, bis mir aufging, dass Brudi nicht

Damians Nachname war, sondern ein Bruder-Ehrentitel ähnlich wie Vollbruder.

Wohngemeinschaften verbindet man vor allem mit Studenten, aber um 2016 lebten auch einige junge Profifußballer in WGs. In München hatten etliche Jungs aus der Azubimannschaft der Sechziger wie Julian Weigl oder Felix Weber WGs gegründet, weil Wohnraum so teuer und schwer zu finden war. Manche junge Profis nahmen auch einen ihrer Freunde mit, um nicht alleine zu sein, wenn sie den Verein wechselten und mit 20 ohne Freundin schlagartig in einer fremden Stadt landeten. Lukas Podolskis Kindheitskumpel Nassim wurde sogar von Beruf Freund. Der Kölner Weltmeister nahm ihn mit, wohin er ging, ob nach München oder London.

Damian begleitete Marius in Hannover auch mal zum Training der Profis oder zu den Heimspielen in der Regionalliga. Er wollte Marius ein Feedback geben, wie es lief. Damian hatte selbst einmal Fußball gespielt, ganz normal in einem Amateurverein, ihn interessierte das Spiel. Wirklich extrem faszinierte ihn allerdings, »was hinter den Kulissen passiert«, sagte er, egal ob Fußball oder Showbusiness. Da sah er sich, als irgendeine Art Manager. Er hatte auch den Sommerurlaub für Marius und ein paar Freunde auf Ibiza organisiert. Er bekam die Villa dort billiger, die sie sich zu siebt teilten, und zu Marius' Geburtstag handelte er einen Tisch ganz vorne im *Pacha* von 10 000 auf 2000 Euro für einen Abend runter, der Damian machte es. Ein Tisch für 2000 Euro in der berühmten Diskothek bedeutete, dass sie 2000 Euro Mindestverzehr für Essen und Trinken berappen mussten, aber zu siebt, am Geburtstag, war das doch einmal in Ordnung. So weit kam man damit im Pacha allerdings gar nicht, erkannte Marius beim Blick auf die Speisekarte. Eine Magnumflasche Champagner kostete 17 000 Euro.

Weil sie den Tisch ganz vorne hatten, lernten sie natürlich die coolsten Leute kennen. Zwei Tage später besaß Marius ein Foto mit Neymar. Jemand, den sie im *Pacha* kennengelernt hatten, stellte ihm im *Ushuaia Beach Club* Neymar vor. »Woher kennst du Neymar?«, fragte Marius den Typ, so einen Glatzkopf aus Brasilien, Marius kannte nur seinen Vornamen, Wilson, er fragte doch nicht in der Diskothek nach Nachnamen. »He works for me«, sagte der Glatzkopf über Neymar, ob das ein Blödsinn war oder nicht, blieb sein Geheimnis. Marius war es auch egal. Er hatte sein Foto mit dem besten Fußballer der Welt, nach Ronaldo natürlich und Messi. Marius sagte Neymar nicht, dass er auch Profifußballer war. Da wäre er sich doof vorgekommen.

Seine Fußball-Realität hieß TSV Havelse. Gegen den Verein ging es am 27. August 2016 mit der Azubimannschaft von Hannover 96 in der neuen Saison der Regionalliga Nord. Damian sah sich das Spiel an. »Wenn du nicht weißt, dass Marius einer von den Profis ist, wirst du nicht mehr darauf kommen«, dachte sich Damian. »Er spielt, als wäre er einer von denen, ein ganz normaler U23-Spieler, der nicht abfällt und nicht mehr herausragt.«

Die Zweifel hatten sich in sein Spiel geschlichen. Daniel Stendel hatte Marius drei Tage vor dem Havelse-Spiel mitgeteilt, er sehe auch in dieser neuen Saison keinen Platz für ihn in Hannovers Profiteam. Am besten wäre es, wenn Marius den Verein wechseln würde. Es gab aber unverändert »kein einziges Angebot eines anderen Vereins, das wir irgendwie in Betracht ziehen konnten«, sagte Sportdirektor Martin Bader. Also spielte Marius weiter mit den Fußball-Lehrlingen in der Regionalliga.

In der Retrospektive war es leicht zu sagen, der Wechsel nach Hannover sei falsch gewesen, mitten in der Saison zu einer desorientierten, überbesetzten Mannschaft im Abstiegskampf. Marius sagte das nicht. Wie gewohnt in schweren Phasen behielt er seine Gedanken für sich. »Ist doch normal, dass man die Leute nicht damit belästigt, wie schlecht es einem geht«, findet er. Nur einmal, auf dem Balkon seiner schönen Wohnung in der Sophie-Küppers-Straße, sagte er leise zu Damian: »Und wenn der Stendel vielleicht recht hat? Wenn ich bei 1860 einfach nur ein gutes Jahr hatte und in Wirklichkeit gar nicht so gut bin?«

Sie saßen abends lange auf dem Balkon. Zweimal holten sie die Matratzen und das Bettzeug heraus und schliefen dort sogar. Es war Sommer. Man hätte das Leben genießen können.

Warum zählte Marius für Daniel Stendel partout gar nicht? Oder war es vielleicht nur eine falsche Wahrnehmung von Marius, dass er bei diesem Trainer von Anfang an chancenlos war?

Ich rufe Daniel Stendel bewusst erst etliche Monate später an. So kann er mit Ruhe, offen, ohne Rücksicht auf irgendwelche Befindlichkeiten, über Marius reden. Er ist zu dem Zeitpunkt auch schon wieder von Hannover 96 entlassen worden.

Er ist am Telefon sofort aufgeschlossen, freundlich. Daniel Stendel hat bloß kaum Erinnerungen an Marius. Weil der tatsächlich einfach keine Rolle für ihn spielte. »Ah, klar, der war auch bei mir«, beginnt er das Gespräch. Daniel Stendel traf auf 35 Spieler und holte noch ein paar aus dem Azubi-Team hinzu, als er im April 2016 von einem Tag auf den anderen die Bundesligamannschaft von Hannover übernahm. Wie bei jedem Lehrer in einer Schulklasse blieben ein paar für ihn unscheinbar. »Bei so einem großen Kader ist es schwierig, alle im Blick zu haben«, findet er. »Ich habe erst einmal auf die Spieler gesetzt, die ich bereits kannte, entweder vom Zusehen oder weil sie zuvor bei mir in den Jugendteams gespielt hatten. Man vertraut denen, die man kennt. Von Marius dagegen wusste ich nicht groß was. Seine Probleme hatten schon vor meiner Zeit begonnen, auch bei meinem Vorgänger Thomas Schaaf war er nur zwei-, dreimal im Spieltagskader gewesen.«

Die, die Stendel spielen ließ, sprachen sofort auf seine Methoden an. Es gab, nach all den Niederlagen unter seinem Vorgänger, endlich wieder ein paar Erfolgserlebnisse. Dies verstärkte bei Stendel das Gefühl, die richtige Auswahl an Spielern getroffen zu haben. Wenn er darüber hinaus junge Talente an die Profimannschaft heranführte, dann sollten es eigene sein, aus Hannovers Akademie. Das war sein erklärtes Ziel als ehemaliger Akademietrainer. Er wollte möglichst viele seiner Jungs zu Profis machen. »So ein Buch, wie Sie es mit den drei Jungs machen, hätten Sie auch in Hannover schreiben können: Der 96er-Jahrgang von Hannover 96«, erzählt er. Der Jahrgang galt im Verein als bester seit Langem, mit Spielern wie Waldemar Anton, Niclas Feierabend, Noah Sarenren Bazee und vier weiteren 20-Jährigen, die Stendel mit zu den Profis brachte. Sarenren Bazee war just auf derselben Position wie Marius zu Hause, Rechtsaußen. Das hieß, solange Noah Sarenren Bazee in den Spielen auch nur vielversprechend agierte, kam Marius einfach nicht in Betracht. Und Sarenren hatte in Stendels Wahrnehmung »eingeschlagen wie eine Bombe«.

Eine ganze lange Sommervorbereitung folgte, nach der Stendel auch die am Rand der Mannschaft besser einschätzen konnte. Er fand, »im Training trat Marius zunehmend ohne innere Überzeugung auf, wie übrigens viele«.

Wie bitte, fragte sich Marius. Er fand, er zeige im Training doch ständig, wer der Bessere von ihm und Sarenren Bazee sei.

Aber jetzt doch mal ganz ehrlich, erwidert Daniel Stendel, er hatte ausgewiesene Bundesliga-Angreifer wie Felix Klaus, Martin Harnik, Niclas Füllkrug im Zweitliga-Aufgebot, es lag im Interesse des Vereins, ein eigenes Talent wie Sarenren Bazee zu fördern – wenn da einer der Übrigen im viel zu großen Profikader im Training und bei Testspielen nicht permanent Höchstniveau ablieferte, blieb er einfach außen vor. So war das immer im Profifußball, bei jeder Mannschaft, in jeder Saison.

»Es wurde frühzeitig deutlich, dass der Trainer mit Marius einfach wenig anfangen konnte«, sagt Sportdirektor Martin Bader. Für ihn war das höchst unangenehm, schließlich hatte er viel Geld für Marius ausgegeben. »Natürlich diskutierst du mit dem Trainer, was mit Marius ist, schon allein um die Situation nachvollziehen zu können. Aber ob final Meier oder Müller im Spieltagskader steht, entscheidet immer nur einer, der Trainer.«

Zusammenfassend, und darauf konnten sich alle einigen, sagt Daniel Stendel: »Marius war in Hannover in einer Situation, um die du den Jungen nicht unbedingt beneidest.«

Grundsätzlich fand Marius sogar gut, was Stendel machte, die Jungen aus dem eigenen Verein zu fördern. Wenn er sich in die Lage des Trainers versetzte, konnte er alles verstehen. Aber er steckte halt in seiner eigenen Lage.

Er bat seine Berater um Hilfe. Sie versuchten, ihn zu beruhigen. Er werde sich bei Hannover 96 schon durchkämpfen, er könne doch dribbeln wie Ronaldo, und finanziell sei der Vertrag doch richtig klasse. Er verstand, was sie eigentlich sagen wollten: Sie fanden partout keinen neuen Klub für ihn.

Damian kannte jemanden in einer der größten Berateragenturen Deutschlands, Rogon. Damian kannte irgendwie überall jemanden. Ihm vertrauten die Leute oft schnell etwas an, bemerkte Damian und klang dabei selbst überrascht; er war halt einfach aufgeschlossen und interessiert.

Nachdem Marius' Berater versucht hatten, ihn nur zu beruhigen, sagte Damian zu ihm: »Der Traum ist immer, du lernst deinen Berater mit 16 kennen, und ihr seid noch mit 60 Freunde. Aber in den meisten Fällen ist das einfach eine Geschäftsbeziehung. Ich habe nichts davon, ich nehme auch kein Geld von denen an, aber wenn es dir hilft, stelle ich dir Sammy Wagner von Rogon vor.«

Kurz darauf wechselte Marius im dritten Jahr zum dritten Mal den Berater. Seine neuen Berater von Rogon sagten ihm, in der nächsten Transferperiode, im Januar 2017, holten sie ihn auf jeden Fall aus Hannover raus. Bis dahin bliebe ihm nur eine Wahl. Einfach weiterzumachen.

Am 14. September 2016 rief ihn Daniel Stendel kurz in sein Büro. Ab sofort werde Marius nicht einmal mehr bei den Profis trainieren, teilte ihm der Trainer mit, sondern bei der U23-Mannschaft.

Vor gut sechs Jahren waren Marius, Niko und Foti auf vergleichbarem Niveau in den Nachwuchsleistungszentren gestartet. Auf sehr unterschiedlichen Wegen waren alle drei im September 2016 plötzlich wieder am selben Punkt angelangt. Sie waren allesamt junge Berufsfußballer in der vierten Liga. Mit dem kleinen Unterschied, dass Marius ungefähr für das 50-Fache des Gehalts von Niko und das 25-Fache des Verdiensts von Foti in der Regionalliga spielte.

In Fotis Wohnung in der Körnerstraße 14 in Nordhausen ist ein großes, weißes Loch. Dort sollte die Küche sein. Die alte Küchenzeile hat der Vormieter mitgenommen. Die war sowieso schon zwanzig Jahre alt, eigentlich unbrauchbar, sagte der Vermieter; also, er schicke einen Handwerker, der die Wände neu verputze und neue Kacheln verlege, und dann könne Foti seine eigene Küche installieren. Das war vor vier Wochen gewesen. Der Handwerker kam, maß irgendetwas aus und wurde nicht mehr gesehen. Foti hat ihn angerufen. Ja, am 24. September würde er kommen. Das wäre in drei Tagen. Mal sehen.

Foti hat sich zuletzt intensiv mit der richtigen Ernährung für Leistungssportler befasst. Er ist doch jetzt Profi. »Ich habe mir viele Youtube-Videos reingezogen, die reden da auch viel Müll, aber im Endeffekt gibt es immer fünf, sechs Informationen, auf die alle hinweisen. An die halte ich mich.« Weizen versucht er seitdem zu reduzieren und vermehrt diese Omega-3-Fettsäuren zu sich zu nehmen. Deswegen kauft er sich mindestens zweimal die Woche Fisch aus der Tiefkühltruhe im Supermarkt. Frischen Fisch gibt es leider nicht in Nordhausen, soweit er das herausgefunden hat.

Seinen Tiefkühlfisch und die Vollkornnudeln trägt er nun abends oft durch das Treppenhaus des vierstöckigen Wohnhauses nach oben. Er darf bei Benjamin Kauffmann die Küche benutzen, einem Mitspieler. »Aber ich will auch nicht jeden Tag Benni fragen.« Benjamin Kauffmann ist schon 28, halt irgendwie älter. Foti kommt sich doch blöd vor, wenn Benni im Wohnzimmer sitzt, und er steht in dessen Küche und hantiert da herum. An Tagen, an denen er ein komisches Gefühl hat, schon wieder Benni zu fragen, kauft er sich im Supermarkt einen abgepackten Salat mit Hähnchenstreifen und isst ihn zu Hause.

Vom weißen Loch abgesehen wäre es eine schöne Wohnung. 63 Quadratmeter, Foti hat noch nicht genug Möbel, die Räume entsprechend zu füllen, aber er hat die Einkaufstüten aus der Münchener Modeboutique für *black fashion* als Accessoires bereits aufgestellt. Die Wände sind halt unheimlich dünn. »Einmal war es so, dass die über mir was hatten. Ich bin von dem Lärm aufgewacht, mitten in der Nacht. Ich habe Benni geschrieben: Hörst du das auch?«

Ja!, antwortete Benni sofort.

Das ist voll laut, die sollen aufhören, schrieb Foti zurück.

Außer Benni und einem weiteren Mitspieler kennt er niemanden im Haus. Aber sie wollen sich die Nachbarn jetzt genauer anschauen, um zu erraten, wer da mit seinem lebhaften Sex die Wände zum Wackeln brachte.

Die Miete von 450 Euro übernimmt der Verein, zusätzlich zum Gehalt. »Was hast du bei 1860 verdient, das kriegst du hier auch«, hatte ihm der Trainer gesagt, und »Vielleicht hätte ich da einfach lügen und einen höheren Betrag sagen sollen?«, fragt sich Foti. Aber den dreisten Charakterzug hat er nicht.

Das einzige Problem mit dem Geld für die Miete ist, dass es nicht kommt. Der Präsident sei krank, hat ihn der Teambetreuer gerade erst heute wieder vertröstet, deshalb habe er das Geld für Fotis Miete nicht. Wahrscheinlich stimmt das sogar. Mündlich vereinbarte Sonderzahlungen an die Spieler wie Miete oder Siegprämien verteilt der Vereinspräsident persönlich, oder er hält sie auch mal nach Belieben zurück, je nachdem wie ihm die Auftritte der Spieler gerade gefallen. Der Präsident benimmt sich ein bisschen, als glaube er: Der Verein bin ich.

Als Foti im Training mal richtig den Turbo zündete, einen ausdribbelte und noch einen, aber am dritten Gegner leider hängen blieb, sagte ein älterer Mitspieler zu ihm: »Du musst aufpassen. Solche Ballverluste mag der Präsident überhaupt nicht.«

Ja, sollte nicht eher wichtig sein, was der Trainer mag?

Der Präsident, Nico Kleofas, besorgt halt das Geld. Das lässt seinen Einfluss über das gesunde Maß hinaus wachsen, aber das ist bei so manchem Regionalligaklub ein Muster. Die Liga ist nicht nur der Grenzbereich zwischen Profi- und Amateurfußball, oft geht es hier in jeder Hinsicht grenzwertig zu.

Nico Kleofas führt in der Nähe von Nordhausen einen Sicherheitsdienst, mit Bodyguards, Wachpersonal, Detektiven kann er dienen, und ein bisschen sieht er selbst so aus wie mancher seiner Mitarbeiter, Anfang 40, glatzköpfig, korpulent. Wo er das ganze Geld für Wacker her hat, vermögen die Spieler nicht genau zu sagen.

In der *Thüringer Allgemeinen* stand, Knauf, eine Weltmarke in der Herstellung von Baumaterial, sei bei Wacker als Hauptsponsor eingestiegen. Auf über zwei Millionen Euro dürften sich die Personalkosten der Mannschaft belaufen, hat Foti von Kollegen bei einem Cappuccino gehört. Mit Wacker Nordhausen hält in Deutschland kaum ein anderer Viertligist mit; zumindest nicht bei den Gehaltszahlungen.

Der Präsident hat mit Knaufs frischem Geld zur Saison 2016/17 auch einen Sportdirektor eingestellt, damit die Sache jetzt mal richtig professionell wird. Der Sportdirektor kaufte und kaufte neue Spieler, bis sie im wahrsten Sinne des Wortes kaum noch in die Umkleidekabine passten, 34 Spieler, 20 neu verpflichtet. Der Sportdirektor hat im Fußball einen schillernden Namen, Maurizio Gaudino. Mit seinem wunderbaren Ballgefühl und den markanten Goldketten brachte er als Spieler in den Neunzigern Italo-Chic in die Bundesliga. Zuletzt arbeitete er als Spielerberater. Als Sportdirektor in Nordhausen verpflichtete Gaudino auch zwei Spieler, die von der MG Sport-Management GmbH vertreten werden. Sportdirektor Gaudino verhandelte demnach mit Spielerberater Gaudino.

Mit der Verpflichtung der zwei Spieler aus seiner eigenen Agentur brachte er den Trainer in eine missliche Situation. Denn es war naheliegend, dass in der Mannschaft gefragt wurde, warum spielt plötzlich Yannick Günzel aus Gaudinos Agentur statt des starken Kevin Schulze Außenverteidiger? Hat der Sportdirektor damit möglicherweise etwas zu tun? Aber für große Aufregung sorgte das in der Mannschaft dann auch wieder nicht. Es wurde als Teil der Wacker-Normalität wahrgenommen.

Wann immer ich Maurizio Gaudino zu Vorfällen befragte, bei denen der Präsident sich ins Sportliche eingemischt habe, nannte er nie Kleofas' Namen. Stattdessen bestätigte Gaudino das Geschehen stets mit dem Satz: »Da wurde zu viel Einfluss von außen genommen.«

Der Trainer, Joe Albersinger, war nicht naiv. Er war sich bewusst gewesen, auf welchen Verein er sich einließ. Seine Überlegung – oder besser gesagt: seine Hoffnung – war, dass er mit dem vielen Geld in Nordhausen so oder so eine erfolgreiche Mannschaft formen konnte und man ihn dann, mit dem Erfolg im Rücken, nach und nach unabhängig arbeiten ließ. »Regionalliga ist immer eine Grenzerfahrung«, sagte er stoisch.

Das Adjektiv, das Albersinger am besten beschreibt, lautet: redlich. Er hatte Koch gelernt, Sport studiert, und beides mal auf den Cayman-Inseln kombiniert, dort als Koch gearbeitet, seine Diplomarbeit über die Cayman-Insel-Nationalmannschaft geschrieben und diese dann auch gleich noch als Assistenztrainer betreut. Als Trainer war er ein Selfmademan. Durch viele Aufstiege mit kleinen Teams hatte er sich mit Mitte 40 bis in den Randbezirk des Profispiels vorgearbeitet.

Petra meckert, dass Foti an den freien Tagen ständig nach München fährt. Aber das Oktoberfest gibt es halt nicht in Nordhausen. Rechts sein Nordhäuser Mitspieler Zvonimir Kovac. [10]

Der Saisonstart in Nordhausen war nach seiner professionellen Einschätzung mehr oder weniger gelungen, mit drei Siegen in den ersten vier Spielen, auch wenn es fußballerisch noch etwas holperte. »Hier geht es drunter und drüber«, stellte Foti allerdings nach dem recht passablen Saisonstart fest. Nach dem zweiten Sieg im zweiten Spiel war Sportdirektor Gaudino in die Kabine gestürmt und »hat herumgetobt, was wir für einen Mist spielen«.

Er stehe doch selbst unter riesigem Druck vom Präsidenten, entschuldigte sich Gaudino für seinen Ausbruch beim Trainer. Er zeigte Joe Albersinger eine Nachricht auf seinem Handy: Du und Dein Joe könnt gleich wieder abhauen!

Grundsätzlich waren sich der Präsident, der Sportdirektor und der Trainer einig, dass sie in Nordhausen einen Drittliga-Klub systematisch aufbauen wollten und dass dazu Geduld vonnöten sei. In der Realität reichte das Murren des Kleinstadtpublikums über einen zittrigen 1:0-Sieg im ersten Heimspiel, um die Nerven flattern zu lassen.

In dieser Regionalliga-Realo-Welt bewegt sich Foti mit 19 Jahren nach wenigen Wochen wie ein Veteran. Als kenne er das alles schon lange, berichtet er von Gruppenbildungen im Team, ausstehenden Siegesprämien und Langeweile in einer fremden Provinzstadt in den vielen trainingslosen Stunden. Wenn er zwei Tage frei hat, fährt er sofort nach München. Hin und zurück sind das 1000 Kilometer auf der A9. Petra Steinhöfer schimpft über diese München-Fahrerei, er solle in Nordhausen bleiben, regenerieren. Aber die Petra meckert in letzter Zeit sowieso über alles, findet Foti. Profis fahren an freien Tagen nach Hause, die anderen machen das auch so.

Wenn Foti zu Hause sagt, meint er mittlerweile München, genau wie Marius. Dort wurden sie alleine erwachsen. »Nach der Karriere werde ich auf jeden Fall in München leben«, sagt Marius mit 21, wo sie doch erst einmal schauen müssen, dass sie eine Karriere machen.

Foti bildet mit Benjamin Kauffmann und einem weiteren Kollegen bei Wacker, Zvonimir Kovac, eine Fahrgemeinschaft nach München. Er hat zum ersten Mal im Leben ein Auto, einen silbernen Renault Clio, für 250 Euro Leasing im Monat, das läuft über den Verein. »Der zieht aber nicht richtig auf der Autobahn.«

Was heißt das?

»Der schafft nicht über 200 km/h.«

Aber grundsätzlich ist das schon nicht schlecht, was man als Profi in Nordhausen alles bekommt, findet Foti, auch im *Felix* in der Barfüßerstraße bekommen sie 30 Prozent auf das Essen. Die ganzen Älteren in der Mannschaft schlagen sich seit fünf, teilweise zehn Jahre als Profi in der Regionalliga durch, mal verdienen sie bei einem Klub 1500 Euro netto, mal in Nordhausen 3000, mal kommt das Gehalt eben nicht. »Ich war selbst erstaunt, dass viele von denen gar keine Lehre in einem anderen Beruf gemacht haben«, sagt Foti, und ich meine die Versuchung in seinem Kopf hören zu können: Vielleicht kann ich das doch auch so machen, Fußball auf diesem Niveau bis 30 spielen?

Sein Start als Profi war ganz passabel. Dreimal in den ersten vier Meisterschaftspartien wechselte ihn der Trainer ein. »Immer wenn ich reinkam, haben wir gewonnen.« Die große Show konnte er in den Schlussminuten der Partien allerdings noch nicht abziehen, sagt er. Es geht immer nur darum, zu rennen, dem Gegner den Spielraum zu rauben und beim Vorwärtsspiel bloß nicht den Ball zu verlieren. »Wenn du den Ball verlierst, bringen dich gleich alle um.« Das Spiel ist irgendwie strenger, freudloser in so einer Regionalliga-Profimannschaft als im Akademiefußball. Aber Foti denkt, er muss sich nur erst einmal reinfinden, dann wird er sich schon seine Dribblings erlauben können. Wobei das mit dem Reinfinden gerade auch nicht so leicht ist, seit dem Vorfall beim Pokalspiel.

Der Trainer hatte ihn am 19. August 2016 in die Startelf befördert, in der ersten Runde des Thüringenpokals gegen einen Amateurklub namens Germania Ilmenau. Joe Albersinger wollte ihn geduldig und sorgfältig aufbauen, und er verstand auch, dass ein 19-Jähriger in so einem Spiel dann zu viel will und genau deshalb wenig auf die Reihe bekommt. »Foti ist immer ins Dribbling gegangen, als ob er sich unbedingt beweisen wollte«, beobachte Sportdirektor Gaudino in Ilmenau. »Aber am Gegner vorbei ist er nicht gekommen.« Nordhausen gewann gegen die Amateure 7:0, nichts war passiert.

Einige Tage später sollte Foti nach dem Training noch kurz auf die Geschäftsstelle kommen. Das war so ein vergitterter Flachbau, wie ein Westernsaloon. Der Trainer und der Sportdirektor eröffneten ihm, es seien zu viele Spieler im Aufgebot, 34, da könne man nicht effektiv trainieren. Deshalb würden sie für die derzeit schwächeren Fußballer eine gesonderte Trainingsgruppe eröffnen. Foti gehöre dazu. Mit weiteren sieben Spielern würde er fortan gesondert trainieren. »Wir haben zu viel von dir verlangt«, erklärte ihm Gaudino. »Hier ist so viel Druck im Spiel, du musst erst einmal lernen, damit fertigzuwerden. Du brauchst noch ein bisschen.«

Foti fühlte sich schwindlig von den Worten, als würde er aus einem Westernsaloon wanken.

Das war doch eine Verarschung, oder, fragte er sich allein zu

Hause. Eben noch war er Einwechselspieler gewesen. Eben noch hatte der Trainer ihn sorgfältig aufbauen wollen.

Im Gespräch mit mir kritisierten Albersinger und Gaudino die Maßnahme scharf, Foti aus dem Mannschaftstraining zu nehmen. Aber sie selbst hatten sie doch verkündet!

»Wegen einer schlechten Halbzeit in einem Pokalspiel lasse ich doch einen 19-Jährigen nicht fallen«, sagte Albersinger. »Da geht es ums perspektivische Arbeiten.«

»Es sollte nicht so sein, dass man einen 19-jährigen Jungen nach so einem einzigen Spiel rasiert«, sagt Gaudino. »Aber das waren leider Gottes die Bedingungen, die in Nordhausen herrschten.«

Was meint er damit?

»Da wurde zu viel Einfluss von außen genommen.«

Der Präsident habe nach Fotis verunglückten Dribblings im Pokalspiel am Rande des Thüringer Waldes den Daumen gesenkt. Der spiele nicht mehr! Das hörte Foti vom Reitlehrer, und dann würde es wohl stimmen. Denn Siegfried Herröder, ein angesehener Trainer für Springreiten aus dem Südhessischen, hing am Ohr des Präsidenten. Welche Funktion Herröder als Reitlehrer beim Fußball-Regionalligisten Nordhausen offiziell einnahm, wussten die Spieler nicht. Nach Augenschein war er der Statthalter des Präsidenten; mit entsprechenden Befugnissen. Der Reittrainer ging in der Umkleidekabine ein und aus und nahm im Hotel *Am Stadtpark* auch an den wöchentlichen Kamingesprächen teil, wenn Trainer und Sportdirektor die sportliche Lage erörterten.

Die Tochter des Präsidenten war eine leidenschaftliche Springreiterin, so hatte Nico Kleofas offenbar Siegfried Herröder kennengelernt. Der Siggi, die Haare auch in seinen Fünfzigern blondiert, kümmerte sich wirklich aufopferungsvoll um die Spieler, besorgte Leasing-Autos und Wohnungen. Aber es verbessert die Lage halt nicht, wenn ein Reitlehrer auch noch versucht, bei Spielerverpflichtungen und Mannschaftsaufstellung im Namen des Präsidenten mitzumischen.

Der Trainer überlegte, ob er sich gegen die Versetzung von Foti in die Trainingsgruppe der Abgeschobenen stemmen sollte. Aber Foti war in dem Moment nur ein Einzelschicksal; ein Spieler, der auf den Erfolg oder Misserfolg der Mannschaft keinen prägenden Einfluss hatte. Joe Albersinger entschied, die vernünftigere Methode zu wählen. Er würde Foti ein, zwei Wochen bei den Abgeschobenen belassen und ihn dann geräuschlos zurückholen. In zwei Wochen hatte der Präsident seinen Tobsuchtsanfall sicher wieder vergessen.

So kam es, dass Foti am 21. September wieder als einer von ihnen mit Wackers Profis trainierte. Bloß der Trainer, der ihn zurückgeholt hatte, war nicht mehr da.

Joe Albersinger war vor dem Training entlassen worden.

Am Ende hatten der Sportdirektor und der Reitlehrer wohl sogar versucht, ihm massiv in die Aufstellung reinzureden. Drei Niederlagen folgten. Den Preis zahlte der Trainer, dem alle anderen Führungskräfte im Klub das Arbeiten schwer gemacht hatten.

Ein 47-jähriger Mann, das graue Haar zu einem Mini-Zopf gebunden, trainiert die Mannschaft stattdessen am 21. September. Er war einmal eine Legende. Tomislav Piplica wurde als Bundesligatorwart von Energie Cottbus Kult, nicht zuletzt durch seine kuriosen Fehlgriffe. Bei Wacker Nordhausen war er als Torwarttrainer beschäftigt. Jetzt ist er Albersingers Nachfolger und lässt exakt eine Stunde lang Torschüsse nach Flanken trainieren, nichts anderes, zwei Tage vor dem nächsten Spiel. Trainer feilen zu dem Zeitpunkt gewöhnlich an taktischen Details. Piplica brüllt, »suuuper!« oder »Foti, Augen auf, schauen!«, einmal läuft er einem Spieler beim Flankenlauf auch hinterher, den Körper im Sprint vorgebeugt, und schreit aus vollem Herzen: »Jetzt, jaaa!« Der Spieler erschrickt sich so, dass er die Flanke verzieht.

Kevin Schulze, einer der Spieler, der weiß, wie es in der Regionalliga zugehen kann, sagt leise zu Foti: »Lass dir von dem nichts erzählen. Flank einfach, wie du willst.«

Foti flankt beim nächsten Mal flach, so wie es Piplica forderte. Er kann das nicht gut, entgegen den Anweisungen des Trainers beim Fußball seinen eigenen Weg gehen.

Den Trainer nennt Foti weiterhin »Pipi«. Für ihn ist Piplica keine Legende. Foti hat den Torwart als Kind nie bewusst in der *Sportschau* gesehen, bei Bayern München schaute er vielleicht mal hin, aber doch nicht bei Energie Cottbus. »Vor dem kann man nur schwer Respekt haben«, sagt Foti. »Das ist der Torwarttrainer, der Pipi, der checkt mit uns ab – und dann will er auf einmal der Chef sein?«

Unter Piplica wird Foti, was er zunächst unter Joe Albersinger war. Ein Talent auf der Ersatzbank, das gelegentlich ein paar Spielminuten Erfahrung sammeln darf.

Mit den Wochen fährt er gar nicht mehr bei jeder Gelegenheit nach München. Er hat überhaupt nicht gemerkt, wie das kam. Natürlich, er will auch das viele Spritgeld sparen. Aber ganz so schlecht ist es als Profi in Nordhausen gar nicht. Er geht öfter mit den Jungs aus. Sie fahren dann nach Göttingen. Dort erinnern sie sich wieder, dass es das gibt: Junge Leute auf der Straße. Auch hat er einen Mitspieler gefunden, den dritten Torwart Pascal Bertram, der sich sogar freut, wenn Foti mit seinen Lebensmitteln zum Kochen zu ihm kommt. Mit der Küche hat das immer noch nicht geklappt, sagt Foti Anfang Dezember.

Beim Mittagessen in Ingolstadt steht Niko erst einmal draußen, vor der Tür des *Vapiano*-Restaurants in der Erni-Singerl-Straße. Er wartet, dass einer der Mitspieler herauskommt und ihm schnell die Rabattkarte zusteckt.

Die Bundesligaprofis des FC Ingolstadt haben eine 50-Prozent-Rabattkarte beim *Vapiano* in der Nähe des Trainingszentrums erhalten. Einer der Profis, Nico Rinderknecht, trainiert in der Saison 2016/17 oft in der U21-Mannschaft. Er nimmt dann drei, vier der jungen Mitspieler mit zu *Vapiano*. Einer geht rein, kauft sein Essen mit der Vorzugskarte an der Selbstbedienungstheke, stellt das Tablett ab und geht nur mal kurz an die Luft. Der nächste übernimmt die Karte. Auf diese Art zahlt Niko nur 5,50 Euro für das Mittagessen.

So lässt sich leben.

»In der Mittagspause mit der Mannschaft in Ruhe Essen gehen statt von der Schule zum Bahnhof zu rennen, das ist schon herrlich«, sagt Niko. »Nie mehr Hetze.«

Um die Noten seiner Fachabiturprüfung zu rekapitulieren, muss er das Gedächtnis anstrengen, so weit ist das weg, vier

Monate später. Mit einer Durchschnittsnote von 3,3 bestand er den Schulabschluss, aber das ist abgehakt. Er ist Fußballer.

Auf der Suche, was er mit der neuen freien Zeit tun könnte, stellte er sich einmal in die Kfz-Werkstatt in Stopfenheim und sah einem Kumpel bei der Arbeit zu, dem Held Philipp. Die anderen arbeiten ja von neun bis 18 Uhr, auch Julia ist tagsüber in Triesdorf bei ihrer Ausbildung als Chemielaborantin. Der Held Philipp hantierte in der Werkstatt an einem Motorrad herum, und Niko stand daneben. Um etwas zu sagen, fragte er Philipp, was er da an dem Motorrad repariere, und der ging natürlich gleich voll in die Details, Öl und Filter wechseln, dazu brauche es einen 24er-Gabelschlüssel und eine Viertel-Zoll-Ratsche und, okay, okay, so genau interessiert es mich dann doch nicht, dachte sich Niko. An seinen freien Nachmittagen, wenn keiner sonst Zeit hat, fährt er jetzt lieber zum Brombachsee. Soweit es das Wetter erlaubt, setzt er sich in die Sonne und döst ein wenig.

So viel Freizeit bleibt gar nicht. Morgens um acht bricht er zum Training auf, zunächst geht die Fahrt nach Fiegenstall, 230 Einwohner, 27 Häuser. Dort ist der Treffpunkt seiner Fahrgemeinschaft nach Ingolstadt, mit dem Götzendörfer Mario und dem Schiller Marcel. Sie haben das ausgerechnet, Fiegenstall bildet ungefähr den Mittelpunkt zwischen ihren drei Wohnorten. Der Schiller Marcel legt die Musik im Auto fest und auch in der Umkleidekabine, Interpreten wie Tiger oder Kay One lässt er laufen, Niko weiß gar nicht genau, wie man das nennt, Black Music oder schon Rap, er lacht, »ich höre ja mehr Dorfmusik«.

Dienstags und donnerstags trainieren sie zweimal, da ist er auch erst gegen halb sieben zu Hause, wie alle anderen, an den anderen Tagen kommt er gegen 14 Uhr zurück. Die größte Freizeitbeschäftigung ist dann eigentlich: »Ich lege mich nachmittags viel hin.« Wobei das, auch wenn es blöd klingen mag, zum Beruf gehört. Er versucht, wirklich professionell zu leben, auch zu regenerieren.

»Und wie lebt es sich in Stopfenheim?«, fragt der Assistenztrainer Ersin Demir ihn gern beim Training, in Erinnerung an das Entree, Servus, er sei der Reislöhner Niko aus Stopfenheim.

»Wie schreibt man das, Stopfenheim, könntest du das mal aufschreiben?«, fragt der Trainer Stefan Leitl, und dann lachen sie schon gemeinsam. Es braucht nicht viel bei diesen beiden Trainern, um gute Laune zu kriegen.

Mit dem anderen Linksverteidiger im Team, Thorsten Nicklas, liefert sich Niko einen heißen Zweikampf um den Platz im Team. Was er nicht weiß, ist, dass es »in der Frage jede Woche auch einen Zweikampf zwischen Cheftrainer und Co-Trainer gibt«, wie Ersin Demir erzählt: »Stefan Leitl sieht Toto Nicklas besser, ich plädiere für Niko.«

Niko und Nicklas bekleiden dieselbe Position und sind doch als Spieler fast konträr. Thorsten Nicklas verfügt über einen feinen Pass, schlägt wunderbar gezirkelte Flanken aus der David-Beckham-Schule und weiß schlaue Lösungen für das Spiel von außen nach innen. »Niko ist schneller, zweikampfstärker, besser im Kopfball, der ist ja eine Kopfballmaschine, und im Spiel nach vorne zieht er nicht nach innen, sondern die Außenlinie hinunter«, beschreibt ihn Ersin Demir. »Niko muss laufen, der glüht vor Energie. Wenn er mal antritt, gibt es kein Halten mehr.«

So diskutieren Leitl und Demir, Chef und Assistent, jeden Donnerstag wieder leidenschaftlich und freundschaftlich, welcher Linksverteidiger am Samstag spiele. »Ein absolutes Luxusproblem«, sagt Demir, »für eine U21-Mannschaft sind das zwei überragende Spieler.« Nikos Fürsprecher ist der Assistent, der Verfechter von Toto Nicklas ist der Chef, so ist klar, wer die Saison als Linksverteidiger beginnt. Doch als Nicklas nach zehn Spielen eine schwächere Phase durchläuft, wird Niko auf der Fahrt zum Auswärtsspiel in Illertissen im Mannschaftsbus nach vorne gerufen. Trainer sitzen im Mannschaftsbus immer in der ersten Reihe. Er habe sich seine Chance verdient, sagt Stefan Leitl zu Niko.

Nach längerer Zeit ohne Spieleinsätze horchen Fußballer bei ihrem Comeback angespannt in sich hinein. Haben sie in den ersten Spielminuten ein gutes oder ein mieses Gefühl? Das bestimmt ihre Aktionen mehr als die Vorgaben des Trainers oder rationale Eindrücke. Ein richtig gutes Gefühl trägt Niko in Illertissen. Ständig ist er am Ball, er zieht nach vorne, schlägt gefährliche Flanken, leitet ein Tor ein. Die U21 des FC Ingolstadt gewinnt 5:2. In der nächsten Partie bereitet Niko beide Tore beim 2:1-Sieg gegen den SV Seligenporten vor. Er ist der neue Linksverteidiger.

Fußballer ist im zweiten Halbjahr 2016 für Niko ein ruhiger, angenehmer Beruf mit kleinen Erfolgserlebnissen, ohne größere Aufregungen. Er genießt es. Er kommt nicht auf den Gedanken, wie selten solche Phasen in diesem Beruf sind.

Der Mannschaftsarzt von Hannover 96 verschrieb Marius Antibiotika. Mit den Medikamenten sollte es ihm innerhalb einer Woche schon deutlich besser gehen. Eine starke Grippe habe ihn wohl erwischt.

Nach einer Woche ging es Marius schlechter. Das Fieber sank und stieg ständig, die Erschöpfung wuchs. Er wollte den ganzen Tag nur schlafen. Der Arzt nahm ihm eine Blutprobe ab. Er litt am Pfeifferschen Drüsenfieber, stellte sich heraus.

Damit war nicht zu spaßen. Er durfte mindestens vier Wochen keinen Sport machen, um die Krankheit nicht zu verschleppen. Sonst drohte er als Berufssportler Monate auszufallen.

Wann hatte er zum letzten Mal vier Wochen lang keinen Sport betrieben? Wahrscheinlich als Säugling. Marius saß in seiner Wohnung in Hannover-Kirchrode, und es gab Momente, da war es ihm egal, dass er nicht zum Training durfte. Es wäre doch das Training der U23 von Hannover 96 gewesen.

»Ganz ehrlich, am Anfang kam mir sogar der Gedanke: Hat er das Pfeiffersche Drüsenfieber nur erfunden, weil er keinen Bock mehr auf die demütigende Situation bei 96 hat?«, sagt Damian, der praktisch sein ständiger Mitbewohner geworden war.

Es war Herbst 2016. Von den Verantwortlichen der Profimannschaft meldete sich niemand bei Marius, weder Sportdirektor Martin Bader noch sein Assistent Christian Möckel oder Trainer Daniel Stendel. Krank auf dem Sofa, verstand Marius, was das bedeutete. Er wurde in diesem Verein bereits vergessen.

Talente waren wie Aktien, hatte ein ehemaliger Mitspieler vor anderthalb Jahren gesagt. Sie wurden für ihr Zukunftspotenzial gehandelt, und wenn sie ihr vermutetes Können ein Jahr lang in keinster Weise entfaltet hatten, ließen die meisten in der Fußballbranche sie fallen. Es gab doch schon wieder so viele andere

Talente, neue Aktien. »Das ist ein normaler Prozess«, erklärt Eintracht Frankfurts Sportdirektor Bruno Hübner, einer von vielen, die Marius anderthalb Jahre zuvor noch liebend gerne verpflichtet hätten. »Marius deutet sein Talent bei 1860 an, und jeder denkt: Das könnte einer werden. *Könnte* – Konjunktiv. Schließlich verpflichtet ihn ein Bundesligaklub, und die anderen Sportdirektoren und Scouts sagen: So, mal schauen, ob er sich durchsetzt. Dann schafft er es in Hannover nicht, und alle sagen: Siehste, war doch nicht der Spieler, den ich mir mit Fantasie ausgemalt hatte. An dem Punkt vergisst du ihn wieder. Das klingt brutal, aber so brutal ist der Fußball geworden: Die meisten kriegen nur die eine Chance. Es gibt so wenige Plätze in der Bundesliga und so viele gut ausgebildete Talente, dann wird eben lieber das nächste unverbrauchte Talent geholt als einer, der es schon irgendwo einmal nicht gepackt hat.«

»Scheiße, Bruder«, dachte der Leuges. »Kann schon sein, dass es mit dem Wolf jetzt komplett den Berg runtergeht, und dann krebst er nächstes Jahr in der dritten Liga rum.«

Zu Hause in Einberg wachte der Vater nachts auf. Die Gedanken weckten ihn. Sie drehten sich noch im Kopf in dem Moment, wenn Martin Wolf aufwachte. Das war doch Wahnsinn, wie schnell Marius hochgeschossen und noch schneller fallen gelassen wurde, das war doch … Je länger er wach lag, desto düsterer wurden die Gedanken. Marius war zum U23-Spieler degradiert und von einer Krankheit außer Gefecht gesetzt worden, die leicht chronisch werden konnte – das waren die Fakten, die jeder interessierte Verein zuerst wahrnehmen musste. Und was, wenn Marius in der Situation überhaupt keinen Verein mehr fand?

Damian, der Marius' Leiden täglich aus nächster Nähe erlebte, stellte sich immer öfter eine ganz andere Frage. Wie gut war Marius eigentlich wirklich als Fußballer gewesen? Er wollte es herausfinden.

»Sag mal, hast du irgendwelche Videos von deinen Spielen für 1860 München?«, fragte er Marius.

Irgendwelche Videos? Marius hatte sie von allen 44 Spielen.

Damian brachte die Videoaufzeichnungen auf dem großen Fernsehbildschirm im Wohnzimmer zum Laufen. Marius setzte sich dazu. Sie begannen, einfach mal ein Spiel zu schauen. Am Ende saßen sie Vormittage und Nachmittage in Hannover auf dem Sofa. Sie sahen mehr als ein Dutzend alte Zweitligapartien von 1860 München an.

13

9. November 2016

Donald Trump wird Präsident der USA (und Niko interessiert es gerade nicht so)

Niko war nach dem Duschen gerade mit dem Anziehen beschäftigt, schon in Unterhosen, aber noch nicht in der Jeans, als der Trainer den Kopf in die Umkleidekabine hereinsteckte.

»Niko? Kommst du mal kurz in mein Büro?«

Niko nickte und sagte lässig »alles klar«. Aber in seinem Kopf begann es schon zu rattern.

Was wollte der Trainer?

Im Regionalligaspiel vier Tage zuvor hatten sie 0:0 gegen die U21 von 1860 München gespielt. Niko hatte – und er wollte sich da jetzt nicht selbst loben – nach eigener Einschätzung wirklich herausragend verteidigt. Was konnte der Trainer da wollen?

Niko wollte sich eigentlich mit zwei Mitspielern schnell etwas vom Bäcker Sippel zum Mittagessen holen, dort gab es Pizzastücke und belegte Semmeln. Der Dantscher Nico und der Jalinous Darius boten an, auf ihn zu warten. Lange würde das Gespräch beim Trainer ja wohl nicht dauern. Oder? Was konnte er schon wollen.

Die Trainerkabine lag direkt gegenüber von der Spielerkabine, auf der anderen Seite des Gangs. An einen Raum zum Umziehen schloss sich eine Art Büro an, mit zwei Computerbildschirmen als auffälligsten Einrichtungsgegenständen. Stefan Leitl bat Niko, sich zu setzen.

»Du trainierst heute Nachmittag nicht mit«, sagte der Trainer.

Der Satz hätte ihn sofort alarmiert, erzählte Niko später.

»Weil du morgen bei den Profis mittrainierst«, fügte Leitl nach gebührender Atempause hinzu.

Niko begann zu lachen. Er lachte immer weiter, damit der Trainer nicht merkte, was mit ihm los war. Er wusste nicht, was er sagen sollte.

»Ja, da darfst du schon lachen, das ist ein Grund zur Freude«, sagte Leitl, und viel mehr fügte er eigentlich nicht mehr hinzu. Zumindest nahm Niko nichts mehr auf.

Er bei den Profis. Es hätte Niko schon interessiert, wie es dazu kam, dass er am 9. November 2016 bei der Bundesligamannschaft des FC Ingolstadt mittrainieren durfte. Er hatte vor Aufregung halt nicht daran gedacht, den Trainer zu fragen. Oder durfte man so etwas überhaupt fragen?

Im Profifußball wurden Neuigkeiten oft nicht durch Worte, sondern durch Tatsachen übermittelt. Er durfte bei den Profis mittrainieren. Den Rest musste er sich zusammenreimen. Vermutlich wurde er für seine starken Auftritte in der Regionalliga belohnt. Seine Beförderung war definitiv etwas Besonderes, in seinen fünf Monaten beim FC Ingolstadt war erst ein anderer Spieler aus der U21 zu den Profis gebeten worden. Wahrscheinlich sollte er sich aber nicht zu viel erhoffen. Es schien, zunächst einmal, eine einmalige Angelegenheit. Abends, zu Hause, klickte er auf der Vereinswebseite alle Fotos der Profispieler durch, damit er sie morgen auch mit dem richtigen Namen ansprach.

Nichts schien an diesem Mittwochmorgen anders als an allen anderen Mittwochmorgen. Niko traf sich mit der Fahrgemeinschaft Schiller/Götzendörfer in Fiegenstall. Sie konnten wie gewohnt gemeinsam nach Ingolstadt fahren, die U21 trainierte zur selben Zeit wie die Profis, um zehn. Im Auto lief wie immer die Musik von DJ Schiller, auch wenn die meisten Autofahrer an diesem 9. November wohl eher das Radio eingeschaltet hatten. Donald Trump war in der Nacht zum Präsidenten der USA gewählt worden.

Wie jeden Tag zog sich Niko in der Umkleidekabine der U21 um. Bei den Profis war kein Platz für ihn, er konnte sich doch dort nicht irgendwo hinsetzen, die Plätze waren fest vergeben. Um 9.40 Uhr ging er zum Profitrakt hinüber. Zwei weitere U21-Spieler, Maximilian Thalhammer und Ryoma Watanabe, begleiteten ihn, auch sie durften bei den Profis mittrainieren, das war ganz gut. Niko fühlte sich nicht so alleine.

In der Umkleidekabine der Bundesligaspieler war alles in Bewegung. Ein paar Spieler zogen sich gerade die Trainingskleidung an, andere verschwanden kurz im Schuhraum, weitere kamen vom Physiotherapeuten aus dem Behandlungsraum. Niko überkam leichte Panik. Er hatte den Überblick verloren, wem er schon alles die Hand zur Begrüßung geschüttelt hatte und wem nicht. Er wollte keinesfalls jemanden vergessen und auf gar keinen Fall jemanden zweimal begrüßen, wie stünde er dann da. Die meisten Profis halfen ihm. Sie kamen freundlich auf ihn zu. Der Teambetreuer Michael Klattenbacher, dessen Namen Niko abends zuvor auch nachgeschaut hatte, sagte ihm, er müsse sich noch einmal umziehen. Die Profis trainierten in anderer Kleidung als die U21. Dann, es war schon fast zehn, ging es hinaus.

Es hatte fünf Grad in Ingolstadt, und Niko trug kurze Hose. Es konnte so kalt sein, wie es wollte, er zog beim Fußballspielen keine langen Hosen an. Er brauchte das Gefühl, frei beweglich, voll einsatzbereit zu sein.

Das Ambiente legte nicht nahe, dass hier und heute etwas Besonderes geschah. Allenfalls zehn Fans hatten sich am Trainingsplatz versammelt. Das Trainingszentrum war neu, modern und doch wenig einladend, in einem schnell hochgezogenen Industriegebiet gelegen.

Tags zuvor waren 100 Besucher und mehrere Fernsehteams zum Training erschienen. Der Trainer der Bundesligamannschaft war entlassen worden, das zog immer als Attraktion. Der FC Ingolstadt war Tabellenletzter der Bundesliga. Der bisherige Assistenztrainer Michael Henke leitete am 9. November nach der Entlassung von Markus Kauczinski übergangsweise das Training. Ob Henke sich seinen Namen gemerkt hatte, konnte Niko nicht sagen. Aber er hatte sich laut und deutlich vorgestellt als Reislöhner, Niko. Auf den Zusatz »aus Stopfenheim« hatte er diesmal verzichtet.

Zum Aufwärmen spielten sie das älteste Fußballertrainingsspiel der Welt, »Fünf gegen zwei«. Fünf Spieler bildeten einen Kreis, zwei in der Mitte jagten den Ball, den die anderen sich zuspielten. Wessen Pass abgefangen wurde, musste zur Strafe in die Mitte, jagen. Es war Aufwärmen und für Niko der reine

Wettkampf. Seine Konzentration ließ ihn gestochen scharf sehen. Der Ball hatte hier eine ganz andere, höhere Geschwindigkeit als in der U21. Ballkünstler lieben das »Fünf gegen zwei«. In dem Spiel probieren sie Tricks aus, ohne sich körperlich anstrengen zu müssen. Sie warten, bis der Balljäger ganz nah herangesprintet ist, und lupfen den Ball dann aus dem Stand über sein ausgestrecktes Bein hinweg. Für Niko ging es in derselben Übung um etwas ganz anderes. So wenige Fehler wie möglich zu machen. Mit zunehmendem Stolz registrierte er, dass er kaum einmal in die Mitte musste.

Der Trainer rief die Spieler zusammen. Wir machen ein Spiel, elf gegen elf, über den gesamten Platz, dreimal 20 Minuten, kündigte Henke an. Dazu hatte der Trainer ihn und die anderen zwei U21-Spieler angefordert, verstand Niko augenblicklich. Einige Profis der Bundesligamannschaft waren in dieser Novemberwoche mit ihren Nationalmannschaften auf Reisen, der Trainer musste das Aufgebot auffüllen, um auf 22 Akteure für das Übungsspiel zu kommen.

Ein Flachpass glitt in den Strafraum von Nikos Team. Er sprintete mit Pascal Groß um die Wette, wer den Ball als Erster erreichen würde. Groß war einer der besten, wenn nicht der beste Eckball- und Freistoßflankengeber der Bundesliga – »und ich bin da einfach in den Zweikampf reingegangen«, wunderte sich Niko später darüber, was die menschlichen Automatismen alles vermochten. Er dachte in keinem Moment, »ach du Scheiße, der Groß!« Er erlief den Ball einfach, schirmte ihn geschickt mit dem eigenen Körper gegen den namhaften Gegner ab und legte sich den Ball Richtung Außenlinie vor. Fast noch im selben Moment setzte er sich schon mit einem Antritt von Groß ab. Schnell, frei von Hektik passte Niko ins Zentrum zu einem freien Mittelfeldspieler. Erst hinterher staunte er: »Ich habe da einfach mitgespielt. Und es war echt in Ordnung.« Im zweiten und dritten Spieldrittel, nach nur zwanzig Minuten, hatte er das höhere Tempo schon verinnerlicht, registrierte er. Er wusste bereits exakt, wie viel Zeit er hatte, den Ball zu stoppen und zu passen. Richtig weit zu dribbeln traute er sich nicht. Er war doch nicht lebensmüde.

Am Ende des Trainings verabschiedete er sich vom Interimstrainer mit Handschlag; natürlich, Fußballer gaben die Hand. Michael Henke bedankte sich und sagte nichts zur Leistung von Niko, nicht einmal eine nette Floskel. Tatsachen, nicht Worte, sprachen doch im Profifußball.

Ein neuer Trainer würde bei der Bundesligamannschaft in den nächsten Tagen installiert. Der Neue würde von diesem einen Training nichts wissen, er würde Niko überhaupt nicht kennen und im Abstiegskampf der Bundesliga wahrscheinlich auch anderes zu tun haben, als nach Talenten in der U21 Ausschau zu halten. Es war also rundherum unwahrscheinlich, dass dieses eine Training direkte Auswirkungen auf Nikos Karriere hatte. Bloß ein Gefühl blieb ihm. Er war 19, er hatte noch anderthalb Jahre Zeit in seiner Fußballerlehre – er könnte es schaffen zu den Profis.

Wirf deine Trainingssachen einfach in den Wäschekorb, sagte ihm der Teambetreuer der Profis im Kabinentrakt. Schon zum Duschen war Niko dann wieder zurück in der U21-Umkleidekabine.

14

Januar 2017

Ein Talentefinder namens Zufall

Foti fährt mit dem Auto durch die Fußgängerzone von Nordhausen. Er wählt den direkten Weg zum Bahnhof, weil ich ansonsten den letzten Zug des Tages Richtung Kassel nicht mehr erreichen würde. »Kein Problem«, beruhigt er mich. Fußgänger gebe es in der Fußgängerzone sowieso nicht, abends um halb neun.

Bloß zwei Polizisten gibt es. Sie stehen am Bahnhof, und wir sehen sie erst, als Foti direkt vor der Eingangstür im absoluten Halteverbot geparkt hat. Ich renne weg, nicht vor der Polizei, sondern weil ich sonst den letzten Zug nicht mehr kriege. Mit schlechtem Gewissen haste ich an Bord. Ich lasse Foti allein in der Bredouille, in die er nur geriet, weil er mich netterweise zum Bahnhof brachte.

»Kein Problem«, sagt er, als ich mich fünf Minuten später aus dem fahrenden Zug heraus auf dem Handy nach dem Ausgang seines Gesprächs mit der Polizei erkundige. Er habe die Situation höflich erklärt und nur eine Verwarnung erhalten.

In Nordhausen kann man eigentlich schon ein paar lustige Momente erleben, wenn man nicht in jeder freien Sekunde nach München fährt. Letztens war er sogar einmal mit drei Mitspielern aus in Nordhausen. Sie gingen zunächst ins *Divan*. Dort kann man Fußball schauen und Wasserpfeife rauchen. »Alle Fußballer rauchen Shisha«, sagt Foti und korrigiert sich: »Alle tätowierten Fußballer.« Man dürfe halt nur nicht in den zwei Tagen vor einem Spiel rauchen, damit der Tabak nicht die Lungen belaste. Später zogen sie vom *Divan* noch in die *Alte Weberei* weiter, das sollte wohl so eine Art Klub sein. Doch dort kam sich Foti blöd vor. Soweit er das überblickte, war er der einzige Nüchterne im Tanzsaal. Während der Fußballsaison trinkt er keinen Alkohol, »das finde ich unnötig«. Er sah kurz zu, wie ein Betrunkener dem anderen eine Jacke klauen wollte und eine Schlägerei ausbrach, aber weil Foti nüchtern war, fand er das nicht so lustig wie seine drei Kollegen und ging nach einer halben Stunde nach Hause. Er wollte am nächsten Morgen fit sein.

Sie haben, im Januar 2017, einen neuen Trainer bekommen. René van Eck hat Pipi abgelöst. Das kann nur gut für ihn sein, glaubt Foti. Van Eck trainierte die U19 beim 1. FC Nürnberg, als Foti in der U16 zum Kreis der Nationalmannschaft gehörte. Der Trainer wird ihn doch sicher noch in guter Erinnerung haben, und überhaupt hieß es damals in Nürnberg immer, van Eck sei begeistert von technisch feinen Fußballern.

Foti packte am 15. Januar 2017 seine Sporttasche für ein Kurztrainingslager in Leipzig, vor der Abfahrt stand ein gemeinsames Mittagessen im Hotel *Am Stadtpark* an. Trainingslager, Mittagessen, für einen Viertligisten war der Standard in Nordhausen unverändert hoch, obwohl sie mit der teuersten Mannschaft der Liga im Niemandsland der Tabelle herumkrebsten. Sportdirektor Gaudino hatte in der Winterpause den 35. Spieler verpflichtet, Lucas Scholl, den Sohn von Europameister Mehmet Scholl. Angesichts des Misserfolgs sollte das wohl so etwas wie eine Ersatztrophäe sein: ein großer Name für Nordhausen.

Im Hotel *Am Stadtpark* rief der neue Trainer Foti nach dem Mittagessen noch kurz zu sich in ein Besprechungszimmer. Er fahre nicht mit ins Trainingslager, eröffnete René van Eck Foti. Sportdirektor Gaudino saß stumm daneben. Sie hätten zu viele Spieler auf den Offensivpositionen; jetzt, wo auch noch Lucas Scholl da sei, habe er für Foti leider keine Verwendung mehr. Er müsse bis auf Weiteres mit der zweiten Mannschaft trainieren.

Foti konnte sich nicht erklären, wieso, aber er musste an seine gepackte Sporttasche denken. Sie hatten ihn seine Tasche packen und zur Abfahrt ins Trainingslager antreten lassen, nur um ihn dann wegzuschicken.

»Das fällt euch jetzt ein, dass ich nicht mitfahre?«, blaffte er den Trainer und Sportdirektor an. Wenig später knallte er die Tür des Besprechungszimmers hinter sich zu. Er trug seine gepackte Tasche wieder nach Hause.

Der Reitlehrer rief ihn an. Siggi Herröder sagte ihm, keine

Sorge, er werde ihn so schnell wie möglich zurück in die Profimannschaft holen. Der gute Siggi schien das tatsächlich zu glauben. Dass er, ein Reitlehrer, in diesem Verein im Namen des Präsidenten über das Schicksal der Spieler mitbestimmte. Vielleicht war es auch so? Foti allerdings glaubte, die Sprachcodes des Profifußballs mittlerweile besser zu verstehen: Die Versetzung in die Reservemannschaft, die in der sechsten Liga auf durchschnittlichem Amateurniveau spielte, war der schroffe Hinweis, den Verein am besten sofort, in der Wintertransferperiode bis 31. Januar 2017, wieder zu verlassen. Wacker Nordhausen wollte zur Abwechslung nicht nur Geld rauswerfen, sondern auch mal ein Gehalt einsparen. Da wurde ein Spieler, den man zu Saisonbeginn verpflichtet hatte, um ihn sorgfältig aufzubauen, nach sechs Monaten halt abserviert. Foti saß in seiner Wohnung, der Blick fiel Richtung Eingangsbereich. Die Küche brauchte er jetzt auch nicht mehr einbauen zu lassen.

16 Tage blieben noch, um in dieser Wechselphase einen Verein zu finden. Wie Foti hatte auch Marius keinen neuen Club in Aussicht.

Im Weihnachtsurlaub war es ihm noch recht gut gelungen, sich von der Ungewissheit abzulenken. Nicole war bei ihm gewesen. Sie waren wieder ein Paar.

Sie machte in München eine Ausbildung zur Tagesmutter, sie sahen sich, so oft es ging, an den freien Tagen, nicht im Alltag, das klappte eigentlich besser.

Nach Kitzbühel waren sie in den Weihnachtsferien gereist. Nicole fuhr nicht Ski, aber kein Problem, dann ließ es Marius eben auch sein. Sie bevorzugten die Rodelbahn am Gaisberg, 3,5 Kilometer, 435 Höhenmeter nach unten, da musste man richtig aufpassen. Auf das Ausgehen hatte Marius gar keine gesteigerte Lust mehr, stellte Nicole fest, aus ihrem Mund klang es wie: schade. Er schaute viel auf sein Handy; falls sein Berater ihm schrieb. »Wir sind nicht weit weg, in Kitzbühel, da wäre ich überall schnell, falls etwas passiert«, hatte er Thorsten Weck gesagt, der ihn für die Agentur Rogon betreute. Weck informierte ihn umgehend, wenn ein Club Interesse signalisierte, Fortuna Düsseldorf, der 1. FC

Nürnberg, es lief wohl auf die zweite Liga hinaus. Allein, es wurde nie etwas Handfestes aus den Kontakten.

Foti rief seine Beraterin gar nicht an, um sie darüber zu informieren, dass sie dringend einen neuen Verein für ihn suchen müsste. Petra Steinhöfer und er hatten schon mehr als zwei Monate nicht mehr miteinander geredet. »Keine Ahnung, warum«, sagt Foti. »Von ihr kam halt nichts – und dann kam von mir auch nichts.«

Zunehmend gestresst, weil sie Foti wegen jeder Kleinigkeit ewig hinterhertelefonieren musste, hatte sich Petra Steinhöfer zurückgezogen. Zunehmend irritiert, weil die Petra ständig jede Kleinigkeit an ihm störte, hatte sich Foti nicht mehr gemeldet. Schlusspunkt war der Streit um einen Wandertag gewesen.

Im Herbst 2016 hatte Wacker Nordhausen seine Profis gebeten, mit den Bürgern der Stadt für einen guten Zweck wandern zu gehen. *Wandern mit Wacker* hieß die Veranstaltung. Da könne Foti punkten, fand die Petra, vielleicht sogar im Wanderschritt wichtige Personen aus dem Verein und dessen Umfeld besser kennenlernen. Er gehe doch nicht wandern, völlig uncool, sagte Foti, keiner der echten Profis in der Mannschaft mache da mit.

An dem Punkt verlor Petra Steinhöfer endgültig die Geduld mit ihm. Wegen eines Wandertags. Natürlich, es war nur der berühmte letzte Tropfen, sagte sie. Dutzende Kleinigkeiten hatten sich summiert; wie sie ihn etwa einmal, als er bei 1860 durchhing, dringend treffen wollte, und er sagte ab. Er sei zu müde vom Basketballspielen im Park.

Es hatte sich abgezeichnet, dass Petra Steinhöfer nicht mehr mit Foti zusammenarbeiten wollte und dass Foti sich mit 19 einen anderen Berater als die Petra wünschte. Bloß geredet hatten sie darüber bis Januar 2017 nicht. Nun musste Foti faktisch ohne Berater einen Verein suchen.

Da geschah das Unerwartete. Ein Verein suchte ihn.

Die Profivereine arbeiteten 2017 bei der Spielersuche mit Datenbanken wie *Wyscout*, in denen Videos von über 200 000 Fußballern aus der gesamten Welt gesammelt waren. Manche Chefscouts wie Sven Mislintat von Borussia Dortmund betrieben mit diesen digitalen Programmen eine regelrechte Rasterfahndung. Sie nahmen sich einzelne Ligen vor, zum Beispiel die schwedische oder die japanische, und gaben als Suchbegriffe »unter 20 Jahre« und »mindestens fünf Spiele« ein. Innerhalb von Sekunden spuckte *Wyscout* alle Talente aus, auf die diese Kriterien zutrafen. Mislintats Mitarbeiter gingen anhand der Videobilder jeden einzelnen dieser Spieler durch. Ganze Partien, Angriffsaktionen, Zweikämpfe, es gab für jeden Spieler unzählige Unterkategorien auf *Wyscout*, sie mussten nur die Tasten am Computer drücken. So betrieben sie eine Vorsichtung. Die interessanten Treffer begutachteten sie anschließend über Monate live vor Ort. Das war ein moderner Weg, einen Spieler zu finden. Eine andere Methode war unverändert der Zufall.

Christian Preußer, der Trainer der U21-Mannschaft des SC Freiburg, unterhielt sich im Januar 2017 mit einem seiner Vertrauensspieler im Team, Matti Langer. Nebenbei erwähnte Preußer, dass sie für die Rückrunde noch einen offensiven Außenspieler hinzuholen sollten. Ein paar Stunden später hatte Foti den Freiburger Trainer am Telefon. Wolle Foti ein viertägiges Probetraining beim SC absolvieren, inklusive zweier Testspiele?

Foti verstand nichts und gleichzeitig alles. »Freiburg wäre der Jackpot!«, einer der besten Ausbildungsvereine Deutschlands. Aber warum traf ihn dieses Glück, wie kam er zu diesem Anruf aus dem Nichts?

Matti Langer hatte vor seinem Wechsel nach Freiburg fünf Jahre bei Wacker Nordhausen gespielt. Er hielt noch regelmäßig Kontakt zu den alten Kollegen, von Wacker gab es ja immer die tollsten Geschichten zu hören. Als sein Trainer in Freiburg nebenbei erwähnte, dass sie noch einen Außenspieler suchten, war Matti Langer spontan eingefallen, was die alten Kollegen aus Nordhausen ihm gerade erzählt hatten. Stell dir vor, wir haben hier einen richtig talentierten 19-Jährigen, einen ganz feinen Jungen, der geht wagemutig ins Dribbling, enge Ballführung – und den haben sie gerade willkürlich rasiert, in die zweite Mannschaft gesteckt, nur weil wir zu viele sind. Der Name war Matti Langer im Gedächtnis geblieben. Foti Katidis.

Vielleicht wäre das einer für uns, sagte er seinem Trainer in Freiburg nebenbei, in einem Alltagsgespräch, in dem es eigentlich um etwas ganz anderes gegangen war.

Der Name sagte ihm was, meinte Christian Preußer. Er sah im Internet nach, ausgebildet bei 1860 München, ja klar, den hatte er doch mal mit der U19 der Sechziger in Freiburg gesehen.

Wenige Tage später, am 25. Januar 2017, trug Foti das Trikot des SC Freiburg im Testspiel gegen die U21 des Schweizer Meisters FC Basel. In der Halbzeitpause registrierte Foti erst mit Erstaunen, dann mit Begeisterung, wie sich der Trainer aufregte. »Der hat den rechten Außenverteidiger voll angeschrien: ›Du spielst so eine Scheiße, wegen dir kann sich der Foti nicht zeigen!‹« Der Trainer war »echt der Wahnsinn«, fand Foti, »menschlich wie fachlich«. Preußer war erst 32, der verstand noch, was in einem 19-Jährigen im Probetraining vor sich ging. Preußer hatte ihm klare Anweisungen mit ins Spiel gegeben und den Arm um Fotis Schulter gelegt.

Er habe den Ball kein einziges Mal verloren, sagte sich Foti nach dem Match gegen Basel, aber der zweite Gedanke kam schon hinterher: Du hattest den Ball allerdings auch kaum. Das gesamte Spiel der Freiburger U21 hatte gelahmt. Egal, zwei Trainings und ein weiteres Testspiel blieben ihm noch. Der Verein war echt krass, die zahlten sogar seinen Aufenthalt im Hotel *Waldkurbad*, direkt am Stadion, Mensch, wenn er hierhin könnte.

Im zweiten Test, gegen die gehobene Amateurmannschaft des Freiburger FC, umspielte Foti seinen Gegner regelmäßig mit Leichtigkeit. Aber der Sauhund foulte ihn dann jedes Mal. Foti war gestresst. Er kam kaum zu Abschlussaktionen, weil er ständig gefoult wurde. Eine ansehnliche Flanke mit links gelang ihm, ein Torschuss ging daneben, »da war nichts dabei, wo man sagt: überragend«, erkannte er. Ob das reichte?

»Technisch ist das ein sehr guter Spieler«, sagte der Trainer Christian Preußer am Telefon, »hohes Spielverständnis, charakterlich einwandfrei. Dass er im Dribbling manchmal hängen blieb, ist in dem Alter jetzt nicht so unnormal.« Sie hatten noch einen weiteren Probespieler eingeladen, Marcel Schmitt vom Karlsruher SC – einen der zwei würden sie nehmen. Am Montag, zwei Tage nach Ende des Probetrainings, gebe er Foti Bescheid.

Montag war der 30. Januar 2017, der vorletzte Tag der Transferperiode. Falls ihn Freiburg nicht nahm, musste er realistisch die gesamte Rückrunde bei Wacker Nordhausen absitzen, verbannt in die zweite Mannschaft. Würde ihn danach noch irgendjemand wollen?

Marius fuhr am Abend des 30. Januar mal wieder Richtung Düsseldorf. Er hatte ein neues Auto, einen Mercedes-Jeep G36 V8 Biturbo zur Leasingrate von einem Prozent des Kaufpreises. »Marius, das geht gar nicht«, hatte sein Vater gesagt, »was der Sprit verbraucht«. Ja, ja, dachte Marius, zum Winter passte ein Jeep doch.

Damian saß auf dem Beifahrersitz, Drake lief. Dessen Rap hörten mittlerweile so viele, dass er fast schon *mainstream* war, aber Marius war selbstverständlich ein Fan der ersten Stunde. Manchmal schienen Drakes Zeilen sogar zu ihm zu sprechen. *Man, don't live of the hype, huh? Real thing, ay!*

Mann, leb nicht vom Hype um dich, zeig, dass du wahrhaft groß bist!

Sie mussten gar nicht ganz bis Düsseldorf, sechzig Kilometer früher waren sie schon da, war er am Ziel. Der VfL Bochum würde ihn für die Rückrunde von Hannover 96 ausleihen.

»Bochum ist schon super«, sagte Marius. Er klang dabei auf leise Art glücklich. Streng genommen war Bochum ein Zweitligist in Abstiegsgefahr wie 1860 München, als er den Verein vor einem Jahr mit Größerem im Sinn verlassen hatte. Nach diesem Jahr war er allerdings überwältigt, einfach noch einmal anfangen zu können.

Gegen den VfL Bochum hatte er in seiner Münchener Zeit aus irgendeinem Grund immer auffällig agiert, das war der Zufall, der diesen Transfer auf den Weg brachte. »Der hat als junger Kerl gegen uns in jedem Spiel unsere Verteidiger überlaufen, einmal auch ein Höllentor nach einem Dribbling über 40 Meter geschossen«, sagte Bochums Sportdirektor Christian Hochstätter. »So einen Jungen vergisst du nicht. Ich habe mich gewundert, dass er in Hannover so überhaupt nicht zum Zug kam, aber mir vor allem gedacht: Mensch, wenn der irgendwann mal frei wird, wäre das einer für uns.«

Hochstätter musste bis zum Ende der Transferperiode warten und um Marius kämpfen. Erst als klar war, es gäbe sonst keinen anderen Ausweg, ließ sich Hannovers Sportdirektor Martin Bader auf die Leihe ein. Sie führte ihm noch mal vor Augen, was für ein wirtschaftliches Verlustgeschäft Marius für den Verein war. Alle Finanzdetails des Wechsels zusammengerechnet verlieh ihn Hannover 96 praktisch gratis an einen Ligakonkurrenten.

Am 28. Januar, als Foti gerade in Freiburg sein zweites Testspiel absolvierte, waren die Modalitäten von Marius' Vereinswechsel vereinbart worden, auf den letzten Drücker, drei Tage vor Ende der Transferphase. Nun musste Marius am Dienstagmorgen, dem 31. Januar, nur noch den Medizincheck in Bochum bestehen, eine Routine. Er fuhr zur Sicherheit bereits am Abend des 30. Januar nach Bochum, der 31. Januar war schließlich der letzte Tag der Wechselphase, nicht dass er da im Stau stecken blieb und Stress bekam. Damian buchte vom Auto aus über sein Handy ein Hotelzimmer in Bochum, im *Mercure City*, direkt am Hauptbahnhof, ein Mittelklasse-Kettenhotel. Die *Mercure* Hotels waren in jeder Stadt identisch, da wussten sie, sie machten nichts falsch. Gegen 22 Uhr waren sie an der Rezeption. Alles lief, kein Journalist hatte bislang von dem Wechsel Wind bekommen.

Die zweite Mannschaft von Nordhausen hatte montags trainingsfrei, so konnte Foti am 30. Januar auf dem Rückweg aus Freiburg bei seinen Eltern in Weißenburg Station machen. Im Idealfall musste er dann nie mehr zum Training nach Nordhausen. Falls ihm der SC Freiburg heute zusagte. Er wartete auf den Anruf von Freiburgs Trainer, das Handy klingelte, aber es war das seiner Mutter. Sein Opa hatte einen Herzinfarkt erlitten.

Die ganze Familie geriet in Aufruhr. In diesem Ambiente klang Christian Preußers Stimme geradezu unnatürlich ruhig, freundlich, als Freiburgs Trainer Foti schließlich wie versprochen anrief. Er sei von Fotis Talent wirklich angetan, sagte Preußer. Aber leider würden sie ihn jetzt nicht nehmen.

»Wir haben länger hin und her überlegt, ob wir Foti verpflichten oder nicht«, erklärte Preußer einige Tage später die Entscheidung. »Letztlich war das Alter der entscheidende Faktor.« Der zweite Kandidat, Marcel Schmitt aus Karlsruhe, war anderthalb Jahre jünger, das versprach noch größere Entwicklungsmöglichkeiten.

Als er aufgelegt hatte, als er wieder mit allen Sinnen in einem Haus war, in dem alle um das Leben des Großvaters bangten, vermischten sich die Eindrücke in Fotis Gedanken: der Großvater auf der Intensivstation, die Absage aus Freiburg. Das war meine letzte Chance gewesen, dachte er.

»Da hat er so herzzerreißend geweint«, sagt seine Mutter.

»Ich?«, sagt Foti.

»Ja.«

»Nie im Leben habe ich geweint!«

»Doch, du ...«

»... ich habe nicht geheult!«

Also, gut, dann hat Foti eben nicht geweint. Aber er sah zumindest eines klar: »Ich gehe nie mehr nach Nordhausen zurück!«

Eher würde er mit dem Fußball aufhören.

Das war natürlich keine ernsthafte Alternative. Aber eine andere schien es nicht zu geben, 23 Stunden vor Ende der Wechselfrist.

Er ging seine Möglichkeiten durch. Sich doch wieder bei der Petra melden, einen seiner ehemaligen Jugendtrainer um Rat bitten? Amsal fiel ihm ein! Er kannte Amsal über seinen Cousin, Amsal Boskailo, ein leidenschaftlicher Amateurfußballer aus einem der Dörfer bei Weißenburg, Mitte 20, mit coolem Vier-Tage-Bart und ernstem Blick. Sie hatten sich öfters im *Strandcafé* am Brombachsee unterhalten. Amsal arbeitete für einen Nürnberger Spielerberater, Thomas Ziemer.

Foti rief Amsal an. Der hatte Minuten später mit seinem Chef Rücksprache gehalten. Thomas Ziemer würde Foti gern betreuen. »Ich kannte ihn ja noch aus seinen Spielen für 1860«, sagt Ziemer. »Ein absolutes Talent und erst 19 Jahre alt. Da war schon die Fantasie da, wenn er alles abruft, was er mitbringt, kann er seine Brötchen mit dem Fußball verdienen.« Die Sache war halt bloß, dass er für Foti einen Verein eher herbeizaubern musste als suchen konnte. Es blieb ein Tag.

Realistisch kam auf die Schnelle nur ein Regionalligist in Abstiegsnot infrage, der um jede Verstärkung dankbar war; und der Foti aufgrund seines Werdegangs – im NLZ ausgebildet, von einem selbst erklärten Aufstiegskandidaten wie Wacker Nordhausen verpflichtet – blind für eine Verstärkung hielt.

Zwei Stunden nachdem er das erste Mal im Leben mit Foti telefoniert hatte, hatte Thomas Ziemer alles geklärt. Er hatte mit Sportdirektor Gaudino in Nordhausen die Modalitäten einer Vertragsauflösung ausgehandelt, Foti würde von Wacker 3000 Euro Abfindung sowie das Januargehalt und die zwei ausstehenden Mieten erhalten. Und ab morgen würde er für den SV Seligenporten in der Regionalliga Bayern spielen.

Seligenporten war wie Buchbach einer jener eifrigen Amateurvereine, die es an den Rand des Profifußballs geschafft hatten. Kühe gab es dort zwar nicht, dafür Busse. Arzt-Omnibusreisen aus Seligenporten betrieb eine Flotte von fast 70 Bussen, wann immer ich in den Ort kam, waren mehr Busse vor dem Hauptdepot zu sehen als Menschen auf den paar Straßen des Dorfs. In Seligenporten trainierte die Mannschaft abends nach der Arbeit, doch Foti versuchte zu glauben, dass man es auch dort noch zum Profi schaffen konnte. Der Trainer von Freiburgs U21 hatte ihm versprochen, sie würden während der Rückrunde noch einmal telefonieren, vielleicht holten sie ihn im Sommer. Und es gab Beispiele, dass Fußballer von einem Amateur-Regionalligisten noch in die Profiligen aufstiegen, Stefan Lex hatte bis 24 in Buchbach gespielt und stürmte nun für Ingolstadt in der Bundesliga.

Dass Wacker Nordhausen die vereinbarte Abfindung Foti nie ausbezahlte, versteht sich von selbst. »Ich traf ein *gentleman's agreement* mit Maurizio Gaudino«, erzählt Thomas Ziemer, »und der Präsident in Nordhausen sagte dann, interessiert mich nicht, ich weiß von nichts. Das passiert bei kleineren Vereinen im Profifußball leider mehr als einmal. Du musst dich auf mündliche Zusagen verlassen, die dann oft genug gebrochen werden.«

Drei Jahre später würden sich Kriminalpolizei und Staatsanwaltschaft für die Machenschaften bei Wacker Nordhausen interessieren. Es ging unter anderem darum, ob private Darlehensgeber des Vereins mit gefälschten Bürgschaften vom Wacker-Vorstand um ihr Geld geprellt worden waren. Die Profisparte des Vereins meldete 2020 Insolvenz an. Siegfried Herröder war wieder ein bekannter, viel gelobter Springreitertrainer im Südhessischen.

Foti war am 30. Januar 2017 einfach froh, dass es hinter ihm lag. »Nordhausen war die schlimmste Zeit.« Er war mit der ganzen

Familie abends zu seinem Onkel Ignaz gefahren, um nach dem Herzinfarkt des Großvaters zusammen zu sein. Der Opa hatte überlebt. Vier Stents hatten sie ihm im Krankenhaus gesetzt. Es hieß, er habe Glück im Unglück gehabt. Er war auf dem Weg zu einem routinemäßigen Hausarztbesuch zusammengebrochen, direkt auf der Stufe zur Praxis. So war fachkundige Hilfe sofort zur Stelle gewesen. Foti ging mit dem Gedanken ins Bett: Die Dinge konnten gut ausgehen.

Marius packte um kurz nach 22 Uhr seinen Reisekoffer im Hotelzimmer aus, Wechselkleidung für ein paar Tage, viel hatte er nicht dabei. Er musste erst einmal eine Wohnung in Bochum finden, bevor er seine ganzen Sachen herbrachte. Sein Telefon klingelte. Es gab echt immer noch Leute, die anriefen statt Whatsapp-Nachrichten zu schicken oder sich per Videocall zu melden. Marius schaute aufs Display.

Hübner.

Florian Hübner, der Hübi, spielte seit vergangenem Sommer als Innenverteidiger bei Hannover 96, er war einer der wenigen Profis, mit denen Marius seit seiner Versetzung zur U23 noch engen Kontakt hielt.

Aber da stand nicht Florian Hübner im Display, sondern Bruno Hübner.

Marius zeigte Damian das Display und fragte laut, sich selbst genauso wie seinen Freund: »Soll ich da rangehen?«

»Geh ran!«

Das letzte Mal hatte ihn Bruno Hübner vor knapp zwei Jahren angerufen, im Frühjahr 2015. Es war 22.15 Uhr am 30. Januar 2017, zwanzig Stunden vor Ende der Wechselperiode, und der Sportdirektor des Tabellendritten der Bundesliga Eintracht Frankfurt meldete sich, um Marius zu sagen: »Wir würden dich gerne verpflichten.«

15

30. Januar 2017, kurz vor Mitternacht

Die Fußballweisen aus Taunusstein haben gesprochen

Fünfzehn Minuten nachdem Marius und Damian im *Mercure* Hotel in Bochum eingecheckt hatten, checkten sie wieder aus. »Der Rezeptionist machte ein Gesicht, als sei dies das Normalste der Welt«, erinnert sich Marius. Er versuchte, genauso gleichgültig zu wirken.

Im Auto explodierte er vor Aufregung und Verwirrung.

»Ey, Frankfurt ist momentan Dritter!«, sagte er zu Damian.

»Da spielst du nächstes Jahr Champions League gegen Ronaldo!«

Sie lachten sich über die Vorstellung kaputt. Vielleicht lachten sie auch nur, weil sie völlig überdreht waren. »Meinst du, ich soll das wirklich machen?«, fragte Marius ein paar Augenblicke später mit ernster Stimme. »Nicht dass ich da beim nächsten Bundesligisten auf der Ersatzbank sitze.«

»Für mich war das in dem Moment so ein ...«, Marius sucht nach dem richtigen Ausdruck und findet nur einen englischen, »... so ein *struggle.*« Das völlige Gefühlschaos. »Ich war schon total auf Bochum eingestellt. Und auf einmal klingelte das Telefon.«

Sie fuhren auf der A40 Richtung Süden, die Autobahn war frei, nachts um halb elf. In nicht einmal dreißig Minuten erreichten sie das nächste Hotel, das *Hyatt* im alten Düsseldorfer Hafen, nicht weit vom Landtag entfernt. Marius' Berater wohnte in Düsseldorf. Sie wollten erst einmal mit Thorsten Weck in der Hotellounge die schlagartig veränderte Lage besprechen.

Weck besaß Erfahrungen aus Dutzenden Fußballertransfers, über einen wie ihn wurde gern gesagt, der hat alles gesehen. »Doch selbst er war durcheinander«, beobachtete Damian. Selbst

Weck als breit vernetzter Berater hatte bis zu diesem Moment nichts vom Interesse der Eintracht gewusst. Er war ehrlich gesagt auch nicht auf die Idee gekommen, Marius dort diesen Winter anzubieten, einen degradierten Zweitligaprofi bei einer erfolgreichen Bundesligamannschaft.

Marius musste das machen. Er musste das vom Himmel gefallene Angebot der Eintracht annehmen. Ein Profi schlug keine Offerte aus der Bundesliga aus – schon gar nicht ein 20-Jähriger, der noch eine Woche zuvor gefürchtet hatte, überhaupt kein Angebot mehr zu erhalten.

Darüber wurde sich Marius schnell klar, in der Hotellounge nachts um elf. Was er nicht verstand, war, warum Eintracht Frankfurt ihn plötzlich verpflichten wollte. Bruno Hübner schien von seinem Wechsel zum VfL Bochum Wind bekommen zu haben, denn gleich am Anfang seines Anrufs hatte er Marius gefragt: »Hast du schon in Bochum unterschrieben?« Das erklärte, warum der Sportdirektor der Eintracht mit seinem Anruf nicht bis zu einer christlicheren Uhrzeit gewartet hatte. Aber warum … egal. Die Eintracht wollte ihn, das war das Einzige, was zählte.

Um 23.20 Uhr wurde Christian Hochstätter wach. Sein Handy auf dem Nachtkästchen klingelte.

Thorsten Weck, meldete das Display.

Der Sportdirektor des VfL Bochum schüttelte den Schlaf ab. »Du, ich muss dir etwas sagen«, begann der Spielberater das Telefongespräch. Es habe sich eine kurzfristige Änderung ergeben.

Das Sportfernsehen inszeniert die letzten Stunden einer Transferphase gern als Drama, als ob Sportdirektoren Minuten vor Toresschluss noch hastig E-Mails oder gar Faxe verschickten, um die Wechselgenehmigung für eine Neuverpflichtung zu erhaschen. Mit der Realität hat das wenig zu tun. »Ich mache den Job jetzt 17 Jahre«, sagte Sportdirektor Hochstätter. »Das war das erste Mal, dass mir am 30. Januar um 23.20 Uhr ein Spieler absprang.«

Heike und Martin Wolf sahen sich den aufgezeichneten *Tatort* vom Vorabend an, *Väter und Söhne*, mit dem Saarbrücker Kommissar Stellbrink in der Ermittlerrolle. Sie wunderten sich nicht, als um 23.45 Uhr das Telefon klingelte. Sie hatten Marius doch gebeten anzurufen, wenn er in Bochum gut angekommen war. Er rief allerdings an, um zu sagen, dass er schon wieder losgefahren war.

»Ich bin auf dem Weg nach Frankfurt.«

Wie, Frankfurt, fragte der Vater. Die Mutter saß daneben und dachte sich, was macht er jetzt wieder. Marius' Schwester Maren, die doch wohl schon geschlafen hatte, aber von der ständigen lauten Wiederholung des Wortes »Frankfurt« aufgeweckt worden war, kam die Treppe hinunter ins Wohnzimmer. Wie, fragte sie, der Marius fährt nach Frankfurt?

Ja, theoretisch sollte er morgen Nachmittag schon mit Eintracht Frankfurt trainieren.

230 Kilometer später, um kurz vor zwei in der Nacht, checkte Marius mit Damian und Thorsten Weck am Südufer des Mains in der *Villa Kennedy* ein, das dritte Hotel innerhalb von vier Stunden. In der Empfangshalle hing ein enormes Gemälde von Pferden, die aus einem Sandwirbel sprangen. Der Rezeptionist machte ein Gesicht, als sei es das Normalste der Welt, dass zwei 20-Jährige in Lederjacken und Baseballmützen nachts um kurz vor zwei in ein Fünf-Sterne-Luxushotel eincheckten und ein dritter Mann in seinen Vierzigern sagte, er zahle das schon.

Am nächsten Nachmittag meldete der *Kicker* einen Transfer »mit sehr viel Fantasie« bei Eintracht Frankfurt und präzisierte: »Die Frage drängt sich auf: Warum leihen die Hessen einen Spieler aus, der bei Hannover 96 in der zweiten Liga in dieser Saison überhaupt noch nicht zum Einsatz gekommen ist?«

Die Frage blieb, nachdem Marius seinen Vertrag als Leihspieler über ein halbes Jahr bis Juni 2017 unterzeichnet hatte. Er erkundigte sich nicht bei Bruno Hübner, wie dieser überfallartige Vereinswechsel zustande gekommen war. Ein Profi fragte nicht. Wobei, Foti hätte gewiss nachgefragt. Marius dagegen fühlte eine innere Sperre, wenn er einer Respektsperson wie einem Sportdirektor gerne eine Frage gestellt hätte. Er konnte so ein Gespräch höflich und durchaus auch aufgeweckt führen, aber Fragen zu stellen war etwas anderes. Da wurde er schüchtern, oder vielleicht traf es das auch nur halb. Er war unsicher, ob das nicht anmaßend war, einen so viel erwachseneren Mann mit Fragen zu löchern.

Aber Buchautoren dürfen jede Frage der Welt stellen. Wie kam Eintracht Frankfurt dazu, ohne jegliche Ankündigung um 22.15 Uhr am Tag vor Ende der Wintertransferperiode einen Spieler zu verpflichten, der in der Regionalliga dümpelte?

Durch das Fenster seines Büros kann Bruno Hübner ins Grüne blicken. Das große Stück Grün vor dem Fenster ist bloß kein Stadtpark oder Reihenhausgarten, sondern der Fußballrasen der Frankfurter WM-Arena. Die Geschäftsstelle der Eintracht wurde in die Nordwestkurve des Stadions eingebaut, dort, wo samstags die fanatischsten Fans der Bundesliga stehen. Das Fenster des Sportdirektors geht nach innen, ins Stadion hinein. Um die Verpflichtung von Marius zu erklären, führt er uns gedanklich allerdings heraus aus der Arena. Denn dieser Transfer entstand nicht hier auf der Geschäftsstelle, in Meetings mit dem Sportvorstand, Trainer oder den Scouts, sondern weit draußen, in den Ausläufern des Hintertaunus.

In Taunusstein, einer Gemeinde, die aus zehn Dörfern mit Namen wie Watzhahn, Niederlibbach oder Wehen zusammengefügt wurde, kleben Einfamilienhäuser wie kleine weiße Flecken an den Hängen und in den Mulden des Taunus. Hier lebt Bruno Hübner seit 30 Jahren. In den Achtzigern war er Bundesligaprofi beim 1. FC Kaiserslautern, ehe er mit 25 entschied, seine Karriere in der Bezirksliga fortzusetzen. Das galt damals als nicht so ungewöhnlich. Ein Unternehmer aus Wehen hatte ihm eine Arbeitsstelle als Industriekaufmann in Aussicht gestellt, falls er nebenbei, für ein gehöriges Zubrot, in der örtlichen Amateurmannschaft mitwirke. Das schien die zukunftsträchtigere Berufsvariante; damals. Bruno Hübner schaffte es bis zum Vertriebsleiter bei BRITA in Wehen, die mit ihrem Patent für Wasserfilter zu einer Weltmarke wurde. Umtriebig sein, für sein Produkt extrem intensiv werben, sich und seine Firma gut verkaufen, man bemerkte Hübners Stärken schnell, als er nach 18 Jahren erneut den Beruf wechselte und als Sportdirektor zurück in den Profifußball kam.

Fußball weckte dann doch eine andere Leidenschaft als Wasserfilter. Die Hübners aus Taunusstein waren, ohne dass dies viele bemerkt hätten, so etwas wie Deutschlands Fußballfamilie Nummer eins. Neben dem Vater fanden alle drei Söhne ihren Beruf im

Profifußball. Im Januar 2017 spielte Benjamin für die TSG Hoffenheim in der Bundesliga, Florian – der Hübi – verteidigte für Hannover 96 in der zweiten Liga, und Christopher arbeitete als Spielerberater für eine Agentur aus Oberursel. Sonntagnachmittags, am Tag nach ihren Spielen, kamen sie alle immer noch regelmäßig im Elternhaus in Taunusstein zusammen. Sie diskutierten stundenlang über Fußball. Was Frau Hübner in der Zeit machte, ob sie lebhaft mitredete oder lieber spazieren ging, ist nicht bekannt.

Fußball zu spielen war wunderbar, aber sonntags, nach der getanen, im Idealfall sogar erfolgreichen Arbeit, auf dem Sofa bei Kuchen über Fußball zu fachsimpeln war die Krönung. Die Hübners gingen einzelne Spielszenen aus ihrem Wochenende durch, stellten Taktiken zur Debatte, schwenkten kurz zur englischen Premier League und analysierten Stärken und Schwächen von Dutzenden Spielern, denen sie so im Alltag begegneten. Dabei ging es nicht nur um die Großen, Lewandowski, Thiago oder Neuer, sondern um Kollegen bis hinunter zur Regionalliga. Etwas in Fußballern zu sehen, was die Allgemeinheit nicht wahrnahm, war ein besonderer Spaß, das zeichnete sie doch als Fachleute aus.

Seit Florian bei Hannover spielte, fiel der Name Marius Wolf hartnäckig bei den Fußballdebatten in Taunusstein. Nicht nur Florian, auch Christopher vertrat die Meinung, dass der Wolfi eine Begabung im Verborgenen sei. Als Spielerberater hatte sich Christopher das Training in Hannover einige Male angesehen. »Florian und Christopher meinten beide, der hätte richtig Potenzial, Schnelligkeit, Ausdauer und eine Wucht im Dribbling«, sagt Bruno Hübner.

Ja, sicher, den hatte er deshalb vor anderthalb Jahren von 1860 München zur Eintracht lotsen wollen. Aber wie kam es dann, dass er in Hannover bei der U23 darbte?

Das sei eine große Ungerechtigkeit, sagte der Hübi, wirklich, das könne ihm sein Vater glauben. Der Wolfi könne was, auch von der Einstellung her sei das ein überragender Junge, mit welcher Leidenschaft der sich in jedem Training angestrengt habe, obwohl ihn der Trainer bereits abgeschrieben hatte.

Als die Söhne montags wieder aus dem Haus waren, verstreut in Deutschland für ihre Fußballarbeit, dachte Bruno Hübner nach. Der Stendel in Hannover war offenbar kein einfacher Trainer, irgendwie fanatisch-stur, sein Sohn Florian hatte auch seine Probleme mit ihm gehabt; konnte schon sein, dass der Trainer den Wolf aus irgendeiner Beobachtung heraus frühzeitig abgeschrieben hatte. Seine Söhne hatten einen hohen Fußballverstand, und sie konnten den Wolf besser beurteilen als jeder Scout, sie erlebten ihn tagtäglich auf dem Fußballplatz, in der Kabine, in der Freizeit. »Florian und Christopher haben sich für Marius regelrecht stark gemacht«, sagt Bruno Hübner. »Und ich hör dann auch schon mal auf meine Söhne.«

Am Nachmittag des 30. Januar schrieb Christopher Hübner Marius auf dem Handy, aus der professionellen Neugierde eines Spielerberaters heraus.

»Hast du einen Verein gefunden?«

»Ich gehe nach Bochum.«

Christopher schickte Marius den Daumen hoch zurück. Dann rief er umgehend seinen Vater an. Marius Wolf war auf den Weg nach Bochum. »Also, wenn du in der Sache was unternehmen willst, meinte mein Sohn, dann ist es höchste Eisenbahn.«

Bruno Hübner informierte den Sportvorstand der Eintracht, Fredi Bobic, und den Trainer Niko Kovac. Sie hatten sich selbst die Regel auferlegt, »wir holen einen Spieler nur, wenn alle drei dafür sind, es darf nie eine Zwei-zu-eins-Entscheidung geben«, erzählt Niko Kovac.

Als Bruno Hübner 24 Stunden vor Ende der Wechselfrist plötzlich vorschlug, Marius Wolf zu verpflichten, »bekam ich prompt die Ansage von Niko: Was sollen wir mit einem Spieler, der es nicht mal bei der U23 eines Zweitligisten schafft?«

Das war das unvermeidbare Frotzeln unter Fußballern. Tatsächlich wusste Niko Kovac: »Bruno ist ein absoluter Fachmann, er verfolgt die Talente bis runter in die dritte Liga. Ich scherzte immer mit ihm: ›Mensch, Bruno, hast du das Wochenende wieder damit verbracht, dir die komplette zweite und dritte Liga anzuschauen!‹«

Der Trainer wusste, wenn Bruno Hübner so einen ungewöhnlichen Vorschlag anbrachte, musste etwas dahinterstecken. Über *Wyscout* begutachtete Kovac Marius auf die Schnelle. Da waren auch Szenen dabei, »wo er in der Regionalliga über die Dörfer getingelt ist«, erinnert sich der Trainer. Ob der Junge bei einem Bundesligisten sofort mithalten konnte, vermochte Kovac angesichts des Niveauunterschieds nicht seriös zu beurteilen. Aber darum ging es auch nicht. Marius käme als Talent, sie als Trainerstab würden versuchen, ihn über Monate zu einem Bundesligaspieler zu entwickeln. Und Talent erkannte Kovac auf den *Wyscout*-Videos, vor allem auf den alten, in denen Marius ein Jersey von 1860 München trug. Mit enormer Geschwindigkeit, furchtlos ging er auf die gegnerischen Verteidiger los und oft an ihnen vorbei. Die Form eines Fußballers kommt und geht. Aber Klasse bleibt, dachte sich Kovac. »Die Leute haben sich damals gefragt: Die holen jetzt einen Spieler aus der zweiten Mannschaft von Hannover 96, geht's noch?«, erzählt er. »Ja, wir haben auch einen vergessenen Spieler aus der zweiten Mannschaft von Benfica Lissabon geholt. Er hieß Luka Jovic, und er spielt inzwischen für Real Madrid. Wir sind mit Eintracht Frankfurt Wege gegangen, die andere nie gegangen wären. Einerseits weil wir dazu aus finanziellen Gründen gezwungen waren, andererseits weil wir ein richtig gutes Auge für Talente hatten.«

An den Häusern in Taunusstein waren schon die Rollläden heruntergegangen, als Bruno Hübner wieder einmal in seine beste Rolle schlüpfte. Er warb, er buhlte um 22.15 Uhr am Telefon, »mal ehrlich, Marius, nichts gegen Bochum, aber da spielst du gegen den Abstieg in der zweiten Liga, und du weißt selbst, wie schwer es ist, da herauszustechen, während du bei uns …«, aber, ach, Marius zu überzeugen war für einen wie ihn nur noch die kleinste Aufgabe.

Bruno Hübner schließt seine Erzählung mit einem versonnenen Lächeln. Er trägt, wie eigentlich immer, Schwarz. Das schwarze Hemd unter den schwarzen Haaren betont die mit 56 unverändert asketische Figur. »Seien wir ehrlich«, setzt er zum Schlusswort an, »Marius war schon weg vom Fenster. Du wirst bei einem Zweitligisten zur U23 runtergeschickt, keiner glaubt mehr an dich. Da kommst du nicht mehr raus. Eigentlich. Sagen Sie ihm einen schönen Gruß. Er hat meinen Kindern viel zu verdanken.«

16

2017, im Frühling

Besuch von der Bundeskanzlerin

Petra Steinhöfer wollte ihre Arbeit gut machen, deshalb las sie Seiten über Seiten zum römischen Kastell Biriciana, zu den Thermen der Römer, aber auch über die mittelalterliche Stadtmauer mit ihren 38 Türmen. Sie arbeitete neuerdings als Fremdenführerin in Weißenburg.

Weißenburg hatte so viel zu bieten, fand sie, die Leute liefen doch mit geschlossenen Augen durch den Alltag, wenn sie glaubten, sie bewegten sich in einem beliebigen Provinzstädtchen. Weißenburg, Biriciana damals, war Grenzposten des Römischen Reichs gewesen und im Spätmittelalter Freie Reichsstadt, nicht nur die Stadtmauer mit dem Wassergraben, auch Stadttore, Fachwerk- und Barockhäuser aus jener Zeit waren vollständig erhalten.

Petra Steinhöfers Enthusiasmus für die neue Arbeit mochte nachvollziehbar sein – für eine Spielerberaterin erschienen Touristenführungen allerdings als überraschende Geschäftserweiterung. Andererseits betätigten sich 2017 einige Spielerberater nebenbei in anderen Berufsfeldern. Carsten Eisen zum Beispiel, Spielerberater von erfolgreichen Profis wie Guy Demel, arbeitete als Privatdetektiv. Spielerberater war ein Beruf, den viele ausübten und der wenige ernährte.

Allein in Deutschland versuchten um 2017 mindestens 500 Agenturen und Selbstständige, in der Branche Fuß zu fassen. Geld floss im Fußball doch mehr denn je. Rund 200 Millionen Euro zahlten die Vereine der Ersten und Zweiten Bundesliga nach offiziellen Angaben im Abrechnungsjahr 2017 an Berater. Mehr als die Hälfte aller deutschen Agenturen sah davon allerdings gar nichts. Da eine Handvoll etablierter Agenturen bis zu 50 Profis vertrat, musste die Mehrheit der Berater leer ausgehen. Es gab nur gut 900 Stellen für Spieler in der Ersten und Zweiten Bundesliga. Nach den Gesetzen der Wahrscheinlichkeitsrechnung war Spielerberater ähnlich wie Fußballspieler eine extrem schlechte Berufswahl. Man musste jahrelang sehr viel Zeit, Arbeit und Geld investierten, und zu 80 Prozent würde man niemals so viel verdienen wie eine Bedienung bei *McDonald's*. Aber in Träumen kommt Wahrscheinlichkeitsrechnung selten zum Zuge.

Ein Fußballer blieb Petra Steinhöfer 2017 noch, Niko. Seine Betreuung erforderte keinen Vollzeitjob mehr, sie hatte Zeit, um, fast hätte sie gesagt: etwas Sinnvolles zu tun. Die Fremdenführungen durch Weißenburg verschafften ihr ein doppeltes Hochgefühl. Erstmals seit Langem musste sie in ihrem Beruf niemandem hinterherrennen, nicht wie eine Bittstellerin Trainer anrufen, nicht mit Foti streiten. Die Touristen kamen zu ihr. Bisweilen erfuhr sie sogar Dankbarkeit von ihnen. Und zum ersten Mal seit Langem wurde sie für ihre Arbeit bezahlt. »Auch wenn das Honorar noch so gering ist – weißt du, was das für ein erhabener Moment war, wieder zu spüren, dass meine Leistung einen Wert hat?«

Auf der Einnahmenseite der Agentur *Tutor* stehen sechs Jahre nach ihrer Gründung unverändert 500 Euro. Auch für die arrangierten Wechsel von Foti zu Wacker Nordhausen und Niko zur U21-Mannschaft von Ingolstadt im Sommer 2016 sah Petra Steinhöfer kein Honorar. Beraterprovisionen sind in der Vierten Liga nicht selbstverständlich. Man muss sie sich erstreiten. In den Fällen von Foti und Niko musste Petra Steinhöfer froh sein, dass die Vereine die Jungs nahmen, sie sah sich nicht in der Verhandlungsposition, auch noch ein Honorar für sich zu fordern. Zumal Nordhausens Präsident es sich zum Privatsport gemacht hatte, Beraterhonorare zu umgehen, indem er die Spieler unter Druck setzte: Du kriegst den Vertrag nur, wenn wir ihn ohne deinen Berater abschließen.

Morgens um halb neun, gleich hinter Fiegenstall, hörte Niko im April und Mai 2017 laufend krasse Geschichten von Präsidenten, Beratern, Sportdirektoren. Die zwei aus seiner Fahrgemeinschaft waren auf Vereinssuche.

Anders als bei ihm, dem noch ein Spieljahr in der U21 blieb, lief die Zeit in der Azubimannschaft für den Schiller Marcel und den

Götzendörfer Mario zum Ende der Fußballsaison im Mai 2017 aus Altersgründen unweigerlich ab. Nun musste sich zeigen, ob ihnen der Sprung vom Lehrling zum Profi gelang.

Die Geschichten, die DJ Schiller und der Götzendörfer Mario morgens auf der Fahrt zum Training erzählten, liefen alle nach demselben Muster ab. Ein Profiverein aus der dritten oder vierten Liga wollte sie; eigentlich. Und dann kam unverständlicherweise irgendetwas dazwischen.

DJ Schiller war mit seinem Berater nach Mannheim gefahren und hatte sich angehört, was der SV Waldhof ihm bot. Er sollte eine Nacht darüber schlafen und sich melden, wurde vereinbart. Am nächsten Morgen war sich DJ Schiller sicher, Waldhof Mannheim war es für ihn! Als sein Berater versuchte, das dem Trainer dort mitzuteilen, ging der einfach nicht mehr ans Telefon. 30-mal habe der Berater angerufen.

Der Götzendörfer Mario hatte in seinen Erzählungen schon die Zusage vom VfR Aalen. Die mussten bloß mit dem offiziellen Angebot warten, bis ihre Sponsorenzusagen fix waren. Und dann hörte er nie wieder etwas aus Aalen.

Niko ließ die Leute grundsätzlich erzählen. Er hatte sich ein Repertoire an Ausdrücken zugelegt, das er in solche Erzählungen einstreute, »echt!«, »krass«, »boah«, er bekam auch ein erstauntes Gesicht gut hin. Ansonsten dachte er sich seinen Teil.

Sein erstes Lehrjahr im Männerfußball war ziemlich ordentlich verlaufen, auch wenn ihn der neue Ingolstädter Profitrainer Maik Walpurgis nicht mehr zum Training der Bundesligamannschaft gerufen hatte. Die Geschichten aus der Fahrgemeinschaft ließ Niko in seiner Zufriedenheit vorbeirauschen. Aber die Fakten blieben. 14 seiner Mitspieler wurden zum Saisonende aus der Ingolstädter U21 entlassen, weil ihre Lehrzeit zu Ende war. Ein einziger kam bei einem Profiklub unter, beim 1. FC Saarbrücken, einem Viertligisten. Zehn suchten noch, als die neue Saison bereits begann. Der Gedanke ließ sich nicht vermeiden: Nächstes Jahr war er dran.

Der Friedhof der Träume lag idyllisch hinter einem dichten Wald, gegenüber von Pferdekoppeln. Beim SV Seligenporten, vierzig

Kilometer südlich von Nürnberg, sammelten sich bestens ausgebildete Talente aus den Nachwuchsleistungszentren, die keinen Platz im Profifußball gefunden hatten. Foti wurde davon nach seinem hastigen Wechsel aus Nordhausen nach Seligenporten im Januar 2017 angenehm überrascht. Er hatte eine Truppe Männer Ende zwanzig erwartet, die gewöhnliche Bluejeans trugen und denen die Haare über die Ohren wuchsen. Dabei waren die neuen Mitspieler ja fast alle wie er! Ehemalige NLZ-Jungs Anfang 20, die nach ihrer Zeit beim 1. FC Nürnberg, Greuther Fürth oder FC Ingolstadt keine andere Wahl mehr gehabt hatten als die letzte Ausfahrt Seligenporten.

Samstagmorgens im April 2017, pünktlich um 10.40 Uhr, schickt Foti aus dem *Café Herzog* an der Umgehungsstraße in Weißenburg seinem Bruder Mari eine Whatsapp-Nachricht. Der Bruder soll bitte schon mal das Wasser aufsetzen. So spart sich Foti ein paar Minuten. Um elf Uhr muss er zu Mittag essen, obwohl er im Café gerade erst gefrühstückt hat. Anpfiff in der Regionalliga ist um 14 Uhr.

Er kocht sich Vollkorn-Farfalle, viele Kohlenhydrate vor dem Spiel. Zur Soße verrührt er zwei Eier mit frisch geschnittenen Tomatenstücken. Seine Bewegungen am Herd sehen geradezu graziös aus. Den Bruder jedoch stört etwas an Fotis Anblick. Der schwarze Nike-Kapuzenpulli. Foti zieht ihn zum Spiel an, weil die schwarze Jacke seines offiziellen Seligenporten-Trainingsanzugs abhandengekommen ist. »Das geht gar nicht«, findet der Bruder, »wie das auf den Gegner wirkt: Die haben noch nicht mal alle Vereinsjacken, da kommt 'ne Freizeittruppe.«

Foti nimmt den schwarzen Kleinbus des Vaters für die Fahrt zum Heimspiel. Seinen Clio hat er abgeben müssen, als er Nordhausen verließ. Von den paar Hundert Euro, die er in Seligenporten bekommt, ist kein Auto drin, auch wenn er wieder zu Hause wohnt und sich so die Miete spart.

Marius hat in Frankfurt einen neuen Wagen, einen Mercedes-Sportwagen CLS 63 AMG. Foti interessiert sich für Autos. Aber ich erzähle ihm besser nichts von Marius' Wagen.

Foti ist bei seinem Bruder im Zimmer eingezogen. Sein altes Kinderzimmer ist belegt. Der Onkel aus Griechenland ist mit sei-

Familie Katidis. Foti, sein kleiner Cousin, Eva, Ioannis, Olga, Mari. [11]

ner Familie nach Deutschland gekommen. In Griechenland war keine Arbeit mehr zu finden, die Staatsschuldenkrise des Landes hat das ganze vertraute Leben weggerissen wie eine Überschwemmung. Natürlich helfen sie in so einer Notsituation, sagen Fotis Eltern. Nun sind sie vorübergehend zu neunt im Haus, der Onkel mit seiner Frau und den zwei Kindern in Fotis altem Zimmer.

Foti fährt eine kleine Schleife durch Weißenburg, um noch drei Passagiere für die Fahrt nach Seligenporten aufzunehmen. Dennis, sein bester Freund seit Jugendtagen, hat zwei kleine Cousins aus Frankfurt zu Besuch und will ihnen mal etwas Richtiges zeigen, ein echtes Profifußballspiel; oder jedenfalls so etwas Ähnliches. Die beiden Jungs, ungefähr neun und zwölf, tragen Bomberjacken mit Camouflage-Mustern. Mit großen Augen mustern sie Foti.

Theoretisch ist Foti immer noch Profi; ein Vollzeitsportler. Er wird halt nur nicht so bezahlt. Es gibt 600 Euro Aufwandsentschädigung im Monat. Außer ihm gehen praktisch alle in Seligenportens Mannschaft einer Arbeit nach oder studieren, trainiert wird abends um 17.30 Uhr, nur dreimal die Woche. Foti geht vormittags ins Fitnessstudio und am freien Freitag mit seinem Kumpel Engin, einem Kreisligaspieler, allein auf den Rasenplatz in Weißenburg, Sprints, Dribbling, Torschuss. Seine Eltern drängen, er solle im Herbst eine Ausbildung beginnen, mit dem Regionalligafußball in Seligenporten sei das ideal zu kombinieren, und falls er dann doch noch einem Profiklub auffalle, könne er immer noch neu überlegen. »Ausbildung, Ausbildung«, sagt Foti, »ich sage meinem Papa: Hör mir auf mit diesen Ausbildungen, ich will Fußball spielen!«

Der Trainer der U21 des SC Freiburg hat vor vier Tagen wieder angerufen. Sie würden ihn in einem der nächsten Spiele der Regionalliga Bayern noch einmal beobachten.

In der Osterwoche ist Foti einmal arbeiten gegangen, um sich ein wenig Geld dazuzuverdienen und zu sehen, wie das ist. Jobs kriege man ganz leicht, sagt er, er hat sich einfach bei der Zeitarbeitsfirma onoldia in der Friedrich-Ebert-Straße eingeschrieben. Die Agentur vermittelte ihn an die Firma Alfmeier Präzision. Für 9,23 Euro die Stunde setzte er von 6 bis 14 Uhr die kleinen Stopper zusammen, die im Tank des Autos klicken, wenn er sich beim Tanken gefüllt hat. 800 Stück in acht Stunden, lautete sein Auftrag, praktisch zwei pro Minute, rechnete Foti aus, denn für das Scannen an der Testmaschine und das Verpacken im Karton ging auch noch Zeit drauf. »Da habe ich mich echt unter Druck gefühlt. Ich habe immer nur 550, 600 geschafft.« Wenn er nach 14 Uhr aus der Werkshalle trat, war ihm regelrecht schwindelig. »Der Kopf! Also, ich könnte das nicht, immer dasselbe. Es gibt Leute, die machen das ihr ganzes Leben!«

Das nächste Angebot der Zeitarbeitsfirma hat er abgelehnt.

Sein Kumpel Dennis jobbt im Fitnessstudio. Wenn Foti zum Trainieren ins *Clever Fit* kommt, hat Dennis manchmal Zeit mitzumachen, zu zweit ist man gleich motivierter. Wobei Dennis immer alles anders machen will, mit höheren Gewichten und weniger schnellen Wiederholungen. »Der ist mehr so Disco-Pumper«, sagt Foti.

Bitte was?

»Er will breit werden wie ein Disco-Türsteher.«

Dennis beugt sich vom Rücksitz des Kleinbusses vor, damit ich sein Kopfschütteln sehe. Er hat Foti wieder zwei *scoops* für das Spiel heute mitgegeben. Zwei Portionen vom Narc Genesis Ultra Focus Booster. Das Mittel soll die Wahrnehmung schärfen und den Kreislauf stimulieren.

»Habe ich aus Amerika bestellt«, sagt Dennis, »die deutschen Produkte taugen nichts.« Im Fitnessstudio nehmen das ziemlich viele.

Im Spiel vorherige Woche, gegen die U23 des FC Augsburg, probierte Foti den Booster erstmals aus. »Ich war echt total fokussiert, eine andere Schärfe, die Mitspieler haben nachher gesagt: ›Was war denn mit dir los? Wenn man dich angeschaut hat, waren deine Augen total konzentriert.‹«

Wenn ich mich recht entsinne, verlor Seligenporten jene Begegnung allerdings 0:4. Doch Fotis Glauben an den Booster erschütterte das nicht. Seine Sehnsucht, den Profifußball irgendwie noch zu erreichen, und sei es mit einem vermeintlichen Wundermittel, ist größer als die Wahrnehmung der Realität.

»Letztens habe ich drei *scoops* genommen«, erzählt Dennis, »ey, ich konnte danach die ganze Nacht nicht schlafen, mir war schlecht, und ich hatte eine Woche Muskelkater, weil ich dank des Boosters so schwere Gewichte gehoben hatte.«

»Wissen Sie, ob Booster auf der Dopingliste stehen?«, wendet sich Foti an mich.

Kann ich herausfinden.

»Das wäre gut. Es gibt ja Dopingkontrollen in der Regionalliga.«

Schon nach zwanzig Minuten, deutlich schneller als erwartet, erreichen wir die Pferdekoppeln und das Fußballstadion. Seligenporten hat alles, was ein Dorf ausmacht: einen Tierarzt und ein Feuerwehrfest. »Ich war noch nie im Dorf«, sagt Foti, »ich biege immer vorher zum Fußballplatz ab.« 1200 Menschen leben hier. Das Fußballstadion bietet 5000 Zuschauern Platz.

Im neuen, feinen Vereinsgebäude hängen wie bei jedem beliebigen Amateurklub leicht ausgeblichene Mannschaftsfotos an den Wänden, Männer mit verschränkten Armen, ernsten

Blicken und interessanten Frisuren, B-Klassen-Meister 1986/87, A-Klassen-Meister 1991/92. Auf einem der Fotos ist Karlheinz Wild zu sehen. Beim *Kicker*-Sportmagazin schreibt er als Reporter über den FC Bayern und die Nationalmannschaft. Als er zu alt war, selbst zu spielen, kümmerte er sich in seinem Amateurverein um die Organisation der Herrenmannschaft. Weil er so viele Kontakte im Fußball besaß und leidenschaftliche Mitstreiter fand, wurde der SV Seligenporten irgendwie, langfristig gar nicht geplant, immer größer, besser. Auf der enormen Haupttribüne gibt es gepolsterte Kunstledersitze, mit der Werbeaufschrift »Frankfurter Volksbank«, mitten in Franken. Offenbar existiert ein Second-Hand-Handel für Stadienutensilien, und Seligenporten kaufte die ausrangierten Sitze des Zweitligisten FSV Frankfurt.

Die kommoden Sitze bieten einen erhabenen Panaromablick auf das Kloster, das Dorf und die Wälder. Falls man einmal vom Spiel wegschauen muss.

Die U21-Mannschaft des TSV 1860 München ist an diesem Samstag im April 2017 der Gegner. Vor einem Jahr war Foti noch ein Teil von ihnen, den Hoffenden. Heute erscheint selbst die U21 der Sechziger wie ein Team voller 21-Jähriger, die ihren Moment schon hinter sich haben. Als sie dem Traum nahe waren. Da ist Nicholas Helmbrecht, den der Drittligist Wehen-Wiesbaden vor einem Jahr gerne verpflichtet hätte und nicht bekam, Nico Karger, der die Saison bei den Profis begann und wieder zurückgeschickt wurde, oder Angelo Mayer, den Sportdirektor Poschner mal im Auge hatte, damals, vor ewig lang vergangenen drei Jahren.

Foti trägt auf der Hose die Nummer 7 und auf dem Trikot die 6. Das Jersey mit der 7 fehlt. Der vorherige Linksaußen hat es bei seinem Abgang im Winter als Erinnerungsstück mitgehen lassen.

Es wird richtig Fußball gespielt in Seligenporten. Da fliegen keine langen Pässe nach vorne, wie so oft bei Pseudoprofiteams, die mehr dem Zufall als ihrem Können vertrauen. Seligenporten hat seit ein paar Tagen einen Trainer, der wie die Spieler jahrelang in einem Nachwuchsleistungszentrum arbeitete, Roger Prinzen, er lässt sie nach der hohen Schule des Flachpassfußballs spielen. Jedenfalls theoretisch. Es fehlt, trotz einiger ansehnlicher Passkombinationen, ziemlich an Durchschlagskraft. Seit Foti im Januar zur Mannschaft stieß, haben sie ein Regionalligaspiel von neun gewonnen. Ihre Hoffnung, nicht abzusteigen, beruht darauf, dass sich andere Clubs aus finanziellen Gründen zum Saisonende zurückziehen.

Foti erscheint als Prototyp in Seligenportens Spiel. Er ist unheimlich ballsicher, er zieht regelmäßig am Gegner vorbei; er hat eine ungemein hohe Zahl gelungener kleiner Aktionen – aus denen nie etwas Großes wird. Als Sechzigs Angelo Mayer von der anderen Spielfeldseite einen plötzlichen Diagonalball herüberschickt, steht Foti bei seinem Gegner Eric Weeger. Er verpasst bloß den Moment, als Weeger lossprintet. So kann Foti ihn nicht mehr einholen. Unbedrängt passt Weeger den Ball nach innen, um das 0:1 vorzubereiten.

»Neben uns sind welche wegen dir voll rassistisch ausgerastet«, wird Dennis Foti auf der Rückfahrt erzählen. »›Was macht der?‹, haben die beim 0:1 geschrien, ›wo kommt der her, Scheiß-Gastarbeiter!‹« Ich sitze einige Meter abseits. Der ältere Herr neben mir ist ruhig. Er ist eingeschlafen.

Nach der Halbzeit wird Seligenportens Spiel dynamischer, auch Fotis Aktionen bekommen eine andere Dringlichkeit. Eine Flanke schlägt er perfekt. Kein Stürmer hat sich im Zentrum in Stellung gebracht. Seligenporten verliert 1:2. Was würde ein Scout von Freiburg aus so einem Auftritt mitnehmen: Würde er Foti für sein Potenzial bewerten, angetan von der feinen Ballbehandlung und den wuchtigen Sprints in den freien Raum? Oder wird Foti als 20-Jähriger im Männerfußball schon für Tatsachen bewertet – ein Spieler, der beim ersten Gegentor die entscheidende Sekunde schlief und dessen Aktionen das Zwingende fehlte?

Die Frage ist überflüssig. Der Scout des SC Freiburg kommt erst vier Tage später, zum Spiel gegen Rosenheim. Seligenporten verliert 0:3. Die Leistung war offenbar so, wie das Ergebnis klingt. Zum Vergessen.

»Fotis Auftritt war nicht so, dass wir gesagt hätten: Den müssen wir unbedingt nehmen«, drückt es Freiburgs U21-Trainer Christian Preußer aus.

Ist das die allerletzte Chance gewesen?

»Irgendwann ist die Zeit auch mal vorbei, dass man sagt: Es ist realistisch, dass er noch in die dritte Liga kommt«, sagt Preußer. »Ein, zwei Jahre hat er theoretisch noch, aber dazu müsste er in der Regionalliga erst einmal, ich sag mal, mit fünf Toren und zwölf Vorlagen in einer Saison auffallen. Und das wäre in so einer Mannschaft wie Seligenporten für jeden wahnsinnig schwierig.« Foti hat in seinen ersten elf Spielen für Seligenporten kein Tor erzielt. »Das ist eigentlich ein Wahnsinn, wie viele gute Spieler aus den NLZ um die wenigen Plätze im Profibetrieb kämpfen«, sagt Preußer. »Das ist fast schon tragisch für den Einzelnen.«

Auf der Heimfahrt vom Spiel gegen die Sechziger fragt Dennis, die Baseballkappe der LA Dodgers tief in der Stirn, wie sein Booster heute gewirkt habe. Eigentlich ganz gut, kam es Foti vor, er hat auch nur die halbe Portion genommen und den Rest dem Kapitän abgegeben.

»Das darfst du nicht machen!«, sagt Dennis. »Du musst zwei *scoops* nehmen. Einer ist für Hemden.«

»Für Hemden?«

»Für welche, die nichts draufhaben. Die spüren die Wirkung schon bei einem *scoop.*«

In den folgenden Tagen erkundige ich mich bei der deutschen Dopingbehörde NADA. Keiner der Inhaltsstoffe des Boosters steht auf der Dopingliste. Foti nimmt das Mittel allerdings schon nicht mehr. Denn seine Mutter ist mir zuvorgekommen. Damit er mit diesem Quatsch aufhört, hat sie einfach behauptet: »Foti, ich habe im Internet nachgeschaut. Das steht auf der Dopingliste!«

Foti fährt Dennis und die Cousins bis vor die Haustür. Er ist guter Laune. War insgesamt doch ein ganz ordentliches Spiel, Niederlagen ist er in Seligenporten sowieso schon gewohnt, und gleich wird er nach München fahren, um auszugehen. Es ist Samstagabend. Er aktualisiert sein Whatsapp-Profil. Das Aktionsfoto vom Fußball kommt raus und dafür ein Porträtbild rein, mit verwegen-schmachtendem Blick. Darunter schreibt er nur ein Wort ins Profil: *back*. Alle in München sollen wissen: Foti ist heute Abend *back in town*.

In Frankfurt warten zwölf Fans im kalten Wind vor dem verschlossenen Stadion. Irgendwo dort drinnen trainieren die Profis von Eintracht Frankfurt im Kraftraum, und zwar schon ziemlich lange. »Eine Frechheit, uns hier warten zu lassen!«, sagt einer der Fans. Als hätte er eine Verabredung mit den Fußballern. 18 Uhr ist bereits vorbei, als die Bundesligaprofis schließlich tröpfchenweise zu ihren Autos hasten. Keiner der zwölf Fans will Autogramme. Sie wollen Selfies mit den Lieblingen. »Da kommt noch einer!«, alarmiert einer die anderen, als Marius in seinem weiten schwarzen T-Shirt und der Baseballmütze erscheint. *Noch einer.* Es ist unklar, ob die Fans seinen Namen kennen.

Sieben Wochen sind seit seiner Verpflichtung vergangenen. Noch hat er nicht für die Eintracht gespielt.

Trainer Niko Kovac ging es mit Marius so wie Fans, wenn sie einen Fußballer erstmals leibhaftig sehen. In echt erschien er viel schmächtiger als im Fernsehen. Beim Videostudium auf *Wyscout* hatte der Trainer einen positiven Eindruck erhalten, als Marius beim ersten Training dann vor ihm stand, dachte Kovac: Nanu. »Ich habe ihn damals augenzwinkernd als halbes Hühnchen bezeichnet«, sagt der Trainer. »Marius ist von Natur aus schlaksig, aber darüber hinaus war er für einen Leistungssportler alles andere als voll austrainiert. Er hatte sich in Hannover am Ende auch gehen lassen, das sieht er ja selbst so. Das war auch nur menschlich, denn er zweifelte: ›Komme ich hier noch mal weg?‹ Ohne es despektierlich zu meinen, aber damit die Leute einen Eindruck kriegen: Als er zu uns kam, war er ein Strich in der Landschaft.«

Während Kovac Marius die Ähnlichkeit mit dem halben Hühnchen freundlich lächelnd an den Kopf warf, behielt er eine andere frühe Erkenntnis für sich. »Seine Ballannahme und Ballmitnahme waren sehr fein, er demonstrierte Ruhe und Übersicht am Ball. Schon in den ersten Trainingseinheiten hat er sich technisch von anderen bei uns abgehoben.«

Woche um Woche saß Marius auf der Ersatzbank der Eintracht, wärmte sich auf, ohne eingesetzt zu werden, und sagte schon mal ungeduldig zu Damian: »Ich spiele hier schon wieder nicht.« Er wusste ja nicht, dass der Trainer die ganze Zeit dachte: Das kann etwas werden mit dem.

Damian kam ständig nach Frankfurt, so wie er zuvor den Großteil seiner Zeit in Hannover verbracht hatte. Marius wohnte im Hotel, er war ja effektiv nur für dreieinhalb Monate an die Eintracht ausgeliehen und hatte keine Ahnung, wie es dann weiterging. Aber im Hotelzimmer brachte er den Besuch schon unter. Er hatte ein großes Doppelbett und ein Sofa zum Ausziehen. Damian, Nicole, der Leuges und der Marvin, seine Schwester und sein Cousin, irgendwer war eigentlich meistens da.

Nach dem Training nimmt Marius einen Mitspieler zum Hotel mit, Shani Tarashaj. Der Schweizer ist vom englischen Klub Everton für ein Jahr ausgeliehen. Er wohnt das komplette Jahr im Hotel. Shani hat kein Interesse, sich auf die Stadt einzulassen, hier ein Leben aufzubauen. Er ist ein Arbeiter auf Montage. Richtig zu Hause nur auf dem Fußballplatz, egal in welcher Stadt er gerade arbeitet, nächsten Sommer folgt sowieso der nächste Umzug. In vier Jahren bei Everton wird Shani Tarashaj drei Jahre ausgeliehen, nach Deutschland, in die Schweiz, die Niederlande. So zu leben ist schon krass, findet Marius. Er scheint sich selbst nicht in der Kategorie der Wanderprofis zu sehen. Die dreieinhalb Monate im Hotel sind doch etwas Vorübergehendes, denkt er.

Er macht Drake an, aber es bleibt trotz der Musik unangenehm still im Auto. Denn Shani starrt auf sein Handy, er hat irgendeine Social-Media-Seite geöffnet und sagt nichts. »Wen habt ihr mit der Schweizer Nationalmannschaft in eurer WM-Qualifikationsgruppe?«, fragt Marius, um etwas Konversation zu betreiben.

»Portugal, Lettland«, Shani starrt weiter auf die Social-Media-Seite. »Sonst weiß ich es gar nicht.«

Konversation gescheitert.

Im *Lindner Main Plaza* können sie von der Tiefgarage mit dem Aufzug direkt auf ihr Stockwerk fahren, Shani muss keinem weiteren Menschen begegnen. Das *Lindner* ist ein Apartment-Hotel für Langzeitgäste, ein Turm (in Frankfurt müssen es Türme sein) im Art-Déco-Stil, direkt am Main. Im Gang vor Zimmer 3.13 hängt ein Gemälde von Pidder Auberger aus der Düsseldorfer Schule Gerhard Richters. In Zimmer 3.13 sieht es nach Lebensfreude aus wie in einer Sportinternatsbude. Marius hat die Playstation aufgebaut, die Wäsche sauber gefaltet auf einem Koffer abgelegt, die neuen Nike-Schuhe stehen noch im Karton auf dem Boden. »Schau mal«, er öffnet extra das Fenster und lässt mich vortreten. Der Blick ist überwältigend, über die dichten Dächer der Altbauten Sachsenhausens hinweg auf die Skyline. Marius strahlt. Von den drei Jungs ist Marius derjenige, dem man seine Gemütslage am stärksten anmerkt, und mir scheint, dass er auch jemand ist, der Traurigkeit oder Verzweiflung, Freude oder Euphorie, all die menschlichen Regungen, besonders intensiv fühlt. Er stehe gerne am Fenster und schaue einfach auf die Stadt, erzählt er, und in dem Moment sagt alles an ihm: Er ist, nach der Zeit in Hannover, in Frankfurt wieder zuversichtlich.

Zehn Tage später, am 3. April 2017, schickt er eine Whatsapp-Nachricht: »So wie es aussieht, spiele ich morgen von Anfang an!«

Die Bundeskanzlerin schaute sich Marius' Debüt für die Eintracht an. Angela Merkel hatte in einem Festakt das Sportprogramm des 1. FC Köln für Flüchtlingskinder gewürdigt, und irgendjemand aus ihrem Planungsstab hielt es offenbar für eine gute Idee, dass sie im Anschluss daran auch noch das Bundesligaspiel des FC gegen die Eintracht besuchte. Marius dachte nicht daran, ihr tolle Kunststücke zu zeigen. Er hatte seit einem Jahr kein Profispiel mehr absolviert, er hatte überhaupt erst zweimal im Leben auf Erstliganiveau gespielt; es ging für ihn in Köln darum, Fehler zu vermeiden. Die erste Aktion war die wichtige, fürs Gefühl. Er wartete ganz außen, tatsächlich auf der Außenlinie, auf das Zuspiel aus der zentralen Verteidigung. »Das Spiel breit machen«, sagen Fußballer dazu; den Gegner zwingen, nach außen zu kommen, sodass innen in seinem Verteidigungsverbund Löcher entstehen. Nach 55 Sekunden kam der Pass von Vallejo aus der Innenverteidigung. Die erste Aktion. Marius wählte die einfachste Lösung, nichts falsch machen, nur darum ging es, er passte den Ball mit einem Kontakt zu Vallejo zurück. Der Pass holperte. Vallejo musste sich umdrehen, um den Ball aufzunehmen, Marius hatte ihn unpräzise einen halben Meter hinter den Kollegen gepasst. Mist. Da kam schon das zweite Zuspiel, wieder passte Marius den Ball einfach zurück, diesmal zu Seferovic im Mittelfeld, diesmal perfekt, hart und präzise. Er versuchte, sich selbst etwas vorzumachen: Die Aktion war eigentlich die erste, die vorherige zählte einfach nicht. Nach ein paar Minuten hatte er ein Gefühl. »Geil, es klappt viel. Jetzt kannst du mehr probieren.«

Die Eintracht war fast permanent am Ball. Die Kölner wollten die Frankfurter in deren Spielhälfte gar nicht stören. Geballt wartete der FC im Mittelfeld, um den Gegner dort zu stellen. Die Eintracht kombinierte ansehnlich bis ins Mittelfeld und spielte dann einen langen Pass. Der dritte Tabellenplatz der Frankfurter bei Marius' Wechsel im Januar hatte dann doch eher einen selten schönen Moment abgebildet als die wahre Leistungsstärke der Mannschaft. Nach einigen Niederlagen war sie zurück im Bundesligaalltag. Es spielte in Köln der Tabellensechste gegen den Siebten, Mittelmaßfußball. Für Marius war es schneller als alles, was er bislang erlebt hatte. »Da ist Wolf, bei dessen Wechsel im Januar von Hannover sich viele gefragt haben: Was soll dieser Transfer?«, sagte der Fernsehkommentator auf *Sky*, Marcus Lindemann. »Werden wir vielleicht im Anschluss an diese 90 Minuten ernsthafter beantworten können.« Rebic setzte Tawatha auf dem linken Flügel mit einem Hackentrick frei, sofort flankte Tawatha quer durch den Kölner Strafraum, 19 Minuten waren gespielt. Marius spielte rechter Verteidiger und rechter Angreifer, die Eintracht hatte die Flügel jeweils nur mit einem Spieler besetzt. Tawathas Flanke flog direkt auf ihn zu, 16 Meter vor dem Tor, halb rechts. Die Flanke hatte eine unmögliche Flughöhe, zu hoch, um den Ball volley mit Vollspann zu schießen, zu flach, um den Ball zu köpfen. Marius stieg auf die Zehenspitzen, hob die Schultern und das Bein, so hoch er konnte, und schoss mit dem Innenrist. Der Schuss flog. Als er das Tor erreicht hatte, erhob sich ein Raunen im Stadion. Der Ball war äußerst knapp über die Torlatte gestrichen.

Ein Spieler, der 100 Bundesligapartien bestritten hat, hätte sich ganz kurz über die zehn Zentimeter geärgert, die zum Tor gefehlt hatten. Marius war innerlich euphorisch. Er hatte eine ganz schwierige Flanke fast in ein Tor verwandelt! Auf einmal ging er ins Dribbling. Er kam an seinem Gegner Jonas Hector nicht vorbei, aber egal, er versuchte es, er machte den Kölnern auf freche Art Druck. Er spielte die einfachen Pässe fein, sauber, zum Partner. Defensiv wurde er oft überspielt, aber das störte allenfalls die

Zuschauer, Laien. Die Kölner erschienen mit Hector, Rausch und Jojic regelmäßig zu dritt auf der rechten Frankfurter Seite, sodass Marius und Vallejo stets in Unterzahl gerieten. Sie konnten kaum anders, als sich überspielen zu lassen. Es ging dann nur darum, den Raum so zuzustellen, dass den Kölnern eine einzige Anspielstation blieb und sich ihr Offensivspiel verlangsamte. So hatten die Frankfurter Verteidiger im Zentrum nach dem folgenden Kölner Pass leichteres Spiel.

Frankfurt verlor 0:1 in Köln, die Bundeskanzlerin behielt für sich, was sie von diesem Spiel hielt, und Marius schaffte es nicht, sich wie ein Verlierer zu fühlen. Schonungslos betrachtet, hatte er nichts Besonderes gemacht. Fair betrachtet, hatte er es für einen, der aus dem Nichts kam, richtig gut gemacht. Ein Jahr nach seinem flüchtigen Bundesligadebüt für Hannover 96 hatte er einfach noch einmal angefangen. Drei Tage später, im Heimspiel der Eintracht gegen Werder Bremen, wechselte Niko Kovac ihn nach 68 Spielminuten ein. Marius täuschte durch seine Fußhaltung an, als würde er den Pass von Abraham stoppen – und spielte ihn im letzten Moment seinem Gegner Kainz durch die Beine, als perfekten Steilpass zu Hrgota, in seiner ersten Aktion, mit der ersten Ballberührung.

Am Montag darauf rief ein Arbeitskollege von Marius' Vater noch um halb zehn abends bei den Wolfs in Einberg an. Sicher wussten sie es schon, aber Heiko Flieger wollte es ihnen trotzdem sagen: »Marius kommt ja gleich im Fernsehen.«

»Wie, im Fernsehen?« Nichts wussten sie.

»Er hat uns von nichts gesagt!«

Na ja, wie sollte er das auch seinen Eltern sagen, fand Marius, das wäre doch angeberisch, wenn er zu Hause anrief: »Mama, ich komme heute im Fernsehen!«

Eine Generation vor Marius konnten Ergänzungsspieler in der Bundesliga ihre Medienerwähnungen in ein paar Klarsichthüllen sammeln. Eintracht-Spieler wie Oliver Bunzenthal, Matthias Dworschak oder Daniyel Cimen kamen teilweise auf über 30 Profieinsätze, aber weil sie immer nur hier und da, meist ein paar Minuten als Ersatzspieler eingesetzt wurden, existierten sie medial kaum.

Marius wuchs als Jugendlicher der Internetgeneration mit dem Selbstverständnis auf, dass der Profifußball in allen möglichen und unmöglichen Nuancen auf Hunderten Medien online und offline dargestellt wurde. Es gab sogar Typen, die schrieben Bücher über drei Jungs aus Nachwuchsleistungszentren. So war es einerseits nur der ganz normale Irrsinn, dass er nach zwei Bundesligaeinsätzen über 78 beziehungsweise 22 Minuten für die Eintracht als Studiogast in die Sportsendung *Heimspiel* des Hessischen Rundfunks eingeladen wurde. Andererseits war der erste Fernsehauftritt für einen 20-Jährigen 2017 noch immer genauso besonders wie zehn oder zwanzig Jahre zuvor. Marius hatte auf Sendung sichtlich Atemprobleme vor Aufregung. »Ich war schon sehr nervös – und dann musst du auf so viele Sachen achten, schau hierhin, jetzt dahin, der gibt dir ein Zeichen, und dann los, reden.«

Mit ihm war ein Mann in der Sendung zu Gast, den er an seinem ersten Tag bei der Eintracht auf der Geschäftsstelle getroffen hatte. Marius hatte ihn – er war ja Fußballer – mit Handschlag begrüßt. Auch jetzt, zwei Monate später, hatte er allerdings keine Ahnung, wer das war neben ihm im Fernsehstudio.

Der Typ sah, auch wenn Marius das nie so formulieren würde, schon ein bisschen verwittert aus, mit schneeweißen, irgendwie langen Haaren, gewiss schon 65 Jahren alt, und dann sagte er immer so absurde Sachen.

Wer war das?

Marius konnte ihn ja schlecht fragen, »Entschuldigung, wer sind Sie denn?«, und da er den vollen Namen des Gastes vor der Sendung nicht aufgeschnappt hatte, konnte er ihn auch nicht googeln.

Sie waren live.

Marius bemühte sich, stets zu lächeln, wenn der Typ in seinem merkwürdigen Dialekt wieder einen Spruch zu klopfen versuchte. Und er tat ja nichts anderes.

»Wie planen Sie Ihre Zukunft?«, fragte der Moderator Marius. »Sie sind noch bei Hannover unter Vertrag, können Sie sich vorstellen hierzubleiben?«

»Ich kann es mir auf jeden Fall vorstellen. Ich denke, ich habe mich gut eingelebt, ich wurde gut aufgenommen.«

»Mussten Sie etwas Schlimmes machen bei der Aufnahme?«

»Nein.«

»Oje, oje«, schaltete sich der Typ ein. »Ich rufe Niko Kovac! Normalerweise muss er, wenn er neu kommt, singe' irgendwann.«

»Singen?«

»Ja klar!«

»Das wäre nicht so gut«, sagte Marius.

»Ich rufe Niko Kovac an!«

»Aber ob wir Dragoslav Stepanovic hätten singen hören wollen?«, fragte sich der Moderator laut.

»Ja klar!«, sagte der Typ, der Dragoslav Stepanovic hieß, und fing an zu singen: »Avveee Maariaaa!«

»Meine Damen und Herren«, sagte der Moderator, »herzlich willkommen im Kulturprogramm des HR.«

Dragoslav Stepanovic war einmal die große Nummer in der Bundesliga gewesen. Als Trainer hatte er das Spiel von Eintracht Frankfurt in einer Pracht inszeniert, dass viele glaubten: So etwas hatte man noch nie gesehen. Um 1992 war das gewesen. Drei Jahre vor Marius' Geburt. »Woher soll ich den kennen?«, fragte Marius.

Fußballer genießen nicht nur den Ruhm. Die allermeisten müssen nach Karriereende auch schlagartig damit fertigwerden, dass sie Männer von gestern sind.

17

2017, immer noch April

Die Schulter

Über den Lärm des Blaulichts hinweg bat Marius an Bord des Krankenwagens um Gnade. »Der soll langsamer fahren! Wo hat der Fahrer seinen Führerschein gemacht?« Dann schrie Marius schon wieder, ohne dabei noch Worte formulieren zu können. Ein Sanitäter hielt seinen rechten Arm, um die Schulter zu stabilisieren, aber sobald der Krankenwagen in hoher Geschwindigkeit durch eine Kurve fuhr, rutschte Marius' Oberkörper auf der fixierten Krankentrage zur Seite, und der Schmerz durchflutete ihn. Am schlimmsten waren die Schwellen auf der Stadionausfahrt gewesen. Jedes Mal, wenn der Krankenwagen über eine der künstlichen Erhöhungen rollte, schien es Marius' Schulter noch einmal herauszureißen. Der Sanitäter spritzte ihm Morphium, doch der Körper war stärker als die Medizin. Bis zum Äußersten aufgeputscht vom Wettkampf ließ das Adrenalin das Beruhigungsmittel nicht zur Wirkung kommen. Im Krankenhaus Maria von den Aposteln in Mönchengladbach-Ost wurde Marius direkt in die Röntgenabteilung gerollt. Die Schulter war ausgekugelt, das Labrum, der Knorpelring um die Schulterpfanne, war gesprengt.

Im Operationssaal hatte jemand das Radio eingeschaltet. Ob als besonderen Service für Marius oder weil die Ärzte das Spiel selbst interessierte, blieb unklar. Marius trug auf dem Operationstisch noch die volle Wettkampfgarnitur, komplett mit Schienbeinschonern. Die Ärzte waren bereit für die Operation, alle warteten nur darauf, dass endlich die Narkose wirkte. Vestergaard – super verwandelt!, meldete der Radioreporter. Borussia Mönchengladbach führte 6:5 im Elfmeterschießen des DFB-Pokalhalbfinales gegen Eintracht Frankfurt. Das Endspiel in Berlin würde am 27. Mai 2017 stattfinden, Marius hatte gedacht, das Datum sei ein untrügliches Zeichen, dass er dort dabei wäre. Das war sein

Geburtstag. Jetzt lag er auf dem Operationstisch. Seferovic glich für Frankfurt aus, schrie der Radioreporter, 6:6, alle zwölf Elfmeter waren bislang eiskalt verwandelt worden. An dem Punkt ließ die Narkose Marius einschlafen.

Sein Cousin Philipp stand, weil alle standen, noch auf den Rängen des Borussia-Parks. Er schaute das Elfmeterschießen und ließ gleichzeitig über Kopfhörer auf dem Handy die Fernsehübertragung der ARD laufen, weil er hoffte, sie würden dort die genaue Diagnose von Marius' Verletzung bekannt geben. Nicole hatte Philipp sofort nach dem Foul eine Whatsapp-Nachricht geschrieben, ob er etwas wisse. Ehe er zurückschreiben konnte, brummte das Handy schon wieder, um eine Nachricht von Marius' Eltern zu melden. Philipp war an diesem Dienstagabend der einzige Verwandte vor Ort. Doch wie sollte er etwas wissen? Er stand auf der Tribüne, unter den Eintracht-Ultras, für deren Block man den Eintracht-Spielern kurioserweise ihre Freikarten zugeteilt hatte.

Lange hatte Philipp in dem Halbfinale immer wieder neben das Spielfeld geschaut. Dort lief sich Marius unter den Ersatzspielern warm. In der 59. Minute brachte ihn der Trainer beim Stand von 1:1 ins Spiel. Marius spürte ein nie gekanntes Gefühl bei einer Einwechslung: Er staunte. Der Trainer schickte ihn ins defensive Mittelfeld; auf eine neuralgische Position, wo die Räume eng waren und die Gegner von allen Seiten attackierten, in einem DFB-Pokalhalbfinale, das auf Messers Schneide stand. Niko Kovac vertraute ihm eine Position an, die Marius noch nie im Leben besetzt hatte.

»Das ist auch wieder so eine Geschichte«, dachte sich ein Zuschauer auf der Tribüne: »Wenn ein Trainer wie Niko Kovac an den Jungen glaubt, stellt er ihn in so einem wichtigen Spiel einfach ins defensive Mittelfeld, und der Junge löst das richtig gut, weil er die Grundqualitäten hat und das Vertrauen des Trainers ihn beflügelt.« Christian Hochstätter war der Mann, der das dachte. Der Sportdirektor des VfL Bochum saß als gewöhnlicher Zuschauer auf der Tribüne. Er hatte 17 Jahre für Mönchengladbach gespielt. Um ihn herum saßen Vertraute aus all den Jahren, aber mit seinen Gedanken war er in dem Moment allein. Wenn er den anderen hier jetzt erzählen würde, dass er diesen Wolf vor vier Monaten praktisch schon in Bochum gehabt hatte, würden sie ihn für einen Aufschneider halten, der sich selbst seherische Fähigkeiten andichtete. Christian Hochstätter war der Vorletzte gewesen, der noch an Marius geglaubt hatte. Pech, dass sein Kollege Bruno Hübner in Frankfurt der Letzte gewesen war.

Marius hüpfte im defensiven Mittelfeld ein paar Mal mit beiden Füßen auf der Stelle.

»Das macht er schon von klein auf beim Fußball«, sagt der Vater.

»Das kriegt er nicht weg«, sagt die Mutter.

»Das merkt er gar nicht«, sagt der Vater.

Unbewusst verarbeitete Marius durch das Hüpfen auf der Stelle wohl seine Anspannung. In Mönchengladbach sah die Handlung passend aus. Er hüpfte herum, als suche er die richtige Position in der ungewohnten Rolle. Nach wenigen Minuten wurde er angespielt und dribbelte sofort los, im Zentrum des Gefechts, im Pokalhalbfinale, an zwei Gegnern auf engstem Raum vorbei, und setzte den Rechtsaußen Gacinovic mit einem kurzen Pass sehenswert ins Szene. Er war auf der Position schon zu Hause.

Er rannte zur Absicherung hinterher, als Frankfurts Fabián Gladbachs nach vorne stürmenden Verteidiger Vestergaard stellte. Vestergaard hatte sich den Ball zu weit vorgelegt, Fabián stibitzte ihn problemlos mit dem Außenrist. Marius, der Vestergaard gekreuzt hatte und bereits einen halben Schritt vor ihm war, musste gar nicht eingreifen. Der Ball war weg. Der Gladbacher konnte aus dem vollen Sprinttempo jedoch nicht abrupt abbremsen. Er rannte Marius in den Rücken und schubste ihn unfreiwillig. Marius stürzte. Instinktiv wollte er die rechte Hand ausstrecken, um den Sturz aufzufangen, Hände und Knie dienen dem Menschen als Sturzpuffer. Aber sein rechter Arm klemmte fest. Vestergaard hielt ihn fest, weil er sich so selbst instinktiv vor dem Sturz bewahren wollte. Die Masse des Dänen auf sich, 98 Kilo bei 1,99 Meter, stürzte Marius ungebremst auf die rechte Schulter.

Er spürte nichts. Er wollte aufstehen. Sein rechter Arm knickte einfach weg. »Ich schaute zur rechten Schulter. Da war keine!« Sie hing deutlich tiefer. »Erst in dem Moment, kam es mir vor, überfluteten mich die Schmerzen.«

Verletzungen bestimmten die Karrieren von Fußballtalenten wie die Götter im antiken Griechenland das Leben der Menschen: schicksal- und launenhaft. Bislang hatten Niko, Foti und Marius ausgesprochenes Glück mit Verletzungen gehabt. Vor nicht einmal einem Monat hatte Marius beim Spiel in Köln seine Bundesligakarriere von vorne gestartet, es war erst sein vierter Einsatz für die Eintracht, als ein dänischer Hüne mit Wikingerfrisur am 29. April 2017 auf ihn krachte, zehn Minuten nach seiner Einwechslung.

Philipp fuhr vom Borussia-Park zum nächsten Krankenhaus, den Städtischen Kliniken, da musste Marius doch sein. War er aber nicht. Philipp hatte einen Kommilitonen dabei, Dominik, sie studierten Automobiltechnologie an der Fachhochschule Coburg. Eigentlich sollte Philipp an Abenden wie diesen an seiner Masterarbeit weiterschreiben. Stattdessen saß er um Mitternacht auf einem Parkplatz in Mönchengladbach und telefonierte alle Krankenhäuser der Stadt ab. Es gab sieben. Als sie um halb eins in der Klinik Maria von den Aposteln eintrafen, sagte ihnen der Rezeptionist, Marius sei vor fünf Minuten mit einem Rollstuhl zum Taxi gebracht worden.

Einer der Eintracht-Physiotherapeuten hatte Marius ins Krankenhaus begleitet. Als Marius aus der Narkose aufwachte, lächelte ihn der Physiotherapeut an. »Wir haben gewonnen.« Der 16. Elfmeter hatte die Entscheidung für Frankfurt gebracht.

Die Ärzte hatten die Schulter wieder eingerenkt. In den nächsten Tagen musste er bei einem Spezialisten in Offenbach operiert werden. Wenn alles gut ging, konnte er im Juli, in der Vorbereitung zur neuen Saison, wieder Fußball spielen. Ob er dann wieder nach Hannover zurück musste oder ob die Eintracht seine Leihe verlängerte?

Der Mannschaftsbus wartete noch, als Marius aus der Klinik zurück zum Borussia-Park kam. Auf der Heimfahrt »wollten alle feiern, und keiner konnte mehr«, erschöpft vom 120-minütigen Pokalkampf. Die Mexikaner im Team drehten die Musik auf, *passito, passito*, und die meisten lächelten nur müde. Marius saß still, den Arm in der Schlinge, und sah sich auf dem Handy nachträglich das Elfmeterschießen an.

Philipp wartete um 5 Uhr am Morgen am Frankfurter Stadion, um ihn nach Hause zu fahren, das heißt ins *Lindner Hotel*. Ein Fanbus kehrte gerade ebenfalls aus Mönchengladbach zurück, fast alle Fensterscheiben zertrümmert. Im Hotelzimmer half der Cousin Marius, sich auszuziehen. Er trug noch das Trikot vom Spiel. Das enge Sportunterhemd mussten sie zerschneiden, um es vom Leib zu kriegen, ohne die Schulter zu belasten. Marius versuchte zu lernen, wie man die Zähne mit der linken Hand putzt.

Drei Tage später begann er wieder zu trainieren, fünf Stunden am Tag bei ProReha an der Friedberger Anlage in Frankfurt, Beinpresse, Sit-ups, Kniebeugen, Fahrradfahren im Ausdauer- und Intervallmodus auf dem Hometrainer, alles, was die Schulter nicht über 60 Grad beugte. Zwei hoch spezialisierte Rehatrainer kümmerten sich um ihn. Wahrscheinlich trainierte er dank ihres Wissens in der Reha, mit dem Arm in der Schlinge, seine Athletik ausbalancierter, besser für das Fußballspiel, als Foti kerngesund im Seligenportener Regionalligatraining. Foti versuchte, mit seinen autodidaktischen Zusatzeinheiten im Fitnessstudio und auf dem Fußballplatz die Form zu verbessern. Doch bei ihren unterschiedlichen Bedingungen musste der Abstand zu Marius, zum Profispiel, mit jeder Woche größer werden, so sehr sich Foti auch abstrampelte.

Zum DFB-Pokalfinale nach Berlin flog Marius mit den Frauen und Legenden. Die Mannschaft reiste bereits zwei Tage vor dem Endspiel in die Hauptstadt, die Verletzten kamen mit den Familienangehörigen und alten Helden der Eintracht am Freitag hinterher. Auf dem Bett in seinem Hotelzimmer lag ein Eintracht-Trikot. Es war nicht für ihn. *Nicole* stand über der Rückennummer 2017, *Finale* darunter. Die Marketingmitarbeiter der Eintracht hatten die Trikots für alle Frauen und Freundinnen der Spieler drucken lassen und vorab auf den Zimmern verteilt. Ein Fußballprofi im Jahr 2017 musste denken, die Welt kreiste um den Ball und ihn.

Sie waren im *Ritz-Carlton* zwischen den Häuserschluchten am Potsdamer Platz untergebracht.

»Was die jungen Leute hier erleben, ist schon besonders«, sagte Marius' Mutter, »*Ritz*, Empfang …«

»Wird schwierig, wenn das mal alles weg ist«, sagte der Vater.

Am späten Vormittag, noch acht Stunden bis zum großen Finale, saß Marius mit Nicole, seinen Eltern und seiner Schwester in den hellen Lederstühlen der Hotelbar, während ein paar Tische weiter über ihn verhandelt wurde. Er sollte da nicht dabei sein. Falls sich seine Berater und der Sportvorstand der Eintracht Fredi Bobic in die Haare gerieten, blieb sein Verhältnis zum Verein davon ungetrübt. Von einer Einigung waren die Parteien noch ein gutes Stück entfernt. Die Eintracht wollte Marius ein weiteres Spieljahr von Hannover ausleihen, die Option hatte sie sich bei der Leihe im Januar vertraglich ausbedungen. Marius' Berater Thorsten Weck und der Chef der Agentur, Roger Wittmann, drängten auf einen Drei-Jahres-Vertrag in Frankfurt. So rangen sie in der Hotelbar miteinander und kamen sich nicht näher. Spätestens in einer Woche wolle er eine verbindliche Antwort von ihnen, schloss Frankfurts Sportvorstand das Gespräch. Marius nahm es beiläufig zur Kenntnis. Bei Vertragsverhandlungen wurde eben gefeilscht und Druck gemacht. Vor anderthalb Jahren hatten ihn die Verhandlungen mit 1860 München aber noch ziemlich nervös gemacht. »Ja, damals war ich auch noch jung gewesen«, sagte er. Er war – an dem Tag in Berlin – gerade 22 geworden.

Der Vater bot Marius an, ihm und den anderen Eintracht-Profis, die nicht im Endspielaufgebot standen, das Brandenburger Tor zu zeigen und ein wenig über die deutsche Geschichte zu erzählen. Bis zum Finale blieben ja noch ein paar Stunden. Marius druckste herum. Ein paar Whatsapp-Nachrichten später sagte er, die anderen hätten schon was geplant. Sie fuhren zum Kaufhaus des Westens, shoppen. Der Vater wirkte ein wenig enttäuscht.

Elf Jahre zuvor stand Eintracht Frankfurt letztmals im Pokalfinale. 29 Jahre lag der letzte Titelgewinn des Clubs zurück. Nur die Sehnsüchte waren in der Zeit gewachsen.

Den Farben nach halten es Dreißig- bis Vierzigtausend der 74 000 Zuschauer im Olympiastadion mit der Eintracht. In der Ostkurve tragen 15 000 Frankfurter alle das gleiche weiße Shirt mit dem roten Eintracht-Adler auf der Brust. Die Ultras der

Eintracht haben es auf jedem Sitz bereitgelegt, dazu eine kleine schachbrettartig gemusterte Fahne. Spenden, unter anderem wohl aus der Frankfurter Bankenwelt, haben die Einheitskleidung finanziert. Gegen die Kommerzialisierung des Fußballs wettern und den Kommerz nutzen, das geht an solchen Tagen für die Ultras zusammen. 15 000 schwarz-weiße Fähnchen wehen in der Luft, 30 000 schmettern dazu »Schwarz-weiß wie Schnee!« Bei Paraden von Diktaturen wie in Nordkorea macht uns das Uniforme der Masse Angst, bei Fußballspielen verschaffen uns Massenchoreografien eine Gänsehaut.

Marius hätte gespielt. Die Aufstellung der Eintracht im Finale gegen Borussia Dortmund lässt keinen anderen Schluss zu. Spieler wie Medojevic oder Blum kommen zum Einsatz, die er im April in der Hierarchie rasend überholt hatte. Shani Tarashaj, der Fußballer auf Wanderarbeit, sitzt bei den Verletzten neben Marius auf der Haupttribüne. Der Meniskus riss vor drei Wochen. In zwei Tagen wird Shani Frankfurt verlassen, auf zur nächsten Station, ohne dass jemand davon Notiz nimmt.

Unten auf dem Spielfeld kommt Dortmunds Pulisic in Fahrt, und augenblicklich scheint er bei seinem Dribbling in einer anderen Tempozone als die Frankfurter zu spielen. Individuell ist der Unterschied zwischen Spitzenteams wie Dortmund und Mittelklassemannschaften wie Frankfurt mittlerweile eklatant. Aber Fußball ist ein Teamsport, ein Zusammenspiel. Durch solidarisches, taktisch raffiniertes Spiel hebt die Eintracht den Klassenunterschied immer wieder auf. »Geradezu frech«, wird Dortmunds Trainer Thomas Tuchel später analysieren, habe Frankfurt streckenweise gespielt. Einen 2:1-Sieg retten die Dortmunder Favoriten schließlich ins Ziel.

Marius darf nach dem Schlusspfiff auf den Rasen. Die geschlagenen Kollegen liegen auf dem Rücken, die Blicke in den Himmel von Berlin gerichtet, jeder Mann eine Insel. Marius steht dazwischen und schaut sich um, ob jemandem nach Trost ist. Es wirkt merkwürdig, ihn in Zivil, im offenen rot-schwarz karierten Holzfällerhemd zur zerrissenen Jeans, auf einem Territorium zu sehen, auf dem man nur Männer in Sportkleidung oder in Anzug mit Krawatte kennt.

Ein DFB-Pokalfinale spielt ein Club wie Eintracht Frankfurt alle zehn, fünfzehn Jahre einmal, spielen die meisten Fußballprofis höchstens einmal in ihrer Karriere. Und er hat es verpasst. Doch so statistisch penibel denkt kein junger Mensch. Marius schaut auf die Ostkurve, das Meer der Sehnsüchte. Einmal wird er auch so ein Finale bestreiten, glaubt er.

Foti hatte das Finale im Café am Brombachsee geschaut, nebenbei, es war doch kein herausragendes Spiel, nicht Real Madrid. Niko hatte das Endspiel zu Hause in Stopfenheim studiert und konzentriert auf die Außenverteidiger geachtet, wann rückte Guerreiro ins Mittelfeld vor, wo positionierte sich Oczipka bei Angriffen über den gegenüberliegenden Flügel. Solche großen Fußballabende gaben Niko noch immer dieselbe summende Energie wie zu Kindertagen. Er musste dann raus, selber spielen. Er fuhr im Sommer 2017 nicht in den Urlaub, nur zwei Tage mit Julia in den Europapark, um ansonsten alleine auf dem Fußballplatz in Stopfenheim und im Fitnesscenter für die nächste, die entscheidende Saison zu trainieren. Die Serien von jeweils zwölf Kniebeugen absolvierte er mit 110 Kilo Gewichtscheiben auf den Schultern. Er hätte auch 145 Kilo geschafft, aber das ginge zu sehr auf die Knie. Mehr als er schafften wenige Bundesligaspieler.

Damian parkt Marius' weißen Sportwagen mitten im Fußgängerbereich neben dem *Lindner Hotel.* Dort steht er wie für ein Rap-Video. Die Karosserie glänzt in der Sonne. Es hat 30 Grad in Frankfurt. Marius erhebt sich von dem Lounge-Sofa auf der Hotelterrasse, sie wollen los. Damian spielt heute seinen Chauffeur. Mit der Schulter kann Marius kein Auto fahren, auch wenn Dr. König in Offenbach heute Mittag die Fäden der Operation gezogen hat und Marius mittlerweile jede Menge gelernt hat, alleine duschen, sich anziehen, sogar sein Essen kann er nun mit links schneiden.

Sie wollen ins Tattoo-Studio. Marius hat vor einigen Wochen im Fernsehen aufgeschnappt, wie sein absoluter Lieblingsbasketballer LeBron James im Interview zu den Play-off-Chancen seines Teams sagte: »When you feel it, you believe it.«

»Da dachte ich sofort: Vom Sinn her ist das überragend«, sagt Marius. Er fragte Damian »bestimmt zehnmal«, ob er da auch richtig gehört habe, nicht dass er sich einen Grammatikfehler auf den Körper tätowieren lasse. Damians Vater ist Amerikaner, er war mit der US-Army in Deutschland stationiert. Damian verfeinerte LeBrons Spruch, »When you feel it, *you'll* believe it«, so klingt es noch erhabener, findet er. Wenn du es fühlst, wirst du es glauben.

Marius steigt in den Sportwagen auf dem Hotelvorplatz ein, die Baseballkappe bis zu den Augenbrauen gezogen, das weiße T-Shirt nur mit einem Ärmel, damit er mit der Schulter besser hineinkommt. Das Bild vom Rapstar ist komplett.

LeBrons Spruch wird er sich quer über beide Oberschenkel tätowieren lassen, direkt über den Knien. Auf dem rechten Bein wird der Satz anfangen, »When you feel it« und auf dem linken enden, »you'll believe it.«

Es wird sein erstes Tattoo auf den Beinen. Auf dem rechten Arm ist kein Platz mehr.

18 2018 Jahr der Wahrheit

Für einen Abend gestattete der FC Ingolstadt Niko, ein ganz normaler 20-Jähriger zu sein. Er durfte sich betrinken und tanzen.

Wellness-Wochenende hieß die Maßnahme im Trainingsplan. So etwas hatte Niko in acht Jahren im Leistungsfußball noch nie erlebt. An einem Freitagabend im Januar 2018 war die Mannschaft direkt nach einem 5:0-Testspielsieg in ein Kurhotel nach Bad Gögging gefahren. Ein wenig senkten sie dort im Thermalbad den Altersschnitt. Nach dem gemeinsamen Abendessen am Samstag in einem Restaurant im nahen Regensburg stand ihr Trainer einfach auf und wünschte ihnen noch einen schönen Abend. Niko und die meisten im Team hatten keine Ahnung, was nun passierte. Die Mannschaftskapitäne, stellte sich heraus, hatten in Absprache mit dem Trainer einen Abend in einem Klub organisiert.

Angetrunken war Niko ziemlich schnell. Sein Körper war Alkohol kaum gewohnt. Da wurde das Tanzen auch gleich schwungvoller. »A weng lockerer« war er an jenem Samstagabend, sagt er. Der Zusatz *a weng*, »ein wenig« auf Hochdeutsch, wurde in Franken permanent in allen Lebenslagen verwendet. A weng spaßig war es auch am 27. Januar 2018 im *Gatsby*. Die Wände aus grobem Stein gaben dem Klub in der Regensburger Altstadt etwas von einer Höhle, es war rappelvoll und das nächste Meisterschaftsspiel der Ingolstädter Fußballlehrlinge auf einen Schlag ganz weit weg.

Im *Gatsby* störten keine Gedanken. Niko ging voll und ganz im Moment auf, tanzen, lachen, a weng ins Schwanken geraten. Erst nach dem Aufwachen am nächsten Mittag im Hotelbett beschäftigte ihn wieder, was er am Samstagnachmittag, vor der Party, in Bad Gögging erfahren hatte.

Er versuchte, die Neuigkeit zu verdrängen.

Noch vor der Halbzeit wechselte Foti den Flügel, weil er an Niko nicht vorbeikam. [12]

Eigentlich, wenn er seine Situation betrachtete, wenn er auf die erste Hälfte seines entscheidenden Jahres so objektiv wie möglich zurückblickte, dann musste er sagen: »Besser kann es nicht laufen.«

Er hatte das Fliegen gelernt. Er flog den linken Flügel des Fußballplatzes hinunter. Es sah überhaupt nicht kraftvoll walzend aus, nicht angestrengt, sondern leichtfüßig, wunderbar schwerelos, wenn Niko im Herbst 2017 lossprintete und im Nu dem Gegner davondribbelte. Er war 20, und er ragte in der vierten Liga heraus; er war ein Grund, warum die U21 des FC Ingolstadt in der Vorrunde der Saison 2017/18 auf Platz zwei der Regionalliga Bayern vorrückte. Sie schlugen die Gegner 6:0, 5:1, 5:2 und wieder 6:0. Acht Siege folgten aufeinander. Bei Foti in Seligenporten spielten sie auch vor. Sie gewannen 4:1. Foti wechselte irgendwann in der ersten Halbzeit auf den anderen Flügel, nachdem er an Niko partout nicht vorbeigekommen war.

Ende August 2017 war der Trainer der Ingolstädter U21, Stefan Leitl, zu den Profis befördert worden. Aus der Veränderung war etwas Wunderbares für Niko entstanden. Zum ersten Mal in seiner Karriere hatte er fortan einen Trainer, der in ihm ohne Zweifel einen besonderen Spieler sah. So wie Michael Bischoff in der U16 in Nürnberg und nun Niko Kovac in der Bundesliga für Marius spezielle Förderer waren, so wie eigentlich jeder Trainer alles für Foti zu tun versucht hatte, so gab Ersin Demir Niko das Gefühl, er sei *sein Spieler.* Als Assistenztrainer unter Leitl hatte Demir bei der wöchentlichen Frage »Reislöhner oder Nicklas als Linksverteidiger?« meistens für Niko plädiert. Als er im Herbst 2017 zum Cheftrainer der U21 aufrückte, löste Demir die Frage auf seine Art: Er stellte beide auf. Thorsten Nicklas als Linksverteidiger, Niko davor als Linksaußen. »Du musst die besten Pferde auf die Bahn bringen«, sagte Demir zu seiner Idee. »Im Herbst, als wir die Gegner reihenweise mit 6:0 oder 5:1 heimschickten, war unsere linke Seite eine Macht. Um die haben uns einige beneidet. In den Partien hat man gesehen, welche Klasse Niko hat, wenn er in einer funktionierenden Mannschaft spielt. Er war oft der Matchwinner.«

Selbst wenn er ernst schaute, behielt Demir seine freundliche Ausstrahlung. Die Mängel in Nikos Spiel, an denen sich andere immer stießen, kümmerten ihn wenig. »Bei der Ballkontrolle wird er sich mit der Erfahrung Jahr für Jahr verbessern«, sagte er entspannt. Er wusste, wovon er redete. In einer 16-jährigen Profikarriere quer durch die zweite und dritte Liga von Aachen bis Aue hatte Ersin Demir gesehen und gelernt, wie man mit seinen Schwächen zurechtkam. Das hörte eigentlich im Leben nie auf, dass man seine Mängel kaschieren lernte, fand er. Demir war seit sieben Jahren Trainer im Ingolstädter Leistungszentrum, und offenbar war noch niemandem aufgefallen, wie unwohl er sich fühlte, wenn er als Verantwortlicher zu einer Gruppe sprach. »Vorher war es nie wichtig gewesen, wie ich mich ausdrückte.« In der Schulklasse, zu Hause in Köln, und später in den Profimannschaften hatte er immer in der Gruppe verschwinden können. Plötzlich musste er reden. »Ich habe es mit Mitte dreißig als Trainer auch noch gelernt«, eine präzise, einnehmende Ansprache zu halten. Also, was bei Niko zählte, war nicht, was ihm fehlte, sondern dass er besondere Qualitäten mitbrachte, »die Energie, das Tempo, die Schuss- und Flankentechnik. Der ist zuverlässig, der ackert, der macht! Immer.«

Ersin Demir hatte ein Flipchart im Kurhotel in Bad Gögging aufgestellt. Darauf waren die Namen all seiner Spieler aufgelistet, jeweils verbunden mit einer Uhrzeit. Zehn Minuten hatte er für jedes Einzelgespräch verbucht, er wollte es mit dem Reden ja nicht übertreiben. In den Nachwuchsleistungszentren, und dazu wurden die U21-Teams noch gezählt, waren alle paar Monate Gespräche über den Leistungsstand obligatorisch.

»Wenn ich Drittligatrainer wäre, würde ich dich sofort holen«, sagte Ersin Demir während des Gesprächs in Bad Gögging zu Niko. Der Satz glänzte wie eine Medaille. Dritte Liga, richtiger Profifußball, da wollten sie alle hin in der U21; dritte Liga, an höhere Ziele trauten sie sich gar nicht mehr zu denken. Ersin Demirs Wertschätzung rauschte jedoch an Niko nur so vorbei. Er konnte gar nichts mehr antworten. Ihm schwirrte immer nur die eine Aussage durch den Kopf, die Ersin ein, zwei Minuten zuvor zwischen all seiner ehrlichen Begeisterung für Nikos Leistungsschub verdruckst eingeschoben hatte. Als wolle er sie verstecken. »Ich habe es schon den anderen 97ern gesagt«, hatte der Trainer ausgeholt und dann angefügt: »Wunder dich nicht, wenn ihr in der Rückrunde weniger spielt.«

Nach dem Satz schienen alle anderen Worte nur noch von fern, kaum noch zu Niko vorzudringen. *Wunder dich nicht, wenn ihr in der Rückrunde weniger spielt.*

Wie groß dieser Tagungsraum war, dachte Niko. Wie klein er darin wirkte.

Niko ging auf sein Hotelzimmer zurück, Fußball kam im Fernsehen, Bayern gegen Hoffenheim, das war eine Ausrede, sich zurückzuziehen. Zu seinem Zimmerpartner, dem Pöllner Markus, sagte Niko nichts. Das war ein 98er, vom jüngeren Jahrgang, der war nicht betroffen.

Ich habe es schon den anderen 97ern gesagt. Wunder dich nicht, wenn ihr in der Rückrunde weniger spielt.

Was war das wieder für eine Scheiße!

Du musst nur hart arbeiten, du musst nur gut spielen, dann kommt alles von selbst, hörte er seit acht Jahren. Er sagte es sich doch selbst immer wieder vor. Es war eine Lüge. Er konnte sich anstrengen, wie er wollte, er würde in den kommenden Monaten wohl trotzdem öfter auf der Ersatzbank sitzen. Die NLZ-Leiter Roland Reichel und Ronnie Becht hatten auf einer Sitzung am 20. Januar 2018 beschlossen, in der Rückrunde vermehrt die jüngeren Spieler einzusetzen. Die U21 bewegte sich als Tabellenzweiter frei von jeglichen Sorgen durch die Regionalliga, das sei eine günstige Gelegenheit, die Jüngeren an den Männerfußball zu gewöhnen. »Das war eine scharfe Ansage«, sagt Ersin Demir: »Jetzt die Jungen.« Er war der Trainer, er war überzeugt, »der Linksverteidiger vom 98er-Jahrgang, Niklas Elm, hatte in keinster Weise die Qualität von Niko oder Toto Nicklas. Aber ich würde ihn spielen lassen müssen, obwohl ich wusste, es wird nicht funktionieren.« Hinzu kam, dass der Profitrainer des Öfteren zwei, drei Spieler zur U21 schickte, die in der Zweitligamannschaft nicht zum Zuge kamen. Auch sie mussten spielen, ob es der U21-Trainer wollte oder nicht. Das Wort des Profitrainers war Befehl. Der neue Ingolstädter Sportdirektor Angelo Vier wiederum hatte von seinem vorherigen Verein, dem Regionalligisten Dynamo Berlin, einen 21-jährigen Außenstürmer mitgebracht. Der Junge, Joey Breitfeld, hatte sofort einen Profivertrag bekommen. Weil er für jeden offensichtlich aber noch kein Profiniveau hatte, würde er erst einmal in der U21 spielen, ordnete der Sportdirektor an. Das hieß, alles in allem würden in der Rückrunde regelmäßig drei bis fünf Positionen in der Elf nicht nach dem Leistungsprinzip vergeben, sondern Spielern nach Anordnung von oben zugeschrieben. Drei bis fünf, die im Herbst mit starken Leistungen geglänzt hatten, mussten weichen. In der Rückrunde wollte sich Niko Profiklubs empfehlen.

Wie still und besonnen Niko immer war, sagten alle. »Das kotzt mich alles schon wieder an«, rief er nach der Neuigkeit von Bad Gögging ins Telefon, »das kotzt mich nur noch an. Letztes Jahr hat mir der NLZ-Leiter, der Reichel, gesagt, ich sollte extra Techniktraining machen, und ich Depp bin deswegen jeden Mittag auf den Sportplatz in Stopfenheim gefahren, aber was bringt's mir denn, wenn das alles hier mit dem Leistungsprinzip überhaupt nichts zu tun hat, wenn ich den ganzen Herbst gut spiele und dann im Frühling trotzdem nicht aufgestellt werden soll. Die labern nur rum, schön reden können sie alle, ich würde gut trainieren, blablabla, was bringt es denn, gut zu trainieren, wenn sie festlegen, die 98er müssen spielen. Ich könnte auch gar nicht da sein, das käme auf dasselbe raus! Ich brauche Spiele, sonst ist es vorbei!«

Dann ging er ins *Gatsby*, tanzen.

Marius ging mit Damian in Frankfurt Ende Januar 2018 ins Kino, so wie sie es in Hannover oft gemacht hatten, aber diesmal traten sie über den roten Teppich ein. Der Prince nahm sie mit zur Premiere des Gangsterfilms *Nur Gott kann mich richten* im Metropolis am Eschersheimer Turm. Die Fotografen knipsten ekstatisch, sobald sich einer der Schauspieler wie Moritz Bleibtreu zum Prince gesellte. Der Prince sah dabei meistens wie der größere Star aus. Nicht einmal wegen der dicken silbernen Halsketten über seinem schwarzen Pullover, sondern wegen dem, was man natürliche Ausstrahlung nennt. Marius stand daneben und schaute dem Treiben zu.

Fünf Monate zuvor, irgendwann im August 2017, hatte Marius schon spät am Abend Damian angerufen, »komm in *Harry's Bar*, der Prince ist da!« Wie wenige im deutschen Sport war Kevin-Prince Boateng eine schillernde Figur. Aufgewachsen in den Straßen von Berlin, hatte er die Öffentlichkeit in tausendundeiner Rolle unterhalten, vom Weltklassetalent, das im jugendlichen Übermut alles wegwarf, die Karriere und das Geld, zum Triumphator, der sich doch wieder hochkämpfte, um mit Mitte 20 beim AC Mailand ein echter Star unter Stars zu werden. Eintracht Frankfurt hatte ihn im Sommer 2017 mit 30 als gereiften Anführer verpflichtet. Als der neu eingetroffene Prince im August 2017 nach einem Abendessen mit ein paar Kollegen noch einen Drink in *Harry's Bar* im *Lindner Hotel* nehmen wollte, ging Marius als Einziger neben Johnny de Guzmán mit. Er musste da mitgehen. Typen wie den Prince kannte Marius von den Postern aus seiner Kindheit.

Der Prince wiederum mochte die Rolle des geläuterten Mannes, der den Jungen das Leben erklärte. Von dem Tag an hatte Marius einen großen Bruder. Wobei Frankfurts Trainer Niko Kovac die Geschichte ein wenig unromantischer erzählt. »Ich hatte ja gemerkt, dass Marius mit 22 noch nicht gefestigt war«, sagt der Trainer. Als er Kevin-Prince Boateng bewusst als lebenserfahrenen Bandenchef in seine Mannschaft brachte, »habe ich ihm auch gesagt: ›Nimm dich doch mal dem Marius an.‹«

Der Prince nahm Marius zur Filmpremiere mit und ins *Zenzakan* im Westend zum Abendessen mit dem Rapper Dú Maroc. Der Hunger nach Leben und großer Welt eines 22-Jährigen musste doch gestillt werden. Was der Prince Marius aber vor allem vermittelte, konnte man auf der Filmpremiere im Metropolis nicht sehen. Es blieb unter Marius' stylisher Hose verborgen. Darunter trug er Kompressionsstrümpfe, um die Durchblutung zu fördern. Wenn du nach ganz oben willst, musst du dein Leben voll dem Sport unterordnen, vermittelte der Prince Marius und fügte an: »Schau mich an, ich habe es in deinem Alter verzockt.«

Mit 30 gab der Prince den Leuten immer noch, was sie bei ihm suchten, Glanz und Glamour, aber er hatte sich mittlerweile selbst ganz gut durchschaut: Er brauchte das Gefühl, wer zu sein. Deshalb traf er sich mit Schauspielern und Rappern. Bloß ging er mit ihnen alle 14 Tage mal frühstücken statt jedes Wochenende bis drei in der Nacht feiern. Er zeigte sich mal auf einer Filmpremiere, doch die meiste Zeit lag er zu Hause auf dem Sofa, in einem Einfamilienhaus in Dreieich, einem Frankfurter Vorort. 22-Jährige hätten gesagt: klare Spießergegend. In den ersten Monaten, als seine italienische Frau und der kleine Sohn noch in Mailand weilten, lud der Prince Marius oft zu sich nach Dreieich ein. Er hatte einen eigenen Koch angestellt. Der Cousin seiner Frau hatte in einem Restaurant gekocht, da war dem Prince die Idee gekommen: Der Junge konnte doch für dasselbe Geld für ihn und seine Familie kochen. Der Prince erzählte Marius nicht, wie wichtig gesunde Ernährung war, bei solchen Sprüchen hörte ein 22-Jähriger doch sowieso nicht hin. Der Prince zeigte ihm, wenn du richtig erfolgreich bist, kannst du dir einen Koch leisten. Den Rest dachte er sich nur: der dir dann gesunde Ernährung kocht.

»Sie kennen sicher diese Bilder von einer Entenkolonie«, sagt

Niko Kovac. »Die eine watschelt vorneweg, die anderen hinterher. So war das beim Prince und Marius. Das war super. Der Prince hat einige der Ideen eliminiert, auf die ein 22-jähriger Junge in einer großen Stadt sonst so kommt. Ich finde, dass er einen sehr, sehr großen Anteil an der Entwicklung von Marius hat.«

Entwicklung klingt nach einem stetigen, längeren Weg und deshalb bezogen auf Marius' Situation im Januar 2018 wie eine nette Untertreibung. In einem Tempo, in dem die Sonne Regen trocknet, ist er auf dem Fußballplatz ein gleichwertiger Spielpartner des Prince geworden.

Im Juli 2017 hatte Marius nach seiner Schulterverletzung gehofft, vielleicht könne er in einem Monat das erste Probespiel bestreiten. Drei Tage später stellte ihn Niko Kovac in einem Test gegen einen italienischen Erstligisten auf. Mit diesem Selbstverständnis brachte der Trainer Marius im Herbst 2017 zurück ins Bundesligateam.

Hannover 96, wiederaufgestiegen, war Mitte Oktober einer seiner ersten Gegner. Trainer Stendel und Sportdirektor Bader waren schon nicht mehr da, beide entlassen. Marius dachte trotzdem: Heute kriegen sie es.

»Ich wollte den Leuten einfach zeigen, dass sie mit mir einen Fehler gemacht hatten.«

Den Hannoveranern das Spielzentrum in deren eigener Spielhälfte mit fünf Mann verstellen, früh attackieren, bei Niko Kovac wurde die Marschroute für jedes Spiel im Training detailliert und gut begründet einstudiert, »das ist bislang der beste Trainer, den ich hatte«, dachte Marius. Schon spielte Hannovers Harnik, von den Frankfurtern im Zentrum eingekesselt, einen Fehlpass. Marius nahm den Ball auf und lief frontal auf Hannovers Innenverteidiger Sané zu. Er wollte, dass Sané ihn angriff. Komm nur raus, lockte ihn Marius, indem er direkt auf ihn zudribbelte. Als Sané ihm tatsächlich entschlossen entgegentrat, war der Raum in der Verteidigungslinie frei. Marius passte hinein. »In dem Moment, in dem sich der Pass von meinem Fuß löste, spürte ich es.« *Es*. Dass der butterweiche Steilpass genau richtig kam. Sébastien Haller nutzte ihn zum 0:1. Zehn Minuten waren erst gespielt. Jetzt kriegten sie es richtig.

Marius tobte sich aus. Laufen, laufen, wie er es liebte, das Gefühl, alles zu geben. »Ich teile mir nie die Kräfte ein. Ich gehe mit 100 Prozent in die erste Aktion und mache dann immer so weiter. Am Ende werde ich schon merken, ob ich bis zum Schlusspfiff durchhalte.« In Hannover war nach 68 Minuten Schluss. Zuvor hatte er noch ein Raunen von Dreiundvierzigtausend provoziert, als Hannovers Torwart Tschauner seinen rabiaten Weitschuss gerade noch wegboxte. Auffällig nennen Fußballreporter Leistungen wie jene von Marius.

Frankfurt gewann 2:1, und Marius saß richtig lange, bestimmt dreißig Minuten, in der Umkleidekabine – in der von Hannover 96, bei den alten Kollegen. Das Gefühl dieser Rückkehr musste er auskosten. Eine Woche später schoss er sein erstes Bundesligator, gegen Borussia Dortmund.

Er spielte, als müsse er Energie abstoßen. Lief regelmäßig die meisten Kilometer, die meisten Sprints in den Bundesligapartien, passte den Ball geistesblitzend, war eben hier und nun schon da. Aber wo kam dieser Junge her, der im Herbst 2017 einer der besseren Bundesligaspieler war?

Die Journalisten suchten nach Worten, um seinem Aufstieg gerecht zu werden. »Mann der Stunde«, titelte die *Deutsche Presse-Agentur* Ende Oktober 2017. »Mann der Woche«, schrieb die *Frankfurter Rundschau,* »Schnäppchen der Woche« die *Frankfurter Neue Presse.* »Der gute Wolf«, stand in Fettbuchstaben in der *Frankfurter Allgemeinen.* Der Fakt, dass er neun Monate zuvor ein vergessener Profi in der Regionalliga gewesen war, wirkte surreal.

Der Fußball hat kein Langzeitgedächtnis. Er sieht immer nur den Moment; in diesem Fall einen Jungen, der aus dem Nichts kam. Tatsächlich war Marius ein Talent, dem zwei Jahre zuvor sehr viele eine steile Bundesligakarriere zugetraut hatten und das nun nach einer einzigen Delle zurückkam. Welche Tiefe sein Abstieg und welche Höhe sein Wiederaufstieg in solch rasantem Wechsel erreicht hatten, war wirklich besonders. Interessanter war aber vielleicht die Analyse, wie wenig es brauchte, damit ein Talent abstürzte. Und wie viel zusammenkommen musste, damit es doch noch die Kurve bekam.

Wie wenig es zum Absturz brauchte. Ein Trainer mit anderen Ideen und eine Mannschaft im emotionalen Ungleichgewicht hatten genügt, Marius in Hannover von der Bahn zu drängen.

Und wie viel zum Durchbruch zusammenkommen musste. In Frankfurt fand er einen Trainer, der ohne Zweifel auf ihn setzte, einen großen Bruder, der ihn protegierte, sowie eine Mannschaft, deren Gemeinschaftsidentität gerade erst entstand und die deshalb extrem offen für neue Spieler war. Hinzu kamen ein paar glückliche Umstände in Marius' persönlicher Entwicklung wie seine Schulterverletzung. Das ist kein Schreibfehler. Die Verletzung erwies sich als große Hilfe.

Die Idee, dass ein schwerer Rückschlag zur Triebfeder für den folgenden Aufstieg dient, wird in der Sportberichterstattung oft klischeehaft bedient. In Wahrheit werden viele Sportler von dramatischen Verletzungen für immer zurückgeworfen oder zur langwierigen Stagnation gezwungen. Im speziellen und sicher nicht repräsentativen Fall von Marius aber radierte das Rehatraining nebenbei eine seiner Schwächen aus, die bis dahin nur mittelprächtig entwickelte Athletik. Er war mit 74 Kilo nach Frankfurt gekommen, der Strich, den Trainer Kovac in der Landschaft erblickte. Als er nach der Schulterverletzung erstmals wieder einen banalen Liegestütz versuchte, knickte sein Oberkörper einfach weg, sein Kinn landete unsanft auf der Yogamatte. Die Schulter trug den Körper noch nicht. Acht Wochen später erschien er mit 79 Kilo wieder auf dem Fußballplatz. Sein Körper war im täglichen stundenlangen Rehatraining nicht nur kräftiger, sondern vor allem stabiler geworden. Da war eine andere Spannung in den Muskeln, wenn er zum Sprint antrat. Der Fußballer, der einmal der zweitlangsamste in der U16 des 1. FC Nürnberg gewesen war, erreichte im Januar 2018 in den Bundesligaspielen Spitzengeschwindigkeiten von 33 km/h. Damit gehörte Marius vom reinen Tempo her zum oberen Drittel der Liga.

Er war kein Muskelprotz, sondern ein kräftiger Strich in der Landschaft geworden. Er entsprach, ohne dass es das Massenpublikum wahrnahm, damit dem neuen Idealtyp des Fußballers. Legte man Fotos von einem Profi aus dem Jahr 2000 und einem Kollegen von 2018 nebeneinander, konnte man glauben, Fußballer

Der Prince zeigte Marius, wo der Weg langging. [13]

seien geschrumpft. Die massiven Oberschenkel und die breiten Oberkörper (und der, nun ja, ausgeprägte Hintern) waren selten geworden. Die Muskeln moderner Profis waren fein definiert, ihre Körper waren zäh statt massiv. Das Spiel hatte sie verändert. Der Fußballsport war nicht nur immer schneller geworden, er kannte vor allem keine Pausen mehr. Der neue Fußballer musste demnach nicht nur extrem schnell sprinten können, sondern er musste in einem Spiel immer wieder aufs Neue lossprinten. »Von Natur aus ist das gar nicht so vielen Menschen gegeben«, sagt Niko Kovac, »schnell *und* ausdauernd zu sein.« Marius dagegen »hat der liebe Gott eine Muskulatur gegeben, die perfekt für den modernen Fußball ist. Er erholt sich nach einem Sprint extrem schnell und kann sofort wieder losjagen.« Am 21. Januar 2018 wurden für Marius im Spiel gegen den VfL Wolfsburg 42 Sprints registriert. Üblich waren für Außenbahnspieler in der Bundesliga 25 bis 30. Als Trainer sah Niko Kovac Marius zu, wie Kinoliebhaber Leonardo DiCaprio oder Kate Winslet bewundern. »Marius offenbarte bei all diesen Läufen eine Leichtigkeit. Es sah wunderbar ästhetisch aus.«

Am Tag nach der Filmpremiere im Metropolis macht es Marius wie der Prince. Er liegt nachmittags zu Hause auf dem Sofa. Nachdem sein Leihvertrag bei der Eintracht im Sommer 2017 um ein Jahr verlängert worden war, zog er vom *Lindner Hotel* in eine Wohnung in der Gerbermühlstraße um. Klingelschilder gibt es an dem Haus nicht. Man muss über eine elektronische Tastatur den Namen des Bewohners eingeben, dann erst erscheint die Klingelmöglichkeit. Wer den Namen des Bewohners nicht kennt, kommt nicht hinein, das ist die Idee dahinter. Der Aufzug hält direkt an der entsprechenden Wohnungstür. Marius hat die Wohnung über *immoscout* gefunden, ganz normal. Ein 150-Quadratmeter-Apartment in dem Block wird gerade für 2800 Euro im Monat zur Miete angeboten. Marius' Wohnung hat 165 Quadratmeter, dazu eine Terrasse mit Aussicht.

»Wolf, beruhig dich mal!«, sagte der Leuges, weil er fand, Marius gab das Geld zu leicht aus.

»Ich brauche das jetzt mal«, sagte der Wolf: eine elegante Wohnung mieten, Geld ausgeben. Es war auch wichtig, fand er, nicht immer nur zu sparen, sondern sich auch mal dafür zu belohnen, dass er sich den Vertrag eines richtigen Bundesligaspielers erkämpft hatte. Das Durchschnittsgehalt eines ganz gewöhnlichen Bundesligaprofis ist 2018 auf über eine Million Euro gestiegen.

Wenn nichts dramatisch schiefgeht, wird die Eintracht im Juli, nach der anderthalbjährigen Leihe von Hannover 96, Marius fest auslösen und mit einem Zwei-Jahres-Vertrag ausstatten. Das ist alles schon ausgehandelt. Es weiß nur keiner. Die Presse muss man im Dunkeln lassen, das gehört zum Spiel.

»Schau mal hier«, sagt Marius auf dem Sofa, am Tag nach der Filmpremiere, und kann das Lachen der Vorfreude nicht zurückhalten. Er drückt auf seinem Handy herum, und ein gigantischer Bart schiebt sich auf dem Bildschirm in den Vordergrund. Ein enormer, kantiger Kopf gehört dazu. »Fuck, Alta«, sagt der Bart, jedenfalls sieht es aus, als ob der Bart redet, nicht der Mund, »jetzt haben wir gestern echt vergessen, ein gemeinsames Foto zu machen, fuck. Alta, ich komme extra noch mal nach Frankfurt, um das nachzuholen.« Kida Khodr Ramadan, der in so vielen Filmen den Bösewicht so ausgezeichnet darstellt, verabschiedet sich auf seinem Whatsapp-Videogruß mit einem Kuss von Marius.

Veralbert der den Gangsta-Slang?

»Nee, der redet immer so.«

Über Prince hat Marius Kida kennengelernt. Die erste Staffel von *4 Blocks* mit Kida als Chef eines arabischen Familienclans in Berlin hat er sich postwendend angeschaut, war der Hammer. Also, er sagt »der Hammer«, aber Marius nimmt sich nicht heraus, Filme zu kritisieren. Er weiß doch vom Fußball, wie anmaßend es klingt, wenn Laien kritisieren. Er schaut einfach still für sich wahnsinnig gerne Filmserien. Die Gesten der Schauspieler, ihre Betonung, ihre Kleidung, er hat an so vielen Details seine Freude. Auf den Fußballreisen ist Zeit für viele Filmstaffeln. Im Sommertrainingslager der Eintracht vor einem halben Jahr war er mit einem neuen japanischen Spieler auf dem Zimmer eingeteilt, da machte jeder seinen Computer an, steckte die Kopfhörer in die Ohren und schaute seinen Film. Marius hatte damals nicht herausgefunden, wie der Japaner, sein neuer Mannschaftskamerad, heißt, Daichi Kamada oder Kamada Daichi, was war jetzt der Vorname? Der Japaner konnte es ihm nicht erklären, der konnte nur Japanisch. Dass er den Wecker auf 7.30 Uhr gestellt hatte, konnte der Daichi oder der Kamada Marius dann auch nicht mitteilen. Erschrocken von dem Klingeln fuhr Marius am nächsten Morgen hoch, hey hey, sie konnten doch bis halb neun schlafen! Nun gut, jetzt war es zu spät, jetzt war er schon wach.

Daichi heißt der Japaner mit Vornamen, weiß Marius mittlerweile. Zwei Jahre später wird es die halbe Fußballwelt wissen. Daichi Kamada, was für ein Spieler!

In der Mannschaft – eigentlich in jeder Mannschaft, in der er bislang spielte – gehört Marius zu denjenigen, die am meisten mit allen zu tun haben. Er mag es, dazuzugehören, Teil einer Gruppe zu sein. Er integriert sich auch spielend leicht. Wobei man in einer Profimannschaft mit Spielern aus 15 Ländern oft gar nicht so viel über den anderen erfährt.

Nach ein paar Wochen in der Gerbermühlstraße hatte Marius plötzlich den argentinischen Verteidiger der Eintracht David Abraham in die Tiefgarage fahren sehen.

Was machte der denn hier, fragte sich Marius.

»Ich wohne hier«, sagte ihm Abraham.

Hatte Marius gar nicht gewusst. Drei weitere Kollegen leben in der neu gebauten Anlage, stellte sich heraus, Alex Meier, Luka Jovic und Mijat Gacinovic. Von der Gerbermühlstraße aus, einer ziemlich befahrenen Ausfallstraße Richtung Offenbach, wirkt der Häuserblock unscheinbar. Nach hinten öffnet sich ein majestätischer Innenhof, und dann schließt sich gleich die Promenade am Main an.

Mit der Fraktion Gerbermühlstraße der Eintracht-Profis trifft er sich jetzt gelegentlich beim Italiener an der Ecke, *A casa di Tomilaia*. Öfters gehen sie ins Westend, wo sich die Stadt in all ihrer Pracht in den Glasscheiben der Bankentürme spiegelt. Im *Zenzakan* oder *Ivory Club* grüßen Buddhafiguren und Elefantenstatuen und samstagabends nach einem Heimsieg oft sieben, acht Eintracht-Spieler. Sie verabreden sich gar nicht, sie treffen sich einfach. Hradecky, der Torwart, de Guzmán, Willems, Seb Haller, der Prince natürlich und einige mehr. Die Presse zweifelt, wie ein Teamgedanke entstehen solle bei solch einer babylonischen Mannschaft aus aller Herren Länder. Aber die Idee, man müsse sich fließend miteinander unterhalten können, um ein Team zu sein, ist der falsche Gedanke. Für eine Profimannschaft gilt, was der hervorragende Althistoriker Mischa Meier über die Germanenstämme schrieb: »Wenn eine große Schlacht geschlagen wird, dann ist das für den Verband ein besonderer Moment, der Identität stiftet.« Ein tragender Teamgedanke entsteht, wenn Fußballspieler sich gemeinsam in furiosen, glorreichen Schlachten bewähren. In dem Punkt ist Eintracht Frankfurt im Januar 2018 weiter als fast alle anderen Bundesligisten. Sie fühlen sich wie der aufsässige Stamm, der die Herrschenden wild und unerschrocken attackiert.

Trainer Kovac hat diese Identität forciert. Er setzte dem Team kein technisches Ziel wie »wir wollen Achter in der Liga werden«, sondern formulierte: »Wir wollten das athletisch stärkste Team der Liga sein.« Das schuf eine fabelhafte Arbeitskultur im Training, denn jedem war klar, für dieses Ziel mussten sie körperlich hart arbeiten. Mehr Einsatz zeigen, hartnäckiger sein als der Gegner, wurde zur Leitkultur. Mit den ersten großen Schlachtenerfolgen, dem Heranpirschen an die vorderen Tabellenplätze und dem Einzug ins DFB-Pokalfinale 2017 verinnerlichten die Spieler die Identität. Sie waren Atlético Frankfurt.

Nüchtern betrachtet war Eintracht Frankfurt ein deutscher Mittelklasseklub, der sich auf Platz 7 der Bundesliga vorgekämpft hatte. Die Leute aber drängten ins Stadion. Jedes Spiel war mit 50 000 Zuschauern praktisch ausverkauft, für die Business-Logen bildete sich eine Warteliste, und wann immer Sportvorstand Fredi Bobic in Frankfurt an der Ampel stand, sah er auf einem Autoheck vor ihm den Eintracht-Adler kleben. Nach Jahren der Stagnation berauschten sich die Zuschauer an der Wir-geben-niemals-auf-Mentalität der Mannschaft, und die Mannschaft berauschte sich am Feuer der Zuschauer. In Frankfurt, sagte mir der Sportdirektor des Konkurrenten Mainz 05, Rouven Schröder, säßen selbst auf der Haupttribüne mehr Verrückte als andernorts im Fanblock. Ich fand, er klang ein klein wenig sehnsüchtig.

Drei Monate nach seinem ersten auffälligen Bundesligaspiel gegen Hannover ist Marius ein Prototyp dieser Eintracht. Der, der sich verausgabt. Er spielt immer und stets bis zur letzten Sekunde jeden Spiels. Er ist ein vollwertiger Bundesligaspieler. »Ich sehe mich jetzt als Erstligaspieler, das auf jeden Fall. In der Bundesliga zu spielen ist jedes Mal aufs Neue sensationell, aber es ist auch Alltag geworden. Ich bin angekommen.«

Während wir reden, ist es Abend geworden in Frankfurt. Marius hat noch etwas vor. Ein Friseurtermin.

Was will der denn noch schneiden, der Undercut wirkt sauber ausrasiert. Ja, ein bisschen nachschneiden muss man immer, findet Marius, und möglicherweise ist das Schneiden auch gar nicht das Wichtigste, sondern sein neuer Status. Der Friseur kommt jetzt zu ihm nach Hause.

Foti hat zu Hause sein altes Kinderzimmer zurück. Die Familie seines Onkels aus Griechenland ist ausgezogen, nach einem Jahr in Deutschland stehen sie so weit auf eigenen Füßen, dass sie eine eigene Wohnung beziehen konnten, in Stopfenheim.

Normalerweise würde er jetzt noch schlafen in seinem zurückgewonnenen eigenen Zimmer, sagt Foti an einem Mittwochmorgen um 9.45 Uhr. Am Vorabend hat er mit Seligenporten in der Regionalliga gegen Schweinfurt gespielt, und am Tag nach Wettkämpfen ist sein vorrangiges Ziel, so lange zu schlafen, bis es nicht mehr geht. Wie lange ruht er da in der Regel? »Da gibt es bei mir kein Limit. Ich kann bis 14 Uhr schlafen.« Larissa, seine neue Freundin aus München, hat sich schon beschwert. Sie komme seinetwegen am Wochenende nach Weißenburg, und dann verschlafe er den halben Sonntag. Sie wolle doch mit ihm zum See oder gemeinsam von der Wülzburg auf Weißenburg hinunterschauen! »Aber das hat sich auch schon geändert«, sagt Foti und zeigt sein unwiderstehliches Lachen. »Jetzt schläft sie an Tagen nach meinen Spielen meistens selbst bis zwölf, wenn sie bei mir ist.«

Mein Besuch aber hat ihn aus dieser Schlafroutine gerissen. Er bittet mich, hinten im Kleinbus seines Vaters einzusteigen. Die Beifahrertür lässt sich nicht mehr öffnen. Die gesamte Flanke des Wagens ist von einem breiten Riss gezeichnet. Der Bruder schlief samstagnachts um halb vier auf dem Rückweg von einer Tanznacht in Nürnberg bei Tempo 100 am Steuer ein. Er blieb unverletzt. Eine Leitplanke fing das Auto auf.

Foti hat etwas mitgebracht. Einen säuberlich in Klarsichtfolie gesteckten Computerausdruck sowie einen kleinen zusammengefalteten Zettel. Zu dem Zettel später, erst will er das Dokument aus der Klarsichtfolie vorzeigen. Sein Bewerbungsschreiben. Er hat sich bei einem Dutzend Firmen für eine Ausbildung als Versicherungskaufmann beworben.

»Hier habe ich zum Beispiel geschrieben«, sagt Foti und sucht die Formulierung in dem Bewerbungsbogen, auf die er besonders stolz ist: »Teamfähigkeit, Belastbarkeit und Disziplin sind weitere Eigenschaften, welche ich in meinen 14 Jahren im Teamsport Fußball erlernen konnte. Zu meinen Erfolgen gehört die Deutsche Meisterschaft 2014 mit der Bayern-Auswahl, wodurch ich anschließend in der deutschen Jugend-Nationalmannschaft mitwirken durfte.« Da habe er halt ein bisschen übertrieben, sagt Foti, aber nur ein bisschen, es sei ja nur ein Nationalmannschaftslehrgang gewesen.

Die Bewerbung ist prägnant formuliert und formal exzellent aufgesetzt. Wo hat er das abgeschrieben?

»Nein, nein! Ich habe das wirklich alles selbst formuliert. Ich habe echt lange dafür gebraucht, weil ich halt auch viel mit Fußball reinbringen wollte.«

Na ja, also, Larissas alte Bewerbungen habe er sich vorher natürlich schon mal angeschaut.

Sie arbeitet schon, bei einem Kosmetikhersteller. Ihr Gesicht schminkt sie blass zum blonden Haar.

Foti hat Versicherungskaufmann ausgewählt, weil es einer der wenigen Berufe ist, die seiner Meinung nach ähnlich funktionieren wie der Fußball: Er bietet grenzenlose Aufstiegsmöglichkeiten. Jedenfalls theoretisch. Foti will keinen Beruf ergreifen, in dem man jeden Monat dasselbe Gehalt erhält, egal, wie sehr man sich anstrengt. Er brauche die Vision, dass er mit seinem Einsatz und seinem Talent sich selbst etwas erarbeiten könne, so wie eben im Fußball. Auch wenn es im Fußball nicht geklappt hat.

Als Außendienstler in der Versicherungsbranche arbeite man auf Provision, da liege es nur an einem selbst, an seinem Fleiß und seiner Umtriebigkeit, ob man 2000 oder 15 000 Euro im Monat einstreiche. Er hat sich dazu bei einem Mitspieler in Seligenporten erkundigt, der in der Branche arbeitet, »einen Nachmittag lang haben wir nur über Versicherungen geredet, nicht mal fünf Minuten über Fußball«. Das mache er, stand danach für Foti fest.

Es ist April 2018, der neue Ausbildungsturnus beginnt nach dem Sommer. Foti wird es dann zweieinhalb Jahre als Vollzeitfußballer versucht haben, ein halbes Jahr in der U21 von 1860 München nach dem Schulabbruch, das halbe Jahr in Nordhausen und mittlerweile anderthalb Jahre beim SV Seligenporten. Der Realismus hat ihn eingeholt. Er wird es nicht mehr zum Profi schaffen. Und gleichzeitig, parallel zu diesem Wissen und zu seinen Bewerbungen, träumt er weiter vom Profifußball. »Wenn ich jetzt in den letzten Saisonspielen meine Tore und Vorlagen mache, kommen vielleicht noch die Angebote von kleineren Profivereinen.«

Ob die dann aber nicht auch nachschauen würden, was er in den ersten 33 Spielen der Saison gemacht hat? Zwei Tore und zwei Torvorlagen.

»Foti besitzt zweifelsohne Möglichkeiten, gerade im Dribbling«, sagt sein Trainer in Seligenporten, Roger Prinzen, »aber, wie soll ich das sagen … Wo will er hin mit dem Dribbling? Und: Weiß er, wie er dahin kommt? Das ist bei ihm nicht immer zu erkennen. In Stresssituationen geht sein Kopf nach unten, und dann rennt er voll in zwei, drei Gegner rein, statt den freien Raum zu sehen.«

Na ja, relativierte Prinzen für sich selbst, perfekte Spieler landeten auch nicht in Seligenporten.

Foti passte im Frühling 2018 ziemlich gut nach Seligenporten, zum Tabellenvorletzten der Regionalliga Bayern. Er war Stammspieler, das war durchaus eine Errungenschaft mit 21, eine etablierte Kraft in der vierten Liga. Er ließ die Zuschauer jedoch nur sporadisch auf die Idee kommen, er sei zu etwas Besserem berufen.

Der Trainer bemühte sich, den Standard der Nachwuchsleistungszentren nach Seligenporten zu bringen. Roger Prinzen hatte die Trainingsfrequenz auf viermal die Woche gesteigert und Yogaunterricht eingeführt. Er kannte eine recht qualifizierte Yogalehrerin. Seine Frau. Foti lernte Yogastellungen wie *Der friedliche Krieger* und von Prinzen, bei der Ballannahme mit dem Gegner im Rücken seinen Po effektiver als Prellbock einzusetzen. Aber sie wurden immer wieder von der Erkenntnis eingeholt, wie weit sie in Seligenporten vom Profifußball entfernt waren. Beim Auswärtsspiel in Bayreuth stellten sie fest, dass niemand die Trikots eingepackt hatte. In Fürth standen sie in der Halbzeitpause erst einmal Minuten vor der verschlossenen Umkleidekabine, weil niemand wusste, wer den Schlüssel hatte. Ihr Ersatzstürmer hatte ihn eingesteckt und wärmte sich, ohne daran zu denken, emsig draußen auf dem Rasen auf.

Er höre sich natürlich weiter für ihn um, sagte sein Berater zu Foti. Gleichwohl hatte Thomas Ziemer einen Rat für ihn: »Deine Priorität muss es sein, einen Ausbildungsplatz zu finden. Dann versuchen wir, dir parallel dazu weiterhin irgendwo Regionalligafußball zu ermöglichen.«

Was aber war das Leben ohne Träumen? In seiner Fantasie sah Foti immer eine tolle Zukunft vor sich. Das war doch eigentlich mit das Schönste im Leben: zu träumen. Kaum ein Feld eignete sich dazu so perfekt wie der Fußball. Sah man nicht bei Marius, wie schnell es nach oben ging? Foti holt den kleinen, zusammengefalteten Zettel hervor, den er ins *Café Herzog* mitgebracht hat. »Wollen Sie kurz rüberkommen und schauen?«, fragt er.

Er ruft auf seinem Handy die Webseite *scouting.dieligen* auf. Da lassen sich alle Regionalligapartien betrachten. Über einen Mitspieler hat sich Foti heimlich den Zugangscode des Trainers besorgt. Der weiß gar nichts davon. Foti ruft das Spiel der U21 des 1. FC Nürnberg gegen Seligenporten vom März 2018 auf und schaut auf den kleinen Zettel. Dort hat er sich fünf auffällige Spielszenen von ihm samt Minutenangabe notiert, damit er sie schnell im Video findet, wenn er sie Freunden vorführen will. Denn eines ist geblieben: Gegen Nürnberg dreht er immer auf.

In der 14. Minute geht es los, Einwurf Nürnberg. Wo ist er da überhaupt, die Spieler sind nur Punkte auf dem Handybildschirm. »Ganz links«, sagt er. »Jetzt. Jetzt entsteht die Situation.« Er kommentiert die Szene, von der ich praktisch nichts erkenne, komplett durch. »Rafa gewinnt den Ball, Mittelfeld, rechter Flügel jetzt, spielt den Ball mit der Hacke durch, zu Stani, der Pass kommt, scharf, flach in die Mitte, ich nehme ihn einmal mit und schieße – bin zu nah am Torwart. Hätte direkt schießen müssen. Dachte, ich hätte Zeit.« Er spult das Video zurück und studiert die Aktion noch einmal. »Ich hatte eigentlich Zeit. Ich war bloß auf gleicher Höhe mit Stani, deswegen war der Ball schlecht anzunehmen. Eigentlich habe ich ihn gut mitgenommen. Oder, Moment!« Noch mal ein Stopp und von vorne. »Der Ball ruht nach meiner Annahme! Vielleicht war das das Problem.« Foti ist ganz und gar in der Spielszene versunken. Eigentlich möchte er noch immer nichts anderes, als sich mit Fußball zu beschäftigen. Ich sitze neben ihm. Aber ich glaube, mich hat er gerade vergessen.

19

2018 geht weiter

Arbeitslosengeld und ein paar Millionen Euro

Von den sechs Stühlen an Marius' Esstisch sind zwei als Stammplätze gekennzeichnet. Über eine Stuhllehne ist ein Trikot von Eintracht Frankfurt gespannt, Rückennummer 27. Über der gegenüberliegenden Lehne hängt das Jersey des SV Pullach, Nummer 20. Der Wolf und der Leuges wollten dem Raum ein bisschen Fußballambiente verleihen, als sie hier letztens Bundesliga schauten.

In Frankfurt ist der Leuges schnell, mehr als drei Stunden sind es nicht von München. Da lohnt es sich schon, für anderthalb Tage zu kommen. Vom Studium her ist der Leuges gerade sowieso flexibel. Das mit dem Bauingenieurswesen hat er gelassen. »Es war halt gar nicht meins und schwer – eine schlechte Kombi.« Sportmanagement will er jetzt mal probieren.

In Frankfurt nimmt ihn der Wolf mit zum Abendessen mit dem Prince und Kida Khodr Ramadan im *Zenzakan*, »so ein Restaurant, wo du drauf achten musst, wie du die Gabel hältst«. Der Leuges hätte es nicht gebraucht. Doch er schätzte es schon, dass der Wolf ihn bei solchen Weltklassemännern wie dem Prince und Kida einfach mitbrachte und sagte: Das ist mein Freund.

Sie liebten es, wenn der Prince erzählte. Er werde den Moment nie vergessen, begann der Prince, wie er im Sommer 2010 beim AC Mailand zum ersten Mal die leere Umkleidekabine betrat. Langsam glitt sein Blick von Name zu Name auf den Spinden. Ibrahimovic. Ronaldinho. Pirlo. Seedorf. Gattuso. Inzaghi, Nesta, Thiago Silva. »Ich habe meinen Bruder angerufen und ihm gesagt: Hier spiele ich keine Minute.« Aber dann habe er begriffen, dass es für ihn, den begnadeten Ballstreichler, in dieser Elf eine Lücke, eine Rolle gab. Die des unermüdlichen Kämpfers im Mittelfeld. So wurde der Prince zur Kultfigur des Mailänder Meisterteams. Der, der sich für nichts zu schade war.

Natürlich erzählte der Prince solche Geschichten nicht nur, um sie zu unterhalten, dachte sich der Leuges: »Der hat dem Wolf immer schön eine Botschaft mitgegeben. Wolf, halt dich nie für den Größten. Wolf, reiß dich jetzt am Riemen. Der Prince war für den Wolf Gold wert.«

Wenn der Leuges zu Besuch ist, geht er mit Marius gerne am Main spazieren. Marius mag den Fluss. Von der trägen Strömung geht eine beruhigende Wirkung aus, und wenn sie vom Ufer dann hoch zu den Wolkenkratzern auf der anderen Seite schauen, fühlt Marius die Größe der Stadt. Dann spürt er, es ist seine Stadt. »Oder wenn du mit dem Auto über eine der vielen Brücken fährst und auf das Panorama der Stadt schaust«, sagt er. »Es sieht immer anders aus.« Mal geht die Sonne hinter der Skyline unter, mal leuchten die Lichter der Nacht. »Letztens verschwand die halbe Skyline im Nebel. Da erinnerte ich mich an das Empire State Building in New York: Dort war ich oben, und die Wolken waren unter mir. Ich war über den Wolken. Wenn ich den Main und die Skyline sehe, gibt mir das ein ähnliches Gefühl: Es ist cool, hier zu sein.«

Der Leuges wollte mal testen, wie viel dem Wolf diese coole Stadt wert war. »Wolf, wenn dir die Eintracht zwei Millionen pro Saison bietet und ein Verein aus England gibt dir acht, was machst du dann?«

Damian saß dabei in Marius' Wohnzimmer und dachte sich: Jeder, der so eine Frage stellt, ist darauf aus, als Antwort zu hören: Da muss ich doch nach England gehen.

»Na, bei so einem Angebot wäre England schon verlockend«, antwortete Marius denn auch.

»Was?«, rief der Leuges, »das kann nicht dein Ernst sein! Was hier gerade abgeht, da musst du doch einen Fünf-Jahres-Vertrag bei Frankfurt unterschreiben! Also, ich würde immer hierbleiben.«

Der Leuges meinte das ernst, stellte Damian verblüfft fest. Der war so. Der Leuges war ein superlustiger Typ, sie verstanden sich auch richtig gut, fand Damian, aber seine Beziehung zu Marius war doch eine andere. Mit dem Leuges ging es immer darum, eine gute Zeit zu haben. Er dagegen ging mit Marius auch die ernsten, die tiefen Themen an.

Damian war in der Gerbermühlstraße mit eingezogen, ohne dass dies explizit ausgesprochen worden war. Es schien einfach logisch. Er flog eigentlich nicht mehr zu der Eventagentur nach Istanbul. Ob es dort weniger Arbeit gab, oder ob er für nicht gut genug befunden worden war, war nicht herauszuhören. Damian studierte auf Sparflamme und schaute sich nicht nach einem neuen Job um. Er war vollauf damit beschäftigt, Marius' Freund zu sein.

Mit Nicole war es vorbei; diesmal richtig, sagte Marius. War schon in Ordnung, fügte er an. Das hieß: Er wollte nicht darüber reden. Stattdessen lud er ein Lied von Drake als Klingelmelodie auf sein Handy herunter. Das sagte alles, was zu Trennungsschmerz und dem Trotz danach zu sagen war. *I only love my bed and my mama*, sang Drake.

Damian lebte Marius' Leben mit. Er wurde Vertrauensperson, Cheerleader und Alltagsmanager in allen Situationen rund um Marius' Karriere – und es ging im Frühjahr 2018 in ihrem Leben als Bundesligaprofi und Bundesligaprofifreund eigentlich um nichts anderes mehr als das, was gut für seine Fußballkarriere war. Damian achtete darauf, dass Marius abends etwas Ordentliches aß. Er animierte ihn, die Kompressionsstrümpfe wirklich zu tragen, die von *incrediwear*, die trugen auch viele Basketballstars aus der NBA. Damian »machte die Post«. Was war da zu tun? »Mal die Gebühr für einen Strafzettel überweisen.«

Alle waren froh, dass Damian da war, die Eltern, die Berater, die Schwester, der Leuges, auch ich. Es war offensichtlich, dass Damian Marius Halt gab. »Hört sich wahrscheinlich komisch an, dass da einer einfach von Hannover nach Frankfurt mitzieht«, sagt der Leuges, »aber ich weiß, für den Wolf ist das wichtig, dass da einer dabei ist. Ich zum Beispiel könnte mich zu Hause auch einfach hinhocken und alleine fernschauen. Aber der Wolf? Keine Chance. Der braucht enge Freunde.«

Damian war der Profifreund. »Das Einzige, was ich noch nicht schaffe, ist, ihn davon abzuhalten, an zwei freien Tagen gleich wieder nach München zu fahren«, sagte Damian und klang darüber regelrecht verzweifelt. München war sein Horrorwort. Da ging Marius sicher wieder aus, das war schlecht für die Regeneration, sorgte sich Damian.

Ich sorgte mich eher um ihn. Ich verstand die Faszination, die Marius' Fußballkarriere auf ihn ausübte. Aber er vergaß dabei sein eigenes Leben. Irgendwann würde Marius vermutlich eine neue Freundin, eine andere Vertrauensperson finden, oder Damian und er würden sich über irgendeine Nichtigkeit verkrachen. Dann hätte Damian Jahre seines Lebens verloren, ohne etwas für seinen eigenen Weg zu tun.

Der Prince teilte meine Skepsis über diese Art des Freundseins, allerdings aus einem anderen Grund. »Am Anfang war ich skeptisch bei Damian«, sagte er. »Wenn du 20 bist und Fußballprofi, ist es schwierig zu spüren, wer ist eigentlich mein wirklicher Freund?« Und wer sucht nur meine Nähe, um vom Glitzer und dem Geld etwas abzusaugen? »Da bin ich mehr als einmal enttäuscht worden«, sagte der Prince. »Aber Damian ist gut für Marius. Sehr intelligent. Wenn ich mit 20 so einen an meiner Seite gehabt hätte, hätte ich mir viel erspart.«

Damian dachte, zum Training von Marius komme er auch mal mit. Marius hatte einen Termin mit einem privaten Athletiktrainer. Seine Beratungsagentur hatte ihm das zusätzliche Körpertraining empfohlen, nachdem ihn die Reha so weit nach vorne gebracht hatte. Damian dachte, er könne sich vielleicht ein paar Übungen abschauen. Der Athletiktrainer Yannick Obenauer ließ ihn das gleiche Programm wie Marius absolvieren. Ein Zirkeltraining, hohe Belastungen, kurze Pausen. Nach circa 30 Minuten meldete Damian, er müsse mal kurz auf Toilette.

»Mir war schwarz vor den Augen.« Er setzte sich auf die Toilette, bis er meinte, er könne sich wieder auf den Beinen halten.

Fortan beließen sie es bei der gewohnten Rollenverteilung: Marius trainierte, und Damian animierte ihn dazu.

Bei der Eintracht sagte Marius niemandem etwas von dem Zusatztraining. Die Athletiktrainer der Bundesligaklubs wurden immer gleich hysterisch, wenn ein Profi externe Experten zu Rat zog. Dabei war unverkennbar, wie gut das Extratraining Marius tat.

Yannick Obenauer hatte zuvor als Athletiktrainer bei der TSG Hoffenheim selbst mit Bundesligaprofis gearbeitet, ebenso wie mit dem Triathlon-Olympiasieger Jan Frodeno. Jede Woche ein- bis zweimal mietete Marius einen leeren Raum in einer der alten Industriehallen des Frankfurter Ostens. Früher hätte man Turnhalle dazu gesagt, heute nannte es sich *CrossFit-Box*. Yannick ließ ihn nicht mit den typischen Kraftmaschinen der Fitnessstudios arbeiten, der neue Fußballmensch brauchte keinen bloßen Muskelzuwachs, der ganze Körper musste bloß zäher, stabiler, agiler werden. Yannick gab Marius eine *kettle-bell* in die Hände, eine zwanzig Kilo schwere Eisenglocke mit Griff, die musste Marius statisch vor der Brust halten, auf einen Kasten steigen, und dann den Körper mit dem Gewicht vor der Brust explosiv strecken, ganz strecken, darum ging es, die Körperstreckung, die Körperspannung erhöhen, die Spritzigkeit herauskitzeln.

Marius wurde im Frühling 2018 zum selbstständigen Unternehmer in Sachen Profifußball. Er beschäftigte mit seinem Geld den privaten Athletiktrainer, einen Chiropraktiker und einen Physiotherapeuten. Der Chiropraktiker Jens Freimuth kämpfte gegen ein Ziehen in der Wade, schwere Oberschenkel, allgemeine Müdigkeit, gegen jede Art von Überlastung, die Bundesligapartien mit sich bringen. Seine Techniken nannten sich Thompson Terminal Point oder Flexion-Distraktion COX, da kam Marius an einen Punkt, an dem er es aufgab, verstehen zu wollen, was der Chiropraktiker genau machte. Er spürte nur, wie er wirkte. Harte Waden zum Beispiel waren selten geworden. Zu Ralph Frank, dem Physiotherapeuten, der sich Bio-Statiker nannte, flog er praktisch jeden Montag nach München, damit der ihm sein Becken wieder einrenkte. Er hatte von Natur aus ein schiefes Becken, das sich bei Extrembelastung nach vorne schob.

»Ich denke, so gewissenhaft wie Marius arbeiten allenfalls fünf Prozent der Bundesligaprofis«, sagt Damian im März 2018.

»Weil die anderen mit ihrem Status zufrieden sind und gar nicht mehr wollen«, sagt Marius.

»Weil sie nie gelernt haben, selbstständig über Trainingslehre nachzudenken«, sagt Damian.

Abends, wenn sie fernsehen, schließt Marius seine Beine an ein

Gerät zur Elektrotherapie an. Das hat er sich gekauft. Nicht, weil er verletzt wäre. Die Elektrotherapie soll die Muskeln lockern und den Stoffwechsel anregen. Es ist quasi eine Massage beim Fernsehschauen.

Er kann gar nicht anders als glauben, dass all dieser Aufwand Erfolg bringt. War Marius' jäher Aufstieg zum ganz normalen Bundesligaspieler im Herbst 2017 schon spektakulär, so lässt sich seine Fortentwicklung im Frühling 2018 nur noch mit offenem Mund verfolgen. Der Leuges sagt es so: »Der Wolf fliegt durch die Decke.«

Fußballprofis spielen jede Woche 90 Minuten, und doch bleibt dem Publikum von sehr vielen Spielern oftmals ein einziger Augenblick in Erinnerung. Dieser eine Moment scheint ihre Leistung oder ihr Wesen auf den Punkt zu bringen. Für Marius kam der Augenblick am 10. Februar 2018 gegen 16.55 Uhr, in der 68. Spielminute des Heimspiels gegen den 1. FC Köln. Aus dem zentralen Mittelfeld heraus spielte er mit Außenrist einen Pass über 30 Meter. Das traut sich nur ein Fußballer, der gerade glaubt, es gebe nichts, was nicht möglich wäre. Der Pass bringt Frankfurts Danny da Costa auf dem rechten Flügel in eine gute Flankenposition. Marius könnte sich zurücklehnen und betrachten, wie sich sein Meisterwerk entfaltet. Aber er hat etwas gesehen.

Fußballintelligenz bedeutet, instinktiv Spielszenen zu sehen, die es noch gar nicht gibt. Die durch geistesgegenwärtiges Handeln gleich entstehen könnten. Sein Geistesblitz reißt den Körper explosionsartig los. Er rennt geradewegs dem Kölner Tor entgegen.

Da Costa vertrödelt bewusst ein paar Momente, damit ein, zwei Kollegen in den Angriff nachrücken können. In der Zeit, in der da Costa mit drei Schritten und zwei Ballberührungen das Spiel anhält, überwindet Marius 30 Meter. Er schneidet innen da Costas mögliche Passpur, bekommt den Ball, legt ihn sich – schon wieder mit Außenrist – nach außen, weg von Kölns Heintz, holt aus und zielt, wie bei Michael Bischoff in der U16 gelernt, durch die Beine des Verteidigers. Der Schuss zischt. Kurz vor dem Tor setzt der Ball auf, so wird der Schuss für den Torwart noch unberechenbarer. Er schlägt im entfernten Toreck ein, hart, unhaltbar.

So agiert ein Nationalspieler. Der Prince hatte schon im Herbst davon geredet. Nach einem Mannschaftstraining war er zu Marius in die Umkleidekabine gekommen und hatte gesagt: »Uijuju, jetzt habe ich einen rausgehauen.«

Er hatte den Frankfurter Journalisten gesagt: »Wenn der Marius kein Nationalspieler wird, höre ich auf mit dem Fußball.«

Das klang wie ein netter Spruch unter Brüdern ohne Basis. »Das hat der Prince strategisch gesagt«, glaubte Damian dagegen damals schon zu wissen. »Er wollte Marius in den Fokus rücken. Damals wurde über die Aussage gelächelt. Aber sie blieb in den Hinterköpfen, und nun, da Marius durchstartet, verbinden ihn die Journalisten und wahrscheinlich auch der Bundestrainer eher mit der Nationalelf, denn die Verknüpfung hat der Prince in die Welt gesetzt: Wolf, Nationalelf, da war doch was.«

Niko schaffte es nicht mehr hinzuschauen, was Marius und die Eintracht gegen Schalke 04 boten. Zur Halbzeit des DFB-Pokalhalbfinales am 18. April 2018 schaltete er den Fernseher aus und schlief sofort ein, um 21.30 Uhr. Er konnte nicht sagen, warum er so müde war, vielleicht lag es an den vielen neuen Eindrücken des Tages oder an der langen Autofahrt. Es waren doch dreieinhalb Stunden von Stopfenheim nach Homburg an der Saar gewesen.

Das Hotelzimmer war komfortabel, a weng alt vielleicht, aber darüber würde er sich gewiss nicht beschweren. Hatte jemand außerhalb seiner Familie überhaupt schon mal gehört, dass sich Niko beschwerte?

Früher hatten im *Schlossberg-Hotel* oft Bundesligateams übernachtet, bevor sie beim FC Homburg oder auch beim 1. FC Kaiserslautern antraten. Das hatte ihm der Assistenztrainer am Mittag erzählt, als er Niko die Stadt zeigte. Doch, Homburg war einmal in der Bundesliga gewesen, angeblich, zehn Jahre vor Nikos Geburt. Im April 2018 liefen vor dem Training in der Umkleidekabine Mallorca-Lieder, weil die Mannschaft sich über ihren Aufstieg von der Amateur-Oberliga in die Regionalliga freute. Aber Niko wollte sich jetzt einfach mal über gar nichts Gedanken machen, sondern nur sein dreitägiges Probetraining so gut wie möglich bestreiten. Dann würde man weitersehen.

Foti, nicht Niko, hatte schon seit Längerem immer mal wieder von Homburg erzählt. Der Klub sei eine äußerst interessante Option. »Da gibt es ein gutes Geld.« Die hatten halt einen krassen Sponsor, hatte Foti von seinem Berater gehört, einen Naturheilmittelhersteller. Mit Einschlafsprays und Nachtkerzencremes ließ sich heutzutage offenbar ein Vermögen verdienen. Der FC Homburg hatte in der laufenden Saison als einziger Verein Deutschlands sogar in der fünften Liga eine Profielf ins Rennen geschickt und entsprechend 31 von 32 Spielen der Amateur-Oberliga gewonnen, bis der Aufstieg feststand. Nach seinen ersten Eindrücken beim Training würde Niko sagen, die Elf war eindeutig besser als die U21 in Ingolstadt, die würde nächste Saison auch in der Regionalliga sofort an der Spitze mitmischen. Der Aufstieg in die dritte Liga war das erklärte Ziel. Foti hätte gern einmal in Homburg vorgespielt. Der Verein hatte Niko eingeladen.

Petra Steinhöfer war erleichtert, dass sie die Möglichkeit für Niko arrangieren konnte. Wegen dieser Idee der Ingolstädter Akademieleitung, die jüngeren Jahrgänge in der Rückrunde zwangsweise einzusetzen, ließen sich kaum noch verlässliche Termine finden, an denen die Scouts der Dritt- oder Zweitligisten Niko beobachten konnten. Niko wusste bis zum letzten Moment nie, spielte er oder wurde wieder ein Jüngerer zwangsaufgestellt, nahm ihm wieder einer der Profis den Platz weg? In den ersten drei Partien nach der Winterpause hatte der Trainer ihn noch gegen die Anweisung von oben spielen lassen. »Ich musste mich dann jedes Mal rechtfertigen«, sagt Ersin Demir. »Das konnte ich nicht immer machen.« Nikos Form litt unverkennbar unter dem sprunghaften Herumgeschiebe, mal rein, mal raus aus dem Team. In Homburg konnte er sich jetzt einfach mal drei Tage lang frei von jeglichen Einschränkungen präsentieren, dachte Petra Steinhöfer.

»Ich habe es der Petra nicht gesagt«, sagte Niko, »aber ich weiß nicht, ob ich zu so einem Verein überhaupt wechseln sollte.«

Er hatte doch einen klaren Entschluss gefasst. Entweder fand er einen Verein in der dritten Liga, der ihm die Perspektive bot, in zwei, drei Jahren mit dem Profifußball 4000 Euro brutto oder mehr im Monat zu verdienen. Oder er ließ es bleiben und begann eine Ausbildung. Aber er wusste nicht einmal, welche Ausbildung ihn interessieren würde. Dann konnte er es auch einfach mal in Homburg probieren.

Wir sind Malle, wir sind Malle, wir sind Malle, hier sind nur geile Leute, dröhnte es durch die Umkleidekabine. Die Musik entsprach nicht gerade Nikos Stimmung. Er wollte sich hier doch hoch konzentriert und entschlossen in Bestform präsentieren. *Hier sind wir nie alleine, und heute sind wir alle Single, wir sind Malle, wir sind geil!*

»Hey!«, rief einer der älteren Spieler über die Musik hinweg dem Jungen neben Niko zu. »Hol mal mein Aufladekabel aus dem Auto!« Er warf dem Jungen seinen Autoschlüssel zu.

Der Ältere, der offenbar Patrick Dulleck hieß, schoss die Tore für den FC Homburg. Der Junge war schmächtig, nicht mal 1,80 Meter groß. Er ging tatsächlich hinaus, das Handykabel zu holen.

Niko versuchte so zu tun, als wäre alles normal.

Er spürte den Instinkt, den Jungen zu verteidigen, und die Ohnmacht, nichts tun zu können, als 21-jähriger Gastspieler.

Niko hatte den Fußball bislang nur in Nachwuchsleistungszentren kennengelernt, in Mannschaften mit Gleichaltrigen und mehr oder weniger vernünftigen, kontrollierten Umgangsformen. Die Demütigungen von Trainer Radoki hatten eine Ausnahme dargestellt. Die Nachwuchsakademien waren ein Biotop, geschützt vor den Rohheiten des alten Fußballs, ging Niko in Homburg auf.

Den Namen des Jungen, der wie ein Diener das Handykabel holen musste, hatte sich Niko nicht gemerkt. »Der 98er aus Saarbrücken« nannte er ihn nur für sich, denn den Jahrgang und die ursprüngliche Jugend-Bundesligamannschaft des Jungen hatte er nach ihrem kurzen Gespräch selbstverständlich im Kopf behalten. Als ich seinen Namen im Internet suche, finde ich auch seine Geschichte: Philipp Wunn, der 98er aus Saarbrücken, hatte als Achtjähriger innerhalb von zwei Wochen seine Eltern durch Krankheit und einen Unfall verloren.

Der Junge kehrte nach dem Training 20 Minuten nach allen anderen in die Umkleidekabine zurück, fiel Niko am nächsten Tag auf. Die anderen hatten den 98er aus Saarbrücken ganz alleine das gesamte Material aufräumen lassen, die Trinkflaschen, Markierungshütchen, Mini-Tore, Fußbälle. Ob ich hier Lust hätte, jeden Tag zum Training zu gehen, fragte sich Niko.

»Diese Älteren … So etwas habe ich noch nicht erlebt.«

Was meint er mit Älteren?

»Ja, die sehen schon fast alle älter aus.«

Wie alt?

»Auf alle Fälle über 24.«

Und die sind anders als die Jungs in Ingolstadt?

»Die machen Witze, über die ein Junger nicht lacht.«

Er wollte sich auf das Training konzentrieren. Aber das war auch nicht einfach. Es wurde kaum trainiert. Die Mannschaft hatte am Dienstag, einen Tag vor seiner Ankunft, ein Meisterschaftsspiel bestritten, die nächste Partie stand bereits am Samstag an, einen Tag nach seiner Abreise. Es war verständlich, dass der Trainer das Pensum arg dosieren musste. Aber warum hatte er Niko dann genau an diesen drei Tagen zur Probe gebeten?

Einmal gab es ein Kleinfeldturnier, fünf gegen fünf auf reduziertem Spielfeld, da konnte Niko vielleicht ein paar Eindrücke machen. Doch seine Stärken lagen nicht im Spiel auf engem Raum. Er brauchte Platz, den Flügel, um loszuziehen. Defensiv agierte er auf dem Kleinfeld tadellos, offensiv setzte er wenig Akzente. Am dritten Trainingstag zählte er. Exakt sechsmal berührte er den Ball, sechsmal im gesamten Training, drei Pässe, drei Flanken. Der Trainer ließ, um Kräfte zu sparen, Spielzüge und Positionsspiel statisch üben, die Spieler standen auf dem Platz, der Ball lief auf vorgegebenen Wegen durch die Reihen. Weil er von der Unmöglichkeit, sich hervorzutun, so aufgewühlt war, misslangen Niko auch noch zwei der drei Flanken.

Er werde sich bei seiner Beraterin melden, sagte der Trainer Jürgen Luginger zum Abschied, und Niko fuhr wieder nach Hause, 350 Kilometer.

Irgendwie musste es sich ja bemerkbar machen, dass in unterklassigen Profiklubs mit nicht ganz so viel Kompetenz gearbeitet wurde wie in der Bundesliga. Bei Probetrainings spürten es die Gastspieler oft. Foti war im vergangenen Sommer zu einem Probetraining bei einem luxemburgischen Erstligisten eingeladen gewesen, Union Titus Petingen. Als er dort eintraf, stellte er fest, dass sich 24 Probespieler aus der halben Welt eingefunden hatten. Man ließ sie einfach in einem Spiel gegeneinander antreten. Manche versuchten, organisiert zusammenzuspielen, andere glaubten herauszustechen, indem sie ständig Einzelaktionen starteten, und ein Portugiese baute all seine Freestyler-Tricks ein. Das komplette Spiel war ein sinnloses Unterfangen.

Der Trainer des FC Homburg Jürgen Luginger sagte seinem Sportdirektor Michael Berndt, er habe »irgendwie das Gefühl«, dass Niko nicht der Richtige sei. Das war nach drei Trainingstagen mit beschränkten Einblicken eine ehrliche Aussage. Mehr als ein Gefühl konnte er nicht haben. Das war aber auch die einzige Grundlage, auf der Luginger Niko schließlich absagte.

Nach dem Pokalhalbfinale gegen Schalke ist Marius' linker Fuß ein Fall für Kunststudenten. Sie könnten an ihm ein halbes Dutzend unterschiedlicher Blau- und Grüntöne studieren. Wie ein abstraktes Kunstwerk entwickelt der Fuß obendrein ständig neue Muster. Drei Tage nach dem Halbfinale ist das gesamte Blut zum Beispiel in die Zehen gelaufen; die Zehen sind alle blau-grün, während der Fuß dahinter wieder hautfarben ist, mit ein paar roten, kreisförmigen Stollenabdrücken. Nach einem Kopfballduell war Schalkes Caligiuri mit voller Wucht auf Marius' Fuß gelandet. Vier Tage später kam er erstmals wieder in einen Schuh hinein. Das Spiel hat er selbstverständlich bis zum Ende bestritten. Es war ein Pokalhalbfinale.

Dass sie es mit dem 1:0-Sieg wieder ins Endspiel geschafft haben, erscheint wie eine Fügung. »Aus heutiger Sicht kommt es mir jetzt fast wie eine schöne Sache vor, dass ich das Finale im Vorjahr durch die Schulterverletzung verpasst habe«, sagt Marius. »So ist der diesjährige Finaleinzug eine Art Belohnung: Jetzt spiele ich doch noch mein Finale.«

Zweieinhalb Wochen später, am 9. Mai, liegt ein Briefumschlag vor Marius. Darin sind die 15 Eintrittskarten für das Finale gegen Bayern München, die jedem Spieler zustehen. Er überlegt, wem er die Karten schenken soll, und er kommt nicht auf 15 Leute.

Wenn er ein Tor schießt oder die Eintracht gewinnt, erreichen ihn in der Regel 150 Whatsapp-Nachrichten. Jede Woche kommt ein Dutzend Anfragen, hast du mal ein Trikot für mich, hast du mal Tickets für mich? Er möchte die Finalkarten gerne nur denen geben, deren Zuneigung er sich sicher ist. Er zählt noch einmal durch. Seine Eltern, seine Schwester mit ihrem Freund, der Cousin, die Tante, Damian, der Leuges, Passi, Marvin, der Höffi. Mehr fallen ihm nicht ein, »Der enge Kreis ist eigentlich derselbe wie zur Zeit, als ich noch nicht Bundesliga spielte.« Vielleicht kann er den engsten Freunden seiner Eltern zwei Karten geben. Die fragen nie nach etwas, die erwarten nichts.

Er gähnt auf dem Sofa. Das ist das neuste Zeichen des Erfolgs, das mir an ihm auffällt. Er ist ständig müde. Die Bundesligaspiele bis zur Verausgabung, das harte Training unter Kovac und das zusätzliche Athletiktraining reduzieren seine restliche Zeit oft auf ein Herumliegen.

Wie muss das erst für die Weltklassespieler sein, die wegen der Champions League und der Länderspiele über Monate drei Partien pro Woche bestreiten?

Bei ihm hat sich der Bundestrainer nicht gemeldet, obwohl nach seinen mitreißenden Auftritten in jüngster Zeit die Idee nicht abwegig erschien, er könne zur Weltmeisterschaft 2018 fahren. Ganz so schnell wird man selbst 2018, wo alles in dieser Branche rasend geschwind geht, aber offensichtlich nicht zum Nationalspieler. Marius' Sturmläufe und sein Arbeitsethos konnten das breite Publikum, aber nicht den Bundestrainer darüber hinwegtäuschen, dass er im Defensivspiel noch ein Lernender war. Teilweise gewann er, in ansonsten sehr gelungenen Spielen, nur ein Viertel seiner Zweikämpfe. Trotzdem wird Marius bald herausfinden, wie es in der Weltklasse ist, in der Champions League.

»Ich werde die Eintracht im Sommer definitiv verlassen«, sagt er an jenem 9. Mai auf dem Sofa.

Das weiß noch keiner, schreiben Autoren gern in solchen Fällen. Das heißt, es weiß nur der kleinste Kreis der Beteiligten, seine Berater, Frankfurts Sportvorstand Fredi Bobic, Damian, der Prince, seine Eltern.

Außenstehende kommen kaum auf die Idee, Marius könnte gehen. Er ist doch gerade erst angekommen. Die Medien und die

Fans schwelgen noch darin, dass die Eintracht einen wie ihn so günstig gekriegt hat. Nur 500 000 Euro Ablöse, sickerte durch, muss die Eintracht entrichten, um Marius nach der anderthalbjährigen Leihe bei Hannover 96 auszulösen. Den Betrag hatte Frankfurts Sportdirektor Bruno Hübner vertraglich festschreiben lassen, als er Marius im Januar 2017 von Hannover auslieh. Damals schien das eine faire Summe für einen 21-Jährigen, der in die Azubimannschaft eines Zweitligisten abgeschoben worden war. Ein Jahr später erschienen der *Deutschen Welle* 500 000 Euro für so einen Spieler wie »der Raub des Jahrhunderts«.

Was niemand weiß, ist, dass Marius' neuer Zweijahresvertrag bei der Eintracht eine ganz ähnliche Klausel enthält. Für fünf Millionen Euro Ablöse kann ihn ein anderer Verein aus dem Vertrag herauskaufen. Als der Kontrakt nach dem Pokalfinale 2017 ausgehandelt wurde, schien das eine abstrakte Zahl. Marius hatte damals in seiner gesamten Karriere fünf Bundesligapartien und zehn Minuten im Pokalhalbfinale bestritten, es war ungewiss, wie er sich von der Schulteroperation erholte. Sein Berater Roger Wittmann bestand trotzdem hartnäckig auf dieser Ausstiegsklausel. Wittmann genoss einen Ruf als skrupelloser Berater, und dazu trug sein barsches Auftreten auch einiges bei. Zu einem Teil aber basierte sein schlechter Ruf einfach darauf, dass er die Arbeit für seine Spieler so exzellent erledigte – und die Vereine daraufhin über ihn schimpften. Wittmann wusste, wie schnell im Fußball anno 2018 fünf Millionen Euro für ein Talent günstig erschienen. Neymar war gerade für 220 Millionen Euro von Barcelona zu Paris gewechselt.

»Wenn man überlegt, wie kurze Zeit es brauchte, bis Marius überall gefragt war«, sagt Damian Anfang Mai auf dem Sofa: »Drei starke Monate.«

Angebote trafen aus England und Italien ein. RB Leipzig zeigte sich interessiert, Schalke 04, die Bundesligaspitze. Moritz Volz, der ehemalige Mitspieler bei 1860 München, der sich damals nicht sicher gewesen war, ob der Wolfi die Seriosität für den Beruf rechtzeitig finden würde, saß nun als Scout für den FC Arsenal in der Frankfurter WM-Arena und schickte wohlwollende Reports nach London.

Bis Anfang Mai hatte Marius zwei Angebote herausgefiltert, zwischen denen er wählen wollte. »Allen anderen haben wir aber noch nicht abgesagt, damit nichts herauskommt. Denn ich denke, wenn du einem Sportdirektor absagst, verrät er vielleicht aus Enttäuschung der Presse, zu welchem Verein du willst, um der Konkurrenz das Leben schwerer zu machen.«

Von einem der zwei Angebote in der Endauswahl wusste ich. Hoffenheims Scout Lutz Pfannenstiel hatte mich öfters nach Marius gefragt, ganz nebenbei natürlich, aber vielleicht ein paarmal zu oft, um es noch so ganz nebensächlich aussehen zu lassen. Ganz nebenbei fragte ich daraufhin Hoffenheims Sportdirektor Alex Rosen nach Marius.

Die TSG Hoffenheim wäre das für ihn, was moderne Fußballer ständig den »nächsten Schritt« nennen. Er würde mit der Elf kommende Saison in der Champions League spielen können, er hätte dort mit Julian Nagelsmann einen hochbegabten Trainer, und gleichzeitig waren die Konkurrenz in der Mannschaft sowie die Aufregung im Umfeld des jungen, erst aufstrebenden Vereins nicht so erdrückend wie bei den etablierten Großklubs. Hoffenheim wäre rational eine gute Wahl, um sich stetig weiterzuentwickeln.

Aber Marius war doch kein superrationaler Wissenschaftler, der im luftleeren Labor an seiner Karriere tüftelte, fand Damian. »Hoffenheim? Was gewinnst du damit?«, fragte er laut. »Du bist bei einem Verein, bei dem du nur ans Weiterkommen, ans Wegkommen zum nächsten Klub denkst. Im Grunde ist das wieder nur auf eine Saison ausgelegt. Und dann sitzt du in Heidelberg, einer Kleinstadt, eine halbe Stunde von Frankfurt, kannst aber nicht nach Frankfurt zurück, weil du den Fans gezeigt hast: Mich interessiert nur das Geld, ich gehe sogar nach Hoffenheim.« Damian wandte sich von Marius ab und mir zu. »Hoffenheim ist auch kein Verein für Marius, finde ich. Der braucht den Fanatismus der Ultras, wie bei der Eintracht, der zieht da Energie raus.« Bei der Eintracht trugen die Ultras Undercut und hörten nicht nur Rap, sondern waren sogar Rapper. Vega und Bosca aus der Nordwestkurve der Eintracht-Arena stürmten mit ihren Rapsongs regelmäßig nach ganz oben in den deutschen Musikcharts. *Ich bin Grönemeyer für die Streetchabos/Ich habe schöne Eier und ich liebe Chaos,* mit solchen Texten. Marius sah direkt vor Anpfiff ins Fahnenmeer der Ultras, das riesige Banner *Sektion Stadionverbot* wehte in der Nordwestkurve, und er spürte mehr als eine Seelenverwandtschaft. Einen Zusammenhalt. Heute kriegten die Gegner es. Von ihm und den Eintracht-Ultras. »Tut mir leid, ich sehe Marius nicht in Hoffenheim oder Leipzig vor lauter netten Familien Fußball spielen«, sagt Damian.

Marius sagt nichts.

Aber es gibt ja auch noch einen anderen Verein in der engeren Auswahl. Ich habe keine Ahnung, welcher es ist. Mit Marius habe ich ausgemacht, dass er mir nichts erzählen soll, was aktuell zu heiß, zu vertraulich erscheint. Im Nachhinein können wir dann immer noch darüber sprechen.

Warum aber hat er überhaupt das Gefühl, sofort wechseln zu müssen, wo er doch bei der Eintracht gerade den Himmel stürmt? Eine Generation vor ihm hatte man jungen Fußballern in seiner Situation geraten, erst einmal zu bleiben, sich dort zu stabilisieren, wo sie sich wohlfühlten.

»Ich werde gehen, weil ich genau diesen Moment jetzt ausnutzen muss. Jetzt bin ich 22, jetzt gelte ich noch als jung. 22 oder 23, das ist ein Unterschied. Jetzt bin ich neu. Selbst wenn ich nächste Saison noch einmal genauso gut spielen würde, hätte es nicht die gleiche Wirkung auf andere Vereine. Da tritt der Gewöhnungseffekt ein. Außerdem muss man ehrlich sein: Ob wir bei der Eintracht noch mal so eine Saison hinlegen? Realistisch muss man sagen: unwahrscheinlich. Der Trainer geht weg, da ist eine große Ungewissheit.«

Niko Kovac wird nach dem Saisonende im Juli einen Aufstieg machen und zu Bayern München wechseln. Marius hat es wie ein gewöhnlicher Fan eines Donnerstagabends im April erfahren, als sein Handy vibrierte. Eine Push-up-Nachricht des *Kicker* zu Eintracht Frankfurt traf ein, er hat den Service abonniert. Die Bayern holen Kovac, meldete das Fußballmagazin. »Als ich das erfahren habe, war mein Gefühl: endlich!« Endlich war es raus. Endlich war die Ungewissheit vorbei, ob der Trainer ging oder blieb. Endlich konnte er für sich selbst klarer planen. Der Trainer war in

Marius' Augen der Initiator des Frankfurter Aufschwungs. Jede Woche übte er zwei Trainingstage lang speziell auf den nächsten Gegner zugeschnittene Spielmuster akribisch mit ihnen ein. Das gab jedem Einzelnen im Spiel die Grundsicherheit, ganz genau zu wissen, was der Gegner vorhatte und was selbst zu tun war. »Kovac macht dich besser.«

Jetzt, wo der Trainer geht, werde er wohl auch gehen, hat der Prince Marius verraten. Eine überraschende Erfolgsmannschaft ist immer nur einen Schritt vom Absturz entfernt.

Das Denken, jede Chance auf einen Wechsel zu einem größeren Verein sofort nutzen zu müssen, wird jungen Fußballern 2018 aus dem System Profifußball heraus vermittelt. Wenn du nicht die erste Chance nutzt, kriegst du wahrscheinlich keine mehr. Das ist keine Rechtfertigung für das ständige Weiterziehen. Das ist in vielen Fällen die Wahrheit. »So ist das Geschäft geworden«, sagt Christian Hochstätter, der Sportdirektor des VfL Bochum. »Es ist so viel Geld drin, und die Konkurrenz erstklassiger Spieler ist so groß, das sorgt für eine gigantische Fluktuation des Personals. Ich habe damals als Profi 17 Jahre für einen Verein gespielt. Die Jungs heute wissen nicht, ob sie in drei Jahren noch einen Vertrag kriegen, selbst wenn sie gerade Stammspieler sind. Deshalb müssen sie schauen, in kürzester Zeit so viel Geld wie möglich mitzunehmen.«

Aufs Geld zu schauen sei natürlich auch wichtig, führt Marius als einen weiteren Grund für den anstehenden Wechsel an. »Das Geld ist …«, er stockt. Etwas arbeitet körperlich in ihm. Er will darüber reden, aber es geht irgendwie nicht. Das Gehalt, das ihm der andere Verein, also nicht Hoffenheim, bietet, »das ist der Wahnsinn«, bringt er nur heraus. Dabei sitzt er plötzlich nicht mehr auf dem Sofa. Aufgewühlt von dem Thema ist er, ohne es zu merken, auf den Parkettboden gerutscht.

Marius hat nach seinem Durchbruch diese Saison einen Marktwert von rund 15 Millionen Euro. Da sein neuer Verein aber nur die festgeschriebenen fünf Millionen Euro Ablöse entrichten muss, spart der Klub rund zehn Millionen im Vergleich zum Kauf eines anderen Spielers derselben Klasse. Dieses gesparte Geld wird nach dem Mechanismus der Branche zu einem Teil Marius zugeschlagen, sei es durch einen Einmalbonus vorneweg oder ein höheres Gehalt. In Hoffenheim können Neuzugänge aus der Kategorie »auf dem Sprung nach ganz oben« offenbar mit einem Gehalt von über zwei Millionen Euro brutto im Jahr rechnen. Bei einem etablierten Champions-League-Verein aber, wo den Topspielern über zehn Millionen Euro per anno bezahlt werden, kann ein hoffnungsvoller Neuzugang gewiss vier oder fünf Millionen Euro erwarten.

Marius sitzt weiterhin auf dem Fußboden, wie mir scheint, ohne es zu registrieren. Nur mit einem Arm klammert er sich an die Sofalehne, um irgendwo Halt zu finden.

Foti hat sich arbeitslos gemeldet, um an ein wenig Geld zu kommen. Das machen Fußballer, die bei einem Amateurklub in der Regionalliga gelandet sind, sich aber noch als Profis definieren. Foti hat das von zwei Mitspielern in Seligenporten gelernt.

Er musste seine alten Verträge bei 1860 München und Wacker Nordhausen im Jobcenter vorlegen und den aktuellen Nebenverdienst als Minijobber in Seligenporten angeben. Davon wurde die Arbeitslosenunterstützung abgeleitet. Er kommt auf über 700 Euro. »Das ist echt gut.« Nun kann er, ganz ohne auslaugende Zeitarbeit in irgendeiner Fabrikhalle, bis zum Saisonende im Mai 2018 noch ein paar Monate nur Fußball spielen und Larissa in München auch mal ins *Bella Italia* am Rosenheimer Platz einladen. Foti nimmt dort immer dasselbe, Tagliatelle mit Lachs. »Das hier war meine *'hood*«, sagt Foti am Rosenheimer Platz und sieht einen Moment lang melancholisch aus.

Larissa, die aus Braunschweig stammt, wird mit München nicht warm. Foti erzählt es als Kuriosität, in seinem Tonfall liegt Erstaunen, wie kann das sein? Wieder in München oder zumindest in Nürnberg zu leben ist eigentlich seine Priorität bei der Lehrstellensuche.

Von einem Amateur-Regionalligisten aus dem Münchener Umland hat er ein Angebot für die kommende Spielzeit erhalten. Der FC Pipinsried würde ihn nehmen. *Pipi* wird der Verein unter Regionalligafußballern abgekürzt.

Der Roman rief an, Foti hat sich den Nachnamen gar nicht

gemerkt, er hat ihn einfach unter *Roman Pipinsried* im Handy abgespeichert, der ist irgend so etwas wie Sportdirektor bei Pipi. Foti könnte in Pipi weiter vierte Liga spielen, und der Roman Pipinsried würde ihm eine Ausbildungsstelle als Versicherungskaufmann bei einem Sponsor vermitteln.

Das klingt toll.

Ja, sagt Foti, aber die Ausbildungsstelle wäre halt in Schrobenhausen, in der Nähe von Pipinsried. Dorthin sind es von München 80 Kilometer, meist über die Landstraße. Abends zum Training gebe es diverse Fahrgemeinschaften aus München nach Pipinsried, aber wenn er bereits morgens zur Ausbildung den Weg antreten müsste, bräuchte er ein Auto. Das wird bei den Lebenshaltungskosten in München nicht drin sein.

Oder er zieht nach Schrobenhausen.

Guter Witz, sagt Foti.

Er will erst einmal die Bewerbungsgespräche bei den Versicherungen in München und Nürnberg abwarten, bei denen er sich selbst beworben hat. Oder er finde doch noch einen Profiverein, sagt er, und sein Gesicht leuchtet.

Er hat, wie es mittlerweile ein Muster bei ihm ist, sich ganz am Ende der Saison auch dieses Jahr urplötzlich in Szene gesetzt. Mit zwei Toren verschaffte er Seligenporten zwei Siege, bei den 1:0-Erfolgen gegen Rosenheim und eben Pipinsried.

Ich hatte wegen des Buchprojekts so viel Zeit damit verbracht, über die extreme Differenz zwischen Talent und Effizienz in Fotis Spiel nachzudenken, dass ich mich irgendwann dafür verantwortlich fühlte. Ich musste etwas dagegen tun, bildete ich mir ein. Ich kontaktierte Marius' und Fotis verehrten Jugendtrainer Michael Bischoff. Konnte er sich vorstellen, mit Foti im Einzeltraining an seinen Torschuss- und Dribbelautomatismen zu arbeiten?

Michael Bischoff war gerade auf dem Dachboden gewesen, um eine seiner alten Trainingstaschen vom 1. FC Nürnberg herunterzuholen und auf Ebay zu verkaufen. Nach einer lebensgefährlichen Autoimmunkrankheit und im Gefühl, von einem neuen NLZ-Chef beim FCN fies behandelt zu werden, hatte Bischoff den Fußball verlassen. Als er die Trainingstasche auf dem Dachboden

Wenn Foti beim Dribbling loszog, dachten noch immer viele: Er ist doch so gut! [14]

betrachtete, dachte er, wie schön es wäre, mal wieder mit Talenten auf dem Fußballplatz zu arbeiten.

»Herr Bischoff! Das ist ja eine tolle Idee! Wie stellen Sie sich denn so ein Einzeltraining vor?«, rief Foti ein paar Tage später ins Telefon. Sie verabredeten sich für den 4. April 2018 um 16.30 Uhr in Nürnberg.

Um 16.52 Uhr schrieb Michael Bischoff in einer Whatsapp-Nachricht: »Foti, bist du schon unterwegs?«

»Oh Mann, Herr Bischoff«, schrieb Foti zurück, »ich hab's echt vergessen.«

Vielleicht war es wirklich höchste Zeit für ihn, eine Ausbildung zu beginnen.

20

19. Mai 2018

Im Namen aller Außenseiter

Zur Vorbereitung auf das DFB-Pokalfinale schaute sich Marius im Fernsehen die königliche Hochzeit von Prinz Harry und Meghan Markle an. Er dachte, es würde ihn ein wenig ablenken. Schon am Vormittag lief die Übertragung der Hochzeit aus Windsor Castle, und als er am Nachmittag, sechs Stunden vor dem Endspiel gegen Bayern München, in seinem Hotelzimmer abermals den Fernseher einschaltete, wurde immer noch über Meghans Ehering aus walisischem Gold und ihren fünf Meter langen Schleier berichtet. Die ewig gleichen Bilder von der langsamen Kutschenfahrt des Brautpaars durch Windsor hatten etwas Beruhigendes, fast Meditatives. Aber seine Gedanken ließen Marius einfach keine Ruhe. »Ich konnte mich nicht einmal auf einen Gedanken konzentrieren. Die Gedanken gingen ständig ineinander über, und immer waren es nur fragende Gedanken. Wie wird die Stimmung sein? Wie wird der Rasen sein? Wie offensiv wird Alaba spielen?«

Die Kutschenfahrt des winkenden britischen Prinzenpaars durch das Spalier des Volkes ließ die Erinnerung an einen Nachmittag vor mindestens 15 Jahren in Einberg aufblitzen, irre, wie die Gedanken sich drehten und drehten, wenn er einfach nur gar nichts denken wollte. Damals in Einberg waren die Menschen auch auf den Straßen gestanden. Sein Opa Peter – der andere Opa, nicht Rolf, der ihn immer zum Training gefahren hatte – war Schützenkönig von Einberg geworden. Der Festumzug, mit Blaskapelle und allem Drum und Dran, begleitete den Opa triumphal durch den Ort. Die Atmosphäre hatte ihn damals gepackt, erinnerte sich Marius, die Faszination, wie es sein musste, etwas Besonderes zu erreichen.

Ihn im Pokalendspiel zu sehen hätte Opa Peter sicher mit Stolz erfüllt. Der Schützenkönig hatte einen würdigen Nachfolger. Vor einem halben Jahr war der Großvater gestorben, am 20. Dezember 2017, während Marius mit der Eintracht im Achtelfinale des DFB-Pokals gegen Heidenheim einen Schritt Richtung Endspiel machte. Der Opa habe ihn kurz vor seinem Einschlafen noch einmal gesehen, im Fernsehen, live aus Heidenheim, berichteten die Eltern Marius.

Opa Peter hatte ihn oft in Hannover und Frankfurt angerufen, per *facetime*, war doch interessant, was es heute alles für Möglichkeiten gab. Bei jedem Anruf, selbst wenn er sich schon zum zweiten Mal am Tag gemeldet hatte, verabschiedete sich Opa Peter mit denselben Worten. »Lass dich nicht unterkriegen. Ein Wolf gibt nicht auf.«

In Windsor fuhr die Kutsche immer noch oder schon wieder, Marius wusste gar nicht mehr, waren die Bilder live oder Wiederholungen? Er schaffte es nicht, aufmerksam hinzuschauen.

Alle Eintracht-Spieler hatten ein Einzelzimmer im Berliner *Sheraton* erhalten, damit sie sich vor dem Finale wirklich erholen konnten. Es nervte, allein auf dem Zimmer zu sein. Aber er konnte jetzt nicht einfach beim Prince oder Stenda an der Tür klopfen. Was, wenn sie es geschafft hatten, Mittagsruhe zu halten? Dann würde er sie aufwecken. Marius setzte die Kopfhörer auf. Er hörte Musik und schaute gleichzeitig die königliche Hochzeit im Fernsehen. Aber die verdammten Gedanken waren lauter als die Doppelberieselung.

Was, wenn er gleich in den ersten Spielminuten ein schlechtes Gefühl bekam? Wenn seine Beine doch schwer waren? Wenn er sich von seinem körperlichen Einbruch nicht erholt hatte?

Neun Tage vor dem Finale hatte sein Kollege Alex Meier versucht, Marius anzurufen. Als Alex schon auflegen wollte, ging Marius doch noch ran. »Habe ich dich aufgeweckt?«, fragte Alex überrascht. Mit einem Hallo, das mehr einem Knurren als einem Wort glich, hatte sich Marius gemeldet. Es war nach 17 Uhr. Marius war auf dem Sofa eingeschlafen, vor Erschöpfung, drei Stunden zuvor.

Trainer Kovac hatte die Eintracht mit seinem harten Trainingskurs in eine Attraktion verwandelt, in Atlético Frankfurt, doch neun Tage vor dem DFB-Pokalendspiel fragten sich in der Mannschaft selbst seine überzeugtesten Jünger, ob er bei der Trainingssteuerung einmal überzogen hatte – und zwar genau im wichtigsten Moment der Saison. Am Dienstag und Mittwoch jener Trainingswoche hatte Kovac extrem lang und hart trainieren lassen, mittwochs etwa zwei Stunden lang Kleinfeldspiele vier gegen vier und zwei gegen zwei. Bei diesen Spielen auf kleinem Raum entstanden keine natürlichen Pausen, da war immer ein Sprint anzuziehen, ein Zweikampf zu bestreiten.

Sieben Tage vor dem Pokalfinale, am letzten Spieltag der Bundesligasaison, spielte die Eintracht gegen Schalke wie eine erschöpfte Mannschaft und verlor mit der 0:1-Niederlage den siebten Rang im Abschlussklassement, der zur Teilnahme an der Europa League berechtigt hätte.

Marius hatte in der Saison von allen Eintracht-Spielern die meisten Minuten gespielt, die meisten Sprints bestritten, war die meisten Kilometer gelaufen, hatte sechs Tore und exzellente elf Torvorlagen zustande gebracht. In Schalke, sieben Tage vor dem Pokalfinale, kam er nicht mehr explosiv von der Stelle, wenn er versuchte, den Sprint anzuziehen.

Der Trainer verschrieb ihm kurzfristig eine Wellnesskur. Von Sonntag bis Mittwoch fuhr Marius zum Training und trainierte nicht mit. Er fuhr ein bisschen Rad auf einem Ergometer und absolvierte ein paar Stabilitätsübungen auf der Yogamatte, Rentnersport, um Herz und Kreislauf anzuregen. Erst am Donnerstag, zwei Tage vor dem Pokalfinale, stieg er wieder ins Training ein.

Hatte die Pause genügt, um die Erschöpfung zu vertreiben?

Am Breitscheidplatz, vier Autominuten vom *Sheraton*-Hotel entfernt, ist nachmittags am 19. Mai 2018 die königliche Hochzeit eher kein Thema. Ein paar Tausend Eintracht-Fans singen ihre Lieder. Am Rande des Platzes, abseits des Gedränges, mit Blick auf die Gedächtniskirche, trägt ein Mann das Eintracht-Pokaltrikot mit dem Namenszug Wolf über der Rückennummer 27.

»Warum hast du den Wolf hinten drauf?«, fragt ein fremder Eintracht-Fan den Mann.

»Ach, wir kommen aus derselben Gegend wie Marius Wolf, aus Franken«, antwortet Martin Wolf.

Seine Frau Heike sitzt ihm gegenüber auf einer der für das Fan-Fest provisorisch aufgestellten Bierbänke. Auf ihrem Eintracht-Trikot steht als Namenszug »Mama« über der 27. Marius hat ihr das Jersey geschenkt. Hier, unter den ganzen normalen Fans, gefällt es den Eltern. Sie haben zwei gute Freunde mitgebracht, die aus der Frankfurter Gegend stammen, aus Hattersheim, das früher für den penetranten Geruch aus der Schokoladenfabrik Sarotti bekannt war. Zu trinken gibt es am Breitscheidplatz Auswärts-Schoppen. So heißt das Getränk aus den Dosen mit dem Eintracht-Adler. Eine hessische Spezialität, sauer gespritzter Apfelwein, befindet sich darin. Das ist nicht jedermanns Sache.

Marius' Schwester Maren und ihr Freund Philipp sitzen, ohne etwas zu trinken, am Tisch. Auch optisch stechen sie ein klein wenig heraus, jung, schön und stylish gekleidet. Maren hat aber extra ein weißes Top gewählt. Die Trikotfarbe der Eintracht an diesem Tag. Ihr Freund hält es mit Marius, zumindest was die Tattoos angeht. Die Arme sind schon recht voll. Philipp ist auch Akademiefußballer. Beim FC Ingolstadt wird er nächstes Jahr in der U19-Bundesliga spielen. Mit 18 erscheint ihm die Zukunft noch gänzlich offen. Wird sein Weg dem von Marius, Foti oder Niko gleichen?

»Marius geht jetzt zu den Bienen«, sagt der Vater.

Bienen, was für Bienen?

»Na, die Gelb-Schwarzen.«

Das ist dann in der Tat eine Neuigkeit.

Marius hat sich für den zweiten Bewerber in der Endauswahl entschieden, und es ist offensichtlich Borussia Dortmund, Vereinsfarben Gelb und Schwarz.

Viel höher geht es für einen Fußballer im Jahr 2018 nicht. Über Dortmund stehen weltweit nur noch rund acht Teams, die Klasse der Superclubs, Real Madrid, Juventus Turin, FC Liverpool, Bayern München.

»Ist schon gut, dass der Marius erst einmal in Deutschland bleibt«, sagt der Vater. »Das Ausland kommt noch zu früh, finde ich. Wobei mir die Berater sagen: ›Du würdest sehen, so wie der Marius ist, wäre er auch in England oder Italien in zwei Wochen bestens in die Mannschaft integriert.‹ Das kann ich gar nicht glauben.« Das ist trotz Marius' rapidem Fußballaufstiegs für die Wolfs wie für jeden Vater und jede Mutter noch immer das größere Wunder: wie gut die eigenen Kinder irgendwann allein in der Welt zurechtkommen.

Der Vater blickt kurz in die Menge der singenden Eintracht-Fans vor ihm. »Auch wenn Marius jetzt weggeht, Frankfurt war schon super, die Fans, das Stadion, die Stadt. Aber Dortmund ist natürlich auch unglaublich. Ich sehe den Marius noch vor mir, wie er als Sechsjähriger immer rumgelaufen ist mit dem Dortmund-Trikot bis zu den Knien.«

Papa, fahren wir nach Dortmund ins Stadion, hatte er damals immer gebettelt. Nach Dortmund ist es ein bisschen weiter als nach Rödental, hatte der Vater versucht zu erklären.

Dedé war Marius' Lieblingsspieler in der Kindheit gewesen. Er kann selbst nicht sagen, was ihn an dem Brasilianer der Borussia mehr als an allen anderen faszinierte. Normalerweise fixieren sich Kinder auf Torjäger oder Torhüter, auf die, die durch Einzelaktionen herausstechen. Dedé war Linksverteidiger. Wer liebt schon einen Linksverteidiger? Dedé lächelte aber am nettesten.

Um 16.20 Uhr, noch über dreieinhalb Stunden bis zum Anpfiff, drängt Maren zum Aufbruch. Sie müssen doch noch die Tickets abholen. Im Stadion dürfen sie sich mit dem Pokal fotografieren lassen, das ist bei den besonderen Eintrittskarten inbegriffen, die sie von Marius' Beratungsagentur erhalten haben. Nicht dass es am Ende des Abends von allen in der Familie Fotos mit dem Pokal gibt, nur von Marius nicht.

Der Vater lacht. Ihm kam gerade eine Vision. »Marius gewinnt heute, und die Bayern verlieren – besser geht es doch gar nicht.«

Gegen 16.30 Uhr, dreieinhalb Stunden vor dem Finale, konnte Marius endlich raus aus dem Hotelzimmer, dieser mentalen Gefängniszelle. Sie aßen zur Kaffee-und-Kuchen-Zeit zu Abend, dann würde der Trainer noch ein paar Worte zum Spiel sagen. Marius wusste gar nicht, was Niko Kovac noch sagen wollte. Die Taktik waren sie bereits am Vorabend ausführlich durchgegangen. Es hatte zwei Besprechungen gegeben. In einer erörterte Kovac die Marschroute für die Offensive, in der anderen erklärte er ihre

Spielweise in der Defensive. Das hatte es auch noch nicht gegeben, zwei Taktiksitzungen für ein Spiel.

Es war totenstill vor lauter Konzentration und Tatendrang, als der Trainer sie samstags nach dem Abendessen noch einmal in den Tagungsraum bat. »Ich will euch einen Film zeigen«, war alles, was Niko Kovac sagte. Er drückte auf die Fernbedienung.

Auf dem Bild der Leinwand erschien ein behinderter Junge namens Julien im Rollstuhl. Ein paar Filmszenen reichten, um zu verstehen, dass sich der Vater von Julien abgewandt hatte. Das Schicksal, ein behindertes Kind zu haben, hatte ihn verbittert. In der Garage fand Julien Hinweise, wie der Vater früher gewesen war. Ordner mit Zeitungsausschnitten über Triathlon-Erfolge des Vaters waren dort achtlos weggeräumt. Da ergriff eine Idee immer stärker von dem Sohn Besitz, wie er sich die Nähe des Vaters erobern könnte. »Ich will einen Ironman mit dir machen«, sagte Julien und schob die Lippen in seinem länglichen Gesicht fest zusammen.

Auf zwölf Minuten hatte Niko Kovac den Spielfilm *Mit ganzer Kraft* von Nils Tavernier zusammenschneiden lassen. Am Ende sahen die Eintracht-Spieler, wie der Vater den querschnittsgelähmten Sohn in einem Schlauchboot durchs Wasser zog, ihn auf einem Spezialrad 180 Kilometer durch die Landschaft transportierte und im Laufschritt den Rollstuhl schob, um gemeinsam den Ironman aus Schwimmen, Radfahren, Marathonlauf zu bestehen. Die Schlussszene wurde im Tagungsraum des Sheratons langsam ausgeblendet, und ein einziger Satz erschien auf dem Bildschirm: Der Glaube kann Berge versetzen.

Der Trainer sagte nichts mehr. Der Bus fuhr ja gleich ab.

Im Bus durch West-Berlin tippte Marius auf sein Handy. Entweder gab er bei Youtube als Suchbegriff nur »Ronaldo« ein oder »Ronaldo Motivation«. Er hoffte, jedes Mal ein neues Video zu finden; wenn nicht, war es auch nicht schlimm. »Ich weiß, welche Ronaldo-Videos gut sind, und kann darauf zurückgreifen.« Seit er das Ritual in der U19 bei 1860 München begonnen hatte, hatte er in jedem seiner 150 Spiele kurz vor Anpfiff Cristiano Ronaldos Tore und Tricks aufgesogen. »Nebenbei achte ich auch darauf, ob ich mir etwas von ihm abschauen kann, etwa diese Bewegung, wenn er den Übersteiger nach innen macht und dann direkt schießt. Da ist die Schnelligkeit der Aktion entscheidend. Wobei ich ehrlich gesagt auch glaube, die Verteidiger haben bei Ronaldo solche Angst, ausgetanzt zu werden, dass sie automatisch mehr Abstand zu ihm halten. Also hat er auch mehr Platz. Für einen Normalo wie mich sind die Tricks im Spiel kaum möglich.«

Der Prince saß neben ihm und schaute herüber, was für Fußballszenen da auf dem Handy von Marius liefen. Der Prince glaubte echt, sie würden gegen die Bayern gewinnen. Der Prince sagte so etwas nicht einfach, der sprach das nur aus, wenn er wirklich ein Gefühl hatte.

Am Vortag waren sie den Bayern kurz begegnet. Die Eintracht ging gerade zum Abschlusstraining auf den Rasen des Berliner Olympiastadions, die Bayern verließen ihn.

Thiago, der Mittelfelddompteur der Bayern, grüßte den Prince auf Spanisch.

»Machina! Oye, el cesped esta de maravilla. Vamos a machacharos!«

Der Prince hatte ein Jahr für Las Palmas gespielt und sprach schon gleich fließend Spanisch, genau wie Italienisch, Wahnsinn.

»Wisst ihr, was Thiago gerade zu mir gesagt hat?«, sagte der Prince zu den Jungs, als die Bayern außer Hörweite waren.

»Er meinte, der Rasen sei richtig geil, da würden wir morgen keinen Ball sehen.«

Der Prince wandte sich an Marius: »Die hauen wir morgen weg.«

In der Umkleidekabine waren die Sitznischen aus schlichtem, dunklem Holz, um die ursprüngliche, gut achtzig Jahre alte Bauweise des Olympiastadions zu betonen. An diesem Tag wirkte die Kabine nicht alt, sondern historisch. Die Motivationssprüche wie *We try. We fail. We win.* waren überklebt. Die gehörten Hertha BSC Berlin. Um viertel vor acht, als nichts mehr zu tun war, als sich einzureden, man sei gut drauf, zeigte Niko Kovac auf der Leinwand in der Kabine noch einen Film. Ja, war denn heute Kinotag?

Der Film, mit aufputschender Musik unterlegt, führte den Spielern noch einmal all ihre gelungenen Spielszenen vor, die sie

2017/18 durch den Pokalwettbewerb nach Berlin gebracht hatten. Marius war schon bis zum Anschlag motiviert gewesen, hatte er vor dem Kabinenfilm gedacht. Sein Körper fand noch mehr Reserven an Adrenalin, stellte er nach dem Film fest. Und der größte Motivationsschub kam erst.

Die Mannschaften laufen aus dem Marathontor ins Stadion ein. Das heißt, sie laufen frontal auf die Frankfurter Kurve zu. Es scheinen noch mehr Eintracht-Fans im Stadion zu sein als beim Endspiel vor einem Jahr, sind es vierzigtausend, fünfundvierzigtausend? Während die Spieler über den Rasen auf sie zuschreiten, drehen die Eintracht-Fans in der Kurve ihnen plötzlich den Rücken zu. So sieht man ihre Rückennummern. Fünfzehntausend mit der schwarzen 12 auf dem Rücken desselben weißen T-Shirts. Sie sind der zwölfte Spieler im Team. Dann wehen die Fahnen, die Banner, mit Grüßen an den DFB-Präsidenten, »Grindel, dein Albtraum wird wahr. Wir sind im Finale, Jahr für Jahr«.

Marius sucht die Haupttribüne nach seinen Eltern ab und entdeckt sie vom Anstoßkreis aus, zwei unter achtzigtausend.

Die Helligkeit des Frühlings lässt die Farben noch leuchten, um 20 Uhr, die Luft ist zimmerwarm, als könnte man Wetter für Festtage bestellen. Das DFB-Pokalfinale ist jedes Jahr im Mai das größte Ritual des deutschen Fußballs, die fröhlichen Pilgerfahrten der Fans nach Berlin, die Gartenpartys mit Fernseher der Daheimgebliebenen; der Glaube, dass in diesen 90 Minuten alles möglich ist.

Das Gefühl ist da. Die hauen wir weg.

Bloß es sind die Bayern. Marius hat in der zurückliegenden Bundesligasaison zum ersten Mal gegen den FC Bayern gespielt. Er war überrascht, dass die Weltklassespieler des deutschen Meisters gar nicht um Welten besser waren als er. Dass sie besser als die Eintracht sind, ist in den ersten Minuten des Finales augenfällig. Ihre Pässe, Dribblings und Seitenwechsel bringen die Eintracht an ihre Grenzen. Bayerns kolumbianischer Nationalspieler James Rodríguez schießt einen Freistoß an die Latte. Marius schaut hoch zur Anzeigetafel. O Gott! Erst zehn Minuten gespielt? Das kann nicht sein! Seine Beine sind schon bleiern.

Er hat sich von der Übermüdung des Saisonendes nicht erholt, wird ihm klar. »Ich fühlte mich mausetot.« Und das Spiel hat gerade erst begonnen.

Kovac' Plan sieht wie gewohnt vor, dass Marius für drei läuft. Nominell spielt er als rechter Außenstürmer, aber ein Spieler im Spitzenfußball anno 2018 besetzt stets mehrere Positionen. Kovac hat im Mittelfeld ausschließlich defensive Kräfte aufgestellt, Hasebe, Mascarell, de Guzmán, sie wollen den Bayern um jeden Preis den Zentrumsweg zum Tor verbarrikadieren, sie auf die Flügel abdrängen. Dort soll Marius als Außenstürmer dann die Defensivarbeit mit erledigen. Zugleich soll Marius in die Position des Mittelstürmers vorstoßen, sobald der Prince sich zurückfallen lässt und die Bayern-Verteidiger so herauslockt. Marius soll bei den weiten Einwürfen von Willems von links diagonal in die Spitze sprinten. Er soll überall sein und kann nicht mehr.

Von Profifußballern werden unablässig Spitzenleistungen erwartet. Dabei bestreiten sie einen guten Teil ihrer Spiele gehandicapt, eingeschränkt durch Verletzungen, von denen niemand weiß, oder ausgelaugt durch Überlastung, was niemand wissen darf. In Bestform ins Pokalfinale gehen, das war ein schöner Traum.

Rebic fährt den Bayern im Mittelfeld aggressiv dazwischen. Er ist fit, denn er hatte sich vor fünf Wochen einen Muskelfaserriss zugezogen. So hatte er zuletzt nicht in der Bundesliga spielen können und die Form gezielt für das Pokalfinale aufgebaut. Rebic hatte auch vom Prince gehört, was Thiago gestern nach dem Abschlusstraining über sie gesagt hatte. Rebic hatte sich gedacht: Den bringe ich morgen um.

In einem Buch würde Ante Rebic das vielleicht freundlicher formulieren. Aber, na ja, so reden Fußballer halt untereinander.

Der Ball springt zum Prince, nachdem Rebic die Passkombination der Bayern rabiat unterband. Bevor sich der Prince drehen und passen kann, ist Rebic schon im fünften Gang unterwegs, dem Tor entgegen. Steil, steil, schreit sein Sprint. Spiel den Ball einfach steil! Der Steilpass des Prince rollt butterweich in der Mitte zwischen Bayerns Innenverteidigern Hummels und Süle hindurch. Sie sind überrumpelt. Rebic ist zwischen ihnen, er ist –

man spürt es mehr, als dass man es erkennt – ihnen schon einen halben Schritt voraus. Er schießt. *Den bringe ich um.* Der Schuss, trocken, kaum haltbar, wirft das Tornetz zurück. Eintracht Frankfurt führt nach elf Minuten 1:0 gegen den FC Bayern.

Die Bayern werden immer überlegener.

Nachdem ein Eckball der Eintracht abgeblockt wird, bricht Ribéry aus. Schon ist er in der Frankfurter Spielhälfte, alleine gegen zwei. Er bricht das Solo ab und passt quer zu Müller. Die Eintracht hat Zeit, die Reihen zu schließen. Der Ribéry, den alle vor Augen haben, hätte versucht durchzubrechen. Aber der Ribéry auf dem Platz ist mittlerweile 35.

Trotzdem reicht es oft, wenn die Bayern in ihrer Schnelligkeit zweimal hintereinander die Richtung wechseln, rechts, Mitte, wieder rechts, und die Eintracht hechelt hinterher. Die Frankfurter Verteidiger sammeln Gelbe Karten für Fouls in letzter Not, Hasebe, Salcedo, Willems. Sind sie bald nur noch zu zehnt?

Das kann nicht lange gut gehen.

Marius rennt unaufhörlich vor und zurück, er besetzt all seine Positionen vorbildlich. Vor lauter Laufen hat er keine Kraft mehr für einen klaren Pass. An Alaba vorbeizugehen versucht er erst gar nicht. Er schießt ihn lieber an, um so einen Eckball zu gewinnen. Gleich muss Halbzeit sein. Es ist ein echtes Finale, ein Spiel um alles, das die Zuschauer packt. Die bedrängte Eintracht hält dagegen, als ob sie es im Namen aller Außenseiter der Welt tue, mit Intensität und Furchtlosigkeit. Marius sprintet schon wieder, in den Strafraum der Bayern. Er hat keinen explosiven Abdruck, sagt sein Gefühl, verdammt, aber sein Lauf befreit ihn trotzdem vom Gegner, vielleicht ist er gar nicht so kraftlos, wie er sich fühlt. Die Flanke von da Costa kommt hoch, nicht schlecht, Marius springt. Er strauchelt. Sein Kopf streift den Ball nur. Der Ball, aus dem ein perfekter Kopfball hätte werden können, fliegt einfach weiter, an ihm vorbei. Hummels hat ihn während des Sprungs an der Hüfte geschubst, ein banaler Verteidigertrick. An guten Tagen ist Marius so stabil, dass ihm der Schubser beim Kopfball nichts ausmacht. An diesem Tag verliert er das Gleichgewicht und rudert verzweifelt in der Luft.

In der Halbzeit war keiner euphorisch. Fokussiert wirkten die

Gesichter auf Marius. Er wartete auf einen Moment, um Niko Kovac kurz zu sprechen. »Trainer, ich kann nicht mehr.«

»Doch, du kannst noch. Du kannst laufen.«

Das Gespräch hatten sie während der Saison schon so oft geführt, dass es Marius wie ein *running gag* erschien. Er gab dem Trainer zu verstehen, dass er sich erschöpft hatte, der Trainer signalisierte dem Schiedsrichter: auswechseln – aber er nahm nicht Marius vom Platz, sondern einen anderen.

Bloß hatte sich diese Szene während der Saison meist nach der 75. Spielminute abgespielt und nicht in der Halbzeit.

Marius zieht den ersten Sprint der zweiten Halbzeit an und spürt es. Ein Wadenmuskel verhärtet sich. Er kennt das Gefühl. Wenn er weitersprintet, wird der Muskel komplett verkrampfen. Schon sprintet er wieder, ohne Zeit, noch an die Wade zu denken. Süle treibt den Ball auf der anderen Spielfeldseite für die Bayern nach vorn. Drei Frankfurter stellen sich ihm in den Weg, aber Süle hat bereits ein gehöriges Tempo aufgenommen, wer ihn jetzt angreift, läuft Gefahr, ins Leere zu treten. Hasebe wagt es von der Seite. Bevor er Süle erreicht, spielt dieser den Pass in die Tiefe. Mit einem Pass sind drei Frankfurter ausgehebelt. Kimmich flankt flach und blind, nur aus Erfahrung, dass dort ein Kollege warten müsste, am Elfmeterpunkt. Tatsächlich, natürlich lauert dort Lewandowski. Er ist einen Viertelschritt schneller als sein Bewacher Salcedo und schießt, ohne den Ball zu stoppen, das 1:1. So viel Leichtigkeit lag in dem Spielzug.

Wir alle kennen diese Spiele. Die Aufsässigen haben sich tapfer gewehrt, irgendwann aber bricht der Favorit den Widerstand, und von dem Moment an geht alles seinen vorhersehbaren Gang.

Auswechseln, zeigen die Frankfurter Betreuer an. Tatsächlich, diesmal wechselt Niko Kovac Marius aus. Ihm muss niemand sagen, wie er gespielt hat, er beurteilt seine eigenen Leistungen schonungslos. Das war heute nichts gewesen. Marius blickt noch einmal zur Anzeigetafel hoch. Eine Stunde ist gespielt. Marius kann nicht anders, als auf der Ersatzbank plötzlich ganz locker zu sein. »Ich war so kaputt, ich hatte keine Kraft mehr, um so etwas wie Nervosität oder Anspannung zu spüren.«

Bayern lässt den Ball laufen. Wie Thiago prophezeit hatte, »da seht ihr keinen Ball«. Bloß er sieht ihn nach der 64. Minute auch nicht mehr. Bayerns Trainer Heynckes wechselt Thiago aus. Mit einem Gesicht der Enttäuschung sagt er etwas zu Heynckes, es muss etwas Ähnliches wie »Ach, lass mich doch weiterspielen!« gewesen sein.

Hummels köpft gegen die Torlatte. Hasebe rettet im letzten Moment heroisch für Frankfurt vor dem einschussbereiten Tolisso. Kovac bringt noch einen Abwehrmann ins Spiel, Russ. Unter den elf Frankfurtern sind nur noch drei Offensivkräfte, Gacinovic, Kevin-Prince Boateng, Rebic. Atlético Frankfurt geht zur Partisanentaktik über. Sich irgendwie in jeden Zweikampf stürzen.

Schon kommen die Bayern wieder, mit James Rodríguez, wie lange geht das noch? Gleich drei Frankfurter stellen den Kolumbianer, nur noch acht Minuten. Der Prince und da Costa sperren James die Passlinien zu, Hasebe stemmt den Körper regelrecht in den Bayern-Stürmer. »Foul!«, schreit Ribéry. Weiterspielen, zeigt der Schiedsrichter an. Atlético-Härte ist erlaubt. James fällt zu Boden, der Prince stochert nach dem Ball, irgendwie springt er zu da Costa, der schlägt ihn einfach weg, nach vorne, da müsste doch noch einer sein. »Foul!«, schreit Ribéry immer noch.

Ante Rebic startet zwei Meter hinter Süle und vier Meter hinter Hummels. Man sieht Rebic die beiden Bayern-Verteidiger schon überholen, als er noch hinter ihnen ist. Seine Körperhaltung strahlt so eine schiere Explosivität, Wucht und Entschlossenheit aus. *Den bringe ich um.* Hummels schiebt seine Schulter gegen Rebic, um ihn aufzuhalten, im Idealfall aus dem Gleichgewicht zu bringen. Sie sind im Vollsprint. Aber Rebic ist zu schnell. Hummels' Schulter touchiert ihn nur, ohne Effekt.

Ein Teil von Marius ist auf der Ersatzbank auch in dem hochemotionalen Moment analytischer Profi. Ulreich, der Bayern-Torwart, bleibt in Situationen alleine vor dem Stürmer lange stehen und stellt den inneren Fuß zur Seite, erinnert sich Marius, da hast du als Stürmer eigentlich nur ein Schlupfloch für deinen Schuss, zwischen Knie und Arm des Torwarts. Ziel zwischen Knie und Arm, Ante!

Rebic hat eine andere Idee. Direkt neben Ulreichs Kopf, über seinen rudernden Arm hinweg, fliegt der Ball ins Tor hinein.

»Was machen die Verteidiger da?«, fragt Eintrachts Ersatztorwart Jan Zimmermann Marius auf der Ersatzbank. Wie können die Bayern Rebic so durchlaufen lassen? Die Antwort interessiert sie gar nicht, realisieren sie.

An eine Sache hat Marius im Olympiastadion noch gar nicht gedacht. Es ist sein letztes Spiel für die Eintracht.

Am Dienstag, fünf Tage vor dem Finale, hatte der Eintracht-Reporter der *Frankfurter Rundschau,* Ingo Durstewitz, exklusiv herausgefunden, dass Marius den Verein für eine festgeschriebene Ablöse von fünf Millionen Euro verlassen konnte. »Peanuts«, schrieb Durstewitz. Auf der Geschäftsstelle der Eintracht gab es ein Riesentheater, wer das verraten habe, so eine negative Nachricht so nah am Finale, war es jemand aus dem Aufsichtsrat gewesen? Ich tippte eher auf einen von Marius' Mitspielern.

Nachdem der Zeitungsbericht erschienen war, redete Niko Kovac mit Marius. Selbst der Trainer hatte nichts von der Ausstiegsklausel gewusst. So günstig war Marius zu haben, das fand er ja interessant. Denn er wechselte doch zu Bayern München.

Niko Kovac' Vorstoß war offensichtlich spontan, und natürlich müssten der Vorstand und der Sportdirektor des FC Bayern auch mitreden, wenn der Klub einen Spieler verpflichtete. Aber als Anekdote fürs Leben reichte es doch, dass Kovac ihn gefragt hatte, ob er nicht nach München mitkommen wolle. Da kann Marius später, mit 50 oder so, einmal erzählen: Ich habe dem FC Bayern abgesagt.

Er hatte sich schon für Dortmund entschieden. Da kam der Niko ein bisschen zu spät, dachte sich Frankfurts Sportdirektor Bruno Hübner.

Gewöhnlich gab es im Jahr 2018 einen medialen Aufruhr, sobald solche Details wie die vergleichsweise niedrige festgeschriebene Ablöse eines begehrten Talents öffentlich wurden. Nach dem Bericht in der *Rundschau* passierte: nichts. Marius wurde nicht mit Fragen bedrängt, die anderen Medien griffen das Thema nur in Nebensätzen auf. Auch die Frankfurter Journalisten interessierte in diesem Moment offenbar nur das Pokalfinale.

Ulreich, der Torwart der Bayern, rückt in den Frankfurter Strafraum vor. Das ist das Signal: Es gibt nur noch diese eine Chance zum Ausgleich. Vier Minuten hat der Schiedsrichter bereits nachspielen lassen. Noch einmal ist es bis auf ein Grundgemurmel ruhig im Stadion. Die Zuschauer holen Luft. »Dieser Moment der Stille vor dem Jubel«, heißt es in einem Gedicht des britischen Lyrikers Ian McMillan über die Schönheit des Fußballs. Der Eckball fliegt hoch herein, ziemlich genau auf Ulreich. Russ köpft den Ball vor dem stürmenden Torwart weg. Es ist geschafft! Oder doch nicht. Alaba passt den trudelnden Ball zurück in den Strafraum. Der Prince holt wuchtig aus, er will den Ball so weit wegschlagen, wie er nur kann, und dann ist das Spiel wohl aus. Der Prince trifft den Ball nicht, sondern den Fuß von Bayerns Javi Martínez.

Der Prince wirft die Hände verzweifelt zum Himmel.

Elfmeter gegen sie in der letzten Sekunde des Pokalfinales, bei 2:1-Führung gegen die Bayern, das darf nicht wahr sein!

Bloß der Schiedsrichter hat kein Foul gesehen.

Der Videoreferee, diese ganz neue Institution, meldet dem Schiedsrichter über Funk, er möge sich die Szene noch einmal auf dem Bildschirm am Spielfeldrand anschauen.

Auch neben der Ersatzbank der Eintracht steht ein Monitor.

Achtzigtausend warten. Marius schaut sich die Zeitlupe an. Verdammt. Es ist nicht zu verkennen, wie der Prince Martínez den Fuß regelrecht wegtritt. Das Foul ist eindeutig.

Der Schiedsrichter kehrt vom Monitor zurück und zeigt mit dem ausgestreckten Zeigefinger an: Eckball.

Wie, Eckball?

Der Schiedsrichter hat mehr gesehen als alle anderen. Nicht nur, wie der Prince Martínez mit Schwung gegen den Fuß trat, sondern auch, dass der Bayern-Spieler mit dem getroffenen Fuß noch ganz stabil auf dem Boden landen konnte. Der Tritt konnte nicht so schlimm gewesen sein, schlussfolgerte der Schiedsrichter.

Also fliegt statt des Elfmeters nur noch ein Eckball in den Frankfurter Sechzehnmeterraum. Willems köpft ihn problemlos aus der Gefahrenzone. Gacinovic steht dort, wo der Ball landet. Er legt ihn sich weit vor, und auf einmal ist er allein. Auf den 70 Metern zwischen ihm und dem Bayern-Tor ist niemand mehr. Alle Spieler, selbst Bayerns Torwart Ulreich, hatten sich für den Eckball vor dem Frankfurter Tor versammelt. Hummels nimmt die Verfolgung auf, »Gott sei Dank war es Hummels und nicht Süle, der ist schneller«, würde Gacinovic später zu Protokoll geben. »Gacinovic läuft, und er läuft«, schreit der Radioreporter des *Hessischen Rundfunks*, Philipp Hofmeister, ins Mikrofon, »und er läuft«. Und Marius läuft mit. Er weiß nicht, was er tut. Er stürmt außerhalb der Außenlinie parallel zu Gacinovic mit, die Beine sind doch gar nicht müde, Mann! Dann läuft auch der Ball.

Geradezu langsam rollt er ins verlassene Bayern-Tor. Es sieht aus, als ob der Ball von alleine dorthin gelaufen wäre, denn Gacinovic, der Schütze des 3:1, ist einfach weitergerannt, über das Spielfeld hinaus, in die weiße Kurve hinein. »Dieser Moment der Stille vor dem Gesang/als der Alltag nur ein Schatten schien/neben einem Ball an Mijat Gacinovic' Fuß«, heißt es in Ian McMillans Gedicht weiter; okay, den Namen Gacinovic habe ich da einfach eingefügt. Doch einen Moment wie diesen meinte McMillan. Fans springen zu Gacinovic herab, Marius und ein paar Ersatzspieler werfen sich auf ihn, in Sekunden sind sie zu Hunderten. Die Eintracht-Fußballer vom Spielfeld brauchen noch ein klein wenig länger, bei ihren müden Beinen. Oben auf den Tribünen ist nicht zu hören, ob der Schiedsrichter mit seinem Pfiff die Partie beendet hat. Es ist nur zu sehen, dass es vollbracht ist.

Vor 30 Jahren hatte Eintracht Frankfurt zum letzten Mal einen Titel errungen. In der Zeit wurde Bayern München 18-mal Deutscher Meister, gewann zweimal die Champions League, einmal den UEFA-Cup und neunmal den DFB-Pokal. Nur wenige dieser Triumphe entfachten eine Freude wie der Frankfurter Pokalsieg vom 19. Mai 2018. Denn Meistertitel oder Pokalsiege sind nur überwältigend, wenn sie selten sind. Auch das lange Warten macht sie so großartig.

Als Marius in die Umkleidekabine kam, war niemand da. Er hatte zu einem Fernsehinterview ins ARD-Studio gemusst. Warum wurde Marius bei der Eintracht so oft interviewt, hatten sich die Eltern anfangs gewundert. War das ein Beleg für sein hohes Ansehen als Spieler? Nein, hatte ihnen Marius erklärt, er war einfach einer der wenigen im Team, die fließend Deutsch sprachen. Aber wo waren die alle, fragte er sich eine Stunde nach dem Schlusspfiff in der Umkleidekabine. Wo war die Party?

Die Spieler streunten durch die Gänge unter der Haupttribüne. Ein paar überfielen den Trainer auf der Pressekonferenz und schütteten ihm Bier über den Kopf. Den Prince und Torwart Hradecky fand Marius bei den Printjournalisten. Hradecky bot den Reportern Flaschenbier an. Der Prince erklärte, ab sofort übernehme er das Kommando. »Wer vor 8 Uhr morgen früh nach Hause kommt, kriegt 'ne Strafe!« Der Trainer habe nichts mehr zu melden, der sei ab sofort schon Bayern-Trainer, »wenn er noch was zu sagen hätte, wären wir jetzt beim Auslaufen«.

Dass der Schiedsrichter mit dem nicht gegebenen Elfmeter den Sieg der Eintracht extrem begünstigt hatte, war allgemein schon vergessen. Die Menschen wollen glauben, dass im Fußball Wunder geschehen.

»Mich hat eben einer vom Fernsehen gefragt, geht der Wolf jetzt weg, oder was?«, rief Sportvorstand Fredi Bobic mehr, als dass er es sagte. »Hört doch auf mit dem Scheiß! Das ist ein epochaler Moment, hier ist heute Geschichte geschrieben worden. Wir waren einfach dran. Wenn wir morgen nach Frankfurt zurückkommen, werden die Bankentürme wackeln.«

Mitternacht ging vorüber, der Schlusspfiff lag zwei Stunden zurück, und Marius lief noch immer in kompletter Spielmontur durch die Katakomben des Olympiastadions. Die Stollen seiner Fußballschuhe knirschten auf dem Beton. Er hatte weder Zeit zum Duschen noch die Ruhe zum Sekttrinken gefunden. Er schwirrte einfach aufgekratzt herum. In der Hand hielt er eine kleine Feder. Das war seine persönliche Siegtrophäe. Der Falkner von Attila, dem lebenden Eintracht-Wappentier, hatte sie dem Adler vorsichtig ausgerissen und Marius zum Dank geschenkt. »Wie wir heute gespielt haben, wie da jeder in jeden Zweikampf reingeflogen ist, das war der Hammer!«, sprudelte es aus Marius heraus. »Und was die Fans wieder abgerissen haben, war einzigartig. Heute nehme ich meine Eltern mit in den Klub, bis sieben Uhr, und dann höre ich mit dem Fußball auf. Ich habe doch schon alles erreicht!«

»Die Jungs können jetzt Fotos mit dem Pokal machen«, ordnete Prince Boateng an. »Heute Nacht bleibt er dann bei mir.« [15]

Ein klein wenig anders entwickelte sich die Nacht dann doch. Die Eltern warteten bis 1.30 Uhr vergebens auf Marius vor dem Festsaal der DZ-Bank, wo das offizielle Siegesbankett stattfand. Die Mannschaft weilte immer noch im Stadion. Also gingen die Eltern ins Bett. »Sie würden nie sagen: ›Wir sind die Eltern von Marius, könnten wir schon einmal auf die Feier rein?‹«, sagt Maren. »Dazu sind sie zu höflich und zurückhaltend.« Marius zog mit der Mannschaft vom Bankett noch in einen Hip-Hop-Klub, den *808* im Bikini-Haus. Fußballer erzählten gern die unglaublichsten Geschichten von rauschhaften Siegesfeiern, das würde Marius auch gern tun. Bloß, es war nicht so. Er saß einfach in einer Ecke des Klubs und konnte nicht mehr. »Ich konnte nicht mehr tanzen. Ich konnte nicht mehr reden. Ich konnte nur noch grinsen.« Die Anstrengung des Endspiels hatte ihn überwältigt. Um vier Uhr nahm er als einer der Ersten mit Marco Russ, einem Physiotherapeuten und Prince' Frau Melissa ein Taxi zurück ins Hotel.

Zwölf Stunden später trug er einen Eintracht-Schal um den Kopf. Er hatte keine Ahnung, wo der Schal herkam und wann er ihn sich um die Stirn gebunden hatte. Er saß in einem Cabriolet auf dem Weg vom Flughafen Frankfurt zum Rathaus der Stadt, dem Römer. Gewöhnlich braucht man 15 Minuten für die zwölf Kilometer. Der Triumphzug der Eintracht benötigte zwei Stunden. Die Leute parkten ihre Autos einfach auf der Bundesstraße, um Spalier zu stehen. Die Schätzungen der Polizei und Medien gingen von sechzig- bis achtzigtausend Menschen auf den Straßen der Stadt aus. Marius tippt, dass das Cabriolet, in dem er saß, circa 15-mal über den Fuß eines Fans rollte, weil die Leute so nah kamen. »Du hast immer gemerkt, wie das Auto sich hob und dann einer der Fans, der eben noch lachte oder sang, plötzlich die Zähne zusammenbiss.« In dem Moment, nachdem ihr Fuß überfahren, vermutlich geprellt oder gebrochen war, lachten oder sangen die Leute weiter.

Gegen 21 Uhr war Marius von der Feier zurück in seiner Wohnung in der Gerbermühlstraße. Damian wartete schon auf ihn. Am Hauseingang hing ein Blatt Papier.

Wir sind unglaublich stolz auf Dich und die Mannschaft! Vielen Dank für diese Hammerleistung und den denkwürdigen Sieg! Deine Nachbarn (und bitte bleib in Frankfurt, Marius!)

Noch einmal kreuzten sich die beiden Gedanken. Der rationale: Bei dem Angebot von Dortmund musst du gehen. Und der emotionale: Es wäre schön, hierzubleiben.

Dann trugen Damian und er die letzten Koffer zum Auto. Die Wohnung war bereits leer. Die Möbel hatte Damian am Donnerstag von der Spedition abholen lassen, als Marius zum Finale nach Berlin geflogen war.

Während Frankfurt noch feierte, schloss Marius die Tür und fuhr los; weg.

An der Küchenwand in München hängt der Eintracht-Adler aus Metall. Marius hat das Reihenhaus am Fasanengarten für seine Schwester gemietet, die mittlerweile bei den Stadtwerken München eine Ausbildung macht. So hat auch er das Gefühl, einen Platz in München zu haben, wann immer er für ein paar Tage in die Stadt zurückkehrt.

An der Küchenwand waren ein paar Schrammen von einem vorherigen Kunstwerk, als Marius das Reihenhaus übernahm. Der Vermieter fragte, ob sie das neu streichen sollten – oder er könne ihm einen Eintracht-Adler aus Metall schweißen und damit die Schrammen verdecken. Metallkonstruktionen waren offenbar ein Hobby von ihm. Der Nachbar hat den 1860-Löwen aus Metall vor der Tür.

»Fußballer sagen nach großen Triumphen immer: Ich habe das noch gar nicht realisiert«, erzählt Marius vier Tage nach dem Pokalsieg in der Küche in München. »Und als Zuschauer denkst du dann immer, was für ein billiger Spruch. Aber das ist wirklich so! Ich wusste nach dem Finale in Berlin: Wir sind Pokalsieger, aber es fühlte sich noch nicht einmalig, noch nicht groß an.«

Sondern?

»Es fühlte sich an wie …«, er überlegt und lacht dann, »… wie: Wir haben ein Fußballspiel gewonnen. Erst zwei, drei Tage später, als ich auf Videos den Sieg noch mal passiv miterlebte, bekam ich eine Gänsehaut.« Er hat sich alles angeschaut, was er über das Finale im Internet und Fernsehen finden konnte. Morgen läuft eine Dokumentation im *Hessischen Rundfunk*, das hat er sich schon vorgemerkt.

Er hat sich von den Mitspielern nicht verabschiedet. Vor den allermeisten hatte er den sich anbahnenden Vereinswechsel geheim gehalten, und als sie am Sonntag nach der Feier am Römer auseinandergingen, konnte er doch nicht nebenbei sagen, ach, übrigens, ich geh nach Dortmund. Mit etlichen, dem Prince, Alex Meier, Timmy Chandler oder Russa wird er natürlich weiter in Kontakt bleiben. Aber im Prinzip ist das im Profifußball so: Auf einmal bist du weg.

Die Entscheidung für Dortmund, gegen Hoffenheim scheint von außen betrachtet vollends logisch. Dortmund hat eine unheimlich talentierte Mannschaft, spielt in einem Fußball-Tempel und bot in etwa das doppelte Gehalt wie Hoffenheim. Marius jedoch hat versucht, die Entscheidung so überlegt wie möglich zu treffen. Es stimmt, was Damian sagte, dass er Fußball überbordend leidenschaftlich spielt, aufgeputscht vom Feuer der Ultras. Aber nach dem Schlusspfiff betrachtet er Fußball analytisch. Das stärkste Argument für Hoffenheim war ihr Trainer, Julian Nagelsmann, und Marius war skeptisch, ob Nagelsmann noch länger als eine Saison im Verein bleiben würde. Dann stünde er mit drei weiteren Vertragsjahren schön dumm da.

Hoffenheims Sportdirektor Alex Rosen sah auf seinem Handy, dass Marius sein Whatsapp-Profilbild geändert hatte. Als Rosen das neue Foto anklickte, verstand selbst er noch ein wenig besser, dass Marius Dortmund bevorzugte. Das Bild zeigte den sechsjährigen Marius im gelb-schwarzen Trikot bis zu den Knien.

Wohnungssuche, Umzug, das steht alles in den nächsten Wochen an und scheint jetzt noch unheimlich weit weg. Die einzige Realität Ende Mai ist diese: Sie sind Pokalsieger.

Marius richtet den Frühstückstisch her, mit Frischkäse, Marmelade, Wurst, und rührt doch nichts davon an. Er wählt Nutella als Brotaufstrich – es sind Ferien. Das einzige Dringende in dieser Woche hat er schon erledigt. Er hat sich den DFB-Pokal auf die rechte Wade tätowieren lassen.

21

Eine Woche später, Mai 2018

Das bringt ihm nichts, das bringt ihm nichts. Das bringt ihm nichts.

Pünktlich zwei Stunden vor dem Rückflug nach München hatten sich Julia und Niko am internationalen Flughafen Diagoras auf Rhodos eingefunden, und zehn Stunden später waren sie immer noch dort. Sie hatten ihren Flug verpasst, obwohl sie die ganze Zeit vor dem Check-in-Schalter gestanden hatten.

Quälend langsam hatte sich die Schlange der Abreisenden bei der Kofferaufgabe bewegt. Nach anderthalb Stunden waren sie endlich an der Reihe. Der Flug sei bereits geschlossen, erklärte ihnen die Stewardess am Schalter. Hatten sie die dringenden Aufrufe, die Passagiere nach München sollten nach vorne kommen, nicht gehört? Offenbar nicht.

Bis dahin war der Urlaub in Griechenland wunderschön gewesen.

Sie suchten mit Nikos Handy im Internet nach neuen Flügen. Da klingelte das Handy auch noch. Wer war das jetzt wieder? Die Steinhöfer Petra, da musste er rangehen, registrierte Niko genervt.

Petra Steinhöfer war enthusiastisch. Zwei Wochen, nachdem Nikos Zeit als Fußballlehrling beim FC Ingolstadt abgelaufen war, hatte sie einen Verein für ihn gefunden. Er konnte als Profifußballer weiterarbeiten.

Niko raunzte, »ich weiß nicht, ob das was für mich ist«.

Petra war wie vor den Kopf geschlagen. Sie konnte nicht wissen, dass seine Gereiztheit eher der Gepäckabfertigung griechischer Flughäfen galt als ihr.

Monatelang hatte sich das unselige Spiel der Vereinssuche wiederholt, das Niko und Petra Steinhöfer schon zwei Jahre zuvor, nach seinem Ausscheiden aus der Fürther Akademie, durchgemacht hatten. Arminia Bielefeld, Hansa Rostock, FSV Zwickau,

Zweit- und Drittligisten gaben sich vage interessiert, kannten Niko aber nicht wirklich, versprachen, ihn zu beobachten, und ein paar Wochen später verlor sich die Spur. Es stünden halt noch andere Linksverteidiger auf der Liste, lautete die gängige Bitte um Geduld. Und irgendwann war dann ein anderer Linksverteidiger verpflichtet.

Aus Sicht eines Talents war diese Zeit des Hoffens und Bangens zermürbend. Wie aber war das aus Sicht der Vereine?

In jenem Frühling 2018 traf ich einmal Marco Streller, den Sportdirektor des Schweizer Meisters FC Basel. »Wir haben uns einmal die Mühe gemacht, es nachzuzählen«, sagte er: »619 Spieler wurden uns in einer Saison ungefragt von Beratern angeboten. Mit rund zwanzig davon beschäftigten wir uns.« Den Rest sortierten ihre Scouts am Bildschirm mit *Wyscout* in Minutenschnelle aus. »Bei unterklassigen Vereinen ist es vermutlich noch schlimmer«, sagte Streller, »die werden mit Spielern zugeschüttet. Denn da trauen sich die Berater, wirklich jeden anzubieten.«

Wenn Petra Steinhöfer herausfand, dass der Chemnitzer FC einen Linksverteidiger suchte, und Niko folglich dem Drittligisten anbot, wurde das nach aller Wahrscheinlichkeit mit einem Grunzen quittiert: noch einer. Es sei denn, die ungefragte Bewerbung traf aus irgendeinem Grund einen Nerv. Bei Arminia Bielefeld stach Niko unter den vielen angebotenen Linksverteidigern heraus, weil ihn kein Berater anpries, sondern so ein Typ. Ich hatte für Niko in Bielefeld angerufen, weil ich dort einen Mitarbeiter des Sportdirektors gut kannte. Ja, schon klar, ein Buchautor sollte nur eiskalt beobachten und sich aus dem Geschehen heraushalten, aber Foti brachte mich mit seiner unschuldigen Offenheit öfter dazu, ihm kleine Gefallen zu tun. Da war es nur gerecht, wenn ich auch mal etwas für Niko arrangierte. Ich rief ja nur mal kurz bei Arminia an und ließ die Geschichte sich dann wieder entfalten. Auf jeden Fall blieb Nikos Name bei Bielefelds Mannschaftsplaner Carlos Leal hängen, weil ich so unprofessionell auf ihn hinwies. Ich beschrieb ihn nicht als Supermann, wie üblicherweise die Berater ihre Schützlinge, sondern berichtete auch von Nikos Schwächen. Das machte offenbar meine Schilderung der Stärken glaubhafter. Den würden sie sich mal anschauen! Wie so oft kam es dann allerdings nicht zu einer detaillierten Überprüfung. Denn es standen ja noch andere Linksverteidiger auf der Liste. Bielefeld hatte bereits einen Kandidaten für die Stelle des jungen Ersatzverteidigers fest im Auge, Anderson Lucoqui von Fortuna Düsseldorf.

Ein junger Fußballer musste auf irgendeine Art die Fantasie der Sportdirektoren und Scouts beflügeln, dann studierten sie ihn plötzlich ganz genau. Das konnte eine einzige besondere Aktion in einem Spiel sein, so wie es bei Marius als Neu-Profi oft seine unbekümmerten Sturmläufe gewesen waren. Niko dagegen war für mehrere seiner Trainer wie Achim Beierlorzer eine Liebe auf den zweiten Blick gewesen. Wie wirkte er dann auf Scouts, die einen ersten Blick auf ihn warfen? Sein Spiel hatte sich im Frühling 2018 mit der allgemeinen Verunsicherung infiziert, die das Ingolstädter U21-Team seit den Eingriffen der NLZ-Leitung plagte, und in solchen Momenten konzentrierte sich Niko erst einmal sehr darauf, seine Grundaufgaben ordentlich zu erfüllen. Auf den ersten Blick konnte man das für gewöhnlich halten.

Nach der Zwei-Stärken-Theorie von Fotis und Marius' altem Förderer Wolfgang Schellenberg (»in zwei Feldern muss ein Talent überragend sein, in allen anderen Bereichen mindestens gut«) aber hatte Niko dank seiner Athletik und Persönlichkeit die Voraussetzungen für eine Karriere. Dies sagte sich dann eben auch genau Wolfgang Schellenberg.

Von ihm war das Angebot, das Petra Steinhöfer Niko am 24. Mai 2018 überbringen wollte. Wolfgang Schellenberg würde nach Jahren im Akademiefußball erstmals als Trainer eine Profimannschaft übernehmen, den SV Wacker in seiner Heimatstadt Burghausen.

Aber Niko wusste ja nicht, ob das etwas für ihn war.

Er musste schnellstens schauen, ob er für den Tag noch einen neuen Flug nach München fand, und jetzt kam die Petra wieder mit einem Regionalligaangebot um die Ecke. Er hatte doch für sich entschieden, dass er nicht noch weitere Jahre bei einem besseren Auszubildenden-Gehalt in der vierten Liga verbringen wollte. Entweder ein Drittligist wollte ihn jetzt, oder er war eben nicht gut genug. »Irgendetwas muss mir ja fehlen, sonst würden die mich doch holen«, hatte er zu Julia auf Rhodos am Strand gesagt.

Er hatte keine einzige Anfrage aus der dritten Liga erhalten, aber aus der Regionalliga Bayern sieben Angebote. Das lag auch daran, dass die bayerischen Viertligisten, die ihn zwei Jahre lang als Gegner erlebt hatten, seine Stärken besser einschätzen konnten als ein Scout aus Rostock, der nur einen ersten Blick auf ihn warf.

Burghausen war doch kein Regionalligist wie Seligenporten oder Pipinsried, rief die Petra ins Telefon. Das war ein langjähriger Zweitligist mit einem fabelhaften Trainingszentrum und einem echten Talentförderer als Trainer, Wolfgang Schellenberg hatte Marius' Karriere mit 16 gerettet, und nun wollte er explizit Niko als linken Verteidiger, genau ihn, weil er glaubte, auch aus ihm einen höherklassigen Spieler machen zu können, in Burghausen würde Niko unter Profibedingungen arbeiten, 1500 Euro netto hatte sie für ihn rausgehandelt, netto, da konnte er auch jeden Monat ein klein wenig zur Seite legen, was ihm so wichtig war, und er würde dort leben, wo andere Urlaub machten. Für längere Zeit schien die Petra gar nicht mehr Luft zu holen. Ohne Punkt und Komma reihte sie die Argumente aneinander.

Niko bekam Panik, wenn die Leute derart am Telefon auf ihn einredeten. Er fühlte sich dann stets wehrlos. Die Worte prasselten auf ihn ein, die ganzen Erwachsenen redeten am Telefon immer so viel und so schnell, ihre Worte drückten ihn an die Wand, und er konnte immer nur »Ja, ja« sagen. Selbst wenn er »Nein« meinte. Diesmal aber war etwas anders.

Julia und er hatten anderthalb Stunden brav in der Schlange ausgeharrt, und dann wurde ihnen die Flugzeugtür vor der Nase zugeschlagen, so ging es einem, wenn man sich korrekt verhielt, im Fußball war es doch genauso, was die NLZ-Leiter in Ingolstadt im letzten Halbjahr mit ihm gemacht hatten, war eine Erniedrigung gewesen, »die Jüngeren müssen spielen«, pah! Im letzten Heimspiel der Saison, als sie nach vier Niederlagen in Folge auch noch gegen Pipinsried verloren, gegen diese Pipi-Truppe, hatte Niko in der letzten Spielminute ohne Chance, den Ball zu spielen, einen Gegner brutal umgetreten. Es reichte ihm! »Du kannst alles absagen, das bringt mir alles nichts, Regionalliga!«, rief Niko am Flughafen Diagoras ins Telefon.

Etwas klickte an dem Punkt des Telefongesprächs auch bei Petra Steinhöfer.

War Niko blind geworden? Ein Engagement bei Wacker Burghausen war eigentlich für seine Entwicklung sogar sinnvoller, als in Rostock oder sonst wo in der dritten Liga für 2000 Euro netto der Junge am Ende der Mannschaftshierarchie zu sein. Bei Burghausen konnte er sich als gesetzte Kraft in einer Regionalliga-Spitzenmannschaft in Szene setzen.

»Niko, willst du Fußballprofi werden oder nicht?«, rief Petra ins Telefon zurück. Sie hatten sich gegenseitig an den Punkt der Rage gebracht, an dem man in einem Ton redete, den man selbst nicht von sich kannte.

Diese Stopfenheimer Sturheit!

Dieses Gelaber der Fußballtypen, die laberten doch alle nur, die Petra jetzt auch schon!

Niko erzählte: »Ich habe dann irgendwann aufgelegt.«

Petra Steinhöfer erzählte: »Ich habe dann irgendwann aufgelegt.«

Niko setzte die Suche im Internet nach einem neuen Flug fort. Am Abend nach 20 Uhr Ortszeit, also in acht Stunden, ging noch einer nach München, sogar bezahlbar, für weniger als 100 Euro pro Person. Petra Steinhöfer setzte sich an den Computer und schrieb Niko in einer E-Mail alles, was sie ihm gerade am Telefon über Wacker Burghausen gesagt hatte.

Am nächsten Tag suchte Niko in Stopfenheim den besten Punkt zum Telefonieren. Er ging ins Bad, wechselte auf die Terrasse, er kannte alle Ecken, wo der Handyempfang eventuell funktionieren konnte. Das mangelnde Handynetz auf dem deutschen Land war mittlerweile auch schon im Bundestag ein großes Thema. Schließlich meldete Niko: »Ich bin jetzt nach Theilenhofen gefahren und stehe dort neben der Straße auf einer Wiese. Hier geht es.« Stopfenheims Nachbardorf profitierte beim Handynetz von seiner Berglage.

Um halb eins in der Nacht waren Julia und er schließlich aus Rhodos zurückgekehrt. Viel hatte er nicht geschlafen, aber um ein

Sprichwort zu bestätigen, reichte es: Am nächsten Morgen sah die Welt schon wieder anders aus. »Ganz ehrlich«, sagte Niko: »Ganz abgeneigt bin ich bei Burghausen jetzt nicht mehr.«

Eine Woche später, am 1. Juni 2018, besuchte eine ungewöhnliche Delegation Geschäftsführer Andreas Huber beim SV Wacker Burghausen. Die Stopfenheimer kamen. Seine Eltern begleiteten Niko, um sich mit ihm seinen neuen Arbeitsplatz anzuschauen. Die Steinhöfer Petra glaubte, dies dem Huber Andreas erklären zu müssen. Es war doch nicht üblich, dass ein 21-jähriger Profifußballer noch seine Eltern mitbrachte. Aber das war eben so, wie sie das in Stopfenheim machten. Sie waren eine richtige Familie.

Auch auf die Eltern machte Wacker Burghausen einen vorzüglichen Eindruck. Der Trainer schien ein fleißiger Mann, dafür glaubte Albert Reislöhner einen Blick zu haben, und das Trainingsgelände sah nach großem Fußball aus. Petra Steinhöfer wollte den Reislöhners am liebsten noch die Burg und den herrlichen Badesee von Burghausen zeigen, um zu beweisen, in welch schöne Stadt sie Niko brachte. Die Reislöhners wollten lieber ein zünftiges bayerisches Mittagessen zu sich nehmen. Am Sonntag, in zwei Tagen, ging es mit dem Training los. Niko konnte die ersten Nächte im Jugendinternat des Vereins schlafen, bis er eine Wohnung gefunden hatte.

Jugendinternat sagte man so. Genau genommen handelte es sich um eine Drei-Zimmer-Wohnung in einem alten Arbeiterblock, fand Niko heraus, als er am Samstagabend dort ankam. Die Jugendspieler, die hier kommende Saison wohnen sollten, waren in den Ferien. Die Wohnung wurde noch renoviert. In seiner Wahrnehmung bestand die Zimmereinrichtung bislang aus einem Bett mit Matratze und ein paar Farbeimern. Die hatten die Maler zurückgelassen.

Er schickte Julia eine Whatsapp-Sprachnachricht. Auch sie freute sich, dass er bei Wacker Burghausen untergekommen war. Julia war fest entschlossen, zu ihm ziehen. »Ich gehe dahin, wo Niko ist«, sagte sie. In einem Jahr würde sie ihre Lehre als Chemielaborantin beenden, dann kam sie nach. Das war doch wie eine Fügung: Wacker, der Sponsor des Fußballvereins in Burghausen, war ein Chemieunternehmen.

»Ich bin hier alleine, in so einer Bruchbude«, sagte ihr Niko in der Sprachnachricht. Julia hörte nicht nur die Worte, sondern auch die Stimme ab. Da war definitiv keine Selbstironie herauszuhören.

Sie schickte eine Sprachnachricht zurück.

Eine Sprachnachricht? Hätten sie nicht auch telefonieren können?

Wenn einer eine Konversation per Sprachnachricht begann, schickte man sich Sprachnachrichten hin und her. Das machte man so. Es wäre komisch gewesen, plötzlich zu telefonieren.

Das mit den Sprachnachrichten ging ziemlich lange hin und her, und Julia wunderte sich. »Am nächsten Morgen hatte er sein erstes Training im neuen Verein. Normalerweise hätte ich erwartet, dass er nach einer kurzen Nachricht schrieb: ›Ich muss jetzt schlafen, um morgen fit zu sein.‹« Aber nichts dergleichen geschah.

Tu' schlafen, schlaf' endlich ein, sagte sich Niko wieder und wieder, nachdem das Sprachnachrichten-Gespräch mit Julia beendet war. Er wurde immer wacher.

Die Wetter war traumhaft, sonnig und nicht heiß, als die Spieler des SV Wacker am Sonntagmorgen zum Trainingsauftakt im Sportpark Lindach erschienen. Niko war übel. Der Kopf, der Bauch, er konnte gar nicht genau sagen, wo es ihn drückte. Hatte er Kopfschmerzen, oder war ihm schwindlig? Er war zu durcheinander, um darüber nachzudenken.

Wolfgang Schellenberg ließ die Spieler ein leichtes Aufgabenprogramm absolvieren, ein paar Passübungen und Kleinfeldspiele, sie sollten sich nach den Ferien einfach wieder an die Fußballerbewegungen gewöhnen. Schellenberg hatte sich um eine ganze, für ihn neue Mannschaft zu kümmern, er konnte nicht bei jeder Aktion von Niko genau hinschauen. Was er jedoch sah, ließ ihn stutzig werden. »Er war sehr nervös. Ihm unterliefen relativ viele Abspielfehler. Sogar leichte Pässe missrieten ihm.« Schellenberg war sich sicher gewesen, mit Niko nichts falsch machen zu können. »Er hatte eine wahnsinnige Athletik und sich schon in fast

50 Regionalligaspielen bewiesen. Im besten Fall bekam ich einen Jungen, der die Mannschaft richtig weiterbrachte. Im schlimmsten Fall würde er ein ordentlicher Regionalligaspieler.« Doch nun erschien ihm der Junge überfordert von der Situation, neu zu sein. Das kam vor, wusste Schellenberg. Er dachte aber auch: »Er wird mir nicht vom ersten Tag an als Leistungsträger helfen können.«

Zehn Minuten vor Ende des Trainings suchte Niko den Kontakt zum Trainer. Er bat, das Training abbrechen zu dürfen. Ihm sei speiübel.

Niko verschwand in der Umkleidekabine, beeilte sich zu duschen, damit er möglichst niemandem aus seiner neuen Mannschaft mehr begegnete, und fuhr weg.

Den Schlüssel für die Wohnung der Jugendspieler hatte er eingesteckt. Den musste er dann eben mit der Post zurückschicken. Er konnte ihn niemandem zurückgeben, das hätte Verdacht geweckt.

Sein Handy klingelte. Er war irgendwo auf der A9, von Burghausen nach Stopfenheim waren es zweieinhalb Stunden über die Autobahn, auf der Landkarte unterschätzte man, wie groß Bayern war. Niko nahm den Anruf entgegen, obwohl ihm die Nummer nichts sagte. Er ging noch ans Telefon, wenn jemand Fremdes anrief, da war er in seiner Generation fast eine Ausnahme.

Björn Schlicke war am Apparat. Der Assistenztrainer der U23 der Spielvereinigung Greuther Fürth hatte miterlebt, wie Niko und praktisch der gesamte Fürther 97er-Jahrgang zwei Jahre zuvor weggeschickt worden war, weil der neue Sportdirektor Yildirim eine große Idee hatte. Mittlerweile war Yildirim entlassen. Schlicke fragte Niko, ob er zur neuen Saison nicht nach Fürth zurückkommen wolle, in die U23-Azubimannschaft.

»Du kannst ja mal vorbeikommen, dann zeige ich dir das Trainingsgelände«, sagte Schlicke und musste selbst lachen. »Du kennst die Anlage natürlich schon.« Er hatte erst einmal das übliche Entree im Gespräch mit potenziellen Neuzugängen heruntergerasselt.

Es war Zufall, dass Schlicke genau in dem Moment anrief. Niko kannte ihn nur vom Namen. Aber dann war der Fürther Trainer eben der Erste, der es erfuhr.

»Wirklich, vielen Dank, ich weiß es sehr zu schätzen, dass ihr mich zurückholen wollt. Aber ich habe mit dem Fußball aufgehört.«

Im Grunde hörte er genau in diesem Moment mit dem Fußball auf, indem er fluchtartig von Burghausen nach Stopfenheim zurückfuhr. Wann aus den kreisenden Gedanken der Nacht ein fester Entschluss geworden war, konnte Niko gar nicht sagen. Er hatte auf jeden Fall schon mit dem Gedanken gespielt hinzuwerfen, als er morgens zum ersten Wacker-Training gefahren war, denn er hatte alle seinen Sachen aus dem Jugendinternat mitgenommen. Die ganze Nacht hatten ihn die Gedanken umgetrieben, das bringt doch nichts mehr, was machst du hier, in einer leeren, verlassenen Wohnung, ich habe keinen Bock mehr, wofür tust du dir das noch an, aus der Regionalliga kommst du sowieso nicht mehr raus, und dann wirst du mit 24 bei null in einem anderen Beruf anfangen müssen. Ich will auch mal eine Wasserpfeife rauchen, ohne mit Schuldgefühlen an das Spiel nächsten Samstag denken zu müssen. Das bringt doch nichts mehr, ich habe keinen Bock mehr.

Überrascht fragte Björn Schlicke am Handy nach den Gründen. Soweit Niko sich erinnert, erklärte er sich gegenüber Schlicke eher vage. Er deutete Zweifel an, *Regionalliga bringt mir nichts mehr*, und erwähnte das Gefühl aus Ohnmacht und Verbitterung, das sich eingebrannt hatte, als er in Ingolstadt am Ende wie ein Spielball der NLZ-Leiter aus der Elf rein- und rausgenommen worden war. Er hoffte nur, dass Björn Schlicke nicht anfing, ihn zur Rückkehr nach Fürth überreden zu wollen. So ein Gespräch würde er jetzt nicht packen. Schlickes Antwort hätte er sich nie erwartet.

»Ich habe während meiner Karriere auch oft daran gedacht aufzuhören«, sagte Björn Schlicke. Er hatte einen Weg hinter sich, den man gemeinhin einen erfüllten Traum nannte, mit über 200 Profispielen für Clubs wie den Hamburger SV oder MSV Duisburg in der Ersten und Zweiten Bundesliga. So oft wäre er gern einfach aus der Umkleidekabine gegangen und nicht mehr wiedergekommen, erzählte Schlicke Niko. Das ständige Gefühl dieses Berufs, etwas falsch gemacht zu haben, nicht gut genug zu sein, wieder verloren zu haben, war unerträglich. Jedes Mal überredete sich Björn Schlicke selbst, weiterzumachen. Ein Profi hörte doch nicht einfach auf, es sagten doch alle, er habe den tollsten Beruf. Nach dem nächsten Sieg, dem rauschhaften Eindruck, er würde mit den Zigtausend feiernden Fans eins werden, fragte er, warst du blöd? Wieso wolltest du aufhören? Sieben Tage später wusste er es dann oft wieder.

»Ich verstehe dich sehr gut«, sagte der Fürther Trainer zum Abschied.

Damit war er an diesem 3. Juni 2018 aber fast der Einzige. Der Vater verstand erst einmal gar nichts, als Niko am frühen Nachmittag in Stopfenheim ins Haus trat. »Ich hör auf, ich muss aufhören, sonst macht es mich kaputt«, sagte Niko.

Der Vater bekam einen roten Kopf. »Was glaubst du, wie es Tausenden Arbeitern geht?«, schrie er. »Glaubst du, dass denen der Beruf in jedem Moment wahnsinnig Spaß macht, dass die einfach hinschmeißen können, wenn sie mal was a weng stört? Du brauchst bloß nicht glauben, dass du jetzt die ganze Zeit daheimhockst! Du stellst dir das alles so leicht vor, du …« Niko nahm die einzelnen Sätze gar nicht mehr auf, sondern nur noch den Fakt, dass der Vater ausrastete.

Seine Mutter schlüpfte instinktiv in die Rolle der Beschützerin. »Mütter sind da anders«, vermutete Niko. Er schrieb Julia eine Whatsapp-Nachricht. »Bin zu Hause …«

Ein paar Tage später wusste Julia gar nicht mehr, ob ihr bei den Reislöhners am Sonntagnachmittag jemand die Haustür geöffnet hatte oder ob auf ihr Klingeln bloß der Türöffner gesummt hatte und sie alleine, unbeachtet eintrat. Das Bild, als sie Niko oben in seinem Reich auf dem Sofa liegen sah, verdrängte alle anderen Eindrücke. Er sagte nicht Hallo oder begrüßte sie sonst auf irgendeine Art. Er sah sie einfach an und sagte trocken: »Ich schmeiß alles hin.«

Sie war verwirrt. Vor zwei Tagen hatte er ihr noch fröhlich eine gemeinsame Zukunft in Burghausen ausgemalt. Aber sie verstand, dass es jetzt nicht unbedingt ums Verstehen ging, sondern darum, Niko im Arm zu halten und ihm zu sagen: »Ist okay.«

Er hatte sich noch gar nicht richtig erklärt, da dachte er schon wieder an die anderen. »Ist es okay für dich?«, fragte er Julia. »Ich muss es der Petra sagen, für die wird es ein Schlag sein.«

Empathie ist ein wunderbarer Wesenszug. Bei Niko wurde sein Einfühlungsvermögen manchmal zur Belastung. Er dachte zu sehr daran, wie es anderen ging, wie sein Handeln sich auf andere auswirkte.

Petra Steinhöfer hatte am 3. Juni 2018 viel über Karl den Großen und seinesgleichen geredet. Sie hatte zwei Stadtführungen hintereinanderweg geleitet. Mit einem Gefühl von Zufriedenheit ließ sie sich an dem Sonntag gegen 18 Uhr im Café vor dem Römermuseum in Weißenburg nieder. Der Tag strahlte noch hell. Die Touristen hatten ihr weitestgehend wirklich gelauscht, und Niko hatte sie endlich auch gut untergebracht. Sie würde für die Vermittlung zu Wacker Burghausen sogar ein Honorar von dem Verein erhalten. 1500 Euro hatte sie ausgehandelt, für einen Regionalligatransfer lag das eher im oberen Bereich, aber was besonders zählte, war die Symbolkraft: Sie verdiente etwas mit der Agentur. Vor allem war dies nach ihrem Gefühl erst der Anfang. Wolfgang Schellenberg würde Niko als Fußballer zur Reife bringen. Er würde Niko die taktischen Kniffe und das Selbstvertrauen vermitteln, noch mehr auf dem Flügel durchzubrechen und gemeingefährlich zu flanken, seine besonderen Stärken auszuspielen. In Burghausen würde Niko aufblühen. Er würde entweder mit Wacker in die dritte Liga aufsteigen oder in ein, zwei Jahren von einem höherklassigen Club übernommen werden, und er würde, zum ersten Mal fern von zu Hause, erwachsen werden, ein selbstständiger, offener Typ.

Nebenbei holte sie am Cafétisch ihr Handy aus der Tasche. Während der Führungen hatte sie es stets leise gestellt.

Niko hatte vor einer Stunde eine Whatsapp-Nachricht geschickt, sah sie.

»Hallo, Petra, mich macht das alles kaputt. Ich kann das nicht mehr machen. Kann ich bei dir vorbeikommen? Bin am Ende.«

Petra Steinhöfer setzte auf die Heilkraft der Natur. Nachdem sie am Sonntagabend auf ihrer Terrasse völlig perplex von Niko vernommen hatte, dass er den Fußball hinwerfen würde, bat sie ihn, sie am nächsten Morgen auf einem Spaziergang durch den Weißenburger Wald zu begleiten. »Ich dachte, raus in die Natur, weil sich dort alles leichter bereden lässt.«

Am Ende war das doch alles nur eine Panikattacke, glaubte sie, vermutlich weil die Gedanken, allein in dieser leeren Burghausener Wohnung, zu kreisen angefangen hatten und am Ende Karussell in seinem Kopf gefahren waren.

Sie redete verständnisvoll mit Niko, jeder wurde schließlich mal von dem Gefühl überwältigt, nicht mehr zu können. Sie malte ihm die Zukunft aus, wenn er erst einmal mit Wacker im Trainingslager weilte, eine Woche eng zusammen, würde er sich schnell in der Mannschaft heimisch fühlen. Sie wurde direkt, wie machst du es dann in deinem nächsten Job, schmeißt du dann wieder bei den ersten Schwierigkeiten hin, wenn du es schon bei deinem Traumberuf nicht schaffst, dich durchzubeißen? Seine Antwort war immer dieselbe. »Das bringt mir nichts, das bringt mir nichts, das bringt mir nichts«, fasst Petra Steinhöfer zusammen.

Er wusste nicht, ob er der Petra oder seinem Vater seine Beweggründe jemals plausibel erklären konnte. Aber im Moment ging es auch nicht darum, sich zu erklären, fühlte er. Es ging nur darum, sich nicht vom eingeschlagenen Weg abbringen zu lassen. Er musste es schaffen, mit dem Fußball aufzuhören, nur darum ging es. »Ich ziehe das jetzt durch, was mein Kopf und mein Köper von mir verlangen«, sagte er sich. »Ich lasse mich nicht mehr überreden.«

Petra rief Wolfgang Schellenberg an, um ihm Nikos Entschluss zu übermitteln. Es fühlte sich wie der letzte Akt an. Ihre Fußballagentur war am Ende. »Vorbei, es ist vorbei. Fußball ist für mich vorbei.«

Sie hatte damit keine Erfahrungen, aber was ihr an diesem Montagvormittag widerfuhr, nannte man wohl einen Nervenzusammenbruch. Das Weinen schüttelte sie im wahrsten Sinne des Wortes.

Der Montag war noch nicht vorüber. Am späten Nachmittag klingelte es bei Julias Familie in Weißenburg. Niko stand vor der Tür, mit seinem Reisekoffer. Sein Vater hatte ihn rausgeworfen.

Teil 3

Nach dem Ende

(Was als Fußballer aus Foti, Marius und Niko wurde, wissen wir jetzt. Aber der Typ meint, nach der ganzen Aufregung wolle jeder wissen, was aus ihnen wurde. Im Leben.)

Herbst 2018

Jeder findet sein Borussia Dortmund

Foti redet neuerdings über Versicherungsunternehmen wie über Fußballclubs. Die Allianz, findet er, ist Bayern München, Deutschlands Nummer eins. Aber dahinter kommt seiner Meinung nach eigentlich schon die Continentale. Er ist also genau wie Marius zu Borussia Dortmund gewechselt, halt nur zum Borussia Dortmund unter den Versicherungen. Die zweitbeste Firma, bei der man als Lehrling landen kann.

Gegen acht am Morgen kommt Foti in das große Versicherungsgebäude im Münchner Süden, das wegen seiner vielen Fenster an Sonnentagen glänzt. Er trägt *black fashion*. Der Dresscode in dem Unternehmen ist genauso wie der Umgang leger. Das lockere Betriebsklima wird der Continentale in Mitarbeiterumfragen stets hoch angerechnet. Foti findet, man müsse in den Büros aufpassen, nicht über schlafende Terrier oder Golden Retriever zu stolpern. Die Mitarbeiter dürfen ihre Hunde mitbringen. Zumindest, solange sie sich nicht gegenseitig anbellen. Ein Mitarbeiter der Continentale bleibe in der Regel 19 Jahre bei dem Unternehmen, hat er gehört. Das sei der beste Beweis für das gute Firmenklima, wollte ihm sein Chef damit sagen, aber Foti hat die Zahl erschreckt. Wenn die alle dableiben, dann gibt es doch kaum Aufstiegsmöglichkeiten. Überhaupt bekam er Panik beim Gedanken, 19 Jahre in einer Firma zu bleiben. Das ist ja ein ganzes Leben. Er ist 21 Jahre alt.

Morgens, wenn die Nettigkeiten ausgetauscht und die Computer hochgefahren sind, macht er sich an die Arbeit. Die Privatversicherten reichen ihre Arztrechnungen bei der Continentale ein, und Foti kontrolliert, welche Auszahlung ihnen aufgrund ihres Versicherungsgrades zusteht. Geht aus den Dokumenten hervor, dass es sich bei der Verletzung etwa um einen Bänderriss oder einen Knochenbruch handelt, wird Foti hellhörig. Dann muss er nachfragen, ob womöglich ein Zweiter an dem Unfall Schuld trug. Aber es handelt sich bei den Patienten in der Regel nicht um Fußballer, die gefoult wurden, merkt er mit einer gewissen Enttäuschung, sondern um Leute, die einfach umfallen oder irgendwo anstoßen.

Sein Chef, der Herr Strupp, weiß montagmorgens immer schon, ob Seligenporten gewonnen oder verloren hat. Es würde Foti ja interessieren, wo Herr Strupp das Ergebnis nachschaut. Näheres von der Partie, etwa ob Foti ein Tor geschossen hat oder nicht, weiß Herr Strupp nicht, hat Foti bemerkt, immer nur das Ergebnis kennt der Chef. Trotzdem freut es Foti unheimlich, dass sein Chef solch ein Interesse an seinen Fußballspielen zeigt. Wenn Foti bei einem Klub näher bei München spielen würde, würde er sonntags mal eine Radtour zum Sportplatz unternehmen, hat Herr Strupp gesagt.

A weng absurd ist es schon, dass Foti weiterhin beim SV Seligenporten spielt, 150 Kilometer von München entfernt, zumal sie am Ende der vergangenen Saison aus der Regionalliga abgestiegen sind und Foti sich mit der Elf im Herbst 2018 in der fünften Spielklasse wiederfindet, der Bayernliga Nord. Aber Seligenporten zahlt halt ein gutes Geld, das hat er auch Herrn Strupp erklärt, natürlich ohne den Betrag zu nennen, 600 Euro. Wenn er das mit der Wohnsitzanmeldung geregelt kriegt, kann er von Seligenporten auch noch Fahrgeld geltend machen. Solche Summen hatte er im Sommer bei den Regionalligaklubs in München vergeblich reklamiert. Die Münchener Viertligisten können in ihrem Einzugsgebiet unter vielen ehemaligen NLZ-Jungs von 1860, Bayern und Unterhaching auswählen, das große Angebot feiner Fußballer hält die Honorare niedrig. 1300 Euro hatte Foti bei Pipinsried gefordert, probieren konnte er es doch mal, aber da war nichts zu machen. Dann fährt er eben viermal die Woche nach Seligenporten, viermal 300 Kilometer.

Der Dachser achtet darauf, dass sie auf der Autobahn nie schneller als 100, 120 km/h werden. So sparen sie Spritkosten. Dominic Dachs war der erste Torwart, dem Foti damals für 1860 in der Jugend-Bundesliga ein Tor reinschoss, das verbindet. Beim

FC Augsburg spielte Dachs im Nachwuchsleistungszentrum. Mit 20 hatte er eigentlich schon mit dem Fußball aufgehört, als der Torwarttrainer aus Seligenporten anrief. Das war so ein schönes Gefühl, dass sich einer noch an ihn erinnerte, noch etwas von ihm hielt, dass er dem Verein spontan zusagte, obwohl er 150 Kilometer entfernt wohnte. Jetzt kann er Foti immer in seinem Smart mitnehmen.

Auf Darts war der Dachser eigentlich schon umgestiegen. »Da hast du nach einem Training auch richtig Muskelkater im Arm«, sagt er. »Und Verletzungen gibt's auch, Sehnenscheidenreizungen im Handgelenk, Schleimbeutelentzündungen im Ellenbogen.« Ein echter Sport, soll das wohl bedeuten.

Der Verkehr fließt auf der A9, dann werden sie wohl zehn Minuten vor Trainingsbeginn in Seligenporten ankommen. Manchmal kommen sie auch zehn Minuten nach Trainingsbeginn an, um 18.40 Uhr, geht halt nicht anders. »Hier ist die Stelle, wo der Foti immer einschläft!«, meldet der Dachser plötzlich, ein gutes Stück vor der Ausfahrt Altmühltal, wo sich die Landschaft weit öffnet, Wälder und Felder in den Blick rücken. »Jedes Mal an derselben Stelle schlafe ich ein«, sagt Foti, »Punkt 17.40 Uhr.« In Seligenporten wacht er auf, zieht sich um und trainiert. Das geht schon.

Sie haben diese Saison eine richtig sympathische Mannschaft. Eigentlich ist es genau so, wie es sich Fotis Vater einmal als Ideal ausgemalt hatte. Der Sohn macht fleißig eine Lehre, hat in der Freizeit beim höherklassigen Amateurfußball richtig Spaß und verdient dabei noch ein wenig nebenher. Beständig allerdings bricht bei Foti noch immer die Rastlosigkeit durch, die ihn in den zurückliegenden zwei Jahren auf der vergeblichen Suche nach dem Fußballglück gepackt hatte. Dass er bei der Borussia Dortmund der Versicherungsbranche eine Lehrstelle gefunden hat, ist ja schön und gut, aber er möchte doch schnellstens weiter, hoch hinaus, etwas Besonderes auf die Beine stellen. Er überlege, nebenher mit einem Kumpel Klub-Nächte zu veranstalten, »erst mal in Erlangen klein beginnen, und wenn wir etabliert sind, ins *Machl* umziehen, den besten Klub von Nürnberg. Einen Champagner für die Veranstaltung wüsste ich schon, eine Marke, die in München schon groß ist, aber in Nürnberg noch unbekannt, Luc Belaire.« Vielleicht fahre er nebenbei in München auch erst mal Pizza aus, »ein Freund macht da manchmal 70 Euro in vier Stunden«, aber dazu bräuchte er natürlich ein Auto, na ja, jedenfalls habe er seinen Fußballberater gebeten, doch mal bei Türkgücü München anzuklopfen, die probten mithilfe eines Mäzens den Sturm aus der fünften Liga in den Profifußball, »Türkgücü wäre der Jackpot«.

In Gedanken, scheint mir, ist er der Realität immer schon zwei Schritte voraus.

Möglicherweise ist es aber nicht nur innere Unruhe, die ihn treibt, sondern der explosive Drang der Jugend, ein eigenes Leben aufzubauen. Die Sehnsucht, nach den zurückliegenden zwei Jahren endlich wieder etwas zu schaffen.

Was Marius in Frankfurt geschafft hat, soll nicht in Vergessenheit geraten, findet sein Vater. Er hängt mit den Freunden vom Stammtisch in Einberg zwei Plakate auf, eines am Dorfeingang, eines am Dorfausgang. »Einberg grüßt seinen DFB-Pokalsieger«, steht darauf. Martin Wolf hat sich das von den österreichischen und Südtiroler Bergorten abgeschaut, in denen Heike und er am liebsten Urlaub machen. Dort grüßt jedes Dorf seinen Rodelweltmeister. Nach wenigen Wochen liegt eines der Plakate in Einberg zerfetzt am Straßenrand. Ob das die Tat von Jugendlichen war, die sich mal stark fühlen wollten, oder von einem Bayern-Fan, der die Finalniederlage nicht verkraftet hat, vermag der Vater nicht zu sagen. Als er von dem zerstörten Plakat erzählt, drückt der Schmerz seine Lippen zusammen und lässt ihn unendlich traurig erscheinen.

Die Eltern erinnern sich noch wohlig an seinen Triumph mit der Eintracht, aber für Marius liegt das weit zurück. Was er in Frankfurt geschafft hat, zählt in Dortmund nicht mehr. Er ist, eine Stufe weiter oben, wieder in der Rolle des Jungen, der sich seinen Status erst erkämpfen muss.

Erschlagen und mit wahnsinnigen Kopfschmerzen kehrt Marius am 7. November 2018 vom Champions-League-Spiel gegen Atlético aus Madrid zurück. Zwei Stunden vor dem Spiel erfuhr er, dass er nicht einmal auf der Ersatzbank sitzen würde. 18 Spieler darf ein Team für eine Partie nominieren, 19 nimmt ein Profiverein in der Regel mit, falls einer im Teamquartier im Bad ausrutscht oder Fieber bekommt. Passiert nichts dergleichen, ist der 19. Mann umsonst mitgereist. Eine Profimannschaft umfasst in der Regel 25 bis 32 Fußballer, es spielen aber allenfalls 14. Das heißt gut die Hälfte wird an jedem Spieltag enttäuscht. Der Fakt, dass er für nichts einmal nach Madrid und zurück reiste, lässt Marius die Reisestrapazen wohl schlimmer spüren, als wenn er sich 90 Spielminuten verausgabt hätte.

Mit den Kopfschmerzen schleppt er sich nach Hause. In seinem Garten in Dortmund, neben der Haustür, steht eine große Skulptur. Das Wappen der Borussia ist in den meterhohen Stein geschlagen, darunter die Inschrift »Deutscher Meister 2011«. Das Werk hat sein Vermieter im Garten aufstellen lassen.

Marius hat seinen Vermieter nur einmal getroffen, im Bank-of-America-Stadion von Charlotte in den USA. Dortmund absolvierte dort im Juli ein Showmatch gegen den FC Liverpool, und Liverpools legendärer Trainer Jürgen Klopp begrüßte Marius, wie er noch nie einen Fußballer begrüßt hatte. »Da ist er ja, mein Mieter!«

Damian Brudi hat es organisiert, dass Marius ins Haus des früheren Dortmunder Meistertrainers einzog. Während Marius im Juni im Urlaub weilte, hatte Damian nach einer Bleibe für sie in Dortmund gesucht. Er würde selbstredend mit Marius dorthin ziehen.

Dennis Klopp, der Sohn von Jürgen Klopp, war Damian als Kontaktperson für die Haussuche empfohlen worden. Klopp Junior war als Immobilienmakler in Dortmund geblieben, als sein Vater 2015 nach sieben Jahren und zwei deutschen Meisterschaften von der Borussia zum FC Liverpool weiterzog. Dennis Klopp zeigte Damian ein Haus am Phoenixsee, wo auf einem ehemaligen Stahlwerksgelände so etwas wie das hippe Wohnviertel der Stadt entstanden war. Es war unter Borussia-Spielern die angesagte Adresse. Dennis Klopp bot Damian das Haus an, aus dem Abwehrspieler Marc Bartra gerade ausgezogen war. »Da lebst du wie im Zoo«, schoss es Damian durch den Kopf. Denn in Dortmund war *Gehen wir mal Fußballer schauen* offenbar eine Freizeitbeschäftigung. »In der ersten Reihe stehen Touristen und glotzen in dein Haus.« Auf keinen Fall durfte Marius hier leben. Der Plan von Damian, dem Profifreund, war, Marius in einem ruhigen, großzügigen Haus unterzubringen, »wo er sich so wohl fühlt, dass er gar nicht den Drang verspürt, auszugehen oder ständig nach München zu fahren«. Ein solches Haus würde gewiss 5000 Euro Miete verschlingen, aber da musste Marius eben lernen, sein Gehirn umzustellen. 5000 Euro Miete klang für ihn noch immer nach Wahnsinn. Doch ob 2000 oder 7000 Euro Miete war bei seinem neuen Gehalt eine Frage wie für andere 600 oder 700 Euro. Das musste er nur erst einmal begreifen.

Dennis Klopp zeigte Damian ein weiteres Haus, diesmal südlich von Dortmund, in Ahlenberg, wo der Herdecker Bach floss und die Geräusche der Stadt verstummten. Als Damian zögerte, sagte Dennis Klopp, »hier gleich um die Ecke ist noch ein Haus, das wollte ich dir eigentlich gar nicht zeigen, denn der Besitzer will es verkaufen, nicht vermieten«. Da der Besitzer jedoch sein Vater war, könnte er mal mit ihm reden.

Die einzige Bedingung, die Jürgen Klopp stellte, war, dass Marius die rechtschaffene Haushälterin weiterbeschäftigte. »Die ist das Feiern von mir auch schon gewöhnt.«

Die Klopps ließen Marius und Damian jede Menge Einrichtungsgegenstände da, Fernseher, Spiegel, Kommoden. Marius hängte im Eingangsbereich gleich mal ein riesiges Schwarz-Weiß-Foto vom Prince und ihm auf. Auf dem Bild schrien sie vor Glück in die Kamera und der Prince trug schon Sonnenbrille, am 19. Mai 2018 in Berlin, wenige Minuten nach dem Schlusspfiff. Das gerahmte Foto war das Abschiedsgeschenk der Eintracht an Marius. Das gab es in der Bundesliga 2018 noch genauso wie 1963, obwohl Vereinswechsel schnöder Alltag geworden waren: Abschiedsgeschenke. Ansonsten kaufte Marius eine Massagebank und taufte die Hälfe des Wohnzimmers in Behandlungsraum um. Er beschäftigte auf eigene Kosten einen Physiotherapeuten, Malte von der Praxis *Fusion5* aus Essen, der bei Bedarf zu ihm nach Hause kam. Zu seinem Chiropraktiker nach Frankfurt und zum Biostatiker nach München fuhr Marius weiter regelmäßig, aber er sagte das keinem Kollegen. Er wollte den Vorteil für sich behalten; mehr tun als alle anderen. Damian bestellte für Marius ein Haskins-Boxspringbett, nachdem er gehört hatte, das seien die gesündesten Betten der Welt, mit Matratzen aus 4280 einzeln handgenähten Taschenfedern, Zonenrandfedersystem und Schichten aus ägyptischer Baumwolle. Als das Superbett geliefert wurde, stellten sie fest, dass sich sein breites Gestell nicht über die Treppe ins Schlafzimmer transportieren ließ.

Damian telefonierte Deutschland nach einem Lastenaufzug ab. In Osnabrück fand er schließlich einen, der nicht auf Wochen ausgebucht war. Das Superbett wurde durch das Fenster in den ersten Stock gehievt.

Marius' Leben in Dortmund spielt sich viel auf dem Haskins-Boxspringbett, der Massagebank oder dem Sofa ab. Schlafen, trainieren, ausruhen, reisen, physiotherapeutische Behandlung, spielen. Das ist der Rhythmus eines Champions-League-Fußballers. In Dortmund trifft sich die Mannschaft nicht wie bei der Eintracht abends fröhlich in großer Runde im Restaurant. Sie sind sich nicht so nah, aber das hat nichts damit zu tun, dass sie sich weniger mögen würden. Sie sind einfach froh, mal zu Hause ihre Ruhe zu haben. In gewöhnlichen Wochen sind sie zwei bis drei Tage für das Champions-League-Spiel unterwegs und dann am Wochenende anderthalb Tage für die Bundesligapartie.

Torjubel empfängt Marius, als er am 7. November nach der Heimkehr aus Madrid die Haustür aufschließt. Luis Súarez hat gerade ein Tor für Barça gegen Real geschossen, beim Playstation-Zocken auf dem gigantischen Fernseher im Wohnzimmer. Damian spielt mit einem bärtigen Bruder. Die beiden sagen Hallo, sind aber eigentlich nicht ansprechbar, weil so hoch konzentriert in ihr Computerspiel vertieft. Alvar heißt der Besuch. Er nimmt dieselbe Rolle wie Damian ein: Profifreund. Schon seit Schulzeiten ist er mit Dortmunds Mannschaftskapitän Marco Reus eng befreundet. Während Reus und Marius auf Dienstreise in Madrid weilten, vertrieben sich die zurückgebliebenen Profifreunde die Zeit gemeinsam.

»Mein Kopf! Ich brauche was zu trinken!«, redet Marius mit sich selbst und schnappt sich das nächstbeste Getränk, das er auf dem Esstisch findet, eine Capri-Sonne. Er reibt sich ständig die Augen und fährt sich durch die Haare. Er kann sich nicht ruhig halten, weil der Kopf platzt und der Körper total kaputt ist vom Nicht-Spielen, Nicht-Schlafen, Nicht-zur-Ruhe-kommen in Madrid.

Es ist nur ein unerfreulicher Moment. Im Prinzip ist Marius mit seinen ersten hundert Tagen in Dortmund recht zufrieden. »Ich bin dran«, an den Besten im Team. Er hält auf ihrem Niveau mit, spürt er, obwohl die Schnelligkeit und die Präzision des Spiels in Dortmund noch einmal höher als bei der Eintracht sind. Bei den Intervallläufen ist er auch bei der Borussia der Stärkste. Zu Saisonbeginn sah ihn der Trainer in der Startelf. Drei Tage vor dem Bundesligaauftakt riss sich Marius dann im Training zwei Außenbänder am Sprunggelenk. Er spielte mit Bänderriss, bandagiert, gegen den Rat des Mannschaftsarztes. Er durfte sich die Chance nicht entgehen lassen, sich in der Elf festzusetzen, fühlte er. Der Physiotherapeut bei der Borussia behandelte ihn mehrere Wochen lang morgens, der private Physiotherapeut behandelte ihn nachmittags, damit er dazwischen tun konnte, was für die Heilung des Bänderriss am schlechtesten war, Hochleistungssport treiben. Marius mit den gerissenen Bändern kam in den ersten sieben Partien der Borussia allesamt zum Einsatz. Darunter fiel der 1:0-Sieg am 18. September gegen den belgischen Meisterclub Brügge. Marius hatte in der Champions League debütiert.

Ich musste an einen Whatsapp-Austausch denken, den wir fünf Jahre zuvor geführt hatten, als er der Jugendspieler eines Zweitligisten war und ich eines Abends als Studiogast im Fernsehen Champions-League-Spiele analysierte.

»Guter Auftritt, Ronald!«, schrieb er.

»Eines Tages analysiere ich dein Champions-League-Spiel«, schrieb ich zurück.

Hatte ich das wirklich geglaubt? Na ja. Eigentlich hatte ich nur eine nette Antwort zurückschreiben wollen.

Dass er ein paar Wochen später, in Madrid, ganz aus dem Spieltagsaufgebot herausfällt, ist nicht ungewöhnlich bei einem Verein wie Borussia Dortmund. Mal bleibt der WM-Siegtorschütze Mario Götze außen vor, mal Rafael Guerreiro, ein technisch wunderbarer portugiesischer Europameister. Nun trifft es ihn. Es sind bewusst zu viele Klassespieler im Team. Das ist das System einer internationalen Spitzenmannschaft. Selbst der achte Ersatzspieler soll irgendein Detail besser können als der beste Mann. Marius versucht, mit seinem phänomenalen Arbeitspensum in diesem Ensemble der Ballspieler ein Alleinstellungsmerkmal zu erreichen.

Damian, der Freundbetreuer mit dem 360-Grad-Blick auf Marius, ist sich nicht so sicher, ob das der richtige Weg ist. »Marius hat bisher in meinen Augen alle seine Spiele völlig okay gemacht, aber nie so, dass ein Dortmund-Fan sagt: ›Der Wolf muss nächsten Samstag wieder spielen!‹«

»Erst mal die Basisarbeit korrekt machen, und wenn das läuft, kann ich besondere Aktionen starten«, widerspricht Marius. Mit dem Ansatz ist er immer gut gefahren.

Aber das hier ist Borussia Dortmund, denkt Damian. Da muss ein Spieler sofort auffallen, sonst verdrängt ihn ein anderer. »Im DFB-Pokalspiel gegen Union Berlin hat man es gut gesehen. Marius hat als Außenstürmer so viel in der Defensive geholfen, dass er in den Offensivaktionen fast ein wenig platt wirkte. Der Guerreiro als Außenverteidiger hinter ihm hat das sofort ausgenutzt: Der ist ständig nach vorne marschiert, weil Marius ja loyal für ihn absicherte.« Im Prinzip war es vorbildlich von Marius, wie sehr er für die Mannschaft arbeitete. Doch in den nächsten Spielen stellte der Trainer dann einen anderen statt Marius als Außenstürmer auf. »Das ist aus den Eindrücken des Union-Spiels entstanden«, glaubt Damian. »Du musst als Flügelstürmer das Heft des Handelns in der Hand behalten, Marius, du musst demonstrieren: Die Offensivaktionen gehören mir!«

Ja, ja, sagt Marius. Das Thema braucht er jetzt gerade noch. Sein Kopf platzt doch schon!

Eine Whatsapp-Nachricht blinkt auf. Der Leuges schreibt, sie seien schon bei Frankfurt, gegen 21 Uhr dann in Dortmund. Der Leuges, Marvin und Lukas kommen für fünf Tage zu Besuch. Das Spiel am Samstag wollen sie sehen. Dortmund gegen Bayern.

Ob Marius sie heute Abend um neun noch empfängt, wage ich zu bezweifeln. Sein Kopf ist inzwischen vor Erschöpfung auf die Tischplatte gesunken. So reden wir weiter, er mit dem Kopf auf dem Tisch. Und ich schwöre, es liegt nicht an meinen langweiligen Fragen!

Einen Tag vor der Partie gegen den FC Bayern teilte der Trainer Lucien Favre Marius mit: »Sie sind morgen nicht im Kader.« Schon wieder nicht! Aber das war offenbar nur die kleinere Nachricht, die ihm der Trainer überbringen wollte. »Was halten Sie davon, wenn wir versuchen, Sie zum Außenverteidiger umzuschulen? Ich sehe Sie dort mit Ihren Stärken. Sie können Tempo von hinten aufnehmen und immer wieder im langen Sprint nach vorne stoßen.«

Lucien Favre war der erste Trainer, der ihn siezte. Er stammt aus einem Dorf in der französischen Schweiz namens Saint-Barthélemy mit 717 Einwohnern. Dort ging der Blick von Favres Terrasse auf den Montblanc, aber ein Besucher berichtete mir, der Trainer habe ihm im Garten nicht Europas höchsten Berg gezeigt, sondern das spezielle Fußballtor, das er auf dem Rasen aufgebaut hatte. Das Tornetz warf den Ball durch seine Spannung nach jedem Schuss wieder zurück. So könne er ewig schießen, ohne den Ball zu holen, erklärte Favre dem Besucher strahlend. Favre galt als fantastischer Fußballfachmann am Rande zur Exzentrik.

Auf Videos zeigte der Trainer Marius, dass er bei Flanken, die an seiner linken Körperseite vorbeiflogen, den linken Fuß zur Verteidigung ausstrecken musste, nicht den rechten, stärkeren, der instinktiv vorschnellte. Für den rechten Fuß sei der Weg zum Ball in der Situation ein paar Millisekunden länger, da er erst den Körper kreuzen musste.

Mir erschien das Training in Frankfurt spezifischer, lebendiger als in Dortmund. Favre ließ oft Spielzüge in Trockenübungen ohne Gegner einstudieren, bei denen die Spieler viel herumstanden, wohl auch, weil höhere körperliche Belastungen angesichts der vielen Partien schwer möglich waren. Innovativ war an den Übungen nichts. Aber die öffentliche Meinung hatte sich bereits festgelegt. Favre war ein Taktikgenie. Denn Borussia Dortmund reihte die Siege im Herbst 2018 aneinander.

Da war so viel Schwung in den Dribbings von Marco Reus und

des 18-jährigen Engländers Jadon Sancho, und dieser komische Spanier im Sturm der Borussia schien nur den Fuß hinzuhalten, da fiel schon ein Tor, Paco Alcacer. Zum Ende der Hinrunde würden sie sechs Punkte vor den Bayern auf Platz eins der Bundesligatabelle stehen. Die Frage lag in der Luft: Konnte Borussia Dortmund nach sieben Jahren, zum ersten Mal seit der Ära Klopp, wieder Deutscher Meister werden?

Ehrlich gesagt wurden sie von den Medien und Fans überbewertet, dachte sich Marius im Herbst 2018. »Wir haben acht Spiele durch Tore in den letzten Minuten gewonnen«, dieses Spielglück würde sich irgendwann auch wieder gegen sie wenden. Aber es gab Schlimmeres, als über Gebühr gepriesen zu werden. Zum Beispiel im Spitzenspiel gegen die Bayern nicht zum Aufgebot zu hören.

»Und stellt euch vor, was er dann noch zu mir gesagt hat: Er will mich zum Außenverteidiger machen!«, berichtete Marius den Freunden aus München am Tag vor dem Bayern-Spiel.

Die Freunde hielten das eigentlich für eine ganz interessante Idee.

»Ja, schon klar, aber …« Marius wollte doch einfach nur, dass sie ihn ein wenig trösteten, dass sie ein wenig auf den Trainer schimpften, damit er die Frustration über die Ausbootung vor dem großen Spiel ein wenig leichter verdaute.

In seinem Weltschmerz rief er den Prince an. Der Prince, der mittlerweile wieder in Italien spielte, gab ihm klare Anweisungen. »Jammer bei keinem Mitspieler herum! Keine Sprüche wie ›Ey, das kann nicht sein, dass der spielt und ich nicht‹ – zu niemandem, egal, wie nahe du jemandem in der Kabine stehst! Glaub mir, irgendwann kommt so etwas immer raus und wird gegen dich verwandt.« Und das mit dem Außenverteidiger war nicht nur ganz interessant, sondern eine Superidee, fand der Prince.

»Du kannst als Offensivspieler eine große Karriere machen, aber es gibt Clubs, da kommst du als Außenstürmer definitiv nicht hin, Real Madrid, Barcelona, Manchester City, da fehlt dir etwas, was einem in die Wiege gelegt wird«, Wendigkeit auf engstem Raum in höchster Geschwindigkeit, solche Details. »Aber schau doch mal, wer bei Real oder City Außenverteidiger spielt.«

Die Botschaft des Prince war klar: Was die können, kannst du auch schaffen. Außenverteidiger in einem Spitzenteam kannst du bei deinen Talenten lernen.

In Frankfurt hatte Marius bereits öfters eine Hybridrolle zwischen Außenverteidiger und Außenstürmer erfolgreich besetzt, als einziger Außenspieler auf der rechten Seite, abgesichert allerdings von einem zusätzlichen, dritten Innenverteidiger.

Ja, ja, er nehme den Versuch als Außenverteidiger doch auch voll an, sagte Marius. Aber warum konnte Favre ihn nicht schon gegen Bayern ins Aufgebot nehmen – von ihm aus auch als Außenverteidiger!

An einem Abend, an dem jeder Zuschauer den Rausch des Fußballs spüren konnte, geriet die Borussia am 10. November zweimal gegen die Bayern in Rückstand, um am Ende 3:2 zu gewinnen, selbstverständlich durch ein Tor von Alcacer. Ihr Fußball knisterte. Damian beobachtete auf dem Tribünensitz neben ihm, wie ein Fußballer, der von dem Fest ausgeschlossen wurde, so ein Spiel erlebt. »Zuerst hat Marius sehr aufmerksam jeden Fehler registriert, den die Kollegen machten, die für ihn spielen durften. Irgendwann hat ihn das Spiel aber voll mitgerissen, und er fieberte mit seinem Team wie der Capo der Ultras.«

Es wurde ein langer Winter für Marius. Favre führte ihn im Training gewissenhaft an die neue Aufgabe als Außenverteidiger heran und ließ ihn am Spieltag praktisch nie mitwirken, dreieinhalb Monate lang, bis Mitte Februar. Es war, als würde ihn der Trainer einem Fortbildungskurs unterziehen, mitten in der Saison, parallel zum Ligabetrieb. »Halten Sie den Abstand zum Innenverteidiger immer gering. Wenn der Gegner versucht, außen vorbeizugehen, ist das in Ordnung, doch lassen Sie ihn nie innen vorbei.«

Jawohl, Sir! Aber durfte er irgendwann auch einmal zeigen, was er gelernt hatte?

Beim Klebstoff geht es um Millimeter, hat Niko gerade gelernt. Trägt er den Klebstoff mit der Kelle nur ein klein wenig zu dick auf, ragt die Fliese zu hoch aus der Reihe der Bodenplatten heraus. Trägt er zu wenig Kleber auf, sinkt sie zu tief ein. So oder so müsste er sie wieder herausreißen. Zwei bis drei Millimeter Klebstoff auf Bodenfliesen gilt als Richtwert. Ehrfurchtsvoll sieht er zu, wie sein Bruder die Kelle einfach nimmt und scheinbar achtlos eine glatte Schicht Kleber auf dem Estrich verteilt. So weit ist er noch nicht. Vorsichtig, ganz auf diese eine Handlung bedacht, streicht Niko den Fliesenkleber auf und betrachtet ihn lieber noch einmal von der Seite, bevor er die Fliesen einsetzt.

Sie bevorzugen im Betrieb die Floating-Technik. Das heißt, sie streichen den Kleber auf den Estrich und legen dann die Fliesen darauf. Es gibt auch das Buttering. Da wird der Kleber auf die Rückseite der Fliesen aufgetragen und diese dann auf den Estrich gepresst. Das ist eigentlich wie beim Fußball. Außenristpass, Innenristpass, überall gibt es verschiedene Techniken, die man erlernen muss.

Niko verlegt Fliesen so, wie er Fußball gespielt hat. Ohne Hast, fast bedächtig, versucht er zunächst, die Situation zu überblicken, um die beste Lösung zu erkennen, und handelt dann überlegt. Das Risiko minimal halten, keine Fehler begehen, das ist seiner Meinung nach der beste Ansatz.

Es gibt ja Typen in der Berufsschule in Nürnberg, und die gab es auch beim Fußball, die legen einfach los. Letzens sollten sie in der Berufsschule eine Treppe mit drei Stufen fliesen, jeder in seiner kleinen Koje. Nach einem Tag schaute ein Lehrlingskollege bei Niko in der Koje vorbei. Was, Niko war noch nicht fertig! Er musste schneller arbeiten! »Ja, schau mal deins an«, sagte Niko, als er der Treppe des anderen einen Gegenbesuch abstattete, »das kannst du gleich wieder abreißen.« Die erste Reihe der Fliesen des Kollegen war schlecht angelegt, zwangsläufig wurden alle folgenden Reihen schief. Niko dagegen hatte erst einmal genau ausgemessen, wie breit und hoch die Treppenstufen waren, und dann anhand der Maße ausgerechnet, in welcher Größe er die Fliesen am besten schnitt, damit die Reihen gleichmäßig aussahen. »Wenn wir zwei Tage Zeit kriegen, bin ich nach zwei Tagen fertig, nicht nach einem«, sagt er. Auf seine Werkstücke bekommt er stets eine 1 oder 2.

Auf der Baustelle lässt ihn sein Bruder jetzt schon mal die eine oder andere Fliese einsetzen. Sie fliesen in Walkerszell ein komplettes Haus, sogar im Schlafzimmer und Wohnzimmer will der Kunde einen Fliesenboden. Das ist in den heißen Ländern Südeuropas so üblich, weil Fliesen Kühle spenden, aber sie sind doch hier in Franken, nicht in Südspanien. Da werden die Bewohner in Walkerszell im Winter ganz schön kalte Füße kriegen, denkt sich Niko, aber das ist natürlich nicht sein Problem. Er freut sich, wenn seine Fliese in der Reihe von Timos Fliesen exakt sitzt.

Doch, das kann man wirklich mit dem Fußball vergleichen. Die Freude, den Kleber genau drei Millimeter dick aufgetragen zu haben, ist dieselbe Freude wie nach einem zischenden Diagonalpass, der nach einem 40 Meter langen Flug auf den Fuß des Mitspielers fällt. Eigentlich ist seine Freude zurzeit sogar größer als beim Fußball. Denn da schwingt noch immer das Gefühl in ihm, dass er richtig entschieden hat. Mit dem Fußball aufzuhören und eine Fliesenlegerlehre zu beginnen.

Sein Vater, der Chef, schaut gelegentlich vorbei, um zu schauen, wie Niko vorankommt. Der Vater ermutigt ihn, geduldig zu sein, sorgfältig zu arbeiten, die Schnelligkeit komme mit der Zeit von selbst. Der Vater klingt dabei verständnisvoll und stolz auf den Sohn. Hatte er Niko nicht vor fünf Monaten rausgeworfen?

Ja, gut, das war halt einfach das, was sie in Stopfenheim in solchen Situationen immer gemacht hatten. Dem Sohn auch mal ganz deutlich zeigen, dass so etwas nicht ging, bei Wacker Burghausen zusagen und es sich am nächsten Tag anders überlegen. Die Mutter hat dann, denn so macht man das ja auch bei ihnen, nach dem Rauswurf vermittelt, mit dem Vater geredet und mit Niko Whatsapp-Nachrichten geschrieben. Nach vier Tagen kam Niko nach Hause. Er erklärte dem Vater, dass er sich natürlich nicht auf die faule Haut legen wolle, sondern einfach den Fußball abstoßen musste. Der Vater hatte ihn schon verstanden, bevor Niko redete. Der Vater wollte doch auch nur, dass alles wieder gut war.

Wenn die Eltern den Leuten in Stopfenheim erklärten, warum Niko nicht mehr Leistungsfußball spielte, benutzten sie Sätze wie »da wäre er kaputtgegangen«. Das klang dramatisch und ein bisschen geheimnisvoll (was machte ihn denn da kaputt?) und erfüllte den Zweck. Die Leute ahnten, dass er einen guten Grund hatte aufzuhören, und fragten nicht mehr weiter.

Tatsächlich war das Motiv hinter Nikos Entscheidung kein dramatisches, nicht einmal ein emotionales, sondern ein staubtrocken rationales. Er sah als Einziger objektiv, dass seine Chancen, noch Profifußballer mit einem nennenswerten Verdienst zu werden, verschwindend gering waren. Alle anderen um ihn herum träumten doch. Petra, sein Vater, sein Mentaltrainer, Wolfgang Schellenberg, auch ich, wir alle glaubten, in Burghausen, unter so einem tollen Trainer, sei der Sprung in die dritte Liga für ihn durchaus möglich. Niko war der Einzige, der es rational, nämlich statistisch betrachtete. Es gab in Deutschland exakt 90 Regionalligamannschaften. Davon stiegen jedes Jahr drei in die dritte Liga auf. Darauf zu setzen, dass Burghausen zu diesen drei von 90 gehören würde, war ein Glücksspiel. Zudem gab es in Deutschland rund 50 ähnlich talentierte, ähnlich gut ausgebildete Linksverteidiger, die in den Regionalligen und U19-Akademiemannschaften darauf hofften, nächstes Jahr zu den circa fünf Auserwählten zu gehören, die den Sprung in die dritte oder zweite Liga schafften. Er hatte den Versuch bereits zwei Spielzeiten lang in der Azubimannschaft des FC Ingolstadt unternommen – wie groß war die Chance, dass ihm der Durchbruch im dritten Jahr gelang? Rational gesehen lag die Wahrscheinlichkeit bei rund zehn Prozent, optimistisch gesehen bei 20 Prozent. Sollte er für diese geringe Möglichkeit wirklich noch einmal ein, zwei Jahre aufbringen?

Wahrscheinlich hätte auch er diese logische Betrachtungsweise verdrängt, vielleicht hätte auch er weitergeträumt, wenn er nicht die Nacht in der leeren Internatswohnung in Burghausen zwischen Malereimern verbracht hätte. Das trostlose Zimmer, die Einsamkeit jener Nacht machten ihm die Aussichtslosigkeit seines Unterfangens bewusst.

Er wusste, er würde es nicht schaffen, seine Entscheidung so trocken und rational zu verkünden. »Dann hätten alle auf mich eingeredet, es doch noch mal zu probieren, die Petra, mein Vater, der Trainer. Und ich kenne mich. Ich hätte mich wieder überreden lassen.« Er musste die Entscheidung so dramatisch und überfallartig verpacken, damit ihn niemand aufhalten konnte. Deshalb nahm er den Internatsschlüssel mit und brauste einfach davon, deshalb redete er davon, »wenn ich nicht aufhöre, gehe ich kaputt«. In Wirklichkeit hatte ihm das Fußballspiel bis zum Ende viel Spaß bereitet. »Die zwei Jahre in Ingolstadt waren meine schönsten.« Im Nachhinein fiel die Ohnmacht der letzten Monate gar nicht mehr so ins Gewicht. Beim FC Ingolstadt hatte er eine Mannschaft als tolle Gemeinschaft kennengelernt und so oft richtig gut gespielt. Er wollte einfach nicht mehr sein Leben vollends einem Ziel unterordnen, das er höchstwahrscheinlich nie erreichen konnte. Das war alles.

Als er noch dem Fußballtraum hinterherjagte, hatte er gedacht, er habe keine Ahnung, was er sonst arbeiten könnte. Nun hat er auf einmal zwei Berufsideen. Er hat die Lehre in der Firma seines Vaters begonnen und gleichsam den Eignungstest bei der Polizei für den gehobenen Dienst absolviert. Hubschrauberpilot bei der Polizei wäre ein Traum, sagt Niko.

Das Einzelgespräch im Rahmen des Aufnahmetests war etwas komisch, lauter so Psychofragen, fand Niko, aber als der Polizeibeamte hörte, dass Niko angelte, redete er nur noch über die Fische, die man im Kanal vor seiner Haustür finde.

Niko bestand den Eignungstest mit 2,67 und sollte direkt bei der Polizei anfangen. Sich bei seinem Vater in der Fliesenfirma hocharbeiten und irgendwann mit dem Bruder die Firma übernehmen, wäre aber auch super. Er hat sich deshalb überlegt, jetzt erst einmal die Lehre als Fliesenleger zu Ende zu bringen, seine Lehrzeit wurde ja auf zwei Jahre verkürzt, da ihm das Fachabitur angerechnet wird. Den Ausbildungsbeginn bei der Polizei hat er auf 2020 verschieben können. Dann wird er sehen, ob er bei den Fliesen bleibt oder zur Ordnungsmacht geht.

Julia findet die Idee mit dem Fliesenlegen weniger toll, aber das kann sie ihm so nicht sagen, glaubt sie. Sie fürchtet, bei seinem Charakter laufe er Gefahr, sich in dem Beruf kaputt zu machen. »Er liebt es doch, sich zu verausgaben. Bis zur Erschöpfung alles zu geben hat ihm beim Fußball immer große Freude bereitet. Mit der Einstellung wird er sich beim Fliesenlegen körperlich schaden.«

»Klar, wenn man den zwanzigsten Klebeeimer in den dritten Stock getragen hat, werden die Arme schwer, und der Rücken schmerzt a weng«, sagt Niko. »Aber das ist halt einfach so. Die anderen kommen damit zurecht, dann wird es bei mir auch gehen.«

Endlich mal so zu sein wie alle anderen hat für ihn eine große Anziehungskraft. Er geht samstagnachts mit den Stopfenheimer Jungs ins *Soho* in Weißenburg und überlegt nicht mehr, ob er noch ein Bier trinken darf. Er setzt sich, wenn die Herbstsonne doch noch hervorkriecht, spontan mit ein, zwei Jungs auf eine Bank am Weiher, die Musikbox zwischen ihnen. Niko dreht neuerdings die Deutschrapper auf, von denen Marius einige persönlich kennt, *Capital Bra* und so. Die Jungs in Stopfenheim schauen bei der Musik komisch, kommt es Niko vor, aber sie trauen sich nichts zu sagen. Er hat Deutschrap in Ingolstadt in der Umkleidekabine kennengelernt.

Für die Welt des Fußballs interessiert sich Niko unverändert. Warum sollte er auch nach seinem Ausscheiden keinen Fußball mehr schauen, das wäre doch gekünstelt, verkrampft. Er sah sich mit Julia im September 2018 Bayern gegen Augsburg in der Allianz Arena an. Mit dem einen oder anderen aus der Fußballzeit wie dem Danhof Tim oder DJ Schiller tauscht er noch Whatsapp-Nachrichten aus. Die beiden versuchen es unverdrossen in der Regionalliga. Ersin Demir, *sein* Trainer, hat gleich im Juli 2018 angerufen, als er über die stille Post des Fußballs mitbekam, dass Niko hingeworfen hatte.

Ersin wusste nicht, was passiert war, und bot Niko an, noch eine Saison in der U21 des FC Ingolstadt zu spielen. Das war streng genommen wider die Kriterien der Ingolstädter Fußballakademie. Alle, die es nicht zu den Profis geschafft hatten, wurden nach zwei Ausbildungsjahren aus der Azubi-Elf entlassen, so hatten sie es auch mit Niko gehandhabt. Aber für so einen feinen Spieler wie Niko würde er eine Ausnahmeregelung durchsetzen, war sich Ersin sicher.

»Es war ein Schock zu hören, er hat aufgehört«, sagt der Trainer. »Denn ihm hätte ich wirklich noch den Weg in den Profifußball zugetraut. Aber er klang sehr überzeugt von seiner Entscheidung, deshalb habe ich ihm da auch nicht mehr reingeredet. Das Ziel im Leben muss doch lauten, zufrieden zu sein. Ob mit

Fußballspielen oder Fliesenlegen, ist doch egal. Ich hatte als Profifußballer zehn Operationen in zehn Jahren, der einzige Sport, den ich heute noch ausüben kann, ist Schwimmen. War es dann so toll, zehn Jahre lang Fußballer gewesen zu sein?« Ersin Demir lässt die eigene Frage unbeantwortet.

Niko würde nie mehr Fußball spielen. Das hatte er mit Bestimmtheit ausgesprochen, nachdem er Burghausen verlassen hatte. Nach wenigen Wochen merkte er, dass er das auch nur so drastisch behauptet hatte, um seiner Entscheidung, hinzuwerfen, Nachdruck zu verleihen. Er liebte es doch zu spielen. Sechs Wochen später tauchte er auf dem Sportplatz in Stopfenheim auf. Konnte er mitspielen?

Die DJK Stopfenheim spielte in der Kreisklasse Neumarkt/Jura West. Das war die neunte Liga. Das war nicht so schlecht, sagte Niko. Es gab schließlich noch zwei Spielklassen darunter.

2

Frühling 2019

Seid doch ehrlich, ihr wart auch mal jung

Montagmorgens um zehn, wenn angeblich alle arbeiten, kriegt Marius im *Cotidiano* gerade noch einen Platz. Das Summen und Brummen von jungen Stimmen und klirrendem Geschirr füllt das Café aus. Es ist so angenehm laut, dass keiner mithören kann, was am Nachbartisch geredet wird.

Niemand scheint Marius zu erkennen. Hier ist er nur einer in der Menge der jungen Montagmorgen-Großstadt-Flaneure. Den Tagträumern, Studenten und Brudis im *Cotidiano* wird der Witz an seiner Kleidung nicht auffallen, sie halten seinen Modestil allenfalls für eiscool. Marius trägt eine schwarze Collegejacke mit gelben Einsätzen am Kragen, darunter einen gelben Kapuzenpulli, und eine schwarze Hose zu knallgelben Sneakern. Er bekennt Farbe in München, gelb-schwarz gekleidet wie seine Borussia in der Stadt des großen Meisterschaftsrivalen.

»So etwas wie den Gärtnerplatz mit seinen Straßencafés habe ich in Dortmund nicht gefunden«, sagt er. In Dortmund geht er gar nicht ins Café. Das Gefühl, dass einen alle beobachten, ist nicht so prickelnd. Selbst zum Essen geht Marius in Dortmund neuerdings kaum noch aus, er kann gar nicht sagen, wann er zuletzt im *Raffaele* oder dem *Rodizio* war. Er bestellt lieber Rainer nach Hause. Den Koch hat ihm Marco Reus empfohlen. Marius lädt ein paar Teamkollegen ein, meistens Marco, Ömer Toprak oder Manuel Akanji, und Rainer bereitet ein Drei-Gänge-Abendessen für sie zu. Ist zwar ein bisschen teurer als essen gehen, aber ist ja egal. So sind sie ungestört.

Wenn er unter Leute will, fliegt Marius nach München. Im Januar und Februar hat er es wegen der ganzen Spiele kein einziges Mal geschafft, das ist ihm noch nie passiert, so lange ohne

München. Erst ihr Ausscheiden gegen Tottenham Hotspur im Champions-League-Achtelfinale vor zwölf Tagen hat den Terminplan entzerrt. Ohne Europapokalspiele haben sie den Wochenrhythmus gewöhnlicher Fußballprofis zurück. Montags haben Fußballer und Friseure frei.

Nach dem Sonntagmorgentraining geht um 15.15 Uhr ein Flug von Dortmund nach München, das ist ideal, er kann im Flugzeug Mittagsschlaf halten. Seine Mutter nimmt dann manchmal den Zug nach München, um seine Schwester und ihn zu sehen. Nach Einberg kommt Marius doch praktisch nur noch an Weihnachten, »was mache ich denn da den ganzen Tag?« Die Freunde sind in München. Gestern Abend hat er mit dem Leuges, Marvin und Lukas Karten gespielt, *Phase 10*, und nebenbei das Mailänder Derby im Fernsehen geschaut. Zum Ausgehen war er viel zu müde, nach dem Spiel gegen Hertha am Vortag. Er spielt, seit Mitte Februar, als rechter Außenverteidiger.

Und was sagt Damian dazu, dass er jetzt doch wieder nach München fliegt, statt sich auf dem Haskins-Boxspringbett, der Massagebank und dem Sofa auszuruhen?

Marius' Mundwinkel erstarren. Seine Augen flackern kurz.

»Damian wohnt nicht mehr bei mir.«

Wie?

»Ich habe ihn weggeschickt.«

Ich weiß nicht, wie mein Gesicht aussieht.

»Ist …«, ich suche vorsichtig nach den richtigen Wörtern, »etwas vorgefallen?«

»Er hat ein paar Sachen nicht richtig gemacht, was Geld angeht und so.«

»Was mitgehen lassen?«

Marius nickt.

Danach versuchen wir, so normal wie möglich weiterzureden.

Auf der Rückfahrt vom Training in Seligenporten unterbricht Foti das Gespräch eine Zeit lang. Er muss für eine Prüfung morgen an der Berufsschule lernen. »Es geht um die Themen Agenturgründung und Vertragsabschluss. Was ist die erste Willenserklärung, was die zweite. Das ist schon ein bisschen komplex.« Er senkt die Stimme. »Und ich habe noch fast gar nichts getan.« Bis auf eine Drei schrieb er bislang an der Berufsschule in allen Tests eine Eins oder Zwei. Er nehme die Lehre schon sehr ernst, sagt Foti. Er fügt trocken hinzu: »Besonders schwierig war es bis jetzt aber auch nicht.«

Er benutzt sein Handylicht als Leselampe im Auto. Die Dunkelheit ist bereits hereingebrochen, kurz vor 20 Uhr, Ende März. Wenn es gut geht, sind der Dachser und er gegen 21.30 Uhr in München. Foti ist heute Morgen um 7.30 Uhr aus dem Haus gegangen.

Der Dachser lässt ihn nach der Rückkehr gewöhnlich an der U6 in München-Garching raus, und Foti nimmt dann die U-Bahn in die Stadt. Am Hauptbahnhof isst er zu Abend. »Die schönen Asiennudeln mit Hähnchenfleisch« bei *Asia Hung*. Das Schnellrestaurant ist das einzige, das im Bahnhof nach 22 Uhr noch geöffnet hat. Aber oft sitzt Foti dann trotzdem als einziger Gast dort.

Heute will er direkt nach Hause und nur noch ein Eiweißbrötchen mit Thunfisch essen. Er denkt, das tue mal gut, abends auf Kohlenhydrate zu verzichten, trotz des harten Trainings.

Um alleine zu Hause so spät noch zu kochen, fehlt ihm die Lust. »Ach so, das wissen Sie noch gar nicht«, sagt Foti. »Es gab einen kleinen Vorfall. Meine Freundin und ich haben uns getrennt.«

Das erste halbe Jahr seiner Lehre in München hatte er bei Larissa gewohnt in ihrer Ein-Zimmer-Wohnung am Gasteig. Nach der Trennung Ende 2018 fand er ein eigenes Zimmer in einem Studenten- und Lehrlingswohnheim unmittelbar an einer Ausfallstraße Richtung Süden. Sein Apartment hat die Nummer 007. Coole Nummer, sage ich und denke an James Bond. »Ja«, sagt Foti, »meine Rückennummer und die von Cristiano Ronaldo.«

120 Ein-Zimmer-Apartments sind in dem Haus untergebracht. »120 junge Leute, und ich fühle mich, als ob ich da alleine wohnen würde«, sagt Foti. Gestern stand er auf dem Flur, weil seine Apartmenttür neu gestrichen wurde, da kam sein Nachbar vorbei und stellte sich vor. »Ich war zwar freundlich, habe ihn aber angeschaut und mir gedacht: Ich werde mit dir aber nicht chillen! Der sah aus wie ein Computer-Nerd. Da sind schon ein paar Freaks, Studenten halt.«

Seine Freunde in München sind fast ausschließlich die Jungs aus den Nachwuchsleistungszentren geblieben. Das Gefühl, aus einer eigenen Welt zu kommen, verbindet.

Manche der Jungs versuchen es unverändert in der Regionalliga, manche arbeiten im Büro, andere schlagen sich als private Kinder-Fußballtrainer irgendwie durch, weil sie mit 23 keinen Nerv mehr haben, eine Lehre zu beginnen. Fabio Sabbagh, einer von Fotis engsten Freunden aus der Sechziger-Akademie, versucht sich recht erfolgreich als E-Sports-Profi beim Computer-Fußballspielen. Das hat Foti auch gleich einmal probiert. Die Konkurrenz war zu groß. »Um Profi zu werden, musst du über viele Monate jedes Wochenende bei Qualifikationsturnieren 40 Spiele gewinnen, und wenn es blöd läuft, scheidest du nach einem 0:0 und 4:4 in den Halbfinalspielen wegen der Auswärtstorregel aus. Die zählen echt Auswärtstore! Dabei sitzt du bei beiden Spielen doch einfach vor deinem Computer!«

Foti hält die Augen immer offen, wie sich vielleicht ein wenig Geld dazuverdienen ließe. Ausschließlich vom Lehrlingsgehalt kann in München nur leben, wer seine Ausgaben auf Tütensuppen und Zahnpasta beschränkt. Fotis Apartment umfasst 28 Quadratmeter und kostet 630 Euro Monatsmiete. Er erhält in der Versicherung 900 Euro netto.

Er muss schauen, wie er ab dem Sommer, nach dem Ende der Fußballsaison 2018/19, zu seinem Nebenverdienst kommt. Noch ein Jahr kann er nicht nach Seligenporten fahren. Er käme nicht einmal hin. Denn der Dachser hat schon angekündigt, dass er sich einen Verein näher an München suchen wird. Der Aufwand ist zu groß.

Fotis Berater Thomas Ziemer hat wie erwünscht Türkgücü München für ihn angeschrieben. Eigentlich müsste Ziemer seine Arbeit für Foti quittieren. »Ich bin ja nicht vom Sozialamt, ich betreibe meinen Lebensunterhalt damit, Fußballer zu vermitteln«, und mit Foti Geld zu verdienen kann Ziemer nicht mehr erwarten. Aber Foti will man doch gern helfen. »Danke, ich kenne Foti«, schrieb Türkgücüs Mannschaftsplaner Robert Hettich zurück. »Guter Kicker, macht aber zu wenig Tore.«

An dem Grundurteil hat sich auch in der fünften Liga wenig

geändert. In den Berichten über Seligenporten im *Neumarkter Tagblatt* stehen Sätze wie dieser: »Schnell und unaufhaltsam wie ein Orkan auf das Tor zurasend, mutierte Katidis vor dem Torwart urplötzlich zum ängstlichen Windhauch.«

Wurde Foti in den entscheidenden Momenten des Spiels von der Erwartung erdrückt, jetzt etwas machen zu *müssen*? »Ich habe mir halt schon immer während des Spiels Gedanken gemacht, was die Leute da draußen von mir denken, der Trainer, die Eltern, die Mitspieler.«

Würde er sein Potenzial erst voll entfalten, wenn er seine Erwartungen an sich selbst senkte? Wenn er einfach spielte und nicht mehr träumte, wo ihn der Fußball hinbringen könnte.

Ein weiß leuchtendes Raumschiff taucht auf der Heimfahrt von Seligenporten in der Dunkelheit neben der Autobahn auf, schon fast in München. Die Allianz Arena, das futuristische WM-Stadion. In zehn Tagen, am 6. April 2019, wird Marius dort mit Borussia Dortmund das Schlüsselspiel im Kampf um die deutsche Meisterschaft gegen den FC Bayern bestreiten. Foti denkt laut darüber nach, wie es wäre, wenn Türkgücü ihn holen würde. »Ein Jahr würde ich mich dort in der Regionalliga bewähren, und im zweiten wäre ich Stammspieler, die Ausbildung könnte ich nebenher machen, bei der Conti gibt es Gleitzeit.« Aber Türkgücü hat ihm doch faktisch schon abgesagt! Ja, natürlich, er hat halt nur mal kurz laut geträumt. Dann geht er in sein Wohnheim, um die Einweißsemmel mit Thunfisch zu machen.

Die Gedanken an Damian gehen mir nicht aus dem Kopf. Wie war es möglich, dass er anfing, seinen besten Freund zu beklauen? War er geradezu zwangsläufig in Versuchung geraten, weil er immer mehr Marius' Leben mitlebte und folglich immer weniger selbst verdiente? Oder war das Ungeheuerliche möglich: Hatte er uns alle getäuscht und das von Anfang an geplant?

Ich wähle noch einmal Damians Nummer. Das Telefon ist abgeschaltet. Was wollte ich überhaupt noch von ihm? Eine Erklärung hören? Oder mich von ihm verabschieden? Ich wollte einfach nicht glauben, dass es wahr war.

Marius' Cousin Philipp hatte den Betrug bemerkt. Das war

nicht ohne Ironie. Philipp hatte Damian als Einziger skeptisch beäugt.

Im Dezember 2018 war Philipp nach Dortmund gefahren. Er hatte Marius in den letzten anderthalb Jahren viel zu selten gesehen, ging ihm auf, was die Arbeit doch mit einem machte. Philipp war mit 28 beim Lastwagenhersteller MAN in München im Anlaufmanagement tätig. Sie mussten nachverfolgen, welche Lkw-Teile gerade welche Abteilung durchliefen, und vor allem mussten sie schnell eingreifen, wenn irgendwo in der Produktionskette Materialengpässe und zeitliche Verzögerungen drohten. Irgendwo brannte es immer. Die Arbeit war wahnsinnig spannend oder genauer gesagt: wahnsinnig zeitintensiv. Als Philipp Ende 2018 die Überstunden des letzten Halbjahres zählte, kam er auf 380. Um die abzubauen, konnte er Marius ziemlich lange besuchen.

Philipp lief im Haus Klopp die Treppen rauf und runter, das musste man gesehen haben, das Haus brachte einen noch beim dritten Rundgang zum Staunen, und vor der Tür, war das noch ein Garten oder schon ein Park? Nur wenn Marius zum Training fuhr, wurde es im Haus unangenehm, fand Philipp. Damian und er saßen nebeneinander auf dem Sofa. Wie sagte man immer so treffend: Etwas war zwischen ihnen. Wahrscheinlich das Gefühl, dass sie sich nicht mochten. Da redet man nicht so locker.

Es dauerte nicht lange, und Damian verkündete, er fahre mal ein paar Tage zu seiner Mutter.

So viel gab es im Dezember, bei Regen und Kälte, in Dortmund nicht zu tun. Sie konnten einmal die Kisten voller Papierkram aufräumen, die Marius und Damian »das Büro« nannten, schlug Philipp vor. Das war doch eine Aufgabe für einen älteren Cousin.

Philipp weiß nicht mehr genau, wann er das erste Mal stutzte. Irgendwann sahen sie jedenfalls in den Kontoauszügen, dass Geld von Marius' Konto an einem Geldautomaten in Dortmund abgehoben worden war, während er auf einem Auswärtsspiel weilte.

Vom Freund hintergangen zu werden war im Profisport nichts Ungewöhnliches, fand Marius heraus. Marco Reus, der Prince und einige Fußballkollegen mehr hatten ähnliche Geschichten aus eigener Erfahrung parat, als er ihnen erklärte, warum Damian nicht mehr da war. Deutschlands großer Basketballstar

Dirk Nowitzki war bei seiner ersten Freundin in Amerika an eine Hochstaplerin geraten.

Wenn ein Junge mit Anfang 20 sehr viel Geld verdient, entsteht ein Missverhältnis zu den Gleichaltrigen in seiner Nähe. Das fängt damit an, dass der erfolgreiche Junge den unausgesprochenen Druck spürt, die anderen im Café ständig einzuladen. Und es geht eben oft so weit, dass jemand seine Nähe sucht, um an Geld zu kommen. Ich erinnerte mich an einen kleinen Vortrag, den einer von Marius' Freunden mir anderthalb Jahre zuvor zu dem Thema gehalten hatte.

»Jeder Fußballer, den ich kenne, hat Geld an Freunde verloren. Der eine hat einem Kumpel 8000 Euro geliehen, der andere 5000, und sie haben es nie wieder gesehen. Diese Freunde, die sich das Geld leihen, denken gar nicht mal, ich zocke den jetzt ab, sondern die glauben, 8000 Euro oder 5000 Euro sind doch nichts für den, kann er mir doch mal geben. Ihre Freunde sind automatisch Schuldenfallen für Fußballer. Denn oft wollen sie den Lebensstil mitmachen, und das kann als normaler Angestellter oder Student nicht funktionieren. Jeden Tag essen gehen, sich ein größeres Auto leasen, Urlaub auf Ibiza. Ich verstehe auch, was dann passiert. Dass sie plötzlich fragen, kannst du mir nicht 5000 leihen? Die haben einfach über ihre Verhältnisse gelebt, weil sie glaubten, immer dabei sein zu müssen. Die Angst, dass Marius an solche Freunde gerät, habe ich jeden Tag. Obwohl ich selbst ein Freund bin. Aber bei mir ist das anders, ich habe mein eigenes Einkommen.«

Das sagte Damian am 1. März 2018 in Frankfurt. Möglicherweise glaubte er damals sogar, was er sagte.

Wahrscheinlich war es so, wie der Leuges es in seiner unnachahmlichen Art zusammenfasste. »Was willst du machen, es gibt immer so eine Scheiße. Damian wird da irgendwie in die krumme Tour reingerutscht sein, weil er den Lifestyle mitleben wollte und selbst nichts verdient hat.«

»Aber was ist das für eine Freundschaft, wenn du deinem Freund nicht offen sagen kannst: Marius, ich komme finanziell nicht hin«, fragt sich Philipp.

Dieses Eingeständnis, dass er gerade sein eigenes Leben nicht auf die Reihe brachte, musste Damian unmöglich erscheinen. Es hätte sein selbst entworfenes Bild zum Einsturz gebracht, dass er doch ein anderer Typ Freund war, einer, der Marius Hilfe bot und nichts nahm.

»Besser, es passiert früh im Leben. So war der Schaden gering«, fasst Marius die Affäre lapidar zusammen. Finanziell war der Schaden wohl überschaubar, obwohl alle so taktvoll sind, gar nicht nachzufragen, welche Summen Damian sich abzwackte. Aber wenn größere Summen verschwunden wären, hätte Marius es sicher früher gemerkt. Mit einer einzigen Punkteprämie bei Borussia Dortmund wird es mehr als ausgeglichen sein. Doch es gibt auch so etwas wie einen emotionalen Schaden. Das war sein Freund, der ihm durch seinen Beistand unheimlich geholfen hatte, den sensationellen Sprung vom vergessenen Profi in Hannover zum Champions-League-Spieler zu schaffen. Wie kann Marius nach diesem Vertrauensbruch wieder Freunde finden?

»Echte Freunde lernst du als Bundesligaprofi eigentlich nicht mehr kennen«, sagt er. »Du triffst schon noch nette Leute. Aber Freunde? Das sind die Jungs wie der Leuges oder Pascal Köpke, die ich als Schüler kennenlernte, in einem normalen Umfeld.«

Dann wird es mit einer neuen Freundin auch nicht so leicht?

Marius winkt ab. Kannst du vergessen, scheint die Geste zu sagen. »Du weißt nie, ob sie dich zu hundert Prozent liebt. Wirst du auch nie wissen. Wirst du nie herausfinden. Aber … ist halt so. Vielleicht finde ich jemanden, der sein eigenes Geld verdient. Da fühlst du dich automatisch wohler, denke ich.«

Ein Profifußballer braucht die Gabe, verdrängen zu können. Marius versuchte, die Enttäuschung mit Damian auszublenden, so wie er Fehlpässe oder Strafzettel zur Seite schob. Nichts durfte sein Spiel beeinflussen. Er war dran. Den gesamten März 2019 hindurch war er Dortmunds Rechtsverteidiger.

Er spielte in einem der besten Teams der Welt, also legte die Öffentlichkeit nun die höchsten Maßstäbe an ihn an. Als er im Champions-League-Rückspiel gegen Tottenham in aussichtsreicher Position zwei Flanken verzog, raunte das Stadionpublikum beim ersten Mal enttäuscht, beim zweiten Mal zornig. Er selbst fand, dass er auf gutem Weg war. Er spielte forscher als zu Saisonbeginn, in mancher Halbzeit hatte er 80 Ballkontakte, doppelt so viele wie in Frankfurt. Bald würden auch die Flanken klappen.

Nach drei Siegen in Folge mit ihm als Rechtsverteidiger nahm ihn der Trainer im Schlager gegen den FC Bayern ohne Vorwarnung aus der Elf. Lucien Favre wollte lieber einen erfahrenen Mann stellen, den 32-jährigen Lukasz Piszczek. Dabei hatte dieser seit zwei Monaten wegen Fersenproblemen keine Partie bestritten. Das ließ nur eine Interpretation zu. Der Trainer vertraute Marius nicht vollends.

Als Marius in München schließlich eingewechselt wird, steht es aus Dortmunder Sicht 0:4. Er spielt sehr lebendig, aufmerksam und energisch, was in diesen letzten zwanzig Spielminuten merkwürdig wirkt. Die anderen Spieler auf dem Feld bewegen sich angesichts des feststehenden Ergebnisses bereits im Sparmodus. 0:5 verliert die Borussia am Ende. Monatelang waren sie den Bayern davongezogen. Nun sind sie sechs Spieltage vor Saisonende überholt worden.

Marius hatte bereits im Herbst gesagt, dass es nur normal wäre, wenn sie ihre herausragenden Ergebnisse nicht bis zum Saisonende halten würden. An ein 0:5 hatte er dabei nicht gedacht. Aber ein Fußballteam ist ein fragiles Gebilde. Sie konnten sich zehnmal sagen, dass es normal war, wenn Spiele, die in der Vorrunde gerade so 2:1 ausgegangen waren, nun auch einmal 1:1 endeten. Das lähmende Gefühl, etwas verlieren zu können, schlich sich mit den ersten Enttäuschungen Anfang des Jahres trotzdem ein. Plötzlich sahen die einen Spieler die sprunghaften Aufstellungswechsel des Trainers kritisch. Andere Spieler hatten kein *gutes Gefühl* mehr. Auch eine Fußballmannschaft hat eine Art Nervensystem, Spieler übertragen sich durch ihre Pässe und Körpersprache Regungen wie Furchtlosigkeit und Spielfreude. In München brauchte der FC Bayern nur eine starke Anfangsphase, und das bereits angegriffene Dortmunder Nervensystem kollabierte. Zweifel und teilweise gar Prüfungsangst übertrugen sich von Mann zu Mann.

Die schmerzende Niederlage hatte einen Vorteil. Marius rückte selbstverständlich wieder in die Startelf.

Vor dem Anpfiff des Derbys gegen Schalke 04 Ende April glaubte er in der Umkleidekabine, der Physiotherapeut lege ihm einen Gips an. So oft wickelte er den Tapeverband um Marius' linkes Sprunggelenk. »Ich konnte den Fuß gar nicht mehr spüren.«

Zwei Bänder an dem Gelenk waren gerissen, eines angerissen, schon wieder. Am Spieltag zuvor war Marius in Freiburg im vollen Sprint umgeknickt.

Andere Profis wie zum Beispiel Bayern Münchens Thiago kurierten einen Bänderriss durchaus wie Normalpatienten wochenlang aus. Thiago war ein etablierter Weltklassespieler. Er erhielt seinen Platz in der Elf sicher zurück, egal, wie viele Wochen er aussetzte.

Marius spürte in Dortmund eine neue Wertschätzung in den Fragen des Trainers, des Sportdirektors. Kannst du gegen Schalke wieder spielen?

Und dann trat der ihm gleich gegen den Fuß!

Das konnte kein Zufall sein, glaubte Marius. Aber egal, er versuchte sich auf das Spiel zu konzentrieren. Er hatte bereits über zehnmal im Dortmunder Stadion gespielt, er dachte, er kenne den Lärm. Der Furor der Achtzigtausend an diesem 27. April 2019 klang jedoch anders. Intensiver, dunkler. Es war Derbyzeit. Die Borussia spielte um die deutsche Meisterschaft, Schalke dafür, dem ewigen Rivalen den Ligagewinn zu verderben.

Und der trat ihm schon wieder voll gegen den Fuß!

Marius kannte Suat Serdar. Sie gingen beide zum selben Friseur in Essen, zu Musti. Marius hatte Suat Serdar, Schalkes zentralen Mittelfeldspieler, als zurückhaltenden, geradezu schüchternen Mann kennengelernt, aber das waren nicht die Charaktereigenschaften, die Serdar in einem Ruhrderby zeigte.

Ey, wenn der ihm noch einmal gegen den Fuß trat, würde Marius ihrem Friseur sagen, er solle Suat was ganz anderes abschneiden!

Das Spiel litt unter und lebte von zu viel Adrenalin. Dortmund ging in Führung, Schalke ging in Führung – und ein Schalker trat Marius zum dritten Mal gegen den Fuß, immer gegen den linken, verletzten, das konnte kein Zufall sein, die jagten ihn! Marius lag am Boden und sah den Schiedsrichter Felix Zwayer auf sich zukommen. »Da sagt der mir, ich solle keine Show machen!«

Waren die alle verrückt geworden!

In der Halbzeit schnitt der Physiotherapeut sofort den Tapeverband auf. Jede der 15 Minuten musste genutzt werden, um den Fuß mit Eis zu kühlen. Marius schaute sich sein Sprunggelenk an. »Die Schwellung war ungefähr so dick«, er deutet mit beiden Händen eine Kugel in der Größe eines Handballs an. Dann legte der Physiotherapeut erneut einen dreifachen Tapeverband an. Schalke führte 2:1. Jetzt kriegten sie es.

Zehn Minuten später lag Suat Serdar am Boden. Marco Reus hatte ihm von hinten in die Achillessehne getreten, unabsichtlich, so sah es zumindest aus, aber wer konnte das schon sagen. Als der Schiedsrichter Reus die Rote Karte zeigte, war Marius' Gesicht direkt neben ihm. Seine Augen sahen nicht wie die eines Mannes aus, der selig in sich ruht.

Caligiuri schoss einen Freistoß mit wunderbarer Flugkurve direkt ins Dortmunder Tor. Es passierte zu viel zu schnell. 1:3, und sie waren nur noch zu zehnt, wie sollten sie das noch aufholen? Daran konnte Marius gerade nicht denken. Ein anderer Gedanke blockierte ihn. »Ich hau dich aus den Schuhen, ich hau dich …«

Suat Serdar hatte keine Möglichkeit, der fliegenden Grätsche zu entkommen, und Marius hatte realistisch betrachtet keine Chance, mit der Grätsche etwas anderes zu treffen als Suats Beine.

Wie gesagt, Serdar war ein lieber, ruhiger Kerl, aber das war er doch auch, eigentlich!

»Na ja, war ein bisschen zu viel, meine Grätsche«, sagte Marius. Um es wie ein Fußballer auszudrücken: »Ich habe den umgebracht, ne.«

Die Rote Karte war die einzige in seiner Karriere.

Mit einem dürftigen 1:1-Unentschieden gegen den 1. FC Nürnberg gab Bayern München an diesem viertletzten Spieltag Borussia Dortmund die Gelegenheit, Platz eins zurückzuerobern. Dortmund verspielte mit dem 2:4 gegen Schalke die Chance.

Sportdirektor Michael Zorc verpasste Marius einen gehörigen Anpfiff. Ein Profi ließ sich nicht provozieren, die zweite Rote Karte war in diesem Spiel ihr Ende gewesen! Marius sagte nichts. Er hatte sich das alles doch gerade schon selbst vorgeworfen.

Plötzlich war die Saison für ihn beendet. Er wurde zur Strafe für das Foul für drei Spiele gesperrt, exakt die verbliebene Anzahl an Partien bis zum Ende der Spielzeit. Mit aller Sorgfalt der Welt konnte er seine Bänderverletzung auskurieren, natürlich in München.

Aus der Ferne verfolgte er, wie die Borussia zwei Punkte hinter dem FC Bayern als Zweiter ins Ziel kam. Dem Publikum blieb der Eindruck, die Mannschaft hätte den Titel verstolpert. Tatsächlich hatte die Borussia als Zweite mit 76 Punkten mehr Zähler gesammelt als bei der ersten Meisterschaft in der Ära Klopp 2011. Nüchtern betrachtet hatten sie eine ziemlich starke Saison gespielt, auch Marius konnte mit 22 Einsätzen in seinem ersten Jahr auf diesem Niveau zufrieden sein. Aber niemand betrachtete Fußball nüchtern.

In diesen Frühlingstagen erfuhren Marius' Eltern einmal etwas Neues von ihrem Sohn aus der Zeitung. Er war wegen Fahrens ohne Führerschein zu einer Geldstrafe von 200 000 Euro und neun Monaten Fahrverbot verurteilt worden.

»Ja, ja, weiß ich schon«, antwortete der Vater kühl den ganzen Freunden und Kollegen, die ihm die Zeitungsmeldung aufgeregt per Whatsapp zuschickten. Nichts weiß ich, dachte er sich.

Er rief Marius an. »Marius, sag uns wenigstens, wenn du Mist gebaut hast! Damit wir nicht unvorbereitet von anderen damit konfrontiert werden.«

Er hätte es doch gerne den Eltern gestanden. Aber das ging irgendwie nicht, so wie es damals schon nicht ging, den Eltern von der Fünf in Englisch zu berichten.

Ein Jahr zuvor, im März 2018, hatten wir in Marius' Wohnung in Frankfurt entspannt auf dem Sofa zusammengesessen, als der Teammanager der Eintracht Christoph Preuß anrief. Die Polizei sei am Stadion. Sie wollten Marius' Führerschein wegen einer Geschwindigkeitsüberschreitung einziehen. Den Spaß, am Arbeitsplatz vorbeizuschauen, um einen Führerschein einzukassieren, erlaubte sich die Polizei vermutlich auch nur bei Bundesligafußballern, nicht bei Metzgern oder Schornsteinfegern.

Das Problem war, dass der Führerschein beim Fundbüro in Hannover lag. Marius hatte ihn im Sommer 2017 für ein einmonatiges Fahrverbot abgegeben, als er einmal auf der Autobahn 31 km/h schneller als erlaubt unterwegs gewesen war. Immer wurde man geblitzt, wenn man gar nicht so sehr raste! Ordnungsgemäß wurde ihm der Führerschein nach Ablauf des Fahrverbots mit der Post an seine Adresse in Hannover zurückgeschickt. In der Zwischenzeit hatte er allerdings seinen Wohnsitz von Hannover nach Frankfurt verlegt, und er hatte halt auch nicht daran gedacht, einen Nachsendeantrag zu stellen. Er musste doch an die Fußballspiele denken. So landete der Führerschein beim Fundbüro, und Marius konnte ihn nicht abgeben, als er ein zweites Mal wegen einer Geschwindigkeitsübertretung ein Fahrverbot erhielt. Das rief im März 2018 die Polizei auf den Plan.

Vielleicht sollten sie das alles einen Anwalt regeln lassen, schlug ich Marius und Damian im März 2018 zaghaft vor. Nein, nein, das mache er schon, sagte Damian, schließlich war er der Lebensmanager für alle Lagen. Irgendwas in dem Durcheinander ging dann halt schief. Lief jetzt sein zweites Fahrverbot schon oder nicht, das war ihnen nicht mehr klar. Und ehrlich gesagt war das auch nicht so interessant.

Am 24. März 2018 wurde Marius ein drittes Mal am Steuer geblitzt. Dabei durfte er wegen seines zweiten Fahrverbots zu dem Zeitpunkt gar nicht Auto fahren, stellte die Polizei fest. Das war Fahren ohne Führerschein.

Ja, gut, war natürlich Mist. Richtig weh tat es Marius, wenn er an andere dachte. An seine Eltern oder an die kleinen Fußballjungs in Einberg, die ihn anhimmelten. Wie es die schmerzen musste, dass er als Rabauke in der Zeitung erschien.

Von den Kollegen in der Bundesliga bekam er ein paar Neckereien zu hören und viel Verständnis. Passierte halt mal. In ihren Autos lief Deutschrap, etwa von *Sido*: »Seid doch ehrlich/ihr wart auch mal jung.«

Niko wollte auch einmal ausprobieren, was man in Stopfenheim machte, wenn man jung war. Er fuhr mit den Jungs aus dem Dorf zur Saisoneröffnung des *Bierkönigs* zum Ballermann.

Das Urlaubsprogramm war recht simpel, stellte sich heraus. »Du nimmst dir vom Frühstücksbuffet belegte Brote als Proviant mit und stellst dich um 9.30 Uhr in die Kneipe. Dann trinkst du bis in die Nacht.« Am nächsten Tag wiederholte sich der Ablauf.

Irgendwann in den drei Tagen auf Mallorca im April 2019 klingelte sein Handy, und Niko sah auf dem Display, dass es Markus Mattes war. Er schrieb Mattes eine Nachricht, dass er in einigen Tagen zurückrufe. Er konnte sich schlecht aus dem *Bierkönig* melden.

Markus Mattes war der Trainer des Tabellenzweiten der Regionalliga Bayern, VfB Eichstätt. Er wollte Niko für die nächste Saison verpflichten.

Fast ein Jahr, nachdem Niko hingeworfen hatte, hatte ihn ein Regionalligatrainer immer noch im Kopf. Gute Fußballer verloren ihre Klasse nicht in zwölf Monaten, war sich Mattes sicher. »Ich dachte, vielleicht hat sich seine Sicht nach einem Jahr geändert«, sagt Mattes, »vielleicht will er es noch einmal wissen. Ein Fußballer mit so einer guten Ausbildung und solch einer Athletik kann in einer Sommervorbereitung wieder auf sein Niveau kommen.«

Der Anruf freue ihn wirklich sehr, sagte Niko. Aber das Gespräch war auch nach fünf Minuten beendet. Er zögerte keinen Moment, um Eichstätt abzusagen. Er hatte vor einem Jahr die richtige Entscheidung getroffen. Er fühlte sich frei und beschwingt.

Er legte auf der Arbeit jetzt schon die ganz großen Fliesen, 80 mal 80 Zentimeter, da war es ihm vor der ersten ganz schön mulmig geworden, ob er das mit dem Kleber hinbekam, aber er schaffte es. Er baute in der Freizeit mit seinem Bruder und dem Vater eine Ausstellungshalle für ihre Firma, er flog mit Julia ein paar Tage nach Manchester, er ging ins Fitnessstudio, mit den Jungs zum Weiher, ins *Soho*, zum Fußballtraining in Stopfenheim und nachher ins Vereinsheim. Julia hatte sich das ehrlich gesagt anders vorgestellt. Was sie alles zu zweit machen würden, hatte sie gedacht, nun, da Niko auf einmal Zeit hatte. Aber sie waren doch in Manchester gewesen, protestierte Niko, und er musste das jetzt einfach alles ausprobieren.

Das Fußballspiel in der Kreisklasse lief ein wenig anders ab als in der Jugend-Bundesliga. Die Gegner aus Polsingen oder Spalt gaben einem ihrer Spieler die einzige Aufgabe, Niko zu bewachen. Er musste immer nervige zwanzig, dreißig Spielminuten aushalten, bis er den Bewacher durch seine Sprints erschöpft hatte. Dann konnte er freier spielen.

Er dachte nicht mehr im Voraus über seine Aktionen nach. Im Leistungsfußball war der Kopf die ganze Zeit heiß gelaufen. Antizipieren, erahnen, was geschehen würde, war die oberste Pflicht gewesen. In der Kreisklasse wartete er einfach, bis der Ball zu ihm kam, und ließ sich dann was einfallen.

Er war nicht mehr so spritzig, spürte er, wahrscheinlich vom vielen Ranklotzen im Fitnessstudio. Ins Gewicht fiel das aber eher weniger. Die DJK Stopfenheim, im Vorjahr noch ein ganz normales Mittelklasseteam in der Liga, hatte dreizehn Punkte Vorsprung auf den Tabellenzweiten. Niko spielte im offensiven Mittelfeld, er würde doch nicht in der Kreisklasse den Verteidiger geben, er schoss 19 Tore und half mit zehn Torvorlagen. Wobei die Leute in Stopfenheim von ihm enttäuscht waren, hörte er aus der stillen Dorfpost heraus.

Sie hatten Maradona erwartet. Wenn ein Profilehrling in die Kreisklasse kam, dann würde er doch permanent drei Gegner ausdribbeln und Tore aus 30 Meter schießen. Niko weigerte sich, so zu spielen. Das wäre ihm unangenehm. »Natürlich könnte ich locker mal ein, zwei mit Ronaldo-Tricks beim Dribbling aussteigen lassen. Aber ich will nicht als Zampano herausragen. Ich will ein Teil der Mannschaft sein.« Manchmal sah er, dass er aus seiner Position mit einem Schuss ein Tor erzielen konnte, und spielte zum Stürmer ab. Er half den anderen mit seinen Pässen und Balleroberungen.

»Du schießt ja gar nicht, hast du überhaupt noch Selbstvertrauen?«, redete ihn einer der älteren Zuschauer nachher im Vereinsheim an, der Gulli.

Niko machte sich groß und sagte mit fester Stimme: »Kannst du das noch mal wiederholen?«

Ja, das war jetzt nicht seine natürliche, nette Art, aber so musste man das in Stopfenheim halt auch einmal regeln.

Er hätte es doch nur gut gemeint, sagte der Gulli, plötzlich kleinlaut. Er habe halt einfach fragen wollen, ob Niko auch bei ihnen mit Freude und Selbstvertrauen spielte.

Seit Niko da ist, fahren wieder 40, 50 Stopfenheimer zu den Auswärtsspielen mit, nach Unterschwaningen, Aha und Gnotzheim. In der Mannschaft spielen praktisch nur Stopfenheimer und keiner für Geld. Der Amateurfußball ist hier noch, wie er in der Vorstellung der Leute immer war, wie er nach Ansicht vieler am schönsten ist. Eine gemeinsame Sache des ganzen Dorfs.

Vor dem Spiel, mit dem sie die Kreisklassenmeisterschaft gewinnen können, spielt ihr Trainer der Mannschaft in der Umkleidekabine ein Video vor. »Ich werde dir jetzt mal was sagen«, beginnt auf dem Bildschirm eine Schauspielerstimme zu dramatischer Klaviermusik zu reden: »Die Welt besteht nicht nur aus Sonne und Regenbogen. Sie kann dich in die Knie zwingen. Denn der Punkt ist nicht der, wie hart du zuschlagen kannst, sondern wie viele Schläge du einstecken kannst und trotzdem weitermachst.« An solchen Sonntagen in der Kreisklasse kann man glauben, man sei Rocky Balboa. Die Gegner aus Weißenburg feiern mit geballten Fäusten und Urschreien jedes Mal, wenn es ihnen gelingt, Niko am Passen zu hindern. 200 Zuschauer sind gekommen, die meisten sitzen hinter laufenden Regenwischern in ihren Autos am Spielfeldrand, um trocken zu bleiben. Niko schafft es nicht mehr, an solchen Tagen die nervöse Anspannung aufzubauen wie mit Fürth oder Ingolstadt gegen den FC Bayern, doch ein Gefühl stellt sich an diesem Sonntag wieder ein. Heute kriegen sie es.

Die Gegner aus Weißenburg lassen die Fäuste hängen und sagen nichts mehr, als sie 1:2 gegen Stopfenheim verloren haben. Fans aus Stopfenheim – es fällt Niko kein besseres Wort als »Fans« ein – reichen der Mannschaft eine selbst gebastelte Meisterschaftsschale. Die ersten Spieler fangen bereits an, sich gegenseitig die Haare abzurasieren.

An den Schwur hat Niko gar nicht mehr gedacht. Muss das wirklich sein?

Es muss. In den nächsten Wochen in der Berufsschule zieht er eine Baseballkappe auf, nicht dass die türkischstämmigen Mit-

Mussten sie sich zur Feier der Meisterschaft echt die Haare abrasieren? Offenbar. Niko – falls ihn niemand mehr erkennt – ist der zweite von links, unten. [16]

schüler ihn für einen Rechtsradikalen halten. »Sieht besser aus, Bruder«, sagen die türkischstämmigen Mitschüler, als sie Nikos skinheadkurzes Haar sehen.

Die Meisterschaftsfeier im Stopfenheimer Vereinsheim dauert bis fünf Uhr morgens. Einmal hatte er auch im Leistungsfußball einen Titel gewonnen, fällt Niko ein, den bayerischen Junioren-Pokal mit Fürth unter Radoki. Da hatten sie ein Jubelfoto gemacht, strahlend abgeklatscht und waren nach Hause gefahren.

3

25. Mai 2019

Petras Burg

Es ging immer tiefer unter die Erde. Petra Steinhöfer stand neben ihrem Kollegen in einem kleinen Metallkorb, mit Karabinerhaken fest an Seilen gesichert, und spürte die Kühle und Feuchtigkeit der Tiefe trotz der Schutzkleidung. Zwanzig Minuten dauerte es, bis sie, vorsichtig abgeseilt, ganz unten im Brunnen ankamen.

143 Meter ist der Brunnen auf der Wülzburg tief, der tiefste in Bayern. Gemeinsam mit dem Kollegen überprüfte Petra Steinhöfer auf ihrer Kontrollfahrt, ob Steine aus der Brunnenwand gebrochen waren und die Leuchten der Lichtschnur noch alle funktionierten.

»Da war ich unten«, sagt sie und schaut einen Moment lang still in den Burgbrunnen.

Ihre Arbeit als Denkmalpflegerin auf der Wülzburg ist ehrenamtlich, sie lässt sich zeitlich gut mit ihren anderen zwei Aufgaben vereinbaren, den Fremdenführungen und, neuerdings, als Landschaftspflegerin für den Landschaftspflegeverband Mittelfranken. Gerade hat sie Verbissschutz an Bäumen im Felchbachtal befestigt. Damit die Biber sie nicht fällen.

Sie schaut von der Wülzburg ins Tal, unter ihr liegen die grünen Wälder, und das Werk des Menschen wirkt klein dazwischen, Weißenburg, Ellingen. Der Blick ist, gerade nach getaner Arbeit noch schwer atmend, erfüllend. Die Frage kam ihr schon mehrmals in solchen Momenten: »Wie viele interessante Dinge habe ich verpasst in den letzten Jahren?« Den Zusatz spricht sie nicht aus: wegen des Fußballs.

Es ist fast auf den Tag genau ein Jahr her, dass Niko aus Burghausen davonbrauste und damit effektiv auch Petra Steinhöfers Arbeit als Spielerberaterin beendete. »So ganz habe ich mich nicht vom Fußball gelöst, das geht auch gar nicht, gerade in unserer

Warum hatte sie das nicht viel früher gemacht? Petra, als Denkmalpflegerin. [17]

Familie«, mit einem Sohn, der 14 Jahre lang als Profifußballer arbeitete. Über Fußball lässt sich immer so leicht ein Gespräch beginnen, bei dem sich alle wohl und auch sich nahe fühlen. »Aber ich bin im Rückblick schon ein wenig traurig, dass es so viele Jahre das alles beherrschende Thema in unserer Familie war.«

Denn da ist doch so viel anderes Faszinierendes, hier auf der Burg zum Beispiel. Charles de Gaulle, der spätere französische Präsident, war auf der Wülzburg in Kriegsgefangenschaft. Dreimal versuchte de Gaulle vergeblich zu fliehen, erzählt Petra Steinhöfer, das zweite Mal verkleidet als Frau, was seine natürlichen Schwierigkeiten mit sich brachte. De Gaulle war 1,95 Meter groß.

Von der Wülzburg aus betrachtet, sieht sie ihre Zeit als Spielerberaterin klar. »Eigentlich hätte ich das nie machen dürfen.« Was sie an der Arbeit gereizt hatte, war die Begleitung der Jungs und ihrer Familien gewesen. Der Kern des Beraterseins aber ist die

Vermittlung der Spieler an Vereine. Diese Seite des Berufs hatte sie nie mit Enthusiasmus ausgefüllt.

Wäre die Karriere von Foti und Niko mit einem klassischen Spielerberater an ihrer Seite anders verlaufen?

Solange er mit Petra Steinhöfer zusammenarbeitete, fand Foti immer einen Verein, bei dem er vorwärtskommen konnte. Später verfügte er in Thomas Ziemer über einen typischen Spielerberater, der gerade in der dritten und vierten Liga unzählige Kontakte pflegte. Ziemer konnte ihm auch nicht mehr weiterhelfen, als Foti nicht aus der Masse der Talente in der Regionalliga herausstach.

Niko fand dank Petra Steinhöfer immer gute bis sehr gute Vereine für sein Niveau. Es gab einen Zeitpunkt, im Herbst 2017, als er in der Ingolstädter U21-Mannschaft zu fliegen begann, da hätte Petra Steinhöfer ihn meiner Meinung nach viel aktiver, hartnäckiger bei Drittligisten empfehlen müssen. Aber ob daraus ein Engagement entstanden wäre? Drittliga-Trainer wollen selten 20-Jährige, die sie noch entwickeln müssen, denn dafür glauben sie keine Zeit zu haben. Es geht in der dritten Liga, am unteren Ende des Profifußballs, immer darum, sofort zu funktionieren; zu überleben.

Einer von Petra Steinhöfers ursprünglich zehn Jungs wurde Profi, das entspricht dem statistischen Durchschnitt. Acht von zehn fanden sich in ihren Jugendjahren wohl gut von ihr betreut. Bis auf Fotis Abiturversuch nahmen alle ihren Weg in die Erwachsenenwelt ziemlich unfallfrei. Im Großen und Ganzen war Petra Steinhöfer also in ihrer Arbeit erfolgreich. Und gleichzeitig war ihr Versuch als Spielerberaterin ein Fiasko.

»Ich hätte es nicht alleine versuchen dürfen. Meine Ursprungsidee war richtig gewesen: Ich hätte einen erfahrenen Mann aus der Welt des Profifußballs an meiner Seite gebraucht, der all die Kontakte zu den Clubs und Trainern schon hatte.« Die Vorstellung, sich diese Kontakte über die Jahre erarbeiten zu können, erwies sich schnell als unrealistisch. Bleibende Kontakte zu einem Sportdirektor oder Trainer entstehen für einen Spielerberater, wenn er ihnen einen erfolgreichen Spieler vermittelt. Das prägt. Aber da sie nur eine Handvoll Spieler hatte, konnte sie realistisch nie flächendeckend ein solches Arbeitsverhältnis zu den Entscheidern knüpfen. Ohne diese Vereinskontakte wiederum war ihre Agentur für Spieler nicht attraktiv, sobald sie ins Profialter kamen.

Das heißt, sie hätte viel mehr Jugendspieler anwerben müssen, mindestens über fünf Jahre jede Saison zehn neue 15- bis 16-Jährige. Doch so wollte sie ja eben nicht arbeiten; die mit wenig Aussicht mit 19 abstoßen und neue Hoffnungen heranziehen. Sie wollte nicht mehr Jungs bei *Tutor* aufnehmen, als sie tatsächlich ganzheitlich betreuen konnte.

Mit ein bisschen Glück hätte sie finanzielle Einzelerfolge erzielen können, wenn Marius ein Jahr länger bei ihr geblieben wäre oder Niko doch einen größeren Profiklub gefunden hätte. Aber im Rückblick erscheint die Wahrheit unumstößlich: Als Geschäftsmodell war ihr Versuch zum Scheitern verurteilt.

»Ich würde heute einiges anders machen, zum Beispiel in den Nachwuchsleistungszentren viel forscher auftreten«, sagt Petra Steinhöfer. »Aber eigentlich möchte ich es gar nicht mehr machen.«

Eine Tür knarzt, dann sind wir in der Werkzeugkammer der Denkmalpfleger auf der Wülzburg. Schubkarren stehen herum, Werkzeuge und Schutzhelme hängen an den Wänden. Es riecht nach Motoröl. »Hier ist mein Zuhause.« Als wir uns sechs Jahre zuvor das erste Mal trafen, trug sie eine Perlenkette und broschierte Ohrringe. »Wenn ich zwischen einer Boutique und einem Baumarkt wählen müsste, würde ich immer den Baumarkt vorziehen.«

Es ging so viele Jahre um den Traum der Jungs in ihrem Leben, aber was Petra Steinhöfer jetzt macht, wäre ein Traum für viele: Mit 60 beruflich noch einmal etwas ganz Neues anfangen.

»Falls du jetzt, wo die Tage so früh hell werden, einmal morgens um fünf oder sechs vom Tageslicht geweckt wirst, denke an mich«, sagt sie. »Dann bin ich hier oben und pflege mit Schere und Rechen die Blühwiesen vor der Burg.«

4

2019, später

In einer Big City

Als Foti am Morgen des 7. August in den Spiegel sah, merkte er, dass seine rechte Gesichtshälfte gelähmt war. Er öffnete den Mund, aber nur noch die linke Hälfte bewegte sich. Er probierte, mit den Augen zu blinzeln. Das linke Auge folgte seinem Befehl. Das rechte blieb starr. Er runzelte die Stirn. Die Falten bildeten sich nur auf der linken Seite. Als hätte jemand eine gerade Trennlinie vom Scheitel über das Nasenbein bis zum Kinn gezogen, war sein Gesicht über Nacht zweigeteilt worden, in eine lebendige und eine starre Hälfte.

Komisch, dachte er und ging zur Arbeit. Ein Schlaganfall war das nicht, vermutete er, da war in der Regel die linke Seite betroffen und der Arm bewegungsunfähig. Er schwang beide Arme zum Test durch die Luft. Sie funktionierten tadellos.

»Schau mal, Nathi«, sagte er zu seiner Kollegin im Büro, »mein Gesicht ist voll komisch, und ich rede auch voll komisch.« Die Buchstaben kamen nicht mehr aus der rechten Mundhälfte.

Die Kollegin rief sofort nach dem Chef und der Ausbilderin.

»Um Gottes willen, Foti, geh sofort zum Arzt!«

»Nein, das wird schon wieder.«

»Damit ist nicht zu spaßen!«

Im Krankenhaus Harlaching, nur ein paar Hundert Meter vom Trainingsgelände der Sechziger, von seinem alten Leben entfernt, ergab die Blutprobe, dass Fotis Entzündungsparameter erhöht waren und sich in verstärktem Maße Antikörper der Klasse G gebildet hatten, die körpereigene Feuerwehr gegen Viren und Bakterien.

Waren Sie in letzter Zeit ungewöhnlich erschöpft gewesen, wollte die Ärztin wissen.

Ja, sagte Foti, erst am Montag hatte er sich kurzzeitig krankschreiben lassen, weil er sich nur noch durch den Tag schleppte, zum Fußballtraining fehlte ihm völlig der Antrieb.

Sind Sie in letzter Zeit von einer Zecke gebissen worden, fragte die Ärztin.

Da erinnerte sich Foti. Vor einem Monat hatte er tatsächlich eine Zecke an der Innenseite seines Oberschenkels entdeckt, keine Ahnung, wie die dort hinkam, er war eigentlich nicht in Wald und Wiesen gewesen, außer mal zum Laufen. Der Biss war noch frisch, die Zecke hatte sich noch nicht vollgesaugt, er konnte sie leicht herausziehen und vergaß sie postwendend.

Möglicherweise habe er sich durch den Zeckenbiss eine Borreliose-Infektion zugezogen, sagte die Ärztin.

Zu Hause gab Foti das Wort ins Internet ein. Borreliose. Im ersten Stadium der Infektion spüre der Betroffene allgemeine Schwäche, Müdigkeit und Muskelschmerzen. Wurde die Infektion nicht behandelt, werde im zweiten Stadium oft das Nervensystem befallen, was unter anderem zur Lähmung der Gesichtsmuskeln führen könne. Dieses Stadium trete in der Regel nach vier Wochen auf.

Die Ärztin verschrieb zehn Tage Cortison, zwanzig Tage Antibiotika. Nach der Behandlung hatte sich an der Lähmung nichts geändert.

Wenn Foti sich abends schlafen legt, zieht er das rechte Lid mit der Hand über das Auge herunter. Von allein bewegt es sich nicht. Er hat gelernt, ohne den rechten Mundwinkel zu essen und sprechen. Das P wollte lange nicht heraus aus dem halb gelähmten Mund. Mitte September, einen Monat später, spuckt er es aus: »Phh, Phh, Phh. Phhause, Phhaula«. Es klingt schon wieder recht normal.

Er kommt gerade von der Arbeit. Dort trägt er nun *black fashion* auf erwachsene Art, einen schwarzen Rollkragenpullover unter einem halblangen schwarzen Mantel zu weißen Turnschuhen. Bei der Frage: »Kommt dieser junge Mann gerade aus dem Büro einer Versicherung oder von einem Modeshooting?«, würden etliche die falsche Antwort ankreuzen. Nur aus nächster Nähe fällt auf, dass irgendetwas nicht stimmt. Sein Gesicht sieht wie eine Fotomontage aus. Die linke Hälfte in Bewegung, die rechte starr, exakt in der Mitte geteilt, längs durch die Nase hindurch. Das linke Nasenloch kann er hochziehen, das rechte bleibt unbeweglich.

»Lachen geht auch nicht.« Er führt es vor. Der Mund wird einfach schief. »Ich sage immer allen Leuten als Erstes: Wundert euch nicht, wenn ich ein bisschen komisch aussehe, ich habe gerade eine Gesichtslähmung.«

Aber eigentlich versucht er, so wenige Leute wie möglich zu sehen.

Am 12. September will Foti zum ersten Mal seit der Gesichtslähmung wieder zum Fußballtraining gehen. Er scheint sich dazu zwingen zu müssen. »Ich habe vier Wochen echt gar nichts gemacht. Vier Wochen keinen Sport, das hatte ich noch nie so. Aber ich habe mich in der Zeit total schlapp gefühlt.« Er fragt sich, wie das beim Training werden soll, falls die Sonne scheint. Er kann mit dem rechten Lid nicht blinzeln, um das Auge vor dem Licht zu schützen. Wir merken gar nicht, wie oft wir das Augenlid bewegen, um uns dem Licht anzupassen oder die Augenfeuchtigkeit zu regulieren. Was, wenn er morgen beim Training direkt in die Sonne schaut, während ihm der Ball zugespielt wird? Dann müsste er schnell den Arm über das rechte Auge legen. Wie soll das gehen? Er kann doch nicht mit einer Augenklappe spielen, einäugig. Oder muss er das?

Der SV Pullach hat ihn eingeladen mitzutrainieren. Der Bayernligaklub aus der Münchener Vorstadt hat gerade einen feinen Mittelfeldspieler verloren. Den Leuges! Pipi, also der FC Pipinsried, warb den Leuges ab.

Pullachs Assistenztrainer kannte Foti aus der Regionalliga und rief plötzlich an, nachdem er mitbekommen hatte, dass Foti noch ohne Verein dastand. Fotis Motivation hält sich allerdings nicht nur wegen der Borreliose-Folgen in Grenzen. »Ich habe Druck wegen des Geldes, ich müsste eigentlich irgendwo mitspielen, wo ich sofort 500 Euro oder mehr dazuverdiene.« Aber solche Summen zücken Münchener Viert- oder Fünftligisten nicht für ihn, hat er bereits in den Sommermonaten vor der Gesichtslähmung erneut erfahren, deshalb hatte er sich auch noch keinem Verein angeschlossen. Nun läuft die Saison bereits, die Etats sind verplant. Der SV Pullach fragte ihn, ob er nicht erst einmal ohne Honorar mitspielen könne.

Foti kann Fußball nicht einfach mehr zum Spaß spielen wie Niko in Stopfenheim. Er braucht den Nebenverdienst. Vom Lehrlingslohn bleiben nach Abzug der Fixkosten nur 100 Euro im Monat. So steht er mit 22, im September 2019, vor der Frage: Weiter Fußball spielen oder irgendwo jobben? Wo kann er mehr verdienen?

Die DJK Stopfenheim hat nach dem Aufstieg in die Kreisliga keinen einzigen Spieler von außerhalb hinzugeholt. Es sollen doch die aus dem Dorf spielen. Sie finden sich auch in der höheren Spielklasse sofort unter den besten Teams wieder. Niko hat in den ersten elf Spielen sieben Tore geschossen. Macht er plötzlich doch den Maradona? »Nein, gar nicht! Die Tore ergeben sich einfach durch unsere Spielweise. Wir spielen den Stürmer an, rücken nach, und er legt den Ball auf mich ab.« Er findet, es gibt einen triftigeren Grund als seine Tore, warum sie auch in der höheren Spielklasse erfolgreich weitermachen. Er hat, mit einem kleinen Trick, die anderen dazu gebracht, sich in der Nacht vor dem Spiel nicht mehr ganz so sehr zu verausgaben. Er lud einmal Samstagabends zum gesitteten Mannschaftsessen ins *Chilli's* in Gunzenhausen ein, »damit keiner auf die Idee kommen konnte, feiern zu gehen«. Das funktionierte super. Beim 4:1 gegen Ramsberg am folgenden Tag ging vielen auf, dass sie mit mehr Schlaf und weniger Alkohol noch besser spielen konnten. Am nächsten Samstag wollten etliche Spieler gar nicht mehr in die Disco.

Mit dem Aufstieg in die Kreisliga hat Niko Julia wieder eingeholt. Sie spielen in derselben Spielklasse Fußball. »Ja, da muss ich dir was sagen«, sagt Niko ungewohnt hektisch. »Mit Julia ist Schluss.«

Julia hatte zugesehen, wie Niko lebenshungrig in den Alltag der Gleichaltrigen in Stopfenheim eintauchte. So sehr sie das verstand, so befremdlich war das Gefühl, mehr und mehr zur Zuschauerin in Nikos Leben zu werden. Auch hatte sie, wenn sie sich ihre gemeinsame Zukunft vorstellte, immer vor Augen gehabt, wie sie sich von den vorgezeichneten Lebenswegen im Dorf lösten. Und nun folgte Niko den üblichen Bahnen.

Sechs Jahre lang waren sie sich beide sicher gewesen, immer zusammenzubleiben.

Mit dem Austritt der drei Jungs aus dem Nachwuchsleistungsfußball veränderte sich nicht nur ihr Leben, sondern das ihrer Familien. Die Mütter machten mit Mitte 40, Anfang 50 beruflich Sprünge. Was nahelegt, dass der enorme Alltagsaufwand des Akademiefußballs doch vor allem an ihnen hängen geblieben war. Nun hatten sie wieder Zeit, mehr an sich zu denken.

Elke Reislöhner begann einen Handel mit Magnetschmuck. Die Kinder und ihr Mann mussten selbstverständlich auch die Magnetarmbänder tragen, dafür sorgte sie schon. Olga Katidis trat eine Stelle als Verkäuferin in einem Möbelgeschäft an, »wenn du dich von ihr beraten lässt, gehst du nicht ohne Tisch oder Bett wieder raus«, vermutete Foti. Heike Wolf frisierte und schminkte neuerdings die Schauspieler beim Landestheater Coburg. »Dort ist es fast wie bei dir in der Fußballmannschaft«, erzählte sie Marius. Angesichts der vielen Tänzer und Choreografen aus der ganzen Welt war Englisch Dienstsprache. Marius schenkte ihr einen Online-Sprachkurs.

Einmal gab ihr Theater ein Gastspiel in München, und sie konnte Marius in der Landeshauptstadt sehen. Er hatte die freien Montage zurück. Mit Hertha BSC Berlin standen keine Champions-League-Spiele an.

Er hatte nicht nach Berlin gewollt. Er hatte am vorletzten Tag der Sommertransferphase gesagt, gut, dann gehe ich halt.

Der Trainer bei Borussia Dortmund hatte ihn im August 2019 in den ersten zwei Partien der neuen Bundesligasaison nicht für die Spieltagsmannschaft nominiert. In der nonverbalen Sprache des Profifußballs war das eine klare Ansage. Wenn du dieses Jahr Fußball spielen willst, wirst du dir einen anderen Ort suchen müssen.

Etwas in Marius lehnte sich auf. Er hatte doch eine vorzügliche Saisonvorbereitung mit der Borussia bestritten, die Schlagzeilen waren noch im Internet auffindbar, zum Beispiel aus dem *Kicker* von Ende Juli: »Wolf sammelt Pluspunkte«, »Wolf überzeugt mit Laufstärke, Engagement und Torgefahr«. Es war eine

Notiz wert, dass Marius im Juli und August eine bemerkenswerte Vorbereitung spielte, doch ein guter Moment würde nichts an den Planspielen des Trainers für die neue Saison ändern. Die Borussia hatte mit Thorgan Hazard und Julian Brandt für 50 Millionen Euro Außenspieler von internationalem Format verpflichtet. Spieler, die vergangene Saison nicht überragt hatten, mussten weichen.

Marius' größte Sehnsucht war immer noch dieselbe wie mit 12 oder 17, »ich will Fußball spielen, Mann!« Plötzlich war das kompliziert. Die meisten Vereine, die ein, zwei Stufen unter Dortmund rangierten, hätten ihn mit Kusshand genommen. Aber sie konnten ihn nicht bezahlen. In Hoffenheim, Bremen, auch in Southampton oder Genua verdienten Spieler seiner Kategorie die Hälfte von dem, was er in Dortmund erhielt. Und er konnte doch nicht einfach auf zwei Millionen Euro im Jahr verzichten, um irgendwo Fußball zu spielen. Den Vertrag in Dortmund dürfe er nicht so einfach aufgeben, sagte sein Berater Roger Wittmann zu ihm, »damit finanzierst du dein ganzes Leben.«

Eine Leihe zu einem anderen Verein war die offensichtliche Option. Dortmund und der neue Verein würden sich das Gehalt teilen, sodass Marius keine Abstriche machen musste. Hertha BSC, das mit dem frischen Geld eines Investors nach ganz oben strebte, war seit Monaten an Marius interessiert. Wie so oft in solchen Konstellationen brauchte es allerdings den Druck des nahenden Transferschlusses, um Bewegung in die Sache zu bringen. Marius wartete bis zum letzten Moment der Transferphase, um zu sehen, ob er bei der Borussia nicht vielleicht doch noch eine Chance bekam. Dortmund und Hertha feilschten noch am Schlusstag des Sommertransferfensters um die Gehaltsaufteilung, jeder im Glauben, der Zeitdruck helfe seiner Partei. Am Ende lachte vor allem ein Dritter: Marius' Berater. Er hatte ein Abkommen für Marius durchgesetzt, das verdeutlichte, warum Roger Wittmann einer der erfolgreichsten seiner Branche war. Als finanzielle und emotionale Entschädigung für sein Gastspiel in Berlin wurde, ohne dass die Öffentlichkeit davon erfuhr, Marius' Vertrag bei der Borussia zu den bestehenden Bezügen um ein zusätzliches Jahr bis 2024 verlängert.

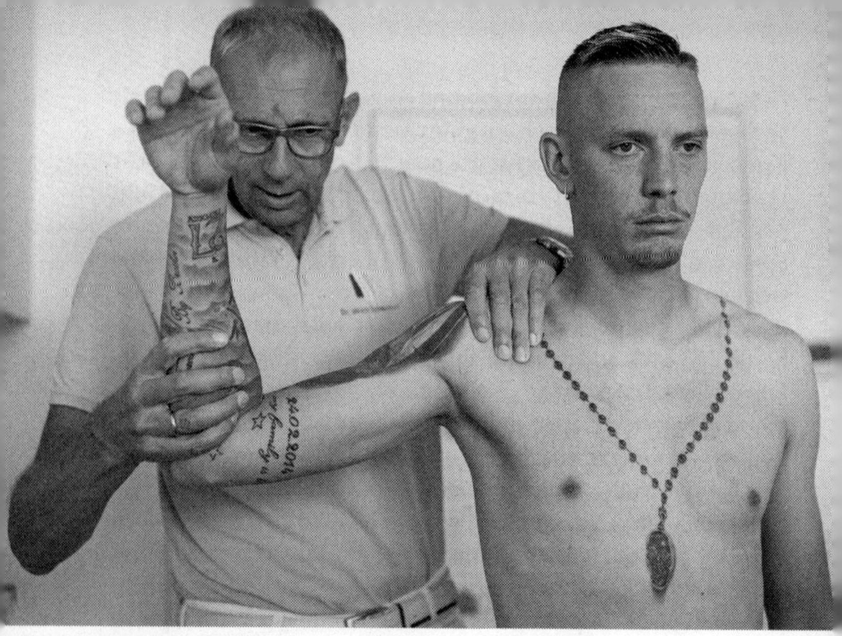

Plötzlich war er in Berlin. Marius beim Medizincheck bei Hertha BSC. [18]

»Warum brauchen die so lange?«, fragte sich Herthas Trainer Ante Covic laut, während die Sportdirektoren am letzten Tag der Transferperiode über Marius verhandelten. Covic hatte in der Zwischenzeit Marius schon einmal Herthas Trainingsanlage gezeigt und mit ihm über seine Vorstellungen gesprochen, aber ein Drei-Stunden-Programm hatte er für Marius nicht vorbereitet.

Vier Jahre zuvor hatte Marius in solchen Gesprächen mit Trainern nicht viel mehr gesagt als »genau, genau«.

Mit 24 sagte er locker zu Covic: »Dann trinke ich halt noch einen Cappuccino. Und fliege wieder nach Dortmund zurück, wenn es nichts wird.«

Seiner Mutter kam diese Fußballwelt »ganz schön irre« vor. Am Samstag, den 31. August, war Marius als ganz normaler Borussia-Spieler nach dem Auswärtsspiel bei Union Berlin mit der Mannschaft nach Dortmund zurückgeflogen. Tags darauf war er für die anderthalb freien Tage zu den Jungs nach München geflogen. Sie schauten auf dem Sofa das Sonntagsnachmittagsspiel Werder gegen Augsburg, als sein Berater anrief. Marius könne jetzt zu Hertha wechseln. Und wenn er »jetzt« sage, meine er jetzt. Also flog Marius am Sonntagabend spontan nach Berlin, von wo er einen Abend zuvor aufgebrochen war. Oder genauer gesagt: Am Sonntagabend zog Marius spontan nach Berlin um.

Er betrachtete sich weiterhin als Spieler von Borussia Dortmund. Die sieben Monate in Berlin waren nur eine Art Außendienst, um sich wieder für die Borussia zu empfehlen. Dort wollte er es schaffen. Dort würde er es schaffen! In den Trotz mischte sich Schmerz, dass Borussias Trainer Lucien Favre seinen Leistungssprung in der Saisonvorbereitung einfach ignoriert hatte.

Lucien Favre rief Marius am Tag des Wechsels nach Berlin an. Marius sah den Namen im Handydisplay und ging nicht ran. Am nächsten Tag rief der Trainer wieder an. Marius spürte, wie augenblicklich dieses Gefühl, verletzt worden zu sein, hochkochte. Der sollte ruhig merken, wie weh er ihm getan hatte! Marius ließ Lucien Favre vier Tage lang anrufen, ehe er den Anruf entgegennahm.

Laute Anfeuerungsrufe klingen durch den Berliner Olympiapark. »Kämpf! Komm, kämpf doch *bitte*!« Der Herbstregen hat nachgelassen, der Himmel ist einheitsgrau geblieben. Hunderte Schüler widmen sich mit Inbrunst ihren Wettkämpfen beim Bundesfinale des berühmten Schulsportwettbewerbs »Jugend trainiert für Olympia«. Die Bundesligaprofis von Hertha BSC trainieren nahezu unbeachtet daneben.

Der Fußball einer Schulmannschaft rollt Marius vor die Füße. Er passt ihn sauber zurück. »Danke, Herr Wolf!«, ruft eine hohe Kinderstimme.

»Herr Wolf?«, ruft Marius zurück. »So alt bin ich auch noch nicht.«

Im Fußballmagazin *11 Freunde* erschien gerade eine Schimpftirade, weil die Bundesligisten mittlerweile fast immer Zuschauer vom Training ausschlössen, um ungestört üben zu können. In Berlin ist es noch wie 1980. Jeder kann sich an die Außenlinie des Trainingsplatzes stellen, und praktisch niemand tut es. Zwölf Besucher verfolgen das Training der Hertha an diesem Dienstagmorgen, die fünf Journalisten eingerechnet, die auch nicht von Heerscharen Pressebeauftragter abgeschirmt werden, sondern nach dem Training mit dem Trainer zwischen Pfützen stehen, um nach Verletzten, Trainingseindrücken, guten Gefühlen zu fragen. Eine zauberhaft unaufgeregte Stimmung liegt über dem Gelände.

Im Training verfestigt sich der Eindruck des Schülers, dem Marius den Ball zurückschoss: Da spielt ein Herr Wolf. Ein ausgereifter Bundesligafußballer. Eine Ausstrahlung, wie ich sie weder in Frankfurt noch in Dortmund von ihm kannte, geht von ihm aus. Mit 24 geht Marius bei Hertha mit dem Selbstverständnis zu Werke, in dieser Mannschaft herausragen zu können. Schüsse landen mit Druck, platziert, unhaltbar im Toreck, seine Bewegungen sind sicher und ruhig wie von jemandem, der genau weiß, was zu tun ist. Hier ist er der Spieler, der von Borussia Dortmund kommt.

»Dilrosun und Wolf. Die neue Flügelzange macht Hertha froh«, steht in der Boulevardzeitung *B. Z.*: »Werden sie bald so wichtig für Hertha wie die legendäre Flügelzange Ribéry und Robben für Bayern?«

Da hatte es jemand ziemlich eilig mit großen Schlagzeilen. Marius und dem Niederländer Dilrosun ist gerade ihr erstes vorzeigbares Spiel miteinander gelungen, gegen den Tabellenvorletzten Paderborn.

Hinter der Seitenauslinie, aber auf dem Rasen des Trainingsplatzes, stehen ein Filmteam und ein Fotograf, die sich nur auf Marius fokussieren. Sie sind »sein Social-Media-Team«, wie sie sich vorstellen, vier nette junge Männer mit Turnschuhen und Baseballkappen.

Marius' Vater hat sich gefragt, warum es für Instagram- und Twitter-Einträge eine Firma brauche. Konnte Marius nicht die paar Fotos und zwei, drei harmlosen Sätze selbst platzieren? Zumal diese Social-Media-Firma wahrscheinlich wieder mal ein Honorar in Höhe seines Gehalts als Maschinentechniker verschlang.

Die Beiträge in den sozialen Medien müssen professionell erstellt werden, sonst drohen ihm da wegen eines falschen Worts schnell Ärger und Gezeter, entgegnet Marius, »ich kenne mich da ja nicht aus, ich weiß nicht, wann ich was posten soll, wann was nicht«.

Gar nichts auf Instagram zu stellen scheint keine Alternative. Viele *Follower* zu haben ist schon cool. Marius folgen 133 000 Menschen auf Instagram. Cristiano Ronaldo 267 Millionen. »Marius hat natürlich auch einen blauen Haken«, sagt Foti. »Wissen Sie, was das ist?«

Der blaue Haken hinter dem Namen bürgt bei bekannten Persönlichkeiten auf Instagram und Twitter für die Echtheit ihres Accounts. »Damals, als ich bei 1860 oder Nordhausen war, hätte ich mir auch einen blauen Haken machen lassen können«, sagt Foti. »Dann würden die Nachrichten bei mir jetzt nur so klingeln. Das ist Wahnsinn, die Leute sehen den blauen Haken, egal, wer du bist, wo du spielst, Hauptsache, blauer Haken, dann laufen sie dir hinterher.«

Foti folgen 1500 Leute auf Instagram.

Wenn du einen blauen Haken und ein paar Hunderttausend Follower hast, kannst du zum Beispiel ein Restaurant anschreiben, bevor du dort essen gehst: Was kriege ich, wenn ich von meinem Restaurantbesuch ein Foto poste? Da erhält man schon mal 20 Euro Rabatt, sagt Foti. Aber gut, das interessiert Marius natürlich nicht.

Marius interessiert, dass seine Social-Media-Beiträge bei den Leuten krass ankommen und es keinen öffentlichen Ärger gibt. Sein Social-Media-Team postet deswegen tolle Fotos mit unverfänglichen Unterzeilen.

Was die klassischen Medien angeht, so betrachtet sie Marius wie eine Pflicht, die halt erledigt werden muss.

In einem anderen Zeitalter, 15 Jahre zuvor, waren Zeitungsartikel für Fußballer wichtig, um sich in der Branche zu positionieren, im besten Fall die Aufmerksamkeit von Sponsoren zu erhaschen oder einfach schöne Erinnerungsstücke fürs Fotoalbum nach der Karriere zu sammeln.

»Ich habe noch ein Interview, ich mach schnell«, sagt Marius im September 2019 nach dem Training und läuft in Badeschlappen um die Pfützen herum zu Herthas Presseraum. »Mit dem Tagesblatt oder so.« *Tagesspiegel* heißt eine Zeitung in Berlin.

Oft sind die Typen von den Zeitungen eigentlich ganz nett, aber er kann halt nie entspannt sein in den Gesprächen. Die Pressesprecher der Vereine haben ihm eingebläut, bloß nichts Kontroverses zu sagen. Bei der Eintracht zum Beispiel veranstaltete Niko Kovac im Trainingslager statt eines Trainings einmal einen Pokernachmittag. Das war eine Supersache, eigentlich doch auch eine harmlose, nette Geschichte, aber als Marius am nächsten Tag vor die Presse musste, schärfte ihm die Pressesprecherin ein, er solle bloß nichts vom Pokernachmittag sagen, er solle sagen, sie hätten im Kraftraum trainiert. Wenn man so etwas im Hinterkopf hat, weiß man manchmal halt gar nicht mehr, was man noch sagen darf.

Marius merkt sich die Namen und die Zeitungen der meisten Journalisten nicht, die kommen von einem anderen Planeten. Manchmal, wenn die Überschriften im Internet einen positiven Artikel über ihn ankündigen, liest er ihn. Negative Überschriften klickt er schnell weg. Nur mit einem Reporter redet er nach Spielen immer gerne, der ist irgendwie anders, tiefer am Spiel interessiert, und schon älter, als ob er viel erlebt hätte. Herr Zorn heißt er. Roland Zorn von der *Frankfurter Allgemeinen* ist der große Staatsmann des alten Journalismus. Das weiß Marius nicht. Er spürt so etwas nur.

Der Trainer in Berlin ruft ihn oft in seine Kabine, um über Taktik und Aufstellung zu reden. Das ist ein Ritterschlag. Marius ist zum Vertrauensspieler aufgestiegen. Bislang sah er nur Fußballer wie den Prince oder Marco Reus in der Trainerkabine verschwinden.

In seiner neuen Rolle entdeckt Marius auch die Zwänge, denen ein Trainer unterliegt. Ante Covic kann nicht die älteren Angreifer im Team, Ibisevic und Kalou, radikal zur Seite schieben, auch wenn ein Generationenwechsel für die Entwicklung der Mannschaft nach seiner Meinung angebracht wäre. Doch die älteren Angreifer haben einen Stellenwert beim Sportdirektor, beim Publikum, in der Mannschaft. Der Trainer muss sie langsam gleitend ablösen, um keine Konflikte zu schüren. Beim Versuch, seine Spielideen mit solchen realpolitischen Zwängen zu vereinbaren, wird dann im November der Trainer selbst abgelöst. Einem guten

Lauf mit drei Siegen und einem Unentschieden war eine Serie von vier Niederlagen gefolgt. Hertha BSC im Herbst 2019 ist zu nervös, um eine schlechte Phase auszusitzen. Der Investor Lars Windhorst hat für 225 Millionen Euro 49,9 Prozent der Klubanteile erworben, seine Einzahlungen hoben Herthas Budget auf das Niveau einer Spitzenmannschaft. Den Druck, sofort Erfolge zu erzielen, gab es gratis dazu. Die Mannschaft steht Ende November in Abstiegsnähe.

»Das ist Wahnsinn hier!«, sagt Marius. Er redet nicht über Hertha BSC, sondern von seinem Wohnviertel am Savignyplatz in West-Berlin. Wenn er aus seiner Wohnung in der Mommsenstraße tritt, reihen sich auf den ersten 200 Metern das *Princess Cheesecake*, *1900 Café*, *What do you fancy love* und *Cappuccino Grand Café* aneinander, und so geht es weiter, das *Ottavio*, der *Vagabund Club*, Kaffeehäuser, Restaurants, Bars. Eine Großstadt kann mit ihrer Lebendigkeit Menschen anstecken. Marius schwingt, wenn er durch die Straßen um den Savignyplatz flaniert. Frühstück, Mittagessen, Abendessen, jeder Tag liefert mindestens drei Anlässe, um in den Cafés zu sitzen als junger Mann mit ein paar harmlosen Flausen im Kopf. Zum Mittagessen ist die Mannschaft eigentlich in der Vereinskantine bei Hertha BSC verpflichtet, das Miteinander soll den Teamgeist fördern, aber Marius isst dann dort oft nur einen Salat. Damit er am Savignyplatz noch richtig Mittagessen gehen kann. Manchmal trifft er sich mit den Fußballkollegen. Mit Passi Köpke, seinem Jugendfreund, und Niklas Stark spielen zwei weitere Jungs aus seiner Nürnberger Akademiemannschaft bei Hertha, so einen Zufall gibt es nur einmal in der Bundesliga. Weil das Trainingsgelände nur zehn Minuten entfernt liegt, wohnen die meisten Hertha-Spieler in der Nähe des Savignyplatzes, das ist ein besonderer Vorteil für Marius. Es kann ihn immer jemand zum Training mitnehmen. Er lacht selbstironisch. »Ich habe ja keinen Führerschein.«

Berlin ist die ideale Stadt für ein Fahrverbot. Er hat das pralle Leben in Fußnähe. Und vielleicht ist es sowieso besser, hier kein Auto zu haben. Niklas Stark haben sie den Porsche gerade vor der Haustür gestohlen.

»Ich gehe noch spazieren«, sagt Marius nun oft am Telefon auf die Frage, was er am freien Nachmittag noch mache. Wahrscheinlich stellen sich die meisten Leute unter einem Spaziergang etwas anderes vor, als er meint. Wald und Parks sieht er auf seinen Spaziergängen mit den Jungs jedenfalls nicht, eher Modeboutiquen und Cafés. Über den Prince hat er ein paar gute Jungs in Berlin kennengelernt. Das ist die einzige Art geworden, freundschaftliche Beziehungen zu knüpfen: alte Freunde von Freunden zu treffen. »Das ist, wie wenn du in meine Stadt ziehen würdest: Dann würde ich dir auch meine Freunde empfehlen, damit du nicht an die falschen gerätst«, sagt Marius. Ramo ist einer dieser Jungs, ein Freund von einem Freund vom Prince, und irgendwie ein klassischer junger Berliner, findet Marius. Der jongliert mit drei Jobs, Fitnesstrainer, Handlanger in einer Spielerberatungsagentur und Taxifahrer, und zwischendrin sitzt er im *Fancy*, wo die Cocktails *Sexbomb* oder *Push-Up* heißen, aber alkoholfrei sind. Die Jungs schreiben, »wir sind im Café, falls du Lust hast«, und das Gute ist, sagt Marius, er kann einfach zurückschreiben, heute nicht, muss Mittagschlaf machen, das verstehen die, da gibt es keinen Gruppenzwang. »Wenn ich sonntags mal in München bin und sehe, wie ruhig die Stadt ist, denke ich mir erst mal: Häh? Dann fällt mir wieder ein: Ach so, ist nicht Berlin.«

Das ist eine Stadt für ihn. Aber, und sein Gesicht wird bei dem Gedanken abrupt starr, er würde das alles sofort drangeben, wenn er stattdessen wieder für Borussia Dortmund spielen dürfte.

In der Öffentlichkeit herrscht ein mächtiger Wirbel um Hertha BSC, seit ein neuer Trainer Ante Covic ersetzt hat. Jürgen Klinsmann flog mit dem Versprechen aus seiner Wahlheimat Kalifornien ein, Hertha alles zu geben, wonach sie strebte, Größe, Glitzer, Erfolg. Nur wer sich hohe Ziele setze, erreiche auch welche, lautete sein Credo. Er war ein überzeugter Schüler des amerikanischen Optimismus. So hatte Klinsmann als Bundestrainer die deutsche Nationalelf zur Weltmeisterschaft 2006 im Hauruck-Verfahren in eine mitreißende Elf verwandelt. Sein Ausspruch, aus Hertha einen »Big City Club« zu machen, wurde zum geflügelten Wort. Herthas Spielweise unter Klinsmann stand dazu in einem irritierenden Gegensatz. Er ließ die Mannschaft spröde und ultradefensiv spielen.

Es gehe erst einmal einzig darum, die Abstiegsgefahr zu vertreiben, rechtfertigte Klinsmann die öde Spielweise. In Interviews priesen Herthas Spieler seinen Ansatz. Sie sollten doch bloß nichts Kontroverses sagen. An den Cafétischen am Savignyplatz sagte schon mal der eine oder andere Profi, Klinsmanns Ultra-Defensive sei »eine absolute Frechheit, ehrlich!«

Marius hatte vage Kindheitserinnerungen an Klinsmann. Die WM 2006 war die erste Weltmeisterschaft gewesen, die er bewusst erlebte, als Elfjähriger. Wie wohl für die meisten würde die erste bewusste WM für ihn immer eine besondere bleiben, Kindheit, Sommer, Eiscreme, drei Fußballspiele am Tag schauen, dazwischen Fußball spielen. Doch nach einigen Wochen verband er den Trainer, der da täglich mit ihm arbeitete, nicht mehr mit den schönen Erinnerungen an den Klinsmann von 2006. Dieser Trainer hatte für ihn in seiner Ultra-Defensiv-Taktik nur die Rolle des Jokers vorgesehen, der erst in den letzten 20, 25 Minuten von der Ersatzbank ins Spiel kam, um seinem Team noch einmal Schwung zu geben. Von Flügelzangen schrieb in Berlin niemand mehr.

Ein Profi muss cool tun, ein Profi muss den Anschein wahren, er käme mit allen Situationen zurecht. Manchmal aber wünscht sich ein Profi nur einen verständnisvollen Zuspruch von seinem Chef. Klinsmann sagte nie etwas Persönliches zu ihm, fand Marius.

Egal. Er war jetzt mit 24 Jahren der Ultra-Profi, er kam mit der Situation zurecht, sagte er sich. Das Wintertrainingslager im Januar 2020 unter Klinsmann in Florida war richtig gut, fand Marius, die Dosierung, die Übungen. Der Investor war auch vor Ort und lud sie zu einem Abendessen auf seine Jacht ein. Lars Windhorst, der mit seinen Holdings in Halbleiterproduzenten, Luxus-Modemarken oder Schiffsbau investierte, wusste über ziemlich jeden einzelnen Hertha-Spieler Bescheid, bemerkte Marius angetan, »er hat sich erkundigt, ob ich noch Familie in Dortmund hätte und wie ich meine Zukunft sehe. Das ist schon wichtig für die Grundstimmung, wenn du merkst, der große Boss interessiert sich tatsächlich für dich und sein Projekt.« Windhorst hielt auch das eine oder andere Mal eine Rede vor der Mannschaft, »der kann dich mitreißen«.

Dass sich der Trainer an Details im Trainingslager rieb, dass Klinsmann brütete, weil Herthas Social-Media-Mitarbeiter im Teamhotel feierten, während er eine konzentrierte Arbeitsatmosphäre kreieren wollte, bekam Marius nicht mit. Er war auf seine Lage fokussiert. Er nahm jedes Training wie einen Wettkampf, und wenn er für 25 Minuten ins Spiel kam, versuchte er sofort Dribblings oder Steilpässe durch die gegnerische Abwehr zu spielen. Irgendwann kamen im Fußball immer die schlechten Ergebnisse, irgendwann musste der Trainer immer etwas ändern. Dann würde seine Stunde schlagen.

Zum Rückrundenauftakt gegen den FC Bayern am 19. Januar 2020 nahmen Marius' Eltern den Sprinterzug nach Berlin und hofften, dieses Mal pünktlich zu sein. Zu Marius' erstem Spiel für die Hertha, im September gegen Paderborn, waren sie nach einem Schwellenbrand auf der Strecke direkt vom Bahnhof zum Olympiastadion gehetzt. Sie waren wohl die einzigen Menschen an jenem Nachmittag, die mit zwei Reisekoffern ins Bundesligastadion gingen. Die Sicherheitsleute ließen sie mit den Koffern passieren, nachdem sie glaubwürdig erklären konnten, dass ihr Sohn mitspiele.

Vor dem Bayern-Spiel sollten sie noch zwei von Marius' Karten an der Hertha-Geschäftsstelle für einen Bekannten ihres Sohns hinterlegen. Capi hieß der, hatte ihnen Marius gesagt. Keine Ahnung, wer das wieder war. Für viele Millionen Deutsche in Marius' Alter war Capi unter seinem vollen Rappernamen Capital Bra durchaus bekannt.

Capi kannte er über einen Freund vom Prince.

Marius stellte den Eltern seine Berliner Bekanntschaften durchaus vor. Oft erfuhren sie dann erst im Gespräch, dass der eine ein ganz netter Fitnesstrainer war und der andere ein nicht minder freundlicher Musikstar. Der Rea lud sie nach dem Bayern-Spiel zum Essen ins *Grill Royal* ein, hatte Marius den Eltern angekündigt. Marius hatte ihn mal auf einer Feier seines Beraters kennengelernt. Der Rea betrieb ein Wasseraufbereitungsprojekt in Ecuador, für das Marius 50 000 Euro gespendet hatte. Da hatte

Marius' Vater beim Essen einige technische Fragen, durch welche Chemikalien wurde denn das Wasser bei der Goldgewinnung am Amazonas verseucht, durch Blausäure vermutlich, oder? Dass Rea Garvey als Sänger ein paar Nummer-eins-Hits gelandet hatte, hatten sie schon auch irgendwie im Hinterkopf.

»Besprechung im Kinosaal« stand am 11. Februar vor dem Morgentraining auf der Tafel in Herthas Umkleidekabine. Der Kinosaal war ein gemütlicher Raum nebenan im Nachwuchsleistungszentrum mit großer Leinwand und in der Tat sechs, sieben Reihen gepolsterter Kinosessel. Marius erwartete keinen schönen Film. Sie würden sicher die 1:3-Heimniederlage gegen den FSV Mainz 05 von vor drei Tagen auf Video analysieren.

Das Erste, was ihm merkwürdig vorkam, war Jürgen Klinsmanns Hose. Warum trat der Trainer in Jeans vor die Mannschaft? Warum trug er Zivil- statt Trainingskleidung?

Weil er sich nur noch schnell von ihnen verabschieden wollte, wie Marius in den nächsten Minuten perplex erfuhr. Eine Viertelstunde lang erklärte ihnen Klinsmann, dass er wahnsinnig gerne mit ihnen zusammengearbeitet habe, dass sie tolle Jungs seien. Er könne aber nicht mehr. Mit »dem Preetz und dem Gegenbauer«, Sportdirektor und Präsident, komme er auf keinen gemeinsamen Nenner. Deshalb sei es besser aufzuhören.

»Dann war er weg«, sagt Marius.

Gerade einmal zehn Wochen zuvor war Jürgen Klinsmann mit seinen Visionen vom Big City Club angekommen.

Den Sportdirektor Preetz, stellte sich heraus, informierte er an jenem Dienstagmorgen im Februar genauso überfallartig von seinem Entschluss. Jürgen sei in sein Büro geschneit, habe kundgetan: »Tschüss, ich bin weg«, sich umgedreht und sei aus der Tür gewesen, erzählte Preetz der *Bild*-Zeitung. »Meine Assistentin und ich haben uns angeschaut: Was war denn das jetzt?« Minuten später gab Jürgen Klinsmann seinen Rücktritt bekannt – auf Facebook.

Die Nachrichtenagenturen schrieben in ihren Eilmeldungen vorsichtig, um nicht zu sagen: verwirrt, es sei unklar, ob die Nachricht echt war oder ob jemand Klinsmanns Facebook-Account gehackt hatte.

So einen Abgang im Effekt nach so großen Ankündigungen hatte es in der Bundesliga noch nicht gegeben. »Big City, Big Fail«, taufte *Die Zeit* Klinsmanns Leitmotiv um.

»Damit hatte niemand gerechnet«, sagt Marius. »Von Klinsmanns Streit mit dem Sportdirektor hatte ich auch nichts mitgekriegt.«

Für sich betrachtet war es nur der Fall eines Fußballtrainers, der nicht die Geduld und Frustrationstoleranz für ein schwieriges Projekt aufbrachte. Auf der Metaebene ließ sich an dem Beispiel allerdings auch erkennen, warum Investoren in deutschen Fußballclubs so oft kein Erfolg beschieden ist. Der große Reinfall beim Big City Club folgte dem Muster, das zuvor bereits beim Hamburger SV mit dem Investor Klaus-Michael Kühne oder beim TSV 1860 München mit dem Investor Hasan Ismaik zu erkennen gewesen war. Die bestehende Vereinsführung hieß das Geld des Investors willkommen, misstraute aber seinem Einfluss. Sportdirektor Preetz und Präsident Gegenbauer schienen in einem ständigen Abwehrkampf gegen Klinsmann, den Mann des Investors. Wie beim Hamburger SV und 1860 München hatten sich zwei Machtzentren gebildet, die in Sachfragen bestenfalls widerspenstig kooperierten. Als Klinsmann im Januar 2020 eine längerfristige Rolle als Trainer mit starken Kompetenzen bei den Spielerverpflichtungen forderte und Preetz das Anliegen offenbar durch Liegenlassen zu umschiffen versuchte, war der Punkt erreicht, an den solche Vereine irgendwann immer geraten. Es wurde gegeneinander gearbeitet. Erfolg lässt sich da eher nicht erzielen.

Die Show war noch nicht zu Ende in Berlin. Eine Woche nachdem Klinsmann abgerauscht war, tauchte in der *Sport-Bild* ein Arbeitsbericht auf, den Klinsmann für den Investor angefertigt hatte. »Ich habe mir die Zeitschrift nicht gekauft«, sagt Marius. Als irgendwann ein Kollege das Dokument in den Whatsapp-Gruppenchat der Hertha-Profis schickte, schaute er es sich dann halt doch an.

Unter anderem bewertete Klinsmann für den Investor jeden einzelnen Spieler. »Marius Wolf, 24, Leihspieler von Borussia Dortmund«, schrieb er: »Super Einstellung, sollte man kaufen und dann Mehrwert erzeugen.«

Schön, dass Jürgen Klinsmann ihn so schätzte. Hatte Marius in ihrer Zusammenarbeit gar nicht gemerkt.

Foti sieht Marius jetzt manchmal im Fernsehen. Wenn Hertha sonntags spielt zum Beispiel, denn »was soll man sonntagnachmittags sonst machen, außer Fußball schauen?«, fragt er sich. Seit er selbst nicht mehr Fußball spielt, hat er Zeit. Ist das jetzt tatsächlich schon drei oder vier Monate her, dass er aufgehört hat? Er muss es kurz überschlagen, ja, doch, im Oktober 2019 ist er das letzte Mal ins Training beim SV Pullach gegangen. Es gab Ärger im Trainingsspiel. Ein 20-Jähriger, »also einer von den Jungen«, sagt Foti mit seinen 23 Jahren, hatte ihn im Zweikampf zu Boden gerissen. Der Junge war aggressiv drauf, weil er bei Pullach auf der Ersatzbank saß, und so einer wollte es an ihm auslassen! »Ich bin dann kurz Kopf an Kopf mit ihm gestanden.« Als Foti sagte, »verpiss dich, du Idiot!«, rüffelte ihn der Trainer. Dabei hatte doch der andere angefangen!

Das war eigentlich kein schlimmer Vorfall. Nur brachte er Foti endgültig auf den Gedanken, dass er keine Lust mehr habe. Er würde in Pullach sowieso kein Geld bekommen, er konnte mit seinem halb gelähmten Gesicht nicht hundertprozentig spielen, er war nach der langen Krankheitspause außer Form. Wozu rannte er als Gastspieler bei einem Bayernligisten herum und musste sich von einem 20-Jährigen, von einem Bayernliga-Ersatzspieler, dumm anmachen lassen? Am nächsten Tag erschien er einfach nicht mehr zum Training, und das war es dann. Das Ende nach 17 Jahren Fußball.

»Fußball fehlt schon«, sagt er vier Monate später in seinem Lehrlingsapartment. »Manchmal sitze ich hier planlos.« Dann schaltet er den Fernseher ein, um irgendein Fußballspiel zu suchen. Wenn er zwischendurch immer mal was anderes auf dem Handy macht, hält er ein Fußballspiel als Zuschauer mittlerweile schon eine Zeit lang durch. »Letztens habe ich aus Langweile sogar eine Halbzeit dritte Liga geschaut, Würzburg gegen Rostock. Die waren ja richtig schlecht, die Abstände beim Pressing viel zu groß!« Wenn er das sieht, denkt er immer noch, dass er da eigentlich mitspielen könnte. Auch wenn er gar nicht mehr spielt.

Seinen Nebenverdienst macht er nun mit *Moscow Mules* und *Mojitos*. Im *Vathos*, dem Griechen neben dem Deutschen Theater, jobbt er als Barkeeper. Er würde gerne lernen, außergewöhnlichere und raffiniertere Cocktails zu mixen, aber sie sind ein Restaurant, keine Bar, sie bieten nur drei Cocktailsorten an.

Seinem Gesicht merkt man nichts mehr an. Das rechte Augenlid kann er immer noch nicht zu hundert Prozent schließen, doch im Großen und Ganzen ist die Lähmung mit den Monaten verschwunden. Ob er tatsächlich an einer Borreliose litt, ist unklar, ein Heilpraktiker, den er konsultierte, meinte, es könnte auch das Epstein-Barr-Virus gewesen sein. Es ist unerheblich. Hauptsache, es geht ihm besser. »An Silvester bin ich zum ersten Mal wieder ausgegangen«, in Wien, das er mit einer großen Gruppe Freunde zur Feier des neuen Jahres besuchte. »Das war das totale Gefühl: Jetzt darf ich wieder leben!«

Eigentlich langweilt er sich gar nicht so oft. Neben der Lehre und dem Kellnerjob bastelt er an einer Webseite für einen Online-Schmuckhandel. Seine Geschäftsidee ist, dass die Kunden die Armbänder und Ketten auf seiner Webseite bestellen, und er leitet die Bestellungen an einen Hersteller in China weiter, der sie dann direkt ausliefert. »Das nennt man *drop-shipping*.« Er müsste die Ware gar nicht kaufen und lagern. »Sobald die Webseite steht, kann ich über Instagram viel Werbung machen.« Am besten über seine Bekannten mit dem blauen Haken.

Zweimal die Woche geht er ins Fitnessstudio, das ist vom Sport geblieben. »Ich mache viel für den Oberkörper. Bald kommt ja der Sommer.«

Er fühlte sich wieder halbwegs jung und stark, als seine Ausbilderin ihn am 18. März 2020 in ihr Büro rief. Sie mache sich große Sorgen, da sein Immunsystem nach der Krankheit wahrscheinlich noch geschwächt sei. Am besten bleibe er deshalb zunächst einmal zwei Wochen zu Hause. Danach wussten sie vielleicht genauer, was es mit diesem neuartigen Virus auf sich hatte, von dem auf einmal alle sprachen.

5

April 2020

In Zeiten des Virus

Beim Laufen schliefen Niko die Füße ein. Seit Kilometer 8 kribbelte und bitzelte es, vielleicht hatte er sich die Schuhe zu eng geschnürt? Er versuchte das Taubheitsgefühl zu ignorieren, und gleichzeitig machte es ihn verrückt.

Ansonsten war er noch locker. Der Sichert Andreas und er redeten im Laufschritt über Gott und die Welt. Das bedeutete in diesen Tagen, sie redeten vor allem über dieses Coronavirus.

Wie schnell das Virus ihr Leben übernommen hatte. Vor einem Monat war das Virus noch eine Kuriosität in den Fernsehnachrichten gewesen, wieder einmal etwas, womit ferne Länder zu kämpfen hatten. Auf dem Wildtiermarkt in einer chinesischen Provinzstadt namens Wuhan war angeblich ein tödliches Virus vom Tier auf den Menschen übergesprungen; ja, mussten die denn auch exotische Tiere essen? Nun, Anfang April, traf man überall Coronavirus-Experten, selbstverständlich auch in Stopfenheim. Die Leute konnten und wollten einem erklären, wie das Virus die Lungen angriff, warum Beatmungsmaschinen so schwierig zu bedienen waren, ob Masken schützten oder nicht.

Niko erinnerte sich nicht mehr genau, wann er begriffen hatte, dass etwas Unvorstellbares geschah. Die Fernsehansprache der Bundeskanzlerin am 18. März 2020 war sicher ein einschneidender Punkt. »Seit der deutschen Einheit, nein, seit dem Zweiten Weltkrieg gab es keine solche Herausforderung an unser Land«, sagte Angela Merkel. Einen Tag zuvor war wegen der Ansteckungsgefahr bereits die Fußball-Europameisterschaft im Sommer abgesagt worden. Die Fußball-Bundesliga ruhte, Schulen und Geschäfte waren geschlossen. Sogar – da musste selbst der Letzte in Stopfenheim die Dramatik der Situation begreifen – der Baumarkt blieb zu. Der Mensch hatte die tollsten Dinge erfunden, selbstfahrende U-Bahnen, künstliche Kniegelenke oder Fliesen, die wie Holzboden aussahen, aber solange es gegen das neuartige Virus keinen Impfstoff gab, halfen in der Pandemie nur mittelalterliche Methoden wie Kontakte vermeiden.

In den Medien erschienen statt Fußball- Coronatabellen. Zahl der Infizierten, Zahl der Toten, Inzidenzwert für Landkreise, Bundesländer, Staaten.

Gleichzeitig blieb das Coronavirus im April 2020 etwas Abstraktes. Fast niemand in Stopfenheim kannte jemanden, der daran erkrankt war. In einem der Nachbardörfer hatte angeblich einer das Virus vom Skifahren aus Ischgl mitgebracht und seinen betagten Vater angesteckt, der nun im Koma lag. Aber genau wusste man es nicht.

Wie alle musste Niko dabei zuschauen, wie seine Gewohnheiten verändert wurden. Anders als Gastwirte oder Konzertpianisten durften Handwerker in Deutschland immerhin weiterarbeiten. Sie hatten in der Firma sogar noch mehr zu tun. Die Leute saßen in der Pandemie zu Hause, um Kontakte zu vermeiden, und auf einmal fiel ihnen auf, dass die Küche schon längst mal neu gefliest werden musste, dass im Bad drei Fliesen gesprungen waren.

Wenn Niko, oft nach zehn Stunden auf der Arbeit, nach Hause kam, empfing ihn jedoch plötzlich eine Leere. Das Fußballtraining gab es nicht mehr, das Fitnessstudio war geschlossen, mit den Freunden an den Weiher konnte er sich nicht mehr setzen. Privattreffen mit mehr als zwei Personen waren untersagt. Nachbarn hatten schon mehrmals die Polizei gerufen, als sie am Weiher Jugendliche in Kleingruppen beobachtet hatten.

Laufen war eigentlich so ziemlich das Einzige, was man noch machen konnte.

Wie Marius verfügte Niko über die seltene Gabe, schnell und ausdauernd laufen zu können. Als sie im Wintertraining der DJK Stopfenheim viele Intervallläufe um die Siedlung Binsfeld gerannt waren, hatten einige Mitspieler pflichtgemäß gestöhnt. Sie waren doch Fußballer, Spieler, keine Athleten, sie mussten Laufen standesgemäß schlecht finden. Niko war nicht nur vorneweg gelaufen. Ihm war eine Idee gekommen. Was, wenn er eines Tages einfach einmal loslief und schaute, wie weit er kam?

Was ihn an der Idee vor allem faszinierte, war die Vorstellung, an seine Grenzen zu gelangen. Wo konnte man das so eindeutig herausfinden wie beim Laufen? Wäre er in der Lage, 25 oder 47 Kilometer ohne Unterbrechung zu laufen? Würde er es schaffen, aus dem Körper noch ein paar Kilometer herauszuquetschen, wenn er sich eigentlich schon erschöpft wähnte? Wie würde sich das anfühlen, an seine Grenzen zu gelangen, würde einem schwarz vor Augen, liefe er in eine Art Besinnungslosigkeit hinein, bei der nach und nach verschiedene Körperfunktionen ausfielen?

Die Pandemie war der beste Moment, es herauszufinden. Andere räumten ihren Keller auf, weil endlich Zeit dafür war. Dann konnte er sich auch mal in Grund und Boden laufen.

Er wählte die Runde um den Brombachsee, 15 Kilometer lang, und fragte den Sichert Andreas aus dem Dorf, ob er mitlaufe. Niko dachte, falls er irgendwann umkippe, wäre es schon besser, wenn jemand bei ihm war. Der Sichert Andreas war schon Marathon gelaufen.

Am 11. April arbeitete Niko wie jeden Samstagvormittag. Beim Bruder des Torwarts in Stopfenheim flieste er die Badwände mit Kacheln im Fischgrätmuster, das war eine Präzisionsarbeit, wie er sie noch nicht erlebt hatte. Wenn er nur bei einer Fliese den Winkel falsch ansetzte, musste er alle umliegenden wieder herunterreißen, weil das Fischgrätmuster nicht mehr zusammenpasste. Es war Karsamstag. Er arbeitete fünf Stunden hoch konzentriert. Um 15 Uhr holte ihn der Sichert Andreas ab, um zum Brombachsee zu fahren. Niko hatte sich nicht speziell für den Lauf ausgeruht oder vorbereitet. Er wollte doch herausfinden, wo seine natürlichen Grenzen lagen, da gehörte es auch dazu, ein paar Stunden körperlicher Arbeit in den Knochen zu haben.

Acht Kilometer lang schliefen seine Füße. Bei Kilometer 16 verschwand das Taubheitsgefühl so plötzlich, wie es gekommen war. Sie waren schon auf der zweiten Runde. Niko hatte sich selbst zwei Regeln gesetzt. Keine Gehunterbrechung, und das Tempo durfte nicht langsamer als fünf Minuten pro Kilometer werden. Bis Kilometer 22 redeten sie angeregt miteinander. Dann starb ihr Gespräch einen langsamen Tod. »Bei Kilometer 25 haben wir gar nichts mehr gesagt«, erzählt Niko. »Nur noch das Geräusch unserer Schritte war zu hören.«

Wenn Marius wieder einmal laufen möchte, weicht er ins Treppenhaus aus. Dort sprintet er 30 Treppenstufen nach oben, hoher Kniehub, schnelle Frequenz. Die Holztreppe in dem Berliner Altbau knarzt und ächzt unter seinen Schritten, als würde sie sich wehren. Langsam und schwer atmend läuft Marius wieder hinunter und beginnt, erneut nach oben zu sprinten. 20 oder 25 Treppensprints reiht er aneinander. Das steht zwar nicht auf dem Trainingsplan, aber er denkt sich ein paar Übungen selbst aus, um nicht verrückt zu werden in der Wohnung.

Am 17. März erhielt er die Anweisung, sich zu Hause einzusperren. Ein Kollege bei Hertha BSC, Maximilian Mittelstädt, war am Coronavirus erkrankt. Gab es einen Coronafall, versuchten die Gesundheitsämter wie Detektive alle Personen zu ermitteln, mit denen der Erkrankte in jüngster Zeit Kontakt gehabt hatte, und schickten sie für 14 Tage in Quarantäne. So glaubte man im März und April 2020 die Verbreitung des Erregers eingrenzen zu können. Mit Hertha BSC musste nach Mittelstädts Erkrankung erstmals eine ganze Bundesligamannschaft in Quarantäne.

Als der Fall öffentlich wurde, »musste ich das Handy dreimal am Tag aufladen«, sagt Marius. »Es hat mich gefühlt jeder Mensch aus meinen Telefonkontakten angerufen.« Es war solch ein Novum für alle. Quarantäne, Corona in der Bundesliga.

Nichts hat Marius auf die Isolation vorbereitet. Eben noch spielte sich sein Leben zwischen Fußballtraining und Freunde sehen ab. Nun schaut er aus dem Fenster. »17 Grad, Sonne, schönster Frühling, brutal!«

Zwei Mitarbeiter von Hertha haben ihm wie allen Profispielern ein Spinning-Rad aus dem Fitnessraum vorbeigebracht, ein wunderschönes Modell, ein weißes Schwinn A.C. Performance plus Carbon Blue. Im Laden kostet das Rad 2095 Euro. Das steht nun in Marius' Altbauwohnung in der Mommsenstraße im Wohnzimmer vor dem Fernseher. Ziemlich nahe am Fernseher, ungefähr einen Meter entfernt. Mehr Platz fand sich nicht zwischen dem schweren Vintage-Sofa und drei Meter hohen Regalen. Er hat die Wohnung möbliert gemietet, es ist doch nur für sieben Monate.

Er setzt sich auf das Fahrrad, spult sein Pensum ab, schnelle Kilometer, langsame Kilometer, am besten sieht er einen Film im ganz nahe stehenden Fernseher dazu, dann merkt er gar nicht, dass er in die Pedale tritt. *Elite*, eine Serie auf Netflix, hat er gerade entdeckt.

Kräftigungsübungen macht er bei Sonnenschein auf dem Balkon. Die Stadt unter ihm fühlt sich weit weg an; vor allem die Stadt, die er kennt. Wie still Berlin geworden ist, ohne Cafés und Straßenleben.

Er hat zwei Trainingspläne, einen von Herthas Fitnesstrainer, einen von seinem privaten Fitnesscoach Yannick. Er trainiert doppelt, morgens das Hertha-Training, abends das private, er will als fittester Spieler zurückkommen, wenn die Bundesliga wieder startet. Sie wird doch irgendwann wieder starten?

Zwischen den Trainingseinheiten spielt er Playstation. Auf Instagram veröffentlicht er *storys* zu seinen Trainingseinheiten oder Playstationschlachten. »#TourdeFrance, sechster Tag« schreibt er unter ein Video von einer Einheit auf dem Schwinn-Karbonrad. Kurz wippt er für seine Instagram-Follower beim Radfahren zu Farid Bangs neuem Song mit: »Oberkörper eines Star-Athleten (Yes!)/Oliver Pocher, keine Parallele (No!)/Gib mir nicht die Hand, geh in Quarantäne.«

Petra Garlipp, die Direktorin einer Fachklinik für Psychotherapie bei Hannover, kennt Marius nicht, aber nach ihrer allgemeinen Einschätzung macht er es in der Quarantäne genau richtig: mit Kontaktersatz über die sozialen Medien gegen die Vereinsamung angehen.

Der neue Alltag gerät halt nur am zweiten, dritten Tag ein bisschen außer Kontrolle. »Ich glaube, ich habe echt zehn Stunden Playstation gespielt.«

#nightsession schreibt er nun unter das Video vom Radtraining. Er kam erst um 23 Uhr dazu.

Wie leicht ein Mensch aus seinem Alltagsrhythmus geschleudert wird, sobald er seiner Gewohnheiten beraubt ist, geht Marius nach drei Tagen auf. Und wie endlos ihm die Stunden ohne festen Rhythmus erscheinen. Nach drei Tagen beginnt er sein Leben in Isolation zu ordnen. Um zehn Uhr die erste Trainingseinheit, um 18 Uhr die zweite, nach jedem Training direkt Essen, das gibt den Tagen gleich eine andere Struktur. Wobei es nicht einfach ist, zu dem Leben da draußen noch einen Bezug zu spüren.

»Heute ist Dienstag, oder?«, fragt er nach acht Tagen Quarantäne.

Nein, Mittwoch.

»Echt?«

Ramo bringt ihm öfters den Einkauf vom Supermarkt vorbei. Es gibt auch einen Bestellservice des Supermarkts, aber der Brudi will ihm gerne helfen. Dreimal versucht Marius, richtig zu kochen, »zweimal ging es gut, beim dritten Mal brannte das Abendessen so an, dass ich beim Lieferservice nachbestellen musste«. Seitdem bestellt er die warmen Mahlzeiten lieber gleich bei Restaurants.

Sein Krafttraining bestreitet er zunehmend mit schlechtem Gewissen. Wie das auf dem Altbauboden hallt und dröhnt, wenn er *Jumping Jacks* oder den *Running Man* macht. Er bittet Ramo, beim nächsten Einkauf auch drei große Tafeln *Merci*-Schokolade mitzubringen. Die Erinnerung ist Marius aus seiner Kindheit in Einberg geblieben: Wenn man sich bedanken oder entschuldigen will, schenkt man Merci.

Er klingelt bei den Nachbarn neben und unter ihm und überreicht mit vielfachen Entschuldigungen für den Lärm, den seine Sportübungen produzieren, die Schokolade. Theoretisch darf er in Quarantäne niemanden sehen, aber er bleibt doch in gebührendem Abstand vor den Türen der Nachbarn stehen. Außerdem ist Höflichkeit durch die Pandemie nicht ausgesetzt worden.

In Hannover, Frankfurt, Dortmund hatte er seine Nachbarn nicht gekannt. In Berlin kennt er sie praktisch alle. Es gibt keinen Aufzug in dem Altbau. Auf der Treppe begegnet man sich. Außer ihm wohnen ausnahmslos ältere Leute im Haus. Keiner hatte sich über sein Profitraining auf knarzendem Parkettboden beschwert.

Nach 14 Tagen durfte Marius aus der Isolation, drei Tage später war er wieder in Quarantäne.

Er hatte erneut zu einem Corona-Infizierten Kontakt gehabt, diesmal zu seinem Münchener Physiotherapeuten Ralph Frank. Marius war extra nach den 14 Tagen in Quarantäne zu Frank nach München gefahren, um sich wie gewohnt das schiefe Becken behandeln zu lassen. Er hatte besonders professionell sein wollen und sich die nächste Isolation eingehandelt.

Während seine Kollegen in Berlin nach Ostern endlich wieder eine Art Fußballtraining in Kleingruppen absolvieren durften, saß er bis 15. April bei seiner Schwester im Reihenhaus in München fest. Wieder war sein eigener Coronatest negativ, wieder änderte das nichts. Wie so oft hatte der Leuges einen ungewöhnlichen Einfall. »Ich gehe mit dir in Quarantäne!«, erklärte er. Er zog für die letzten zehn Tage der vorgeschriebenen Isolation im Reihenhaus bei Marius ein.

Seine Uni-Seminare fanden im Ausnahmezustand der Pandemie sowieso nur noch digital statt, sagte der Leuges. »Gerade hätte der Leuges einen Onlinekurs«, berichtete Marius am 8. April telefonisch aus dem Garten des Münchener Reihenhauses. »Soweit ich das sehe, schaut er sich Youtube-Videos an.«

Es war aber auch ein besonderer Tag. Der Leuges wurde 25.

Marius hatte sogar zwei Geburtstagskuchen für ihn liefern lassen, einen New York Cheesecake vom Konditor und eine Benjamin-Blümchen-Torte aus dem REWE-Tiefkühlfach. Die hatte dem Leuges immer überragend geschmeckt, als sie mit 18 in Marius' Ein-Zimmer-Wohnung am Sechziger-Trainingsgelände das Erwachsensein probten. »Zu meiner Hochzeit wird mir der Wolf wahrscheinlich auch eine Benjamin-Blümchen-Torte schenken«, sagt der Leuges.

So feierten sie zu zweit Quarantäne-Geburtstag. Als Marius' Schwester von der Arbeit nach Hause kam, grillten sie noch zu dritt im Garten, wobei Maren sich lieber selbst um die Forellen auf dem Grill kümmerte, ehe das noch schiefging.

Foti setzte sich mit seinem Laptop zur Arbeit ins Wohnzimmer. Dort war es wenigstens nicht so still. Seine Schwester und sein

Da ist er ja endlich im Bild! Der Leuges, der Mann mit den besten Sprüchen, fordert Marius im Tischtennis-Badeschlappen-Duell heraus. [19]

Bruder saßen am großen Esstisch, frühstückten oder machten Schulaufgaben, zwischendurch und nebenbei konnten sie sich ein wenig unterhalten. Es sollte angeblich Leute geben, die bei der Arbeit ungestört sein wollten. Das war nichts für Foti. »Fünf Stunden alleine dasitzen ist ganz schön langweilig.«

Seine Mutter hatte darauf bestanden, dass er in der Pandemie in Weißenburg blieb. Wenn draußen die Gefahr lauerte, gehörten die Kinder in Olga Katidis' Welt nach Hause, auch wenn sie schon 23 waren. Foti passte es schon ganz gut, in Weißenburg zu sein. Die Arbeit bei der Continentale war sowieso aufs Homeoffice umgestellt worden, und was hätte er allein in München in seinem Apartment gemacht? Er hatte dort noch nicht einmal einen Schreibtisch.

Für das zweite Lehrjahr ist er in die Abteilung Leben und Vertrag versetzt worden. Das Virus hat ihnen ganz schön viel Arbeit eingebrockt. Ein ganzer Schwung Kunden möchte die Beitragszahlungen für ihre Lebensversicherungen aussetzen. Foti kann natürlich nicht sagen, ob die Leute vier Wochen nach Beginn der Pandemie wirklich schon ihre Arbeit verloren haben oder ob sie die Versicherungszahlungen aus der Furcht heraus aussetzen, bald nicht mehr so viel zu verdienen. Aber angesichts der ganzen E-Mails, die er bearbeiten muss, würde er sagen: Den Leuten geht es an den Kragen.

Fotis Eltern arbeiten ganz normal weiter, der Vater als Trockenbauer, die Mutter ist vom Möbelgeschäft zu einem Arzneimittelgroßhändler gewechselt. Sie liefert die Bestellungen an die Apotheken und Krankenhäuser aus. Die Eltern sind schon frühmorgens aus dem Haus, da hat Foti gestern einfach mal bis elf Uhr ausgeschlafen, er hat doch Gleitzeit. Als er den Computer hochfuhr, war schon eine Nachricht seiner Abteilungsleiterin da. »Herr Katidis, machen Sie heute einen kurzen Tag?« Natürlich mit Smiley, die Abteilungsleiterin ist wirklich nett, aber Foti hatte schon verstanden. Heute hat er sich dann wieder um 9 Uhr online gemeldet.

So hat er auch mehr vom Abend. Er geht eine Runde laufen oder denkt darüber nach, wie er auf coole Weise Geld dazuverdienen könnte. An seiner Webseite zum Schmuckhandel hat er noch nicht weitergebastelt. Da kamen schon wieder so viele andere Ideen dazwischen. Er hat jetzt mal eine Palette JBL-Kopfhörer aus der Retourware von Amazon aufgekauft. »Alles, was an Amazon zurückgeht, wird dort nur stichpunktartig überprüft, und gleich in Paletten an Kleinunternehmer weiterverkauft«, hatte Foti von

Zlatan erfahren, dem Besitzer des *Strand-Cafés* am Brombachsee, der hatte viele schlaue Geschäftstipps. Man kann Pech haben, und ein Drittel der Kopfhörer in der Palette ist tatsächlich defekt, doch in der Regel funktioniert 90 Prozent der Retourware einwandfrei, die Kunden hat nur die Farbe oder ein Kratzer gestört. Foti hat für 1500 Euro fünfunddreißig Kopfhörer erworben. Die ersten zehn hat er bereits über Facebook und Ebay mit dreißig Prozent Gewinn weiterverkauft.

So muss man halt mal anfangen, wenn man Millionär werden will, sagt Foti.

Kein Geld der Welt kann dieses Gefühl bezahlen: Marius darf nach fünf Wochen, davon vier in Quarantäne, am 15. April 2020 wieder Fußball spielen. Wobei das, was ihn in Herthas Training erwartet, nur mit etwas Fantasie als Fußballspielen bezeichnet werden kann. Das Gesundheitsamt hat die Trainingsregeln aufgestellt. Gestattet sind Übungen nur in Kleingruppen zu acht, und vor allem gilt es auch hier, auf dem Fußballplatz, Abstand zu halten. Fußball, ohne sich nahe zu kommen, ohne um den Ball zu kämpfen, ist wie Schwimmen ohne Wasser.

Der Trainer hat dazu ein Training über drei Spielfelder konzipiert. Bruno Labbadia trat Jürgen Klinsmanns Nachfolge an, während Marius in Quarantäne steckte. Auf dem einen Fußballplatz vor dem Stadion lässt Labbadia acht Spieler taktische Manöver im Schrittgang üben, mit Stangen als Gegnerimitationen. Die fehlenden drei Mitspieler ihrer Elf müssen sie sich dazudenken. Auf dem Platz daneben wird an der Technik gefeilt, Passübungen, Torschüsse ohne Torwart, Flanken ohne Gegner. Auf dem dritten Feld findet Athletiktraining statt, Sprints und Kraftübungen. Alle halbe Stunde wechseln die Achter-Gruppen von einem Feld zum anderen. Das Gesundheitsamt ist sehr zufrieden mit Labbadias Coronatraining. Er selbst brennt vor Tatendrang nach acht Monaten ohne Verein und genießt es, seine Leidenschaft für den Beruf endlich wieder auszuleben. Er scheint nicht zu merken, wie sehr die täglich gleiche Simulation eines Fußballtrainings einigen Spielern aufs Gemüt schlägt. Labbadia lässt als Einziger in der Bundesliga fast jeden Tag zweimal trainieren.

»Normal wäre jetzt ein bisschen Spaß im Training nicht schlecht«, sagt Marius am 15. Tag des praktisch immer gleichen Trainings. Aber normal, das war einmal.

Inzwischen ist bekannt geworden, dass die Deutsche Fußball-Liga die Normalität, soweit es geht, imitieren will. Voraussichtlich Mitte Mai sollen in Deutschland als erstem Land der Welt wieder Fußballspiele stattfinden, ohne Zuschauer in Stadien, die für 80 000 konzipiert wurden. Dazu hat die Deutsche Fußball-Liga einen 50-seitigen sogenannten Hygieneplan entworfen. Dort ist alles geregelt, von der Zimmertemperatur im Mannschaftshotel (21 Grad) bis zur reduzierten Anzahl der Balljungen im Stadion (vier). Marius interessiert das wenig. Man wird ihm schon alles Wichtige erklären, wenn es so weit ist. Niemals weit vorausdenken, ist die Maxime eines Profis, das lenkt nur ab, und am Ende kommt sowieso alles anders.

Duschen, das steht auch in einem der Hygienepläne, ist auf dem Trainingsgelände nicht erlaubt. So fährt Marius am 4. Mai, verschwitzt wie jeden Tag, nach dem Training nach Hause, der norwegische Mittelfeldspieler Per Skjelbred nimmt ihn mit, er wohnt nur zwei Häuser weiter in der Mommsenstraße. Marius' Handy piepst, sein Handy piepst immer, er schaut nach. Alle möglichen Leute schicken ihm dasselbe Video. Manche haben noch eine Zeile dazugeschrieben. »Krass, ist der irre?« Marius klickt das Video an, um zu erfahren, was gerade im Training von Hertha BSC los war, an dem er doch teilnahm.

Ihr selbst ernannter Mannschaftsclown Salomon Kalou hatte wieder einmal versucht, lustig zu sein, sieht Marius auf dem Video. Der Mittelstürmer von der Elfenbeinküste hatte die Live-Video-Funktion auf Facebook entdeckt. Er übertrug live in alle Welt, wie er auf dem Hertha-Trainingsgelände ankam und entgegen den Hygienevorschriften allen, die ihm über dem Weg liefen, eine Begrüßung mit Handschlag aufzwang. »Coronaviruuus!«, trällerte Kalou laut, bevor er in den Behandlungsraum platzte, wo ein Physiotherapeut gerade einen Coronatest vornahm. »Du darfst hier nicht sein, Sala!«, sagte der Physiotherapeut. Kalou lachte und blieb.

War nicht so lustig, wie Kalou gedacht hatte.

Wie eigentlich immer, wenn in irgendeinem Beruf ein Einzelner extremes Fehlverhalten an den Tag legt, wurde der Fall sofort verallgemeinert: Profifußballer scherten sich einen Teufel um die Hygienevorschriften. Profifußballer glaubten wohl sogar in dieser gesellschaftlichen Notsituation, sie könnten sich alles erlauben.

Marius hatte von der ganzen Aktion nichts mitbekommen. Er sah Kalou erst am nächsten Tag wieder. Der Mann für die Scherze verabschiedete sich weinend von der Mannschaft, unter offensichtlich aufrichtigen Entschuldigungen. Er war fristlos entlassen worden. »Er tat mir in dem Moment unheimlich leid«, sagt Marius. »Ich kannte ihn nur als hilfsbereiten, gut gelaunten Menschen, und ihn dann auf einmal so am Boden zerstört zu sehen, tat weh.«

Kalous Video vom Coronaviruuus verstärkte die Vorbehalte vieler Menschen, ob in Zeiten der Pandemie Fußball gespielt werden musste. In der ARD-Umfrage *Deutschlandtrend* sprachen sich Anfang Mai 50 Prozent gegen den Wiederbeginn der Bundesliga aus, nur 36 Prozent dafür. Fußball war selbst etlichen Fans plötzlich unwichtig geworden. Viele *fühlten irgendwie*, dass der Profifußball mit dem Wiederbeginn seiner Spiele auf Privilegien dringe. Dabei taten die Bundesligaklubs sachlich betrachtet nichts anderes als Autohersteller oder Gartencenter. Sie kämpften um ihre wirtschaftliche Existenz. Anders als Autofabrikanten und Gartencenterbesitzer wurden Fußballer allerdings ständig in den Medien zu ihrem Wiederbeginn befragt, und selbstverständlich kamen dabei neben klugen und abwägenden auch weltfremde und gierige Vertreter zu Wort. Deren fehlendes Gespür für die Lage bestätigte die Skeptiker.

Weil das Gefühl in der Luft lag, mancher Kritiker warte nur auf Verstöße gegen die Coronaregeln beim Wiederbeginn der Bundesliga, mussten sich die Mannschaften vor dem ersten Spiel fünf Tage lang in eine Art Hotel-Quarantäne begeben. Hertha BSC wurde am 10. Mai auf zwei Etagen des Hotels *Palace* komplett von der Welt abgeschirmt. Einzig zum Training durfte die Mannschaft das Hotel verlassen. Nicht einmal Hotelbedienstete betraten den Bereich, während die Mannschaft anwesend war. Das Essen bereitete der Vereinskoch zu, die Betten machten die Spieler selbst; theoretisch.

Aber warum nur vor dem ersten Spiel dieser Aufwand, fragte sich Marius. Vor dem zweiten oder siebten Spiel waren sie doch im Alltagsleben zu Hause nicht weniger Ansteckungsgefahr ausgesetzt. Der Eindruck zählte, dass die Bundesliga alles für die gesundheitliche Sicherheit tat, und in manchem Detail ging es eben nur um den Eindruck.

Zwei kleine Vergnügen gönnte sich Marius in der Hotel-Quarantäne. Sein eigenes Müsli und eine Tüte Gummibärchen brachte er von zu Hause mit. Über Instagram sandte er Grüße in die Welt als »Marius Wolf von der Isolation Station«.

Vom Hotel *Palace* konnte man die Gedächtniskirche sehen. Da draußen waren schon wieder ein paar Menschen. Am Samstag würden die Cafés in Berlin wieder öffnen. Herthas Fußballer durften nicht vor die Hoteltür treten.

Im Training übten sie Spielen vor leeren Tribünen. Der Trainer verlegte mehrere Trainingspartien ins Olympiastadion, damit sie sich an die Atmosphäre gewöhnten beziehungsweise an die Nicht-Atmosphäre. Die Stille schrie Marius an, durch die Leere der riesigen Tribünen fühlte er sich beobachtet, »und irgendwann im Spiel habe ich gar nicht mehr drangedacht«, bemerkte er fasziniert. Irgendwann genoss er es, einfach wieder Fußball zu spielen, elf gegen elf, mit Zweikämpfen und Körperkontakt, vom Gesundheitsamt genehmigt.

Am Donnerstag, zwei Tage vor ihrem ersten Coronaspiel gegen die TSG Hoffenheim, holte er mächtig aus, um einen langen Diagonalball zu spielen, der neue Trainer wollte, dass sie oft mit einem weiten Pass die Seite wechselten. Irgendwie rutschte Marius weg. Es knackte im Fuß.

Vier Wochen in Quarantäne, drei Wochen monotone Fußball-Trockenübungen auf Abstand, eine Woche Hotel-Isolation mündeten darin, dass er sich zwei Tage vor dem Bundesliga-Wiederbeginn verletzte. Natürlich hätte er in der Startelf des neuen Trainers gestanden.

Diesmal war keines der Bänder am Sprunggelenk gerissen, sondern eine Sehne überdehnt. Das war langwieriger, schmerzhafter.

Marius sah sich das Spiel der Kollegen in Hoffenheim zu Hause in der Mommsenstraße auf seinem iPad an. Auf dem großen

Fernseher hinter dem iPad lief gleichzeitig die Übertragung der Bundesliga-Konferenzschaltung. Er wollte doch auch Borussia Dortmund sehen.

Vor einem Jahr in Dortmund hatte er zweimal mit gerissenen Bändern gespielt, weil er seinen Platz in der Startelf festigen wollte beziehungsweise weil es um die Deutsche Meisterschaft ging. Als die Schmerzen am Sprunggelenk in Berlin nach zwei Wochen noch anhielten, beschloss er sieben Spieltage vor dem Ende, die Saison zu beenden. Er würde die Sehnenverletzung sorgfältig auskurieren. Ein Profi riskierte seine Gesundheit, aber nicht ohne Ziel. Hertha war weit entfernt von Gut und Böse in der Bundesligatabelle, und Marius hatte, realistisch betrachtet, keine Zukunft in dem Verein. Herthas Sportdirektor Michael Preetz wusste das nur noch nicht. »Marius tut unserem Spiel gut«, sagte er dem *Kicker.* »Er hat einen riesigen Willen, ist sehr laufstark, schiebt ständig an und lässt sein Herz auf dem Platz. Er hatte, wie die meisten anderen Spieler bei uns auch, sicher Leistungsschwankungen. Aber wir wissen, was wir an ihm haben, und würden gerne über die Saison hinaus mit ihm zusammenarbeiten.«

Doch das konnte nicht funktionieren. Die festgeschriebene Ablöse von kolportierten 20 Millionen Euro sowie Marius' Dortmunder Gehalt lagen deutlich über seinem aktuellen Marktwert. Er war reell unbezahlbar für alle Klubs der Klasse 1b wie Hertha. An dem Punkt war er schon einmal vor einem Jahr gewesen.

Die Leihe zu Hertha hatte ihm interessante Monate in einer coolen Stadt beschert, aber sportlich hatte das Spieljahr gar nichts an seiner Situation geändert. Er würde als der Spieler zu Borussia Dortmund zurückkehren, als der er fortgegangen war, ein Junge mit besonderem Elan im Spiel, von dem es nicht sicher war, ob er den Sprung aufs allerhöchste Niveau auch noch schaffte. Sein Vertrag in Dortmund lief noch vier Jahre. Borussias Sportdirektion wollte ihn wegen seines Potenzials ungern gehen sehen, Marius wollte am liebsten in Dortmund bleiben – und Trainer Lucien Favre hatte eigentlich keine Verwendung für ihn. So würde Marius die nächste Saisonvorbereitung wieder bei Borussia Dortmund bestreiten, und so würde er im Normalfall irgendwann vor Saisonbeginn erneut ausgeliehen werden. Es sei denn … Den

Niko, 2020. [20]

Gedanken sprach Marius nicht aus. So zu denken war unanständig, fand er. Aber natürlich ließ sich der Gedanke nicht vermeiden: Damit er noch einmal eine Chance bei Borussia Dortmund bekam, musste Lucien Favre entlassen werden.

Auf dem Weg um den Brombachsee war es so still wie vor einem Coronaspiel in einem leeren Stadion. Vielleicht zwitscherten irgendwo Vögel, aber Niko nahm nur noch Stille als Kontrast zu den inneren Schreien wahr. Gib auf, du kannst nicht mehr, schrie es in ihm. »Ich kann gerade gar nicht abschätzen, wie fit du noch bist«, durchbrach der Sichert Andreas bei Kilometer 29 ihr Schweigen. Ihr Tempo war immer noch gleichmäßig, 4:51 Minuten pro Kilometer. »Einen Kilometer packe ich noch, vielleicht auch zwei«, presste Niko hervor und fühlte das Gegenteil.

Nach 31 Kilometern sagte der Sichert Andreas, zum Auto zurück wäre es nur ein Kilometer. Den Kilometer schaffe Niko schon noch.

Er spürte die Krämpfe in den Waden. Die Minuten schienen auf einmal länger zu dauern, weil er die ganze Zeit nach dem Parkplatz Ausschau hielt und der Parkplatz, das Ziel, einfach nicht in Sicht kam.

Als Niko nach 32 Kilometern beim Auto ankam, ließ er sich auf den Boden fallen. Nach einer Weile wollte ihm der Sichert Andreas auf die Beine helfen, aber es ging nicht. Nikos Muskeln zuckten. Die Beine knickten einfach weg. Er blieb noch einige Minuten am Boden und genoss das überwältigende Gefühl, wenn sich absolutes Glück und völlige Erschöpfung vermischen. Man nennt dieses Gefühl auch: Jugend.

Epilog: Genug geträumt

Marius ist nicht mehr zu erreichen. Seit Wochen schon bleiben Whatsapp-Nachrichten unbeantwortet, Anrufe enden stets auf der Mailbox. Was hat das zu bedeuten?

Foti geht ans Telefon, aber nur um zu sagen, er habe gerade echt wenig Zeit. In zwei Wochen, am 5. Mai 2021, steht ihm die schriftliche Abschlussprüfung seiner Versicherungslehre bevor. »Ich bin im Prüfungsstress!«

Niko arbeitet elf Stunden am Tag. Doch wenn wir uns mal am späten Nachmittag treffen wollen, kriege er das natürlich hin, sagt er. Dann arbeite er eben tags zuvor etwas mehr.

Er holt mich mit einem neuen Auto am Hotel in Weißenburg ab, einem kleinen Mercedes-Sportwagen. Eine Einliegerwohnung im Nachbardorf hat er auch anbezahlt. In ein, zwei Jahren hat er sich mit den vielen Überstunden beim Fliesenlegen ein Startkapital aufgebaut. »Was soll man denn auch anderes machen als arbeiten«, angesichts der anhaltenden Pandemie. Auf dem Fußballplatz von Stopfenheim wachsen Pusteblumen. Das Training für Amateurklubs ist in Bayern seit fünf Monaten untersagt, um Corona-Infektionen zu vermeiden. Die Restaurants sind geschlossen, Treffen mit mehreren Personen eigentlich verboten. Selbst die Lust am Laufen, seiner neuen Leidenschaft, hat er in dieser Zeit der Starre zwischenzeitlich verloren.

Über die Einschränkungen zu klagen, ist für viele ein Zeitvertreib, aber Niko kann zu den Regierungsmaßnahmen etwas anderes erzählen. Seine Oma Frieda starb im Januar mit Corona im Krankenhaus. Friedas vier Kinder, darunter Nikos Mutter, durften sie nicht mehr sehen. Sie waren selbst mit dem Virus infiziert. Niko ging zwei Wochen nicht nach Hause, um sich nicht anzustecken. Er schlief in der Fliesen-Ausstellungshalle auf einer

Matratze. Eine Kabeltrommel diente ihm als Ess- und Nachttisch.

Als wolle er etwas hinter sich lassen, beschleunigt Niko scharf auf der langen Geraden vor Stopfenheim. Als wir das letzte Mal hier langfuhren, stand ein Sofa an der Landstraße, ordentlich aufgestellt, als wollte jemand statt des Fernsehers im Wohnzimmer gemütlich den Verkehr betrachten. »Samstagnachts in Stopfenheim passiert so einiges«, hatte Niko nur zu dem Sofa gesagt.

»Hier wohnt übrigens meine neue Freundin«, sagt er nun, so lässig wie möglich, und deutet mit einem Nicken auf eines der Häuser, als wir bereits im Dorf sind. Paula. Sie studiert in Würzburg, um Lehrerin zu werden.

Niko weiß noch nicht, ob er die Zwei-Zimmer-Wohnung in Ellingen, die er gekauft hat, vermieten wird, oder ob er dort einziehen soll. Irgendwann will er schon von zu Hause ausziehen. Er ist 24. Die Fragen der Eltern am Sonntagmorgen, warum bist du denn erst um drei Uhr nach Hause gekommen, fangen schon an, nervig zu werden; für ihn und die Eltern, denkt er. Aber jetzt hat er es sich erst einmal in seinem Reich unter ihrem Dach gemütlich gemacht. Der neue Fernseher in seinem Zimmer ist ja so groß wie bei Marius. Fußballspiele wie auf einer Kinoleinwand studieren zu können, genießt Niko unverändert.

Manchmal, wenn er mit ein paar Freunden auf seinem Riesenfernseher die Bayern schaut, sagt einer: »Wie das wohl ist, in so einem Stadion zu spielen.« Dann erzählt Niko gerne, wie das war, als er einmal mit Ingolstadt vor Fünfzehntausend im ausverkauften Grünwalder Stadion gegen 1860 München antrat. »Ich hatte das ganze Spiel hindurch eine Gänsehaut. Und ich hätte den Trainer umbringen können, weil er mich nicht einwechselte.«

Niko denkt, bestimmt haben die Freunde in Stopfenheim seine Geschichten schon hundert Mal gehört, so oft, wie sie über Fußball reden. Es lachen trotzdem jedes Mal wieder alle, belustigt und ungläubig, wenn Niko imitiert, wie Radoki ihn in der U19 fertigmachte. Die Leidenszeit unter dem herrischen Trainer ist zur Anekdote geworden, fünf Jahre später.

Von außen betrachtet mag es traurig erscheinen, wie sehr sich Niko und Foti bemühten, wie viele Jahre und Hoffnung sie in ihren Fußballtraum investierten, nur um letztlich kapitulieren zu müssen. »Wenn heute Eltern zu mir kämen und Rat wollten, ob sie ihr Kind in ein Nachwuchsleistungszentrum schicken sollten, würde ich nur noch warnen«, sagt Petra Steinhöfer. »Hunderte Kinder werden benutzt, damit ein, zwei Profis werden.« Die Jungs selbst sehen das völlig anders.

»Ich würde alles noch mal ganz genauso machen«, sagt Niko.

»Zu tausend Prozent würde ich es noch einmal machen!«, wird Foti später sagen.

Marius muss man nicht einmal die Frage stellen, ob er die Jugend im Zeichen des Fußballs bereut. Gar nicht einmal, weil er es zum Profi geschafft hat, sondern weil es noch immer, in jedem Bundesligaspiel, so offensichtlich ist, mit welcher riesigen Freude und Hingabe er Fußball spielt.

Das Härteste im Nachwuchsleistungszentrum ist das Gefühl, ungerecht behandelt zu werden, das irgendwann im Laufe der Jahre fast jeden Jungen einmal einholt. Denn Ungerechtigkeiten gehören zum System des Leistungsfußballs. In jeder Mannschaft kann von den 25 Talenten immer nur die Hälfte spielen, und darüber entscheidet ein Trainer mit seinen subjektiven Kriterien. Für jedes Talent, das besonders gefördert wird, wird ein anderes automatisch zurückversetzt. Doch dieses Leiden unter den Zicken des Spiels wurde zumindest bei Foti, Marius und Niko immer wieder vom Hochgefühl verdrängt, auf fantastischem Niveau zu spielen, gut zu spielen, unter Gleichgesinnten zu sein, sich auserwählt zu fühlen; dazuzugehören, zu Hause zu sein in dieser Fußballwelt. Ihr Versuch, Profi zu werden, war insgesamt eine tolle Zeit. Es nicht geschafft zu haben, war für Niko deshalb nur eine kurze Enttäuschung. Was wohl auch daran lag, dass er sofort im Anschluss an die Fußballzeit ein neues Leben fand, das ihn ausfüllt. »Wenn früher im Restaurant oder sonst wo ein Fußballspiel im Fernsehen lief, habe ich ständig hinschauen müssen«, sagt er. »Heute schaue ich automatisch auf jeder Toilette, wie die Fliesen verlegt sind.«

Bei Foti dauerte der Abnabelungsprozess vom Fußball etwas länger. Nun jedoch, im Frühling 2021, hat er nicht einmal gesehen, wie Timo Werner, der Beste seines Jahrgangs, sich beim FC Chelsea und in der Nationalmannschaft mit dem Foti-Problem herumschlägt. Er vergibt beste Torchancen. »Fußball ist ganz, ganz weit weg«, sagt Foti. Er hat trotz des Prüfungsstresses doch noch Zeit für ein Gespräch gefunden, allerdings ist er kreidebleich vor Müdigkeit. Hat er bis tief in die Nacht gelernt? Nein, Poker gespielt.

Wenn er die Lehre in einem Monat abschließt, wird er trotz eines Übernahmeangebots nicht bei der Continentale weitermachen. Er will als selbstständiger Versicherungsvertreter für die Deutsche Vermögensberatung sein Geld verdienen. »Ich kann nicht acht Stunden im Büro sitzen! Da drehe ich durch, das weiß ich.« Als freier Versicherungsvertreter wird er ausschließlich von Provisionen leben müssen. Versicherungen zu verkaufen ist auf eine Art dem Fußballgeschäft ähnlich. Viele versuchen es, nur wenige haben die Fähigkeiten, um in dem Metier richtig gut zu verdienen. Das ist ja gerade der Reiz daran, findet Foti, sich vorzustellen, dass er das schafft.

Er ist wieder bei seinen Eltern in Weißenburg eingezogen, um die Miete zu sparen, um die Kosten erst einmal so niedrig wie möglich zu halten, wenn er nun ohne festes Gehalt in den Beruf einsteigt. Nach einem halben Jahr, so seine Kalkulation, hat er hoffentlich genug verdient und gespart, um sich selbst wieder eine Wohnung zu suchen. Selbstverständlich in einer Großstadt, in welcher auch immer.

Er ist voller Aufbruchsstimmung. Im Rahmen seiner Lehre bei der Continentale durfte er schon kurzzeitig im Außendienst mitarbeiten. Als er Kunden wegen einer Zahnzusatzversicherung kontaktierte, bekam er von seinem Vorgesetzten, Herrn Renner, die Rückmeldung, »eine Frau rief an, der junge Auszubildende am Telefon sei ja ein ganz Süßer gewesen«.

Was im Fußball so läuft, kriegt Foti allenfalls nebenbei mit. Quasi aus Gewohnheit ruft er in ruhigen Momenten die vertrauten Webseiten im Handy auf, *Kicker* oder *transfermarkt.de*. Marius hat es zurzeit ja auch nicht leicht, bemerkt Foti, aber warum ist er auch zum 1. FC Köln gegangen?

Wie im Vorjahr versuchte Marius auch im Sommer 2020 bis zum letzten Tag der Saisonvorbereitung, Trainer Lucien Favre bei Borussia Dortmund mit unbändigem Einsatz zu überzeugen. Wie in der Vorsaison musste er einsehen, dass dieser Trainer in dieser exquisit besetzten Elf wenig Verwendung für ihn hatte. Wieder ließ er sich im letzten Moment der Transferperiode für ein Jahr zu einem anderen Verein ausleihen, damals Berlin, diesmal Köln. Für einen Leihspieler, der am Saisonende auf jeden Fall zurück nach Dortmund will, fragen nur Vereine an, die dringend irgendwie ihre Not lindern müssen. Köln ist ein Abstiegskandidat. »Köln, Marius«, dachte sein Vater. »Da kannst du kein Fußball spielen, da musst du kämpfen.«

»Das war mir bewusst«, sagt Marius. Er schuf sich ein eigenes Ziel, um etwas zu erreichen in einer Saison, in der er mit ziemlicher Sicherheit viele Spiele verlieren würde. Er wollte in Köln »ein älterer Spieler« werden. Führungsspieler sagte man früher. Offenbar ist das Wort in Marius' Generation nicht mehr gebräuchlich. »Eigentlich bin ich vom Alter her ja noch gar kein älterer Spieler«, er muss kurz lachen, weil sich der Satz kurios anhört, aber es ist zu verstehen, was er meint. Mit 25 in den mittleren Jahren eines Fußballers wollte er in Köln zu einem Spieler werden, der andere mitreißt, ein kleiner Prince, das wäre ein Entwicklungsschritt, dann wäre das Jahr ein Gewinn.

Im ersten Halbjahr gelang ihm das Vorhaben ziemlich gut. Er verteidigte solide und versuchte unermüdlich, seine Mannschaft mit mutigen Vorstößen aus der ewigen Defensive zu befreien. Selbst im Bundestag fiel das auf. Der stellvertretende Vorsitzende der FDP-Fraktion Alexander Graf Lambsdorff meldete auf Twitter: »Der einzige Spieler, der beim 1. FC Köln konstant Bundesliga-Niveau erreicht, ist Marius Wolf. Wenigstens mal 'ne Idee, mal 'n bisschen Gefahr.«

Marius lobte und korrigierte die jüngeren Spieler, er brüllte in der Halbzeit auch mal einen Kollegen an. »Ich halte keine Wutreden vor der Kamera, das sind für mich Alibiaktionen. Aber dort, wo keiner zusieht, werde ich als älterer Spieler schon mal laut.«

In der Halbzeit, in der Umkleidekabine, meckerte der angebrüllte Kollege zurück. Da fand Marius, 25: »Die Jugend heute ist schon anders.«

In Köln waren der Trainer, der Sportdirektor und der Geschäftsführer voll des Lobes über Marius, der sich so vehement für die Mannschaft engagierte, der sogar seine Gesundheit aufs Spiel setzte und, wieder einmal, mit Bänderriss spielte. Sie kannten Leihspieler, denen das Schicksal der Mannschaft egal war. Im Februar jedoch fiel Marius, nicht unverständlich nach seinem immensen Einsatz, in ein Loch. Und, als wäre er in einem Loch verschwunden, war er nicht mehr erreichbar.

Ende April, nach wochenlanger Stille, schickt er plötzlich eine Sprachnachricht. »Grüß dich!«, seine Stimme klingt gelöst, glücklich. »Sorry, dass ich mich jetzt erst melde. War sehr viel Stress, ich habe deshalb alles weggeschoben. Jetzt fühlt sich alles leicht an, du kennst das ja. Lass uns telefonieren.«

Am Abend zuvor hat er mit Köln 2:1 gegen RB Leipzig gewonnen. Es ist der erste Sieg nach zwei Monaten, nach neun Spielen.

Er hatte zwei Monate lang nur noch mit seinem engsten Kreis Kontakt gehalten, mit Vertrauten wie seinem Cousin Philipp oder dem Leuges, er hatte es sich allenfalls gestattet, ein paar Mitspieler zu Hause zu treffen, Ismail Jakobs und Jannes Horn vor allem, und ansonsten trainiert, sich ausgeruht, trainiert, bis zu dreimal die Woche Extraeinheiten mit Yannick, weil er dachte, er müsse alles ausblenden, sich nur auf den Fußball konzentrieren, damit er und seine Mannschaft aus der Krise herauskämen. Mit 19 hatte er den Abstiegskampf bei 1860 leichtgenommen. Nun, als jemand, der ein älterer Spieler sein will, spürt er etwas schwer auf sich lasten. Man nennt es wohl Verantwortung.

Und dann wurde das nächste Spiel wieder verloren, dann war er wieder enttäuscht von eigenen Fehlern, die gegen Union Berlin oder Mainz 05 zu Gegentoren führten. Das Einschließen zu Hause, die professionelle Ultra-Fokussierung auf den Beruf, wurde zur Last. Er lag auf dem Sofa, versuchte sich durch Fußballschauen und Playstationspielen abzulenken, und die bleiernen

Gedanken gaben keine Ruhe. An manchen Tagen ist Fliesenleger definitiv der bessere Beruf als Fußballprofi.

Doch drei Tage nachdem das 2:1 gegen Leipzig den Bann brach, spielt Marius im nächsten Match beim FC Augsburg wie schwebend. Zwei Tore beim 3:2-Sieg gehen auf seine Ideen zurück. Er versteht gar nicht mehr, was die Wochen vorher so schwer gewesen war. Im letzten Moment vermeidet Köln den Abstieg.

Als ein Fernsehreporter von *SkySports* ihn Anfang 2021 einmal in Köln besuchte, lud der Sender die Zuschauer ein, Fragen an Marius einzuschicken. Eine Frage wurde immer wieder gestellt.

Ist es nicht hart, jedes Jahr in einer anderen Stadt zu wohnen?

Die Frage erstaunte Marius.

Für ihn ist es »etwas Besonderes, für so viele Vereine zu spielen, verschiedene Städte und immer wieder neue Leute kennenzulernen«. Köln ist seine fünfte Station in vier Jahren. Sein Cousin und sein Vater sind schon echte Umzugsspezialisten geworden. Marius meldete, ich gehe nach Köln, und ein paar Stunden später hatte Philipp eine Wohnung für ihn gefunden. In einem halben Tag hatten sie die Wohnung mit Marius' Möbeln aus dem Container in Dortmund eingerichtet.

Sein Cousin ist jetzt Teil des Fußballunternehmens Marius Wolf. Nach der Enttäuschung mit Damian bat Marius Philipp, ob er ihm nicht bei den Finanzen helfen könne. Am Ende wollte er nur noch jemandem aus der Familie trauen.

Philipp gab seinen Job in der Autoindustrie auf. Wenn, wollte er die Arbeit für Marius kompetent und gewissenhaft machen. Er absolvierte Fortbildungskurse in Sachen Immobilienhandel, er gründete für Marius eine Firma zur Vermögensverwaltung, er kümmert sich um die Immobilien in München und Frankfurt, in die sie investierten. So führte das Fiasko mit Damian zur idealen Lösung für Marius. Seine Zukunft kam in gute Hände. Und auch für Philipp scheint die neue Arbeit ein Gewinn. Er muss nicht mehr wie in der Autoindustrie 100 Stunden die Woche arbeiten, und hat neben dem Job für Marius noch Zeit für eigene Projekte. Mit drei Freunden bringt er gerade einen Käsekuchenschnaps auf den Markt.

Vor neun Jahren traf ich die drei Jungs zum ersten Mal, weil sie etwas einte: ihr aufregendes Fußballtalent. Heute ist am auffälligsten, wie unterschiedlich ihre Leben sind.

Doch noch immer, wenn ich Messi sehe, muss ich an Foti denken. »Messi! Messi! Messi!«, riefen seine Mitspieler mit 15. Und es bleibt die Frage, warum es Marius geschafft hat, Foti und Niko aber nicht.

»Marius' Weg ist wirklich einmalig«, sagt Wolfgang Schellenberg, der eine Trainer, der alle drei Jungs kannte, der Tausende Talente sah. »Mit 16 aus sportlichen Gründen weggeschickt, mit 24 in der Champions League, da fällt mir kein anderer ein.« Wie jeder Weg wurde auch der von Marius von Zufällen oder Schicksalsmomenten geprägt, doch wenn wir analysieren, warum er es zum Profi schaffte, fallen zwei Argumente schwer ins Gewicht.

Marius kann *Fußball besser denken* als die meisten. Er erfasste schon immer Spielsituationen geschwinder, genauer als fast alle anderen. Als besitze er ein ganz besonderes geometrisches Verständnis für Räume, Passlinien, Schusswinkel. So blieb er stets in der Lage, überlegt zu handeln, als das Spiel mit jeder höheren Liga immer schneller wurde.

Außerdem war es sein Pluspunkt, dass er als Junge athletisch so unterentwickelt war. Das verstanden damals in Nürnberg nur zu wenige. Er hatte noch Entwicklungsspielraum. Als schmächtiger Kerl hielt er in der Jugend-Bundesliga mit – wie musste er erst spielen, wenn er athletisch zulegte?

Es ist Marius' Verdienst, dass er über Jahre mit unheimlichen Fleiß im Privattraining rackerte. Im Herbst 2020 registrierte die digitale Geschwindigkeitsmessung für ihn in einem Bundesligaspiel 34,92 km/h. Der zweitlangsamste Junge aus der U16 des 1. FC Nürnberg ist einer der 25 schnellsten Bundesligaspieler geworden. Und noch immer werden heute 16-Jährige aus Nachwuchsleistungszentren weggeschickt, weil sie zu langsam seien.

Im Spiegel von Marius fällt zwangsläufig auf, dass Foti seine Überlegenheit mit 15, 16 zu einem nicht geringen Teil seiner körperlichen Frühreife verdankte. Er konnte die Verteidiger einfach überrennen. Nach dem 15. Geburtstag wuchs er nur noch einen Zentimeter. Ziemlich schnell, mit 17 in München, hatten ihn viele andere Talente athletisch eingeholt. Foti schaffte es, dank seiner wunderbaren Balltechnik noch mitzuhalten. Aber er ragte nicht mehr heraus. Nach einigen vergebenen Torchancen sei er blockiert gewesen, urteilten Trainer und Eltern, und daran wird etwas dran gewesen sein. Mir fiel allerdings noch etwas anderes auf. In Pokal- und Testspielen gegen unterklassige Gegner gelangen Foti sehr oft Tore und entscheidende Pässe. Gegen langsamere Gegner. Fehlte es ihm womöglich von Natur aus ein wenig an Handlungsschnelligkeit? War er deshalb gegen höchste Gegner am Ball ständig gestresst, weil er nicht schnell genug handeln konnte?

Niko wurde von sehr vielen Entscheidern mehr an seinen Schwächen als an seinen Stärken gemessen. Weil die Technik am Ball als Essenz eines Talents gilt, fiel NLZ-Leitern und Profiscouts oft auf, dass er sich den Ball mal ungeschickt vorlegte oder schlampig kontrollierte. Ich hatte den Eindruck, sie schrieben ihn dann schon ab, statt genauer hinzuschauen. Dann hätten sie sehen können, dass er mit seiner Schnelligkeit und Athletik, mit seinen Pässen, seiner Zweikampf- und Kopfballstärke für einen Drittligisten wohl eine Verstärkung gewesen wäre. Der Fußball dort ist sowieso nicht so technisch fein. Bei Niko habe ich bis heute das Gefühl, er ist oft ungerecht bewertet worden.

Aber all das, die Hoffnungen, die Enttäuschungen, liegen hinter ihnen. Was war, kümmert sie gerade nicht so sehr. Sie sind damit beschäftigt, was vor ihnen liegt. Wird Foti sich als Versicherungsvertreter etablieren? Wird sich Marius nach Lucien Favres Entlassung unter dem neuen Trainer im vierten Anlauf doch noch bei Borussia Dortmund durchsetzen? Wie wird für Niko der erste Sommer nach der Pandemie mit der neuen Freundin werden, wird er von zu Hause ausziehen, wird er Marathonläufer werden? Eigentlich haben sie alle drei schon wieder dasselbe Gefühl wie zu Beginn des Buchs: Jetzt geht das Leben los.

Danksagung

Ob ein Buch gelungen ist, sollten gewiss andere als der Autor beurteilen. Ich darf aber sagen, dass »Der große Traum« für mich mein schönstes Buchprojekt war. Fast zehn Jahre lang ließen mich Foti, Marius und Niko an ihrer Welt teilhaben, und oft genug füllte mich noch lange nach unseren Treffen ein Lächeln aus. Ihre Lebensfreude und ihr, wie soll man sagen, junges Denken waren gelegentlich ansteckend und sehr oft einfach nur schön zu erleben.

Von daher gilt mein ganz herzlicher Dank ihnen, ihren Familien und Petra Steinhöfer, dass sie mir mit solcher Offenheit begegneten. Ebenso gilt mein Dank all jenen Wegbegleitern der drei Jungs, die sich in den neun Jahren für mich Zeit nahmen, meistens unendlich viel Zeit. Dies waren einige mehr als die im Buch erwähnten Personen, etwa Robert Kilin und Gerald Prell von der Deutsch-Tschechischen Fußballschule.

Viele haben mir im Hintergrund geholfen, sei es bei der Vermittlung von Interviews oder der Beschaffung von Videos, wenn ich mal wieder genau dann nicht bei Fußballspielen der drei vor Ort war, wenn etwas Außergewöhnliches geschah. Mein Lektor Thomas Tebbe zeigte dankenswerterweise Verständnis dafür, dass das Buch einfach nicht kürzer wurde, so oft ich auch ankündigte, ich würde doch kürzen.

Möglicherweise ist die Ehrenmedaille für den Fremden mit den meisten Besuchen in Weißenburg, Einberg und Stopfenheim schon auf dem Weg zu mir, aber ich würde sagen: Ich komme noch mal wieder.

Bildnachweis

[1– 6], [10], [11], [16], [17], [19], [20]: © privat
[7]: © IMAGO/MIS
[8], [12], [14]: © IMAGO/Zink
[9]: © IMAGO/foto2press
[13], [15]: © IMAGO/Jan Huebner
[18]: © Florian Pohl/City-Press via Getty Images

»›Miro‹ ist ein besonders gelungenes Werk. Wie ein Kopfball von Klose.«

Kicker

Coverabbildungen vorbehalten

Ronald Reng

Miro

Die offizielle Biografie von Miroslav Klose

Piper Taschenbuch, 448 Seiten
ISBN 978-3-492-31695-8

»Im Weltmeisterschaftsfinale spielt einer wie er nur einmal im Leben. Davon ist Miroslav Klose überzeugt. Die tolle Zeit, das Duell mit Ronaldo um den Titel des besten Torschützen der WM 2002 liegt hinter ihm. Und niemand ahnt, dass das Duell gerade erst begonnen hat.« Einen wie ihn wird es nicht mehr geben. Der bis zwanzig im Bezirksligaclub seiner Heimatstadt spielte. Und dann Weltmeister wurde. Ronald Reng erzählt auf einzigartige, mitreißende Weise, wie Miroslav Klose wurde, was er ist.

Leseproben, E-Books und mehr unter www.piper.de